国家社科基金后期资助项目"描述心理学"（17FZX045）研究成果

描述心理学：
心理生活的描述、理解与解释

Descriptive Psychology:
The Description, Understanding and Interpretation of
Mental Life

王申连 著

国家社科基金后期资助项目
出版说明

后期资助项目是国家社科基金设立的一类重要项目,旨在鼓励广大社科研究者潜心治学,支持基础研究多出优秀成果。它是经过严格评审,从接近完成的科研成果中遴选立项的。为扩大后期资助项目的影响,更好地推动学术发展,促进成果转化,全国哲学社会科学工作办公室按照"统一设计、统一标识、统一版式、形成系列"的总体要求,组织出版国家社科基金后期资助项目成果。

全国哲学社会科学工作办公室

序　　言

　　德国心理学家艾宾浩斯曾言:"心理学虽有一长期的过去,但仅有一短期的历史。"这个短期的历史指的是科学心理学的历史。我们通常把冯特1879年在德国莱比锡大学创建世界上第一个心理学实验室作为科学心理学诞生的标志。事实上,科学心理学不完全等同于实验心理学。我们也采取另一种方案,把科学心理学诞生的时间前移至1874年,在那一年,冯特出版了《生理心理学原理》(下卷),布伦塔诺出版了《经验观点的心理学》,它们可分别被视作自然科学心理学和人文科学心理学开始的标志,这实则体现了心理学的大科学观。描述心理学是科学心理学初创时期产生的一种抵制科学主义霸权而彰显人文主义精神的重要心理学形态,对心理学特别是人文科学心理学的历史发展具有广泛而深远的开创性和奠基性影响。

　　2010年,我建议我的新入门博士生王申连(其实是门内的"老"学生,硕士也是跟我读的)以"描述心理学"作为博士学位论文选题开展研究,因为国内外对"描述心理学"这一重要领域的研究多是零星散在的,系统的研究非常少见。王申连用四年时间完成了博士学位论文,该论文于2015年被评为江苏省优秀博士学位论文。2017年,他在博士学位论文基础上历经三年扩充、修改和完善而成的书稿,获得了国家社科基金后期资助。接下来很长一个时期,书稿经过进一步的精心修改和完善扩充,结构、内容、观点和逻辑都有了许多新变化,并且更加趋向成熟,于是才有了今天这部厚重的著作《描述心理学:心理生活的描述、理解与解释》。这样一个历程不仅肯定了《描述心理学:心理生活的描述、理解与解释》这部著作的价值和意义,而且见证了王申连精益求精、锲而不舍的治学精神。

　　自科学心理学开创以来,自然科学取向的心理学始终霸居主流地位,时至今日更是达到了一个新的程度,主要表现为运用现代科学手段和实验技术揭示心理与行为背后的生理或脑机制。心理与行为以生理或脑为基础,从生理或脑的视角研究心理与行为的发生机制不仅必要而且重要。但是必须承认,人还是嵌居于特定社会历史文化境域中的存在,心理生活的复杂性、深刻性和丰满性以及行为活动的目的性，仅仅依靠自然科学范式是无法研究的。比如，对于一个人的内心多么纠结和拧巴，行为多么微妙和离奇，抑或心胸多么开阔和宽广这类问题，只能依靠体验、描述、理解等人文科学的范式或方法才能进行更为丰富的研究。在当今社会正发生翻天覆地变化并给人们的心理生活带来巨大影响的时代，自然科学心理学研究的解释力、说服力及适用性的限度越来越明显，现实生活中人文科学心理学研究的呼声越来越高涨。描述心理学作为科学心理学早期异于自然科学取向的心理学的另一种声音，主张以现象学和解释学为方法论指导，以人自身为工具，对心理生活进行如其所是的描述、理解与解释，蕴含并彰显出丰富而澄明的人文科学心理学精神。因此，对描述心理学这个主题进行专门系统的研究，不仅具有重要的史学意义，而且具有重要的时代价值。

王申连在撰写这部著作时广泛搜集、仔细阅读和深入分析国内外重要文献资料，采用文献与历史分析和理论与逻辑分析相结合的研究方法，贯彻西方心理学史"前瞻后看"和"左顾右盼"的研究原则，从科学心理学史的人文主义路线与科学主义路线相对独立发展的整体视角，对描述心理学及其效应与应用进行了全面而系统的研究。全书共十一章，第一章介绍描述心理学的研究价值和国内外研究概况，第二章总体论述描述心理学的基本内涵、历史演变和理论形态，第三章从社会条件、哲学渊源、科学土壤和心理学背景四个角度考察描述心理学的思想来源，第四章详细阐述描述心理学的严格科学传统及其包含的三种具体理论形态的基本主张，第五章详细阐述描述心理学的浪漫主义传统及其包含的三种具体理论形态的基本主张，第六章详细阐述描述心理学与后来产生的精神分析心理学、格式塔心理学、现象学心理学、存在心理学及人本主义心理学的历史融合效应，第七章详细阐述描述心理学在质性心理学中的当代新生效应，第八章详细阐述描述心理学在科学观、对象论、方法学和理论观四个维度的理论特征，第九章以描述心理学为基点探索和考察人文科学心理学的历史发展逻辑，第十章从贡献、局限、影响和启示四个维度对描述心理学进行较为客观公正的评价，第十一章探讨如何推进描述心理学在心理健康领域的应用。整部著作内容丰富，框架结构合理，各章节之间具有较强的内在逻辑性，可谓合理建构了描述心理学的理论体系。这是国内乃至国外首部全面系统地研究描述心理学的专著，具有填补西方心理学史研究空白的意义和价值。

描述心理学的开创者和承继者多是以哲学家为主要身份的德国人，他们基本都是用德文来写作的，而且撰写出来的文本哲学味道浓厚，许多心理学思想都与奥涩的哲学思想糅合在一起。这就给理解和研究带来了麻烦和困难。幸好大量阐明心理学思想的重要文本已被译成英文,有些也译成了中文,再加上可供参考的许多二手中、英文文献,这又给研究带来了可能。为了保证理解的准确性,王申连通常都是将中、英、德三国文献(如果三个版本同时存在的话)对照着来阅读的,特别是重要文献或关键部分。令人欣慰的是,呈现在我们面前的这部著作虽然内容深刻但并不晦涩难懂,反而是论证严密、环环相扣,表达准确、语言流畅。这足以凸显作者所下功力之大。更难能可贵的是,这部著作不是停留于对大量文献进行理解基础上的梳理和介绍,而是进行了深入研究与合理建构,提出了许多富有价值的创新性观点。例如,作者以描述心理学为基点考察人文科学心理学的六种历史发展逻辑就是一种大胆的想法。再如,作者在著作"结语"部分提出要推进描述心理学在心理健康领域的应用也是一种颇有价值的观点。创新是学术生命力的源泉,我们鼓励心理学研究者特别是青年学者有理有据地大胆创新。

王申连为人坦诚实在,治学严谨刻苦,甘坐"冷板凳"。早在我撰写《经验的描述——意动心理学》(2010)时,他就帮助我翻译和整理了不少外文资料,并在向出版社交稿前认真通读全书,提出了许多有价值的修改意见和建议,提前对布伦塔诺、斯顿夫和胡塞尔的心理学思想有了较为深入的了解。《描述心理学:心理生活的描述、理解与解释》这部著作,见证了他十余年在心理学历史与理论研究领域的成长和发展,希望这本书能引起学术界的重视。"执著钻研真理先,甘做心灵守护人。"最后,我想就用他自己的这句座右铭来勉励他,期待他学术和生活越来越好。

是为序。

郭本禹

2022 年 2 月 18 日于南京

目 录

第一章 导言 ·· 1
  第一节 为什么要研究描述心理学 ·· 2
    一、描述心理学标志着人文科学心理学的历史开端并成为
       其重要构成 ··· 3
    二、描述心理学与发生心理学或说明心理学的对立开启
       西方心理学史上人文主义与科学主义对立运动的先河 ······ 4
    三、描述心理学对人文科学心理学史上的其他后续心理学
       派别产生重要影响 ·· 6
    四、描述心理学是当代质性心理学的思想源宗 ··················· 8
    五、描述心理学对科学心理学未来的健康发展具有重要的
       启发意义 ··· 9
    六、描述心理学长期未得到学术界的应有重视和充分
       研究 ·· 10
  第二节 国内外关于描述心理学的研究 ································ 12
    一、关于布伦塔诺描述心理学的研究 ······························· 12
    二、关于斯顿夫描述心理学的研究 ·································· 15
    三、关于胡塞尔描述心理学的研究 ·································· 17
    四、关于狄尔泰描述心理学的研究 ·································· 19
    五、关于斯普兰格描述心理学的研究 ······························· 22
    六、关于斯特恩描述心理学的研究 ·································· 24
    七、研究概况总结与本书主要内容 ·································· 25

第二章 描述心理学总论 ·· 31
  第一节 描述心理学的基本内涵 ·· 32
  第二节 描述心理学的历史演变 ·· 38
    一、描述心理学的产生 ··· 39
    二、严格科学传统的描述心理学的发展路径 ····················· 41

三、浪漫主义传统的描述心理学的发展路径 ………… 45
　　　四、描述心理学的历史融合与当代新生 …………… 49
　第三节　描述心理学的理论形态 ………………………… 50
　　　一、严格科学传统的描述心理学的理论形态 ……… 51
　　　二、浪漫主义传统的描述心理学的理论形态 ……… 55
　　　三、描述心理学两种传统的区别与共性 …………… 60

第三章　描述心理学的思想来源　　　　　　　　　　　　62
　第一节　描述心理学的社会条件 ………………………… 62
　第二节　描述心理学的哲学渊源 ………………………… 67
　　　一、康德哲学 ………………………………………… 68
　　　二、经验哲学 ………………………………………… 70
　　　三、亚里士多德哲学 ………………………………… 72
　　　四、浪漫主义 ………………………………………… 74
　　　五、历史哲学 ………………………………………… 76
　　　六、现象学与解释学 ………………………………… 78
　第三节　描述心理学的科学土壤 ………………………… 84
　第四节　描述心理学的心理学背景 ……………………… 88

第四章　严格科学传统的描述心理学　　　　　　　　　　92
　第一节　布伦塔诺的意动描述心理学 …………………… 93
　　　一、布伦塔诺其人 …………………………………… 93
　　　二、描述心理学与发生心理学的区分 …………… 104
　　　三、描述心理学的人文科学观 …………………… 108
　　　四、描述心理学的研究对象 ……………………… 110
　　　五、描述心理学的研究方法 ……………………… 113
　　　六、描述心理学的心理分类论 …………………… 116
　第二节　斯顿夫的机能描述心理学 …………………… 119
　　　一、斯顿夫其人 …………………………………… 120
　　　二、描述心理学的人文科学观 …………………… 130
　　　三、描述心理学的研究对象 ……………………… 132
　　　四、描述心理学的研究方法 ……………………… 134
　　　五、描述心理学的心理分类论 …………………… 136
　第三节　胡塞尔的本质描述心理学 …………………… 139
　　　一、胡塞尔其人 …………………………………… 139
　　　二、早期的描述心理学研究 ……………………… 149

三、"三维"意向结构模型 …………………………… 152
　　　四、本质描述心理学思想 …………………………… 154
第五章　浪漫主义传统的描述心理学 …………………………… 160
　第一节　狄尔泰的体验描述心理学 …………………………… 160
　　　一、狄尔泰其人 ……………………………………… 161
　　　二、描述心理学与说明心理学的区分 ……………… 174
　　　三、描述心理学的人文科学观 ……………………… 179
　　　四、描述心理学的研究对象 ………………………… 181
　　　五、描述心理学的研究方法 ………………………… 183
　　　六、描述心理学的具体理论 ………………………… 190
　第二节　斯普兰格的结构描述心理学 ………………………… 197
　　　一、斯普兰格其人 …………………………………… 197
　　　二、描述心理学的基本观点 ………………………… 199
　　　三、描述心理学的人格类型观 ……………………… 205
　　　四、描述心理学的心理发展观 ……………………… 211
　第三节　斯特恩的人格描述心理学 …………………………… 215
　　　一、斯特恩其人 ……………………………………… 215
　　　二、描述心理学与说明心理学的关系 ……………… 220
　　　三、描述心理学的人文科学观 ……………………… 223
　　　四、描述心理学的研究对象 ………………………… 224
　　　五、描述心理学的研究方法 ………………………… 227
　　　六、描述心理学的人格发展观 ……………………… 228
第六章　描述心理学的历史融合效应 …………………………… 245
　第一节　描述心理学与精神分析心理学 ……………………… 245
　第二节　描述心理学与格式塔心理学 ………………………… 253
　第三节　描述心理学与现象学心理学 ………………………… 257
　第四节　描述心理学与存在心理学 …………………………… 262
　第五节　描述心理学与人本主义心理学 ……………………… 266
第七章　描述心理学的当代新生效应 …………………………… 270
　第一节　描述心理学的质性精神 ……………………………… 271
　　　一、意义实在而非物化实在的本体论精神 ………… 273
　　　二、主客互动而非主客分离的认识论立场 ………… 277
　　　三、主观探究而非客观实证的方法论策略 ………… 279
　　　四、观念涉入而非观念无涉的价值论态度 ………… 283

第二节　质性心理学的哲学依据 ················· 285
　　第三节　质性心理学的基本特征 ················· 287
　　第四节　质性心理学的具体方法 ················· 290
　　第五节　质性心理学的研究实例 ················· 295

第八章　描述心理学的理论特征 ················· 300
　　第一节　描述心理学的科学观 ··················· 300
　　第二节　描述心理学的对象论 ··················· 303
　　第三节　描述心理学的方法学 ··················· 306
　　第四节　描述心理学的理论观 ··················· 308
　　　　一、反对方法中心论，坚持问题中心论 ········· 308
　　　　二、反对元素论，坚持整体论 ················· 309
　　　　三、反对因果决定论，坚持自由意志论 ········· 311
　　　　四、反对主客二元论，坚持主客同一论 ········· 312
　　　　五、反对价值中立论，坚持价值负荷论 ········· 313

第九章　描述心理学与人文科学心理学的历史发展逻辑 ··· 315
　　第一节　人文科学心理学历史发展的现象学逻辑 ··· 315
　　第二节　人文科学心理学历史发展的解释学逻辑 ··· 325
　　第三节　人文科学心理学历史发展的整体论逻辑 ··· 334
　　第四节　人文科学心理学历史发展的主体论逻辑 ··· 343
　　第五节　人文科学心理学历史发展的文化论逻辑 ··· 350
　　第六节　人文科学心理学历史发展的批判论逻辑 ··· 358

第十章　描述心理学的评价 ······················· 366
　　第一节　描述心理学的主要贡献 ················· 367
　　　　一、延续和推进了心理学与哲学的传统联系 ····· 367
　　　　二、开创了现代科学心理学的人文研究取向 ····· 369
　　　　三、开启了心理学质性研究范式的历史先河 ····· 372
　　　　四、确立了心理学面向实事本身的研究风格 ····· 373
　　　　五、观照并强调了人的心理的社会性、历史性和
　　　　　　文化性 ································· 376
　　第二节　描述心理学的主要局限 ················· 378
　　　　一、没有形成统合性的理论体系 ··············· 378
　　　　二、带有较浓厚的理论思辨色彩 ··············· 379
　　　　三、缺少对具体主题的微观研究 ··············· 380
　　　　四、操作和推广难度较大 ····················· 381

  第三节　描述心理学的主要影响 …………………………… 382
   一、对精神分析心理学的影响 …………………………… 383
   二、对格式塔心理学的影响 ……………………………… 384
   三、对"第三势力"心理学的影响 ………………………… 386
   四、对现代人格心理学的影响 …………………………… 387
   五、对当代质性心理学的影响 …………………………… 389
  第四节　描述心理学的主要启示 …………………………… 390
   一、重新定位心理学的科学性质 ………………………… 391
   二、重新审视心理学的研究对象 ………………………… 393
   三、整合主观经验范式与客观实验范式 ………………… 394
   四、加强心理学的理论研究 ……………………………… 395
   五、推动心理学面向现实生活和实际应用 ……………… 397

第十一章　结语：推进描述心理学在心理健康领域的应用 ……… 399
  第一节　描述心理学与心理健康研究 ……………………… 400
  第二节　描述心理学与心理治疗 …………………………… 405
   一、现象学观念与心理治疗 ……………………………… 406
   二、共情理解与心理治疗 ………………………………… 407
   三、整体论与心理治疗 …………………………………… 408
   四、体验与心理治疗 ……………………………………… 408
   五、主体论与心理治疗 …………………………………… 409
   六、社会、历史和文化与心理治疗 ………………………… 410

参考文献 …………………………………………………………… 411
后记 ………………………………………………………………… 432

第一章 导　　言

描述心理学(descriptive psychology)是19世纪70年代中期由布伦塔诺(Franz Clemens Brentano，1838—1917)和狄尔泰(Wilhelm Dilthey，1833—1911)共同开创的一个彰显人文主义精神的重要心理学形态,主张通过现象学的描述的方法或解释学的理解的方法如实呈现人的心理生活的全貌,表现出与执着于因果假设、元素分析、实验操控和量化说明等科学主义研究模式的发生心理学或说明心理学截然相对的理论特征,它是科学心理学创建初期反对心理学自然科学化的一股强大力量。描述心理学自诞生之日起便沿循严格科学传统和浪漫主义传统两条路径发展,前者由布伦塔诺开创并通过斯顿夫(Carl Stumpf，1848—1936)和胡塞尔(Edmund Husserl，1859—1938)等人得以传承和发展,后者由狄尔泰开创并通过斯普兰格(Eduard Spranger，1882—1963)和斯特恩(Wilhelm Louis Stern，1871—1938)等人得以传承和发展。尽管这两种传统在心理学的学科目标、理论焦点和研究方法等方面存在诸多具体差异,但它们在反对心理学自然科学化这个共同目标指引下,筑成了整个描述心理学的框架体系和理论大厦。描述心理学通过抵制科学主义霸权和彰显人文主义精神,在科学心理学创建伊始,开辟了不同于科学主义的人文主义研究路线,在科学心理学特别是人文科学心理学发展史上产生了广泛而深远的影响,乃至在当代质性心理学中也不乏响亮回应。我们甚至可以在广义上把描述心理学与整个人文科学心理学相等同,以人文科学为模板的描述心理学和以自然科学为模板的说明心理学的相对独立发展,勾勒了整个西方心理学的历史发展图景。[①][②] 然

---

① 方文.论心理学的历史图景.晋阳学刊,1994(6)：64-68.
② 这里需要说明的是,如果从宏观的科学立场和基本的方法取向上讲,本书中提到的发生心理学与说明心理学基本上可以等同,都是指自然科学取向的心理学,都是将自然科学的方法应用于心理现象的研究,只是以布伦塔诺、斯顿夫和胡塞尔等为代表的严格科学传统的描述心理学家常用"发生心理学",而以狄尔泰、斯普兰格和斯特恩等为代表的浪漫主义传统的描述心理学家常用"说明心理学"。

而,描述心理学在过去相当漫长的时期内并没有受到与其历史地位、影响和价值相对称的学界关注,更没有得到系统、深入和充分的研究。鉴于此,本章主要阐述三个问题:为什么要研究描述心理学?国内外关于描述心理学的基本研究状况如何?本书主要包括哪些研究内容?

第一节　为什么要研究描述心理学

我们之所以要研究某种事物,一方面在于事物所具有的重要价值,另一方面在于对它的研究还不够充分。这可以很好地说明我们为什么要研究描述心理学。描述心理学作为科学心理学开创初期便诞生的一种观点鲜明、意蕴丰富、影响深远的心理学形态,不仅标志着人文科学心理学的历史开端并是其重要构成力量,通过与发生心理学或说明心理学的对立开启了西方心理学史上人文主义与科学主义两条发展路线对立运动的先河,对人文科学心理学史上的其他后续心理学派别产生了重要影响,而且是当代质性心理学的思想源宗,对于科学心理学未来如何健康发展也具有重要理论启发。可以说,描述心理学不仅具有非常重要的历史价值,而且具有非常重要的当代价值。然而,长期以来,描述心理学对于许多心理学家甚至心理学史家来说也仅仅是一个"历史名词"而已,并没有得到学术界的应有重视和充分研究。这便是我们要研究描述心理学的主要原因,也是我们在这一节接下来要着重论述的内容,其中第二点原因,在本章第二节"国内外关于描述心理学的研究"中亦可以得到进一步的、具体的证明。

除此之外,还有非常重要的两点也是我们开展描述心理学研究的原因。一是当今时代对人文科学心理学的呼唤。自科学心理学创建以来,科学主义研究模式一直统治心理学界,时至今日已然达到一个新的历史高峰,突出表现便是认知神经科学在当代心理学中无以撼动的引领地位。人们甚至乐观地相信,认知神经科学的技术和手段可以揭开人类"大脑黑箱"的秘密,让人形象直观地"读出"心理的活动。但这一信念在多大程度上是可能实现的呢?早在2007年便有学者发文阐明了理论心理学家和哲学心理学家的质疑观点:认知神经科学的研究思路带有还原论色彩,无法完全解释一个人的心理活动过程;认知神经科学忽略了社会、历史、文化和生活等理解人的心理和行为的最关键因素,无法从真正意义上解释人的心理和行为;认知神经科学仅能揭示神经事件与认知或行为的关联性,而无法进行更丰富和更深刻层面的研究。① 近些年来,随着社会生活的日新月异和人际关系的日益复杂,人们的心理生活更凸显出人文的丰富性和复杂性。从这个角度来讲,心理研究对人文科学心理学的呼唤变得日益强烈,而彰显人文科学精神的描述心理学便成为我们开展研究的重要选题。二是笔者对描述心理学这个研究主题的兴趣以及由此驱动进行的长期学术准备和积累。这两点原因虽不是我们接下来要进一步论述的内容,但其重要性不容小觑。

一、描述心理学标志着人文科学心理学的历史开端并成为其重要构成

描述心理学虽由布伦塔诺和狄尔泰共同创建,但单就时间维度而言,是布伦塔诺最早开启了描述心理学的具体研究。布伦塔诺1874年出版了他的丰碑性著作《经验观点的心理学》,在书中首次确立了他的意动心理学理论体系,把心理学界定为一门人文科学取向的经验科学,主张运用内部知觉的主观经验范式来发现心理的过程资料(即意识活动),热衷于现象直观、整体分析、理论思辨和质性描述。他主张的心理学通常被称为"意动心理学",是学术界公认的人文科学心理学的第一个理论派别,标志着人文科学心理学的历史开端。但实际上,布伦塔诺是在描述心理学框架体系下进行意动心理学研究的。尽管从整个西方心理学理论流派后来的历史发展脉络来看,意动心理学和描述心理学是两种不同的理论体系而且理论主张各异,前者主要从对象论层面来自我诠释,后者主要从方法论和目的论层面来自我诠释,但就布伦塔诺自身而言,意动心理学构成了他的描述心理学的核心部分。布伦塔诺虽不是西方心理学史上最早提出"描述心理学"概念的人,但他最早开启了描述心理学的具体研究,即运用描述心理学的方法学理念研究意识活动。也就是说,他通过其《经验观点的心理学》在开创意动心理学的同时,也实际开创了描述心理学,并通过描述心理学奠基性地勾勒了人文科学心理学的历史发展图景。稍后,狄尔泰受布伦塔诺"描述"思想的影响和启发,开创了描述心理学的另一种传统,进一步丰富和壮大了描述心理学的势力。因此,确切地讲,描述心理学产生于意动心理学诞生之时,也构成了西方心理学史上人文科学心理学发展路线的第一种心理学形态,奠定了后来人文科学心理学发展的基本路向,可谓开创了人文科学心理学研究路线的历史先河。

描述心理学不仅是人文科学心理学的历史开端,而且还是人文科学心

---

① Machamer, P., & Sytsma, J. (2007). Nueroscience and theoretical psychology: What's to worry about? *Theory and Psychology*, 17(2): 199-216.

理学的重要构成力量。首先,从理论主张来看,描述心理学蕴含并彰显出丰富且澄明的人文科学心理学精神。它坚持在现象学或解释学思想指导下对人的完整心理生活进行不涉及因果假设和元素分析的如实描述或意义理解,关注直觉、情感、价值、意义和体验等心理主题,重视社会、历史和文化因素对人的心理生活的影响。它的主要代表人物在继承前辈思想的基础上,对心理学进行了富有独创性的人文科学诠释,他们的心理学科学观、对象论、方法学和具体理论都充分反映了人文科学心理学的基本精神。因此,描述心理学是一种意蕴深厚、内容丰富的人文科学心理学形态。其次,从学术队伍来看,描述心理学家团队主要由布伦塔诺、斯顿夫、胡塞尔以及狄尔泰、斯普兰格、斯特恩等多位世界级的人文思想家组成,而且他们通过前后传承使描述心理学在心理学史上延续了很长一段时期。布伦塔诺通过他1874年出版的《经验观点的心理学》,在西方心理学史上首先开启了描述心理学的具体研究,并通过描述心理学奠基性地勾勒了人文科学心理学的历史图景,他的嫡传弟子斯顿夫和胡塞尔等传承和发展了他的描述心理学思想,他们共同铸就了描述心理学的严格科学传统。狄尔泰仔细拜读布伦塔诺的《经验观点的心理学》后深受启发,1876年在西方心理学史上首次明确提出了现代学科意义上的"描述心理学"概念,并在1894年出版了他的纲领性的描述心理学论文《描述与分析心理学的观念》,对描述心理学进行了宏伟构想和明确规划,斯普兰格和斯特恩等传承和发展了狄尔泰的描述心理学思想,他们共同铸就了描述心理学的浪漫主义传统。最后,从历史影响和效应看,描述心理学作为早期重要科学心理学形态奠定了人文科学心理学的基本精神,为后来的精神分析心理学、格式塔心理学和"第三势力"心理学等其他人文科学心理学理论派别提供了直接或间接的思想来源,而且通过与发生心理学或说明心理学的对立开启了西方心理学史上人文主义与科学主义两条路线之间的对立和纷争。

综上所述,描述心理学不仅开启了人文科学心理学的历史先河,而且是人文科学心理学甚至整个科学心理学的重要构成力量。因此,研究描述心理学不仅可以深入了解人文科学心理学的初始精神,而且可以更好地理解人文科学心理学的内在特质。

二、描述心理学与发生心理学或说明心理学的对立开启西方心理学史上人文主义与科学主义对立运动的先河

从古希腊到19世纪中后期这两千多年的漫长岁月中,哲学通过确定心理学的研究范围、探索主题、理论体系、思辨方法和具体观点为心理学的最

终独立准备了必要条件,而19世纪天文学和物理学特别是生理学等自然科学的丰富研究成果及方法更直接地促进了科学心理学的诞生。可以说,科学心理学由哲学和生理学共同孕育而生,而它的两位创立者冯特和布伦塔诺则扮演了"助产士"的角色。① 科学心理学诞生伊始便表现为两种理论形态或两种研究取向,即冯特开创的自然科学取向的心理学(亦称"自然科学心理学")和布伦塔诺开创的人文科学取向的心理学(亦称"人文科学心理学")。

冯特1874年出版了《生理心理学原理》(下卷),把心理学界定为一门自然科学取向的经验科学,主张运用实验内省等客观主义研究范式来获取心理的对象资料(即意识内容),热衷于因果假设、元素分析、经验证实和量化说明。因此,就研究对象层面而言,冯特的心理学常被称为内容心理学,它是自然科学心理学的第一个理论派别,标志着自然科学心理学研究路线的开端。同样在1874年,布伦塔诺出版了《经验观点的心理学》,标志着人文科学心理学的第一个理论派别或形态——意动心理学或描述心理学的创立,人文科学心理学研究路线便由此开启。布伦塔诺把冯特等人的自然科学取向的心理学称为发生心理学,与他的描述心理学相对应。狄尔泰把冯特等人的自然科学取向的心理学称为说明心理学,与他的描述心理学相对应。因此,在这里,内容心理学与发生心理学或说明心理学都指的是冯特等人的自然科学取向的心理学,只是界定依据不同而已。内容心理学主要是从研究对象层面来界定的,而发生心理学或说明心理学主要是从方法论和目的论层面来界定的。因此,像内容心理学一样,冯特等人的发生心理学或说明心理学作为西方心理学史上科学主义路线的早期心理学形态,奠定了未来自然科学心理学发展的基本路向,可谓开创了自然科学心理学研究路线的历史先河。意动心理学与内容心理学、描述心理学与发生心理学或说明心理学实际构成了西方心理学史上最早对立的两种心理学派别或形态,它们之间的直接对立开启了西方心理学史上人文主义与科学主义两条路线之间的对立与纷争。

然而,人们通常把意动心理学与内容心理学之间的对立称为西方心理学史上人文主义与科学主义两条路线之间对立运动的开端,而很少关注描述心理学与发生心理学或说明心理学的对立对于科学心理学两条路线对立运动的作用和地位。② 这可能存在两方面的原因:一是描述心理学的历史发展线索较为隐含和松散,人们难以妥帖地将它称为一个内部密切统一、逻

---

① 郭本禹,主编.西方心理学史.北京:人民卫生出版社,2007:23.
② 波林的世界著名的《实验心理学史》也没有关注到这一点。

辑紧凑严密的心理学派别,所以对描述心理学本身的关注较少;二是描述心理学的最早奠基者和实际开启者布伦塔诺早期不坚持描述心理学与发生心理学之间的二元对立,而只是坚持描述心理学在心理学研究程序或逻辑上优先于发生心理学,两者是一种程序或逻辑互补关系。但是,我们应当看到,布伦塔诺是在心理学研究目标的达成或心理学研究问题的解决这一框架内来界定两者关系的。抛开这一目的论框架,描述心理学与发生心理学在研究范式和研究理念上确实呈对立态势,而且它们作为两种心理学形态在科学观上更是如此。经过狄尔泰苦心经营之后,描述心理学与发生心理学或说明心理学之间的对立更加明显。狄尔泰1894年发表了著名论文《描述与分析心理学的观念》,提倡描述的人文心理学运动,明确反对迷恋因果假设和元素分析的说明心理学。而就在两年之后,实验心理学的代表人物艾宾浩斯便针锋相对地发表了《论说明的和描述的心理学》一文,与狄尔泰进行了心理学史上赫赫有名的激烈论战。这是人文科学心理学与自然科学心理学两大阵营在心理学科学观和研究范式上对立斗争的经典范例。

从后来整个西方心理学发展的历史事实看,描述心理学与发生心理学或说明心理学之间的对立,像意动心理学与内容心理学之间的对立一样,开启了心理学史上人文主义与科学主义两条路线之间对立运动的先河。在之后科学心理学140余年的发展历程中,科学主义心理学与人文主义心理学演化为两大对立路线,前者是主流的心理学取向,包括内容心理学(发生心理学或说明心理学)、构造心理学、机能心理学、行为主义心理学、皮亚杰学派心理学和认知心理学等派别,后者是非主流的心理学取向,包括意动心理学(描述心理学)、精神分析心理学、格式塔心理学、现象学心理学、存在心理学、人本主义心理学和超个人心理学等派别。科学主义心理学与人文主义心理学各自相对独立发展,彼此少有交流和借鉴,并围绕着学科性质、研究对象和研究方法等基本理论问题展开了长期而激烈的论战。或许,正是这种长期而激烈的论战和对立,促使双方不断完善自身,进而推动整个科学心理学负重前行。因此,研究描述心理学有助于从人文主义与科学主义对立的视角更好地理解整个科学心理学的内部发展动力。

三、描述心理学对人文科学心理学史上的其他后续心理学派别产生重要影响

描述心理学虽是科学心理学初创时期产生的一种人文科学心理学形态,历经数十载之后便在心理学的发展进程中慢慢隐没和消逝了,但它对人文科学心理学史上的其他后续心理学派别,如精神分析心理学、格式塔心理

学和由现象学心理学、存在心理学、人本主义心理学组成的"第三势力"心理学等产生了极为重要的影响,将自身的许多理论主张、思想观点和方法理念融会到它们之中,为它们提供了直接或间接的思想来源,从而先驱性地影响和推动了它们的产生与发展。

首先,描述心理学通过布伦塔诺和狄尔泰影响了弗洛伊德精神分析心理学的产生。弗洛伊德是布伦塔诺在维也纳大学任教时期选修课的学生,在某种程度上,弗洛伊德受布伦塔诺人文科学心理学观念的影响才开创了具有人文主义倾向的精神分析心理学,而且吸纳了他关于心理具有意向性和能动性的观念,注重在精神分析治疗实践中关注患者的内心活动经验。弗洛伊德精神分析理论大厦的创建也受到狄尔泰描述心理学思想的重要影响。狄尔泰对心理生命的结构与发展的深入探讨,对人的本能或驱力在心理生命中占据重要地位的认可,对心理学与生物学存在密切关系的强调,以及对深层心理生命和潜意识现象的密切关注,都为精神分析理论创建时期的弗洛伊德提供了启发和参照。

其次,描述心理学对格式塔心理学产生了直接影响。布伦塔诺的描述心理学主要通过其弟子斯顿夫来影响格式塔心理学。斯顿夫被称为"布伦塔诺与格式塔学派之间的重要纽带"[①],继承和发展了布伦塔诺的描述心理学思想,首次把现象学思想引入心理学实验室,从而为格式塔心理学提供了方法论基础和实验指南。斯顿夫还是格式塔心理学的切身探路者,提出的心理机能的整体观以及"整体思维的首要性"和"现象分析相对于刺激分析的首要性"等术语为格式塔心理学提供了直接灵感和理论准则,更重要的是他直接培养了包括惠特海默(Max Wertheimer, 1880—1943)、苛勒(Wolfgang Köhler, 1887—1967)、考夫卡(Kurt Koffka, 1886—1941)和勒温(Kurt Lewin, 1890—1947)等在内的格式塔心理学的"柏林学派",引领他们对自然科学心理学中的构造主义和行为主义进行反抗,从而直接推动了格式塔心理学的产生,被誉为"格式塔心理学之父"[②]。胡塞尔提出的现象学方法在格式塔心理学那里得到了彻底运用。狄尔泰的描述心理学在心理学史上树立了一个新的标志,成为格式塔心理学的思想起点。[③] 斯普兰格对人格

---

① Thorne, B. M., & Henley, T. B. (1997). *Connections in the history and system of psychology*. New York: Houghton Mifflin Company, p.190.
② Albertazzi, L., Libardi, M., & Poli, R. (Eds.). (1996). *The school of Franz Brentano*. Dordrecht: Kluwer Academic Publishers, p.113.
③ Wolman, B. B., & Knapp, S. (1981). *Contemporary theories and systems in psychology* (2nd ed., expanded and rev.). New York: Plenum Press, p.421.

类型与文化领域之间关联的强调,斯特恩的整体论思想和人格主义哲学倾向,对格式塔心理学后期代表人物勒温产生了直接影响。

再次,描述心理学的研究方法和理论观点在"第三势力"心理学中得到了强烈回应,它的主要代表人物布伦塔诺、斯顿夫、胡塞尔以及狄尔泰、斯普兰格、斯特恩几乎都对"第三势力"心理学产生了直接而重要的影响,我们举例说明之。布伦塔诺提出的心理具有意向性本质的对象观以及内部知觉的方法观为现象学心理学提供了核心主题和方法论基础,他强调的意向性和经验整体性、人类生活的前瞻性和目的性、自我的统一性和整合性在人本主义心理学中再次浮现。斯顿夫在音乐心理学领域进行的现象学实验,为现象学心理学的实验现象学研究取向提供了先驱性尝试。胡塞尔创立的以"面向实事本身"为基本精神的现象学为现象学心理学提供了研究出发点和方法论基础,为存在心理学直接面对经验世界提供了一条可行途径,为人本主义心理学提供了最为恰当的研究工具。狄尔泰旗帜鲜明倡导的忠于心理现象本身的人文科学心理学为现象学心理学提供了最显著的思想来源并指明了方向,[①]他对生命体验和真实情感等非理性因素的强调、对理解和描述等方法的注重以及他与雅斯贝尔斯(Karl Jaspers,1883—1969)一道兴起的存在主义潮流对存在心理学和人本主义心理学产生了极为重要的影响。斯普兰格和斯特恩强调从整体论视角研究人格及价值观,主张用现象学的描述方法和解释学的理解方法研究人类主观经验,为人本主义心理学的整体倾向和自我实现理论提供了前提。

综上所述,描述心理学对人文科学心理学阵营中的精神分析心理学、格式塔心理学和"第三势力"心理学产生了极为重要的影响。我们深入系统地研究描述心理学,有助于更好地理解精神分析心理学、格式塔心理学和"第三势力"心理学的思想渊源和精神实质,更好地理解人文科学心理学的历史脉络和发展逻辑。

四、描述心理学是当代质性心理学的思想源宗

虽然描述心理学作为科学心理学史早期产生的一种重要的心理学形态已不复存在,但它的基本精神在当代质性心理学中得到了响亮回应,或者说重新获得了新生。描述心理学把心理实在与物理实在看作是不同性质的存在,认为物理实在外在于经验主体而心理实在内在于经验主体,物理实在诸部分之间的关系及其支配规律可以通过假设推理和理论建构等数量化说明

---

① 崔光辉.走向真实的世界——现象学心理学研究.南京:南京师范大学博士学位论文,2008.

的方法来探得,而心理实在是不可拆分的具有社会、历史和文化意义的内部经验统一体,它的内部结构形态和丰富意义内容只能通过质性的描述方法或理解方法来获得,而因果假设、元素分析、实验操控和量化说明的方法无法在心理研究的这个层次发挥效用。描述心理学在本体论、认识论、方法论和价值论层面都主张心理学是一门追求质性研究精神的人文科学,而不是一门追求量性研究精神的自然科学。

当今心理学界正如火如荼地开展的心理学质性研究,已经形成一个新的学科体系,即质性心理学[①]。它致力于在特定情境中对人的主观经验作整体的描述、理解或解释分析,强调深入文化内部从被研究者的角度看待问题,注重探寻人的思想和行为中的意义关联,尊重人的独特性和过程性、丰富性和复杂性以及社会性和文化性。也就是说,描述心理学着力提倡的描述、理解和解释的主观方法学理念,在当代质性心理学研究中起着核心作用。或者说,质性心理学的研究理念和方法主张,正是源自描述心理学的浓厚而澄明的质性精神。因此可以说,描述心理学是当代质性心理学的思想源宗,而质性心理学是描述心理学的当代新生。

当代开展的心理学质性研究已取得丰富的研究成果,对于过分追求客观精确地预测普适性因果规律的量性研究是一种很好的纠偏和补充。这也正说明了作为当代质性心理学思想源宗的描述心理学的时代价值。因此,系统研究描述心理学可以古为今用,有助于更好地理解当代质性心理学的研究精髓和理论本质,进而探求心理学的质性研究与量性研究如何有效融合,以通过优势互补来推动未来科学心理学朝着多维和综合的方向健康发展。

五、描述心理学对科学心理学未来的健康发展具有重要的启发意义

科学心理学以兼具生物属性和社会文化属性的人及其心理为研究对象,这就决定了科学心理学兼具自然科学和人文科学的双重性质,决定了科学的心理学研究不可能完全和机械地遵守自然科学的理论前提和研究模式。然而,科学心理学自诞生之日起140余年来,便一直沿循自然科学心理学和人文科学心理学两条路线相对独立发展,在对立中融合,在融合中对立,但自然科学心理学研究路线始终占据绝对霸权地位。时至今日,追求和迷恋假设模型、实验操控、元素分析、量性表达和因果说明等科学主义精神的自然科学心理学依然占据着心理学的绝对主流地位,甚至依赖精密仪器

[①] Smith, J. A. (Ed.). (2003). *Qualitative psychology: A practical guide to research methods*. London: Sage.

的认知神经科学已成为科学心理学发展的新阶段,对科学心理学的发展正发挥着引领作用,而强调研究者主观能动性的人文科学心理学被日益边缘化,科学心理学濒临被生物学化和医学化的危险局面。

描述心理学坚持心理学的人文科学观,强调心理学研究的生态真实性和人文丰富性,崇尚现象学视野下的如实描述或解释学视野下的意义理解,注重人的心理生活经验的完整性、独特性、价值性、目的性和意义性等人文特征,而这正是当今以科学实证主义为绝对导向的心理学研究严重缺乏的基本精神。鉴于此,系统研究描述心理学可以使我们以人文科学心理学的视域审视心理学研究,增强我们从事心理学研究的人文科学意识,把人作为一个具有社会性、历史性和文化性的生活主体来研究,纠正当今心理学研究严重科学主义化和自然科学化的错误倾向,改变自然科学心理学与人文科学心理学"井水不犯河水"的两歧思维和对立态势①,树立相互借鉴和相互融合的"大心理学观"②,推动未来心理学朝着更加健康的方向发展。

六、描述心理学长期未得到学术界的应有重视和充分研究

描述心理学既具有重要的历史价值又具有重要的当代价值,但这样一个地位举足轻重、内容丰富多彩的心理学形态或领域,长期以来并没有得到学术界的应有重视和充分研究。它就像一块人文瑰宝长期被埋没于西方心理学的历史尘埃之中,很少有人问津,更别说系统研究了。那么,人们为什么没有系统地关注描述心理学呢?原因可能有如下四点。

第一,"时代精神"的压制。自科学心理学创建以来,追求客观实证和实验操控的自然科学模式一直都是心理学界"时代精神"的主流,人们习惯于只把冯特开创的注重因果假设、元素分析和量化说明的自然科学取向的心理学视为科学的心理学,而把布伦塔诺和狄尔泰开创的人文科学心理学作为科学心理学的边缘而不予问津,甚至不把它看作是科学的心理学,认为人文科学取向的心理学缺乏客观性而难以为心理学的科学性"正名"。作为人文科学心理学初始形态的描述心理学自然也就难以摆脱被冷落的命运。

第二,"历史的误会"使然。受其老师铁钦纳(Edward Bradford Titchener,1867—1927)的构造主义心理学思想的直接影响,著名心理学史专家波林(Edwin Gary Boring,1886—1968)在那本影响世界的《实验心理

---

① 描述心理学的开创者之一布伦塔诺就认为,完整的科学心理学应该包括自然科学心理学和人文科学心理学,而且在进行自然科学心理学研究之前,应首先进行人文科学心理学的研究,否则会冒很大风险。

② 葛鲁嘉.大心理学观——心理学发展的新契机与新视野.自然辩证法研究,1995,11(9):18-24.

学史》中用大量篇幅极力标榜冯特等人的实验心理学为正统的心理学,而对冯特的对立者布伦塔诺等人以及狄尔泰等人的心理学贡献不予重视,甚至对狄尔泰等人的贡献几乎只字未提。这便导致布伦塔诺和狄尔泰成为心理学史上的"隐身人"[①]而淡没于人们的视界之外,他们开创的描述心理学自然也被学术界忽略了。这种"历史的误会"实际也是导致前面"时代精神"的一条重要原因。

第三,思想传播和传承不力。描述心理学的两位开创者在思想传播和传承上处于不利境地。布伦塔诺强调围绕具体心理现象或问题进行细致考察,而对系统的理论建设重视不够,而且他的描述心理学思想与哲学思想通常糅合在一起。此外,他喜欢述而不作,关于描述心理学的著作并不太多,而能全面反映其思想的《布伦塔诺全集》至今未出版。狄尔泰的思想庞杂,被称为"百科全书式"的人文学者,其描述心理学思想散见于成千上万的纸页之中,很多至今尚未发表和出版。他是一位作品不完整、思想不系统的人文科学家。此外,他的描述心理学思想很多也与他的其他思想糅合在一起,专门论述描述心理学的著作并不太多。以上弊端不仅限制了他们的描述心理学思想向学界的传播,而且限制了向后辈的传承。

第四,理论架构和逻辑体系不甚明晰和严密。尽管描述心理学意蕴深厚、内容丰富,但其内部的理论架构相对松散,逻辑线索相对隐含和复杂,人们往往不自觉地采纳描述心理学的思想观点和研究理念,却没有兴趣和耐心去系统考察它是怎样一种心理学形态或理论派别。

描述心理学未被重视的原因的确值得我们深思。然而,无论从西方心理学史研究的角度还是从关注心理学未来发展的角度,我们都需要认真对待描述心理学这一心理学形态或领域。就目前的人文科学心理学理论流派研究而言,意动心理学、精神分析心理学、格式塔心理学、现象学心理学、存在心理学、人本主义心理学和超个人心理学等派别某种程度上都得到了系统研究,而唯独描述心理学还没有得到学术界应有的重视和充分的研究,这不失为一种缺憾!事实上,描述心理学既具有重要研究价值,又具有较大研究可能,因为它拥有丰富的理论内涵、深刻的思想渊源、较长的存在时期和巨大的历史影响,实际也存在着前后相承的逻辑发展线索,而且它的主要代表人物在哲学基础、科学观、对象论、方法学和具体理论等维度都具有较强的内在一致性。就目前心理学发展的整体状况而言,描述心理学可以提供许多富有价值的理论启发和研究借鉴。因此,我们应该全面而系统地研究

---

① 郭本禹,崔光辉,陈巍.经验的描述——意动心理学.济南:山东教育出版社,2010:5.

描述心理学，恢复它在心理学史上的重要学术地位，深入挖掘它的当代价值和现实意义，填补理论心理学和心理学史研究的这一空白，完善和丰富西方心理学理论流派特别是人文科学心理学理论流派的系统研究。

第二节 国内外关于描述心理学的研究

描述心理学的学术阵营主要包括布伦塔诺、斯顿夫、胡塞尔以及狄尔泰、斯普兰格、斯特恩六位代表人物，我们首先分别介绍有关他们的描述心理学的研究状况，然后总结和概括描述心理学的总体研究状况，并在此基础上介绍本书的主要内容。

一、关于布伦塔诺描述心理学的研究

布伦塔诺（Franz Clemens Brentano，1838—1917）既是著名的哲学家又是伟大的心理学家，而且在这两方面均作出了奠基性和开创性贡献。就哲学而言，他生前出版了30种哲学著述，奠基了20世纪西方两大哲学传统，即大陆哲学（或现象学）与分析哲学的基本理念。[1] 就心理学而言，他同时开创意动心理学和描述心理学，开创了不同于冯特（Wilhelm Wundt，1832—1920）的自然科学心理学的人文科学心理学研究路线。以1874年发表的《经验观点的心理学》为标志，布伦塔诺在未"正名"的情况下最早进行了现代学科意义上的描述心理学的具体研究，由此，我们可以称他为"描述心理学的最早奠基者和实际开启者"。事实上，严格说来，布伦塔诺的意动心理学研究是在其描述心理学理论框架下进行的，而且"意动"构成了他的描述心理学的核心要素[2]，所以布伦塔诺的描述心理学在很大程度上就体现为其意动心理学，可称之为意动描述心理学。

布伦塔诺生前出版了八种心理学著述，主要包括《亚里士多德的心理学》（1867）、《经验观点的心理学》（1874）、《探究感官心理学》（1907）和《论心理现象的分类》（1911）等，其中影响最大的是《经验观点的心理学》，它集中了布伦塔诺最主要的心理学思想。除著作外，布伦塔诺还发表了多篇心理学论文。例如，1895年，他发表了《我对奥地利的最后期望》一文，对描述心理学作了最为清晰和简洁的陈述。当然，布伦塔诺的心理学遗产远不只这

---

[1] 郭本禹，崔光辉，陈巍.经验的描述——意动心理学.济南：山东教育出版社，2010：4-5.
[2] 《心理学百科全书》编辑委员会，编.心理学百科全书.杭州：浙江教育出版社，1995：86.

些,他还有很多生前未发表的重要手稿。例如,他先后与160多人通信探讨学术问题,仅与弟子马蒂(Anton Marty,1847—1914)的通信就达1 400封。他还先后多次开设有关描述心理学的课程,这些课程在他身后被整理成《描述心理学》(德文版,1982;英译版,1995,2002)一书出版。此外,布伦塔诺的描述心理学思想很多还蕴含在其哲学著作中。例如,他在其哲学著作《我们的正误知识的起源》(1889)中就讨论了描述心理学问题。

布伦塔诺留下的上述丰富学术遗产,为我们研究他的描述心理学思想提供了最根本、最重要的依据。然而,布伦塔诺是心理学史上的一位"隐身人",在研究中备受冷落,他的描述心理学思想几乎从未得到过专门而系统的研究。就已有研究文献来看,对布伦塔诺哲学思想的研究要远多于对其心理学思想的研究;对其意动心理学的研究要远多于专门以"描述心理学"名义进行的研究。尽管就布伦塔诺而言,他的意动心理学构成了他的描述心理学的核心部分,但从整个西方心理学历史发展来看,两者毕竟是两种不同的学科架构和理论体系。因此,对布伦塔诺意动心理学的研究不能完全等同于对其描述心理学的研究。

就国外而言,几乎所有的心理学史教科书都会提到布伦塔诺,但几乎没有一本教科书专门系统地介绍过他的描述心理学思想。有关布伦塔诺描述心理学思想的介绍多分散和融合在对其思想的整体研究中。1919年,布伦塔诺的正统弟子克劳斯(Oskar Kraus,1872—1942)撰写了《弗朗茨·布伦塔诺:生平与著作》,较为系统地梳理了布伦塔诺的学术生平。1924年和1925年,他还重新编辑整理了《经验观点的心理学》的第一卷和第二卷。1929年,心理学史专家波林在其《实验心理学史》教材中,较为系统地阐述了布伦塔诺和斯顿夫的意动心理学思想。20世纪30年代初,曾有人提出"重新发现布伦塔诺"[①]的呼声,但在此后半个多世纪内都未得到学界较多回应。英语学界的布伦塔诺研究专家齐硕姆(Roderick Milton Chisholm,1916—1999)先后翻译了布伦塔诺的《真理与明见性》(1966)、《我们的正误知识的起源》(1968)、《亚里士多德和他的世界观》(1978)和《范畴论》(1981),并撰写了《布伦塔诺与迈农研究》(1982)和《布伦塔诺与内在价值》(1986)等著作。兰库莱罗(Antos C. Rancurello)撰写了研究专著《布伦塔诺研究:他的历史地位及其对心理学史的意义》(1968),基于波林的观点全面阐述了布伦塔诺的思想及其对心理学史的影响。施皮格伯格(Herbert Spiegelberg,1904—1990)撰写了《心理学和精神病学中的现象学》(1972)

---

① Eaton, H. O. (1932). The rediscovery of Franz Brentano. *Books Abroad*, 6(2): 154-156.

和《现象学运动》(1982),其中简要谈及了布伦塔诺的描述心理学。

20世纪80年代末,国际布伦塔诺研究会创办了《布伦塔诺研究》专刊,标志着布伦塔诺的研究开始升温。专刊的第一卷(1988)和第二卷(1989)便以布伦塔诺的描述心理学及其现实性为主题。自20世纪90年代起,学界开始对布伦塔诺的思想进行系统的发掘与梳理。史密斯(Barry Smith)的《奥地利哲学:弗朗茨·布伦塔诺的遗产》(1994)系统梳理了布伦塔诺及其后人的思想。库施(Martin Kusch)的《心理主义》(1995)从心理主义的视角概括性阐述了布伦塔诺、斯顿夫、胡塞尔的心理学思想。波利(Roberto Poli)主编的《布伦塔诺之谜》(1998)详细考察了布伦塔诺的"隐身"现象。罗林格(Robin D. Rollinger)的《胡塞尔在布伦塔诺学派中的地位》(1999)从胡塞尔与布伦塔诺学派的角度梳理了布伦塔诺及其学派的思想。弗拉德-梅奥尔(Victor Velarde-Mayol)著的《论布伦塔诺》(2000)阐述了布伦塔诺的哲学心理学、认识论、形而上学和伦理学思想。艾伯塔齐(Liliana Albertazzi)的专著《内在实在论:布伦塔诺导论》(2006)全面系统考察了布伦塔诺。此外,近些年也出现了一些研究布伦塔诺心理学思想的博士学位论文。例如,希克森(Ryan Hickerson)2003年撰写了《现象学的突破:布伦塔诺学派中的三种心理内容理论》。

就国内而言,对布伦塔诺描述心理学的研究概况与国外大体类似,而且还存在译介多而研究少的不足。1929年,高觉敷先生翻译了克吕维尔(Heinrich Klüver,1897—1979)的两篇论文——《现代德国自然科学的心理学》和《现代德国文化科学的心理学》,其中涉及对布伦塔诺和斯顿夫的意动心理学思想的论述。1932年,周先庚和陈汉标撰写了对波林《实验心理学史》的书评,指出布伦塔诺和斯顿夫的意动心理学是与冯特的实验心理学相对立的一个派别。1935年,高觉敷先生译出了波林的《实验心理学史》,为国内了解布伦塔诺和斯顿夫等人的心理学思想奠定了基础。1980年,刘恩久译出了布伦塔诺的原著《经验观点的心理学》中的第一章"论心理科学的概念和任务"。1982年,高觉敷先生主编了我国第一本西方心理学史教材《西方近代心理学史》,首次系统梳理了布伦塔诺和斯顿夫等人的意动心理学。1987年,王启康发表的《试论心理学史上的内容与意动之争——对一场争论的评价》以及之后高觉敷先生撰写的《从布伦塔诺的意动说到胡塞尔的现象学》两篇文章,均指出了布伦塔诺观点中的内容混淆之处。

进入20世纪90年代后,国内心理学界在前人工作基础上开始对布伦塔诺有了较为深入的研究。车文博在《西方心理学史》(1996,1998)和《透视西方心理学》(2007)两部著作中,准确定位了布伦塔诺的历史地位,详细阐述了其意动心理学思想。郭本禹则更全面地梳理和研究了布伦塔诺及其继承者的意动心理学思想。1998年,郭本禹发表了《布伦塔诺的意动心理学述评》一文,首次系统而全面地评介了布伦塔诺的意动心理学思想。同年,他在《西方心理学名著提要》中介绍了布伦塔诺的《经验观点的心理学》。此后,郭本禹主编了《心理学通史·第四卷·外国心理学流派(上)》(2000)、《西方心理学史》(2007,2013)和《现代西方心理学史》(2015)等,主译了《心理学史导论》(2004)、《现代心理学史》(2008)、《心理学的历史与体系》(2009)、《心理学史:观念与背景》(2009)和《心理学史》(2011)等,都包含对布伦塔诺和斯顿夫等人心理学思想的论述。特别需要指出两点:一是2010年郭本禹、崔光辉、陈巍出版的著作《经验的描述——意动心理学》,是迄今对布伦塔诺及其继承者的意动心理学最为全面和系统的专题研究,里面还专门提到布伦塔诺和胡塞尔的描述心理学思想;二是2017年郝亿春翻译出版了布伦塔诺最重要的心理学或描述心理学著作《经验观点的心理学》,中译名为《从经验立场出发的心理学》,由商务印书馆作为郭本禹教授主编的"心理学名著译丛"中的一本出版发行。

此外,国内哲学界对布伦塔诺的描述心理学思想也有许多值得称道的研究。例如,李河译的《胡塞尔思想的发展》(1995)、谢地坤主编的《西方哲学史(学术版)·第七卷·现代欧洲大陆哲学(上)》(2005)和李娟撰写的文章《从描述心理学到现象学——论布伦塔诺对胡塞尔现象学的影响》(2008)都在某种程度上专门介绍了布伦塔诺的描述心理学思想。

二、关于斯顿夫描述心理学的研究

斯顿夫(Carl Stumpf,1848—1936)一生涉猎心理学、哲学和音乐学三个领域,因最早追随布伦塔诺学习而被称为其"最年长的学生"[①]。他继承和发展了布伦塔诺的描述心理学思想,用"机能"取代"意动",从而把布伦塔诺的意动描述心理学发展为机能描述心理学。跟自己的老师布伦塔诺一样,斯顿夫重视课堂教学超过著述,几乎未写过一本系统的心理学著作。不过,斯顿夫的著述还是比较丰富的,其中音乐心理学或听觉论著54种,其他心理学论著27种,哲学论著14种,学术论文数十篇,还有大量手稿资料。在这些作品中,最能体现斯顿夫描述心理学思想的是两卷本的《音乐心理学》(1883,1890)以及《心理学与认识论》(1891)、《现象与心理机能》(1906)和《论科学分类》(1906)三篇心理学论文。《音乐心理学》是斯顿夫篇幅最大

---

① 郭本禹.重评斯顿夫的机能心理学.南京师大学报(社会科学版),2002(4):110-116.

且最具影响力的心理学著作,对经验作了现象与机能的区分,蕴含他的机能描述心理学思想。《现象与心理机能》和《论科学分类》是斯顿夫最重要的两篇心理学论文,较为详细地论述了斯顿夫的机能描述心理学思想。例如,它们基于对现象与机能区分思想的详细阐述,指出描述心理学就是对心理机能进行分析和分类的科学,而心理机能即心理的作用、状态和体验。此外,从斯顿夫的《今日心理学的趋势与比较》(1907)、《论感觉—感情》(1907)、《论儿童心理学的方法学》(1910)、《感觉与表象》(1918)和《情绪与感情》(1928)等其他心理学论文中,我们也可以看出斯顿夫的描述心理学思想。

然而,跟老师布伦塔诺一样,斯顿夫的描述心理学在心理学史上也长期湮没无闻,甚至比布伦塔诺更少受到关注。除了斯顿夫重视课堂教学超过著述并且缺乏系统的心理学著作外,第二次世界大战的炮火对其著作、手稿及有关文献资料的毁灭当是主要原因。幸好,20 世纪 90 年代以后,研究者在鲁汶大学胡塞尔档案馆中发现了一些与斯顿夫的心理学有关的授课提纲和课堂笔记,一定程度上弥补了这种损失。无论在国外还是在国内,一般心理学史教科书往往都会在介绍布伦塔诺的同时介绍斯顿夫,这些教科书在此不赘述。然而,这些研究文献大多都只是论述斯顿夫的音乐心理学或机能心理学,专门以"描述心理学"名义研究斯顿夫的学术地位和学术贡献的文献十分罕见,尽管斯顿夫的描述心理学在很大程度上就体现为其机能心理学。

就国外而言,1929 年,波林在《实验心理学史》中引述性地介绍了斯顿夫《现象与心理机能》一文中的机能心理学思想,但寥寥数语无法反映斯顿夫机能心理学的全貌。20 世纪 80 年代后,随着被英美哲学和心理学界冷落了半个多世纪的布伦塔诺日益受到重视,斯顿夫作为布伦塔诺"最年长的学生"的重要性也逐渐凸显出来。施皮格伯格在《现象学运动》(1981)一书中,在定位斯顿夫在现象学运动中历史地位的同时,提及了斯顿夫对描述心理学的一些看法。艾伯塔齐等人主编的《布伦塔诺学派》(1996)和罗林格著的《胡塞尔在布伦塔诺学派中的地位》(1999)两本书,都赋予斯顿夫重要地位。施普龙夫妇(Helga Sprung & Lothar Sprung)为纪念斯顿夫诞辰 150 周年而主编的《斯顿夫:心理学文选》(德文版,1997),较为全面地反映了斯顿夫的机能心理学思想。2006 年,施普龙夫妇又编写了《斯顿夫:自传——哲学与实验心理学原理》(德文版),是对斯顿夫的生平与思想的最新研究。最为重要的是,2009 年《格式塔理论》杂志第 2 期上登载了有关斯顿夫的专辑文章,其中《爱与恨:布伦塔诺与斯顿夫论情绪和情感》《斯顿夫与胡塞尔论现象学与描述心理学》和《斯顿夫与格式塔心理学:联系与区别》三篇文章,较为详细地论述了斯顿夫以及布伦塔诺和胡塞尔的描述心理学。

就国内而言,除撰写和翻译的一般心理学史教科书会在阐述布伦塔诺的心理学思想之后介绍斯顿夫的心理学思想外,郭本禹教授 2002 年专门撰写了《重评斯顿夫的机能心理学》一文,全面评述了斯顿夫的机能心理学思想。2010 年,他又与崔光辉、陈巍合作出版了《经验的描述——意动心理学》一书,专辟两章系统梳理和研究了斯顿夫的机能心理学。这些对我们更为详细地研究斯顿夫的描述心理学思想作了良好铺垫。

三、关于胡塞尔描述心理学的研究

胡塞尔(Edmund Husserl,1859—1938)是公认的现象学哲学的创立者,被称为"现象学之父",开启了 20 世纪影响最大的哲学思潮——现象学运动。他在哲学界的名气要远远超过他的老师布伦塔诺,人们往往将布伦塔诺视作胡塞尔的老师,而不是将胡塞尔视作布伦塔诺的学生。在学术界,胡塞尔也往往被当作一位哲学家对待,而很少有人关注他的心理学思想。其实,胡塞尔在执着追求哲学真理的过程中,创造性地提出了许多独特的心理学思想,包括前期的描述心理学和后期的现象学心理学。胡塞尔在其前期描述心理学的基础上创立了现象学哲学,而后又将现象学哲学应用于心理学,由此便发展出现象学心理学。胡塞尔的主要著作有《算术哲学》(仅第 1 卷,1891)、《逻辑研究》(两卷本,1900,1901;修订版,1913)、《哲学作为严格的科学》(1910,1911)、《纯粹现象学与现象学哲学的观念》(1913)、《第一哲学》(1923,1924)、《形式的和先验的逻辑》(1929)、《笛卡尔沉思录》(1931)和《欧洲科学的危机与先验的现象学》(1936)等,其中《算术哲学》和《逻辑研究》是胡塞尔描述心理学思想的集中反映。除了生前出版的上述著作外,胡塞尔还留下了 45 000 页的研究手稿,现保存于比利时鲁汶大学胡塞尔档案馆,目前正在陆续整理出版中。

胡塞尔从布伦塔诺那里继承了"描述心理学"的概念及其基本含义,并对之进行了发展。他最初是作为一位数学家对布伦塔诺的新科学心理学和哲学产生兴趣的。他在跟随布伦塔诺和斯顿夫学习之后成为一名心理主义者,将布伦塔诺的描述心理学继承性地拓展到算术领域中,于 1891 年撰写了其第一部著作《算术哲学》。在这部著作中,胡塞尔认为逻辑的必然性来自心理,数起源于对心理的"集合联合"的反思或内部知觉,它具有无可争辩的明见性。《算术哲学》一发表就遭到数理逻辑学家弗雷格(Gottlob Frege,1848—1925)的严厉批判,弗雷格坚称逻辑学和心理学是根本不同的学科。这促使胡塞尔由心理主义转向反心理主义。1900 年,胡塞尔出版了《逻辑研究》第一卷《纯粹逻辑学导引》，严格区分了心理与逻辑，明确批判了当时在哲学界占统治地位的逻辑概念和逻辑规律是心理构成物的心理主义观点。1901年，他又出版了《逻辑研究》第二卷《现象学和认识论研究》，用大量篇幅来讨论意识活动的因素和结构，并把现象学称为描述心理学。《逻辑研究》的出版，标志着胡塞尔将布伦塔诺注重经验的意动描述心理学发展为注重观念的本质描述心理学，即在坚持布伦塔诺描述心理学直观原则的基础上，使直观的内涵扩展到包括观念直观，进而完成描述符合观念逻辑法则的逻辑经验的观念类型的任务。胡塞尔的描述心理学在其思想发展历程中持续时间并不长，可以说始于《算术哲学》而止于《逻辑研究》。此后，胡塞尔几乎抛弃了描述心理学，转向了现象学哲学。

尽管胡塞尔在心理学界的名气很大，但更多是因为他的现象学哲学为人文科学心理学提供了重要的方法论基础，而他早期提出的描述心理学观点并没有得到心理学界的较多关注。综览国内外的心理学文献，大多只把胡塞尔的现象学哲学作为人文科学心理学诸派别的方法论基础来提及，而很少专门系统地论述他的描述心理学思想。

就国外而言，德布尔（Theodore De Boer）1979年出版了《胡塞尔思想的发展》一书，结合布伦塔诺较为详细地介绍了胡塞尔的描述心理学思想。罗林格1999年出版了《胡塞尔在布伦塔诺学派中的地位》一书，考察了胡塞尔与布伦塔诺描述心理学的关系。斯坎伦（John Scanlon）2001年发表了《是或非？〈逻辑研究〉中作为描述心理学的现象学》一文，肯定了胡塞尔描述心理学的重要价值。明希（Dieter Münch）2002年发表了《胡塞尔的〈逻辑研究〉与描述心理学以及认知科学的关系》一文，考察了胡塞尔《逻辑研究》中包含的描述心理学思想。

就国内而言，李河1995年翻译出版了德布尔的《胡塞尔思想的发展》一书，其中较为详细地介绍了胡塞尔的描述心理学思想。李鹏程1998年出版了《胡塞尔传》一书，结合学术和生命历程考察了胡塞尔的描述心理学。郭本禹等人2004年翻译了赫根汉（Baldwin Ross Hergenhahn，1934—2007）的《心理学史导论》（第四版），其中较为精练地阐释了胡塞尔的描述心理学思想，即描述心理学就是描述人类借以体验自身、他人和世界的心理的本质。郭本禹、崔光辉、陈巍2010年出版了《经验的描述——意动心理学》一书，专辟一章较为详尽地阐述和评价了胡塞尔的描述心理学。奚颖瑞2010年撰写了博士学位论文《从"算术哲学"到"逻辑研究"——论早期胡塞尔的现象学突破之路》，之后还发表了《论早期胡塞尔的算术哲学》（2011）和《早期胡塞尔对"数"概念的心理学分析》（2012）两篇文章，阐述了胡塞尔在算术研究过程中对布伦塔诺的描述心理学方法和理念的运用。

四、关于狄尔泰描述心理学的研究

狄尔泰(Wilhelm Dilthey,1833—1911)是生命哲学和生命解释学的创始人,是"百科全书式"的人文科学家,一生涉猎哲学、伦理学、历史学、社会学、心理学、教育学、文学、美学和人物传记等多个人文科学领域,被誉为"人文科学领域里的牛顿"①。然而,正如张汝伦先生所指出的:"狄尔泰是哲学史上不太走运的哲学家,他虽然一生著作等身,而且对许多重要的哲学问题都有自己创造性的探讨和阐发,而且理论视野非常广阔,涉及的学术领域众多……可是却一直未得到人们的足够重视。虽然在他生前死后,有一个由他的忠实追随者组成的狄尔泰学派在活动,持续了将近一个世纪之久,但到今天也偃旗息鼓了。今天恐怕不太会有人自称是狄尔泰学派中人了。"②同样,在心理学史上,狄尔泰称得上是一颗"隐伏"的标志性明星,其举足轻重的历史地位和独具匠心的心理学思想并未得到学术界应有的重视和研究。

狄尔泰与布伦塔诺共同创立了描述心理学,对立于冯特开创的自然科学模板的实验说明心理学,由此开启了西方心理学史上的人文科学心理学研究路线,对后续其他人文科学心理学派别几乎都产生了极为重要的影响。就描述心理学本身而言,我们将狄尔泰定位为"描述心理学的冠名者和规划者"。在布伦塔诺1874年最早奠基和实际开启描述心理学具体研究之后,1876年狄尔泰在其《1875年论文》的续篇中首次明确提出了现代学科意义上的"描述心理学"(beschreibende Paychologie)概念,这实际受到了布伦塔诺《经验观点的心理学》(1874)的深刻启发。1880年,他完成了《描述心理学草稿》,此时其描述心理学已具雏形。1894年,他在之前研究工作的基础上,完成了其纲领性的描述心理学论文《描述与分析心理学的观念》,对描述心理学的理论体系进行了宏伟构想和详细规划。1895年,他为完成《描述与分析心理学的观念》的原定计划,作为补充之作又撰写了《论比较心理学》一文。但由于艾宾浩斯(Hermann Ebbinghaus,1850—1909)对其《描述与分析心理学的观念》一文的强烈批判,他随即收回了这篇预印稿并作了大量修改,最终于1896年以《论个体性之研究》这一"温和"题目发表,文中对艾

---

① Rickman, H. P. (1979). *Wilhelm Dilthey: Pioneer of the human studies*. Berkeley, Los Angeles, London: University of California Press, p.1.
② 高桦.狄尔泰的生命释义学.上海:上海人民出版社,2018:序言.

宾浩斯的批评作了某些回应。

狄尔泰知识渊博，兴趣广泛，勤于探索，可谓著述等身。主要著述有《道德意识试析》(1864)、《施莱尔马赫传》(第 1 卷，1867/1870)、《关于人、社会和国家的科学历史的研究》(即《1875 年论文》)、《描述心理学草稿》(1880)、《人文科学导论》(第 1 卷，1883)、《描述与分析心理学的观念》(1894)、《论个体性之研究》(1896)、《解释学的兴起》(1900)、《体验与诗》(1905)、《青年黑格尔》(1906)、《哲学的本质》(1907)、《人文科学中历史世界的建构》(1910)和《世界观的类型及其在形而上学体系中的构建》(1911)等，其中《描述心理学草稿》《描述与分析心理学的观念》和《论个体性之研究》是其描述心理学思想的集中反映。狄尔泰素以"第一卷作者"的身份而闻名于世，他的许多著作生前都只出版了第一卷。他生前出版的著作只是其全部著述的很少一部分，遗留了大量著述、手稿和书信未在有生之年公布于世。这些遗留下来的著述、手稿和书信现存于柏林狄尔泰档案馆。

狄尔泰的大量作品在表达风格上隐晦不彰而且未能及时出版，再加上其描述心理学的浪漫主义色彩与实证主义的"时代精神"相悖，致使心理学界对狄尔泰描述心理学的研究曾长期处于低谷。自 20 世纪五六十年代以来，由于"二战"给人们带来巨大的心理创伤，有关狄尔泰的生命哲学和描述心理学的研究开始逐渐升温。人们逐渐认识到，无论是从近代哲学向现代哲学转变，还是从整个人文科学心理学的发展来看，狄尔泰都是不可或缺的重要一环。不过，国内外对狄尔泰描述心理学的研究往往是基于其哲学线索来进行的，而专门以其"描述心理学"名义进行的系统研究相对缺乏。

就国外而言，最早对狄尔泰展开研究的是德国。狄尔泰去世后不久，他的学生便开始整理出版德文版的《狄尔泰全集》，现已出版 26 卷之多。除全集之外，还印行了许多单行本，例如《狄尔泰与胡塞尔的书信交往》(1968)。1960 年，德国开展了对狄尔泰描述心理学思想的研究，继续探讨"狄尔泰与艾宾浩斯的论战"问题，符茨堡大学的心理学史家彭格拉茨(Ludwig Jakob Pongratz，1915—1995)撰写了《描述的和分析的研究：狄尔泰与艾宾浩斯的论战》一文，记述了论战的来龙去脉。自 1960 年以来，西德的一些学者力图"复归狄尔泰"，将他视作与彪勒(Charlotte Bühler，1893—1974)、马斯洛(Abraham Maslow，1908—1970)、罗杰斯(Carl Ransom Rogers，1902—1987)齐名的心理学"第三势力"的著名代表。[①] 目前，德国已出版了数十种专门研究狄尔泰的著作。

---

① 刘恩久.刘恩久文选.南京：南京师范大学出版社，2009：295.

英语世界的学者也陆续对狄尔泰的描述心理学思想展开了研究。霍奇斯(Herbert Arthur Hodges)发表了《狄尔泰导论》(1944,1949,1969)和《狄尔泰哲学》(1952),其中在多处从不同维度论述了狄尔泰的描述心理学思想。马克瑞尔(Rudolf A. Makkreel)发表了《狄尔泰:人文科学的哲学家》(1975,1992),多处提及了狄尔泰的描述心理学思想。1977年,海牙的马提奴司·尼伊霍夫出版公司将狄尔泰的《描述与分析心理学的观念》(1894)和《对他人及其生命表达的理解》(大约1910)两篇论文的英译本组合成了一本著作,命名为《描述心理学与历史理解》,并请美国著名狄尔泰研究专家马克瑞尔写了导言,此作是狄尔泰描述心理学思想的经典表达。厄马思(Michael Ermarth)1978年出版了《狄尔泰:历史理性批判》一书,较为详细地论述了狄尔泰的描述心理学。同年,美国埃默里大学的马克瑞尔和德国鲁尔大学的罗迪(Frithjof Rodi)在德国洪堡基金会的资助下,开始精心编辑英文版的《狄尔泰选集》(6卷),其中包括狄尔泰对心理学的研究,至今已出版4卷。

此外,里克曼(Hans Peter Rickman)的《狄尔泰:人文科学的先驱》(1979)和《今日狄尔泰》(1988)、沃尔曼(Benjamin Binem Wolman)和纳普(Susan Knapp)的《当代心理学理论与体系》(1981)、阿伦斯(Katherine Arens)的《认识的结构》(1989)、库施的《心理主义》(1995)以及泰奥(Thomas Teo)的《心理学的批判》(2005)等著作,都不同程度地论述了狄尔泰的描述心理学思想。更需要特别指出的是,荷兰伊拉斯谟大学哲学系教授德·穆尔(Jos de Mul)用荷兰语撰写了一部关于狄尔泰的研究专著,名为《有限性的悲剧——狄尔泰的生命释义学》,由布雷特(Tony Burrett)译成英文后于2004年在美国耶鲁大学出版社出版,后又由吕和应博士在英译本基础上译成中文,于2016年在上海三联书店出版发行。这本书"在19世纪的语境下重构了狄尔泰的释义学式的生命存在论,并且确定了它对20世纪哲学的影响以及对21世纪初的哲学的重要意义"①,其中第五章和第六章分别以"生命的结构Ⅰ:描述心理学的进路"和"对描述心理学的批判"为标题专门介绍了狄尔泰的描述心理学思想,内容包括描述心理学的性质和任务,心理生命的结构、发展、类型和个体性以及来自各方对描述心理学的批判等。

就国内而言,对狄尔泰描述心理学的研究主要是翻译和介绍,相对缺乏有独特见解的"真"研究。1981年,王玉琴等翻译了苏联学者著的《国外心

---

① [荷]德·穆尔.有限性的悲剧——狄尔泰的生命释义学.吕和应,译.上海:上海三联书店,2016:前言.

理学的发展与现状》,内专辟一节介绍了狄尔泰的描述心理学思想。1989年,殷晓蓉和吴晓明翻译了里克曼撰写的《狄尔泰:人文科学的先驱》,译名为《狄尔泰》。2003 年,李超杰翻译了马克瑞尔撰写的《狄尔泰:人文科学的哲学家》,译名为《狄尔泰传——精神科学的哲学家》。同年,赵稀方翻译了狄尔泰的《人文科学导论》。2006 年,洪汉鼎编译了《理解与解释——诠释学经典文选》,其中包括对狄尔泰的《对他人及其生命表达的理解》(大约1910)一文的译文。自 2010 年起,安延明和李河陆续组织出版了中文版的《狄尔泰文集》(6 卷),编选内容与英文版的《狄尔泰选集》完全一致。除了有关狄尔泰的译作外,国内学者还撰写了许多包含狄尔泰描述心理学思想的论著,包括张旺山著的《狄尔泰》(1986)、李超杰著的《理解生命——狄尔泰哲学引论》(1994)、谢地坤著的《走向精神科学之路——狄尔泰哲学思想研究》(2003)、刘恩久著的《刘恩久文选》(2009)、陈锋著的《生命洪流的奔涌——对狄尔泰哲学的叙述、分析与批评》(2010)、潘德荣著的《西方诠释学史》(2013,2016),以及高桦著的《狄尔泰的生命释义学》(2018)等。

此外,张汝伦的《从心理学到释义学——狄尔泰描述心理学的启示》(2008)、马玉梅的《描述心理学与语言研究方法》(2008)、宗爱东的《描述心理学作为"精神科学"的方法意义》(2015)和张浩军的《精神科学的奠基之路——从描述心理学到生活世界现象学》(2018)等文章,也不同程度地介绍和论述了狄尔泰的描述心理学。

五、关于斯普兰格描述心理学的研究

斯普兰格(Eduard Spranger,1882—1963)是德国著名哲学家、心理学家和教育学家,文化教育界的思想巨擘。在描述心理学方面,他结合布伦塔诺的意动理论,全面继承和落实了狄尔泰的描述心理学理想,并提出了一种结构心理学(Strukturpsychologie),我们称之为"结构描述心理学"。斯普兰格一生著述丰厚,主要有《洪堡与人文主义之理想》(1909)、《狄尔泰》(1912)、《学校与教职》(1913)、《人的类型》(1914)、《文化与教育》(1919)、《关于教师养成之意见》(1920)、《人文主义与青少年心理》(1922)、《青少年期心理学》(1924)、《精神科学之现状与学校》(1925)和《文化形态学研究》(1936)等。其中,最能体现其描述心理学思想的是《人的类型》一书。斯普兰格在书中提出了他的人文科学心理学的理论体系,实质上就是描述心理学。他认为人格的整个结构、特点和方向以人追求的目标和精神价值为特征并由其决定,而目标和价值则取决于个人所处的社会和文化情境。他根据某一种价值在人的生活目标和行为方式上所占的优势,将人分为理论型、

经济型、审美型、社会型、政治型和宗教型六类。

从已有研究文献来看，人们关注较多的是斯普兰格的文化教育思想。例如，郑重信1950年便以《斯勃朗格的教育思想研究》为题撰写了硕士学位论文；詹栋梁1981年出版了专著《斯普兰格文化教育思想及其影响》；张淳惠2001年发表了《斯普兰格的文化教育思想》一文；庞世俊2009年发表了《斯普兰格职业教育思想述评》一文。当然，研究者们在考察斯普兰格的文化教育思想的同时，往往也会简略提及他的心理学思想。但就斯普兰格的描述心理学思想而言，除一些书籍和文章简略提及和介绍外，几乎没有哪本专门著作系统给予论述。

1929年，墨菲（Gardner Murphy，1895—1979）在其出版的心理学史名著《近代心理学历史导引》中，作为附录收录了克吕维尔撰写的《现代德国心理学》一文。这篇文章论述了斯普兰格的描述心理学观点和贡献，不仅介绍了他在《人的类型》中提出的某些人文科学心理学（描述心理学）观点，如人文科学心理学采取类型心理学的形式及其原因，而且分析了意义关系的理解对于他的心理学的至关重要性，并指出理解的问题才是他的心理学的基础。1981年，沃尔曼和纳普在《当代心理学理论与体系》中较为详细地介绍了斯普兰格的描述心理学思想。1994年，扎米亚瑞（Krystyan Zamiara）发表了《文化参与的心理学：一些理论思考》一文，论述和澄清了斯普兰格关于心理学中的文化问题的观点。2000年，泰奥在卡兹丁（Alan Edward Kazdin）主编的《心理学百科全书》第7卷中专列一词条"爱德华·斯普兰格"，相对详细地提供了斯普兰格的传记信息。2003年，泰奥发表了《威廉·狄尔泰(1833—1911)和爱德华·斯普兰格(1882—1963)论人之发展》一文，从发展心理学视角论及了狄尔泰和斯普兰格描述心理学中的"理解"方法。2005年，泰奥又在其《心理学的批判》一书中简要介绍了斯普兰格的描述心理学思想。

此外，早在1928年皮戈斯（Paul J. W. Pigors）就将斯普兰格的《人的类型》一书译成英文出版，而且1938年董兆孚又将该书英文版译成中文由商务印书馆出版，译名为《人生之型式》。在这本译作的译者自序中，董先生指出：我们人类既然生之为人，就不可不过人的生活，而人的生活即文化生活，想要过人的生活就不可不涉及人的心灵及其形成的文化，在心灵的法则与结构、意义与价值、内容与归趣方面，没有哪本书能够超越斯普兰格的《人生之型式》这本书。王文俊于1942年和1958年分别翻译了斯普兰格的《文化形态学研究》和《青少年期心理学》两书，对于研究斯普兰格的心理学提供了非常大的便利。

六、关于斯特恩描述心理学的研究

斯特恩(Wilhelm Louis Stern,1871—1938)是德国著名哲学家和心理学家。他是艾宾浩斯的学生,既是一位实验主义者又是一位人文主义者,在心理学观点上持包容折中的态度,试图调和狄尔泰区分的描述心理学与说明心理学之间的矛盾。斯特恩的描述心理学更多体现为人格主义心理学,我们将其称之为"人格描述心理学"。他区分了生命的三种形态,并把作为人类生命连续体的人格看作生命与外界联系的出发点和归宿。斯特恩的主要著作有《个体差异心理学》(1900)、《证言心理学文集》(2卷,1903,1906)、《儿童语言》(合著,1907)、《智力测验的心理学方法》(1912)、《幼儿期心理学》(1914)、《儿童与少年的智力》(1916)、《心理学与学生选择》(1920)、《风俗犯罪诉讼中的少年证人》(1926)、《人与物》(3卷,1906,1918,1924)和《人格主义视角的普通心理学》(德文版,1935;英文版,1938)等,还发表了139篇论文。其中,《人格主义视角的普通心理学》是斯特恩描述心理学的代表作,论述了其基于整体观的人格主义心理学的理论与实践。

从国内外研究文献来看,研究者往往把斯特恩作为人本主义心理学的先驱以及智力研究和儿童心理发展研究的卓越贡献者来对待,而很少直接探讨和系统考察他的描述心理学思想,更多是从其他角度附带地作些介绍,或者以人格主义心理学之名来介绍。当然,斯特恩的描述心理学思想在他的其他心理学理论和研究中也是能够很好地反映出来的。或者说,斯特恩的许多其他理论和研究都可归属于他的描述心理学体系之内。1937年,奥尔波特(Gordon Willard Allport)发表了《威廉·斯特恩的人格主义心理学》一文,作为人格学的一个分支介绍了斯特恩的心理学。1938年,斯珀尔(Howard Davis Spoerl)将斯特恩的《人格主义视角的普通心理学》一书译成了英文,这对于在英语世界推广斯特恩的描述心理学思想发挥了重大作用。同年,维尔纳(Heinz Werner)发表了《威廉·斯特恩的人格学与人格心理学》一文,从人格学和人格心理学及其关系的视角附带阐述了斯特恩的描述心理学思想。1981年,沃尔曼和纳普在《当代心理学理论与体系》一书中,较为详细地阐述了斯特恩的描述心理学思想。1981年,王玉琴等翻译的苏联学者所著的《国外心理学的发展与现状》中,概略介绍了斯特恩的描述心理学思想。1985年,施密特(W. H. O. Schmidt)在第四届国际人文科学研究会上宣读了《与人文科学家威廉·斯特恩(1871—1938)的对话》一文,从人文科学角度介绍了斯特恩的经验研究、哲学研究、经验研究与哲学研究的互动以及研究方法论等。1992年,克雷普纳(Kurt Kreppner)发表了《威廉·斯特恩(1871—1938)：一位被忽略的发展心理学的创建者》一文，在阐述斯特恩对发展心理学巨大贡献的同时，较为详细地介绍了他的学术生平和描述心理学思想。1998年，叶浩生主编的《西方心理学的历史与体系》中，简单概述了斯特恩的人格主义心理学思想。

2000年，哈瑞(Rom Harré)发表了《社会建构论心理学背景下的人格主义：斯特恩与维果茨基》一文，论及了斯特恩的社会建构论和人格主义的心理学思想。2003年，林崇德、杨治良、黄希庭主编的《心理学大辞典》中专列了斯特恩的词条，概述了他的研究和著作。2009年，《刘恩久文选》中专门论述了斯特恩的人格主义心理学。同年，赖密尔(James T. Lamiell)发表了《关于威廉·斯特恩对发展心理学贡献的一些哲学和历史思考》一文，从哲学理论层面和历史发展角度阐释了斯特恩对发展心理学的贡献，其中附带阐述了他的有关描述心理学的思想。2010年，李(Naomi Lee)和哈瑞发表了《威廉·斯特恩与话语心理学》一文，从概念和方法论层面考察了斯特恩的心理学哲学与话语心理学之间的某些亲缘关系，同时论述了他的人格描述心理学思想。2011年，戴罗伯底斯(Eugene M. DeRobertis)发表了《威廉·斯特恩：人文科学儿童发展思想的先驱》一文，阐述了斯特恩的人文科学儿童发展思想，其实是变相阐述了他的描述心理学思想在儿童发展领域的表现。

七、研究概况总结与本书主要内容

（一）研究概况总结

描述心理学的几位主要代表人物都通过著作、论文和课堂教学等形式提出了具有自身特色的描述心理学思想或理论。然而正如前文所言，由于种种原因，描述心理学作为人文科学心理学的重要分支长期处于被历史埋没的境地，没有得到学术界的应有重视和充分研究。尽管学术界在描述心理学研究方面取得了一定成绩，但相关的研究依然薄弱。从总体上看，学术界对描述心理学的研究主要呈现出四方面特点。

第一，孤立分散的研究较多，系统整合的研究较少。学术界注重的是对单个描述心理学家的描述心理学思想的开发和研究，而从学科架构层面和历史发展层面的综合研究和系统研究极为缺乏。例如，学术界没有对描述心理学进行准确的学科定位和历史定位，没有从整体上呈现描述心理学的基本内涵和理论特征，没有厘清和系统梳理描述心理学的思想来源、初始创建、发展脉络和最终去向，没有对描述心理学作出客观公正的评价，更没有考察描述心理学丰富的现实意义。

第二,哲学层面的研究较多,心理学层面的研究较少。学术界往往把描述心理学作为哲学的一部分来研究,而专门以"描述心理学"名义进行的研究较为少见。当然,这与各位描述心理学家往往从哲学兴趣和角度出发来阐释其描述心理学思想有关,他们的描述心理学思想往往与其哲学体系一脉相承。

第三,研究不均衡。学术界对布伦塔诺和狄尔泰描述心理学思想的研究相对较多且具有一定深度,而对斯顿夫和胡塞尔特别是斯普兰格和斯特恩描述心理学的研究相对匮乏。

第四,国内研究与国外研究存在明显差距。相比而言,国外对描述心理学的研究较为丰富和深入,而且在某种程度上注重了描述心理学家之间的逻辑关联,尽管缺乏学科层面的整体架构①;而国内对描述心理学的研究极为薄弱,呈现出的不足是,数量少,译介多而研究少,不全面、不系统、不深入。

因此,从学科架构和历史发展的整体视角对描述心理学进行系统和综合的专门研究,深入考察每位心理学家的描述心理学思想及其内在逻辑关联,并挖掘描述心理学的当代价值和现实意义,是我们迫切需要完成的任务。

(二)本书主要内容

本书在广泛搜集和深入理解国内外重要参考资料的基础上,主要采用文献与历史分析以及理论与逻辑分析相结合的研究方法,贯彻西方心理学史研究的"前瞻后看"(即纵向比较)和"左顾右盼"(即横向比较)的基本原则,从科学心理学史的人文主义路线与科学主义路线相对独立发展的整体视角,对描述心理学及其效应进行全面而系统的研究,以恢复和还原描述心理学的本来面貌,凸显它对科学心理学特别是人文科学心理学的历史贡献和当代价值,提升它在当代理论心理学与心理学史研究界的学术地位和影响。此外,为凸显心理学理论的现实应用价值,本书还在深入洞察和准确理解描述心理学的理论精髓和观念本质的基础上,探讨了如何推进描述心理学在心理健康领域应用。本书主体部分包括十一章,其中第一章为导言。

第二章从总体上论述描述心理学的基本内涵、历史演变和理论形态。本章首先从研究对象、研究方法、研究主题和研究领域四个方面论述了描述心理学的基本内涵,认为描述心理学就是运用现象学的描述方法或解释学

---

① 也就是说,没有把描述心理学作为一门心理学学科分支去构建它的学科框架和理论体系,没有系统和整体地确定它的科学观、研究对象、研究方法及主要理论等。

的理解方法如实呈现人的心理生活全貌的人文科学心理学分支。然后考察了描述心理学的产生、发展以及历史融合与当代新生,认为描述心理学最早可追溯到近代早期经验主义哲学家贝克莱,后来,布伦塔诺和狄尔泰为挽救欧洲思想文化危机,在前人研究基础上分别开创了描述心理学的严格科学传统和浪漫主义传统,前者由斯顿夫和胡塞尔等传承和发展,后者由斯普兰格和斯特恩等传承和发展,描述心理学最终融汇到精神分析心理学、格式塔心理学和"第三势力"心理学等其他后续人文科学心理学理论派别之中,并在当代质性心理学中获得了新生。最后概述了描述心理学的两种传统各自贯穿的三种理论形态,分别包括意动描述心理学、机能描述心理学及本质描述心理学和体验描述心理学、结构描述心理学及人格描述心理学,还总结了描述心理学的两种传统的区别与共性。

第三章从社会条件、哲学渊源、科学土壤和心理学背景等角度考察描述心理学的思想来源。19世纪70年代中期,欧洲科技和工业已得到了迅猛发展,科学特别是自然科学成为公众心目中无所不能的新上帝,形而上学作为一切知识之基础和各门科学之纽带的根本地位发生动摇,科学主义统治下的欧洲出现了严重的思想文化危机,这种社会情势和科学思潮唤醒了布伦塔诺和狄尔泰通过科学和学术途径挽救民族思想文化危机的责任意识。布伦塔诺选择通过对哲学进行根本改造来拯救危机,狄尔泰选择通过筑建人文科学大厦来拯救危机,但他们都把建立一门新的科学心理学作为其宏伟事业得以完成的首要前提和基础。他们有选择地批判吸纳了康德哲学、经验哲学、亚里士多德哲学、浪漫主义、历史哲学以及现象学和解释学等多种哲学思潮,认为传统的形而上学心理学因建立在哲学思辨基础上而缺乏科学性,主流的实验说明心理学因机械地使用生理学或物理学法则来说明心理现象而过度自然科学化,都不是所需要的科学心理学。源于上述社会条件、哲学渊源、科学土壤和心理学背景,布伦塔诺和狄尔泰致力于创建一门人文科学导向的、注重内部经验的描述或理解的描述心理学。

第四章详细阐述描述心理学的严格科学传统及其包含的三种具体理论形态(布伦塔诺的意动描述心理学、斯顿夫的机能描述心理学和胡塞尔的本质描述心理学)的基本主张。布伦塔诺出身于名门望族,童年时期便天赋过人,经过大学时代的知识汲养,先后在符茨堡大学和维也纳大学传道授业,在学术和教学方面取得了累累硕果,晚年移居国外仍对学术研究充满热情。他在对科学心理学总体把握和规划的背景下区分了描述心理学与发生心理学,提出了意动描述心理学理论体系,坚持心理学的人文科学观,主张主要通过内部知觉如实描述作为意识活动的纯粹心理现象,并把心理现象分为表象、判断和情绪或爱憎三种基本类型。斯顿夫出身于显赫的学者家庭,在优越环境中度过了早年时光,由布伦塔诺和洛采等名师指引完成了高等教育,先后任职哥廷根大学、符茨堡大学、布拉格大学、哈雷大学、慕尼黑大学和柏林大学,在学术研究和人才培养方面取得了辉煌成就,晚年因政治和战乱而陷入悲伤、冲突和失落。他受布伦塔诺影响提出了机能描述心理学理论体系,坚持心理学的人文科学观,主张主要运用内部知觉的经验描述方法对心理机能特别是初级心理机能进行分析和分类研究,并把心理状态或人类意识区分为表象、判断和情感三种类型,同时承认和关注到潜意识心理机能的存在。胡塞尔出身于成功商人家庭,在对学习淡漠中度过了早年时光,先后在莱比锡大学、柏林大学、维也纳大学和哈雷大学接受高等教育,先后任职于哈雷大学、哥廷根大学和弗赖堡大学,在学术、教学和人才培养方面都取得了巨大成就,晚年虽遭法西斯迫害但仍未放弃学术事业追求。他早期继承布伦塔诺的经验描述心理学并将之拓展和应用到算术领域中,经过数年反思后提出了新的"三维"意向结构模型,并在此基础上提出了本质描述心理学理论体系,站在人文科学立场确立了描述心理学的基础地位,主张运用本质直观的描述方法研究具体心理经验之外的普遍观念之物。

第五章详细阐述描述心理学的浪漫主义传统及其包含的三种具体理论形态(狄尔泰的体验描述心理学、斯普兰格的结构描述心理学和斯特恩的人格描述心理学)的基本主张。狄尔泰出身于新教牧师家庭,在充满书香乐赋之气的家庭氛围中度过了早年时光,在海德堡大学特别是柏林大学完成了丰富多彩的高等教育,先后任职于柏林大学、巴塞尔大学、基尔大学、布雷斯劳大学和柏林大学,在学术、教学和人才培养方面均成绩斐然,退休后仍笔耕不辍地全身心投入到学术研究之中。他从总体上把科学心理学区分为描述心理学与说明心理学,并在反对说明心理学的过程中提出了体验描述心理学理论体系,主张在心理学人文科学观指导下,通过基于体验的内部知觉、对体验表达的解释以及对客观精神的理解的方法,描述和理解整个心理生命结构系统、心理生命的发展和心理生命的差异。斯普兰格出身于商人家庭,接受过良好中小学教育,在柏林大学完成了高等教育,先后任职于柏林大学、莱比锡大学、柏林大学和蒂宾根大学,在教书育人和学术研究方面均取得了重要成就。他坚持描述心理学与说明心理学的二元对立,并在反对说明心理学的过程中提出了结构描述心理学理论体系,主张在心理学人文科学观指导下,以富有意义的理解方法去把握和领会深嵌于社会、历史和文化关系中的心理生命结构体,还在描述心理学理论框架内提出了富有特色的人格类型理论和青少年心理发展观。斯特恩出身于小商人家庭,他完成中小学教育后在柏林大学接受了高等教育，先后任职于柏林大学、布雷斯劳大学、汉堡殖民研究所、汉堡大学心理学研究所和杜克大学，在心理学理论、方法和实践等方面取得了巨大成就，晚年虽遭纳粹迫害但仍坚持治学。他坚持描述心理学与说明心理学的融合统一，以人格主义为哲学基础提出了人格描述心理学理论体系，主张在心理学人文科学观指导下，通过描述、理解或解释来如实把握具有独特性、目的性、价值性和意义性的完整人格及其内部结构，还在描述心理学理论框架内提出了人文科学取向的儿童人格发展观。

第六章详细阐述描述心理学与后来产生的精神分析心理学、格式塔心理学、现象学心理学、存在心理学和人本主义心理学的历史融合效应，主要从科学观、对象论、方法学、具体研究主题和具体理论主张等多个角度展开论述。描述心理学的人文主义精神、解释学方法论、心理意向观和能动观、对情感和本能的重视、对深层心理生命和潜意识现象的关注以及它的心理类型学思想在精神分析心理学中得到了传承与发展；描述心理学注重内部经验的对象观、整体主义思想、现象学方法以及心理情境观在格式塔心理学中得到了传承与发展；描述心理学的人文科学观、注重内部真实心理经验的对象观、意向性观点、注重质性描述和意义理解的方法观以及它的心理情境观在现象学心理学中得到了传承与发展；描述心理学的人文科学观、对于人与世界关系的重视、现象学方法论、对生命价值的重视以及对意义的重视在存在心理学中得到了传承与发展；描述心理学的人文科学观、对象论、现象学整体研究法以及对自我的重视在人本主义心理学中得到了传承与发展。

第七章详细阐述描述心理学在质性心理学中的当代新生效应，首先从本体论、认识论、方法论和价值论四个层面论述描述心理学蕴含和彰显的质性精神，表现为意义实在而非物化实在的本体论精神、主客互动而非主客分离的认识论立场、主观探究而非客观实证的方法论策略及观念涉入而非观念无涉的价值论态度，然后从质性心理学的哲学依据、基本特征、具体方法和研究实例等多种维度，进一步具体证明质性心理学是描述心理学的当代存在形态。

第八章从描述心理学与发生心理学或说明心理学相互对立的视角，详细阐述描述心理学在科学观、对象论、方法学和理论观四个维度的理论特征。描述心理学反对心理学的自然科学观而坚持人文科学观，反对剥离社会文化情境的机械对象论而坚持寓于社会文化情境的生机对象论，反对实证主义导向的客观实验范式而坚持现象学或解释学导向的主观经验范式，反对方法中心论、元素论、因果决定论、主客二元论和价值中立论的理论观而坚持问题中心论、整体论、自由意志论、主客同一论和价值负荷论的理论观。

第九章主要是以描述心理学为基点探索和考察人文科学心理学的历史发展逻辑,重点从描述心理学奠定和开启的现象学逻辑、解释学逻辑、整体论逻辑、主体论逻辑、文化论逻辑及批判论逻辑五条发展线索,来勾勒和展现人文科学心理学的历史发展图谱。

第十章对描述心理学进行较为客观公正的评价,包括主要贡献、主要局限、主要影响以及对未来心理学健康发展的主要启示。就主要贡献而言,描述心理学延续和推进了心理学与哲学的传统联系,开创了现代科学心理学的人文研究取向,开启了心理学质性研究范式的历史先河,确立了心理学面向实事本身的研究风格,观照并强调了人的心理的社会性、历史性和文化性;就主要局限而言,描述心理学没有形成统合性的理论体系,带有较浓厚的理论思辨色彩,缺少对具体主题的微观研究,操作和推广难度较大;就主要影响而言,描述心理学对后来的精神分析心理学、格式塔心理学、"第三势力"心理学、现代人格心理学以及当代质性心理学都产生了重要影响;就主要启示而言,我们应重新定位心理学的科学性质,重新审视心理学的研究对象,整合主观经验范式与客观实验范式,加强心理学的理论研究,推动心理学面向现实生活和实际应用。

第十一章是结语部分,主要从"探古知今,古为今用"的学术旨趣出发,从描述心理学与心理健康研究、描述心理学与心理治疗两个维度,基于实然、面向应然,探讨如何推进描述心理学在心理健康领域的应用。

第二章 描述心理学总论

描述心理学是与以自然科学为模板的发生心理学或说明心理学相对的一种心理学形态,很难妥帖地称得上是一种心理学流派。就其科学内涵而言,它主张以现象学方法论或解释学方法论[①]为指导,对人的完整心理生活进行如实描述或意义理解,反对发生心理学或说明心理学迷恋因果假设、元素分析、实验控制和数理统计的自然科学研究模式,蕴含和彰显的是人文科学心理学的基本精神。正如范维伦(Rex J. van Vuuren)所指出的:"从现象学角度看,心理学作为人文科学是一种描述科学。作为描述科学的心理学和作为说明科学的心理学是科学的两种截然不同的类型,而不应被视作科学的两个阶段。"[②]描述心理学由布伦塔诺和狄尔泰在科学心理学产生的大背景下共同创建,沿循严格科学传统和浪漫主义传统两条路径发展,前者由布伦塔诺开创并由斯顿夫和胡塞尔等人传承和发展,主要贯穿着意动描述心理学、机能描述心理学和本质描述心理学三种基本理论形态,后者由狄尔泰开创并由斯普兰格和斯特恩等人传承和发展,主要贯穿着体验描述心理学、结构描述心理学和人格描述心理学三种基本理论形态。描述心理学作为一种心理学形态最终隐匿消失于心理学的历史发展进程中,但它通过与精神分析心理学、格式塔心理学以及由现象学心理学、存在心理学和人本主义心理学组成的"第三势力"心理学等其他后续人文科学心理学理论派别的历史融合,实现了基本精神的延续、传承和发展,而且它的基本精神在当代的质性心理学中获得了新生。本章主要从总体上论述描述心理学的基本内涵、历史演变和理论形态。

[①] 这里的解释学方法论主要是指狄尔泰创立的生命解释学,它实际也接受现象学"面向实事本身"的研究精神和原则,忠实客观地理解和把握文本背后作者的深层心理活动,因而在某种程度上可将其看作现象学方法论的一种引申或特殊版本。

[②] van Vuuren, R. J. (1989). An exploration of the role of description in psychology as a descriptive science. *South African Journal of Psychology*, 19(2): 65 – 74.

第一节　描述心理学的基本内涵

描述心理学以反对自然科学心理学基于因果假设、实验操控、元素分析及数量表达等标准化程式从外对心理世界可实证和可认识的所与予以客观说明为基本立场,我们以此为基础可以从范畴上对描述心理学作广义和狭义之分。广义的描述心理学是指与自然科学心理学相对的全部人文科学心理学,认为心理学不属于像物理学和化学那样的学科形态,根本任务在于以人类自身为基本工具从内揭示心理世界的丰富蕴涵和鲜活意义,而并不一定要模仿自然科学通过假设和验证的研究逻辑找到适用于一切人的普遍规律和因果关系。单纯从这个层次上笼统地来界定,描述心理学的范围和外延就大大扩展了,西方心理学史上的意动心理学、精神分析心理学、格式塔心理学、现象学心理学、存在心理学、人本主义心理学和超个人心理学等人文科学心理学理论派别都可归入描述心理学之列。

狭义的描述心理学主要是指科学心理学初创时期由布伦塔诺和狄尔泰共同开创并由斯顿夫和胡塞尔、斯普兰格和斯特恩等人传承和发展的一门具有特定历史内涵、逻辑范畴和理论视域的心理学形态。他们都曾以"描述心理学"之名来标示自己对心理学的学科主张和研究理念,而且对描述心理学作了明确而各具特色的论述,从而形成意动描述心理学、机能描述心理学、本质描述心理学、体验描述心理学、结构描述心理学和人格描述心理学六种基本理论形态。本书探究的描述心理学专指狭义范畴的描述心理学。那么,从狭义范畴讲,究竟什么是描述心理学呢？或者,作为特定历史形态的描述心理学的基本内涵具体如何阐发？

描述心理学是主张尽量摒弃抽象的因果假设和机械的外在说明而对完整心理生活进行描述性研究的心理学分支形态。它将心理学定性为一门描述的科学,认为人的心理世界是一个充满鲜活意义的主观精神世界,具有整体性、丰富性和独特性等人文特征,因而主张心理学应承认和尊重心理世界的这个事实特征,通过描述或理解来探究和阐发真实的心理世界的形态学特征及蕴含的目的、价值和意义。"描述"构成了这一心理学形态的关键与核心,只要我们弄清楚它的含义,就能相对较容易地理解描述心理学的基本内涵。这里的"描述"自然不同于人们通常所说的文字描述或语言描述,我们可以从学科和方法学两个维度对之加以理解。从学科维度讲,描述心理学从心理学是一门描述的科学这个定性出发,主张把对心理现象的研究限定在描述范围内或描述层面上,追求对心理事实及其内在关系和意义的如实呈现，而不追求像自然科学心理学那样对心理现象进行机械还原论的元素分析，或从心理现象外部或背后寻求心理现象发生的原因。

从方法学维度讲，描述心理学主张用不依赖假设和推理的描述性方法，简而言之，即"发现"的方法，对心理现象进行整体研究，不仅包含对心理生活的组织规律和内在关系等形态学特征的现象学描述即内部知觉，而且还包含对心理生活的目的、价值和意义的直接或间接的解释学理解。像现象学描述的方法一样，解释学理解的方法也属于描述性研究的方法论范畴，两者都作为描述性方法致力于对心理生活的本来面貌进行原原本本的把握，只是它们在深刻程度上不同而已，理解显然要比描述更加深刻和深奥。① 这在描述心理学的两位创建者布伦塔诺和狄尔泰那里体现得非常明显。布伦塔诺的"描述"主要指对心理生活进行形态学或分类学意义上的现象学描述即内部知觉，而狄尔泰的"描述"除指对心理生活进行形态学或分类学意义上的现象学描述即内部知觉之外，还更多地指在社会、历史和文化视域下对人的内心生活的目的、价值和意义进行直接或间接的理解和领悟。在某种程度上，正是由于对"描述"概念层次上的这种理解差异，他们分别开创了严格科学传统和浪漫主义传统两种不同取向的描述心理学。

作为描述心理学这种心理学形态的开创者，布伦塔诺和狄尔泰分别以发生心理学和说明心理学为对照对它作了明确界定。布伦塔诺把心理学区分为描述心理学与发生心理学，并认为两者分别类似于地质学中的地球构造学和地球成因学。发生心理学是用实验操控方法探究心理与生理或物理等其他外部因素之间的因果关系的心理学分支学科，是一门生理心理学或心理物理学。描述心理学与之相对，是对心理生活的元素以及支配它的规律进行分析和分类的精确科学，是一门完全不同于生理学或物理学的纯粹理论科学。它的主要任务是确定人类意识的元素及其关联方式，而不涉及任何其他生理或物理因素。人类意识（human consciousness）指的是在内部知觉中被给予的心理现象的集合；元素（elements）指的是具有同质性的部分或成分，而不应理解为原子；关联（connections）指的是形式本体论（formal ontology）的范畴，如整体与部分的关系、本质与附属的关系等；确定（determining）是一种双重活动，它的第一种成分是心理学的，包括经验（experiencing）和注意（noting）等操作，第二种成分是语言学的，包括给心理生活的元素命名并给它们下定义。布伦塔诺对描述心理学界定的核旨是，力图把心理学打造成像数学那样严格和精确的描述科学，主张通过内部直

---

① 这一点在第 31 页的脚注中已经作过一些解释和说明。

观意义上的经验证实来达到对纯粹心理现象及其组织规律和普遍本质的如实把握。这一定义为布伦塔诺学派的其他成员斯顿夫、胡塞尔、马蒂和迈农(Alexius Meinong, 1853—1920)等人所传承和发展。

狄尔泰根据研究模式和方法论程序的不同,从总体上把心理学区分为描述心理学与说明心理学。说明心理学是以物理学和化学等自然科学为模板,利用抽象、分析和假设来说明和建构人为造成的诸心理片段间的因果关系的心理学,赫尔巴特等人的原子论心理学、休谟等人的联想主义心理学以及冯特和艾宾浩斯等人的实验心理学都属于此类。描述心理学与之相对,是以人文科学或社会科学为模板,利用描述和理解方法来探究可观察的心理现象并对之进行分类和系统化的心理科学。这里的"可观察"并不是通常意义上所说的肉眼观察,而主要是指可以不需要假设地予以"发现"。说明心理学越出可观察的资料而发展假设系统,描述心理学则将研究限定在"可观察"的范围内。狄尔泰认为,心理生命结构系统本身就是一个因果系统,它作为一个具有内在次序性和连贯性的统一体直接呈现于我们的体验之中,我们不需要再跑到体验的背后寻求一个纯粹假设的统一体。他在强调内部知觉作用的同时,还特别突出了理解的作用,认为"理解过程奠定了描述心理学的最深刻基础"[①]。他所谓的"理解"既包括与内部知觉过程相伴的直接理解,也包括对外在心理生命表达的间接理解;既包括对自我心理生命的理解,也包括对他人心理生命的理解;既包括对个体心理生命的理解,也包括对客观文化精神的理解,而无论哪种理解均离不开体验。这样,他就比布伦塔诺更大程度地扩展了描述性方法的内涵,同时把描述心理学的哲学基础由单纯的现象学思想扩展为也包括解释学思想。狄尔泰对描述心理学界定的核旨是,力图把心理学打造成具有社会、历史和文化视域的描述科学,主张通过如实性描述和艺术性理解来把握心理生命的整体结构关系及其目的、价值和意义,关注人的生活性、独特性和发展性以及体验、情感、直觉和本能等。这一定义为斯普兰格、斯特恩和雅斯贝尔斯等人所传承和发展。

概而言之,描述心理学是一种人文彰显、思想深邃、蕴涵丰富、多姿多彩的心理学形态或学科领域,在基本主张上不同于发生心理学或说明心理学,强调在不依赖因果假设和元素分析的前提下对人的完整心理生活作纯粹的描述性研究,力求通过主客二元统一"原汁原味"地揭示人的内心生活的组

[①] Ermarth, M. (1978). *Wilhelm Dilthey: The critique of historical reason*. Chicago, IL: University of Chicago Press, p.180.

织规律和丰富意蕴。接下来,我们将主要从研究对象、研究方法、研究主题和研究领域四个方面,来进一步阐述这门学科的基本内涵。

第一,从研究对象上看,描述心理学主张研究人的完整心理生活。发生心理学或说明心理学从元素主义和联想主义出发,认为人的心理现象类似于自然化合物,因而心理学研究的首要任务就是确定心理现象的构成要素及其组合规律,通过严格控制的实验并利用抽象、分析和假设来说明和建构人为造成的诸心理片段之间以及心理与生理或物理之间的因果关系。描述心理学从整体论和互动论视角出发,认为人类心理原本就是一个密不可分的完整画面,它不是由诸部分和诸元素机械相加和假设建构而来的,不是由诸感觉或情感原子相互作用而产生的复合物,而始终是一个包罗万象的统一体。因此,描述心理学主张心理学的研究对象是人的完整心理生活或意识经验整体,而非人为制造的琐碎心理片段及其支配规律。布伦塔诺指出,尽管心理现象是多重和复杂的,但它们总是以一个统一整体的面目呈现于人的内部知觉中;斯顿夫把心理事件作为有意义的整体单元来研究,就像它们发生在个体身上一样,而不能作进一步的元素分析;胡塞尔认为,部分意动要在整体意动之中才能发挥作用;狄尔泰认为,人的心理生命内嵌于某种情境并同时影响该情境,从而形成了一个内容和意义的内部状态组织,一个由认知、情感和意志组成的具有内在连贯性、不可分割的整体系统,即"心理生命格式塔"[1];斯普兰格把心理现象视作社会文化意义情境中的一个整体,致力于研究人的心理生活的整体而不是它们的碎片;斯特恩认为,人的心理或人格是一个统一的目的性组织体系。总之,人是一个在世界中具有独特地位的、活生生的社会历史存在,从而形成了具有社会文化性和意义完整性的独特心理生活。因此,心理学研究应从社会、文化、历史和精神的整体视角去理解完整的人及其完整的心理生活。描述心理学正是从这一本体论立场出发,规定了自己的研究对象。

第二,从研究方法上看,描述心理学主张采用主客二元统一的现象学描述或解释学理解的方法。发生心理学或说明心理学主张仿效自然科学,采用控制性实验和因果性说明的方法来研究心理的元素及其复合关系,探究心理与生理或物理相关物之间的因果关联。描述心理学以人的完整心理经验为研究对象,认为它不可能在自然科学的假设、实验和测量中得到恰当处理,而必须找到一种能整体如实地呈现人类意识经验的科学方法。为了摆

---

[1] Teo, T. (2005). *The critique of psychology: From Kant to postcolonial theory*. New York: Springer, p.82.

脱发生心理学或说明心理学在主客二元对立基础上借助外部知觉的间接途径研究心理现象及其与生理或物理相关物之间关系的做法，描述心理学主张从"第一人称视角"出发，采用现象学描述或解释学理解的方法原原本本地把握心理经验的事实及其内在关系和意义。无论描述还是理解，都超越了传统主客二元对立关系的思维栏栅，都是把握和认识心理现象整体的最直接的方法。现象学描述主要是指内部知觉的方法，它是一种内部直观的反思意识，是主体朝向自身的内心体验。对于这种现象学描述的质性研究方法，几乎所有的描述心理学家都表示赞同。解释学理解不仅指把人的心理生活作为文本直接地把握其关系、目的、价值和意义，而且指通过对心理生活的外在历史实在的解释（interpretation）和理解来间接地把握其内在精神实质，即通过"内""外"兼顾的方法来达到对完整心理生活的经验描述与分析。理解的方法主要为狄尔泰、斯普兰格和斯特恩等浪漫主义传统的描述心理学家所强调。当然，描述心理学家们也不完全排斥实验方法，但这种实验是现象学思想指导下的主观性实验，而不是变量间因果验证的客观性实验。例如，斯顿夫做的一系列听觉心理学实验，就是基于内部知觉的主观实验范式。此外，作为补充和辅助，通过观察他人行为和表现进而了解他人的心理活动，也是描述心理学家获取心理知识的重要方法。

第三，从研究主题上看，不同描述心理学家的关注点具有较大差异，但他们关注较多的是心理结构、心理发展和心理差异。当然，即使在这些宏观研究主题上，描述心理学家也各有侧重。心理结构包括心理的意向性结构和形态学结构。意向性结构指的是，每种意识活动都无法离开对象和内容而独立存在，都必须指向一个对象，涉及一种内容，也就是说，总是意向性地包含一个对象或内容于其内。形态学结构指的是心理生活的分类及其内在关系。几乎所有描述心理学家都将心理结构作为其最重要的核心研究主题。布伦塔诺提出了心理的意向性本质观点，将意向性界定为对象的内存性，并在其意向性学说基础上，把心理现象或意识活动分为表象、判断与爱憎三个相互关联的部分；斯顿夫把意动与对象转化为机能与现象，并把心理状态分为表象、判断和情感三种意识类型；胡塞尔澄清了意向性的意动-对象-内容结构[①]，认为意动指向对象，同时体验到内容，而且把意识活动区分为客体化意动和非客体化意动两部分；狄尔泰把心理生命的体验看作活动与内容的统一体，认为尽管体验是主客未分的原始经验，但它从来不是一个没有内容的意识，而是始终具有对某对象的内部倾向性，并且认为心理生命

---

① 郭本禹,崔光辉,陈巍.经验的描述——意动心理学.济南：山东教育出版社,2010：3.

是一个由表象或认知、情感和意志组成的具有内在连贯性的整体系统;斯普兰格受布伦塔诺和黑格尔(Georg Wilhelm Friedrich Hegel,1770—1831)影响,将其理论也看作一种心理活动理论,并认为每种心理活动都是一个封闭的、文化目标导向的实体,由此把人格分为理论型、经济型、审美型、社会型、政治型和宗教型六种类型;斯特恩也强调要对描述的经验资料进行结构分类,认为把心理现象分成认知、情感和意志过于严格,而建议将之分成知觉、记忆、思维和想象、意志以及情感。

心理发展和心理差异主要是浪漫主义传统的描述心理学家关注的宏观研究主题。人类心理不是静态的,而是朝着更加连贯的方向不断成长和变化的,而且成长过程在每个案例中都是个别和独特的。狄尔泰、斯普兰格和斯特恩都密切关注了心理发展和心理差异问题。例如,狄尔泰认为,人类心理生命既具有静态的结构性,又具有动态的发展性,而且在成长与发展过程中,每一个体又是独特的;斯普兰格则运用描述心理学的理解方法对青少年期的独特心理发展特征作了整体的描述性研究;斯特恩从"批判人格主义"(critical personalism)的视角出发,强调个体能动性与生活环境对于儿童心理发展的共同作用,提出了人文科学的儿童心理发展观并被称为"人文科学儿童发展思想的先驱"[1],还特别对他自己的三个孩子的心理发展和心理差异进行了观察和比较研究,有些是与他的妻子克拉拉·斯特恩(Clara Stern)合作完成的。

第四,从研究领域上看,与发生心理学或说明心理学相比,描述心理学关注更高级、更广泛的心理领域。发生心理学或说明心理学认为心理现象可以还原为最基本的心理元素,因而主要关注孤立的感觉、观念或联想等较低级的心理领域,而把那些无法客观观察或用实验证实的高级心理经验排斥在心理学研究范围之外。正如狄尔泰所指出的,实验说明心理学主要探讨感觉及其联合而忽略人的高级心理过程,它无法看到诗歌、自传、艺术或宗教看到的东西,无法像人看待和感受自己那样来看待人。[2] 描述心理学与之相反,它把人的心理看作一个无法还原的、密不可分的整体,因而主要从整体论视角关注知觉、思维、想象、情感、体验、价值、目的和意义等较高级的心理领域。布伦塔诺、斯顿夫和胡塞尔等严格科学传统的描述心理学家主要关注知觉和思维领域,特别是关注错觉这种特殊的知觉,认为错觉是心

---

[1] DeRobertis, E. M. (2011). William Stern: Forerunner of human science child developmental thought. *Journal of Phenomenological Psychology*, 42(2): 157–173.
[2] Wolman, B. B., & Knapp, S. (1981). *Contemporary theories and systems in psychology* (2nd ed., expanded and rev.). New York: Plenum Press, pp.417–418.

理的真实体验,是对象呈现给心理的真实面貌,而不是发生心理学或说明心理学所说的对外界的错误反映。狄尔泰、斯普兰格和斯特恩等浪漫主义传统的描述心理学家除了关注知觉和思维外,还从社会、历史和文化及现实生活视角关注想象、情感、体验、直觉、价值和意义等更高级的心理领域。例如,狄尔泰深入探究了诗人的想象、情感和体验等高级心理过程。另外,描述心理学家们还从这些基础研究领域扩展和延伸到音乐、美学和伦理学等实际应用领域,取得了丰硕的研究成果。例如,斯顿夫将研究领域拓展到音乐,狄尔泰将研究领域拓展到美学和伦理学。因此,与发生心理学或说明心理学相比,描述心理学的研究领域更高级和更广泛。

总之,描述心理学反映了人文科学心理学的典型内涵特征,是人文科学心理学的重要组成部分。它标志着西方早期人文科学心理学的历史开端,而且通过与以自然科学为模板的发生心理学或说明心理学的直接对立,开启了西方心理学史上人文主义与科学主义两条路线之间的对立与纷争。不过,尽管描述心理学与发生心理学或说明心理学是两种不同的心理学形态或相对的理论范式,但在如何看待两者的关系上,布伦塔诺和狄尔泰的理解并不一致。布伦塔诺认为描述心理学在逻辑地位上优先于发生心理学,但发生心理学可以作为描述心理学的补充,两者可以成为互补关系。狄尔泰则认为描述心理学与说明心理学是完全对立的,描述心理学完全可以取代说明心理学,而说明心理学根本没有存在之必要,两者是水火不容的对立关系。后来,布伦塔诺逐渐认同了狄尔泰的观点。无论这两位描述心理学的开创者如何看待描述心理学与发生心理学或说明心理学的关系,整个西方心理学的发展历史都表明,科学心理学是在由描述心理学与发生心理学或说明心理学的直接对立所开启的人文主义和科学主义两条路线的对立与纷争中不断向前发展的。

第二节 描述心理学的历史演变

描述心理学的内部发展看似散乱无序和隐约不清,但实际上遵循着较为严密的承继逻辑和演变线索,以自身的科学信念和研究逻辑开辟着科学心理学的另一条道路。它由布伦塔诺和狄尔泰在前辈学人工作的基础上共同开创,沿循严格科学传统和浪漫主义传统两条路径发展,前者由布伦塔诺开创并通过斯顿夫和胡塞尔等人传承和发展,后者由狄尔泰开创并通过斯普兰格和斯特恩等人传承和发展。由于自身带有的哲学和人文倾向与主流心理学的实验取向相悖,它作为一种心理学形态最终融没于科学心理学的历史发展进程中,但它的基本精神在其他后续人文科学心理学理论派别中得以延续并在当代质性心理学中获得新生。我们主要通过产生、发展、历史融合与当代新生几个部分来阐述描述心理学的历史演变。

一、描述心理学的产生

描述心理学的起源可以追溯到近代早期经验主义哲学家贝克莱(George Berkeley,1685—1753)。贝克莱被看作是科学的描述理论(descriptive theory of science)的始祖[1],他认为知识是正在经验着或知觉着的人的一种机能,一切事物只有当它们被感知的时候才存在着,即"存在就是被感知"。物质世界本身什么都不是,而仅仅是没有任何证明的纯粹假设和便利抽象,而且所有以物质措辞作出的表述在它们的真实意义显现之前都必须被转译成知觉术语。根据他的这个观点,我们除了我们自己能够感知到的经验之外什么也不知道,物理定律并未揭示真实的物理原因,而仅仅是我们的知觉彼此关联的方式的概括性表达。因此,他认为,科学甚至自然科学的真正目的不是走到现象背后寻求规律,而只是对它们进行编码和预测。他还热衷于在心理生活中寻求某种统一性,某种能把诸心理状态维系在一起的东西,以使得所有心理经验形成一个连续的序列。[2] 贝克莱的这种注重经验感知和经验连贯性的描述科学观,为后来描述心理学的产生提供了最早的思想源泉。因为它使得人们有理由相信,对于具有内在次序性和连贯性的心理经验事实,心理学的目标必定是去描述它们,而不是走到它们背后寻求因果规律。

在描述心理学产生之前,已有一批近代心理学思想家相继对它作了尝试性探索,在某种程度上是因为在他们那个时代贝克莱主义的描述科学观已经变成一股欧洲力量逐渐开始盛行起来。沃尔夫(Christian Wolff,1679—1754)最早区分了理性心理学与经验心理学,认为经验心理学就是描述人类灵魂知识的经验科学。康德(Immanuel Kant,1724—1804)受沃尔夫影响,强调了心理学的描述方法与说明方法的区分。魏茨(Theodor Waitz,1821—1864)受康德影响,继续对心理学中的描述程序和说明程序作了区分,并认为描述的心理学要作为比较心理学和心理进化论来发展,要

---

[1] Hodges, H. A. (1952). *The philosophy of Wilhelm Dilthey*. London: Routledge & Kegan Paul, p.200.
[2] [美]墨菲,柯瓦奇.近代心理学历史导引.林方,王景和,译.北京:商务印书馆,2010:47-50.

以描述、分析、分类、比较和进化论为方法来源。尽管这些思想家的努力严格说来还算不上现代学科意义上的描述心理学探索,但他们对心理学两种研究程序的区分,为现代学科意义上的描述心理学的创建提供了实践先导。

描述心理学是19世纪70年代中期在欧洲面临深重思想文化危机的情势下产生的,由同时代的布伦塔诺和狄尔泰共同开创。当时的欧洲,科学技术和工业生产已得到迅猛发展,形而上学作为一切知识之基础和各门科学之纽带的根本地位发生动摇,科学主义统治下的欧洲出现了科学没有基础、文化发生分裂、生命失去意义、心灵陷入空虚的令人窒息的局面。正处于学术上升时期的布伦塔诺和狄尔泰强烈地意识到这种危机的存在,对人类命运关切的使命感促使他们积极地投入到这场危机的拯救中。

布伦塔诺选择了通过对哲学进行根本改造来拯救危机的道路。他认为,哲学在功利兴趣驱使下,思辨传统式微,纯理论性质逐渐削弱,这是它由盛及衰的根源。为了改变哲学的惨淡状况,深受当时经验主义和孔德实证哲学影响的布伦塔诺,致力于把哲学改造成像自然科学那样严谨和精确的"严格科学",并公开声称"哲学的真正方法无非是自然科学的方法"①,即基于经验和归纳而非基于抽象先验原则的方法。但他反对把自然科学的方法简单地植入哲学中,认为"严格科学的哲学"应首先到心理学中寻找概念和原理的起源,即把心理学作为它真正严格的起点。然而,布伦塔诺这里的心理学并不是泛指所有的心理学。在他看来,传统的哲学心理学建立在哲学思辨基础之上,带有浓厚的形而上学和神秘主义色彩,缺乏科学性;冯特等人的实验心理学机械地套用自然科学的方法,以生理学或物理学法则来说明心理现象,"并未触及纯粹心理,而是夹有非心理的杂质"②。因此,它们都无法满足建立"严格科学的哲学"的本质要求。它需要的是立足于经验而不带任何非心理学混杂物的"纯粹"心理学。基于这种考虑,布伦塔诺在批判地吸纳经验哲学、亚里士多德哲学、笛卡尔哲学和朴素现象学等哲学思想的基础上,从严格科学立场出发开启了构建一门描述心理学的计划。

狄尔泰选择了通过筑建人文科学(或精神科学)大厦来拯救危机的道路。他认为,要想使人文科学脱离自然科学而成为合法的研究人类精神的独立科学,首先要寻求一门可以替代旧形而上学而为全部人文科学奠定认识论基础的基础科学。他发现,人文科学的有效性和客观性的条件应到内

---

① 转引自:[荷]德布尔.胡塞尔思想的发展.李河,译.北京:生活·读书·新知三联书店,1995:100.
② 王天成.认识论的奠基与心理逻辑的统一——兼谈胡塞尔由现象学心理学向先验现象学转变的意义.长白学刊,1997(4):38-41.

部经验中去寻找,因而只有对人文科学的心理学基础进行反思,才能为它们的知识的客观性奠定基础。然而,狄尔泰不是一个"心理学至上论"者,他在强调心理学与认识论存在亲合性的同时,并不认为所有心理学都可以充当人文科学的认识论基础。传统的联想主义心理学和实验心理学仿效自然科学,无法公平对待经验的丰富性和连续性,因而难以担当为人文科学奠基的重任。他明确指出:"只有当心理学是一种仅仅局限于确立各种事实和存在于这些事实之间的各种一致性的描述性科学时,它才有可能成为一种根本性的人文科学。"[①]而且,它必须更加接近于历史学、伦理学、文学和艺术。基于这种考虑,狄尔泰在批判地吸纳康德哲学、经验哲学、浪漫主义、历史哲学以及现象学和解释学等哲学思想的基础上,从生命体验本身出发开启了构建一门描述心理学的计划。

1874年,布伦塔诺发表了其最重要的心理学著作《经验观点的心理学》,最早奠基和实际开启了描述心理学的具体研究。1876年,狄尔泰受此书启发,在其《1875年论文》的续篇中首次提出了现代学科意义上的"描述心理学"概念,并相继对描述心理学作了明确规划。他们在共同坚持对人的心理生活进行不涉及因果假设和元素分析的纯粹描述的基本原则下,分别开创了严格科学传统和浪漫主义传统两种不同取向的描述心理学。从这个意义上讲,布伦塔诺和狄尔泰同为描述心理学的创建人。后来描述心理学的发展,基本上是沿循这两条路径展开的。当然,两者之间在具体观点上亦有相互交流和彼此借鉴。

二、严格科学传统的描述心理学的发展路径

严格科学传统的描述心理学以布伦塔诺、斯顿夫和胡塞尔等人为主要代表,力图把心理学打造成像数学那样严格和精确的描述科学,主张通过内部直观意义上的经验证实来达到对纯粹心理现象及其组织规律和普遍本质的如实把握,"明显偏爱部分的、精确的和具体的研究,并致力于界定明确和界限清楚的问题"[②],具有较强的理智主义色彩。

布伦塔诺奠定了严格科学传统的描述心理学的学科基调和理论框架。这首先是通过其1874年《经验观点的心理学》来完成的。在这部著作中,布伦塔诺明确宣称心理学是一门严格的科学。这种严格性是以其经验性为基

---

① 田方林.狄尔泰生命解释学与西方解释学本体论转向.成都:西南交通大学出版社,2009:38.
② Poli, R. (1998). The Brentano puzzle: An introduction. In R. Poli (Ed.), *The Brentano puzzle* (pp.1 – 14). Aldershot: Ashgate.

础来实现的。布伦塔诺坚持心理学的经验立场,竭力避免"落入形而上学的可怕深渊"①。正如他所说:"只有经验影响着我,好像情人一样。"②不过,这种经验是心理本体论意义上的内部经验,而不是冯特等人主张的外部感知经验,因此布伦塔诺并不主张心理学的自然科学化。他的严格科学传统的描述心理学主要表现为三方面的理论特征。第一,它以纯粹心理现象作为研究对象,而不涉及意识范围之外的任何东西,即"基于达到一种纯经验并分析之"③。布伦塔诺主要根据意向性(intentionality)对心理现象和物理现象作了严格区分,认为心理现象即心理活动或意动,以指向性地包含一个对象于其内为根本特征,这个内在的对象或内容不是心理本身而是物理现象,只有对某物的意识活动才是心理现象。第二,它以内部知觉作为获取心理现象经验的最重要途径。布伦塔诺认为内部知觉具有"直接明见性",能够直观把握到当下真实的、不可错的整体经验信息。当然,他还主张以观察方法和实验方法作为内部知觉方法的补充来获取心理知识。第三,它力求通过对心理现象的形态学描述和分析,来达到把握真正普遍的而非部分的真理的规律,提供一种如莱布尼茨(Gottfried Wilhelm Leibniz,1646—1716)所认为的本质的普遍性。诚然,布伦塔诺在《经验观点的心理学》(1874)中并没有明确使用"描述心理学"的概念,但他主张的严格科学的心理学实际上正是描述心理学的前身。他是在未"正名"的情况下进行了描述心理学的具体研究。例如,他对心理现象做的分类研究便是典型的描述心理学工作。

布伦塔诺在其学术生涯的早期,仅仅把描述心理学看作是能明确发现和阐述什么存在于精神之中的整个心理学的一种纯准备状态,直到 19 世纪 80 年代末才赋予它一种支配性地位,使之成为一门独立自主的科学。④ 他主要通过开设"描述心理学"(1887—1888)、"描述心理学或描述现象学"(1888—1889)和"心理直觉学"(1890—1891)等一系列讲座来逐步明确和推进其描述心理学计划的。这些讲座后来被整理成《描述心理学》(1982)一书出版。在这些讲座中,布伦塔诺通过对心理学的总体把握,把科学心理学明确区分为描述心理学(亦称心理直觉学,psychognosy)和发生心理学(亦称生理心理学)。他指出:"心理学是研究人们的内心生活即在内部知觉中获

---

① Brentano, F. (1973). *Psychology from an empirical standpoint* (A. C. Rancurello, D. B. Terrell, & L. L. McAlister, Trans.). London: Routledge & Kegan Paul, p.18.
② 转引自:[美]波林.实验心理学史.高觉敷,译.北京:商务印书馆,2011:434.
③ Murchison, C. (Ed.). (1930). *Psychologies of 1930*. Worcester, MA: Clark University, p.176.
④ [荷]德布尔.胡塞尔思想的发展.李河,译.北京:生活・读书・新知三联书店,1995:57.

得的那部分生活的科学。它旨在(尽可能)详尽地确定人类意识的要素及其关联方式,并描述特定现象所受制的因果条件。前者是心理直觉学的主题,后者是发生心理学的主题。"①因此,描述心理学是确定人类心理的基本成分及其关联方式的科学,"它不告诉我们引起人类意识的原因以及什么使得某种特定现象此刻出现、不出现或消失。它的目标仅仅是为我们提供整个人类意识领域的一般概念。"②发生心理学是探讨心理现象与物理刺激或生理变化之间因果关系的科学,关注的是特定心理现象的发生条件。很显然,冯特等人以自然科学为模板的心理学属于发生心理学范畴。

布伦塔诺认为,就像解剖学与生理学、地球构造学与地球成因学的关系一样,描述心理学在逻辑上先于并相对独立于发生心理学,而且为后者提供了必要前提和基础,因为我们在充分澄清和描述想要阐明的心理现象"究竟是什么"之前,不可能对它们作出任何因果性判断。描述心理学不像发生心理学那样借助外部知觉的间接途径研究心理现象的生理或物理相关物,而是主要采用内部知觉的直接途径直观把握原原本本的心理经验事实,因而是一门像数学那样严格和精确的纯粹心理科学。③ 然而,布伦塔诺始终不拒绝或贬低实验范式在描述心理学中的有效作用,而是鼓励哲学倾向的心理学家也把实验室实验作为一种重要的工具性辅助手段,这为新一代描述心理学家从事实验研究铺平了道路。④

斯顿夫是布伦塔诺最早且最忠实的学生之一,被称为"真正的布伦塔诺主义者"⑤。他对其老师的描述心理学既有基本观点上的继承,又有具体观点和研究实践上的超越,从而推动了描述心理学这种心理学形态的发展。第一,斯顿夫从布伦塔诺那儿接受了"严谨而又严格的思维训练"⑥,坚持认为心理学是一门基于经验的、严格的描述科学,主张运用内部知觉的描述方

---

① Brentano, F. (1995). *Descriptive psychology* (B. Müller, Trans. & Ed.). London & New York: Routledge, p.3.
② Brentano, F. (1995). *Descriptive psychology* (B. Müller, Trans. & Ed.). London & New York: Routledge, p.4.
③ Brentano, F. (1995). *Descriptive psychology* (B. Müller, Trans. & Ed.). London & New York: Routledge, p.7.
④ Huemer, W., & Landerer, C. (2010). Mathematics, experience and laboratories: Herbart's and Brentano's role in the rise of scientific psychology. *History of the Human Sciences*, 23(3): 72–94.
⑤ Albertazzi, L., Libardi, M., & Poli, R. (Eds.). (1996). *The school of Franz Brentano*. Dordrecht: Kluwer Academic Publishers, p.115.
⑥ Albertazzi, L., Libardi, M., & Poli, R. (Eds.). (1996). *The school of Franz Brentano*. Dordrecht: Kluwer Academic Publishers, p.109.

法对心理机能特别是初级心理机能进行分析和分类研究[1]，并通过归纳和演绎的综合来获得心理规律。他把布伦塔诺的心理现象（即意动）明确改称为心理机能，即心理的作用、状态和体验，从而将其意动描述心理学发展为机能描述心理学。不过，他在研究心理机能的同时兼顾对心理内容的研究，为后来的二重心理学提供了先导。第二，斯顿夫更加明确地提出了描述心理学的整体观，"被公认为是整体思维的倡导者"[2]。他把心理事件看作是有意义的整体单元，就像它们发生在个人身上一样，反对作进一步的元素分析。第三，斯顿夫更加详细地对心理状态（即心理机能）作了分类和描述，而且提出了潜意识的心理状态。第四，斯顿夫比布伦塔诺更加注重观察和实验的辅助作用，并在描述心理学框架内做了一系列"有益的观察"和听觉心理学实验。他认为实验是控制条件下的观察，主张具备某些基本心理学知识并受过良好自我知觉训练的实验者在控制性条件下从"第一人称视角"知觉和描述其心理经验，认为实验者对其在内部知觉中经验的心理现象的描述为心理学提供了基础。[3] 这种基于内部知觉的主观实验范式与当时冯特等人的客观实验范式形成了直接对抗。

胡塞尔作为布伦塔诺最著名的学生即现象学运动的缔造者，在描述心理学方面沿着其老师布下的路碑自觉地走了自己的路，继承和批判性地推动了描述心理学学科的发展。为了实现其作为严格科学的哲学的理想，胡塞尔承认自己从事哲学研究的最初十年是在推进布伦塔诺的描述心理学[4]，即始于《算术哲学》（1891）而止于《逻辑研究》（1900—1901），并把现象学等同于描述心理学。《算术哲学》标志着胡塞尔描述心理学研究的发轫，他把布伦塔诺的描述心理学继承性地拓展到算术领域，以原始关系和心理关系的区分来对应布伦塔诺的物理现象和心理现象的区分，用基于事实的经验描述方法来反思和分析基本思维过程的体验，探究数学概念的心理学起源。《逻辑研究》标志着胡塞尔描述心理学研究的根本性转变，他在坚持描述心理学直观原则的基础上使直观内涵扩展到包括观念直观，从而将布伦塔诺的经验的意动描述心理学发展为观念的本质描述心理学。胡塞尔通

---

[1] Fisette, D. (2009). Stumpf and Husserl on phenomenology and descriptive psychology. *Gestalt Theory*, 31(2): 175-190.

[2] Ash, M. G. (1995). *Gestalt psychology in German culture, 1890-1967: Holism and the quest for objectivity*. Cambridge: University Press, p.30.

[3] Huemer, W., & Landerer, C. (2010). Mathematics, experience and laboratories: Herbart's and Brentano's role in the rise of scientific psychology. *History of the Human Sciences*, 23(3): 72-94.

[4] 张汝伦.二十世纪德国哲学.北京：人民出版社，2008：89.

过对布伦塔诺的意向性学说进行扬弃和改造,提出描述心理学应当对"真实实在"之外的普遍"观念之物"即"本质"(essences)进行无可置疑的描述和分析,成为一门严格精密的本质心理学。① 它的任务是通过与感性思路相分离的本质直观来对意识活动进行意向性本质分析,"描述性地研究自我体验(或意识内容)的本质种属和复合形式"②,以便为探寻心理因果规律的发生心理学奠定基础。然而,胡塞尔的本质描述心理学并未彻底突破经验层面,因为它所说的本质仍是处于经验世界中的人的意识活动的本质。正如他后来所说:"《逻辑研究》赋予现象学以描述心理学的意义……可以把描述心理学理解为经验的现象学……在我的《逻辑研究》中称作描述心理学的现象学的东西却只涉及体验的实在内容的领域。"③《逻辑研究》之后,胡塞尔几乎抛弃了描述心理学而转向了现象学哲学。

此外,布伦塔诺的其他弟子和再传弟子在描述心理学框架内做了许多具体研究,丰富和拓展了描述心理学的研究领域。例如,马蒂作为布伦塔诺的同门兼弟子,基于描述心理学的思想和原则对语言进行了独创性研究,并作了描述语义学和发生语义学的区分,从语言哲学角度继承和发展了布伦塔诺的描述心理学④;迈农吸纳其老师布伦塔诺的描述心理学和意向性学说,对形质心理学进行了成熟研究;迈农的弟子威塔塞克(Stephan Witasek, 1870—1915)和贝努西(Vittorio Benussi, 1878—1927)通过实验来验证其老师的形质心理学思想,但仍"忠实于布伦塔诺对描述心理学和发生心理学的区分,并强调内部知觉在科学心理学中的作用"⑤。

三、浪漫主义传统的描述心理学的发展路径

浪漫主义传统的描述心理学亦称为理解心理学,以狄尔泰、斯普兰格和斯特恩等人为主要代表,力图把心理学打造成具有社会、历史和文化视域的描述科学,主张通过如实性描述和艺术性理解来把握心理生命的整体结构关系及其目的、价值和意义,关注人的生活性、独特性和发展性以及体验、情

---

① [荷]德布尔.胡塞尔思想的发展.李河,译.北京:生活·读书·新知三联书店,1995:199-206.
② Husserl, E. (1970). *Logical Investigations*, Vol. 2 (J. N. Findlay, Trans.). London: Routledge & Kegan Paul, p.545.
③ [德]胡塞尔.现象学的观念.倪梁康,译.上海:上海人民出版社,1986:3-4.
④ Albertazzi, L., Libardi, M., & Poli, R. (Eds.). (1996). *The school of Franz Brentano*. Dordrecht: Kluwer Academic Publishers, p.85.
⑤ Huemer, W., & Landerer, C. (2010). Mathematics, experience and laboratories: Herbart's and Brentano's role in the rise of scientific psychology. *History of the Human Sciences*, 23(3): 72-94.

感、直觉和本能等,充满了浓厚的浪漫主义色彩。

狄尔泰奠定了浪漫主义传统的描述心理学的学科基调和理论框架。早在 19 世纪 60 年代,他便对当时占据主流的实验心理学的纯形式研究表示不满,认为心理学应该成为一门目标宽泛的实在心理学,把人看作一个完整的、活生生的社会、历史和文化的存在。此时,由于德国浪漫派诗人诺瓦利斯(Novalis,1772—1801)的强烈影响,浪漫主义已在狄尔泰的心理学思想中生根发芽、日渐膨胀并贯穿始终。正如狄尔泰研究专家霍奇斯所言,在狄尔泰的心理学思想中,浪漫主义远远胜过实证主义。① 1876 年,狄尔泰受布伦塔诺《经验观点的心理学》中的描述思想的启发,首次提出了现代学科意义上的"描述心理学"概念。1880 年,他完成的《描述心理学草稿》初步勾勒了描述心理学的思想雏形。1883 年,他在《人文科学导论》中明确宣称,心理学必须改变具体研究程序和方法,将说明性科学变为描述性科学。1894 年,他发表了其最重要的描述心理学论文《描述与分析心理学的观念》,这不仅标志着其描述心理学思想体系基本成熟,而且对整个浪漫主义传统的描述心理学的发展路线具有奠基意义。

在这篇论文中,狄尔泰根据研究模式和方法程序不同,把心理学区分为说明心理学和描述心理学,认为说明心理学以物理和化学等自然科学为模板,利用抽象、分析和假设来说明和建构人为造成的诸心理片段间的因果关系,而描述心理学则以人文科学为模板,利用描述和理解的方法来探讨可观察的心理现象并对之进行分类和系统化。他主要从四个方面对描述心理学作了规定。首先,它是一门基于人类生命的描述与分析的人文科学,而且是首要的和最根本的人文科学。其次,它以具有社会性、历史性和文化性的整个心理生命结构系统为研究对象,而且对于这种结构系统的体验是其研究的根本出发点。再次,它以"纯粹经验的"描述方法从内部直接告诉它发现的心理知识,而且这种"发现"以对心理生命的内在关系及其目的、价值和意义的理解为基础。此外,对个体心理的研究还要结合对社会文化等"客观精神"的理解和分析。最后,它既关注心理生命的结构,又关注心理生命的目的性发展和个体性差异。总之,该论文详细阐述了描述心理学的科学地位、研究对象、研究方法和研究内容等基本问题,是一篇描述心理学的纲领之作。

《描述与分析心理学的观念》发表后,即遭到实验心理学家艾宾浩斯

---

① Hodges, H. A. (1952). *The philosophy of Wilhelm Dilthey*. London: Routledge & Kegan Paul, p.222.

等人的严厉批评,双方展开激烈论战。艾宾浩斯认为,狄尔泰对说明心理学的批判高估了自己的能力和他人的短处,是在敲打一扇开着的门,而且他不同意狄尔泰的心理生命结构系统可以直接体验到的观点。狄尔泰在随后的回应中阐释说,艾宾浩斯在心理生命结构系统问题上误解了他。这场心理学史上的著名论战代表了人文科学心理学和自然科学心理学两条发展路线的对立。面对来自各方的批评,狄尔泰开始对其描述心理学思想进行反思、修正和补充。在胡塞尔《逻辑研究》中的现象学思想的影响和启发下,他最终认识到,心理生命的真正知识不应仅靠基于体验的内部知觉来直接寻获,还应采取迂回路线,通过对体验外在表达的解释来达到对深层心理生命的间接理解和描述。狄尔泰通过融入解释学思想实现了其描述心理学的深化和成熟,为后来斯普兰格和斯特恩等人的描述心理学提供了思想起点[①]。

斯普兰格是狄尔泰的忠实追随者,全面接纳和推进了其老师关于描述心理学的宏伟构想,并将之具体落实到对人格类型和青少年心理发展的研究中。他完全赞同狄尔泰对说明心理学和描述心理学的区分,认为一门描述的、理解的、整体的人文科学心理学可以更好地把握心理生命的意义完整性,而说明的、分析的、原子的自然科学心理学貌似客观,实则破坏了这种意义完整性。除了毫无保留地接纳狄尔泰的理论,斯普兰格的脑海中还深刻融入了布伦塔诺和黑格尔的思想。他的理论是一种心理活动理论,认为每种心理活动都是一个封闭的、文化目标导向的实体[②],只有当文化附着于内部经验时,心理活动才会产生。在斯普兰格看来,心理生命的结构、特点和方向由人追求的目标和精神价值决定,而目标和价值取决于他所处的社会、历史和文化情境。因此,描述心理学就是要在特定社会、历史和文化关系中有意义地理解和把握心理生命及其结构整体。比狄尔泰更难能可贵的是,斯普兰格还把描述心理学的理论和方法成功地运用到具体研究问题中。例如,在《人的类型》(1914)中,他根据某种文化价值在人的生活目标和行为方式上所占的优势,将人格分为六种类型:理论型、经济型、审美型、社会型、政治型和宗教型。再如,在《青少年期心理学》(1924)中,他运用理解方法对青少年期(女 13—19 岁,男 14—22 岁)的心理特征作了整体描述,只是在理解的观点和内涵上与狄尔泰有显著不同,没有将狄尔泰的高级形式的理解

---

① Wolman, B. B., & Knapp, S. (1981). *Contemporary theories and systems in psychology* (2nd ed., expanded and rev.). New York: Plenum Press, p.421.

② Wolman, B. B., & Knapp, S. (1981). *Contemporary theories and systems in psychology* (2nd ed., expanded and rev.). New York: Plenum Press, p.423.

作为研究的基本方法。①

斯特恩受到狄尔泰和艾宾浩斯的双重影响,成为人文主义和实验主义的"综合者",主张描述心理学和说明心理学的融合统一,强调理解方法和说明方法的综合运用,使之共同服务于人格及其内部结构和发展的研究。他认为,人格是生理和心理、遗传和环境、凸显和内嵌、整体和部分的汇集之地,是一个"多元统一体"(unitas multiplex),当研究作为整体的人格以及所有心理生命过程的意义性时应采用描述和理解的方法,当研究统一体的诸元素及其关系规律时应采用实验说明的方法。描述心理学作为心理科学研究程序的第一步,主要采用描述和理解的方法获取经验资料,并对获取的经验资料进行分类。在他看来,把心理现象分成认知、情感和意志过于严格,应分成知觉、记忆、思维和想象、意志以及情感。说明心理学作为心理科学研究程序的第二步,主要通过元素分析的实验说明方法使具体资料隶属于抽象规律,包括因果说明、目的说明和发生说明。总之,根据斯特恩的观点,描述心理学和说明心理学在实际研究程序中实现了融合统一。他明确指出:"认为理解心理学对立于和独立于作为一门自然科学的心理学是个谬误。只存在一种统一的心理学学科,它试图根据其研究对象的基本性质和说明它的概念规律以及具有独特意义的整体价值结构来认识它的研究对象。"②

此外,心理病理学家雅斯贝尔斯也是一位重要的描述心理学家。他不仅在其元理论反思中吸纳了狄尔泰关于描述心理学和说明心理学的二元划分,而且将之引入到心理病理学领域。在其1913年出版的《普通心理病理学》一书中,他把自己的研究分成理解心理学和说明心理学。说明心理学采用自然科学模式,探究心理生命的因果关联,将心理疾病视作伴随生理病变的副现象。理解心理学探究心理生命的意义关联,主张采用现象学方法描述精神病患者的内心体验,并通过移情(empathy)来理解某种心理事件在患者脑海中的产生过程。雅斯贝尔斯的理解心理学是狄尔泰的描述心理学在心理病理学领域的精确表述和发展。③ 尽管雅斯贝尔斯对说明心理学基本持反对态度,但仍认为两者特别是它们的方法在特定

---

① Teo, T. (2003). Wilhelm Dilthey (1833 – 1911) and Eduard Spranger (1882 – 1963) on the developing person. *The Humanistic Psychologist*, 31(1): 74 – 94.
② 转引自:Wolman, B. B., & Knapp, S. (1981). *Contemporary theories and systems in psychology* (2nd ed., expanded and rev.). New York: Plenum Press, pp.427 – 428.
③ 梦海.描述·说明·理解——卡尔·雅斯贝尔斯与精神病学新方法.福建论坛·人文社会科学版,2006(12):46 – 53.

情况下具有相互关联性。①

四、描述心理学的历史融合与当代新生

描述心理学作为科学心理学初创时期产生的一种重要心理学形态或学科分支,极大地影响了科学心理学特别是人文科学心理学的历史发展进程,但最终也融匿于这一历史发展进程中。"二战"之后,德国特别是西德心理学开始美国化,描述心理学因其哲学倾向和人文倾向显得不够"科学"和"实用"而在德国逐渐衰微下去。② 它逐渐不再作为独立的心理学形态或学科分支而存在,它的主要代表人物的弟子们已纷纷转向纯哲学或其他心理学领域。例如,深受狄尔泰和胡塞尔影响的海德格尔(Martin Heidegger, 1889—1976)主要从事的是纯哲学研究,斯特恩的弟子奥尔波特(Gordon Willard Allport, 1897—1967)走向了人本主义心理学。

然而,描述心理学实际上并没有销声匿迹,它的思想主张和理论观念已发展并融合到精神分析心理学、格式塔心理学、现象学心理学、存在心理学和人本主义心理学等其他后续人文科学心理学理论派别之中。例如,精神分析心理学承袭了描述心理学的人文主义理念、心理意向观、心理能动观、心理本能论以及对深层心理生命和潜意识现象的关注,格式塔心理学承袭了描述心理学的现象学方法论和整体主义思维,现象学心理学承袭了描述心理学对心理经验予以如实描述的思想,存在心理学承袭了描述心理学在现实存在中理解和描述人的真实体验的思想,人本主义心理学承袭了描述心理学尊重人及其心理生命完整性的思想。因此,可以说,描述心理学虽然已失去了作为一种独立心理学形态或学科分支的地位,但它的基本精神诉求通过融入其他后续人文科学心理学理论派别之中而在西方心理学史上得以延存和发展,也即通过历史融合实现了自身延续。

描述心理学的基本精神在当代质性心理学中获得了新生。描述心理学认为,心理实在和物理实在是不同性质的存在。物理实在外在于经验主体,以机械的外部因果关联为架构,本身无法作为一个连贯的系统直接呈现给经验主体,而必须通过假设推理、机械还原和理论建构才能探知诸部分之间的关系及其支配规律。心理实在内在于经验主体,以鲜活的内部意义关联为架构,本身就是一个内部相互交织的统一整体,经验主体可以不需要假设

---

① Teo, T. (2005). *The critique of psychology: From Kant to postcolonial theory*. New York: Springer, p.24.

② Teo, T. (2000). Spranger, Eduard. In A. E. Kazdin (Ed.), *Encyclopedia of psychology*, Vol.7 (pp.458-459). Washington, DC, US: American Psychological Association.

和推理直接予以描述和理解。正是基于这种本体论层面的认识，描述心理学指向实体性的心理事实，主张在不涉及因果假设和元素分析的前提下对现实生活中的人的内心生活及其组织结构进行质的描述，在社会、历史和文化视域下从整体上领会和理解心理生活的目的、价值和意义。正如狄尔泰根据已有研究结果所指出的："实验和某种定量的进路，在心理学非常边缘的地带才有意义，而且完全无助于更好地理解核心的心理活动。"①

心理学质性研究作为一种方法学取向自20世纪90年代起如雨后春笋般兴起，并很快于21世纪初发展成为一种系统的学科体系，即质性心理学②。质性心理学是与量性心理学相对的一门以方法学取向命名并具有"探险性"③的开放性学科。它致力于在特定生活情境中对人的主观经验作整体的描述、理解和解释性分析，强调深入文化内部从被研究者的角度看待问题，追求对人们思想和行为中的意义关联的探寻，尊重人的独特性和过程性、丰富性和复杂性以及社会性和文化性，反对用定量的因果假设和元素分析方法精确预测心理的普适规律。正如著名质性心理学家班伯格（Michael Bamberg）所言："在知识的假设-演绎模型内发展和形成的说明性方法已经过时，观察、描述和理解成为新的关键性术语，新的任务是知识构建和知识生成，而不是对某些先前确立的假设的证实或证伪。"④

由此可见，质性心理学与描述心理学的基本精神在根本上完全契合。可以说，描述心理学是质性心理学的前身和预示，质性心理学是描述心理学在当代的延续、复兴和新生，甚或说它是描述心理学在当代的存在形态。

第三节 描述心理学的理论形态

描述心理学沿循严格科学传统和浪漫主义传统两条路径发展，每条路径分别贯穿着三种各具特色的理论形态，前者包括意动描述心理学、机能描

---

① 转引自：[荷]德·穆尔.*有限性的悲剧：狄尔泰的生命释义学*.吕和应，译.上海：上海三联书店，2016：175.
② Smith, J. A. (Ed.). (2003). *Qualitative psychology: A practical guide to research methods*. London: Sage.
③ [英]维利格.*心理学质性研究导论*.郭本禹，王申连，赵玉晶，译.北京：人民邮电出版社，2013：1.
④ Camic, P. M., Rhodes, J. E., & Yardley, L. (Eds.). (2003). *Qualitative research in psychology: Expanding perspectives in methodology and design*. Washington, DC: American Psychological Association, pp.ix-x.

述心理学和本质描述心理学,后者包括体验描述心理学、结构描述心理学和人格描述心理学。当然,这些理论形态之间并不是各自孤立,而是有着密切的内在联系甚至渊源。

一、严格科学传统的描述心理学的理论形态

(一) 意动描述心理学

布伦塔诺受经验哲学、亚里士多德哲学、笛卡尔哲学和朴素现象学等哲学思想影响,站在经验立场提出意动描述心理学理论。他主张从活动视角来理解人的心理,认为描述心理学就是通过内部知觉对作为意识活动的纯粹心理现象进行如实描述的科学。可以说,意动是其描述心理学理论的核心,故可称之为"意动描述心理学"。

布伦塔诺明确指出,描述心理学的研究对象是关涉人的意义和价值的心理现象,心理现象自身具有内在统一性,这使得它始终以一个有机统一整体的面貌呈现出来。他所谓的心理现象是心理活动或意动,包括表象活动、判断活动和爱憎活动,而不是静止的心理内容。正如施皮格伯格所言:"布伦塔诺的心理现象始终是一些活动,'活动'一词是在很宽泛的意义上使用的,它包含经历的体验和行动的体验、意识的状态和单纯的瞬间过程。"[①]在布伦塔诺看来,作为意动的心理现象最显著、最普遍和最独具的特征是对象的意向的内存性(intentional inexistence),即心理现象总是指向或关涉某个对象或内容,并且这个对象或内容不存在于外在世界而存在于内在世界。正如他所指出的:"每一心理现象都把某物作为对象而包容于自身之中,尽管方式有所不同。在表象中总有某物被呈现,在判断中总有某物被肯定或否定,在爱中总有某物被爱,在恨中总有某物被恨,在欲求中总有某物被欲求,如此等等。"[②]心理现象总是意味着意识活动和意识对象两者同时存在,因而我们完全可以把心理现象理解为意向性地包含一个对象于其内的现象。

布伦塔诺的意向内存性观点,突出了心理与对象的内在关联性,表明了心理并不是封闭的存在,而是与现实世界互动的开放的经验实体。需要澄清的是,对象的内存在并不意味着心灵之外的实物必然存在。例如,当我们思考着某物时,我们作为思考的主体必然存在,但所思之物却并不一定存在。那么,心理是如何以一种非实物包容的方式将对象包容于内心之中的

---

① [美]施皮格伯格.现象学运动.王炳文,张金言,译.北京:商务印书馆,2011:78-79.
② Brentano, F. (1973). *Psychology from an empirical standpoint* (A. C. Rancurello, D. B. Terrell, & L. L. McAlister, Trans.). London: Routledge & Kegan Paul, p.88.

呢？布伦塔诺认为它是通过体验，即心理体验到对象完成的。例如，我看到一匹马，我的内心在指向这匹马的同时，会产生有关这匹马的体验。这实际突破了自笛卡尔以来在本体论和认识论中精神与物质分离的二元论藩篱，也回答了心理究竟是如何在现实情境中活动的问题。然而，布伦塔诺认为，这个内在的对象或内容不是心理现象本身而是物理现象，只有对某物的意识活动才是心理现象，描述心理学应该主要关注人的心理做了什么而非人的心理内部有什么，应该主要关注心理的活动过程而非心理的静止内容。也就是说，他从心理本体论出发，主要把意动当作描述心理学的研究对象，突出了心理的意向性、活动性和整体性。

布伦塔诺从朴素现象学观念出发，把内部知觉作为描述心理学研究的方法基础和主要途径[1]，认为内部知觉具有直接性、不谬性和明见性，能够确实可靠地直观把握当下真实、精确和完整的心理活动经验，是心理现象基本和主要的来源。内部知觉是对心理活动直接而自然的内部体验，具体是指我们从第一人称视角出发，对自身刚刚过去的、在记忆中仍呈鲜活状态的心理活动及其变化的反省，这也使得布伦塔诺否认了潜意识心理现象的存在。[2] 布伦塔诺认为，描述心理学的主要任务是以内部知觉为基础确定意识活动的要素及其关联方式，即充分列出内部知觉中显现的心理现象的基本成分及其关联方式，从而为我们提供整个人类意识领域的一般概念。在他看来，描述心理学家要达到其目标就必须完成如下六项工作[3]：（1）经历（erleben）。描述心理学家必须同时或相继经历（即内部知觉登记）大量人类意识事实，如果他不想缺乏必要研究材料的话。（2）察觉（bemerken）。描述心理学家要挑选出差别细微且关系复杂的最终心理成分，就必须煞费苦心地察觉内部知觉中显现的特殊经验及其基本部分。[4]（3）牢记（fixieren）。描述心理学家必须牢记他所察觉之物。（4）归纳概括。描述心理学家必须归纳概括内心生活的某些要素的显而易见的特性。（5）凭直觉把握。当某些意动要素统合的必要性或不可能性由于概念本身而变得明显时，描述心

---

[1] Mulligan, K., & Smith, B. (1985). Franz Brentano on the ontology of mind. *Philosophy and Phenomenological Research*, 45(4): 627-644.

[2] Huemer, W., & Landerer, C. (2010). Mathematics, experience and laboratories: Herbart's and Brentano's role in the rise of scientific psychology. *History of the Human Sciences*, 23(3): 72-94.

[3] Brentano, F. (1995). *Descriptive psychology* (B. Müller, Trans. & Ed.). London & New York: Routledge, pp.31-78.

[4] Mulligan, K., & Smith, B. (1985). Franz Brentano on the ontology of mind. *Philosophy and Phenomenological Research*, 45(4): 627-644.

理学家必须凭直觉把握普遍规律。(6)演绎。描述心理学家必须通过演绎充分利用他以归纳或直觉方式从普遍规律中获得之物,以能够解决他在其他情况下几乎无法解答的关于意动要素的许多问题。

(二)机能描述心理学

斯顿夫继承并发展了其老师布伦塔诺的思想,提出机能描述心理学理论。他把布伦塔诺对意动的强调发展为对机能的强调,认为描述心理学就是运用内部知觉的经验描述方法对心理机能特别是初级心理机能进行分析和分类研究的科学。[①][②] 可以说,机能是其描述心理学理论的核心,故可称之为"机能描述心理学"。

斯顿夫主张,描述心理学的研究对象是心理机能,即心理的活动、作用、状态或体验,包括表象、判断和情感三部分,而且其所谓的机能是一种逻辑的机能,而不是生物或适应的机能。他受布伦塔诺的意动与内容之区分的启发,把经验区分为机能与现象,认为机能是(描述)心理学的研究对象,既包括认识和情绪的机能也包括从未分化机能到分化机能的各个阶段,既包括有意识的机能也包括潜意识的机能,而现象是现象学(异于胡塞尔的现象学)的研究对象,即指意识活动或心理机能的客观相关物[③],或者说指的是经验活动的对象或内容,如声音和颜色等感觉印象、表象、记忆的内容。每种心理机能都是关于特定内容或现象的心理活动,都具有某种指向物呈现于"我"的内心,这是斯顿夫所谓的心理机能的最本质特征,类同于布伦塔诺的"意向内存性",但也有所不同[④]。在斯顿夫看来,机能与现象既不可分而又各自独立存在于经验之中,彼此不能相互还原且可以独立发生变化,这实际上回答了布伦塔诺未能很好回答的意动与对象之间的具体关系的问题,也暗示了心理学研究不能排除心理内容的正当理由,预示着后来二重心理学的产生。尽管如此,斯顿夫仍然指出:"……我真正的目的主要是理解机能。"[⑤]

斯顿夫指出,心理机能作为一个意义整体是经验直接给予的,可以而且应该从经验角度描述性地加以研究。他把内部知觉作为获取心理经验事实

---

① Fisette, D. (2009). Love and hate: Brentano and Stumpf on emotions and sense feelings. *Gestalt Theory*, 31(2): 115 - 127.
② Fisette, D. (2009). Stumpf and Husserl on phenomenology and descriptive psychology. *Gestalt Theory*, 31(2): 175 - 190.
③ [美]施皮格伯格.现象学运动.王炳文,张金言,译.北京:商务印书馆,2011:101 - 102.
④ 郭本禹,崔光辉,陈巍.经验的描述——意动心理学.济南:山东教育出版社,2010:135.
⑤ Murchison, C. (Ed.). (1930). *A history of psychology in autobiography*, Vol.1. New York: Russell & Russell, p.409.

的根本方法,不信任无实际经验的间接推测和理论建构,认为内部知觉相较于外部知觉具有直接明见性(immediate evidence),可以保证自身的真实性。在他看来,一个人不需要怀疑自己的内部状态,因为这种在特定时刻所意识到的内部状态是真实的,恰如其所显现的那样。正如他所言:"我们一直都用内部知觉这个术语来表明一种非常明确而独特的体验。而且,对于任何对内部知觉的细节感兴趣的个体来说,让他们自己确信这些机能的实在都是可能的。"[①]斯顿夫认为,心理机能也可以通过实验和观察来进行辅助性研究,不过他所谓的实验主要是描述心理学框架内基于内部知觉的主观实验,即具备某些基本心理学知识并受过良好自我知觉训练的实验者,在控制性条件下从第一人称视角描述其内部知觉中显现的心理机能经验。[②]

(三)本质描述心理学

胡塞尔在布伦塔诺注重经验的意动描述心理学理论基础上,推进和极端性地[③]提出注重观念的本质描述心理学理论。他把描述心理学界定为主体从第一人称视角出发对其内心之中所显现的普遍"观念之物"进行直观描述的本质科学[④],并规定其具体任务是通过本质直观描述性地探究由意识活动和意识内容构成的心理现象的本质种属和复合形式。可以说,本质是其描述心理学理论的核心,故可称之为"本质描述心理学"。

胡塞尔明确指出,布伦塔诺混淆地把意识内容和意识对象相等同,并错误地将之都视为物理现象而排除在心理学研究大门之外。在认识到布伦塔诺的意向结构模型的不足之后,他提出了一种新的"三维"意向结构模型,并以听音乐为例作了说明。听音乐的听是意动,听到的音乐是内容,听所指向的音乐是对象,其中意动和内容都属于心理现象范畴,对象属于物理现象范畴。胡塞尔把随时间而变化的具体心理现象视作心理的"实项"(reell)部分,认为它们"都是某个自为的个别物,是它所属的心理本质的一个实在状态,它在分配给它的这个时间段中存在,而当这段时间结束之后它又退回到虚无当中"[⑤]。也就是说,他意识到在心理的"真实实在"之外还存在着一种普遍的"观念之物"即"本质"。这个普遍的"观念之物"独立于一切经验结果

[①] Langfeld, H. S. (1937). Stumpf's "Introduction to Psychology". *The American Journal of Psychology*, 50(1): 33 – 56.

[②][③] Huemer, W., & Landerer, C. (2010). Mathematics, experience and laboratories: Herbart's and Brentano's role in the rise of scientific psychology. *History of the Human Sciences*, 23(3): 72 – 94.

[④] [荷]德布尔.胡塞尔思想的发展.李河,译.北京:生活·读书·新知三联书店,1995: 199 – 206.

[⑤] 转引自:奚颖瑞.从"算术哲学"到"逻辑研究"——论早期胡塞尔的现象学突破之路.杭州:浙江大学博士学位论文,2010.

而与纯粹逻辑密切相关,是能够在本质直观中被把握的种属(species)之物,表现为"数""一""多""关系"等不带任何质料的纯粹形式,它能够为不同人所把握,具有超时间性、同一性和自存性等特征。胡塞尔主张,描述心理学应该纯粹以观念或本质为依据,以心理中的普遍"观念之物"为主要研究对象,而非过多地关注依赖于经验、个别具体的意识活动或意识内容。对于意识活动而言,描述心理学应该主要关注意向关系,它构成了意识活动的本质种属。正如胡塞尔所言:"我们只关注对我们至关重要的一点:意向关系,或者简言之,意向——它们构成'意动'的描述性的种属特征——具有各种本质特殊的差异性。"①对于意识内容而言,描述心理学应该主要关注实物意象的观念内涵。例如,与脑海中呈现的那些具体红色相比,"红"作为种属特征就是"本质"或"观念之物",那些具体红色在鲜艳程度和深浅上会各不相同,但就其种类而言都属于"红"这种颜色。

胡塞尔认为,心理现象的观念本质是直接显现于我们脑海中,可以通过直观方法来加以证实、澄清和把握的。直观(Anschauung)是一种将对象自身亲身带给我们的活动,而且这个活动通常要求复杂的知性运作。在他看来,存在着一种所予性的纯粹直观,本质在其中以一种原原本本的方式作为对象而被给予,正如个别实在物在经验直观中被给定一样。它置个别变动不居的心理事实于不顾,而直接观看作为普遍"观念之物"的稳定不变的心理本质。这种"观念化"或本质直观学说使胡塞尔能够在维护先天判断的同时又保持对直观原则的忠实。然而,他的本质描述心理学并未彻底突破经验层面,因为它所说的本质仍是处于经验世界中的人的意识活动及其内容的本质,经验仍然构成了观念抽象的具体依据。胡塞尔指出:"这种描述心理学不仅是要分析经验科学家使用的观念,而且要在对心理现象之本质的描述分析基础上为经验研究确立那些规范性的一般法则。"②

二、浪漫主义传统的描述心理学的理论形态

(一)体验描述心理学

狄尔泰受康德哲学、经验哲学、浪漫主义、历史哲学、现象学和解释学等哲学思想的影响,站在人类生命立场提出体验描述心理学理论。他主张在社会、历史和文化视域下,通过现象学的描述和解释学的理解原原本本地把

---

① [德]胡塞尔.逻辑研究(第二卷第一部分).倪梁康,译.上海:上海译文出版社,2006:433.
② [荷]德布尔.胡塞尔思想的发展.李河,译.北京:生活·读书·新知三联书店,1995:208.

握心理生命的整体结构系统,而且强调这种把握应以对心理生命结构系统的体验为根本基础。可以说,体验是其描述心理学理论的核心,故可称之为"体验描述心理学"。

狄尔泰明确指出,描述心理学的研究对象是具有内在结构性的"心理生命格式塔"。他认为,自我在与周围丰富世界互动的过程中,形成了一个具有整体性、统一性、连贯性和动态性的内容和意义的内部状态组织,即心理生命结构系统。它由认知、情感和意志三部分组成,三者有主次地共存于心理生命的每种状态或每个瞬间,其中情感是联结认知与意志的纽带,但情感本身基于本能,本能构成了心理生命的真正核心。正如狄尔泰所言:"我们心理结构的中心是一束本能(或驱力)和情感。"[1]我们可以从三方面来理解狄尔泰的心理生命结构系统。第一,它不仅包括心理生命的活动,而且包括心理生命的内容。狄尔泰认为,每种心理生命活动都必然包含着富有意义的心理生命内容,而且富有意义的心理生命内容画卷比单纯的心理活动更值得关注。例如,记忆或遗忘的内容比记忆或遗忘本身更值得关注。第二,它不仅包括可意识到的心理生命现象,而且包括意识不到的深层心理生命现象,即潜意识。第三,它不仅反映个体的独特性,而且反映群体的文化共性。狄尔泰认为,心理生命具有趋向本能满足的目的性,而在追求目的实现的过程中,心理生命获得了成长与发展,从而也形成了个体的独特性。同时,心理生命是主体在与社会、历史和文化世界进行有意义碰撞的过程中形成的,因而必然反映着个体内嵌的共同体的文化精神。

狄尔泰认为,心理生命结构系统作为当下的直接给予,是内在于我们每个人的体验中的。因此,对心理生命结构系统的研究实质上就是对心理生命结构系统体验的研究。体验是在经历过程中形成的一种活生生的内部经验,它具有直接性、明见性、整体性、活动性和意义性等特征,不仅意味着当下,而且包含着过去,也孕育着未来。在狄尔泰看来,体验包含着两层含义。第一,体验自身是一种内部实在。狄尔泰指出:"体验不是作为一种被感知到的东西或一种被表象的东西出现在我面前的,它不是被给予我们的,而是……通过我们对它的内觉察而为我们所存在的,我在它属于我的意义上直接拥有它。"[2]尽管体验是一种内部实在,但它完全不同于主客分离状态

---

[1] Dilthey, W. (1977). *Descriptive psychology and historical understanding* (R. M. Zaner, & K. L. Heiges, Trans.; R. A. Makkreel, Intro.). The Hague: Martinus Nijhoff, p.87.
[2] 转引自:张庆熊.描述心理学对先验现象学——兼谈狄尔泰和胡塞尔在哲学思想上的联姻与争论.陕西师范大学学报(哲学社会科学版),2006,35(2):37-44.

下呈现于主体面前的客体,因而要把握作为内部实在的体验,就必须靠与它同样源始且主客未分的内部知觉。第二,体验自身是一种占有和把握实在的方式,而且以主客统一的方式来进行。正如狄尔泰所言:"体验是一种独特的、与众不同的方式,在这种方式下,实在在那儿为我存在。"①我们对心理生命的把握应首先从体验到的内部结构关系开始,这是狄尔泰描述心理学的根本出发点。

狄尔泰主张在社会、历史和文化视域下通过直接和间接的双重途径来把握内在于体验的完整心理生命。狄尔泰认为,人自出生起就与社会、历史和文化世界互动,并受其所在共同体的客观文化精神的滋养,因而对一个人心理生命的描述和分析,离不开对其内嵌的客观文化精神的理解。第一,直接途径。狄尔泰认为,既然心理生命作为结构系统和连贯整体内在于我们的体验中,我们就可以通过内部知觉的现象学描述方法原原本本地直接去"发现",而不需要像自然科学那样越出可观察的资料、跑到体验背后寻求一个纯粹假设的虚构物。正如他所说:"作为自然科学的说明心理学始于假设,而描述心理学止于假设。"②这种对内部知觉的描述是以对心理生命的内在关系、目的和意义的自我理解为基础的。理解是以一种有意义的方式来把握对象本来面貌的解释学途径。无论是对心理生命的理解还是描述,都以心理生命的体验为先决条件,没有体验,两者都无从谈起。当然,对自我心理生命体验的直接描述和理解,还需要与他人的内在心理生命体验相比较,以核查和扩展我们内部知觉和自我理解到的心理知识。第二,间接途径。就内在于体验的心理生命而言,有些东西是我们无法直接意识到的,如潜意识现象。因此,狄尔泰认为,心理生命的真正知识不应仅靠基于体验的内部知觉来直接寻获,还应采取迂回路线,通过对自我或他人的面部表情、手势、行动和言语等体验表达的解释,来达到对深层心理生命的间接理解和描述,即经由心理生命体验之表达来获得心理生命之体验。

（二）结构描述心理学

斯普兰格受狄尔泰心理结构观、布伦塔诺意动学说、黑格尔古典哲学和德国文化哲学的影响,提出结构描述心理学理论。他认为,心理生命深嵌于社会、历史和文化关系之中,形成了一个内部交织和互动而且具有意义完整

---

① 转引自:李超杰.理解生命——狄尔泰哲学引论.北京:中央编译出版社,1994:113.
② Dilthey, W. (1977). *Descriptive psychology and historical understanding* (R. M. Zaner, & K. L. Heiges, Trans.; R. A. Makkreel, Intro.). The Hague: Martinus Nijhoff, p.5.

性的结构整体,描述心理学的任务就是以有意义的理解方式去把握和领会这个心理生命结构体。他在设想心理不只是一种由自我保存倾向所控制的有目的的结构方面,比狄尔泰走得更远。① 可以说,结构是斯普兰格描述心理学理论的核心,故可将其理论称为"结构描述心理学"。

斯普兰格认为,观念、情感、本能和意志等心理活动彼此交织和互动,形成了一个以意义关系为根本内涵,具有独特性、整体性和活动性的心理结构体。② 心理结构整体中的每一部分都为整体完成一项成就(achievement),同时每一部分的成就都由整体来决定,并从整体中获得其意义。每种心理活动本身都是无意义的材料,我们能够共享的仅仅是我们主观经验的意义,而不是经验自身的作用过程。每种心理活动都是一个封闭的、文化目标导向的实体,只有当文化附着于内部经验时心理活动才会产生。心理结构同历史地发展起来的文化环境处于密切接触状态,文化为心理经验提供了意义情境,并赋予它丰富的意义内容和态度价值。可以说,心理生命特别是高级心理生命是文化关系的重要部分。心理结构在不同个体之间、不同年龄阶段、不同群体之间以及不同文化阶段都表现出不同特点,具有空间性和时间性。因此,斯普兰格明确指出,描述心理学不仅要关注个体在不同年龄阶段的心理结构特点,更要关注处于不同文化阶段、具有独特意义法则的超个体心理结构的特点。在他看来,心理经验资料不仅可以在实验室、诊所或当代人那里获得,而且可以通过文字材料和历史作品从历史人物那里获得,历史甚至原始人传递给我们的各种心理结构材料十分重要,我们需要拓展我们的研究素材,否则我们将只能了解与我们现代人的文化决定因素相符合的心理现象。③

斯普兰格认为,实验说明心理学的元素分析方法会破坏心理生命结构的意义完整性,因而主张把理解作为其描述心理学研究的核心方法。理解意味着以一种有意义的方式把握在客观有效的认知中知觉到的心理关系,它不仅仅指关涉另一主体的再体验、移情或共情活动,而是始终伴随着意义。斯普兰格的理解"在提供客观有效知识的同时,超越对个体心理的直接意识,把握文化关系中有意义的心理结构"④。事实上,真正的理解需要超

---

① [美]墨菲,柯瓦奇.近代心理学历史导引.林方,王景和,译.北京:商务印书馆,2010:836.
② Spranger, E. (1928). *Types of men: The psychology and ethics of personality* (P. J. W. Pigors, Trans.). Halle (Saale): Max Niemeyer Verlag, p.ix.
③ Spranger, E. (1928). *Types of men: The psychology and ethics of personality* (P. J. W. Pigors, Trans.). Halle (Saale): Max Niemeyer Verlag, pp.xi - xii.
④ Teo, T. (2000). Spranger, Eduard. In A. E. Kazdin (Ed.), *Encyclopedia of psychology*, Vol. 7 (pp.458 - 459). Washington, DC, US: American Psychological Association.

越直接生命意识的客观心理关系的知识。例如,我们可以更好地理解一个过去的人,因为我们了解历史情境;我们对他人的理解比对自己的理解更少受到限制,因为我们了解客观背景。斯普兰格还主张,意义作为一种复杂状态代表着某种整体文化价值,因而理解的要旨在于心理的价值法则,意味着要考虑精神系统的特殊价值群。他根据某种文化价值在人的生活目标和行为方式上所占的优势,将人格分为六种类型:理论型、经济型、审美型、社会型、政治型和宗教型。

(三)人格描述心理学

斯特恩在狄尔泰描述心理学理论影响下,以人格主义哲学为基础提出人格描述心理学理论。他从人格主义视角出发,把人格看作是人类生命的连续体以及生命与外界联系的出发点和归宿,认为描述心理学就是对作为整体的人格进行描述和理解的科学。可以说,人格是其描述心理学理论的核心,故可将其理论称为"人格描述心理学"。

斯特恩明确指出,人是"一个活生生的整体,是个体的、独特的、目标导向的、自给自足而又对其周围世界开放的,他能够具有经验"[①]。在他看来,人作为具有整体性、目的性和独特性的现实存在,是一种心物不可分割的中性实体,既不与意识内容有关系也不与身体变化相结合,而是一种根本未分化的原始状态。人生活在一个具有道德标准和文化意义的世界里,代表着社会、文化、道德和宗教的价值观,并通过对道德标准、道德法规和文化价值观的认识而意识到自身,从而使得自己的人格得以形成和发展。人格是作为整体的人所具有的总体精神面貌,是遗传基质与环境调节共同影响的产物。它是一个由生理与心理、自然与文化、遗传与环境、内嵌与凸显、部分与整体汇集而成的"多元统一体",既具有独特的意义性又具有包容的多样性。整体观是斯特恩构建其"以人为中心"的人格理论框架的首要基础。他认为,任何心理之物要么自身是一个具有意义的统一整体,要么属于这样一个整体,而不可能作为简单元素或由简单元素机械相加而成的聚合物直接呈现于我们的内部经验中。当然,整体性并不排除诸组成部分和成员的内部多样性,这些组成部分和成员只是失去了能够靠自身而存在的独立元素的特性,但它们变成了整体的从属部分,而且只能在它们与总体的关系中来理解。

斯特恩从人或人格的本体论出发,把心理学看作是人格学(personalistics)

[①] Stern, W. (1938). *General psychology from the personalistic standpoint* (H. D. Spoerl, Trans.). New York: Macmillan, p.70.

的独立分支,并将之界定为"关于具有经验或能够具有经验的人的科学"①。也就是说,他主张心理学并不是按照意识的旧形式来描写心理特征的科学,而是一门关于具有主观经验或内在体验的个人的科学。事实上,斯特恩在对心理学的定义中,除了着重包纳其人格描述心理学外,并未排除说明心理学,而是包容和辩证性地暗示着描述心理学与说明心理学的融合统一。在他看来,描述心理学运用描述、理解或解释的方法获取关于人格整体的具体意义资料,而说明心理学在前者的基础上,运用实验说明的方法使具体意义资料隶属于抽象的因果关系,两者从不同视角出发共同服务于人格研究。总之,斯特恩主张从多元综合的视角来研究心理现象或人格,但对于富于意义的心理生命整体或人格整体,他更提倡运用描述、理解或解释的主观方法。②

三、描述心理学两种传统的区别与共性

通过详细阐述描述心理学的严格科学传统和浪漫主义传统各自贯穿的每种理论形态的基本主张,我们可以看出这两种传统既具有明显区别又具有基本共性。

描述心理学两种传统的区别主要表现为:第一,严格科学传统力图把心理学打造成像数学那样纯粹和精确的严格科学,明显偏爱部分、具体和精确的研究,致力于界定明确和界限清楚的问题,具有较强的理智主义色彩;而浪漫主义传统力图把心理学打造成像历史学、文学和艺术那样的生命科学或精神科学,尤其注重人的生命体验、情感、本能和价值,具有浓厚的浪漫主义色彩。第二,严格科学传统主要着眼于人类心理本体;而浪漫主义传统则强调人类心理与社会、文化和历史世界的互动,关注人类心理的文化性、历史性、独特性和发展性。第三,严格科学传统主要通过内部知觉的现象学描述方法如实把握纯粹心理现象的组织规律和普遍本质;而浪漫主义传统除了通过现象学描述方法如实"发现"心理生命的内在关系外,还注重运用解释学的理解方法揭示心理生命的目的、意义和价值等丰富内涵,使得对人类心理生活本来面貌的揭示更加全面和深刻。

描述心理学两种传统的共性主要表现为:第一,两者都坚持心理学的经验科学立场,尤为关注具有人文意蕴的内部经验,而反对心理学的形而上

---

① Stern, W. (1938). *General psychology from the personalistic standpoint* (H. D. Spoerl, Trans.). New York: Macmillan, p.vii.
② Allport, G. W. (1937). The personalistic psychology of William Stern. *Character and Personality*, 5(3): 231–246.

学化和自然科学化。第二,两者都坚持人的心理生活本身就是一个因果系统,而反对从生理和物理视角出发对人的心理生活进行外在的因果说明和发生说明。第三,两者都坚持如实呈现人的心理生活的本来面貌,而反对毫无根据的先在假设和理论建构。第四,两者都坚持整体主义的研究视角,而反对元素主义的人为分析。

总之,尽管两种传统在学科目标、理论焦点和研究方法等方面存在诸多差异,但它们在反对冯特等人以自然科学为模板的发生心理学或说明心理学这一基本立场上是根本一致的。基本立场上的这种一致性,使得它们在描述心理学框架体系下结成了科学心理学早期反对心理学自然科学化的"强力同盟"。

第三章 描述心理学的思想来源

描述心理学诞生于19世纪70年代中期的德国。当时包括德国在内的整个欧洲,科技和工业已得到迅猛发展,人们的生活方式和价值观念发生了彻底改变,开始抛弃传统形而上学而崇尚科学和经验,科学特别是自然科学成为公众心目中无所不能的新上帝,而形而上学作为一切知识之基础和各门科学之纽带的根本地位发生动摇。科学主义统治下的欧洲出现了科学没有基础、文化发生分裂、生命失去意义、心灵陷入空虚的令人窒息的局面。面对社会出现的深重思想文化危机,处于学术上升时期的布伦塔诺和狄尔泰积极地投入到这场危机的拯救中。布伦塔诺选择了通过对哲学进行根本改造来拯救危机的道路,狄尔泰选择了通过筑建人文科学大厦来拯救危机的道路,他们都把心理学作为其宏伟事业得以完成的首要前提和基础。然而,由于有选择地批判吸纳了康德哲学、经验哲学、亚里士多德哲学、浪漫主义、历史哲学以及现象学与解释学等多种哲学思潮,再加上受当时社会危机和科学思潮的影响,他们认为传统的形而上学心理学因建立在哲学思辨基础上而缺乏科学性,主流的实验说明心理学因机械地使用生理学或物理学法则来说明心理现象而过度自然科学化。也就是说,在他们看来,这些都不是所需要的心理学,所需要的是一门人文科学导向的、描述性的经验科学心理学。基于这种考虑,布伦塔诺和狄尔泰分别创建了严格科学传统和浪漫主义传统两种研究取向不同但根本立场一致的描述心理学,并由此构成了科学心理学史上的描述心理学形态体系。本章主要从社会条件、哲学渊源、科学土壤和心理学背景四个方面,详细考察描述心理学广泛而深刻的思想来源。

第一节 描述心理学的社会条件

描述心理学是19世纪70年代中期在欧洲科技和工业迅猛发展而思想

和文化深陷严重危机的社会情势下产生的。

　　18世纪60年代，英国在欧洲率先开始了以机器大生产代替手工操作的工业革命。18世纪末期，法国大革命爆发，不仅摧毁了法国存在1 300多年的封建专制制度，而且以摧枯拉朽之势动摇了整个欧洲大陆的封建秩序和社会结构，史诗般地改变了人们的思想观念和文化信仰，资本主义经济和自由民主思想迅速发展起来，欧洲从此开启了一个全新的历史时代。到19世纪中后期，欧洲绝大多数国家的工业革命都已凸显成效，科学技术和工业生产迅猛发展，许多生产部门都采用了先进的机器大生产。英国率先完成了工业革命，金融资本、造船业、纺织业的发展和殖民掠夺，给英国经济发展提供了有利条件。长期动荡不安的法国也紧随其后，资本主义得到了长足发展，证券交易、奢侈品、服装业、冶金等部门都相当发达。与英、法两国相比，德国资本主义发展较晚，到19世纪30年代基本还是一个以农业为主的国家，但它的资本主义工业已经逐渐发展起来，传统小农经济和手工经济渐次衰退。经过1848年欧洲资产阶级革命，德国城乡封建残余被进一步削弱，关税同盟的影响日益增强，轻工业和重工业都开始迅速发展。1871年建立统一的德意志帝国后，德国通过一系列有效的改良措施，使得其资本主义经济、军事、科技和文化都取得了迅猛发展，凭借其先进的冶金、机器制造、化学工业、电器工业和军火工业，逐渐赶超英、法两国而成为欧洲第一强国。总之，19世纪中后期的欧洲，特别是德国，得益于科学技术的迅速发展，已经达到相当高的工业化程度和经济发展水平，逐步实现了社会、经济和政治的现代化。

　　随着工业革命在19世纪中后期相继完成以及由此而带来的现代化的基本实现，包括德国在内的整个欧洲的社会生活状况发生了翻天覆地的变化。科学技术突飞猛进，生产力大幅度提高，经济发展异常迅速，物质生活空前富足，城市人口成倍增加。然而，生产关系的变革和生产力的解放虽然带来了巨大的物质繁荣，使得传统的市民生活被改造成现代的科技生活，却没有带来民众精神生活的提高，也没有带来整个社会的和谐安宁。社会的动荡不安和科技的日益泛化，改变了人们的生活习性和价值观念，扭曲了人们的真实生活，忽略了人们的本真存在。无论科技进步给人多么深刻的印象，都无法解答事物的起源问题、生命的信仰问题、人们存在的价值问题以及正确指导人们行为和行动的问题。人们迫于残酷竞争的压力不得不为更好的生存而终日奔波，以致被压得几乎无喘息之机，精神陷入真空。社会出现了严重的精神危机和道德滑坡，暴力、犯罪、吸毒、精神疾病等人性异化现象日益增多，整个欧洲弥漫着令人窒息的阴霾之气，潜伏着巨大的社会危机。这种危机是"现代性危机"①，其实它从法国大革命时就已经开始了。正如狄尔泰所指出的："随着法国大革命的爆发，一个新的时代开始了：改变了生活的科学；世界性范围的工业；机器；作为社会秩序唯一基础的工作；反对社会寄生虫的斗争，大家已经为他们的安逸付出了代价；对人类统治新产生的、骄傲的情感，这种统治已经征服了自然，并许诺要消灭激情在社会中的盲目作用——这些都是一个世俗时代的基本特征，它的黑暗和可怕的轮廓正在我们面前出现。"②

这种严重的社会性危机也充分反映和渗透到了思想和文化领域中。自亚里士多德以来长达两千多年的时间里，形而上学一直在西方思想和文化中占据着中心地位。③ 各门具体科学寻求的是特殊事物的特殊原因，而形而上学寻求的是事物的一般原因和终极原因，即事物的"所以然"。形而上学为各门具体科学奠基性地提供了最终根据和理由，而这些根据和理由本身不能再被我们进一步确定或追问。因此，形而上学是各门具体科学的基础，是科学的科学，具体科学都从属于它，甚至绝大多数宗教和国家、法律和历史的文献也都在它的支配下出现。形而上学在西方思想和文化中长期占据着这种崇高的统治地位。然而，工业革命带来的科学技术和工业生产的迅猛发展，带来了种种伟大的发现和发明，人们不再相信自然界是神圣的作品，而越来越相信通过自己的双手和科学的力量可以洞察隐藏在自然背后的全部秘密。科学特别是自然科学取代一切，成为公众心目中无所不能的新上帝，几乎夺去了形而上学原本拥有的所有声誉。

尽管人们依然在寻找事物的原因和本质，但不再通过形而上学寻找超验的终极原因或第一原理，而是从社会、商业、医学和工业等方面的实际利益出发，通过科学和技术来发现不同实在之间的因果关系和普遍规律，而且通过实验过程，按照实在在经验中给定的那样来研究实在。因此，形而上学作为一切知识之基础和各门科学之纽带的根本地位发生了动摇，而成为一种完全个人化的表达，人们传统的精神文化框架也随之坍塌了。虽然科学技术取代形而上学之后显著提高了人们的物质生活水平，但无力关照人们的精神生活和现实人生，反而导致人们思想和文化前所未有的巨大危机。

---

① 现代性危机指的是科学技术和工业生产迅猛发展带来的社会性危机，如精神危机、生存危机、文化危机和道德危机等。
② 转引自：Ermarth, M. (1978). *Wilhelm Dilthey: The critique of historical reason*. Chicago, IL: University of Chicago Press，p.17.
③ 张汝伦.二十世纪德国哲学.北京：人民出版社，2008：6.

狄尔泰曾表达了这场危机的严重性:"这场危机的严重性怎么估计都不过分……世界正在经历自古希腊和罗马帝国衰亡以来前所未有的绝望。"①科学主义统治和"绑架"下的欧洲出现了知识与生命脱节、文化发生分裂、生命失去意义、心灵陷入空虚以及伦理道德发生紊乱的恐怖局面,整个社会陷入一种"可怕的思想无政府状态"②。

面对社会出现的深重的思想和文化危机,布伦塔诺、狄尔泰、尼采以及后期的胡塞尔和海德格尔等一大批西方思想界精英"先天下之忧而忧",从各自学术立场出发,积极投入到这场危机的拯救中,都希望有所建树,以便克服这场西方世界的根本性危机。他们关注整个社会的稳定与发展,关注人类自身的精神生命、真实生活与本真存在,试图重新为人类的生存和生活找到已然迷失的方向。在当时的社会环境中成长起来的布伦塔诺和狄尔泰满怀哲学家的强烈责任感,对欧洲的思想和文化状况感到极度失望和忧虑,因而积极投入到这场危机的拯救中。布伦塔诺选择了通过对哲学进行根本改造来拯救危机的道路,斯顿夫曾这样描述那时的布伦塔诺:"……他受到高度使命意识的激发,完全投入到重建哲学的伟大任务中,他的思想和情感都融汇在这个焦点上,并再次从这个焦点生发出来。"③狄尔泰选择了通过筑建人文(精神)科学大厦来拯救危机的道路,他本人对自己的切身感受作了这样的描述:"我们正在经历的科学与欧洲文化的巨大危机如此深刻和完全占据了我的精神,渴望对此有所助益消灭了一切无关的个人野心。"④

布伦塔诺认为欧洲思想和文化的危机源于哲学的危机。为造福于人类,他带着以"救世主自居"的使命感要促成一次"哲学的普遍革命,或更确切地说,对哲学的根本改造"⑤。哲学在功利兴趣驱使下思辨传统式微,纯理论性质逐渐削弱,因而由盛及衰。要改变哲学的这种惨淡状况,就必须把它改造成像自然科学那样严谨而精确的"严格科学",但不是把自然科学的方法简单地植入哲学之中。那么,哲学应该到哪里去寻找这种合乎"严格科学"精神的复活之基础呢?在布伦塔诺看来,"严格科学的哲学"应首先到心

---

① 转引自:[荷]德·穆尔.有限性的悲剧:狄尔泰的生命释义学.吕和应,译.上海:上海三联书店,2016:24.
② 张汝伦.二十世纪德国哲学.北京:人民出版社,2008:12.
③ Stumpf, C. (1919). Reminiscences of Brentano. In L. L. McAlister (Ed.). (1976). *The philosophy of Brentano*. London: Duckworth, p.12.
④ 转引自:Ermarth, M. (1978). *Wilhelm Dilthey: The critique of historical reason*. Chicago, IL: University of Chicago Press, p.15.
⑤ 转引自:[美]施皮格伯格.现象学运动.王炳文,张金言,译.北京:商务印书馆,2011:66.

理学中寻找概念和原理的起源,把心理学作为它真正严格的起点。也就是说,心理学应该成为对哲学进行根本改造的恰当工具。关于心理学,布伦塔诺在1874年版的《经验观点的心理学》的前言中指出:"我们在心理学上最急迫的需求并非其原则的多样性和普遍性,而是其学说的统一性。在这种框架下,我们必须试图达到最初是数学随后是物理学、化学及生理学所达到的程度,即一种被普遍接受的真理核心能够吸收来自所有其他科学领域的努力成果。我们必须寻求建立一种统一的心理科学来取代我们现存的诸种心理学。"①然而,布伦塔诺欲建立的统一的心理科学根本不同于传统的哲学心理学和冯特等人的实验心理学,因为在布伦塔诺看来,它们都无法满足建立"严格科学的哲学"的本质要求,建立"严格科学的哲学"需要的是立足于经验而不带任何非心理学混杂物的"纯粹"心理学。正是基于这种考虑,布伦塔诺从严格科学立场出发开启了构建描述心理学的计划。

狄尔泰认为,欧洲思想和文化的危机源于自然科学侵占了人文科学(精神科学)的版图,因而必须从人类生命本身出发筑建人文科学大厦,而且在筑建人文科学大厦的过程中必须把经验知识与哲学思想紧密结合起来。人文科学有着根本不同于自然科学的认识论基础,必须从认识论上考察人文科学的研究领域和规定人文科学的研究方法,才能保证人文科学的最终独立性和有效性。因此,要想使人文科学脱离自然科学而成为合法研究人类精神的独立科学,首先必须要寻求一门可以替代旧形而上学而为全部人文科学奠定认识论基础的基础科学。根据狄尔泰的观点,人文科学不处理与人无关的事实和现象,而处理富有意义的事实和现象,而且唯有在清楚地显示了人的内在过程和内在经验时才富有意义,因而人文科学的要旨不应当是根据外在于生命的范畴来理解生命,而应当是从源自生命的内在范畴来理解生命,也即从生命本身的体验来理解生命。② 因此,他认为应当到内部经验中去寻找人文科学的科学性、有效性和客观性的条件,将人文科学置于心理学的基础之上,或者说只有对人文科学的心理学基础进行反思,才能为人文科学知识的客观性奠定基础。然而,狄尔泰不是一个"心理学至上论"者,他在强调心理学与认识论存在亲合性的同时,并不认为任何一种心理学都可以充当人文科学的认识论基础,传统的原子论心理学、联想主义心理学和实验心理学都不能成为人文科学的基础科学。他明确指出:"只有当心理学是一种仅仅局限于确立各种事实和存在于这些事实之间的各种一致性的

---

① [德]布伦塔诺.从经验立场出发的心理学.郝亿春,译.北京:商务印书馆,2017:2.
② [美]帕尔默.诠释学.潘德荣,译.北京:商务印书馆,2012:133-135.

描述性科学时，它才有可能成为一种根本性的人文科学。"①正是基于这种考虑，狄尔泰从生命体验本身出发，开启了构建描述心理学的计划。

总之，19世纪中后期欧洲社会出现的严重思想和文化危机，为描述心理学的创建提供了根本动力和社会条件。同时，欧洲社会那种对人类生命关怀的强烈渴望和呼唤，也为狄尔泰从生命本身出发开创浪漫主义传统的描述心理学提供了现实的思想沃土。

第二节 描述心理学的哲学渊源

描述心理学受到多种哲学思潮的共同影响，是批判吸纳这些哲学思潮的创造性综合，因而具有广泛而深刻的哲学渊源。1831年，德国最后一位古典哲学家黑格尔逝世，他曾试图以理性建立起一座无所不包的哲学大厦，他的逝世标志着德国古典哲学的基本终结，同时也预示着新的哲学时代的到来，多种哲学思潮或势力到19世纪中叶开始激情上演。康德哲学的余威仍在，新康德主义打着"复归康德"的旗号，抛弃康德哲学中的唯物主义和辩证法因素，使它彻底观念化和形而上学化，以哲学来统摄并限定自然科学；实证主义在飞速发展的自然科学的影响下开始盛行，主张对可观察的事实材料进行经验证实；亚里士多德思想研究出现复兴趋向；浪漫主义应时而兴，宣扬抛弃理性、回归本能，抛弃文明、回归生命，并反对对人作机械量化的因果说明；历史哲学蓬勃发展，主张历史地看待一切，强调理论研究必须联系具体的历史背景；心理主义盛行起来，主张心理学是哲学乃至一切学科的基础，倡导运用心理变项来解释各种知识问题和生活现象；现象学和解释学逐渐成为重要的思想存在，主张通过"面向实事本身"的描述或理解来呈现和揭示事物的本来面貌。概言之，德国哲学到19世纪中后期进入一个五彩缤纷的多样化时代，从单纯的先验理性思维逐渐转向人的科学形态和现世存在。在这个哲学的"乱世"生长起来的布伦塔诺和狄尔泰，自然耳濡目染地受到这些多样性哲学思潮的影响，而且对其中某些哲学思潮的兴起和发展作出了创造性贡献。他们通过有选择性地批判吸纳，创造性地将从中汲取的哲学养分渗透到对描述心理学的创建过程之中。

---

① 转引自：田方林.狄尔泰生命解释学与西方解释学本体论转向.成都：西南交通大学出版社，2009：38.

一、康德哲学

康德哲学在近代思想史上引发了一场影响极其深远的"哥白尼式革命",使人的眼光从外部世界转向内心世界,就像哥白尼把以地球为中心的宇宙观转变成以太阳为中心的宇宙观。① 康德力求通过对纯粹理性的批判,在限制其使用范围的同时为信仰留出地盘。他认为,哲学的问题不在于我们是否能够认识周围世界,是否能够进行数学计算或得出道德准则,而在于我们何以能够这么做以及这么做的合法性是什么,只有解决了诸如此类的问题才能证明科学知识的普遍有效性。在他看来,经验在获得过程中就是密切关联和富有意义的②,心理提供的知识乃是感觉自身不可能提供的统一性和条理性的知识,这就需要心理凭着自身之自发性和自主性来构成我们经验的先决条件③。因此,康德在认识领域转变了心理要符合认识对象才能成就知识的传统观念,主张"人为自然立法",认为认识对象只有与心理的认识条件(即时间与空间的纯粹直观的先天形式条件与知性范畴)相符合,心理才能运用自己的规则能力和直观形式主动地从感官材料中建构出知识。

康德在其重要著作《纯粹理性批判》(第2版)的开场白中明确指出:"毫无疑问,一切知识始于经验。"④然而,此经验的意义成为人类思想史上最具争议的问题之一。康德在经验主体与经验对象之间制造了一条不可逾越的鸿沟,认为洛克(John Locke,1632—1704)和休谟(David Hume,1711—1776)等感觉论者关于知识来自感官知觉的说法是正确的,但知觉并不是按照事物本身真正所是给予我们知识,而是按照事物的显现来给予我们知识。事物的真实状态即物自体(Ding an sich),事物真实状态的显现即现象(phenomena),物自体是实际存在的,但我们只能以心理决定的方式知觉到可知觉的现象,现象在心理运作的框架内被知觉到并受认知的影响。⑤ 我们获得的知识不是关于事物真实状态的信息,而仅仅是关于事物真实状态的显现的信息。因此,康德主张知识"始于经验"而非"产生于经验",任何经验科学都是现象的科学而不是绝对真理的科学。这样,世界的本质问题就

---

① 张旺山.狄尔泰.台北:东大图书公司,1986:54.
② [美]墨菲,柯瓦奇.近代心理学历史导引.林方,王景和,译.北京:商务印书馆,2010:66.
③ 田方林.狄尔泰生命解释学与西方解释学本体论转向.成都:西南交通大学出版社,2009:19.
④ Kant, I. (1881). *Critique of pure reason* (M. Müller, Trans.). New York: Macmillan, p.1.
⑤ 叔本华赞同康德关于本体与现象的两界区分,但同时认为康德的观点也存在自相矛盾之处:康德一方面说自在之物不可知,另一方面又说自在之物作用于我们的感官而产生感觉现象。

从客观事实转向知觉主体,转向心理本体的不可知论,转向人的先验心理及其界限,人类意识中的一切都被看作是由先验自我创造的"先天综合"的产物。①

尽管德国古典哲学随着黑格尔的逝世而渐趋没落,但康德留下的思想遗产余威犹在。19世纪六七十年代,德国掀起了"复归康德"之风,新康德主义由此产生。新康德主义者修正了康德的理论,他们面对新的实验心理学以及对人类活动和心理过程的经验研究,重新思考了康德的先验认识论以及人类心理理论。起初,新康德主义意味着从思辨体系建设向经验告诫、从形而上学向知识批判的复归,但不久就在柯亨(Hermann Cohen,1842—1918)和那托普(Paul Natorp,1854—1924)、文德尔班(Wilhelm Windelband,1848—1915)和李凯尔特(Heinrich Rickert,1863—1936)的掌控之下变成了一种关于先验原则、永恒"意义复合体"以及绝对价值规范的哲学。② 新康德主义打着"复归康德"的旗号,抛弃了康德哲学中的唯物主义和辩证法因素,使它彻底观念化和形而上学化。对康德理论的修正以及英国经验主义和法国经验主义与康德思辨哲学的斗争在新兴的心理科学中留下了烙印。生长在这个时代的布伦塔诺和狄尔泰,都不可避免地受到康德哲学及新康德主义的多方面的影响。例如,康德的先验论在很大程度上影响了狄尔泰的推理,决定论和因果关系被狄尔泰简化为知觉方法的作用。狄尔泰曾在1867年巴塞尔大学的就职演说中声称自己永远都是康德的信徒。正如他所明确指出的:"这个时代的每一个重要的哲学心灵,都受到康德的影响,而且同时必须超越他。"③但是,与新康德主义者有所不同,狄尔泰要复归的是完整的康德。④

其实,布伦塔诺和狄尔泰都在批判康德哲学的过程中吸纳了其中的有益成分,并针对其中的不足作出了创造性发挥,这在他们开创的描述心理学中得到了充分反映。第一,康德虽强调知识始于经验或知觉,但认为知觉主体与知觉对象之间存在难以逾越的鸿沟,受知觉的先验形式制约,知觉只能给予现象的知识而不是物自体的知识。布伦塔诺和狄尔泰针对康德的这一看法,主张消解知觉心理与被知觉心理之间的对立,通过主客统一的内部知

---

① Wolman, B. B., & Knapp, S. (1981). *Contemporary theories and systems in psychology* (2nd ed., expanded and rev.). New York: Plenum Press, pp.410-411.
② Hodges, H. A. (1952). *The philosophy of Wilhelm Dilthey*. London: Routledge & Kegan Paul, p.xviii.
③ 转引自:田方林.狄尔泰生命解释学与西方解释学本体论转向.成都:西南交通大学出版社,2009:20.
④ 李超杰.*理解生命——狄尔泰哲学引论*.北京:中央编译出版社,1994:70.

觉(inner perception)来获得我们作为物自体的真实心理的知识,因而内部知觉成为后来描述心理学极为重要的研究方法。特别需要指出的是,布伦塔诺此处关于知识来源依赖于直观把握的内部知觉的思想可能与笛卡尔的影响密不可分。① 第二,康德哲学强调心理拥有各种各样的属性或能力,具有主动性、能动性和完整性,这直接影响了后来描述心理学对人类心理的看法,即人的心理是一个具有主动性的完整的活动统一体。第三,康德认为心理学是关于经验自我的经验科学,而不认为心理学能够成为一门实验科学,因为心理本身不是一个物体,永远不能被客观地研究,而且心理不断变化,无法通过实验内省得到可靠的研究结果。康德哲学关于心理学学科性质的这个观点,某种程度上也成为描述心理学的重要思想来源。

二、经验哲学

经验哲学是强调经验而非天赋观念在知识获得过程中的重要性的一种哲学,它由英国哲学家培根(Francis Bacon,1561—1626)开启。培根提出了唯物主义经验论原则,认为感觉经验是知识和观念的源泉,是科学欲达到追求自然界事物原因和规律之目的的主要依据,主张以实验和观察材料为基础,从感觉经验出发,经过分析、比较、选择和排斥等环节,把观察的经验对象从复杂联系中抽取出来,更科学和更细致地认识和把握事物的各种性质。经过霍布斯(Thomas Hobbes,1588—1679)和洛克等人的发展,经验哲学到休谟那里发展到极端,从而也陷入怀疑论的泥潭。休谟始终严守经验主义立场,主张根据严格的经验原则审视一切,把自然科学的实验方法引入到对人类本性的研究中,祛除一切无意义的术语和无用的思辨,"建立一门和人类知识范围内任何其他科学同样确实且更为有用的科学"②。经验哲学通过伏尔泰(Voltaire,1694—1778)传播到法国,19世纪中叶在孔德(Auguste Comte,1798—1857)那里发展成了一门新的科学哲学即实证主义哲学,并广泛盛行起来。孔德自始至终倡导"以被观察到的事实为基础"的实证精神,实在、确定和证实是实证精神的基本要素。他主张一切科学知识都必须建立在来自观察和实验的经验事实基础之上,包括对人和社会的研究在内的所有科学都必须严格限定在经验范围内,自然科学的研究方法完全适用于历史研究领域。

英法经验哲学拒绝形而上学的思辨,笃信经验和实在原则,把人类生活

---

① 郭本禹,崔光辉,陈巍.经验的描述——意动心理学.济南:山东教育出版社,2010:57.
② [英]休谟.人性论(上).关文运,译.北京:商务印书馆,1980:10.

世界作为知识来源,推崇经验方法,注重以经验的心理事实为基础对人和社会进行研究。它是描述心理学非常重要的哲学来源,为描述心理学提供了经验科学立场和经验研究原则。布伦塔诺通过撰写《孔德与实证哲学》(1869)一文对孔德的实证主义哲学进行过深入研究,并曾宣称"也许没有别的近代哲学家比孔德更值得我们注意"[1]。他通过与英国经验论者穆勒(John Stuart Mill,1806—1873)多次通信而深刻领会了其经验哲学思想,而且还结识了斯宾塞(Herbert Spencer,1820—1903)等其他英国经验哲学家。受经验哲学或实证主义影响,布伦塔诺确信心理学是一门经验的科学,强调通过具体的经验研究而非空洞的哲学思辨来获得心理的普遍本质,竭力避免"落入形而上学的可怕深渊"[2]。正如他所说:"只有经验影响着我,好像情人一样。"[3]狄尔泰正是在实证主义盛行的19世纪60年代开始其描述心理学研究工作的,因而自然也受到经验哲学或实证主义的影响,强调我们不可能认识超出经验范围之外的任何东西。他毕生都坚持心理学的经验科学立场和经验研究方法,而反对传统哲学心理学的抽象思辨研究。

然而,经验哲学对描述心理学的影响也更多地限于上述方面。布伦塔诺和狄尔泰在心理学上并没有全盘接受经验哲学,而是始终有所保留和批判。也就是说,他们是经验的心理学家,却不是传统的经验主义的心理学家。他们由衷地赞赏自然科学的经验研究带来的明晰性和精确性,但反对把自然科学的研究模式原封不动地挪用到对人类心理的研究中。事实上,经验的种类有很多,但通常情况下人们在作经验主义的解释时将"经验"这个词简单化了,把梦、想象、幻想及各种情绪等生动的内部经验从经验主义的解释中排除出去了,而单单把感觉经验当作经验。[4]

布伦塔诺和狄尔泰开创的描述心理学的"经验",主要是指与内部世界相联系的内部经验,即活生生的、完整的当下经验,而不是与外部世界相联系的外部经验片段。我们自己的思想和情感是由我们直接从内部经验到或体验到的,而在某种意义上外部客体不是。因此,对于描述心理学而言,"经验"是指温和宽泛的经验,而不是严格狭隘的经验主义。正如狄尔泰所指出的"要经验而不要经验主义"[5],因为"思辨固然是抽象的……但经验主义同

---

[1] [美]施皮格伯格.现象学运动.王炳文,张金言,译.北京:商务印书馆,2011:71.
[2] Brentano, F. (1973). *Psychology from an empirical standpoint* (A. C. Rancurello, D. B. Terrell, & L. L. McAlister, Trans.). London: Routledge & Kegan Paul, p.18.
[3] 转引自:[美]波林.实验心理学史.高觉敷,译.北京:商务印书馆,2011:434.
[4] [美]赫根汉.心理学史导论(第四版).郭本禹,等译.上海:华东师范大学出版社,2004:190.
[5] 转引自:张汝伦.二十世纪德国哲学.北京:人民出版社,2008:23.

样如此。它使自身立足于支离破碎的经验之上,这种经验从一开始就被心理生命的原子论观点歪曲……完整的人是不可能被限制在这样的经验之内的"①。经验主义由于将经验从实际生活世界和经验发生的整体语境中切割和抽象出来,只抓住心理生活的某个要素而忽视整体,鼓吹将物理学的外部观察方法应用于一切经验领域,因而像理性主义哲学一样,最终与真正的经验绝缘。

三、亚里士多德哲学

亚里士多德(Aristotle,前384—前322)是古希腊时代广泛涉猎诸多问题的哲学家和科学家,其关于哲学和科学问题的思想影响了逻辑学、形而上学、物理学、生物学、伦理学、政治学、修辞学和诗学,而且其论述的很多问题如记忆、感觉、睡眠、梦、衰老和学习等都直接成为后来心理学研究内容的重要组成部分。因此,他经常被称为"最后一位在有生之年知尽了一切可知的知识的人"②。他对灵魂作了经典论述,撰写了西方心理学史上第一部关于心理学的专门著作《论灵魂》,认为灵魂是一个不可分割的整体,必须以整体性发挥其功能。他对独立于事物现象的本质或真理感兴趣,认为一切事物皆由质料和形式构成。质料是仅仅具有可能性的原料,只有取得一定形式其可能性才能实现,因而是消极被动的;形式是事物的能动的本质,因而是积极主动的。因此,他的哲学思想动摇于唯物主义与唯心主义之间,而且兼具理性主义和经验主义的特征。他认为,在获得知识之前,人需要用理性思维(理性主义),但理性思维的对象是由感觉知识提供的(经验主义)。也就是说,他的理性主义思想非常依赖经验主义,因为在他看来原理来源于对感觉经验的仔细考察。

亚里士多德哲学在19世纪中期的德国哲学界开始出现了复兴趋向,而且主要通过影响布伦塔诺而成为描述心理学重要且直接的思想来源。当然,狄尔泰并不排斥亚里士多德哲学,而是通过特伦德伦堡(Friedrich Adolf Trendelenburg,1802—1872)和布伦塔诺间接吸纳了亚里士多德哲学中的某些思想。特伦德伦堡是浪漫主义哲学家施莱尔马赫(Friedrich Schleiermacher,1768—1834)的学生,但施莱尔马赫较偏向柏拉图并深受柏拉图观念论影响,而特伦德伦堡则忠实于亚里士多德,在亚里士多德哲学研究方面有着很深的造诣,深受亚里士多德哲学影响。布伦塔诺和狄尔泰同

---

① 转引自:李超杰.理解生命——狄尔泰哲学引论.北京:中央编译出版社,1994:71.
② [美]赫根汉.心理学史导论(第四版).郭本禹,等译.上海:华东师范大学出版社,2004:71.

为特伦德伦堡的学生，都曾在其指导下从事哲学研究并完成了博士学位论文。布伦塔诺继承了特伦德伦堡的研究兴趣，对亚里士多德哲学情有独钟，而狄尔泰除了对亚里士多德哲学表现出一定兴趣外，总体上更喜欢施莱尔马赫的浪漫主义思想。布伦塔诺和狄尔泰之所以开创了两种不同的描述心理学传统，在某种程度上也是因为布伦塔诺深刻接纳了亚里士多德的理性主义思想，而狄尔泰则深刻接纳了歌德（Johann Wolfgang von Goethe，1749—1832）、施莱尔马赫和诺瓦利斯等人的浪漫主义思想。

亚里士多德哲学为布伦塔诺的描述心理学思想提供了许多灵感和启发。1862年，布伦塔诺在亚里士多德研究专家特伦德伦堡指导下，以《论亚里士多德关于存在的多种意义》为题完成了博士学位论文并获得博士学位，并在弗兰茨·克莱门斯（Franz Jacob Clemens，1815—1862）指导下考察了中世纪的亚里士多德研究。自此，他对亚里士多德产生了浓厚兴趣并将这种兴趣保持终生。他的早期著作《亚里士多德的心理学，特别是他的能动理智说》（1867）与后期著作《亚里士多德与他的世界观》（1911）相隔44年之久。他在1916年写给克劳斯（Oscsar Kraus，1872—1942）的信中这样说道："我起初将自己归为一位大师的学生。在一个被描述为悲哀而消退的哲学阶段中，我找不出任何人能够胜于古老却困难的亚里士多德，在对亚里士多德的理解方面通常是托马斯·阿奎那（Thomas Aquinas，1225—1274）对我起到帮助作用。"①

亚里士多德哲学对布伦塔诺描述心理学的影响主要体现在以下五个方面：第一，亚里士多德对心理学的重视，启发布伦塔诺赋予心理学至高无上的地位，将其凌驾于其他各门学科之上；第二，亚里士多德明确提出心理学应该研究灵魂，这启发布伦塔诺把心理学界定为一门研究灵魂的科学；第三，亚里士多德哲学为布伦塔诺的描述心理学确立了一种不同于思辨心理学的经验研究方式，这是最大影响；第四，亚里士多德哲学为布伦塔诺的描述心理学提供了具体观点上的启发，布伦塔诺的《经验观点的心理学》中的许多概念都可以追溯到亚里士多德；第五，亚里士多德哲学对于布伦塔诺提出意向性观点起到了至为关键的启发作用，布伦塔诺在其关于意向性概念的界定中曾明确提到了亚里士多德的观点。亚里士多德认为，感觉是对形式的感受，当心灵感觉到事物时，事物以其形式存在于心灵之中，其质料则被排除在外。布伦塔诺将此形式转化为对象的内存性，由此确立了心理的

---

① Runggaldier, E. (1989). On the scholastic or Aristotelian roots of "intentionality" in Brentano. *Topoi*, 8(2): 97-103.

意向性本质观点。①

最后,也是至关重要的,亚里士多德强调事物的内在本质与范畴,认为同一范畴内事物的共同之处便是该范畴事物的本质,范畴内的所有成员在未受到外部力量妨害的情况下,都有显示其本质的固有倾向。例如,所有大象都会显示出"象"(elephantness)的本质,除非受到意外环境的妨害。或者说,他强调的是范畴内成员具有的共性和普遍性,而不是它们的差异。对于人的心理而言,他认为心理事件的动力由其固有的内在本质属性唯一决定,应注重把握独立于种种心理和行为现象的普遍本质或真理。② 布伦塔诺深受亚里士多德这一观点的影响,认为描述心理学要确定人类心理的基本成分及其关联方式,提供整个人类意识领域的一般概念,达到把握人类心理的真正普遍而非部分的真理的规律。当然,布伦塔诺虽然汲取亚里士多德哲学的诸多滋养,但并未将自己严格限制在亚里士多德哲学的思想框架内,而是在重建哲学的重任下独立开创自己的描述心理学道路。

四、浪漫主义

浪漫主义(romanticism)是从18世纪晚期到19世纪中期的一种崇尚非理性而贬低理性的哲学思潮或思想运动,认为美好的生活就是从崇尚自然和理解人性出发,根据一个人的内在本性而诚实地生活。"十八世纪中期卢梭已经纵情讴歌过的对大自然和自然景物的热爱,到这一世纪末在德国采取了青年的'狂澜怒涛'(storm and stress)形式,而当它取得了歌德的浮士德的崇高形象时,就成为羽毛丰满的浪漫主义了。"③卢梭(Jean-Jacques Rousseau,1712—1778)通常被认为是现代浪漫主义之父,他认为人天生自由而善良的心灵会遭到社会污染,只有以心灵的自然冲动作为生活信仰和行为指导才能在某种程度上免除这种污染,一个人真正的情感与爱好是其生活和行为的最佳指引。歌德(Johann Wolfgang von Goethe,1749—1832)是世界著名的浪漫主义诗人、剧作家和科学家,他把生命或生活视作善与恶、爱与恨等诸多矛盾力量之间的选择,认为最完美的人生就是能够促进自我扩展的激情人生,而科学无法理解人类的这些方面。叔本华(Arthur Schopenhauer,1788—1860)是德国重要的浪漫主义哲学家,他认为生存一直是最强大的人类动机,生命的特征就是需要和需要满足之间的循环,人所

---

① 郭本禹,崔光辉,陈巍.经验的描述——意动心理学.济南:山东教育出版社,2010:57-58.
② Lewin, K. (1931). The conflict between Aristotelian and Galileian modes of thought in contemporary psychology. *Journal of Genetic Psychology*, 5(2): 141-177.
③ [美]墨菲,柯瓦奇.近代心理学历史导引.林方,王景和,译.北京:商务印书馆,2010:68.

能做的,最多就是通过升华或压抑使那些内部的非理性力量降至最低程度。

相比于那些经验主义和理性主义哲学家强调人性中的理性成分而言,浪漫主义哲学家更强调人性中的非理性成分,试图抬高人类情感、体验、直觉和本能在哲学中较为低级的地位,使它们成为指导人类生活和行为的主要因素。情感和艺术在浪漫主义的反思中逐渐占据中心角色。浪漫主义哲学家认为,人类不只是由源自经验的理智和观念构成,而且还拥有许多非理性的情感、直觉和本能,理性主义经常使人迷失在寻求有效知识的过程中,而经验主义往往把人还原为没有情感的经验机器,因此,要认识人类的本来面目,就必须把人当作活生生的、完整的人来研究,而不能只研究其理性能力或受经验决定的观念。① 正如后来美国著名浪漫主义心理学倡导者施奈德(Kirk J. Schneider)所说:"有必要回到生活世界,回归孩子般的开放状态。"②

浪漫主义对描述心理学的影响和渗透主要是通过狄尔泰来实现的,而布伦塔诺基本上没有接受浪漫主义思想。狄尔泰自幼就通过信仰基督教新教(虔敬派)的母亲受到浪漫主义思想的熏陶,因为虔敬派反对教会权威,强调基督教的信仰重在内心的体验和感受,而不是外在的繁文缛节。成年后,他很早就对浪漫主义诗人或哲学家莎士比亚、塞万提斯、歌德、施莱尔马赫和诺瓦利斯等人的思想产生了浓厚兴趣,给予"生命的诗化和审美化"以密切关注,并将生命本身当作一件艺术作品来欣赏。正如他在后期的一个文本中所评论的:"莎士比亚、塞万提斯和歌德等伟大的诗人教会我的东西是,理解世界并在此基础上树立一种生活理想。"③

狄尔泰不仅从事了施莱尔马赫书信整理和传记写作的工作,而且还借鉴诺瓦利斯的观点和术语完成了任教资格论文《道德意识试析》(1864),通过这些早期的具体研究工作,他受到的浪漫主义的影响也是具体而深刻的。施莱尔马赫是一位浪漫主义的神学家和哲学家。就神学而言,他认为宗教的根源不是知识,也不是道德,而是情感,每个人都能因为敬虔而将自我的丰富情感真挚地表达出来。就哲学而言,他的解释学就是德国浪漫主义运动的典型产物,具有浓厚的浪漫主义色彩。④ 这些都对狄尔泰的描述心理

---

① [美]赫根汉.心理学史导论(第四版).郭本禹,等译.上海:华东师范大学出版社,2004:308.
② Schneider, K. J. (1998). Toward a science of the heart: Romanticism and the revival of psychology. *American Psychologist*, 53(3): 277-289.
③ 转引自:[荷]德·穆尔.有限性的悲剧——狄尔泰的生命释义学.吕和应,译.上海:上海三联书店,2016:26.
④ [荷]德·穆尔.有限性的悲剧——狄尔泰的生命释义学.吕和应,译.上海:上海三联书店,2016:118.

学产生了重要影响。诺瓦利斯不仅是著名诗人,而且是德国浪漫主义运动的早期领导人。他的诗歌理论强调从诗人的体验出发,把人视作一个具有知、情、意的整体和系统,尤其突出诗歌对人的返心内照,并主张从经验角度探究人性、人的内心活动以及人类精神所隐藏的秘密。① 狄尔泰几乎全盘接受了诺瓦利斯的浪漫主义思想,并把它们吸纳和渗透到他的描述心理学思想中,由此开创了浪漫主义传统的描述心理学。

受浪漫主义影响的心理学必然是活力论的,而不是机械论的。浪漫主义传统的描述心理学注重个体独特的生命体验和完整经验,强调情感、直觉、本能和冲动等非理性因素,反对对人作自然科学模式的机械量化说明。然而,狄尔泰并不是一位极端非理性主义者,并没有简单地走向理性反面而盲目崇拜非理性,对于他而言,理性仍然是"生命"整体的一个有机组成部分。② 此外,需要特别指出的是,尽管布伦塔诺并没有接受浪漫主义的具体观点和思想,但他在反对心理学的自然科学模式上的确受到了浪漫主义的启发和推动。布伦塔诺的伯父克莱门斯·布伦塔诺(Clemens Brentano,1778—1842)是德国浪漫主义运动的重要成员,他无疑对布伦塔诺认识心理学的自然科学研究模式的不足,从而提出心理学的人文科学研究模式产生了重要影响。

五、历史哲学

历史哲学是18世纪初期在欧洲产生的一种对历史及其研究进行哲学反思的理论思潮。它由意大利哲学家维科(Giambattista Vico,1668—1744)于1725年通过出版《新科学》一书而创立。德国古典哲学的首创人康德从先验论角度提出了其历史观,认为人类历史遵循某种必然规律,而这种规律是服从一种类似于先验之物的"自然意图"的结果。费希特(Johann Gottlieb Fichte,1762—1814)进一步发展了康德的先验论历史哲学,认为人类历史是追求理性与自由协调一致的过程。黑格尔把康德开创的先验论历史哲学推进到极致,认为人类历史世界的演进就是理性的展开和延续过程,理性构成了历史的真实内容。他以纯粹理性思想来包含一切历史实在的做法是传统形而上学的做法,使得"历史理解牺牲给了形而上学图式"③。19世纪,以兰克(Leopold von Ranke,1795—1886)和德罗伊森(Johann

---

① [德]狄尔泰.体验与诗:莱辛·歌德·诺瓦利斯·荷尔德林.胡其鼎,译.北京:生活·读书·新知三联书店,2003:222-286.
② 李超杰.理解生命——狄尔泰哲学引论.北京:中央编译出版社,1994:145.
③ 转引自:张汝伦.二十世纪德国哲学.北京:人民出版社,2008:21.

Gustav Droysen，1808—1884)等人为代表的德国历史学派开始在社会科学研究领域蓬勃兴起,主张理论研究必须结合具体的历史背景,而且历史考察必须以诸多历史事实为基础。①

　　欧洲历史哲学特别是德国历史学派,通过狄尔泰对浪漫主义传统的描述心理学产生了重要影响,为描述心理学提供了重要的哲学思想来源。正如狄尔泰所指出的,历史哲学是"一种试图通过相应的相关命题的统一去理解历史现实的相互联系性的理论"②,"人不能通过自我冥思来了解人是什么,也不能通过心理学实验,而只能通过历史"③。不过,在诸多历史哲学家当中,对狄尔泰产生重要影响的当属维科、兰克和德罗伊森等人。维科被称为"历史哲学之父",他认为历史世界的形成与发展是人类自身活动的结果,人类为了生存需要而创造了人类社会的一切文化成果和全部历史,只有这些人类创造之物才是真实的。狄尔泰受维科影响,认为我们只能真正地理解我们自己创造的东西,而不可能真正理解自然,因为它不是我们自己所产生之物。④

　　兰克是现代历史学的创始人和德国历史学派的著名代表,他反对康德、费希特和黑格尔等人从先验论角度解释人类历史发展过程,主张历史研究必须以经验为基础,从具体历史事实出发不带任何偏见地"如实直书",把历史置于具体的历史事件中去考察,如实呈现历史原貌和揭示历史现象本质,从而保证历史研究的"客观性"与"科学性"。狄尔泰在柏林大学读书期间就曾深受兰克的课堂教诲,特别是历史研究方法方面的教导。他比较欣赏兰克在历史研究中能够摆脱形而上学束缚而坚守经验阵营,但也承认其历史探究方法过于注重具体的历史事实而忽视历史发展规律,"只见树木,不见森林"。

　　德罗伊森是德国著名历史学家,曾是黑格尔的学生,他明确把历史学作为一门特殊科学与自然科学区别开来,认为历史学的研究方法不是自然科学式的说明而是理解,历史材料与我们的同源性质为这种理解提供了可能。他曾这样论述道:"从人类视角来看,理解可能是最完美的一种认知。因此,它是一种直接突发过程,其发生不需要我们意识到在其中发挥作用的逻辑

---

① 田方林.狄尔泰生命解释学与西方解释学本体论转向.成都:西南交通大学出版社,2009:16.
② [德]狄尔泰.人文科学导论.赵稀方,译.北京:华夏出版社,2003:85.
③ 转引自:Teo, T. (2005). *The critique of psychology: From Kant to postcolonial theory*. New York: Springer, p.81.
④ Dilthey, W. (1977). *Descriptive psychology and historical understanding* (R. M. Zaner, & K. L. Heiges, Trans.; R. A. Makkreel, Intro.). The Hague: Martinus Nijhoff, pp.6-7.

机制。……理解是人类最富于人性的行为,一切真实的人类活动都基于理解、寻求理解和发现理解。"①狄尔泰对描述心理学与说明心理学的区分以及对理解方法的强调,与德罗伊森的上述观点不无直接关系。

兰克和德罗伊森提倡的历史主义包含两个预设:一是每种现象的本质都存在于它的历史之中,只有考察某种行为、习惯、制度或思想的历史才有可能理解其本质;二是历史学家必须尝试根据过去的独特个体性来理解过去,或者说根据过去本身来理解过去,这在当时迅速发展成为一种在历史科学中几乎被普遍接受的范式。② 生命本身具有历史性,心理生命在其历史性中得以形成和发展,我们也必然要在其历史性中或者通过其历史性来理解它的本真和意义。狄尔泰在其著作《历史中的意义》中曾明确陈述:"我进行思考所使用的语言和我的各种概念,都是在时间过程中产生出来的。因此,对于那些存在于我内心之中的无法洞察的深度来说,我是一种历史性的存在。"③

总体而言,历史哲学不仅为狄尔泰提供了一种看待人类心理生命的历史视角,而且培养了狄尔泰心理学研究的历史意识和历史方法。一方面,他把人类心理视作一个活生生的历史发展过程,认为心理生命的历史性不是一个外在的规定,而是预先构成人类心理生命的本质。他曾经指出:"康德的先天概念是僵死的;意识的真正条件和它们的预设是一个活生生的历史过程,是发展的一部分;它们有一个历史,这个历史的过程是它们与越来越准确地、归纳地认识到的多种多样的感性内容相一致。历史的生命也包含我们思维的明显僵死的条件。意识的历史条件决不会毁灭,因为正是通过它们我们才能思维,但它们在发展着。"④另一方面,他把自己看作是历史学派的方法主义者,强调所有经验研究在很大程度上都是人类历史产品的研究。对于他而言,历史学方法本质上就是解释学,他主张通过对人类历史产品的内在精神本质的理解和解释来理解心理生命,历史性构成了他理解心理生命的至关重要的境域。

六、现象学与解释学

现象学(phenomenology)是一种排除或悬置各种预设的成见而对显现

---

① 转引自:Plantinga, T. (1992). *Historical understanding in the thought of Wilhelm Dilthey.* Lewiston: Edwin Mellen Press, pp.98 – 99.
② [荷]德·穆尔.有限性的悲剧——狄尔泰的生命释义学.吕和应,译.上海:上海三联书店,2016:126 – 131.
③ [德]狄尔泰.历史中的意义.艾彦,译.南京:译林出版社,2011:1.
④ 转引自:张汝伦.二十世纪德国哲学.北京:人民出版社,2008:18.(对引文略有改动.)

的现象作直观,以体验其内在本质结构的方法或精神。非预设性地直面实事本身以洞悉其原貌和本质,是我们从众多的现象学分支中把握现象学及其方法的精神实质和判断现象学及其方法的鲜活效应的起点与标准,因为它几乎是所有的现象学分支遵守的"初心"和践行的"使命"。现象学作为一种正式的哲学体系诞生于胡塞尔1900年出版的著作《逻辑研究》,但作为一种朴素的哲学思想而存在则是较为久远的事情。

  从词源上看,现象学可以追溯至古希腊的"现象"(phenomenon)和"规律"(logos),原意是研究自我显现之现象的规律的学问。从思想起源上看,现象学可以追溯至18世纪的康德。① 1770年9月2日,康德在给拉姆贝特(Johann Heinrich Lambert,1728—1777)的信中,第一次提到需要将一门"否定的科学(一般现象学)"置于形而上学之前作为一门预备学科,其任务是确定感觉知识诸原则的效力与界限。② 1781年,他又在其著作《纯粹理性批判》中对认识所能及的范围划定了明确界限,把构成事物真实状态的东西叫作"物自体"或"本体",而把事物真实状态的显现叫作"现象",认为人的认识不可能逾越现象的范围,不可能逾越感性的直观形式与知性的范畴所能及的范围,不可能逾越现象界而达到本体界。③ 康德的论述中包含朴素的现象学思想,尽管它与后来现象学的观点有着很大不同。歌德虽然从来没有使用过"现象学"一词,但却常常被说成是最早的现象学家。④ 他在其著作《颜色的科学》(1810)中提出了与牛顿的色觉理论相反的颜色现象理论,证明了感觉经验可以通过内省而被客观地加以研究。他还主张,研究的对象应该是完整而有意义的心理经验,而不是无意义的感觉片段,这种研究整体的、有意义的经验的主张后来被称为"现象学"。⑤

  布伦塔诺从康德和歌德等人那里吸纳了朴素的现象学思想并对之作了重要发挥,从而作为现象学运动的先驱影响其弟子胡塞尔,胡塞尔创立了正式的现象学哲学体系。⑥ 尽管布伦塔诺本人并没有明言自己是现象学者,但他的确为后来的现象学运动准备了基础,奠定了后来现象学的基本精神。

---

① 需要说明和指出的是,早在16世纪,欧洲宗教领袖马丁·路德(Martin Luther,1483—1546)就提出,要排除教皇和天主教会这个介于信徒与上帝之间曲解"圣意"的中介,而直接面对上帝本身的主张和意旨。这种主张实际上与现象学排除各种预设成见(它们来自对传统的遵守、对权威的崇拜或对自身以往经验的习惯性执着)而直接面对实事本身的主张极为类似。
② [美]施皮格伯格.现象学运动.王炳文,张金言,译.北京:商务印书馆,2011:45.
③ 张旺山.狄尔泰.台北:东大图书公司,1986:55-56.
④ [美]施皮格伯格.现象学运动.王炳文,张金言,译.北京:商务印书馆,2011:59.
⑤ [美]赫根汉.心理学史导论(第四版).郭本禹,等译.上海:华东师范大学出版社,2004:314.
⑥ [美]施皮格伯格.现象学运动.王炳文,张金言,译.北京:商务印书馆,2011:65-95.

现象学精神在《哲学与现象学研究年鉴》的出版预告以及创刊号的卷首上曾得到过这样具体的文字描述:"将各个编者联合在一起并且甚至在所有未来的合作者那里都应当成为前设的东西,不应是一个学院系统,而毋宁说是一个共同的信念:只有通过向直观的原本源泉以及在此源泉中汲取的本质洞察的回复,哲学的伟大传统才能根据概念和问题而得到运用,只有通过这一途径,概念才能得到直观的澄清,问题才能在直观的基础上得到新的提出,尔后也才能得到原则上的解决。"① 布伦塔诺在其未发表的著作中确实用过"现象学"这个术语,而且胡塞尔也不止一次地承认自己在现象学上决定性地受惠于他,当然还有狄尔泰。正如德·穆尔所指出的:"在这些讲座②的导论中,胡塞尔概括了现象学的发展史,他在其中为狄尔泰、也为布伦塔诺和他自己的《逻辑研究》保留了重要的位置。"③

布伦塔诺受其先辈的朴素现象学思想的影响,在对哲学进行根本改造的过程中运用并发展了现象学思想。施皮格伯格指出:"认为布伦塔诺为现象学准备了基础的主要原因,必须到他的哲学的特定原理中去寻找。这些原理一直影响着并渗透到胡塞尔及其后继者的成熟的现象学中。"④ 当然,在为严格科学的哲学进行心理学奠基的过程中,布伦塔诺更是渗透和发展了现象学的思想,并把它作为心理学最重要的方法论基础,主张通过内部知觉直观地把握当下真实而纯粹的心理经验整体,从而创建了严格科学传统的描述心理学。后来,在他及斯顿夫的影响下,胡塞尔创立了现象学哲学,进一步丰富和深化了描述心理学的现象学思想来源和方法论基础。

狄尔泰的描述心理学也以现象学为重要的思想来源和方法论基础。就这一点而言,狄尔泰从布伦塔诺那里受益匪浅,他曾直接从布伦塔诺那里吸纳了现象学描述的思想,强调通过内部直观的"自身思义"(selbstbesinnung)方法即内部知觉的方法对心理生命作整体的如实描述,从而创建了浪漫主义传统的描述心理学。由于他的描述心理学带有明显的现象学方法论倾向,胡塞尔称之为"包含了现象学的一种天才预见和某些萌芽"⑤。狄尔泰早期的描述心理学观点与布伦塔诺的描述心理学观点非常接近和相似,他对描述

---

① 转引自:倪梁康.现象学精神:为何?何为?读书,1995,10:50-54.
② 这里指的是胡塞尔1925年的一系列现象学心理学讲座。
③ [荷]德·穆尔.有限性的悲剧——狄尔泰的生命释义学.吕和应,译.上海:上海三联书店,2016:217.
④ [美]施皮格伯格.现象学运动.王炳文,张金言,译.北京:商务印书馆,2011:65-66.
⑤ Dilthey, W. (1977). *Descriptive psychology and historical understanding* (R. M. Zaner, & K. L. Heiges, Trans.; R. A. Makkreel, Intro.). The Hague: Martinus Nijhoff, p.4.

在意识研究中作用的详细说明参考了布伦塔诺的《经验观点的心理学》（1874）。① 他们两人曾作为同门师兄弟共同在特伦德伦堡门下求学（1858—1859）并获得博士学位，而且有通信表明他们曾是非常要好的朋友。② 布伦塔诺在19世纪七八十年代发展出他的描述心理学，而在狄尔泰那段时期的遗稿中，曾多次谈到布伦塔诺的描述心理学。狄尔泰在其描述心理学研究中注重事实性分析超过注重方法论反思，在这一点上，他与布伦塔诺和胡塞尔是亲密的盟友，都运用"描述心理学"这个术语来表示他们对人类心理生活的现象学探究。

狄尔泰（特别是在其描述心理学早期）坚持排除任何间接的假设性中介而直接把握实事本身的现象学精神，主张依赖纯粹直观的描述对心理生活进行现象学探究，将研究最后的发言权留给心理事实或意识事实本身。正如德·穆尔所指出的："借助外在经验与内在经验的区分，以及对内在经验的阐释，狄尔泰开辟了对内在经验进行现象学分析的道路，而且他本人迈出了头几步。"③除了朴素的现象学思想外，狄尔泰（特别是在其描述心理学后期）还进一步将解释学的思想（主要指他的生命解释学）作为描述心理学的方法论基础，发展出异于布伦塔诺的理解取向的描述心理学，成为浪漫主义传统描述心理学的另一个重要组成部分。

解释学是一门通过理解和解释来探究事物内在丰富意义的学问或艺术。"解释学"一词的德文是 Hermeneutik，英文是 Hermeneutics。从词源上讲，它的词根是 Hermes（赫尔墨斯），即希腊神话中为诸神向凡人传递信息和指示的使者。由于诸神的语言和人类的语言不同，赫尔墨斯的职能是将超出人的理解力的诸神的信息和旨意转化为人可以理解的东西。这就意味着，他在传达神谕时，不仅要宣布，而且要用人们熟悉的语言进行宣布，还要对宣布的晦涩不明的指令和内容进行疏解和说明，以使一种意义关系从诸神的陌生世界转换到人们熟悉的世界。正如伽达默尔所指出的："赫尔墨斯是诸神的信使，他把诸神的旨意传达给凡人……'诠释学'的工作就是这样从一个世界转换到另一个世界，从神的世界转换到人的世界，从一个陌生的语言世界转换到另一个自己的语言世界。"④最初源于赫尔墨斯神话故事

---

① Ermarth, M. (1978). *Wilhelm Dilthey: The critique of historical reason*. Chicago, IL: University of Chicago Press, p.174.
② 张旺山.狄尔泰.台北：东大图书公司,1986：109－111.
③ [荷]德·穆尔.有限性的悲剧——狄尔泰的生命释义学.吕和应,译.上海：上海三联书店, 2016：217.
④ 转引自：洪汉鼎.诠释学：它的历史和当代发展（修订本）.北京：中国人民大学出版社,2018：再版序.

的解释学,在狄尔泰之前大体经历了神学解释学(解释学作为圣经解释的理论)、文献学解释学(解释学作为文献学方法论)和一般解释学(解释学作为语言理解的科学)三个阶段,而狄尔泰的生命解释学则直接脱胎于施莱尔马赫的一般解释学。①

施莱尔马赫是德国 19 世纪著名神学家和浪漫主义哲学家,从 1805 年开始在哈雷大学任教直到 1834 年去世,都在潜心研究解释学问题。他使得解释学超出文献解释的范畴而发展成为关于对话关系中的理解和解释本身的一般解释学,认为在对话关系中始终有一个言谈者在通过语词表达自身,也始终有一位听众在通过某种神秘的过程推测这些语词的意义,而这个神秘的过程就是理解和解释的过程。但是,在他看来,对话语文本的理解和解释不仅仅是刻板的语言方面的技术性诠释,更是一种心灵的创造或再创造活动。他认为,理解和解释的过程是语言过程(文法解释)和心理过程(心理解释)的结合,文法解释只能展示文本表面、次要的文字意义,而无法洞察这个表面意义背后作者的深层心理活动,要达及文本深层、根本的精神意义就必须通过理解者的内心体验即心理解释。根据施莱尔马赫的假定和主张,文本的意义特别是深层次的精神意义是固定不变和唯一的,具有不依赖理解者、独立于解释活动而客观存在的性质,它只是作者的意图,我们解释文本或作品的意义只是去发现作者的意图,而由于作者的意图是固定不变和唯一的,文本或作品的意义便具有一义性,我们不断对文本或作品进行解释,就是不断趋近作者的唯一意图。因此,理解和解释就是重构或复制作者的意图,就是重新体验和重建作者的内心过程,而理解的本质就是"更好理解"(besserverstehen),因为我们不断地趋近作者的原意。② 施莱尔马赫的这种解释学观点,实际反映和遵循了后来现象学"面向实事本身"的精神和原则。

狄尔泰的生命解释学主要是对施莱尔马赫解释学思想的继承和生命哲学化的发展③,仍然力求"回到作者的思想源头",重新体验和再现作者创作时的心境,忠实而客观地追求和把握作者的原意,因而亦可看作是现象学的一种引申或特殊版本。狄尔泰早在 1860 年就开始正式接触施莱尔马赫的解释学思想,撰写了长篇论文《施莱尔马赫解释学的独特贡献》并获得了征文奖金,而且此后一段时间一直研究施莱尔马赫的文献。1867—1868 年,

---

① 李超杰.理解生命——狄尔泰哲学引论.北京:中央编译出版社,1994:88-92.
② 洪汉鼎,主编.理解与解释——诠释学经典文选(修订本).北京:东方出版社,2006:编者引言.
③ 夏基松.现代西方哲学.上海:上海人民出版社,2006:316.

他在巴塞尔大学任教时作了题为《论理解和解释学》的演讲,进一步讨论了施莱尔马赫解释学中的某些基本概念。接下来很长一段时间,狄尔泰并没有过多地关注解释学。直到 1900 年,他受胡塞尔《逻辑研究》的启发,在总结早期解释学研究的基础上发表了《解释学的兴起》一文,首次系统考察了解释学的发展历史,这也标志着他的生命解释学正式诞生。

狄尔泰发展生命解释学的初衷与当初发展描述心理学一样,仍然是为精神科学寻找客观有效的认识论基础,并强调到生命本身中通过追问生命来探究和发展这种认识论思想,将具体、历史和鲜活的生命体验或经验而非形而上学的思辨作为精神科学认识论的起点和终点,从生命本身出发来发展获得"内在生命表达"的"客观有效"的解释的方法。他认为,生命的表现或表达是理解和解释活动的直接对象,理解就是从生命的外在表现中获得内在的生命知识的过程,这里生命的外在表现指的是言语、文字、手势及宗教仪式和政治制度等精神或表现在外的、客观化的物质符号或载体。"如果说对于施莱尔马赫来说,理解就是重新构造作者的思想和生活,那么对于狄尔泰来说,理解就是重新体验过去的精神和生命。"①狄尔泰这种带有浓厚浪漫主义色彩的生命解释学思想伴随着其描述心理学思想的发展变化而产生和发展,并融入其描述心理学思想当中。

尽管狄尔泰很早就接触了解释学,但它作为一种方法论在狄尔泰描述心理学前期一直处于附属地位。狄尔泰前期的描述心理学思想主要强调内部知觉意义上的现象学描述,并没有过多地强调理解和解释,尽管他赋予"理解"很高地位,认为"理解过程奠定了描述心理学的最深刻基础"②,而且此时的"理解"主要指在体验基础上对心理生命意义的直接把握。19 世纪末,狄尔泰前期的描述心理学思想遭到了艾宾浩斯等人的强烈批判,他在胡塞尔《逻辑研究》中的现象学思想的影响和启发下③最终认识到,心理生命的真正知识不应仅靠基于体验的内部知觉来直接寻获,还应采取迂回路线,通过对自我和他人心理生命体验的外在表达的解释来达到对深层心理生命的间接理解和描述。由此,狄尔泰正式将解释学思想(即他的生命解释学)融入描述心理学思想和研究当中,实现了其描述心理学思想的深化和升华,至此,解释学思想也正式成为浪漫主义传统的描述心理学的另一重要方法

---

① 洪汉鼎,主编.理解与解释——诠释学经典文选(修订本).北京:东方出版社,2006:编者引言.
② Ermarth, M. (1978). *Wilhelm Dilthey: The critique of historical reason*. Chicago, IL: University of Chicago Press, p.180.
③ Ermarth, M. (1978). *Wilhelm Dilthey: The critique of historical reason*. Chicago, IL: University of Chicago Press, pp.174-209.

论基础。

第三节 描述心理学的科学土壤

19世纪的欧洲在经过17世纪和18世纪轰轰烈烈的政治革命之后,进入全面确立和发展资本主义阶段。取得政权以后的欧洲资产阶级,极为重视科学在工业和社会发展中的作用,积极鼓励科学事业的发展。到19世纪中后期,欧洲在天文学、物理学、化学和生物学等科学领域都已取得了突飞猛进的发展,能量守恒和转化定律、细胞学说和生物进化论被称为"19世纪的三大科学发现",标志着这一时期的主要科学成就。科学的强大威力已经凸显出来,并很快转化为生产力,极大地推动了人类社会进步和人民生活水平提高。科学已经成为公众心目中无所不能的新上帝,成为唯一可信赖的、有价值的知识源泉,人们越来越相信通过科学可以洞察隐藏在自然背后的全部秘密,从而给他们带来更加美好的幸福生活,以往信仰的神或上帝在人们心目中的地位逐渐削弱。欧洲正在掀起一股崇尚科学、信赖科学、探索科学的思想潮流,这股科学思潮为整个欧洲学术界摆脱形而上学思辨、坚定科学信念提供了土壤,树立经验科学观、重视经验探索成为学术界最为主流的精神诉求。描述心理学作为一门人文科学,虽没有受到这些自然科学成就的直接影响,但它作为一门经验的科学而非形而上学的思辨学科,正是在当时的科学沃土中孕育而生的。

首先,天文学领域取得重大成就。19世纪科学技术的进步,为天文学领域中的精确观测和深入研究提供了新手段,从而使人们的研究视野从太阳系扩展到银河系和河外星系,从天体力学领域扩展到天体物理学领域。德国哲学家康德曾最早提出了太阳系起源的学说,后来法国数学家拉普拉斯(Pierre-Simon Laplace,1749—1827)1796年在其著作《宇宙体系论》中较为完整地提出了太阳系是由一团炽热气体星云形成的学说,被称为"康德—拉普拉斯星云说"[①]。该学说在19世纪不断得到验证,有力地打击了以往形而上学的自然观。19世纪初,德国光学专家方和斐(Joseph von Fraunhofer,1787—1826)建造了第一台光谱装置,并用它分析了太阳、金星、月球和其他一些恒星的光谱,后来德国物理学家基尔霍夫(Gustav Robert Kirchhoff,1824—1887)和本生(Robert Bunsen,1811—1899)继续进行这方面的研究,

---

① 刘文龙,袁传伟,主编.世界文化史·近代卷.杭州:浙江人民出版社,1999:460.

奠定了光谱分析的基础。德国天文学家贝塞尔（Friedrich Wilhelm Bessel，1784—1846）预言在天王星附近可能有一颗未知的行星在运动，并认为可以根据万有引力定律从天王星的运动估算出这颗未知行星在宇宙中的位置。1846年，法国天文学家勒维耶（Urbain Jean Joseph Le Verrier，1811—1877）公布了这颗未知行星将会出现的位置，同年，德国柏林天文台台长加勒（Johann Gottfried Galle，1812—1910）按照他提供的资料果然发现了这颗未知行星，命名为海王星，并向世界公布了这一令人震惊的消息。一些新的星球先后被发现，恒星的空间分布和银河的构造得到了较为深入的研究，所有这些均改变了人们以往对宇宙的认识。

其次，物理学领域取得重大成就。我们主要从光学和电磁学两方面举例说明。就光学方面而言，19世纪初，英国物理学家托马斯·扬（Thomas Young，1773—1829）和法国物理学家马吕斯（Étienne Louis Malus，1775—1812）分别发现了光的干涉现象和光的偏振现象；1818年，法国物理学家菲涅耳（Augustin-Jean Fresnel，1788—1827）利用托马斯·扬提出的光是横波的观点解释了光的衍射、干涉和偏振等现象，并进行了光的干涉实验；1850年，法国实验物理学家傅科（Jean Bernard Léon Foucault，1819—1868）借助旋转镜测量了光在水中、空气和真空中的不同速度。就电磁学方面而言，1820年，丹麦物理学家奥斯特（Hans Christian Oersted，1777—1851）发现了电流磁效应；同年，法国物理学家安培（André-Marie Ampère，1775—1836）基于奥斯特的发现，提出了说明电流方向与磁场方向之间关系的"安培定律"，并于1824—1826年创立了电磁理论；1831年，英国物理学家法拉第（Michael Faraday，1791—1867）经过多年实验和研究提出了著名的电磁感应定律，为后来发电机的发明奠定了理论基础；1833年，德国物理学家楞次（Heinrich Lenz，1804—1865）发现了楞次定律，把感应电流的产生同力学做功的过程联系起来；1865年，英国物理学家麦克斯韦（James Clerk Maxwell，1831—1879）在法拉第的研究成果基础上提出了完整的电磁场理论。物理学领域的一系列研究成果都表明，机械能、热能、电磁能和化学能等自然界的各种能量形式，在一定条件下可以按固定当量关系相互转化，而且在转化过程中能量不会凭空地被创造或消灭。这就是能量守恒和转化定律，它是19世纪自然科学的一块重要理论基石，也是19世纪欧洲物理学领域的最大成就。

再次，化学领域取得重大成就。19世纪是化学科学化发展的关键时期，英国科学家道尔顿（John Dalton，1766—1844）的原子学说和俄国化学家门捷列夫（Dmitri Mendeleev，1834—1907）的化学元素周期律，标志着科学化学的基本理论和完整体系最终确立,从而为19世纪的化学发展奠定了重要理论基础。① 1808年,道尔顿在实验基础上发表了《化学哲学新体系》一书,在先前提出的化学元素原子量概念的基础上系统提出了近代物质结构原子学说。道尔顿原子学说的核心是,每种化学元素以其原子量为最本质特征,从而开辟了化学发展的新纪元。同时,它还说明了各种化学现象与各种化学定律之间的内在联系,形成了解释化学现象的统一理论。1869年,门捷列夫在前人研究基础上经过大量科学实践,发现并确信各种化学元素的性质存在周期性变化规律,由此提出了化学元素周期律,即"按照原子量的大小排列起来的元素,在性质上呈现明显的周期性"。门捷列夫按照元素周期律制作了化学元素周期律表。化学元素周期律的发现,为以后研究化学元素、探索新元素、寻找新物质和新材料提供了一个有效参考,极大地促进了现代化学和物理学的发展。随着化学和物理学的发展,19世纪下半叶一门新的学科即物理化学开始形成。

最后,生物学领域取得重大成就。19世纪是生物科学获得空前发展的时期,最具代表性的成就是细胞学说的诞生和生物进化论的问世,它们使得生物学作为一门独立科学而产生。细胞学说主张,生物有机体是细胞按照一定规律发育和生长的结果。1832年英国植物学家布朗(Robert Brown,1773—1858)发现了细胞核,1838年德国植物学家施莱登(Matthias Jakob Schleiden,1804—1881)提出了植物的细胞构造理论,1839年德国动物学家施旺(Theodor Schwann,1810—1882)将细胞学说扩展到动物界,19世纪50年代德国医生雷马克(Robert Remak,1815—1865)和瑞士科学家寇力克(Albert von Kölliker,1817—1905)将细胞学和胚胎学结合起来从而证明了胚胎发育过程即细胞分裂分化过程,不久,德国病理学家魏尔肖(Rudolf Virchow,1821—1902)又将细胞学说用于病理学研究。细胞学说揭示了有机体产生、成长和构造的规律以及整个生物界的内在联系,为比较解剖学、生理学和胚胎学提供了理论基础,也为生物进化论的提出作了重要准备。② 生物进化论主张,生物是在"物竞天择、适者生存"的规则支配下由低级到高级不断进化的结果。早在1809年,法国生物学家拉马克(Jean-Baptiste Lamarck,1744—1829)就提出了自己的进化学说,认为生物演化是一个由简单到复杂、由低级到高级的进化过程。1859年,英国博物学家达尔文(Charles Robert Darwin,1809—1882)经过数十年考察整理和研究分析,发

---

① 解光云,主编.世界文化史.合肥:安徽大学出版社,2004:342.
② 庄锡昌,主编.西方文化史.北京:高等教育出版社,2010:224.

表了其举世伟作《物种起源》,1871年又发表了《人类的由来及性选择》,向全世界系统提出了以自然选择为基础的生物进化论,并明确指出人由类人猿进化而来。达尔文的生物进化论沉重打击了"上帝造人说",促进了人们对自身由来的科学认识。

19世纪科学领域取得的巨大成就,确立了科学在社会发展中的主导地位,塑造了人们的科学思维方式。然而,德国人长期以来对"科学"的理解与英国人、法国人有所不同。英国人和法国人偏爱定量分析法,认为只有可以进行精密实验的自然科学才够称得上真正的科学,而德国人与之不同,认为知识的一切领域都能够同样地成为科学的领域,包括对认识过程自身的定性分析。[①] 因此,在19世纪中后期的德国科学界,除了英、法等国盛行的精确定量研究外,还存在着搜集事实、进行分类的定性研究或现象学研究。歌德和浦肯野(Johann Evangelist Purkinje, 1787—1869)是这种研究倾向的先驱,他们反对自然科学模式的先在假设和因果说明,主张在详尽描述经验的基础上,采用归纳法对材料加以分类,得到经验本质的不同类型。例如,歌德在《颜色说》中反对以牛顿的"折射"和"光波"等物理学术语来描述直接经验,浦肯野则用现象学实验方式发现了著名的"浦肯野现象"。

在19世纪德国的科学土壤中生长起来的布伦塔诺和狄尔泰,自然受到了取得巨大成就的自然科学的影响,但他们崇尚科学却不崇尚科学主义。前面已经论述,欧洲在科学主义的统治之下陷入严重的思想和文化危机,这给布伦塔诺和狄尔泰带来了重大的学术使命和严重的学术焦虑,但他们并不认为是科学本身出了问题,而是认为人们对科学的理解和运用出了问题。在他们看来,思想和文化危机固然起因于科学特别是自然科学或实证主义科学的发展,但要走出危机不能寄希望于消灭科学主义而重新退回到形而上学,而且这也是不可能的。在这种情况下,作为哲学家立身的布伦塔诺和狄尔泰,没有成为科学主义的附和者,也没有成为形而上学的复归者,而是提倡对科学和哲学进行一种激进的改造,认为科学和哲学不应仅以控制自然为目标,还应为人类如何在现代科技和工业世界中行动提供答案。因此,在心理学上,他们没有接纳当时占据主流地位的自然科学心理学,而是致力于建立一门新的科学心理学,即一门以人文科学为导向、以经验为出发点的描述心理学,它接纳自然科学的严谨经验思维,却更多地认同科学中注重经验描述的定性研究模式,将心理学研究限定为对内部心理经验的描述或理解。

---

① [美]墨菲,柯瓦奇.近代心理学历史导引.林方,王景和,译.北京:商务印书馆,2010:101.

第四节　描述心理学的心理学背景

"心理学虽有一长期的过去,但仅有一短期的历史。"①艾宾浩斯的这句名言旨在说明,心理学的思想历史久远,但作为一门科学的历史非常短暂。在心理学作为一门科学独立之前,已经有不少关于心理现象的观察和思考散见于哲学家的著作中。也就是说,长期以来,心理学是隶属于哲学的。到19世纪70年代,欧洲科技和工业发展带来的实惠已经让人们牢固树立了科学的信念,众多哲学家、生理学家和物理学家等已经纷纷扛起了心理学科学研究的火炬,而且自古希腊以来两千多年的漫长岁月,哲学通过确定心理学的研究范围、探索主题、理论体系、思辨方法以及具体观点为心理学的最终独立准备了必要条件,19世纪天文学和物理学特别是生理学等自然科学的丰富研究成果及方法则更直接地促进了科学心理学的诞生,心理学作为一门独立科学呼之欲出。

描述心理学作为科学心理学中异于自然科学心理学的另一种心理学形态,正是在19世纪70年代中期科学心理学诞生的大背景下产生和发展起来的,它的产生受到传统的形而上学心理学、主流的实验说明心理学以及近代心理学思想家对描述心理学的先驱性探索的影响。建立在哲学思辨基础上的传统形而上学心理学和以生理学或物理学法则来解释心理现象原因的实验说明心理学,为描述心理学的产生与发展提供了反面教材,而近代心理学思想家对描述心理学的先驱性探索为现代学科意义上的描述心理学提供了实践先导,这三者构成了描述心理学产生的具体心理学背景。

首先,传统的形而上学心理学。以笛卡尔(René Descartes,1596—1650)、莱布尼茨(Gottfried Wilhelm Leibniz,1646—1716)、康德和赫尔巴特(Johann Friedrich Herbart,1776—1841)等为代表的传统形而上学心理学,主张人的知识不是来源于感觉经验而是来源于理性,强调人类主体先天固有的能动性以及心理活动的统一性、根源性、动力性和矛盾性,把人类意识看作是一个不断发展的过程,认为理性的演绎是唯一正确的研究方法。笛卡尔提出了用理性来审查一切的唯理论原则,认为作为理性表现的知识和能力是人类先天具有的而非来源于感觉经验,强调心理学应该更加注重发现和理解感觉知识没有的原理和概念。莱布尼茨反对一切观念源自感觉经验的主张,认为人类心灵天生就具有一种产生观念的潜能,通过感觉经验

---

① 转引自:[美]波林.实验心理学史.高觉敷,译.北京:商务印书馆,2011:478.

可以实现其潜能。他还主张世界万物都由单子构成,单子是无限的、不可分割的、能动的客观精神物质,物质只是单子的外部表现,而灵魂是人体中的最高单子。康德赞同我们能得出的有关物质世界的结论建立在主观经验基础之上,但同时认为感觉知识与先天思维范畴相结合才使我们产生意识经验。他还十分重视统觉(apperception)在认识过程中的作用,认为统觉是人的一种先天的综合统一的认识能力。赫尔巴特从形而上学原则出发明确宣称心理学是一门经验的科学,但否定心理学实验的任何作用而企图使心理学数学化,显然脱离实验带有思辨的性质。①

传统的形而上学心理学虽然强调了心理的主动作用,但由于受唯心主义的束缚,过分夸大了理性思维在认识中的作用,忽视了感觉经验的作用,忽视了人类精神中的情感和意志因素,因而严重脱离生活实际,带有明显的思辨性质。因此,描述心理学的两位开创者布伦塔诺和狄尔泰都认为,传统的形而上学心理学带有浓厚的神秘主义色彩,与时代精神映照下注重经验的科学心理学背道而驰,不是心理学走向科学之途的一种可行的选择,而心理学唯一可以采纳的科学的出发点必然是具体的经验而不是思辨。狄尔泰还认为,这种心理学未能正确地对待人类心理生命的社会历史实在性。

其次,主流的实验说明心理学。以赫尔姆霍茨(Hermann von Helmholtz,1821—1894)、费希纳(Gustav Theodor Fechner,1801—1887)和冯特(Wilhelm Wundt,1832—1920)等为代表的实验说明心理学在当时的心理学界占据主流地位,因为它迎合了当时心理学追求自然科学化的实证主义的时代潮流。正如狄尔泰所言,它的起源"就存在于使各种心理事实接受自然界之机械论体系的支配过程中,而且这种接受支配的过程迄今为止一直是富于影响的。"②实验说明心理学以自然科学为基本导向,坚持心理学的自然科学观和客观主义研究范式,依赖客观实证和实验数据以生理学或物理学法则来说明心理现象产生的原因,试图建立一门像生理学和物理学那样具有客观性和精密性的心理科学。它利用抽象假设和元素分析的实验量化方法产生关于心理客体或心理事件的细节的法理性知识,研究心理现象与物理刺激或生理变化之间的因果关系,探讨界定明确、详细而具体的研究问题。赫尔姆霍茨致力于精确测定神经冲动的传导速度,用实验的精确性去证明我们

---

① Huemer, W., & Landerer, C. (2010). Mathematics, experience and laboratories: Herbart's and Brentano's role in the rise of scientific psychology. *History of the Human Sciences*, 23(3): 72-94.

② 转引自:田方林.狄尔泰生命解释学与西方解释学本体论转向.成都:西南交通大学出版社,2009:37.

与物理世界的交往机制,即一种可以用客观物理法则解释的机制,将物理学、化学、生理学与心理学紧密地联系在一起。费希纳试图从身心关系问题入手为物理世界与精神世界的关系找到一种数学的说明,从而创立了心理物理学,其范围包括感觉、知觉、感情、注意和行为等。他认为心与物是同一基本实在的两个密不可分的方面,当一个物理刺激系统变化时,如果要求被试报告感觉的变化,那么就可以证明身体与心理经验之间的系统关系。冯特主张运用实验生理学方法研究心理学问题,把传统的哲学心理学改造成独立的实验科学,呼吁建立一门以自然科学为导向的实验心理学,旨在运用实验内省法发现思维的元素以及这些元素是如何结合成复杂心理经验的。他认为一项纯粹心理学实验必须在规定条件下运用一个客观可测量的刺激,并生成一个同样客观可测量的反应,基于此,他对反射、感觉、表象、情感、情绪和意志进行了精密测算和调控,还进行了反应时实验、心理物理学实验和语言联想分析实验等。

布伦塔诺和狄尔泰有力地回应了心理学研究中这种直接沿袭自然科学思维的规范和方式,认为适用于自然对象的方法论是难以用于理解人类心理现象的,除非人类心理现象以自然对象的身份出现,而科学的心理学研究处理的都是与人有关的富有意义的心理事实和现象,想要清楚地揭示人的内在心理过程和内在心理经验,但实验说明心理学的研究范式无法把握住心理生活经验本身的丰富性、直接性和多样性。布伦塔诺认为,实验说明心理学机械地套用自然科学的方法,以生理学或物理学法则来说明心理现象,"并未触及纯粹心理,而是夹有非心理的杂质"。① 狄尔泰认为,心理学的研究对象是人的完整心理经验,它不可能在自然科学的实验和测量中得到恰当处理,自然科学提供的因果说明无法令人满意地应用在心理生命领域。实验说明心理学机械地引入自然科学的研究方法,具有假说的性质,"试图从一些简单的假定出发,把人类生活的各种事实推导出来",②因而无法公平对待经验的丰富性和连续性。

最后,近代心理学思想家对描述心理学的先驱性探索。在描述心理学产生之前,已有一批近代心理学思想家相继对它作了尝试性探索。沃尔夫最早作了理性心理学与经验心理学的区分,认为经验心理学就是描述人类灵魂知识的经验科学,它没有预设理性心理学和其他任何科学,而是用于考

---

① 王天成.认识论的奠基与心理逻辑的统一——兼谈胡塞尔由现象学心理学向先验现象学转变的意义.长白学刊,1997(4):38-41.
② 转引自:田方林.狄尔泰生命解释学与西方解释学本体论转向.成都:西南交通大学出版社,2009:37.

察和确证理性心理学依靠先天假设发展起来的东西,奠定了理性心理学的经验基础。康德确切地证实了沃尔夫的理性心理学的不可能,但他受到沃尔夫影响,强调了心理学的描述方法与说明方法的区分,并认为描述的心理学是说明的心理学的经验基础和控制手段。来自赫尔巴特学派的魏茨受康德影响,也区分了心理学中的描述程序和说明程序,并认为描述的心理学要作为比较心理学和心理进化论来发展,要以描述、分析、分类、比较和进化论为方法来源,要为说明的心理学提供研究素材。同样属于赫尔巴特学派的德罗比施(Moritz Wilhelm Drobisch,1802—1896)也采纳了这种描述与说明的区分,并把一种定向性的经验心理学添加到了其数学心理学中。尽管这些近代心理学思想家的努力严格说来还算不上现代学科意义上的描述心理学探索,但他们对心理学两种研究程序的区分,为现代学科意义上描述心理学的创建提供了实践先导。

总之,描述心理学正是在布伦塔诺和狄尔泰扬弃传统形而上学心理学和主流实验说明心理学的过程中,在充分吸纳描述心理学思想先驱的宝贵探索经验的基础上产生和发展起来的。

第四章　严格科学传统的描述心理学

布伦塔诺1874年出版了其最重要的心理学著作《经验观点的心理学》，最早奠基和实际开启了描述心理学的具体研究，同时也标志着严格科学传统的描述心理学得以创立。严格科学传统的描述心理学始终以"严格科学"[①]的标准来打造自身，力图把心理学打造成像数学那样严格和精确的描述科学，主张主要通过内部直观意义上的经验证实来达到对纯粹心理现象及其组织规律和普遍本质的如实把握，"明显偏爱部分的、精确的和具体的研究，并致力于界定明确和界限清楚的问题"，[②]具有较强的理智主义色彩。布伦塔诺通过致力于意动描述心理学奠定了严格科学传统的描述心理学的学科基调和理论框架，斯顿夫和胡塞尔分别通过致力于机能描述心理学和本质描述心理学，传承和发展了布伦塔诺开创的严格科学传统的描述心理

[①] 这里的"严格科学"源于布伦塔诺对哲学进行根本改造的理想，他欲通过重建一门新的真正科学的心理学来充当严格科学的哲学的基础，由此，他欲建立的新的心理学也必然要求是严格科学的，可以替代当时许多彼此竞争的心理学。所谓"严格科学"，在西方人看来至少应具备证明、批判、解释和逻辑统一四个基本特征，要求证明就是要避免任意，要求批判就是要避免错误，要求解释就是要澄清主张和避免隐匿的假定，要求逻辑统一就是要避免矛盾。（参考：张汝伦.二十世纪德国哲学.北京：人民出版社，2008：93.）严格科学的"严格性"并不就是单纯地抄袭精密科学的"精密性"。胡塞尔曾在其《逻辑研究》第一卷的结尾部分明确指出，严格科学表示由理性联结起来的知识系统，其中每一步骤都按照必然的顺序建立在它先前的步骤之上。这种严格的联结要求在基本的洞察方面达到最大的清晰性，而在基本洞察之上建立进一步的陈述时要依照有条不紊的顺序。胡塞尔还受其老师布伦塔诺的影响，于1911年发表了长篇论文《哲学作为严格的科学》，并在此文中开宗明义地写道："自最初的开端起，哲学便要求成为严格的科学，而且是这样的一门科学，它可以满足最高的理论需求，而且在伦理—宗教方面可以使一种纯粹理性规范支配的生活成为可能。"（参考：[德]胡塞尔.哲学作为严格的科学.倪梁康，译.北京：商务印书馆，2010：1.）事实上，在胡塞尔看来，他创建的现象学就是这样一门作为严格科学的哲学，这种哲学只满足于承认一种绝对确定的认识，而拒绝接受任何未经证实的结论，这是一门迄今未有的远离任何自然思维且摆脱虚假的形而上学的全新的科学。这也是心理学想要成为真正严格科学的心理学应该达到的那种严格性。

[②] Poli, R. (1998). The Brentano puzzle: An introduction. In R. Poli (Ed.), *The Brentano puzzle* (pp.1–14). Aldershot: Ashgate.

学。本章通过详细阐述布伦塔诺、斯顿夫和胡塞尔三位主要人物的描述心理学思想和研究,有代表性地展现了整个严格科学传统的描述心理学的基本主张和理论概貌。

第一节 布伦塔诺的意动描述心理学

布伦塔诺受经验哲学、亚里士多德哲学、笛卡尔哲学和朴素现象学等多种哲学思潮的综合影响,在规划早期心理学的人文科学研究路线的过程中,从总体上区分了描述心理学与发生心理学,并站在经验立场上创建了意动描述心理学理论体系,从而奠定了其在科学心理学史尤其是人文科学心理学史上的重要地位。他主张从经验活动视角来理解人的心理现象,把心理现象等同于意识活动或意动,认为描述心理学就是通过内部知觉对人的纯粹心理现象或意识活动进行如实描述的科学。可以说,"意动"是其描述心理学理论体系的核心,故我们称之为"意动描述心理学"。在心理学科学观上,布伦塔诺明确提出了描述心理学的人文科学观,直接对立于冯特等人的发生心理学的自然科学观;在研究对象问题上,他以意向性为根本依据,区分了心理现象和物理现象,并强调描述心理学研究动态的心理活动,而不是静止的心理内容;在研究方法上,他把内部知觉看作描述心理现象的最基本和最主要的研究方法;在心理现象分类问题上,他根据其意向性本质详细分类心理现象。布伦塔诺的描述心理学不仅开创了整个描述心理学学科特别是其中的严格科学传统,而且开创了科学心理学史上的人文主义研究路线。

一、布伦塔诺其人

布伦塔诺是德国著名哲学家和伟大心理学家,无论在哲学领域还是心理学领域都作出了奠基性和开创性的贡献。在哲学领域,他奠基了20世纪西方两大哲学传统,即大陆哲学(或现象学)和分析哲学的基本理念;在心理学领域,他通过其描述心理学开创了不同于冯特的自然科学心理学的人文科学心理学研究路线。在这两个领域,他都通过自己的博学多识和人格魅力培养了一大批著名的学生,从而对后世产生了深刻而长远的影响。然而,由于诸多原因,他无论在哲学史还是心理学史上都未受到足够重视,以致作为"隐身人"被埋没了半个多世纪。[①] 实际上,布伦塔诺的一生充满了传奇

---

① 郭本禹,崔光辉,陈巍.经验的描述——意动心理学.济南:山东教育出版社,2010:4-8.

色彩,他之所以能在哲学领域和心理学领域贡献突出,与其人生经历和生平故事是分不开的。布伦塔诺出身于名门望族,在童年时期就表现出过人的天赋。经过大学时代勤奋刻苦的知识汲养之后,他先后在符茨堡大学和维也纳大学传道授业和教书育人,不仅取得了硕果累累的个人学术成就,而且通过培养大批学生形成了著名的"布伦塔诺学派"(the Brentano school)。晚年的布伦塔诺移居国外生活,虽然淡出了大学学术圈子,但仍对学术研究和学术交流保持着饱满的热情。布伦塔诺凭着自己的辛勤执着和过人智慧,为后世留下了大量宝贵的学术财富和精神遗产。厄棱费尔(Christian Freiherr von Ehrenfels,1859—1932)曾这样回忆和评价他敬爱的老师布伦塔诺的人格魅力:"布伦塔诺饱含精神天赋和轻松运用智力游戏的技巧,其生动而博大精深的智慧经常会促使他把自己的科学思想蒙上一层几乎是幽默的有时甚至是通俗作品般的面纱,所以它们听起来是那么深邃、清晰且冲动。"①

(一) 早年时光

弗兰茨·布伦塔诺(Franz Brentano,1838—1917)1838年1月16日出生于德国莱茵河畔一座名为马林贝格(Marienberg)的小城。他的家族在当时的德国属于名副其实的名门望族,充满了德国浪漫主义的知识分子气息,不仅名人辈出而且高贵富有。在某种意义上可以说,这个家族与现代德国、奥地利甚至整个世界的思想和文化紧密联系在一起。布伦塔诺自幼成长于这种具有文学和艺术氛围的家庭环境中,为其后来人文科学思想的形成与发展提供了丰沃的早年土壤。他的祖父彼得·安东·布伦塔诺(Peter Anton Brentano,1735—1797)是一位非常成功的意大利商人,后因瘟疫和战争迁居德国法兰克福,在三次婚姻中共育有20个孩子,其中9个孩子被收入《维基百科全书》而流芳百世。他的祖母马克西米利安·罗什(Maximiliane de la Roche,1756—1793)是其祖父的第二任妻子,在少女时代与著名诗人歌德交往甚密,曾激发了歌德的创作灵感。布伦塔诺的父辈②中有三位在文学和艺术方面都颇有建树。他的伯父克莱门斯·布伦塔诺(Clemens Brentano,1778—1842)是著名诗人、小说家和哲学家,也是德国浪漫主义运动的第二代领袖,常常把幼年时的布伦塔诺揽在腿上为其讲述童话故事。他的姑妈贝蒂娜·布伦塔诺(Bettina von Arnim Brentano,1785—1859)是著名的作家、出版家、歌唱家、作曲家、插图画家、视觉艺术家

---

① 转引自:Albertazzi, L. (2006). *Immanent realism: An introduction to Brentano*. Dordrecht: Springer, p.6.
② 布伦塔诺的祖父和祖母一共生了12个孩子。

和社会活动家,是当时思想文化和文学艺术界多才多艺、善于表达的交际花,被称为"浪漫主义的预言家"。他的父亲克里斯蒂安·布伦塔诺(Christian Brentano,1784—1851)是一位多才多艺且经济上非常富有的天主教作家、出版家和画家,具有从其母亲马克西米利安·罗什那里遗传而来的艺术和文学天赋。他的母亲埃米莉·根格尔(Emillie Genger,1810—1881)是一位极为虔诚的天主教教徒,常常教导他长大后要做一名天主教牧师。布伦塔诺排行第二,还有一个姐姐、两个妹妹和一个弟弟,其中弟弟卢约·布伦塔诺(Lujo Brentano,1844—1931)是著名政治经济学家和德国社会政策的先驱,1927 年获得诺贝尔和平奖。

布伦塔诺 13 岁时父亲便去世了,因此,他和他的弟妹们主要由母亲抚养长大。对于布伦塔诺而言,严守天主教信条的母亲对自己的影响是深远甚至终生的。布伦塔诺童年时期,家里常常是许多有身份地位的知识分子(包括亲戚和朋友)会聚的地方,这对促进其才智发展起到了很好的作用,以致他早年在许多方面都有杰出表现。例如,他的歌声优美且愈发富有磁性,以致经过他家房屋的人都向他的母亲称赞其歌声美妙;他的小提琴虽然平时练习不多,但进步之快几乎每节课都能得到老师的赞美;他的绘画非常精湛,能够驾轻就熟地画出他想画的任何东西;他的国际象棋下得非常出色,而且他对这项竞技的热爱也达到了近乎痴迷的程度;他的游泳和体操与下国际象棋一样好……布伦塔诺早年没有像弟妹们那样被送到严格的宗教寄宿学校接受教育,而是留在阿沙芬堡(Aschaffenburg)的家中由母亲亲自施教,这也符合他喜欢安静的性格。由于受所在的文学家庭的深刻影响,布伦塔诺 12 岁时便开始阅读加兰德龙和莎士比亚的作品,并和弟弟一起在旅行途中阅读了但丁的《神曲》。布伦塔诺的这些广泛兴趣、杰出表现和文学阅读不仅丰富和充实了他的宝贵早年时光,而且培养和铸就了他的深厚人文素养。

布伦塔诺为了避免大学期间因跟不上课程而被迫留级,1855—1856 年进入阿沙芬堡的巴伐尼亚皇室大学预科学校接受了普通教育课程。在大学预科学校学习期间,著名文献学家、大学预科学校图书馆馆长默克尔(Joseph Merkel)教授亲自为他讲授了文学和艺术史课程,这深刻地影响了他的思想发展。布伦塔诺后来曾将其名著《亚里士多德的心理学,特别是他的能动理智说》(1867)题献给默克尔,题词为"以真正的感激记忆我父亲般的朋友"①。事实上,布伦塔诺最初的学习兴趣徘徊于哲学、数学和几何学

---

① Kraus, O. (1926). Biographical sketch of Franz Brentano. In L. L. McAlister (Ed.). (1976). *The philosophy of Brentano*. London: Duckworth, p.4.

之间，直到读了亚里士多德的著作之后才迅速地选择了哲学，并在后来的岁月中一直把亚里士多德哲学视为其哲学最重要的理论基础。

（二）大学教育

1856年，布伦塔诺进入慕尼黑大学哲学系跟随拉萨克斯（E. von Lassaux）和多林格（Ignatius von Döllinger，1799—1890）等人学习哲学和神学。多林格是当时德国著名历史学家和正统天主教神学家，布伦塔诺跟随他学习了托马斯·阿奎那的思想。布伦塔诺在很大程度上是通过阿奎那才得以深刻理解亚里士多德哲学的，而且他的意向性观点直接受益于阿奎那。但布伦塔诺在慕尼黑大学仅读了三个学期便于1857年转入了符茨堡大学。入读符茨堡大学后，他在神学院继续接受中世纪哲学教育。由于当时符茨堡大学的谢林（Friedrich Wilhelm Joseph Schelling，1775—1854）和巴德尔（Franz von Baader，1765—1841）在学术思想上偏向于唯心主义，而布伦塔诺本人则喜欢亚里士多德的经验主义思想，因而他仅读了一个学期便于1858年又转入了柏林大学。入读柏林大学之后，布伦塔诺跟随德国著名亚里士多德研究专家特伦德伦堡学习亚里士多德的著作，并由此终生受到了亚里士多德哲学思想的影响。两个学期后，布伦塔诺1859年又转至明斯特学院跟随天主教哲学教授弗兰茨·克莱门斯学习了两个学期，专门研究中世纪经院哲学。他到明斯特学院后才发现弗兰茨·克莱门斯是其心目中的理想教授，他们常常边散步边讨论哲学问题。弗兰茨·克莱门斯对布伦塔诺的影响甚大，布伦塔诺关于表象的观点、关于判断的学说以及后来关于意向内存性的学说无不是通过弗兰茨·克莱门斯从托马斯哲学中得来的。

尽管弗兰茨·克莱门斯使布伦塔诺在哲学上受益匪浅，但他作为哲学教授而非神学家极力支持天主教，导致多林格领导的德国神学家与美因茨地区的教皇至上论者之间出现了不和，而且这种不和日趋白热化。在这种情况下，布伦塔诺1860年放弃了在明斯特学院毕业而转赴至蒂宾根大学。1862年7月17日，他以博士学位论文《论亚里士多德关于存在的多种意义》获得该校哲学博士学位。这是他的第一部专门著作，后来的著名哲学家海德格尔就是在读了这部著作之后才与存在问题结下不解之缘的。事实上，布伦塔诺的博士学位论文得到了特伦德伦堡的指导、启发和影响，以致他专门将这部著作题献给了特伦德伦堡。他是从形而上学而非语言学意义上来选择分析问题的，认为亚里士多德的范畴表不只是语法概念的任意聚合，而是源自一个基本思想。布伦塔诺作为难能可贵的年轻理论家，与特伦德伦堡、施韦格勒（Albert Schwegler，1819—1857）、策勒（Eduard Zeller，1814—1908）和博尼茨（Hermann Bonitz，1814—1888）一起被称为"新亚里士多德主义者",发起了亚里士多德复兴运动。

博士毕业后,布伦塔诺又继续学习和研究了两年神学。他先是 1862 年夏天在奥地利格拉茨的多明我会修道院停留了一段时间,而后到慕尼黑大学学习神学,再后来又到符茨堡大学神学院学习,并参加了神学考试,以为取得牧师资格作准备。1864 年 8 月 6 日,26 岁的布伦塔诺在弗兰茨·克莱门斯的影响下被正式任命为牧师。尽管他接受了天主教的圣职身份,但其最终目的仍然在于追求作为哲学家和科学家的学术前程,因为符茨堡的主教曾再三向他保证,他做牧师后可以更自由地从事其学术事业。

(三) 任职生涯

布伦塔诺 1866 年 7 月到符茨堡大学担任哲学系无薪讲师(Privatdozent),学校原本请他主讲哲学史,可他因对经验主义情有独钟而开课讲授孔德的实证主义。当月 15 日,他在学校大礼堂作了精彩的任职演说,提出了 25 个几乎涵盖整个哲学领域的教职资格论题,其中第四个论题"真正的哲学方法就是自然科学的方法"成为他后来最重要和最著名的论题,这是一种新的、更为深刻和严肃的理解哲学的方式。他还用德语就这些论题与哲学系教授霍夫曼(Franz Hoffman)和乌利希斯(Urlichs)等人进行了有理有据的辩论,并最终获胜,赢得了在场的未成年学生、教职员工和大学评议委员会成员的高度评价。评议委员会在当日提交给大学理事会的报告中这样描述道:"他的心智的敏锐、他的概念的清晰和准确、他领会其他观点的轻而易举、他形成自己观点的确定性、他的方法的科学性,更不必说他的哲学领域知识的丰富多样性和探究的准确性……他把信念的力量与正确的方法结合起来,把科学家的尊严与适度的谦恭结合起来。稳重、清晰、精确和彻底一定会作为他所讨论内容的本质特征被提到。"①布伦塔诺的每篇论题背后都是一个经过彻底思考的理论,这在他辩论期间以及他后来的讲座中表现得很明显。这些论题 1867 年以《亚里士多德的心理学,特别是他的能动理智说》为题被正式出版,当时的符茨堡大学哲学系主任称赞此书是该系半个世纪以来最出色的一部著作。

布伦塔诺关于"真正的哲学方法就是自然科学的方法"的学术主张和活泼可爱、不拘一格的教学风格,吸引了大批青年学生和追随者。斯顿夫是其最早的学生和追随者,聆听了他来符茨堡大学所作的第一场哲学史讲座,并深深为其所吸引。他曾这样描述当时的布伦塔诺:"这位禁欲主义者形象高

---

① Stumpf, C. (1919). Reminiscences of Brentano. In L. L. McAlister (Ed.). (1976). *The philosophy of Brentano*. London: Duckworth, p.11.

大,穿着神职人员的行装,拥有一位思想家极为标准、俊秀的头颅,高而漂亮的前额,在高高的额头和有些下垂的眼睑下,深藏着一双敏锐的眼睛,注视着学生脸上每一种疑惑或质疑的表情。他那轻柔而非常清晰和程式化的演讲使得听众不得不在抽象的研究期间保持极端的沉默和专心。布伦塔诺具有固定结构的思想逻辑的力量(而非任何专门艺术)吸引了学生,尽管他有时的确会引用合适的奇闻轶事。这与老霍夫曼形成了鲜明对比!"①斯顿夫思想发展的每个阶段都受到布伦塔诺的个人关心和关怀,而且他之所以放弃法律学习而投身于哲学和神学学习就是受到布伦塔诺的影响。他后来饱含深情地说:"我愿意对我伟大的老师表达我的敬爱和感激,而且我愿意保持这份敬爱和感激直到我生命结束的那一天。他和学生建立了亲密关系,热切地维持这种关系,并让这种关系在其内心生活中起着重要作用。在这一点上他要超过其他大多数思想家。"②1867 年,来自瑞士施维茨市(Schwyz)的马蒂成为继斯顿夫之后布伦塔诺最忠诚和最重要的学生,并与他保持了终生的亲密友谊。恩德特(Van Endert)、舍尔(Hermann Schell,1850—1906)、科默(Ernst Commer,1847—1928)、赫特林伯爵(Count George Frederick von Hertling,1843—1919)、沃尔夫(Johannes Wolff,1862—1931)和基施坎普(Jakob Kirschkamp,1848—1913)等随后也逐渐加入了布伦塔诺的学生圈子。在这些学生中,斯顿夫、马蒂和恩德特三人因上课时总坐在一起,故被布伦塔诺称为"三王"(the Three Kings)。③

布伦塔诺在 1870—1872 年这段时间,主要讲授逻辑学、心理学和哲学史等课程,而且从 1871 年起就开始讲授心理学课程,主要包括讨论心理现象及其规律以及心理现象的载体与灵魂不朽的问题这两部分。他之所以对心理学发生兴趣,可能主要源于他的哲学研究的需要。1871 年 11 月,他开始努力学习英语,期待着复活节能去英国见经验论哲学家穆勒(John Stuart Mill,1806—1873)。1872 年,他如愿以偿到英国旅行,见到了当时英国杰出的思想家斯宾塞(Herbert Spencer,1820—1903)、纽曼(John Henry Newman,1801—1890)、米瓦特(George Jackson Mivart,1827—1900)和史密斯(William Robertsin Smith,1846—1894)等人,但未能见到曾经通过信的

---

① Stumpf, C. (1919). Reminiscences of Brentano. In L. L. McAlister (Ed.). (1976). *The philosophy of Brentano*. London: Duckworth, p.12.
② Stumpf, C. (1919). Reminiscences of Brentano. In L. L. McAlister (Ed.). (1976). *The philosophy of Brentano*. London: Duckworth, p.10.
③ Stumpf, C. (1919). Reminiscences of Brentano. In L. L. McAlister (Ed.). (1976). *The philosophy of Brentano*. London: Duckworth, p.19.

穆勒。1872年5月,他被聘任为符茨堡大学的哲学正教授(full professor),并按照霍夫曼选定的题目《论谢林哲学发展的主要阶段及其形成的最后阶段的科学价值》发表了精彩的就职演说。担任正教授后,布伦塔诺凭着严密精湛的逻辑思维和独具魅力的教学风格吸引了大批选课学生,无论是哲学系和神学系的学生,还是医学系和法律系的学生,都争相去选听他的课,以致他的某位同事因听课学生太少而被迫停课。

  1869年至1870年,梵蒂冈第一届大公会议以绝对优势票数通过"教皇永无谬误说",并成为教义之一,这在德国引起激烈争论。1870年,布伦塔诺应克特勒(Wilhelm Emmanuel von Ketteler,1811—1877)主教邀请,向德国主教在富尔达(Fulda)召开的教会会议提交了一篇从历史角度批判"教皇永无谬误说"的文章,产生了较大反响。他也因此成为教会内部持不同政见的自由派牧师的学术领袖,从思想上对天主教产生了全面怀疑并放弃了其基督教信仰。对于布伦塔诺而言,基督教只有三点可信,即耶稣是最高的道德典范、灵魂不死和无限理性创造了这个世界,而所谓的"教皇永无谬误说"是荒唐可笑的。这次反对基督教会的极端独裁主义的斗争,首次从根本上动摇了他的生活方式和信仰,斗争失败之后他研究他自己的宗教问题,力图消除"所谓的超自然的启示"与理性之间的矛盾,并驳斥像三位一体、降生、永恒的惩罚等这样一些教义。① 尽管他1872年5月升任符茨堡大学哲学正教授,但最终还是于次年4月11日的耶稣受难日辞去了牧师圣职并退出了教会,而且不久还辞去了由教会提供的正教授职位。接下来的一段时间,布伦塔诺先后到法国的巴黎、卢森堡的罗特和德国的莱比锡旅行,并在莱比锡会见了费希纳(Gustav Theodor Fechner,1801—1887)、德罗比施(Moritz Wilhelm Drobisch,1802—1896)、韦伯(Ernst Heinrich Weber,1795—1878)、施特林普尔(Ludwig Strümpell,1812—1899)和文德尔班(Wilhelm Windelband,1848—1915)等人,讨论了许多重要的哲学问题。当时为了继续追求大学教职,布伦塔诺正在撰写其《经验观点的心理学》一书,去莱比锡大学图书馆查阅资料也是布伦塔诺此次旅行的重要目的之一。

  1874年1月22日,布伦塔诺在著名哲学教授洛采(Rudolph Hermann Lotze,1817—1881)的推荐下,以普通人的资格被任命为维也纳大学的哲学专任教授(正教授),并于同年4月22日作了题为《论哲学令人沮丧的动机作用》的就职演说。在这一年,布伦塔诺还出版了他平生最重要的著作《经验观点的心理学》,与冯特在同年出版的《生理心理学原理》(下卷)被视为经

---

① [美]施皮格伯格.现象学运动.王炳文,张金言,译.北京:商务印书馆,2011:67.

验心理学的两部基础文本,它们也分别成为科学心理学史上人文主义路线和科学主义路线开启的标志。在维也纳大学初期,布伦塔诺主要讲授哲学史、心理学、逻辑学、实践哲学和形而上学等课程。他凭着自己已有的教学特长,吸引了大批学生前来听课,选修其课程的学生通常都在 100 人以上,有时甚至有 360 余人。在维也纳时期,追随布伦塔诺的学生有很多,而且他的一群杰出学生组成了著名的"布伦塔诺学派",主要包括胡塞尔(Edmund Husserl,1859—1938)、迈农(Alexius Meinong,1853—1920)、塔多斯基(Kazimierz Twardowski,1866—1938)、希尔布兰德(Franz Hillbebrand,1863—1926)、厄棱费尔(Christian Freiherr von Ehrenfels,1859—1932)、马萨尔克(Thomas Masaryk,1850—1937)、克赖比希(Josef Clemens Kreibig,1863—1917)以及后来的克劳斯(Oscsar Kraus,1872—1942)、卡斯蒂尔(Alfred Kastil,1874—1950)、艾森迈尔(Josef Eisenmeier,1871—1940)、斯坦纳(Rudolf Steiner,1861—1925)、伯格曼(Hugo Bergmann,1883—1975)、乌尔巴赫(Benno Urbach)和恩伦德尔(Oscar Engländer)等。在学生和听众圈子中,与布伦塔诺成为亲密朋友的还有后来成为维也纳国家剧院导演的伯格尔(Alfred Berger)、后来成为著名语言学家的米克劳希奇(Franz von Miklosich,1813—1891)、国会议员比策(Beez)以及维也纳社会知名女性沃斯玛丝腾(Werthemsteins)母女。此外,精神分析运动的创立者弗洛伊德(Sigmund Freud,1856—1939)也是布伦塔诺维也纳时期的学生,他曾经选修了布伦塔诺的哲学著作阅读、逻辑学和亚里士多德哲学等课程,并深受布伦塔诺影响。

在维也纳期间,布伦塔诺爱上了一位高贵端庄的姑娘丽贝(Ida von Lieben),并急切盼望着能与这位具有艺术天赋且能给他带来幸福和快乐的女子结婚,但当时的奥地利民法明确规定,做过圣职的男人不能与女天主教徒结婚。为了能迎娶到这位心爱的姑娘,他被迫辞去了维也纳大学的哲学教授职务,并申请加入了萨克森(Saxon)籍,于 1880 年 9 月 16 日在莱比锡与丽贝完婚。1881 年夏天,他又返回维也纳大学,但仅获得了一个无薪讲师的职位,而且在这个职位上待了 15 年之久,直到 1895 年离开维也纳。不过,他认为在这个时期他为数众多的最有成果的学生当中尤以迈农和胡塞尔最具代表性。尽管他多年来一直努力申请原来担任的教授职位,但终未成功,他与丽贝的婚姻也终未获得奥地利法律认可。1887 年,他在奥地利多瑙河畔的舍恩比赫尔(Schönbühel)购买了一家意大利酒店,并将之改建成了别墅。1888 年,他与丽贝的儿子约翰内斯·布伦塔诺(Johannes Christian Michael Brentano,1888—1969)顺利降生,这给他们带来了莫大的喜悦。

尽管布伦塔诺生活上经历了许多曲折和坎坷，但他始终守护着作为一名优秀教师和学者的天职。他尽力使他的教学变得更加精彩，希望能够使更多的学生受益。他的课堂总是挤满了人，而且总是自发地形成一些非正式的小型讨论，甚至学生们在布伦塔诺的邀请下经常追到他家里继续讨论。胡塞尔回忆说："在研讨课之后，他通常将参与讨论的人和三四个最感兴趣的听课者带回家中，在那里丽贝太太已经预备好了晚餐。在此不会涉及家常闲聊，研讨的主题被进一步深入探讨，布伦塔诺精力充沛地继续讲授，借助完整的话语提出新的问题或开启新的视界。通常，用餐之后丽贝太太很快离开，之后腼腆的学生们才会放肆地吃东西，对此布伦塔诺毫不在意。"[1] 布伦塔诺任职维也纳大学期间发表和出版了一些重要论著，如《哲学家的重要性是什么》(1876)、《我们的正误知识的起源》(1889)、《时代精神》(1892)、《消极作为诗歌表现的对象》(1892)、《哲学的未来》(1893)和《哲学的四个阶段及其目前状况》(1895)等。他还提出在维也纳大学建立心理学实验室的申请，几年后终于得到教育部批准，但因他脱离了天主教而最终未能担任实验室主任一职。

1894年3月18日，丽贝太太突然病逝。布伦塔诺悲痛万分，加上体弱多病和申请终身教授无望，最终决定再次辞去维也纳大学教职，并在撰写了《我对奥地利的最后期望》一文之后，于1895年4月8日离开了维也纳和奥地利。

（四）退休生活

57岁的布伦塔诺，在离开维也纳之后一年多时间里，屡次迁居，先是到了瑞士的洛桑，不久又转到意大利的祖先故地，在罗马和巴勒莫短暂居留之后，又于1896年转赴佛罗伦萨，终于获得了一个长期定居之所。他两眼患病极为严重，几近失明，不得不告别曾经辉煌的讲坛，开始了退休后的隐居生活。1897年12月30日，他申请加入了意大利国籍，而且在意大利的佛罗伦萨度过了整整20年的晚年时光，直到1915年才离开。

定居意大利之后，布伦塔诺虽然淡出了大学的学术圈子，但他仍致力于学术研究，哲学方面的著述较多，而心理学方面的著述较少，而且与当地的思想文化界保持密切联系，还常常与各地学者保持通信往来。1896年，他与斯顿夫一起参加了在慕尼黑举行的心理学家国际会议，在斯顿夫请求下，布伦塔诺宣读了他关于情感学说的论文。布伦塔诺非常不喜欢这样的会

---

[1] Husserl, E. (1919). Reminiscences of Brentano. In L. L. McAlister (Ed.). (1976). *The philosophy of Brentano*. London: Duckworth, p.48.

议,因为在他看来,重要的问题在这样的场合会不可避免地被处理得很肤浅。1905年,他又发表了关于声音的心理性质的论文。1907年,他的又一部心理学著作《探究感官心理学》刊行于世,此书虽小但很重要。1911年,他又刊行了《论心理现象的分类》,这是一部相当重要的心理学著作。诸如此类的学术交流和著述活动,在布伦塔诺退休之后还有很多,这反映了尽管他眼疾日益加重(1903年动了手术却仍未奏效),但不健康并没有减弱他的事业心和勇气。

布伦塔诺之所以能抱病继续从事学术研究,与其第二任妻子的悉心照顾密不可分。退休之后,他每年都回舍恩比赫尔度过四个月的炎热夏季。1897年,他在那儿幸运地遇到了他的第二任妻子埃米莉(Emilie Rueprecht),并与之结婚。埃米莉太太贤惠能干,不仅在生活上照顾布伦塔诺及其年幼的儿子,而且在学术上给布伦塔诺提供了无私帮助,布伦塔诺失明后口述的学术思想主要是由她来记录和整理的,她甚至为此不辞辛劳地学习希腊文,以能够为丈夫大声地朗读他想回忆的一些希腊文献。斯顿夫回忆说:"在舍恩比赫尔,我首次成为布伦塔诺和他第二任妻子的客人是在1905年9月,然后是在1911年和1913年的秋天……他的妻子埃米莉在他旁边不停地照顾,因为他患有眼疾,越来越多地需要她的帮助,这并没有妨碍她用模范的方式来照顾他的客人们。没有人能想象出有比他们更好客的了!伴随着他们所有的关注和关心,每个人都有完全自由的活动。天气好的时候我们在前花园吃早餐、喝咖啡,这里长满了树木,还能眺望多瑙河。我与布伦塔诺和他的儿子一起漫步在这个美丽的地区,就像过去的岁月,我们带着哲学的问题漫步在前往阿格斯巴哈(Aggsbach)的路上或多瑙河畔。"①

事实上,在布伦塔诺退休后的这些年,"任何见过布伦塔诺的人可能只会感慨地记起他精神的平静、温和与善良,还可能记起他在失明的情况下毫无怨言地耐心忍受着黎明的到来与之后的黑夜。现在与以前一样,唯一能引起他愤怒与尖锐谴责的事情是道德的邪恶,尤其是人与人之间大量的不公正。例如,对的黎波里(Tripoli)的掠夺性袭击,在那里他的新的意大利家园被占领,后来意大利背叛了他的协约国。"②1915年,意大利卷入第一次世界大战,主张和平主义的布伦塔诺离开了佛罗伦萨,移居瑞士的苏黎世,以

---

① Stumpf, C. (1919). Reminiscences of Brentano. In L. L. McAlister (Ed.). (1976). *The philosophy of Brentano*. London: Duckworth, pp.40-41.
② Stumpf, C. (1919). Reminiscences of Brentano. In L. L. McAlister (Ed.). (1976). *The philosophy of Brentano*. London: Duckworth, p.42.

示抗议。在苏黎世,他的身体更趋衰弱,1916 年不幸患上了盲肠炎,随后身体进一步恶化,于 1917 年 3 月 17 日去世,终年 79 岁。他在患上盲肠炎的痛苦期间曾说:"战胜这些感觉是困难的……上帝赐予的东西必须受欢迎;有时候它恰巧比我们微弱的力量还要强大。"[①]布伦塔诺的骨灰被运往阿沙芬堡,安葬于其家族墓地且一直保留至今。

(五) 主要著述

布伦塔诺身兼哲学家和心理学家的双重身份,毕生以自由探究真理为己任,虽注重口头教学胜于文字著述,但仍留下了大量发表或未发表的文字性学术遗产,包括著作、文章、手稿和书信等。他已发表或出版的哲学著述主要包括《我们的正误知识的起源》(1889)、《哲学的未来》(1893)、《论亚里士多德关于存在的多种意义》(1911)、《亚里士多德和他的世界观》(1911)、《耶稣学说及其永恒意义》(1922)、《探究知识的本质》(1925)、《关于知识的检验》(1925)、《哲学的四个阶段及其目前状况》(1926)、《关于上帝的存在》(1929)、《真理与明见性》(1930)、《范畴论》(1933)、《伦理学的基础与结构》(1952)、《宗教与哲学》(1954)、《关于正确判断的理论》(1956)、《美学基础》(1962)、《希腊哲学史》(1963)和《对时空及其连续性的哲学探究》(1976),等等。在这些哲学著述中,有些也包含着浓厚的心理学思想,如《我们的正误知识的起源》。他已发表或出版的心理学著述主要包括《亚里士多德的心理学,特别是他的能动理智说》(1867)、《经验观点的心理学》(1874)、《探究感官心理学》(1907)、《论心理现象的分类》(1911)和《描述心理学》(1982;英译本,1995,2002),等等。在这些心理学著述中,集中反映布伦塔诺描述心理学思想的是《经验观点的心理学》和《描述心理学》两部著作。

《经验观点的心理学》(1874)是布伦塔诺早期最重要也是对后世影响最大的一部心理学著作,他正是通过这部著作实际开启了对描述心理学的具体研究,也开创了科学心理学史上的人文主义研究路线。在这部著作的前言中,布伦塔诺雄心勃勃地指出,要通过撰写六册书来完成这部著作。这六册书的主题分别是"作为一门科学的心理学""一般心理现象""表象的特征及其遵循的规律""判断的特征及规律""情感特别是意志活动的特征与规律""心身关系"。然而,他仅完成了前两册便出版了这部著作,其余则胎死腹中,原因是他后来认识到前两册才是迫切要完成的描述心理学的任务,而后四册是基于描述心理学的发生心理学的研究。初版的《经验观点的心理

---

① 转引自:[美] 赫根汉.心理学史导论(第四版).郭本禹,等译.上海:华东师范大学出版社,2004:410.

学》第一分册的主要内容包括"心理学的概念与目标""心理学的方法及其经验基础""对心理学方法的进一步探讨：心理学基本规律的归纳""对心理学方法的进一步探讨：它的最高规律的不精确性、演绎及确证"；第二分册的主要内容包括"心理现象与物理现象之间的区别""内部意识""关于内部意识的进一步思考""关于意识的统一性""对心理现象分类的主要尝试的全面考察""心理活动的分类：表象、判断和爱憎现象""表象与判断：两种不同的基本类型""情感与意志统合为一种基本类型""三种基本类型与内部意识的三重现象之比较及其自然位序的确定"。在《经验观点的心理学》初版 37 年后的 1911 年，布伦塔诺对该书第二分册的第五至第九章内容补充了部分脚注，还增加了一个附录，并以《论心理现象的分类》为题单独出版，此书常被视作《经验观点的心理学》的第二卷。《经验观点的心理学》自初版以来，不间断地被补充整理、译成其他语言和重版重印。①

《描述心理学》（1982）主要涵盖的是布伦塔诺在《经验观点的心理学》（1874）中提出的描述心理学思想的基础上，进一步提出的更加明确、更加成熟的描述心理学思想。布伦塔诺主要通过开设"描述心理学"（1887—1888）、"描述心理学或描述现象学"（1888—1889）和"心理直觉学"（1890—1891）等一系列课程讲座来逐步明确和推进其描述心理学计划。这些讲座的内容在他身后的 1982 年被整理成《描述心理学》一书出版，并于 1995 年被翻译成了英文出版。这部著作主要由三部分组成：第一部分主要阐述心理直觉学的任务，包括"心理直觉学与发生心理学""意识的要素""心理直觉学的正确方法"；第二部分主要全面考察心理直觉学，包括"人类意识的成分""心理活动""感觉的普遍特征"；第三部分是附录，包括"内部知觉""描述心理学或描述现象学""经验的内容""心理直觉学的框架""心理直觉学的框架：不同的适应""知觉活动、统觉活动、明晰统觉活动、复合统觉活动和先验统觉活动"。

二、描述心理学与发生心理学的区分

布伦塔诺在对科学心理学进行总体把握和规划的情况下，区分了描述心理学与发生心理学。据实而言，他在《经验观点的心理学》（1874）中并未使用"描述心理学"与"发生心理学"这样的概念，但已努力将"心理学"与"心理物理学"或"生理学的心理学"区分开来，这实际上是"描述心理学"与"发

---

① 关于《经验观点的心理学》详细的出版、印刷和传播情况，请参考：郭本禹，崔光辉，陈巍.经验的描述——意动心理学.济南：山东教育出版社，2010：51-52.

生心理学"区分的前身。他认为心理学是关于灵魂并研究灵魂的属性与规律的科学,而且他所谓的"灵魂"有着异于亚里士多德的界定的特定含义。它指的是表象与其他行为的本体承担者,这些行为都基于表象且像表象一样只能通过内部经验被直接知觉。或者说,这种灵魂是我们在自身中通过内部经验直接发觉并通过类比推出在他人中也存在着的,具有感知想象、回忆行为、希望或害怕行为以及欲求或嫌恶行为等诸能力的本体。布伦塔诺后来在心理学中常常用"心理现象"即意识活动来代指"灵魂"的表述,不过他并不是在康德的"物自体"与"现象"的意义上使用"现象"这个概念的,当他使用"现象"这个概念时并不意味着现象背后有着物自体的存在。他所谓的"现象"意味着意识中的显现,是真实存在的心理之物。或者说,他是在"现象即本质"这个意义上使用心理的"现象"这个概念的。根据他的观点,心理学家的本分是确定基本的心理现象及其要素,尽管他们在这种确定的过程中不能不去留意引发心理现象及行为的各种生理学事实或物理学刺激,而心理物理学家或生理心理学家的任务是将心理现象及行为通过不间断的因果链回溯至引发它们的各种生理学或物理学原点。① 因此,可以说,布伦塔诺早在 1874 年左右就已经萌生和形成了区分描述心理学与发生心理学的思想。

1889 年,布伦塔诺最终在《我们的正误知识的起源》一书中,首次公开而明确地提出了"描述心理学"的计划,并在 1911 年《经验观点的心理学》的修订版中渗透了这种思想。不过在此之前,他就通过先后开设"描述心理学"(1887—1888)、"描述心理学或描述现象学"(1888—1889)和"心理直觉学"(1890—1891)等系列课程讲座,进行了描述心理学的具体研究。他后来常常把"描述心理学"等义地称为"心理直觉学"(Psychognosie, psychognosy)。关于描述心理学与发生心理学的明确区分,布伦塔诺在 1888—1889 年的相关课程讲座中作了明示。他明确指出:"心理学是研究人们的内心生活即在内部知觉中获得的那部分生活的科学。它旨在(尽可能)详尽地确定人类意识的要素及其关联方式,并描述特定现象所受制的因果条件。前者是心理直觉学的主题,后者是发生心理学的主题。"②布伦塔诺详细规定和分析了描述心理学与发生心理学的定义性特征。

布伦塔诺认为,描述心理学又称心理直觉学,是确定人类心理的基本成

---

① [德]布伦塔诺.从经验立场出发的心理学.郝亿春,译.北京:商务印书馆,2017:9—35.
② Brentano, F. (1995). *Descriptive psychology* (B. Müller, Trans. & Ed.). London & New York: Routledge, p.3.

分及其关联方式的科学,它类似于地质学中描述地质构造的地球构造学(岩相学)。描述心理学"不告诉我们引起人类意识的原因以及什么使得某种特定现象此刻出现、不出现或消失。它的目标仅仅是为我们提供整个人类意识领域的一般概念。为此它列举出人们所有内在感知到的每一物的基本构成成分以及这些成分间的关联方式。"① 它探究的"心理成分"是通过内部直观获得的直接经验事实,而从不提及任何物理和化学过程,"它的全部观念都要根据直观来加以检验……描述心理学中不存在假设概念"。② 因此,描述心理学是一门如同数学一样的精确科学,是一门具有先天性质的纯粹科学,人类心理的普遍真理对于它而言不需要通过假设和归纳便可直接达到。

布伦塔诺认为,发生心理学又称生理心理学,是探讨心理现象与物理刺激、生理变化之间因果关系的科学,它类似于地质学中探究地质发生原因的地球成因学(岩石发生学)。冯特和铁钦纳等人以自然科学为模板的实验心理学属于发生心理学范畴。发生心理学主张,人类意识及其各种不同现象的发生与某些生理事件密不可分,因而心理学必须尤其关注特定心理现象的发生条件,而要完满地完成这一任务,就必然要提及诸物理和化学过程以及解剖学结构。它把意识看作"物理化学"事件和"化学要素"的组合,而且认为这些"化学要素"是不可直观的"质料",必须通过依赖外部假设的间接途径才能加以研究。事实上,发生心理学主要采用归纳程序,借助"经常""大多数""平均"等概念来说明研究结论,因而是一门如同气象学一样的不精确的科学。

布伦塔诺明确指出,描述心理学与发生心理学的差异主要表现在纯粹性和精确性两个方面。③ 首先,描述心理学是一门摆脱了一切非心理学杂质的纯粹心理学,而发生心理学则是一门心理物理学或生理心理学。发生心理学把人视作一个身体加精神的存在物,而且特别强调生理或物理因素对于人的精神或心理的因果制约性。因此,它主要与对人类心理产生影响和制约的物理或生理因素打交道,认为在没有完全了解这些物理或生理因素之前,研究人的心理现象是不可能的。与之相反,描述心理学完全独立于物理或生理因素,从不涉及意识之外的东西,它仅仅关注纯粹的心理现象,

---

① Brentano, F. (1995). *Descriptive psychology* (B. Müller, Trans. & Ed.). London & New York: Routledge, p.4.
② [荷]德布尔.胡塞尔思想的发展.李河,译.北京:生活·读书·新知三联书店,1995:56.
③ Brentano, F. (1995). *Descriptive psychology* (B. Müller, Trans. & Ed.). London & New York: Routledge, p.7.

而且通过列出心理现象的诸成分及其关联方式来完成任务。其次,描述心理学是一门精确的科学,而发生心理学则永远不可能达到精确的水平。发生心理学主要采用外部知觉的间接研究途径来获取与物理或生理因素有关的心理现象资料,这很容易被感官蒙蔽而得到不真实的材料。尽管为此它通常采用归纳程序来加以补救,但采用归纳法只能逼近本质,而永远无法达到本质。与之相反,描述心理学主要采用内部知觉的直接研究途径来获取纯粹的心理现象资料,这为获取到原原本本的真实材料提供了理论上的可能性。布伦塔诺认为,描述心理学可以通过内部直观的直接把握方式来获得本质。显然,无论在纯粹性上还是精确性上,描述心理学都优于发生心理学。

尽管布伦塔诺明确区分了描述心理学与发生心理学,并强调了两者之间的对立性区别,但他并不主张两者是完全割裂、"你死我活"的二元对立关系,而是主张两者是互补关系。关于描述心理学与发生心理学的性质及其关系,布伦塔诺于1895年曾作过如下陈述:"我的学派区分出了心理直觉学和发生心理学(类似于地球构造学和地球成因学)。心理直觉学展现全部的心理现象由其组合而产生(就像全部的单词由字母的组合而产生一样)的所有终极心理成分。这种对终极心理成分的描述可以为一种如由莱布尼茨及其之前的笛卡尔设想的通用语言(characteristica universalis)提供基础。发生心理学提供给我们关于心理现象发生和消失所遵循的法则的知识。由于心理功能对神经系统中的诸过程具有不可否认的依赖性,心理现象发生和消失的条件在很大程度上都是生理学的,考虑到这一点,我们在此可以看到,心理学研究如何必须交织着生理学研究。心理直觉学可以完全忽视任何生理学的东西,并因此放弃使用所有工具性的辅助手段,这更可能令人质疑。即便如此,已经提到过的经验的分析,无论在听觉领域、视觉领域甚或原始的感觉现象的领域(……),通过精妙设想的工具性辅助手段都只可能获得最基本的成功;这项工作应该由心理直觉学来完成。"[1]

布伦塔诺通过对描述心理学与发生心理学的区分,确立了描述心理学的逻辑优先地位和基础地位,认为描述心理学不仅独立于发生心理学而且构成了发生心理学的前提条件和基础,在心理学研究之初首先必须进行描述心理学的研究工作,其他心理学研究工作都要在此基础上才能进行,描述心理学实际上是其他所有心理学乃至其他科学的奠基成分。正如他曾经所

---

[1] 转引自:Brentano, F. (1995). *Descriptive psychology* (B. Müller, Trans. & Ed.). London & New York: Routledge, p.xvii.

作的形象比喻：如果没有描述心理学,其他所有科学都将成为无根之木,就如同从树上砍下的枝干一样最终干枯而死。① 布伦塔诺认为,完整的心理学应该既包括描述心理学也包括发生心理学,而且在进行发生心理学研究之前必须先进行描述心理学研究,因为只有在充分描述心理现象本质及内部关联的构成要素的基础上,才能更好地说明心理现象与其他外部因素之间的因果关系。

三、描述心理学的人文科学观

随着19世纪中后期达尔文生物进化理论的提出以及物理学和生理学等自然科学的进步,以冯特和铁钦纳为代表的心理学家提出了建立一门以自然科学为模板的科学心理学的宏伟设想。他们主张以自然科学的实验说明模式来研究人类心理的因果发生机制,并用自然科学的标准对研究结果加以衡量和评价。在这种主流心理学强调科学性特别是自然科学性的背景下,布伦塔诺赋予心理学至高无上的科学地位,并将之视作人类真理的试金石,从而否弃了心理学是一门类似于传统的形而上学的学问。正如他所指出的:"心理学好像是人类进步的基本条件……在这个意义上,我们可以像其他人已经做的那样,把心理学刻画为一种关于未来的科学,即把握未来的科学……一种其他科学不可比拟的塑造未来的科学,一种在将来凌驾于所有其他科学之上并使它们在其实际运用中从属于自己的科学。"②

但布伦塔诺心目中理想的心理学又根本不同于冯特和铁钦纳等人的自然科学取向的心理学,他将他们那种探究心理现象的生理或物理发生机制的心理学称为发生心理学,即心理物理学或生理心理学,而将自己心目中理想的心理学称为描述心理学,这种描述心理学旨在确定人类心理的基本成分及其关联方式,研究纯粹的心理现象本身而不探究它的生理或物理发生机制。根据他的观点,描述心理学既不属于形而上学,也不属于自然科学,而是一门注重经验的人文科学。这个论断最根本的支持性证据需要从本体论视角去寻找。在布伦塔诺看来,将作为一门描述科学的心理学与其他科学特别是自然科学区分开来的正是它的独特的研究对象即心理现象本身,而描述心理学对心理现象本身的探究寻求的是一种内部知觉意义上的经验证实,这便也从根本上远离了非经验的传统的形而上学。冯特等人的自然

---

① Velarde-Mayol, V. (2000). *On Brentano*. Belmont: Wadsworth, p.23.
② Brentano, F. (1995). *Psychology from an empirical standpoint* (A. C. Rancurello, D. B. Terrell, & L. L. McAlister, Trans.). London: Routledge & Kegan Paul, p.8.

科学取向的心理学也是经验的,但描述心理学的经验性与自然科学取向的心理学的经验性根本不同,布伦塔诺对此作了进一步论述,以凸显和强调描述心理学的人文科学性。

布伦塔诺站在经验的立场上,明确宣称(描述的)心理学是一门严格科学。他在其《经验观点的心理学》(1874)中曾明确指出:"我这部著作的标题描绘了它的对象和方法的特征:我的心理学立场是经验的,只有经验是我的老师。"①尽管冯特也坚持心理学的经验立场,但布伦塔诺认为他是用实验的方法通过外部知觉获得关于物理现象的经验,这种经验与外部世界相联系而且主要指静止的经验内容和只通过机械联想的经验建构。布伦塔诺的经验立场主要表现为,运用经验的方法通过内部知觉描述关于心理现象的经验,这种经验与内部世界相联系并且指本体论意义上的经验活动本身,即基于达到一种纯经验并分析之。在他看来,一门真正的经验科学心理学揭示的是"前进的、主动的、操作性的、意向性的经验"②。与当时占据主流地位的自然科学取向的发生心理学不同,布伦塔诺提出的描述心理学是一门严格的经验科学,它可以通过基于内部知觉的描述方法精确地把握到真正普遍而非部分的心理现象真理的规律。正如他所指出的:"这种经验观点的心理学十分重要,因为这种心理学为所有的哲学奠定了一个坚实的基础,或者说心理学是基本的哲学学科,能够提供一种如莱布尼茨所认为的本质的普遍性。"③这进一步有力地彰显了布伦塔诺的描述心理学的人文科学观。

总之,布伦塔诺认为,他提出的描述心理学独立于像物理学和生理学那样的自然科学,是一门可以通过内部直观的直接把握方式来描述纯粹心理现象之经验的人文科学,而且这门人文科学既是一门理论科学又是一门实践科学。尽管他不反对自然科学取向的发生心理学,但坚持在进行发生心理学研究之前先进行描述心理学的研究。也就是说,他通过其描述心理学赋予心理学的人文科学观以优先地位。正是通过其描述心理学,布伦塔诺开创了科学心理学史上的人文主义研究路线,从而成为人文科学心理学的鼻祖。

---

① Brentano, F. (1995). *Psychology from an empirical standpoint* (A. C. Rancurello, D. B. Terrell, & L. L. McAlister, Trans.). London: Routledge & Kegan Paul, p.2.
② [美]瓦伊尼,金.心理学史:观念与背景(第3版).郭本禹,等译.北京:世界图书出版公司,2009:269.
③ Brentano, F. (1995). *Psychology from an empirical standpoint* (A. C. Rancurello, D. B. Terrell, & L. L. McAlister, Trans.). London: Routledge & Kegan Paul, p.68.

四、描述心理学的研究对象

每一门学科都有自己独特的研究对象。布伦塔诺认为,我们能够意识到的所有资料可以分成两大类——物理现象和心理现象,而人们常常误解和混淆两者。物理现象是物理科学的研究对象,心理现象是心理科学的研究对象,如果两者发生错位,后果将不堪设想。在他看来,只有对心理现象和物理现象作明确区分,弄清楚心理现象的分类、特征和认识途径,才可以建立一门真正严格的科学心理学。布伦塔诺在《经验观点的心理学》中,辟专章讨论了心理现象与物理现象之间的区别:第一,心理现象是表象或基于表象的现象,而物理现象是除此之外的其他所有现象;第二,心理现象不具有广延性,而物理现象具有广延性;第三,心理现象独具的特征是意向的内存性(intentional inexistence),即意向地包含一个对象于其内,而物理现象绝不可能具备类似的性质,它是自给自足的;第四,心理现象是具有直接性、不谬性和明见性的内部知觉的唯一对象,而物理现象是外部知觉的唯一对象;第五,心理现象既可意向地存在又可实际地存在,而物理现象只可现象地和意向地存在;第六,心理现象自身具有内在统一性,这使得它始终以一个有机的统一整体的面貌呈现出来,而人在某一时刻同时知觉到的物理现象则不可能以这样的方式呈现,它们不是呈现同一现象的不同构成成分,只是呈现为不同的诸多现象。在这些区别中,从根本上把心理现象与物理现象区分开来的是对象的意向的内存性。①

布伦塔诺明确指出,描述心理学的研究对象是关涉人的意义和价值的纯粹心理现象,而非导致和影响心理现象发生的物理刺激和生理因素。正如胡塞尔所指出的,布伦塔诺的描述心理学标志着精神科学在19世纪末叶复兴的开端,这种心理学并不研究心理生活的客观性的自然生理经验,而仅仅研究活生生的"意向性"的精神(心理)经验,在精神(心理)的意向性中把握精神(心理),以不断趋近无限性的统一性来分析精神(心理)。② 心理现象是一个统一的整体。在我们之中同时发生的诸如看、听、表象、判断与推理、爱与恨、欲求与躲避等所有心理现象,无论彼此多么不同,只要能被内在地知觉为一同存在,便属于一个真正的意识统一体。正如布伦塔诺所指出的:"我们心理生活的总体作为一个复合体通常构成了一个真正的统一体。

---

① Brentano, F. (1995). *Psychology from an empirical standpoint* (A. C. Rancurello, D. B. Terrell, & L. L. McAlister, Trans.). London: Routledge & Kegan Paul, pp.77–100.
② 李鹏程.胡塞尔传.石家庄:河北人民出版社,1998:186–187.

这就是众所周知的意识统一体的事实,这种统一体一般被看作心理学研究最为重要的目标。"①

布伦塔诺所谓的心理现象主要是指意识的活动和过程,即意动,而不是静止的心理内容,当然也不包括潜意识活动和过程。② 施皮格伯格曾明确指出:"布伦塔诺的心理现象始终是一些活动,'活动'一词是在很宽泛的意义上使用的,它包含经历的体验和行动的体验、意识的状态和单纯的瞬间过程。"③在布伦塔诺看来,作为意动的心理现象最显著、最普遍和最独具的特征乃是对象的意向的内存性,即心理现象总是指向或关涉某个对象或内容,而且这个对象或内容不存在于外在世界而存在于内在世界。正如他所指出的:"每一心理现象都把某物作为对象而包容于自身之中,尽管方式有所不同。在表象中总有某物被呈现,在判断中总有某物被肯定或否定,在爱中总有某物被爱,在恨中总有某物被恨,在欲求中总有某物被欲求,如此等等。"④心理现象总是意味着意识活动和意识对象两者同时存在,因而我们完全可以把心理现象理解为意向性地包含一个对象于其内的现象。

布伦塔诺的意向内存性观点突出了心理与对象的内在关联性,表明了心理并非封闭的存在,而是与现实世界互动的开放的经验实体。需要澄清的是,对象的内存在并不意味着心灵之外的实物必然存在。例如,当我们思考某物时,我们作为思考的主体必然存在,但所思之物却并不一定存在。那么,心理是如何以一种非实物包容的方式将对象包容于内心之中的呢?布伦塔诺认为,它是通过体验完成的,即心理体验到对象。例如,我看到一匹马,我的内心在指向这匹马的同时,会产生有关这匹马的体验。这实际上突破了自笛卡尔以来在本体论和认识论中精神与物质分离的二元论藩篱,也回答了心理究竟是如何在现实情境中活动的问题。然而,布伦塔诺认为,这个内在的对象或内容不是心理现象本身,而是物理现象,只有对某物的意识活动才是心理现象,描述心理学应该主要关注人的心理做了什么而非人的心理内部有什么,应该主要关注人的心理的活动过程而不是人的心理的静止内容。也就是说,他从心理本体论出发,主要把意识活动(意动)作为描述心理学的研究对象,从而突出了人的心理的意向性、活动性和整

---

① [德]布伦塔诺.从经验立场出发的心理学.郝亿春,译.北京:商务印书馆,2017:193.
② Huemer, W., & Landerer, C. (2010). Mathematics, experience and laboratories: Herbart's and Brentano's role in the rise of scientific psychology. *History of the Human Sciences*, 23 (3): 72 – 94.
③ [美]施皮格伯格.现象学运动.王炳文,张金言,译.北京:商务印书馆,2011:78 – 79.
④ Brentano, F. (1973). *Psychology from an empirical standpoint* (A. C. Rancurello, D. B. Terrell, & L. L. McAlister, Trans.). London: Routledge & Kegan Paul, p.88.

体性。

　　布伦塔诺指出,描述心理学旨在确定人类意识的基本成分及其关联方式。这里的人类意识主要是指人类意识的活动而不是指人类意识的内容。那么,意识的最终心理成分究竟是什么呢?布伦塔诺运用"部分"(part)和"要素"(element)等术语来加以说明。他毫不犹豫地指出,心理活动是人类意识的部分。那么,为何说心理活动是意识的部分呢?根据布伦塔诺的观点,属性词(例如,"红色的")总是能够用具体的专门名词(例如,"红色之物")来替换。除了说"玫瑰是红色的"之外,我们还可以说"玫瑰是红色之物"。前一种表述阐释的是玫瑰与作为一种属性的抽象客体之间的关系,而后一种表述阐释的是"玫瑰"与"红色之物"这两种事物之间的关系。那么,这两种事物之间的关系是什么呢?布伦塔诺借助部分与整体的关系对此作了详细说明。他认为,如果我们能够正确地这样说一朵玫瑰,即它是一种红色之物,那么玫瑰与红色之物就都是同一事物的部分。再则,如果我们这样说一个人,即他看见,那么我们可以重新用公式这样表述,即"一个人是一种看见之物(seeing-thing)"。在这种情况下,我们仍然是在阐释具体事物之间的关系,而且是在探讨部分与整体的关系。然而,按照布伦塔诺的最终观点,"一个人是一种看见之物"并不意味着一个人与一种看见之物都是同一事物的部分,而是意味着一个人是一种看见之物的部分。人或自我是一个终极的统一实体,自我不具有任何部分。因此,意识的诸个部分千万不能等同于自我或心灵的诸个部分。

　　布伦塔诺区分了两种不同类型的部分:可分离的(separable)部分与仅可区分的(distinctional)部分。通常情况下,我们认为"部分"可以例证真实的可分离性。真实的可分离性可以通过物理事物的诸个部分来阐明。例如,我们可以区分一个桌面的左半面和右半面:它们可以彼此分离开来,而且每一半都可单独存在。可分离的部分在意识中可以通过看见和听见或通过记忆和欲求得到例证:意识在一个人停止去看、去听、去记忆或去欲求之后仍然可以继续存在。在这些部分中的任何一个与其分离之后,思维之物(thinking-thing)都可以继续存在。布伦塔诺还区分了相互的(mutual)可分离性和单方面的(one-sided)可分离性。这种区分对于他的自我理论和实体理论具有根本的重要性。对于一个既在看又在听的人来说,看和听是通过相互的分离性联系在一起的:其中一种活动停止后,另一种活动仍然可以继续。就这一点来说,看见和听见——看见之物和听见之物——就像是桌面的两半:其中一半被毁坏之后,另一半仍然可以继续存在。单方面的可分离性可以通过思维之物和看见之物之间的关系来说明,也可以通过体验和察觉之间的关系与表象和欲求之间的关系来说明。每对中的第一个在失去第二个时可以继续存在,而第二个在失去第一个时则不可能存在。布伦塔诺说,心理活动可以被看作意识的可分离的部分。他指出,我们在某种意义上也可以说它们是仅可区分的部分。我们可以说,这些部分在思想中是可区分的,但在现实中是不可区分的。他所谓的"相互渗透的部分"(mutually pervading parts)就是一个例子,感觉的对象为我们提供了许多这样的例子。

五、描述心理学的研究方法

布伦塔诺认为,数学以极其清楚明白的方式体现了所有真正科学研究的基本性质,对于清楚地理解规律、推演、假设及其他重要的逻辑概念来说,没有哪个研究领域比数学更优秀。数学关注最简单和彼此最具独立性的现象,而心理学关注最复杂和彼此最具依赖性的现象,心理学要想成为像数学那样严格而精确的科学,就必须通过调整自身去胜任越来越复杂的现象的研究,就必须在科学方法的引领下展示其全部的丰富性。基于这种观点,他认为描述心理学就是一门如同数学一样严格而精确的科学,这主要体现为他在构建描述心理学理论体系的时候,从朴素的现象学观念出发,将内部知觉作为描述心理学研究最重要的方法基础和资料获取途径[1]。

布伦塔诺指出,内部知觉是我们对自己的心理活动直接而自然的内部体验,即我们对看见、听见、思考、判断及憎恨等构成我们意识经验的诸活动的觉识(awareness),具体是指我们从第一人称视角出发,对自身刚刚过去的、在记忆中仍呈鲜活状态的心理活动及其变化的反省。内部知觉具有直接性、不谬性和明见性等特征,能够确实可靠地直观把握到当下真实、精确和完整的心理活动经验,是心理现象基本和主要的来源。正如布伦塔诺所指出的:"像诸自然科学一样,心理学建立在知觉和经验的基础上。不过,最重要的是,心理学的原始资料要到对我们自己心理现象的内部知觉中才能找到。我们不知道什么是思维、判断、愉快或痛苦、欲求或厌恶、希望或害怕、勇敢或失望、决定和意向,如果我们不通过对我们自己心理现象的内部知觉来了解它们的话……内部知觉……构成了心理学首要和基本的资料来源。"[2]许为勤曾在其著作《布伦塔诺价值哲学》中概括出布伦塔诺的内部知

---

[1] Mulligan, K., & Smith, B. (1985). Franz Brentano on the ontology of mind. *Philosophy and Phenomenological Research*, 45(4): 627-644.

[2] Brentano, F. (1973). *Psychology from an empirical standpoint* (A. C. Rancurello, D. B. Terrell, & L. L. McAlister, Trans.). London: Routledge & Kegan Paul, p.29.

觉的六大特性：(1)自明性，即内部知觉可以自己证明自己而不需要外在地加以证明；(2)无谬性，即内部知觉获得的经验结果绝对真实可靠；(3)当下性，即内部知觉与心理现象的其他活动同时发生；(4)统一性，即内部知觉把握的多重而复杂的心理现象总是以一个统一整体的面貌出现；(5)次第性，即人们对内部知觉的呈现程度和认识程度参差不齐；(6)实践性，即内部知觉的能力需要经过不断实践才能获得。① 这为布伦塔诺的描述心理学可以通过内部知觉精确可靠地获取到真实的心理资料，提供了进一步的理论证据支持。

布伦塔诺指出，描述心理学探究心理生活的首要的经验源泉，只能到我们自己对自身心理现象的内部知觉而非外部知觉中去寻找。我们通过外部知觉来把握物理现象，或者与心理现象有关的物理刺激或生理因素。但对于布伦塔诺而言，严格意义上的外部知觉并不是指对山、马、森林等的知觉，而是指对物理广延实体具有的颜色、声音、味道等的知觉，外部知觉常常具有可错性和欺骗性，因为我们通过外部知觉获得的那些可感觉到的性质实际上并不是真实存在的。② 我们通过并且只有通过内部知觉才能把握到纯粹而真实的心理现象，因为内部知觉是真正的知觉，它的对象是实实在在的，它们借助直接的内在明见性而被知觉。内部知觉的这种内在明见性不需要进一步证明，因为每一种证明都要以它为前提。正如布伦塔诺所指出的，对于内部知觉对象的实存我们具有直接明见提供的清晰知识和完全确定性，没有谁会真正怀疑在自身中知觉到的心灵状态的实存性，而且这种状态恰恰是在被知觉到的时候实存的，那些把他的怀疑推广到内部知觉经验的人必定会导致一种绝对的怀疑状态，而这种绝对怀疑的弊害相当之大。③

布伦塔诺认为，内部知觉（Innere Wahrnehmung, inner perception）即反省（retrospection）不可与根本行不通的内部观察（Innere Beobachtung, inner observation）即内省（introspection）相混淆，两者具有本质区别。正如他所明确指出的："这两个概念务必要彼此区分开来。内部知觉的一个特征是，它永远不可能变为内部观察。通常人们讲，我们能够观察外部知觉的对象。在观察中，我们把全部注意力指向一种现象，以便准确地把握它。但对于内部知觉的对象而言，这是绝对不可能的。这对于考察诸如愤怒等某些

---

① 许为勤.布伦塔诺价值哲学.贵阳：贵州人民出版社，2004：53-57.
② 谢地坤，主编.西方哲学史(学术版)·第七卷·现代欧洲大陆哲学(上).南京：江苏人民出版社，2005：262-263.
③ [德]布伦塔诺.从经验立场出发的心理学.郝亿春，译.北京：商务印书馆，2017：17.

心理现象尤其明显……我们永远都不能对内部知觉的对象集中注意,这是一条普遍有效的心理学法则……只有当我们的注意力转向不同的对象时,我们才能够附带地知觉指向这一对象的心理过程。因此,通过外部知觉对物理现象的观察,为我们提供了认识自然的基础,同时也可以成为获取心理知识的手段。事实上,在想象中让注意力转向物理现象,这即便不是我们认识心理支配规律的唯一源泉,至少也是其直接和首要的源泉。"① 布伦塔诺认为,当我们将注意力集中于内部正在进行的心理活动时,这种内部心理活动实际上就已经发生了改变,所以直接以正在进行着的心理活动或心理过程为对象的内部观察是根本不可能的,但我们可以通过内部知觉对记忆中仍然鲜活的心理状态进行反省。因此,对心理活动的内部知觉是完全可能的,而对心理活动的内部观察则不可能。冯特的实验内省法就是在严格控制的实验室条件下对人的意识经验的内部观察,这很难把握到高级的心理活动经验。

布伦塔诺认为,所有心理的东西都是在内部知觉之下发生的,描述心理学只有以内部知觉为方法论基础才能确定意识活动的要素及其关联方式,从而为我们提供整个人类意识领域的一般概念。根据他的观点,描述心理学家如果要确定人类意识的最终心理成分,就需要以内部知觉为方法论基础努力完成六项任务:②(1)经历(erleben)。描述心理学家必须同时或相继经历(即内部知觉登记)大量人类意识事实,如果他不想缺乏必要研究材料的话。(2)察觉(bemerken)。描述心理学家要挑选出差别细微且关系复杂的最终心理成分,就必须煞费苦心地察觉内部知觉中显现的特殊经验及其基本部分。③(3)牢记(fixieren)。描述心理学家必须牢记他所察觉之物。(4)归纳概括。描述心理学家必须归纳概括内心生活的某些要素的显而易见的特性。(5)凭直觉把握。当某些意动要素统合的必要性或不可能性由于概念本身而变得明显时,描述心理学家必须凭直觉把握普遍规律。(6)演绎。描述心理学家必须通过演绎充分利用他以归纳或直觉方式从普遍规律中所获得之物,以能够解决他在其他情况下几乎无法解答的关于意动要素的许多问题。

---

① Brentano, F. (1973). *Psychology from an empirical standpoint* (A. C. Rancurello, D. B. Terrell, & L. L. McAlister, Trans.). London: Routledge & Kegan Paul, pp.29 – 30.
② Brentano, F. (1995). *Descriptive psychology* (B. Müller, Trans. & Ed.). London & New York: Routledge, pp.31 – 78.
③ Mulligan, K., & Smith, B. (1985). Franz Brentano on the ontology of mind. *Philosophy and Phenomenological Research*, 45(4): 627 – 644.

布伦塔诺认为，我们在内部知觉中领会到的以及随后在记忆中观察到的所有东西都只是呈现在我们自己生命中的心理现象，也就是说，内部知觉仅局限于我们对自己心理活动的体验或反省，而对于所有不属于我们自己生命过程的心理现象的知识则无法通过内部知觉予以获得。无论我们自己通过内部知觉领会到的心理生活多么丰富，如果我们仅将对心理生活的认识范围限定在我们自己的内部知觉，而没有关于他人心理生活的知识作为印证，那么我们对心理现象的理解是完全未尽的。正如布伦塔诺所指出的："如果心理学只是局限于对我们自己心理现象的内知觉，以及在记忆中对它的观察的话，那么心理学的经验基础通常就是不充分和不可靠的。"①因此，他认为，内部知觉是我们获取心理知识的基本来源，但除了对我们自己的心理现象的直接知觉外，还需要在他人对他自己心理生活的表达中获取一些不能直接经验到的有关他人心理现象的间接知识，以验证我们通过内部知觉获得的关于我们自己的心理现象的直接知识。我们可以通过一个人对自己心理生活的直接语言描述来了解他的心理生活，也可以通过其自传、举止、意愿行为及潜意识的身体变化来了解他的心理生活。通过参考他人自身的心理生活经验来丰富和补充我们自己的心理生活经验，将有助于校正我们因对内部知觉过于自信而可能陷入的自欺，布伦塔诺对于这一点高度重视。此外，他还主张对动物、儿童、心理变态者及原始社会进行观察和研究。

当然，布伦塔诺始终并未拒绝或贬低实验范式在描述心理学中的有效作用，而是鼓励哲学倾向的心理学家也把实验室实验作为一种重要的工具性辅助手段，只是这种实验要限制在描述心理学框架之内。② 他还把实验法分成决定性实验（crucial experiment）和系统性实验（systematic experiment）两种类型，而且提倡依附于思辨的决定性实验，而反对冯特采用的具有方法主义倾向的操作性和细节性实验。

六、描述心理学的心理分类论

布伦塔诺的心理分类理论是其描述心理学理论体系的重要组成部分。任何科学研究必定会包含着分类和次序，而所有这些分类和次序都不是任意的。对于心理现象的分类来说，必须尽可能地坚持合乎自然的原则。正如布伦塔诺所指出的："一种科学的分类应当以有利于研究的方式来安排对

---

① ［德］布伦塔诺.从经验立场出发的心理学.郝亿春，译.北京：商务印书馆，2017：47.
② Huemer, W., & Landerer, C. (2010). Mathematics, experience and laboratories: Herbart's and Brentano's role in the rise of scientific psychology. *History of the Human Sciences*, 23(3): 72-94.

象。为了达到这个目的,所用原则必须是自然的,也就是说,它必须把天然地紧密相关的东西划归到同一类对象中,同时必须把天然地相对疏远的东西划归到不同种类的对象中。"①从这一自然的分类原则出发,他在柏拉图、亚里士多德、沃尔夫、休谟、康德等众多先辈哲学心理学家对心理现象进行分类研究②的基础上又超越于他们,根据意识活动所涉及内容或所指向对象的方式不同,把作为意动的心理现象分成了三种基本类型:表象(感觉、观念和想象),如我见、我听、我想象等;判断(知觉、认识和回忆),如我承认、我否认、我知觉、我回忆等;情绪现象或爱憎现象(愿望、感情、希望、意图、决心、好奇和意志),如我感受、我希望、我决定、我意欲、我请求等。

布伦塔诺认为,这三类基本心理现象是密切交织在一起的,"任何意识状态都会包含这三种心理活动中的一种或多种……但是,毋庸置疑,可能存在一种心理生活,它缺少这些心理活动中的一种甚或两种,并且也无法容纳所有这些心理活动"③。这三类基本心理现象根据其相对独立性、简单性和普遍性的程度不同,具有特定的自然顺序:表象处于第一的位置,判断处于第二的位置,情绪现象处于第三的位置。

表象是第一种心理现象,它指的是将某物呈现给我们的心理活动。例如,当我们看到某物时,颜色被呈现给我们;当我们听到某物时,声音被呈现给我们;当我们想到某物时,幻象被呈现给我们。显而易见,表象所指的并不是表象之物,而是表象某物的心理活动,即一种客体化的意识行为,"每一呈现在感觉中和想象中的表象都是心理现象的一个实例:这里表象不是指被表象的东西,而是表象活动本身。"④在布伦塔诺看来,我们听到一种声音、看到一种颜色和闻到一种气味,都是心理现象中的表象;而听到的声音、看到的颜色和闻到的气味则属于物理现象。他还对表象作了分类:开始将表象分为直观表象与概念表象,在前者中对象是可以直接经验或感知的"感性对象",而在后者中对象是通过基于直观表象的抽象而被给予的"理性对象";后来将表象分为直接表象与间接表象,在前者中对象可以直接呈现给我们,而在后者中对象必须借助其他表象才能呈现给我们。布伦塔诺认为,在他区分的三种心理现象之中,表象是最根本、最重要的心理现象,判断和

---

① [德]布伦塔诺.从经验立场出发的心理学.郝亿春,译.北京:商务印书馆,2017:231.
② Brentano, F. (1973). *Psychology from an empirical standpoint* (A. C. Rancurello, D. B. Terrell, & L. L. McAlister, Trans.). London: Routledge & Kegan Paul, pp.177-193.
③ Brentano, F. (1973). *Psychology from an empirical standpoint* (A. C. Rancurello, D. B. Terrell, & L. L. McAlister, Trans.). London: Routledge & Kegan Paul, p.265.
④ 倪梁康,主编.面对实事本身——现象学经典文选.北京:东方出版社,2000:39.

情绪现象或爱憎现象都是在表象基础上形成的。例如,当我们在判断某种食物是否存在或在意欲它时,总是要先存在关于该食物的意识。

判断是第二种心理现象,它指的是对某对象采取的肯定或否定的理智态度,其实质是接受(为真)或拒绝(为假)某一对象。例如,"花"是一种表象的对象,而"花在"或"花不在"虽然关涉同一对象,但包含肯定或否定的因素,是一个判断。也就是说,判断涉及肯定或否定的意向关系的对立。再如,当一个人说"马存在"时,就在单纯马的表象之上附加了他的信念,他接受它、肯定它或承认它;当一个人说"鬼不存在"时,他并不仅仅想象到鬼,而是还否认鬼或拒绝鬼。判断不同于表象,两者是不同的把握对象的方式,表象的联合充其量是一个复杂的表象,而不是一个判断。因此,无论对象是什么,只有加上肯定或否定的断言态度,才能构成一个判断。但也应该看到,判断必须基于表象,没有表象活动形成的现象材料就没有判断可言。判断还具有强度性质,对于有些问题我们可能深信不疑,而对于其他一些问题我们可能就迟疑不定。布伦塔诺认为,由于判断仅仅是对意动的对象的肯定或否定,判断的真假与否就不在于其内容是否与事物相符合,而只在于判断是否具有明见性。[1] 他根据判断的普遍有效性区分出明见性判断和盲目性判断,而且根据传统逻辑判断理论区分出范畴判断与存在判断。此外,他还根据对象不同区分出知觉判断(包括内部知觉判断和外部知觉判断)、记忆判断和公理,其中只有内部知觉判断和公理才是明见性判断。

情绪现象或爱憎现象是第三种心理现象,它包括快乐、忧伤、愿望、勇气、决断、意图、欲望、好奇、爱、恨、意志和崇敬等所有不属于表象和判断的心理现象。布伦塔诺认为,所有情绪现象都可归纳为爱和恨两种,而且它们都具有所关涉或指向的对象并基于表象活动之上。人们通常认为情感与意志不是同一种心理现象,两者具有根本区别。但布伦塔诺认为情感与意志之间不存在清晰可分的界线,两者之间具有一种连续的过渡,而不具有本质区别。例如,悲伤—渴望所缺乏的善—希望它为我们所拥有—产生它的欲望—尝试的勇气—决定开始行动,在这个序列当中,一极是情感,另一极是意志行动,两者之间存在着许多中间环节,而这些中间环节很难说清楚是情感还是意志。由于情感与意志之间的这种可过渡性,布伦塔诺把它们都归结为情绪现象,认为它们的特征就在于对对象采取的是爱还是恨的态度。[2]

---

[1] 郭本禹,崔光辉,陈巍.经验的描述——意动心理学.济南:山东教育出版社,2010:80.
[2] 郭本禹,崔光辉,陈巍.经验的描述——意动心理学.济南:山东教育出版社,2010:82.

情绪现象与表象和判断既有相似之处又有明显区别。例如,情绪现象与表象虽都是涉及对象的意识活动,但情绪现象涉及意向关系的对立,而表象在总体意义上不涉及对立。再如,情绪现象就像判断是对对象的肯定或否定一样,主要指对对象的爱或恨,但情绪现象与判断毕竟具有根本区别:肯定某物并不等同于爱它,否定某物也不等同于恨它。此外,布伦塔诺认为,与明见性判断对应,情绪现象也存在能够发现由其本身表明为正确的爱或恨的行为,而这种行为就是所谓的具有不容置疑的明见性的价值判断,他的这种情绪现象理论实际构成了其伦理学的基础。①

第二节 斯顿夫的机能描述心理学

斯顿夫是布伦塔诺最早且最忠实的学生之一,被称为"真正的布伦塔诺主义者"②。他本人曾明确表示:"我的观点从其最广泛的意义上来说是受到了布伦塔诺的影响。"③他继承并发展了布伦塔诺提出的意动描述心理学,将其对意动的强调发展为对机能④的强调,认为描述心理学就是运用内部知觉的经验描述方法对心理机能特别是初级心理机能进行分析和分类研究的科学。⑤⑥ 可以说,机能是斯顿夫描述心理学理论体系的核心,故可称之为"机能描述心理学"。具体而言,斯顿夫主张在心理学人文科学观指导下,主要运用内部知觉的描述方法,从整体主义视角对心理的活动、作用、状态或体验等心理机能,进行形态学意义上的分析和分类研究,并通过归纳和演绎的综合来获得心理规律,旨在把心理学打造成一门描述性的严格科学。斯顿夫关于心理状态分类的理论,也是他描述心理学理论框架体系的重要组成部分。斯顿夫的机能描述心理学理论体系,作为描述心理学的重要组成部分,推动了严格科学传统的描述心理学的发展与进步。

---

① 郭本禹.布伦塔诺的意动心理学述评.心理学报,1998,30(1):106-112.
②③ Albertazzi, L., Libardi, M., & Poli, R. (Eds.). (1996). *The school of Franz Brentano*. Dordrecht: Kluwer Academic Publishers, p.115.
④ 特别需要指出的是,斯顿夫所谓的机能强调的是一种逻辑的机能,而不是一种生物或适应的机能。
⑤ Fisette, D. (2009). Love and hate: Brentano and Stumpf on emotions and sense feelings. *Gestalt Theory*, 31(2): 115-127.
⑥ Fisette, D. (2009). Stumpf and Husserl on phenomenology and descriptive psychology. *Gestalt Theory*, 31(2): 175-190.

一、斯顿夫其人

斯顿夫像布伦塔诺和狄尔泰一样，也是科学心理学特别是人文科学心理学的重要奠基者，而这主要是通过其描述心理学来实现的，尽管他为人所知主要是因为对"声音心理学"(psychology of sound)作出了开拓性贡献。① 除了在描述心理学领域的贡献外，斯顿夫还是一位在多个领域都作出了重要贡献且具有崇高学术威望的人。正如郭本禹教授所指出的："他是一位具有洞察力的理论家，一位具有创造性的实验者，音乐心理学的创建者，听觉心理学的先驱，柏林大学(当时德国最有声望的大学)心理学研究所的创建者，格式塔理论重要的先驱者和促进者，世界上最具影响力的人种音乐学档案的收藏者。"② 斯顿夫凭着自己的学术成就和社会威望，与胡塞尔和迈农共同成为布伦塔诺最著名的学生。斯顿夫的一生既充满了辉煌与传奇，也历经了坎坷与忧伤，特别是在晚年。他出生在一个卓越而显赫的学者家庭，在优美的自然环境和丰富的传统文化中度过了美好的早年时光；他在求学过程中，幸运地得到了布伦塔诺和洛采等名师的悉心点拨和学术指引；他先后任职于哥廷根大学、符茨堡大学、布拉格大学、哈雷大学、慕尼黑大学和柏林大学，不仅在学术上卓有成效，而且培养了大批杰出学生，如格式塔心理学"柏林学派"的惠特海默、苛勒、考夫卡和勒温；他在晚年生活中，因政治和战乱而体验到悲伤、冲突和失落。尽管斯顿夫一生重视课堂教学胜过著述，但仍在著述方面取得了累累硕果，给后世留下了大量宝贵的学术遗产。

(一) 早年时光

卡尔·斯顿夫(Carl Stumpf, 1848—1936)1848年4月21日出生于德国南部省份巴伐利亚的符茨堡大学区的维森第特村(Wiesentheid)，祖上很多人是科学家和学者，可以说是一个卓越而显赫的知识分子家族。他的祖父是著名历史学家和多个学术团体的成员。他的两位伯父活跃在科学领域，出版了大量有关统计学、森林学和生物学的经典著作。他的外祖父是研究18世纪法国文学的专家，并曾以法医为职。他的父亲和母亲都是郡法院医生(County Court Physician)，而且都对音乐情有独钟，父亲是杰出的歌唱家，母亲是优秀的钢琴家。他在父母的七个孩子中排行第三，并按照天主教传统在复活节接受了洗礼。斯顿夫早年就沐浴在这样一个既充满科学严谨

---

① Spiegelberg, H. (1972). *Phenomenology in psychology and psychiatry: A historical introduction*. Evanston: Northwestern University Press, p.5.

② 郭本禹，崔光辉，陈巍.经验的描述——意动心理学.济南：山东教育出版社，2010：92.

之风又充满音乐浪漫之气的学者家庭当中并深受其影响,这成为他的精神血液中不仅流淌着对医学和科学之爱,而且流淌着对音乐和艺术之爱的最早源泉。

斯顿夫自幼体弱多病,在考入文科中学之前及之后,都由其退休在家的外祖父承担教育之责。他的外祖父退休后在他们家生活,教斯顿夫基础拉丁语,以致斯顿夫后来读大学时差点儿选学了拉丁语。来拜访斯顿夫外祖父的医生很多,其中有三人都是大学教授。这使得斯顿夫自幼便经常与医学和自然科学相接触,并对之产生了浓厚兴趣。他后来在《自传》中写道:"我的血液里流淌着对医学和自然科学的热爱。"①尽管对科学有着天生的兴趣,但斯顿夫早年的爱好更偏向于音乐。他从他的父母那里继承了对音乐的热爱,并表现出超常的音乐天赋。他7岁时开始学习小提琴,10岁时创作并发表了一部三男音清唱剧,后来又无师自通地学会了其他五种乐器,而且可以娴熟地进行公开表演。斯顿夫对音乐的酷爱和迷恋成为其后来职业生涯的重要组成部分。他对音乐的这份挚爱使他对音乐心理学做了毕生的研究。可以说,斯顿夫在其生命的初期就得天独厚地把科学影响与音乐熏陶结合在了一起,而且这种双重影响在某种程度上决定了他的学术追求。

斯顿夫11岁时进入当地文科中学学习。虚弱的身体并没有阻碍他对精神和真理的追求。凭着自己的辛苦努力和严谨认真,他的成绩总是能在班里名列前茅。四年后,斯顿夫一家迁居到布伦塔诺的故乡阿沙芬堡,于是他便进入阿沙芬堡的大学预科学校学习,直到1865年升入大学。阿沙芬堡给他留下了终生难忘的深刻印象,无论是那里的生活还是学习。斯顿夫常常到农场参加劳动,还喜欢体操和游泳等体育运动,并经常与兄弟姐妹们结伴去乡间远足。他晚年在《自传》中写道:"快乐地结伴去散步和登山,对于我而言似乎是人类存在的最重要目的之一——释放和扩展精神……这种对远足旅行的热爱一直伴随我到老年,并毫无疑问会持续下去。"②在大学预科学校学习期间,斯顿夫除了对地理和历史不擅长之外,其他各方面都表现特别优秀,这为他即将到来的大学学习打下了坚实的基础。那里有两位老师对他影响特别大:资深教授霍赫德(Hocheder)通过讲授柏拉图的《斐多篇》,首次唤醒了他对哲学特别是柏拉图的热爱;优秀指挥家迪茨(Dietz)指

---

① Murchison, C. (Ed.). (1930). *A history of psychology in autobiography*, vol.1. New York: Russell & Russell, p.389.
② Murchison, C. (Ed.). (1930). *A history of psychology in autobiography*, vol.1. New York: Russell & Russell, p.390.

导他们,使他们拥有了一支完整的管弦乐队,可以免费学习演奏任何乐器。

(二) 大学教育

1865年,斯顿夫带着胜过科学梦想的音乐情怀考入了邻近的符茨堡大学。他虽酷爱音乐,但无法考取音乐学位且认为自己不具备成为一位专业音乐家的才能,所以第一学期跟随著名哲学家霍夫曼(Franz Hoffman)和著名语言学家乌利希斯(Urlichs)分别学习了哲学和美学。他对霍夫曼的老套讲课风格毫无兴趣,对乌利希斯的美学讲座兴趣也不大,认为它们虽然优雅但不够深刻。不过,乌利希斯的美学讲座以康德的《判断力之批判》为基础,这使得斯顿夫对其外祖父书房中的《判断力之批判》发生了浓厚兴趣,同时也就把康德作为其哲学领域的重要引路人。斯顿夫第二学期专门学习法律,以期将来能谋得一个赚钱的职业,同时也留出更多闲暇时间学习音乐。到第二个学期末,布伦塔诺的到来几乎改变了斯顿夫求学生涯的一切。

1866年7月15日,布伦塔诺在符茨堡大学大礼堂作了精彩的任职演说,斯顿夫对布伦塔诺人格的刚毅性、思想的敏锐性和辩解的智慧性佩服得五体投地,随即决定终生做他的弟子。布伦塔诺明确宣称哲学的真正方法不外乎就是自然科学的方法,而且认为自然科学方法为哲学复兴带来了希望,斯顿夫称赞这是一种深刻而严肃地理解哲学的新方式,并将之作为自己的座右铭。从第三学期开始,斯顿夫便选修了布伦塔诺的哲学史课程,后来又继续选修了他的形而上学、孔德实证主义和逻辑学等方面的课程。布伦塔诺对自己的思想要求极为严格,也对具有艺术倾向的斯顿夫进行了严谨而又严格的思维训练,教导他要学会逻辑和经验地思考,培养他以严格科学的思维方式和态度对待哲学和教学乃至一切。这对斯顿夫后来的人格和信仰、教学和思维、学术旨趣和思想观点等都产生了全面而深远的影响,布伦塔诺成为改变和影响他一生的人。正如朗费尔德(Herbert Sydney Langfeld,1879—1958)所指出的:"布伦塔诺不仅影响了斯顿夫的推理能力,而且可能甚至更为深远地影响了他的思维内容。在这个时期,布伦塔诺唤起了斯顿夫对于伦理和宗教理想的兴趣,同时教给了他一种研究哲学的科学方法,这种教导指导着他后来的许多想法。"[①]斯顿夫晚年在《自传》中也曾这样回忆道:"布伦塔诺希望逻辑的清晰性和连贯性的严格训练成为我追求的标准。我的一切情感生活现在不得不臣服于理性法则。这不是削弱情感,而是要引导它完全朝向那些对我们而言最为高贵的目标。为了实现

[①] Langfeld, H. S. (1937). Carl Stumpf: 1848-1936. *The American Journal of Psychology*, 49 (2): 316-320.

基督教的伦理和宗教思想,我准备放弃所有世俗的快乐。这就是我那四年中的心理状况。"①特别值得一提的是,斯顿夫当年听从布伦塔诺教导,将科学研究作为优先考虑之事,研修了化学等自然科学课程。有一次,他在化学实验室做实验,因粗心导致实验室起火,如果当时同伴不来营救,整栋大楼都可能会被烧掉。

1867年,斯顿夫被布伦塔诺推荐到哥廷根大学著名哲学教授洛采门下求取博士学位,但他追随的主要是作为哲学家的洛采而并不是作为心理学家的洛采。②斯顿夫跟随洛采共学习了三个学期,选修了他的心理学、自然哲学、实践哲学和哲学史等课程,并与他建立了父子般的深厚友谊,在认识论方面受到他的深刻影响,而这种影响之深刻就连布伦塔诺也始料未及。除了主要跟随洛采学习外,斯顿夫还跟随迈斯纳(George Meissner,1829—1905)研习了生理学,跟随著名心理物理学专家恩斯特·韦伯(Ernst Heinrich Weber,1795—1878)的兄弟威廉·韦伯(Wilhelm Eduard Weber,1804—1891)研习了物理学,跟随科尔劳施(Friedrich Wilhelm Georg Kohlrausch,1840—1910)研习了物理学研究技术方面的课程,从而更稳固了他从布伦塔诺那里习得的科学思维方式。此外,他还对柏拉图保持了长期的浓厚兴趣。1868年夏,他借鉴布伦塔诺当年的博士学位论文《论亚里士多德关于存在的多种意义》,完成了以《论柏拉图的上帝与他的善的理念之关系》为题的博士学位论文,并成功地获取了博士学位。

博士毕业后,斯顿夫又返回符茨堡大学跟随布伦塔诺学习了两年。他继续选修了布伦塔诺两个学期的"形而上学"课程并做了800余页的课堂笔记,第一学期是超验哲学与本体论,第二学期是神学与宇宙学。此外,他还选修了布伦塔诺的"演绎与归纳逻辑学"课程,并对他在这门课程中首次提出的心理意动三分法(即表象、判断和意愿)颇为认同。1869年秋,斯顿夫为能获得天主教牧师职位而进入了符茨堡大学神学院。他除了参加教堂的礼拜仪式外,还特别关注托马斯·阿奎那等经院哲学家的著作,但同时继续倾听布伦塔诺的学术讲座。他因追随布伦塔诺反对"教皇永无谬误说"而终未获得牧师资格,但并没有像布伦塔诺那样离开教会,而且直到1921年仍是一名虔诚的天主教徒,尽管布伦塔诺曾写信再三规劝其退出。正如他晚年在《自传》中所坦言的:"尽管我远离天主教长达半个世纪之久,但我从未

---

① Murchison, C. (Ed.). (1930). *A history of psychology in autobiography*, vol.1. New York: Russell & Russell, p.392.
② [美]波林.*实验心理学史*.高觉敷,译.北京:商务印书馆,2011:441.

正式退出。由于意识到我们的教会所赠予的祝福,我不会以任何东西去交换我对忏悔的信仰。"① 后来,斯顿夫在洛采建议下到哥廷根大学做了博士后研究,并于 1870 年夏完成了其博士后研究论文《论数学的基本原理》,从而获得了哥廷根大学的任教资格。

(三) 任职生涯

1870 年 10 月,斯顿夫正式在哥廷根大学担任哲学讲师。他有幸结识了当时来访的莱比锡大学的两位著名心理物理学家韦伯和费希纳,并在他们的心理学实验中充当观察者。韦伯在斯顿夫皮肤上测量感觉阈限值,并向他说明了身体的各种感觉区域。费希纳向斯顿夫解释了通过概念的统一性类比来解决意识整体性引起的原子论困难的办法,并以他为被试用长方形作为例证演示了"黄金分割定律",这个关于审美问题的研究强化了斯顿夫从布伦塔诺那里习得的经验观念。斯顿夫认识到心理活动或心理机能也可以从经验主义视角加以研究,并将这种观念贯穿到了其课程讲座中。这两位伟大心理学家的人格魅力和科学精神深深感染了斯顿夫,使他萌发了从事音乐心理学和实验心理学研究的念头和决心。在哥廷根大学,斯顿夫积极参加社会交流和音乐活动,并与许多年轻学者有着良好合作,成立了促进学术交流的青年科学家协会。他讲授的课程主要是古代哲学,特别是亚里士多德哲学,并在 1872 年的复活节开始从心理学角度探索空间观念的起源问题。

1873 年秋,斯顿夫经由布伦塔诺和洛采推荐,到符茨堡大学接替布伦塔诺担任哲学教授。当时的符茨堡大学哲学系因布伦塔诺辞职和霍夫曼退休而进入了极度困难时期,年仅 25 岁的斯顿夫成为该系实际的顶梁柱。他开设了除伦理学以外的所有重要哲学科目,并在主要从事哲学研究的同时从事科学心理学研究,旨在为其哲学研究作出贡献。来符茨堡大学第一年,他便完成了对视知觉特别是深度知觉的重要心理学研究,而且在是年秋天完成了其首部心理学著作《关于空间观念起源的心理学》,对深度知觉提出了一种先天论的解释。尽管这部著作是在布伦塔诺鼓励和影响下写就的,但它被斯顿夫题献给了洛采。斯顿夫在布伦塔诺辞职后,曾在度假时与其有过相聚,并复制了他自 1870 年以来关于心理学和逻辑学的全部讲稿。他通过复制的讲稿了解到,布伦塔诺提出了一种分析心理现象结构规律的描述的或现象的心理学(descriptive or phenomenal psychology),以对立于赫

---

① Murchison, C. (Ed.). (1930). *A history of psychology in autobiography*, vol.1. New York: Russell & Russell, p.413.

尔巴特的因果说明的心理学(causal-explanatory psychology)和冯特的生理的心理学,这对他走上描述心理学研究之路具有重要影响。1875年,他受布伦塔诺的《经验观点的心理学》(1874)启发,开始撰写其不朽巨著《音乐心理学》。他为了研究音乐心理学,在观察和实验方面耗费了大量时间和精力,甚至超过了大多数实验心理学家,以致在哲学方面的影响力开始下降,选择其课程的学生越来越少。不过,斯顿夫对于自己的学术兴趣和使命始终非常清楚。正如他晚年在《自传》中所说:"我从未打算倾注毕生的全部时间来研究声学和音乐心理学。虽然我在这方面已经进行了数年研究,但哲学而非音乐学才始终是我终生受用的学科。"[1]

1879年秋,斯顿夫在布伦塔诺推荐下,到布拉格大学接替了福尔克曼(Volkmann)的教授职位。当时他已与音乐教师贝德曼(Hermine Biedermann)小姐结婚,而且夫妇二人经常相互配合开办家庭音乐会。后来,他们生了两个儿子和一个女儿,女儿长大后从事大提琴演奏。斯顿夫到布拉格大学工作后不久,他在符茨堡大学读书时的密友马蒂也来到布拉格大学工作,成为他生活上的亲密朋友,而且凭借其在语言哲学和思维心理学方面的深厚造诣成为他专业上的合作伙伴。斯顿夫还与当时在布拉格大学工作的著名哲学家马赫(Ernst Mach,1838—1916)和著名生理学家黑林(Ewald Hering,1834—1918)交往密切,但"与马赫以学问相接触,与黑林则以友谊相交结"[2]。在布拉格大学期间,斯顿夫开设的课程主要是实践哲学特别是法律哲学方面的,并在此背景下从事了有关情绪和意志问题的研究。1880年,他继续研究了音乐心理学及音乐理论,并于1883年发表了其最重要的心理学著作《音乐心理学》的第1卷。美国著名哲学家和心理学家威廉·詹姆斯(William James,1842—1910)早在1879年就拜读过此书的早期手稿,认为斯顿夫的理论观点比经验主义的元素论更具吸引力,并于1882年游历欧洲时专门拜访了他。两人一见面就彼此仰慕,在接下来的三天时间里花了20个小时进行交谈,成为精神和学术上的亲密兄弟。例如,詹姆斯完全同意斯顿夫关于现象与机能的划分。他们这种深厚友谊通过通信往来终生未断,"促进了德国和美国的心理学作为一门独立科学的建立"[3]。

---

[1] Murchison, C. (Ed.). (1930). *A history of psychology in autobiography*, vol.1. New York: Russell & Russell, p.397.
[2] [美]波林.*实验心理学史*.高觉敷,译.北京:商务印书馆,2011:443.
[3] Sprung, H., & Sprung, L. (2000). Experimenter, theoretician, musicologist, and promoter. In G. A. Kimble, M. Wertheimer, & C. White (Eds.), *Portraits of pioneers in psychology*, vol.4. Lawrence Erlbaum Associates, Inc, p.65.

1884年夏,斯顿夫在其表兄舍雷尔(Wilhelm Scherer,1841—1886)的推荐下,应邀前去哈雷大学接替了乌利西斯的教职,希望能找到一个更适合学术研究的和平场所。早在同年四月份,布伦塔诺在布拉格大学与斯顿夫会面时,曾劝阻他离开布拉格大学,认为他这样做是对善待他的奥地利政府的忘恩负义。但斯顿夫解释说,布拉格大学的生活已经使他身心俱疲,他非常希望能回到一个正常平静的生活和工作环境中。① 1886年,经布伦塔诺推荐,胡塞尔成为斯顿夫指导的第一位学生。斯顿夫非常看重其老师布伦塔诺的推荐,对胡塞尔关怀备至,不仅建议他选修了自己的心理学、形而上学和逻辑学等课程,而且还经常私下里与胡塞尔进行学术交谈,师生二人建立了深厚而亲密的友谊。1887年,他指导胡塞尔以《论数的概念:心理学的分析》为题完成了任教资格论文,从而使他获得了在哈雷大学担任讲师的资格。胡塞尔后来成为斯顿夫最为著名的学生,并对斯顿夫保持了永久的感激之情。斯顿夫在哈雷大学的生活和工作非常平静,除了社交应酬外,他基本上都可以安心从事学术写作和音乐心理学实验,他的《音乐心理学》第2卷的撰写取得了巨大进展。在哈雷大学期间,斯顿夫虽然发表作品不多,但从未有过丝毫懈怠。

1889年,斯顿夫转赴慕尼黑大学担任教授,对那里的实验心理学充满了美好憧憬,期待着能建立一个心理学研究所,尽管最终未能如愿,但他在顶楼上拥有了一个非常小的实验室,并通过哲学系财政购买了一些设备,以供实验心理学特别是声学研究之用。后来,他又从物理学研究所的一名助教手中购买了一架音叉钢琴,这对他最终完成《音乐心理学》第2卷作出了重要贡献。这本著作于1890年出版,并题献给了布伦塔诺。1891年,斯顿夫卷入了与冯特及其弟子的激烈的学术论战,围绕着经验与实验等问题大战了三个回合。冯特主张在严密控制的实验室情境中通过仪器和心理物理法获得的研究结果必然是正确的,而斯顿夫主张实验室所得研究结果若与音乐专家的经验明显冲突就必然是错误的,两人的争论达到白热化程度,冯特甚至为此进行了猛烈人身攻击。斯顿夫晚年在《自传》中回忆说:"我批判了几乎所有研究,但我希望自己没有超出客观性批判的界限。尽管我欣赏冯特的非凡视野及其泉涌般的文思,即使在其晚年也是如此,但他的研究程序和方法从他在海德堡时就让我感到厌恶,并且继续如此。"② 慕尼黑大学

---

① Stumpf, C. (1919). Reminiscences of Brentano. In L. L. McAlister (Ed.). (1976). *The philosophy of Brentano*. London: Duckworth, p.40.
② Murchison, C. (Ed.). (1930). *A history of psychology in autobiography*, vol.1. New York: Russell & Russell, p.401.

终未成为斯顿夫施展学术抱负的合适场所,因为在那里不可能建立心理学研究所。于是,五年后,他最终决意离去。

1894年复活节,斯顿夫荣幸地被任命为柏林大学哲学教授,这是德国哲学界享有最高声誉的职位,他的任职最终确立了心理学在柏林大学的独立地位。当时柏林大学急需一位既能讲授实验心理学又能对传统哲学心理学保持开放态度的"复合型"教授,尽管冯特和艾宾浩斯的声望在那时都远超斯顿夫,但冯特因赫尔姆霍茨的反对而未能成功谋任,艾宾浩斯则因狄尔泰的反对也未能成功谋任,最终这个职位在狄尔泰的鼎力推荐下留给了斯顿夫。斯顿夫接受任命时被赋予的职责是,承担对即将成立的实验心理学研究所的指导工作,并与该领域的其他教授一起在教学和实践中阐述这门科学。[①]

到柏林大学工作第一年,斯顿夫便兼任了由艾宾浩斯创建的柏林大学心理学实验室的主任,并把艾宾浩斯原来开设的"实验心理学"课程直接改成了"心理学"课程,旨在促进实验研究与哲学理论的结合。1900年,他将原来只有三个黑暗房间的心理学实验室发展成了大型心理学研究所并任所长,研究所设在一座公寓的顶楼,包括实验室、研究室和图书馆等十个房间,其学术目标是最为精确和严密地解释观察结果、形成概念和检验假设。1920年,心理学研究所搬进了前皇宫——一个拥有40个房间的豪华场所。在心理学研究所迅速发展的过程中,越来越多的学生和同事加盟进来,使得心理学研究所的学术影响力不断扩大。斯顿夫也逐渐将研究所的具体工作交给了年轻人,而自己主要负责理论会议,把布伦塔诺的描述心理学精神融入实验研究之中。在柏林大学期间,斯顿夫本人几乎从未做过大规模实验,而更多是如其老师布伦塔诺那样,致力于内部知觉意义上的经验研究。他把冯特视为自己主要和直接的对手,以致冯特的名字在柏林大学心理学研究所几乎是禁忌。斯顿夫在柏林大学心理学研究所培养出了大批著名学生,其中最著名的是格式塔心理学的主要创建者及代表惠特海默、苛勒、考夫卡和勒温。

斯顿夫任职柏林大学期间,从事的学术活动非常多,"有时真太多了"[②]。1895年,斯顿夫作为新当选的皇家科学院院士,促成在特纳里夫岛(Tenerife)建立了类人猿研究站,并推荐苛勒担任负责人。1896年,他负责

---

① Sprung, H., & Sprung, L. (2000). Experimenter, theoretician, musicologist, and promoter. In G. A. Kimble, M. Wertheimer, & C. White (Eds.), *Portraits of pioneers in psychology*, vol.4. Lawrence Erlbaum Associates, Inc, p.52.
② [美]波林.实验心理学史.高觉敷,译.北京:商务印书馆,2011:445.

筹备了在慕尼黑召开的第三届国际心理学大会,并与立普斯(Theodor Lipps,1851—1914)同任大会主席,还作了关于身心关系的开幕发言。1897年,他应邀研究了一名4岁的记忆力超常儿童。1898年,他创办了名为《声学与音乐学的贡献》的杂志,并担任主编。1900年,他始创了一个收集来自全世界的歌曲、音乐和方言的语音唱片档案馆。同年,他与柏林大学的一位校长共同创建了柏林儿童心理学协会(the Society for Child Psychology),旨在对儿童尤其是儿童心理生活进行研究。例如,他在1903年研究了一名音乐神童的早期特征。1903年和1904年,他参与了两个广为人知的揭露事件。第一个事件是,一名来自布拉格的工程师声称发明了一种能把声波照片转化为声音的机器,斯顿夫撰写了一篇讽刺性文章揭露了这个蒙骗了许多人的骗局。第二个事件是,一位名叫赫尔·冯·奥斯滕(Herr von Osten)的人拥有一匹貌似才华横溢的神奇宝马汉斯,汉斯不仅能够加减乘除和用分数计算,识别时间和计算日历,而且能够点数物体和人。这引起了公众的极大兴趣,德国教育部专门指派了一个由斯顿夫领导的委员会去证实真假。最后,委员会从心理学角度作出了详细解释。在柏林大学期间,斯顿夫所做的心理学研究仍然聚焦于音乐心理学领域,并扩展到了整个听觉心理学领域,涉及语言学、听觉病理学和比较音乐学三个方向,产生了广泛而深远的学术影响和实践影响。

1907—1908年,斯顿夫荣任柏林大学校长。他以《哲学的复兴》为题发表了就职演说,表明了自己主张的科学与哲学相结合的学术方向,提倡以严格的观察方法来获取知识,摒弃无实际经验根据的随意推测与理论建构。1910年,他在柏林大学校庆之日被授予了荣誉博士学位。1921年,他73岁时从柏林大学退休,并推荐其先前的学生苛勒接任了心理学研究所所长一职。

(四)退休生活

斯顿夫于1921年退休,退休后仍以荣誉教授的身份继续为柏林大学工作,而且还讲授心理学、哲学史和逻辑学等课程直到1923年,尤其是他讲授的"世界观问题"呈现了其哲学体系。然而,退休后的斯顿夫实际上是不幸的,失落、悲伤和冲突等负面体验常常纠缠着他。"一战"之后的德国,政治、经济和社会都处于极度混乱状态,皇帝被流放,物价飞涨,人民流离失所,文化和教育领域也陷入萧条。就当时的柏林大学心理学研究所而言,大部分年轻人都去了部队服役,致使研究所成为一个几乎被废弃的荒凉之地。斯顿夫与英国、美国、意大利等国家的心理学家朋友的专业联系也因战争而中断了。眼前的一幕幕,使他痛苦无比。他从前的学生勒温曾回忆说:"作为一个八十多岁的老人,斯顿夫常常参观柏林大学心理学研究所,看看那些他曾建造的复杂机器和仪器。"①

尽管斯顿夫对于当时的现实状况非常忧虑和失望,但他本人直到去世都依然笔耕不辍,致力于一部认识论著作的撰写。20 世纪 20 年代,他还担任了康德和莱布尼茨文集编辑和出版学术委员会委员,而且后来成为该委员会负责人。20 世纪 30 年代,他又致力于狄尔泰和施莱尔马赫著作的编辑和出版工作。然而岁月不饶人,他虽然仍坚持从事科学研究,但毕竟已年老体衰,耳朵和眼睛都患上了严重疾病,并经历了多次手术。1923 年,格式塔心理学家惠特海默、苛勒、考夫卡、格尔布(Adhemar Gelb,1887—1936)和勒温等,都在他们的《心理学研究》杂志上发表了纪念专文,以庆祝他们的恩师斯顿夫 75 岁寿辰。1928 年,作为同事和朋友的普朗克(Max Planck,1858—1947)等人,为斯顿夫举行了 80 岁寿诞庆典,并为他铸造了半身像赠送给柏林大学。1936 年的圣诞节,88 岁的斯顿夫因病逝世,被安葬于柏林著名的老利希特费尔德公园(the old Lichterfelde Park)公墓。

(五) 主要著述

斯顿夫博学多才且笔耕不辍,毕生主要涉猎心理学、哲学和音乐学三个领域,尽管和其老师布伦塔诺一样重视课堂教学超过著述,几乎未写过一本系统的心理学著作,但其著述依然相当丰厚:音乐心理学或听觉论著 54 种,关于其他心理学问题的论著 27 种,哲学论著 14 种,学术论文数十篇,还有大量手稿资料。因其在学术研究领域作出的卓越贡献,斯顿夫曾被推选为柏林普鲁士皇家科学院院士,并成为美国科学院、意大利科学院、德国科学院和莫斯科国家音乐学院等多国核心研究机构的重要成员。他的哲学著述主要有《身体与心灵》(1897,1903)、《伦理学的怀疑主义》(1908)以及身后出版的两卷本的《认识论》(1939,1940),等等。他的心理学著述主要有《关于空间观念起源的心理学》(1873)、《音乐心理学》(两卷本,1883,1890)、《英国音乐心理学》(1885)、《心理学与认识论》(1891)、《情绪动作的概念》(1899)、《现象与心理机能》(1906)、《论科学分类》(1906)、《今日心理学的趋势与比较》(1907)、《论感觉—感情》(1907)、《论儿童心理学的方法学》(1910)、《感情的辩解》(1916)、《视觉的属性》(1917)、《感觉与表象》(1918)、《心理学中的数量与测量》(1921)、《语言的声音:实验语言学研究》(1926)和《情绪与感情》(1928),等等。在这些著述中,最能体现斯顿夫描述心理学理论观点的是两卷本的《音乐心理学》(1883,1890)和三篇学术论文《心理学

---

① 转引自:[美]霍瑟萨尔.心理学史(第 4 版).郭本禹,等译.北京:人民邮电出版社,2011:174.

与认识论》(1891)、《现象与心理机能》(1906)和《论科学分类》(1906)。

《音乐心理学》两卷本,共包括三大部分 28 节内容,是斯顿夫篇幅最大且最具影响力的心理学著作,讨论了关于声音知觉特别是由声音引起的判断的心理现象,对经验作了现象与机能的区分,蕴含了丰富的机能描述心理学思想。第 1 卷包括第一和第二两部分共 15 节内容,是一部接近普通心理学的著作,阐述了斯顿夫关于心理物理学以及关于注意、分析和比较等一般主题的基本观点。第 2 卷包括第三部分共 13 节内容,主要探讨声音混合问题,着重考察了对同时出现的乐音的辨别问题,从而开启了对乐音协和与不协和问题的研究。《现象与心理机能》和《论科学分类》是斯顿夫最为重要的两篇心理学论文,对其机能描述心理学思想进行了较为详细、明确的论述。例如,它们基于对现象与机能区分思想的详细阐述,指出描述心理学就是对心理机能进行分析和分类研究的科学,而心理机能即心理的作用、状态和体验。

二、描述心理学的人文科学观

斯顿夫从事的心理学研究是在描述心理学理论和方法框架内进行的,他通过其描述心理学明确提出了心理学的人文科学观。他继承并发展了其老师布伦塔诺关于物理现象与心理现象区分的思想,通过抽象明确区分了现象与机能,并认为无论现象还是机能都是直接给予且彼此密切关联的经验,它们构成了一个真实统一体。正是基于现象与机能的明确区分,斯顿夫也相应地对科学进行了独具特色的分类。他坚持把科学主要区分为自然科学和人文科学两种类型,并明确主张物理学属于自然科学,而心理学属于人文科学,但其所谓的心理学当然不是冯特等人在自然科学框架内追求对人类心理的外部因果说明的发生心理学,而是一门基于内部经验的严格而精确的描述心理学。物理学和心理学都探究事物的一般限定或规律,但前者主要探究外部经验,而后者主要探究内部经验,因而两者既有联系又有区别。斯顿夫认为,除了自然科学和人文科学之外,还存在着三门新的科学,即现象学(phenomenology)、结构学(eidology)和关系学(logology),它们分别研究现象、机能构成物以及不同对象与机能之间的关系。这三门新的科学都是既不属于自然科学也不属于人文科学的中立科学(neutral sciences),它们作为自然科学和人文科学的起点起着提供原料的预备科学的作用。

斯顿夫进一步把心理学即研究心理机能的描述科学与现象学、结构学和关系学区分开来。(1)现象学是借助实验工具来研究现象及其关系的科学,传统的联想主义心理学、冯特等人的实验心理学以及斯顿夫本人的音乐心理学中的大部分内容均属于现象学范畴。因此,它不同于后来胡塞尔通过本质审察来描述纯粹意识问题的现象学,而在更大程度上是指传统的自然科学取向的发生心理学,不具有特别和专门的方法论意义。① 斯顿夫的现象学研究的现象是初步的经验材料,既包括原初现象即直接呈现于我们感官之中具有广延性、强度和亮度等属性的经验,也包括次生现象即原初现象在我们记忆中出现时留下的印象,因而它是心理学的入门科学或预备科学。(2) 结构学是研究心理机能的构成物的科学。心理机能的构成物(Gebilde,formation)并不是呈现给我们心灵的东西,而是由心灵构成的东西,是在执行特定机能的过程中进入到我们意识之中的内容,包括形式、概念、事实、判断的内容或事态、价值和目标等。斯顿夫认为,所有心理机能,无论是最简单的还是最复杂的,都对应着特定的某种内容或意动的相关物,即都具有某种特定对象性。例如,抽象机能对应的构成物或相关物是概念,判断机能对应的构成物或相关物是事态。构成物不能脱离特定心理机能。结构学主要研究观念形态的东西,因而是一门特殊的中立科学。(3) 关系学是研究并区分所探究对象之间关系的科学,这些关系包括相似性关系、相同性关系、依存性关系以及部分与整体之间的关系等。关系学的主要任务在于,确定现象、机能与构成物之间的诸关系,探究简单关系中包含的复杂关系的起源,并确定它们遵循的结构法则(laws of structure)。斯顿夫认为,没有现象提供充足材料,构成物就无法建立,关系也将失去直接或间接的前提,因而现象学在这三门中立科学中处于基础地位。然而,在他看来,这三门中立科学都只是心理学的入门科学或预备科学,为心理学研究提供前提条件。

斯顿夫认为,心理学是运用内部知觉的经验描述方法对心理机能进行分析和分类研究的科学。需要强调的是,他所谓的心理机能主要是指初级心理机能,而复杂心理机能主要是其他社会科学探讨的对象。因此,他把心

---

① 需要特别指出的是,尽管斯顿夫所谓的现象学探究的是我们的经验的内容,而不是这些内容在其中被经验到的机能或意动,或者说他的这种不同于后来胡塞尔哲学现象学或方法论现象学的狭窄意义上的现象学就是指冯特等人的内容心理学,但他的这个给予了特定意义限定的"现象学"术语并不意味着,他自己的心理学研究游离于后来胡塞尔哲学现象学或方法论现象学的范围之外。相反,斯顿夫在描述心理学框架内从事具体的心理学研究,延续的是其老师布伦塔诺描述心理学研究的现象学传统,对胡塞尔后来的现象学产生了重要影响,以致胡塞尔怀着敬意和友谊将他的第一部主要现象学著作《逻辑研究》题献给了他。更为详细的说明请参考:Spiegelberg, H. (1972). *Phenomenology in psychology and psychiatry: A historical introduction*. Evanston: Northwestern University Press, pp.5 – 7.

理学看成是最基本的社会科学或哲学学科,认为社会学、伦理学、教育学、逻辑学、政治学和美学等其他社会科学都只不过是心理学的分支学科。也就是说,心理学构成了所有哲学或社会科学的基础,"综合了哲学研究的所有不同分支"①,就如同物理学构成了所有自然科学的基础一样。他特别强调了哲学或社会科学与心理学之间的密切关系,并用(描述)心理学来解释哲学或社会科学,认为"那些焦虑的(哲学)园丁想要砍掉那些刚长出绿芽的(心理学)枝丫。如果这种分离发生了,它们之间的内在联系肯定还存在,不然哲学将成为一个与生活相异的抽象领域,而心理学也将成为一门纯粹的实践学科。"②在这一点上,斯顿夫与布伦塔诺和狄尔泰的观点是基本一致的。因此,在心理学科学观问题上,他坚持的是人文科学取向。

三、描述心理学的研究对象

斯顿夫坚定地追随其老师布伦塔诺的经验立场,主张心理学是一门立足于经验的描述科学,认为心理知识需要从分析经验材料得来,而不是从分析概念材料得来。他把经验区分为机能与现象两种类型,与布伦塔诺的意动与内容的区分相对应。机能相当于布伦塔诺的意动,指的是心理的活动、体验或状态,如知觉活动、情感活动、领会活动、理解活动、欲望活动和意志活动等;现象相当于布伦塔诺的内容,指的是意识活动或心理机能的客观相关物,③或者说指的是经验活动的对象或内容,如声音和颜色等感觉印象、表象或记忆的内容等。斯顿夫认为,机能是(描述)心理学的研究对象,而现象是现象学的研究对象,现象学仅是心理学的入门学科或预备学科而不是心理学本身,它严格独立于心理学。正如勒温所指出的:"他(斯顿夫)在感觉材料与心身机能之间所作的区分是众所周知的。前者对应知觉心理学领域,主要被斯顿夫视作现象学。尽管他把多数时间都花在该领域,但他认为这只是为心理机能领域所做的'准备工作',对于他而言,后者才是真正的心理学领域。"④斯顿夫明确指出(描述)心理学是一门关于心理机能特别是初级心理机能的科学,或者可以说,斯顿夫把心理机能特别是初级心理机能规定为(描述)心理学的研究对象。这些心理机能是由经验直接给予我们的,

---

① Kusch, M. (1995). *Psychologism: A case study in the sociology of philosophical knowledge*. London and New York: Routledge, p.141.
② Sprung, H., & Sprung, L. (2000). Experimenter, theoretician, musicologist, and promoter. In G. A. Kimble, M. Wertheimer, & C. White (Eds.), *Portraits of pioneers in psychology*, vol.4. Lawrence Erlbaum Associates, Inc, p.57.
③ [美]施皮格伯格.现象学运动.王炳文,张金言,译.北京:商务印书馆,2011:101-102.
④ Lewin, K. (1937). Carl Stumpf. *The Psychological Review*, 44(3):189-194.

我们运用推理方法在我们自己身上可以总结出来,而且它们在其他人身上也同样存在。①

斯顿夫在其著名论文《现象与心理机能》(1906)中明确指出:"所谓心理机能是指包括着作用、状态、体验的一种名称。因此,一方面包含着认识的和情绪的机能;一方面还认为具有从未分化的机能到分化的机能的各种阶段。例如,认识现象的作用、对现象进行概括、构成概念的作用、把握以至判断的作用、情意运动、热情和欲望等。"②心理机能的确切概念内涵由此可以明见。简单来说,心理机能即指心理的作用、状态或体验,也即等同于布伦塔诺的心理的意动、活动或过程,而且作为一个整体存在和发挥作用。此外,心理机能既包括有意识的机能也包括潜意识的机能。斯顿夫通常把心理机能称为"心理状态"(psychic states),以取代其老师布伦塔诺的"心理现象"。

依斯顿夫之见,心理状态或心理机能具有以下五个方面的重要特征:(1)心理状态只具有时间上的持续性,而不具有空间上的广延性。这是与物理现象的一个明显区别。(2)每种心理状态都是关于特定内容或现象的心理活动,都具有某种指向物呈现于"我"的内心,这是斯顿夫所谓的心理状态或心理机能的最本质特征,类同于布伦塔诺的"意向内存性"。正如斯顿夫本人所指出的:"无论我独自进行表象、判断、情感还是进行意志活动时,都会有意动指向的某物呈现于我。某些难以完全用语言表达的感觉、心境、驱力显然只是心理现象的特殊情况。内容不同于意动本身。例如,感觉到绿色不同于绿色本身。"③但与布伦塔诺有所不同,斯顿夫在绝大多数情况下都只提及意识的内容或内在的内容,而极少提及心理的对象或内在的对象。他曾明确指出:"我的心理状态不需要指向实际的某物……思维不需要一个意识之外的特殊对象。"④此外,他还认为,心理状态不仅是具有某种内容的意识,而且其自身也是所谓的"内在意识"(inner consciousness)的内容。(3)心理状态或心理机能具有整体性。斯顿夫明确提出了描述心理学的整体观,把心理事件或心理机能看作是一个有意义的整体单元,就像它们发生在个人身上一样,并认为在心理机能领域内所有同时知觉到的表象活

---

① 郭本禹,崔光辉,陈巍.经验的描述——意动心理学.济南:山东教育出版社,2010:128.
② 高觉敷,主编.近代西方心理学史.北京:人民教育出版社,1982:153.
③ Rollinger, R. D. (1999). *Husserl's position in the school of Brentano*. Dordrecht: Kluwer Academic Publisers, p.288.
④ Rollinger, R. D. (1999). *Husserl's position in the school of Brentano*. Dordrecht: Kluwer Academic Publisers, p.89.

动、判断活动和情感活动都是整体意识状态的一部分。正如瓦伊尼和金所指出的:"他的研究是建立在整体论假设基础之上的,即意识的所有方面都是联结在一起的,它们可以被知觉是一个整体……斯顿夫的心理学提供了一种与构造主义不同的整体论取向。"①斯顿夫"被公认为是整体思维的倡导者"②,其关于心理机能或心理状态的整体论思想极大地影响了后来格式塔学派的心理整体观。(4)心理状态具有在内部相似情形下出现相似状态的倾向,无论是否具有最初起因。例如,表象领域中通常会有记忆,判断领域中通常会有对相似情形的期望,情感领域中通常会有激情,等等。(5)心理状态通常具有对立性。例如,热唯独在与冷相对照时才能被感知到并获得表象。尽管人们通常认为心理状态只有在由对立状态相伴时才是可能的,但也并非所有类型的心理状态都会包含这种对立性。③

斯顿夫认为,机能与现象既不可分割而又各自独立存在于经验之中,彼此在本质上既不能相互还原而又可以独立发生变化。例如,我看见绿色,"看见"是机能,而"绿色"是现象,两者不能相互还原亦不可分割。再如,傍晚时分光线慢慢变暗,我们却未加注意,这是现象发生了变化而我们的机能未发生变化。这实际上回答了布伦塔诺未能很好回答的意动与对象或内容之间的具体关系的问题,也暗示了心理学研究不能排除心理内容的正当理由,预示着后来二重心理学的产生。但不得不说,斯顿夫的二重心理学观念并没有获得彻底成功,"在机能与内容的对比方面,斯顿夫并没有非常成功地逃离传统的影响。旧的东西还在建立,新的东西才刚刚开始,两者还没有完全达成和谐。"④正如斯顿夫本人所指出的:"我真正的目的主要是理解机能。"⑤除了探讨现象与机能之间的关系外,斯顿夫还明确区分了机能与机能的关系以及机能与机能的构成物,以进一步深化我们对心理机能本质特征的理解。

四、描述心理学的研究方法

斯顿夫充满激情地反对还原论的虚假本质,认为心理机能作为一个

---

① [美]瓦伊尼,金.心理学史:观念与背景(第3版).郭本禹,等译.北京:世界图书出版公司,2009: 274-275.
② Ash, M. G. (1995). *Gestalt psychology in German culture, 1890-1967: Holism and the quest for objectivity*. Cambridge: University Press, p.30.
③ Rollinger, R. D. (1999). *Husserl's position in the school of Brentano*. Dordrecht: Kluwer Academic Publisers, p.291.
④ Langfeld, H. S. (1937). Stumpf's "Introduction to Psychology". *The American Journal of Psychology*, 50(1): 33-56.
⑤ Murchison, C. (Ed.). (1930). *A history of psychology in autobiography*, vol.1. New York: Russell & Russell, p.409.

具有完整意义的整体是经验直接给予的,可以并且应该从经验角度描述性地予以研究。像他的老师布伦塔诺一样,斯顿夫遵照和践行面向心理生活本身的方法论精神(后来被称为"面向实事本身"的现象学精神),把内部知觉(inner perception)这种立足于经验直观的直接方法作为获取心理经验事实的根本途径和主要源泉,而不信任任何无实际经验的间接推测和理论建构。

斯顿夫将内部知觉界定为一种不加分析的纯粹意识,认为内部知觉与外部知觉相比具有可保证自身真实性的直接明见性,心理经验事实为我们所知主要是通过内部知觉来完成的。内部知觉以知觉本身、比较、判断、总结以及情感和意志活动等心理机能为内容,可以向我们原原本本地展示和呈现一幅完整而真实的心理生活画卷。但就外部知觉(outer perception)而言,它只能为我们提供颜色和声音等具体的零散概念,而无法为我们提供作为感觉状态的"视"和"听"等概念,当然更不可能呈现与它们相关联的其他心理状态。况且,外部知觉可能会被感知觉蒙蔽而为我们提供不真实的虚假经验信息,而内部知觉则可以保证其提供经验信息的真实性。斯顿夫认为,我们不需要怀疑自己的内部状态,因为这种在特定时刻意识到的内部状态是真实的,恰如其显现的那样。正如他所言:"我们一直都用'内部知觉'这个术语来表明一种非常明确而独特的体验。而且,对于任何对内部知觉的细节感兴趣的个体来说,让他们自己确信这些机能的实在都是可能的。"[①]当然,我们对内部知觉到的心理状态的描述和命名可能会出现错误,但这种错误是由知觉理论加工导致的,而并不是内部知觉本身发生的错误。

斯顿夫认为,内部知觉的直接明见性仅局限于瞬时状态,记忆事实只有通过其表象的鲜活性以及与其所表征事物的一致性才能保证其真实性和准确性,故而心理机能或心理状态必须通过初级记忆(primary memory)才能加以分析,初级记忆是唯一值得我们充分信任的记忆,又称"即时记忆"(immediate memory)。他还认为,内部知觉与内部观察有着根本区别,我们只能对心理机能或心理状态进行内部知觉而不可能进行内部观察。当我们正在内部观察(即内省)我们自身的心理活动时,另一种新的心理活动就又出现了,它会从性质上极大地改变先前的那种心理活动。例如,当我们集中注意于我们正在进行着的情感活动时,情感活动就会难以避免地发生变化。正如斯顿夫所指出的:"意识直接指向外部内容,而仅在次级层面上指

[①] Langfeld, H. S. (1937). Stumpf's "Introduction to Psychology". *The American Journal of Psychology*, 50(1): 33-56.

向自身。因此，内部知觉不能变为观察。但我们可以对刚刚过去的心理状态进行观察，因为这个观察的意动与那个心理状态相比是一个新的且独立的状态。"①因此，我们在心理学研究中，必须用对刚刚过去的心理状态的内部知觉或反省取代对当前心理状态的内部观察或内省。

斯顿夫认为，仅有对自身心理活动的内部知觉还不足以充分描述和呈现我们完整的心理生活，还需要通过观察、实验、测量、解剖和数理统计等其他方法来加以辅助和补充，但这些客观方法必须以主观的内部知觉方法为根本前提。在这些辅助方法中，斯顿夫除了强调通过观察其他人的语言和行为表现等来间接了解他人的内心生活，以弥补我们对自身心理生活的直接内部知觉的不足之外，还特别强调实验方法的辅助作用，并在描述心理学框架内做了一系列听觉心理学实验。他认为，心理机能也可以通过实验方法来进行研究，不过他所谓的实验主要是描述心理学框架内基于内部知觉的主观性实验，即具备某些基本心理学知识并受过良好自我知觉训练的实验者，在控制性条件下从第一人称视角出发，描述其内部知觉中显现的心理机能经验。② 实验的主要目的不是在统计学意义上确定物理刺激与心理反应之间的相关关系，而是以一种使之可以得到重复验证的方式对主观心理机能进行具有一定区分性和控制性的探索。这种基于内部知觉的主观实验范式与当时冯特等人的客观实验范式形成了直接对抗。

五、描述心理学的心理分类论

斯顿夫的心理分类理论是其描述心理学理论体系的重要组成部分。他受布伦塔诺的表象、判断和情绪现象或爱憎现象的心理现象三分思想的影响和启发，抛弃了德国传统心理学通常把心理现象区分为表象、情感和意志的做法，主张把心理状态或人类意识区分为表象、判断和情感三种类型。他认为同时存在的表象、判断和情感构成了整个心理状态或意识统一体的全部，并曾对心理学作了这样的明确界定："心理学是关于研究心理状态即表象、判断和情感的科学。"③因此，他的心理分类思想可见一斑。与其老师布伦塔诺相比，斯顿夫对心理状态的分类和描述更加细致和深入，并且承认和

---

① Rollinger, R. D. (1999). *Husserl's position in the school of Brentano*. Dordrecht: Kluwer Academic Publisers, p.290.
② Huemer, W., & Landerer, C. (2010). Mathematics, experience and laboratories: Herbart's and Brentano's role in the rise of scientific psychology. *History of the Human Sciences*, 23(3): 72–94.
③ Rollinger, R. D. (1999). *Husserl's position in the school of Brentano*. Dordrecht: Kluwer Academic Publisers, p.286.

关注到潜意识心理机能的存在。

表象（prestentation）一般情况下通过名称来表达，包括感觉、想象、时间表象、空间表象以及抽象表象。（1）感觉是由外部感官通过对外部世界的信息传递所唤起的表象，因此感觉与表象之间只具有量的差异而无质的分别。表象的特征没有感觉丰富，持续的时间没有感觉长久，受到的情绪影响没有感觉强烈。我们可以根据其起源来对感觉进行分类，也可以根据其内容和属性来对感觉进行分类。感觉内容具有强度、清晰性、鲜活性和对比性等特征，而感觉意动则没有这些特性。斯顿夫特别指出了一种特殊感觉即情感感觉（sensation of feeling），它是外部感官刺激与内部心理过程共同作用的结果。（2）想象是一种依赖于感觉表象且易于发生变化的心理状态，它通常没有感觉那么强烈、精细和可信。斯顿夫认为想象符合"习惯法则"，包括记忆状态在内的想象状态每次再现时的情形都与先前首次出现时的状态情形相类似，而且这种再现是一种主动过程，而不是一种被动过程。（3）时间表象是通过最初联想产生的，不仅产生于表象内容的持续性，而且也与表象位置的主观变化有关，具有"感觉现象与心理意动的内容之特征"[1]。（4）空间表象是通过视觉产生的。先天论认为视神经在产生颜色感觉的同时也产生广度感觉，经验论认为空间知觉产生于颜色感觉之间的联合或颜色感觉与其他感觉之间的联合，斯顿夫在论述空间表象时赞成将两种观点结合起来，并把空间表象看作是感觉印象的重要组成部分。（5）抽象表象是通过对具体表象的抽象而形成的表象。我们意识中出现的通常是个别事物的具体表象，但我们可以从这些具体表象或经验活动中抽象出某些概念。例如，我们从判断中可以抽象出因果、存在、必然性等概念。

判断（judgment）主要是通过表明断言的句子来表达的。例如，"A 是"或"A 不是"这样的句子就是最简单形式的断言，其中"A"指示判断的表象内容，"是"或"不是"指示肯定或否定的判断本身。像"天正下雨"和"雨正下"这样的非人称的句子也属于判断，而且更加复杂形式的断言是无条件的、假设的和转折的判断。斯顿夫认为，判断以表象为基础，但两者的机能是根本不同的，它们的产生与结合所遵循的规律也完全不同。判断并不是由纯粹的表象及其关系构成，表达表象及其关系的句子只有加上肯定或否定、赞同或拒绝等判定词才可以构成判断。判断根据性质不同可以分为肯定判断与否定判断，根据复杂程度可以分为简单判断与复杂判断，根据数量

---

[1] Albertazzi, L., Libardi, M., & Poli, R. (Eds.). (1996). *The school of Franz Brentano*. Dordrecht: Kluwer Academic Publishers, p.118.

不同可以分为集合判断与分类判断、一般判断与特殊判断，根据科学价值可以分为明见判断与盲目判断、真实判断与虚假判断、确定判断与可能判断、法则判断与事实判断。在这些分类中，最值得特殊分析的是明见判断和盲目判断，它们具有不同的形成来源或产生原因。明见判断（evident judgment）就是具有直接证据或间接证据的判断，直接证据包括从抽象表象中获取的具有明见性的公理证据与通过具体表象来肯定其真实性的内部知觉证据，间接证据就是借助推理过程由直接认识中获取的证据。盲目判断（blind judgment）主要是由本能、情感和习惯导致的一种非明见性判断。

情感（feeling）也是通过句子来表达的，但不同于判断的用来表明断言的句子。斯顿夫像布伦塔诺一样，把情感和意志（willing）归为一类，认为两者不具有难以逾越的根本界线。正如他所说："在与表象相区别的程度上，意志和情感没有差别，这已成定论……这两种状态产生的规律是相同的。因此，我们把意志纳入广义的情感之中。"①布伦塔诺把情感和意志都归为情绪现象或爱憎现象，斯顿夫则用"情感"取代了布伦塔诺的情绪现象或爱憎现象。斯顿夫认为，情感依据其性质不同可以分为多种不同类型②：（1）积极情感与消极情感。积极情感主要表现为爱、愉快和乐观等；消极情感主要表现为恨、忧伤和悲观等。（2）主动情感与被动情感。主动情感可区分为动机和意志，是指那些其内容被表象为由情感自身实现的东西，包含着构成因素的表象，主要表现为希望、欲望、勇气和意愿等；被动情感可区分为基本情感（elementary feelings）和感情（affects），通常是指心理学中那些我们理解为情绪的情感，不包含构成因素的表象。（3）物理内容的情感与心理内容的情感。物理内容的情感是指指向颜色和运动等物理事物的情感；心理内容的情感是指指向品格和人格等心理状态的情感。（4）价值情感与盲目情感。价值情感是指那些其内容值得爱或值得恨的情感；盲目情感是指那些出于本能、欲望、习惯或出于"不纯"动机的情感。当然，斯顿夫承认，关于情感的上述分类并不是绝对性的，而是存在着一定交叉。

潜意识心理机能。斯顿夫认为，在我们丰富的心理生活中还存在着一些难以被察觉到或难以被注意到的潜意识心理机能，如潜意识的表象和判断等，它们在意识体验之间起着连接作用。这些潜意识的心理机能主要包

---

① Rollinger, R. D. (1999). *Husserl's position in the school of Brentano*. Dordrecht：Kluwer Academic Publisers，p.289.
② 郭本禹.重评斯顿夫的机能心理学.南京师大学报(社会科学版)，2002(4)：110－116.

括睡眠中的感觉,重复出现的遗忘表象,未察觉到的共觉,感觉和知觉中的"潜意识推理",天才的创造方式,以及本能行为和习惯行为,等等。

第三节　胡塞尔的本质描述心理学

胡塞尔受其老师布伦塔诺的影响,树立了建立一门作为严格科学的哲学的理想。为实现这个伟大理想,他在从事哲学研究的最初十年(1891—1901)继承和推进了布伦塔诺的描述心理学,并把现象学视同于描述心理学。他在早期主要是继承布伦塔诺的描述心理学,将之拓展和应用于算术领域,并把它作为算术研究的基础,此阶段他最重要的成果是1891年发表的《算术哲学》(第1卷),标志着胡塞尔描述心理学研究的发轫。但早期算术阶段的胡塞尔,在描述心理学研究方面是不成熟的,除了继承以外并没有对布伦塔诺的描述心理学作出突破,特别是未能使描述心理学成为一门关于本质的严格科学。经过数年反思和探索,他逐渐认识到布伦塔诺的意向结构模型存在意识内容与意识对象相混淆的弊端,从而提出了一种新的"三维"意向结构模型。以这种新的意向结构模型为基础,他在坚持描述心理学直观原则的前提下,使直观内涵扩展到包括观念直观,从而把布伦塔诺注重经验的意动描述心理学发展为注重观念的本质描述心理学。他站在人文科学的基本立场上,确立了描述心理学对于发生心理学的基础和优势地位,主张通过本质直观描述性地探究由意识活动和意识内容构成的心理现象的普遍"观念之物",最终把描述心理学打造成一门严格精密的本质科学。本质描述心理学的提出是胡塞尔对布伦塔诺描述心理学的重大突破,其标志性成果是1900—1901年发表的宏伟著作《逻辑研究》(两卷本),但在《逻辑研究》之后,他几乎抛弃了描述心理学而转向了现象学哲学。胡塞尔的本质描述心理学理论体系,作为描述心理学的重要组成部分,推动了严格科学传统的描述心理学的发展与进步。

一、胡塞尔其人

胡塞尔是德国著名哲学家和现象学运动的开创者,被称为"20世纪思想深刻的思想家"和"近代非常伟大的哲学家"[①]。他通过开启20世纪影响最大的哲学思潮——现象学运动,成为布伦塔诺所有学生当中最具知名度

---

① 夏基松.现代西方哲学.上海:上海人民出版社,2006:255.

的一位,甚至学界对布伦塔诺的关注在很大程度上都是源于胡塞尔产生的巨大影响。正如布伦塔诺研究专家齐硕姆所说,我们应该把胡塞尔看作是布伦塔诺的学生,而不是把布伦塔诺看作是胡塞尔的老师。① 胡塞尔在探究作为严格科学的哲学的终身历程中,对人文科学心理学(包括描述心理学和现象学心理学)给了极大关注并作出了重要贡献,影响了后来的格式塔心理学、存在心理学和人本主义心理学等理论流派。在他对科学心理学的重要贡献中,描述心理学算得上是奇特而精彩的一笔。胡塞尔的一生离奇而坎坷,既充满了对学术研究执着探索的伟大激情,又充满了生活的艰难和不幸带来的点点忧伤。他在对学习的淡漠中度过了早年时光;成年后进入莱比锡大学、柏林大学、维也纳大学以及哈雷大学攻读天文学、数学和哲学,并跟随布伦塔诺和斯顿夫学习哲学和心理学,由此抱定了献身哲学的决心;毕业后先后任职于哈雷大学、哥廷根大学和弗赖堡大学,在学术、教学和人才培养方面都取得了巨大成就;退休后遭受法西斯迫害,但仍未间断对学术事业的追求。胡塞尔在著述方面取得了累累硕果,给后世留下了大量宝贵的学术遗产。我们可以用他临终前所说的一句话来概括他的一生:"生与死是我的哲学的最后追求。我作为哲学家活了一辈子,我想作为哲学家死去。"②

(一) 早年时光

埃德蒙德·胡塞尔(Edmund Husserl,1859—1938)于 1859 年 4 月 8 日出生于时属奥匈帝国、现属捷克共和国的摩拉维亚的一个名叫普洛斯尼茨(Prossnitz)的小城镇,美国著名的实用主义哲学家、教育家和心理学家杜威(John Dewey,1859—1952)与法国著名的生命哲学家、诺贝尔文学奖获得者柏格森(Henri Bergson,1859—1941)也是在这一年出生的。可以说,胡塞尔是与哲学界的名人同年出生的哲学名人。胡塞尔家族属于犹太民族,其祖先已经在普洛斯尼茨生活了数百年,颇受当地人尊敬。他的父亲是一位非常成功的布商,他的母亲是一位比其父亲小 7 岁的犹太人,他还有一个比他大两岁的哥哥、一个比他小 4 岁的妹妹和一个比他小 10 岁的弟弟。因此,胡塞尔生长在一个平凡的多兄弟姊妹家庭中,这也预示着他的早年生活不会孤单和寂寞。

按照犹太人的民族传统和家族习惯,胡塞尔生下来便是犹太教徒。但

---

① Spiegelberg, H. (1981). *The context of the phenomenological movement*. The Hague: Nijhoff, p.137.
② 李鹏程.胡塞尔传.石家庄:河北人民出版社,1998:158.

他家的宗教气氛一点儿也不浓厚,以致他在读中学之前几乎都生活在自由自在的宽松家庭环境中。胡塞尔的童年生活充满了快乐和幸福:他常在冬天做追逐烟雾的游戏,烟雾是从房子对面玻璃厂的烟囱里冒出的,在阳光的照射下呈现出一种梦幻般的朦胧美;他曾在家人带领下绕过教堂并穿过狭窄街巷到市场上购物;他曾与其他小伙伴打赌证明自己的勇敢,然后骄傲地像强壮的马儿那样在高墙上奔跑;他曾在种花人的林苑里为自己采摘法国玫瑰;他曾与哥哥打闹嬉戏然后哈哈大笑。① 在其童年生活中,还有一件事特别值得一提:有人曾送给他一把小刀作为礼物,他觉得那小刀还不够锋利,于是便不断地磨它,结果刀刃越磨越小,最后几乎没有了。② 尽管胡塞尔在讲起这个童年故事的时候语调有些哀伤,但这件小事似乎预示了他后来从事哲学研究的严格而彻底的精神。

  胡塞尔六岁开始在普洛斯尼茨的中心小学读书,9岁时被送往维也纳一所实科中学③读书,10岁时被送往奥尔米茨(Olmütz)的德意志帝国皇家文科中学读书,一直到1876年夏天中学毕业。中学时期的胡塞尔并不是一位具有远大志向的优秀学生,他对除数学以外的课堂学习几乎毫无兴趣,每次上课都像瞌睡虫一样很快入睡,当老师提问时,他总是在周围同学的提醒下睡眼惺忪地站起来,而且还不住地打着哈欠。不过,在课外,他倒是一个很喜欢读书和勤于思考的孩子。或许是阅读了许多课外书的原因,他在十三四岁的时候便开始思考诸如上帝存在这样的宗教问题。每到学期快要结束的时候,胡塞尔都要拼命地补习功课以免留级。他对除数学以外的所有科目几乎都不感兴趣,每次成绩都很一般,但数学成绩却一直名列前茅。他在数学方面表现出天才的颖悟,尽管数学老师对学生们要求极为严格,但他总能取得优异成绩,这或许是他升入大学后始终对数学感兴趣的重要原因,也或许是他走上学术道路后在探讨哲学和心理学问题时总喜欢跟数学联系在一起的本初原因。

  1876年初,马上面临中学毕业考试的胡塞尔对老师们作出的评语心有不甘:"胡塞尔在毕业考试中很难通过,这几年以来他一直使我们感到为难。"④ 为了能够顺利通过中学毕业考试,他不得不临时抱佛脚,以前所未有的紧张和干劲投入到备考复习中,每天早晨五点钟就急匆匆地起床进入复习状态。胡塞尔的最终考试结果几乎令所有老师都感叹万分——他居然以

---

① 李鹏程.胡塞尔传.石家庄:河北人民出版社,1998:2—3.
② 李鹏程.胡塞尔传.石家庄:河北人民出版社,1998:2.
③ 实科中学指德国近代着重讲授自然科学知识和日常实用知识的中等学校。
④ 李鹏程.胡塞尔传.石家庄:河北人民出版社,1998:4.

优异的成绩通过了毕业考试。校长在给校监事的报告中极其自豪地写道：取得如此好成绩的胡塞尔"是我们学校最差的学生"①。1876 年 6 月 30 日，胡塞尔顺利拿到了奥尔米茨的德意志帝国皇家文科中学的毕业证书。

（二）大学教育

1876 年秋，胡塞尔进入莱比锡大学学习天文学，并选修了数学、物理学以及科学心理学主要创建者之一冯特所讲授的哲学课程，还阅读了分析几何学和天体光度学等多方面的书籍，特别是阅读了英国经验论哲学家贝克莱的著作，贝克莱算是其上大学后接触到的首位哲学家②。但这些给予胡塞尔的影响和启发并不算大。他在莱比锡大学最大的收获应该是结识了他的同乡、后来成为捷克斯洛伐克首任总统的马萨里克（Thomas Garrigue Masaryk，1850—1937）博士。马萨里克比胡塞尔年长 9 岁，专攻数学和哲学，之前曾在维也纳大学跟随布伦塔诺学习，对布伦塔诺的为人和学问都钦佩有加。胡塞尔很快便与马萨里克成为亲密朋友并深受其影响，两人常常结伴去参加各种学术活动，共同探讨哲学和其他功课。马萨里克在功课方面较胡塞尔优秀，而且经常帮助和指点胡塞尔学会如何独立思考。在马萨里克影响下，胡塞尔对于笛卡尔哲学、莱布尼茨哲学和贝克莱哲学等近代哲学产生了浓厚兴趣，特别是对后来影响其终生的布伦塔诺的学说产生了一种朦胧的崇拜和期待。

1878 年春，胡塞尔在莱比锡大学学习三个学期后转到柏林大学哲学系学习数学和哲学。他在柏林大学学习的六个学期中，感到对其思想成长和发展影响最大的教授是著名哲学家泡尔生（Friedrich Paulsen，1846—1909）和著名数学家魏埃尔施特拉斯（Karl Theodor Wilhelm Weierstrass，1815—1897）与克罗耐克尔（Leopold Kronecker，1823—1891）。正如他后来所说："这个时期一开始我主要从事数学学习，而随后我对哲学越来越感兴趣。当时我还没有制订出一个在将来从事数学教学的计划。在哲学方面我特别喜欢泡尔生教授，我非常感谢他不断给予我的真挚鼓励。在数学方面对我发生持久影响的是魏埃尔施特拉斯教授和克罗耐克尔，我是他们的学生。"③魏埃尔施特拉斯主要讲授复变函数理论方面的课程，注重把理性思考与非理性直觉相结合，强调数学的根源和基础、基本概念和基本定理。他富有魅力的人格和从事学术研究的方式对胡塞尔产生了特殊而深远的影

---

① 李鹏程.胡塞尔传.石家庄：河北人民出版社，1998：4.
② 李鹏程.胡塞尔传.石家庄：河北人民出版社，1998：5.
③ 李鹏程.胡塞尔传.石家庄：河北人民出版社，1998：7.（较原文稍有改动.）

响。胡塞尔后来曾立志，要为哲学做魏埃尔施特拉斯为算术所做的事，使哲学建立在单一基础之上。① 严谨的数学学习使胡塞尔形成了严谨的治学风格。不过，为了遵从父亲的意愿并为将来就业作打算，他没有在德国的大学获取学位。

1881 年夏，胡塞尔转到奥地利的维也纳大学读书，专门对数学特别是变分数进行研究。在维也纳大学，他与当时已在那里担任私人讲师的故友马萨里克重新聚首，并成为其家中的常客。马萨里克诚挚地建议他去听布伦塔诺的课并研读《新约全书》。23 岁的胡塞尔接受了建议，认真阅读了《新约全书》。这部宗教著作给他带来了强烈的内心震撼，使他从单纯的数学领域开始转向严格科学的哲学领域，同时也使他认识到严肃理性的生活与严格科学的研究同样重要。1882 年秋，胡塞尔在格尼斯贝格（Leo Königsberger，1837—1921）指导下完成并提交了博士学位论文，题目是《变分数理论文集》。1883 年 1 月 23 日中午，胡塞尔顺利通过了博士学位论文答辩，并获得了哲学博士学位。同年夏季学期，他应魏埃尔施特拉斯教授之邀返回柏林大学，担任他的私人助手，帮助其撰写和整理讲稿。但胡塞尔对这项工作并没有多大热情，当魏埃尔施特拉斯因患病而无法讲课时，他便决定返回奥匈帝国服兵役，以留出足够时间冷静地思考和规划自己的未来。1884 年 10 月，胡塞尔服役期满，接受马萨里克先前的劝告和建议重新进入了维也纳大学，踏进了布伦塔诺的哲学课堂，并由此开启了其持续终生的哲学研究生涯，布伦塔诺也成为其学术道路上对他影响最大和最深的人。

胡塞尔从 1884 年至 1886 年跟随布伦塔诺学习了两年。在这两年中，他被布伦塔诺的人格魅力、治学风格和授课方式深深折服，对他毕恭毕敬，充满了钦佩、信任，甚至崇拜。布伦塔诺学识渊博，思想深刻，在课堂上就像是一个永恒真理的见证者和天国世界的宣告者矗立在青年学生面前。② 他以纯粹而严格的经验客观性拷问一切哲学问题，以苏格拉底"产婆术"式的授课方式传道授业解惑，以柔和模糊的特别音调和传教士般的优雅手势传递伟大的学术使命和严格的哲学精神。下课之后，他还常常把学生们带回家中，边吃饭边继续探讨课堂中的学术问题。正处于职业抉择之际的胡塞尔实在难以抗拒布伦塔诺伟大的人格力量，随即决定以哲学作为其终身事业。正如他后来所说："我最初从他的课堂上获得了一种信念，这种信念使

---

① 张汝伦.二十世纪德国哲学.北京：人民出版社，2008：74.
② Husserl, E. (1919). Reminiscences of Brentano. In L. L. McAlister (Ed.). (1976). *The philosophy of Brentano*. London: Duckworth, p.48.

我有勇气选择哲学作为人生职业,这种信念使我相信哲学也是一个严肃的工作领域,哲学不仅能够而且也必须以一种严格科学的精神去探讨和处理。"① 胡塞尔对于布伦塔诺所讲授的每门课程几乎都一堂不漏地认真聆听。他选修了布伦塔诺开设的主干课程、辅导课程和研讨课程共八门,它们包括:1884 年冬季学期的"实践哲学""基础逻辑及其必要改良"和对休谟的《人类理智论》的辅导课程;1885 年夏季学期的"基础逻辑"和对休谟的《道德原则》的研讨课程;1885 年冬季学期的"实践哲学"、对赫尔姆霍茨的《知觉事实》的研讨课程和"心理学与美学问题举要"。② 布伦塔诺在这些课程中主要考察了描述心理学特别是表象问题,对胡塞尔后来从事描述心理学研究起到了决定性作用。

胡塞尔与布伦塔诺的关系日益亲密,而且很快便成为布伦塔诺学术圈子中一颗耀眼而独特的"新星"③。他除了有资格和少数学生一同到布伦塔诺家中吃饭和做学术研讨外,还可以随时造访布伦塔诺的寓所,请教和探讨各种学术问题,陪同布伦塔诺一起散步和泛舟。有趣的是,布伦塔诺夫妇还曾专门为他画了一幅肖像画,后来将之作为一份特殊的圣诞节礼物赠送给了他的未婚妻玛尔维娜(Malvine)。④ 1886 年 10 月 18 日,胡塞尔被布伦塔诺推荐给哈雷大学的斯顿夫,以便获得大学任教资格。布伦塔诺在推荐信中这样饱含深情地写道:"请允许我把一个年轻人推荐给您。胡塞尔博士,数学家,这几年一直是我的哲学课的执着听讲者。他今年冬天要到哈雷大学去。他盼望能够听您的课,并同您交往。他正在写一篇关于连续性问题的论文……他想拿这篇文章申请在大学从事哲学教学的资格,并想在哈雷大学实现这个愿望……我认为,他正直诚实,而且能够比大多数年轻人更严格地对待工作。"⑤胡塞尔经布伦塔诺推荐来到哈雷大学跟随斯顿夫学习,成为斯顿夫指导的第一位学生。他于是年冬季学期开始聆听斯顿夫的心理学课程,还选修了他的形而上学和逻辑学等课程,并做了大量课堂笔记。他还得到了斯顿夫无微不至的关怀,经常私下里被约谈包括描述心理学在内的学术问题,两人建立了深厚而亲密的友谊。1887 年 10 月 24 日,在斯顿夫的推动和指导下,胡塞尔以《论数的概念:心理学的分析》为题完成了任教

---

① Husserl, E. (1919). Reminiscences of Brentano. In L. L. McAlister (Ed.). (1976). *The philosophy of Brentano*. London: Duckworth, p.48.
②③ Rollinger, R. D. (1999). *Husserl's position in the school of Brentano*. Dordrecht: Kluwer Academic Publisers, p.17.
④ 李鹏程.胡塞尔传.石家庄:河北人民出版社,1998:15.
⑤ Rollinger, R. D. (1999). *Husserl's position in the school of Brentano*. Dordrecht: Kluwer Academic Publisers, p.86.

资格论文,从而获得了在哈雷大学担任讲师的任教资格。

(三)任职生涯

1887年冬季学期,胡塞尔开始正式担任哈雷大学编外无薪讲师。此时他与妻子玛尔维娜刚结婚不久。婚后的玛尔维娜贤惠体贴而且辛勤能干,给这个刚刚起步的清贫家庭带来了幸福和温馨,而且她数十年如一日,默默地对丈夫的哲学事业给予了巨大支持。然而,胡塞尔在哈雷大学的14年中充满了压抑和不愉快,时常感觉到被孤立和不被承认,其中一个重要原因就是他在那里一直未获得晋升。① 1892年,他曾被所在哲学系提名为教授,但最终被教育部当局以缺少名额为由拒绝了。但这些不公丝毫没有妨碍胡塞尔潜心于学术事业。他每天的工作时间除了上课之外,几乎都忙于自己的哲学研究。"期待着上帝的人们,必然得到新的力量。"②这是雕刻在弗朗克孤儿院大门拱石上的一句诗,胡塞尔每天散步路过时几乎都会看到,这句诗因抒发了其内心情怀而成为他的人生格言。

就教学方面而言,胡塞尔在哈雷大学开设了哲学、心理学、逻辑学和伦理学等方面的大量课程,其中心理学课程包括"心理学的基本问题"(1888)和"心理学"(1891,1894)等,而且他对心理学的理解具有描述心理学性质。就学术研究方面而言,胡塞尔在哈雷大学主要是从心理主义视角来开展的,特别是对描述心理学进行了丰富而有效的研究。1891年,他发表了其第一部著作《算术哲学:心理学和逻辑的研究》(第1卷),从布伦塔诺描述心理学的视角揭示了数的概念的起源问题,并独立于厄棱费尔提出了形质问题,在很大程度上可以说是一部描述心理学著作。他原本打算撰写以计算理论为主要内容的第2卷,但在弗雷格对其心理主义的严厉批判之下,最终放弃了对第2卷的撰写。1894年,他又发表了另一部描述心理学著作《对基础逻辑的心理学研究》,但在其中已显露出批判心理主义的苗头。1890年至1900年的10年间,胡塞尔撰写了许多逻辑学方面的论文,并于1900年在前面研究工作的基础上完成并发表了《逻辑研究》第一卷,通过系统批判心理主义而对心理与逻辑作了严格区分。次年,他又发表了《逻辑研究》第二卷,通过六个研究依次系统阐述了逻辑问题。这部著作确立了胡塞尔在学术界的伟大地位,既标志着他正式拉开了现象学运动的大幕,也标志着他突破了布伦塔诺的经验描述心理学而提出了其本质描述心理学。《逻辑研究》第一卷的出版使得胡塞尔于1901年被普鲁士教育部任命为哥廷根大学编外副

---

① 张汝伦.二十世纪德国哲学.北京:人民出版社,2008:77.
② 李鹏程.胡塞尔传.石家庄:河北人民出版社,1998:20.

教授。

1901年10月24日,胡塞尔正式移教于哥廷根大学,主要是看重那里浓厚的学术氛围。哥廷根大学当时是德国著名的数学研究中心,数学界泰斗希尔伯特(David Hilbert,1862—1943)就工作于此,他曾寄希望于胡塞尔能作为新逻辑的代表与其合作,但胡塞尔的兴趣已越来越转向了主体性问题、先验观念论和现象学方法等方面。可以说,哥廷根大学的15年是胡塞尔发展现象学的重要时期。尽管他在哥廷根的晋升之路仍然不顺,直到1906年才升任正教授,但他是一位只执着于学术而不太看重地位和名利的"真学者"。《逻辑研究》问世后博得了当时著名哲学家狄尔泰和那托普等人的高度评价和诚挚赞美,胡塞尔及其现象学顿时名声大振,其影响已远远超出了哥廷根大学,全国各地的追随者慕名而来,逐渐形成了"哥廷根小组"和"慕尼黑小组"。胡塞尔受到极大鼓舞,接下来对知觉、注意、记忆、想象、图像意识和时间意识等各种意识现象进行了描述性的现象学分析。1905年,他做了关于时间意识的专题讲座,并以《内在时间意识现象学》为题整理发表。1907年,他又做了五次关于现象学观念的专题讲座,身后被以《现象学的观念》为题整理发表,这表露出他已从《逻辑研究》中的描述现象学开始转向超越论的现象学。1910年,他受邀在新康德主义者李凯尔特主编的《逻各斯》杂志上发表了《哲学作为严格的科学》一文,既批判了自然主义又批判了历史主义,阐明了现象学描述的本质和现象学作为严格科学的纲领性思想。1913年,他发表了《纯粹现象学与现象学哲学的观念》一文,标志着其学术思想正式进入了超越论现象学阶段。然而,胡塞尔在从事超越论现象学研究的过程中,依然关注和重视心理学问题,并极力强调现象学与心理学(包括描述心理学)的区别,以避免再被戴上心理主义的帽子。

1916年,胡塞尔到弗赖堡大学接任了李凯尔特的教授职位,并于次年3月3日作了题为《纯粹现象学:它的研究领域和方法》的就职演说。他在这个就职演说中表达了对人类精神生命的深切关怀,并声称哲学只有通过现象学才可能成为一门严格的科学。正如他所说:"一切哲学学科都根源于纯粹现象学。"[①]胡塞尔之所以对人类精神予以深切关注,可能与第一次世界大战给其家庭生活造成的惨烈不幸有关:战争导致他的两个儿子一个牺牲一个重伤。人类精神需要通过严格科学的哲学实践才能够恢复和更新,于是他继续对现象学和心理学进行了研究。他不再像先前那样对现象学和心理学作严格区分,而是在现象学基础上发展出了一门现象学心理学。1925

---

① 转引自:张汝伦.二十世纪德国哲学.北京:人民出版社,2008:80.

年,他作了现象学心理学的专题讲座。1926 年,他开设了一门阐释意向心理学可能性的课程。1928 年,他又开设了"现象学心理学"和"意向心理学"两门课程,并赴荷兰作了两场关于现象学心理学的学术报告。同年,他在其《形式的和先验的逻辑》中系统阐述了超越论现象学的观点。胡塞尔在弗赖堡大学时已是名满天下,他周围聚集了海德格尔、贝克尔(Oscar Becker, 1889—1964)和莱纳(Hans Reiner, 1896—1991)等一大批追随者。但不得不说,尽管胡塞尔周围不乏忠实的弟子,但许多曾经的追随者或志趣相投者都因与他发生了分歧而走了自己的思想道路,其中海德格尔就是典型例子。海德格尔通过其名作《存在与时间》将先验现象学转向了存在论方向,胡塞尔将之视作对自己学术方向的极大背叛。1928 年,胡塞尔从弗赖堡大学退休,但仍然推荐海德格尔继任了自己的教职。

(四)退休生活

胡塞尔于 1928 年从弗赖堡大学退休,但仍然讲课到 1929 年,而且获得了在退休后两年内仍可以由教育部资助聘请私人助手的特殊待遇。退休后,他仍然跋涉于学术旅途之上,致力于将超越论现象学拓展到欧洲社会和历史问题。正如他在自己 70 岁寿诞庆祝会上所说:"我必须进行哲学思考,否则我就活不下去。"[①]1929 年 2 月,他在法国巴黎作了题为《笛卡尔沉思》的精彩报告,把超越论现象学拓展到了交互主体性问题。1931 年 6 月,他在法兰克福和哈雷的康德协会分别作了题为《现象学与人类学》的学术报告,受到与会者的一致好评。1935 年 5 月,他在维也纳文化联合会作了题为《欧洲人类危机中的哲学》的学术报告,同年 11 月又在布拉格大学技术哲学系作了题为《欧洲科学的危机与心理学》的学术报告。1936 年初,他在之前所作报告的基础上,撰写了《欧洲科学的危机与先验的现象学》一书,并将书中的第一和第二两部分发表在了南斯拉夫的《哲学》杂志上。他还通过考察欧洲历史,阐明了科学危机在心理学中的具体表现,并主张把心理学作为通达超越论现象学的可行道路。可以说,胡塞尔的退休生活大部分都是在继续创造自己学说和广泛宣传自己学说的过程中度过的。

胡塞尔退休后国际声望日益提高,各种国际荣誉纷至沓来,美国、法国、捷克斯洛伐克和英国等多个国家的官方研究机构纷纷吸纳他为会员或授予他院士或荣誉院士称号。例如,美国艺术与科学学院吸纳他为荣誉成员,巴黎道德与政治科学学院授予他通讯院士称号,英国科学院吸纳他为通讯会员。然而,胡塞尔作为享誉世界的伟大哲学家,晚年却因自己的犹太人身份

---

① 李鹏程.胡塞尔传.石家庄:河北人民出版社,1998:150.

而遭到纳粹分子的无辜迫害,并由此陷入了凄凉、孤独和寂寞的悲惨境地,仅有少数几个学生去看望他。他被吊销了德国合法公民身份,被禁止去大学图书馆查阅资料,被禁止参加任何国际会议,被禁止进入大学校门,被从大学哲学系和各种哲学组织名册上除名,甚至被从自己家里扫地出门。然而,胡塞尔以一位伟大哲学家非同寻常的忍耐力和胸怀坦然面对如此蛮横无理的迫害,依然坚守了自己的哲学岗位。他甚至在纳粹不准其进入大学的禁令背面写下了他的哲学研究笔记,以示强烈抗议。1938 年 4 月 27 日,胡塞尔因病在弗赖堡的家中孤独逝世①,享年 79 岁。遗体火化那天,弗赖堡大学仅有一位教授以私人身份前来吊唁。胡塞尔死后葬于弗赖堡,他的墓碑非常朴素,甚至连墓志铭都没有!但后人却永远地记住了他!

(五)主要著述

胡塞尔毕生勤于治学,著作等身,除了生前已经发表的著作外,仅去世后留下的研究手稿就达到 45 000 余页。这些手稿现保存于比利时鲁汶大学胡塞尔档案馆,目前正在陆续整理出版之中。胡塞尔已经发表出来的著作与尚未发表的著作相比,只是冰山一角。他已经发表出来的著作主要包括《算术哲学:心理学和逻辑的研究》(第 1 卷)(1891)、《逻辑研究》(两卷本,1900,1901;修订版,1913)、《内在时间意识的现象学》(1905)、《哲学作为严格的科学》(1910,1911)、《纯粹现象学与现象学哲学的观念》(1913)、《第一哲学》(1923,1924)、《形式的和先验的逻辑》(1929)、《笛卡尔沉思录》(1931)以及《欧洲科学的危机与先验的现象学》(1936)等,其中《算术哲学:心理学和逻辑的研究》和《逻辑研究》是其描述心理学思想的集中反映。

《算术哲学:心理学和逻辑的研究》旨在对算术予以严格科学的哲学理解,通过阐明纯粹数学的基础来阐明作为严格科学的哲学的基础。胡塞尔在这部著作的自述中阐明了它的两个基本任务:首先是分析算术的基本概念,其次是从逻辑上澄清算术的符号和运算方法。与这两项基本任务相对应,他将这部著作的文本分为两大部分:第一部分主要是对"基数""多""一""总和"以及"集合"等本真的基本算术概念进行描述心理学的直观考察与分析,第二部分主要是对算术使用的非本真的符号和运算概念进行逻辑上的澄清与阐明。在这部著作中,胡塞尔借助布伦塔诺的描述心理学方法,通过抽象表象贯通了心理学分析与算术概念分析,阐明了算术概念内涵的两个部分即"和"与"一"作为纯粹形式概念是在内部知

---

① 当时,他仅存的儿子和女儿已经定居美国。

觉基础上通过反思抽象形成的。① 换句话说,胡塞尔把布伦塔诺的描述心理学继承性地拓展到了算术领域,用基于事实的经验描述方法来反思和分析基本思维过程的体验,探究算术概念的心理起源。总之,可以说,《算术哲学:心理学和逻辑的研究》是一部描述心理学著作②,它反映了胡塞尔早期的经验描述心理学思想,标志着其描述心理学研究的发轫。

《逻辑研究》分为两卷。第一卷的副标题是"纯粹逻辑学导引",由引论和11章内容组成。胡塞尔在给第一卷所写的广告宣传中阐明了要完成的两个任务,并根据这两个任务安排了著作文本的基本内容。这两个任务分别是:规定纯粹逻辑的界限,从而反对把逻辑视作一种艺术、技术或规范科学的思想;拒绝把逻辑规律奠基在心理规律之上的心理主义。第二卷的副标题是"现象学和认识论研究",主要沿着六个单独的研究展开,分别是"表达式与意义""种属的理想统一与近代的抽象理论""整体与部分的关系""独立与不独立意义的区别和纯粹语法的观念""意向经验及其内容"和"现象学的认识启蒙之要素"。从基本内容来看,这两卷著作主要是围绕着逻辑问题进行了"破"与"立"的工作。③ 第一卷主要是"破",它抛弃了《算术研究:心理学和逻辑的研究》中的观点和做法,严格区分了心理与逻辑,明确批判了当时在哲学界占统治地位的逻辑概念和逻辑规律是心理构成物的心理主义观点。第二卷主要是"立",它通过对意识的现象学本质分析揭示了逻辑对象的观念性,阐明了逻辑与心理的关联问题,并用大量篇幅讨论了意识活动的因素和结构,把现象学等同于描述心理学。《逻辑研究》是现象学的奠基之作,也是胡塞尔最重要和最具影响力的著作之一。就其在心理学中的价值和意义而言,《逻辑研究》特别是第二卷的发表,标志着胡塞尔描述心理学思想的根本性转变,他在坚持描述心理学直观原则的基础上使直观内涵扩展到包括观念直观,从而将布伦塔诺经验的意动描述心理学发展为观念的本质描述心理学。

二、早期的描述心理学研究

胡塞尔早期的描述心理学研究,没有突破其老师布伦塔诺设定的经验描述心理学理论框架,而主要体现为将布伦塔诺的描述心理学思想继承性地拓展和应用到了算术领域中,通过基于经验事实的描述心理学分析探究

---

① 楼巍,奚颖瑞.早期胡塞尔对"数"概念的心理学分析.现代哲学,2012(4):80-86.
② [荷]德布尔.胡塞尔思想的发展.李河,译.北京:生活·读书·新知三联书店,1995:61.
③ 郭本禹,崔光辉,陈巍.经验的描述——意动心理学.济南:山东教育出版社,2010:175.

了"数"概念的表象基础或心理起源,进而证实了其正当性与合法性。

19世纪下半叶,由于康德哲学的影响和数学自身的发展要求,对数学基础的研究比之前几个世纪更为兴盛。① 自从笛卡尔以来,许多哲学家一直把具有知识确定性的数学视为严格科学的典范,并自觉以数学作为榜样来构建自己的哲学。胡塞尔是数学专业出身,对数学可以说有着天然的偏好,同时对布伦塔诺的严格科学的哲学的理想更加青睐,但他并不是要以数学为榜样来构建自己的哲学,而是要通过阐明纯粹数学的基础来阐明作为严格科学的哲学的基础。② 他认为,哲学概念与数学概念在基本性质上并无两样,或者说,哲学与数学具有同一个基础,弄清楚数学的基础便弄清楚了作为严格科学的哲学的基础,进而证实其正当性与合法性。对数学严格而彻底的奠基,并不意味着对算术进行人为的逻辑主义重构,而是首先意味着要回溯到算术活动最初的明见性之中。胡塞尔"试图恢复一种在不断的历史发展和积淀中已经断裂了的、真正源初的传统,这种传统赋予了算术以源初的意义。"③为唤醒算术产生之际的本初意义,他给算术哲学设置了两项基本任务:分析算术的基本概念和从逻辑上阐明算术的符号方法。第一项任务就是借助布伦塔诺的描述心理学方法,即反思和分析基本思维过程的体验,来分析数学的基本概念,如"多""一""数"等。描述心理学方法成为胡塞尔哲学和数学的基本方法。正如他所指出的:"那时我从流行的信念出发,即从哲学上阐明演绎科学的逻辑学和一般逻辑学,必须寄希望于心理学。"④

胡塞尔认为,算术中各种数的概念和关系的地位并不相同,有些是基本的和源初性的,而有些则是衍生的且可以回溯至前者。整个算术的合法性和正当性事实上最终奠基于那些自身简单且逻辑优先的概念和关系之上,而最简单和最基本的概念就是"数",特别是正整数或自然数,因此算术哲学要从阐明和分析"数"的基本概念出发。胡塞尔认为对"数"概念的分析首先要阐明三种区分:对"数"概念(如"二")和数字符号(如"2")的区分;对作为普遍概念的"数"和归属于它之下的个别自然数概念的区分;对作为概念的"数"和作为对象的"数"的区分,其中第二种区分最为重要。⑤ 基于第二种

---

① 奚颖瑞.论早期胡塞尔的算术哲学.自然辩证法通讯,2011,33(2):7-11.
② 张汝伦.二十世纪德国哲学.北京:人民出版社,2008:92-93.
③ 奚颖瑞.从"算术哲学"到"逻辑研究"——论早期胡塞尔的现象学突破之路.杭州:浙江大学博士学位论文,2010.
④ 转引自:张汝伦.二十世纪德国哲学.北京:人民出版社,2008:94.
⑤ 楼巍,奚颖瑞.早期胡塞尔对"数"概念的心理学分析.现代哲学,2012(4):80-86.

区分,对"数"概念的分析实质上就是对作为普遍概念的"数"的基本内涵进行分析,而这种分析在他看来只能通过借助布伦塔诺的描述心理学方法分析我们的意识活动特别是表象活动来完成。胡塞尔不主张把"数"概念视作符号形式中给予的东西,而是将之看作具有某种客观性的抽象对象,但这些抽象对象又总是作为我们的表象即某种主观之物出现于我们认识之中。这说明"数"概念既是自在自为的客观之物又是在认识中被给予的主观之物,但它们最终是从某些具体现象中通过抽象作用产生的抽象表象,因而算术概念分析首先应从主观心理方面追溯其在具体现象之中的直观基础。

胡塞尔认为,以具体表象为基础的抽象表象可分为外部抽象(外部知觉)和反思抽象(内部知觉),前者形成的是反映外部事物的共性、关系或属性的概念,后者形成的是反映心理活动或自我状态和特性的概念,"数"概念的基础是基于内部知觉的反思抽象,因而它是心理活动或心理行为而不是外部事物的共性、关系或属性。我们意欲产生抽象表象首先要以具体表象为基础,而且要具有从具体表象的内容中分离和抽象出共同部分从而形成抽象表象之内容的能力。对"数"概念的描述心理学分析除了要首先追溯其在具体表象之中的直观基础外,还要详细描述抽象表象被抽象出来的具体过程。胡塞尔认为,"数"概念的直观基础是"个别地自为地被给予的并以集合的方式被把握在一起的客体的全体"①。此处的客体就是表象内容或表象内容的一部分。他把作为"数"概念的直观基础的表象称为"集合表象",即当我们拥有它们之时我们可以用"一些东西"来对它们加以命名。集合表象的重要特征是,被集合起来的各客体可以完全随意,即它与元素自身的性质毫无关系。但集合表象之中除了具有元素之外,还具有一个超出诸元素但能将诸元素结合起来的联结,胡塞尔称之为"集合联系"。集合联系实际就是元素之间的关系,它作为共同点构成了抽象的基础。

胡塞尔根据布伦塔诺的物理现象与心理现象的区分,区分出两类关系即原始关系与心理关系。原始关系对应着物理现象,是指非意向地包含其基本部分的那些关系,其基本部分完全是根据内容联系在一起的;心理关系对应着心理现象,是指意向地包含其基本部分的那些关系,其内容只是由于我们的心理活动才联系在一起。胡塞尔认为,集合联系作为把诸元素集合起来的集合行为属于心理关系,在语言中用"和"来表示,因而对它的抽象只能是反思抽象。在对集合联系进行反思抽象的过程中,某些作为"一"或"某物"的个别内容并没有消失,而是在集合联系中仍然被给予,只是我们未予

---

① 转引自:楼巍,奚颖瑞.早期胡塞尔对"数"概念的心理学分析.现代哲学,2012(4):80-86.

以特别注意而已。因此,"数"概念的基本内涵是由"集合联系"("和")与"某物"("一")两个概念构成的。

胡塞尔独辟蹊径地运用布伦塔诺的描述心理学方法和理念对"数"概念的基本内涵进行了阐释和分析,从而对描述心理学有了早期接触和研究。但他的描述心理学观点并未从根本上突破布伦塔诺的描述心理学理论框架,甚至两者存在的问题都基本一致,即混淆了主观之物与客观之物。布伦塔诺因执着于物理现象与心理现象的区分,而没有对意识内容和意识对象明确区分,以致把意识内容误认为物理现象而排除在心理学研究大门之外。胡塞尔有过之而无不及,他把客观的作为意识对象的集合联系与主观的作为意识活动的集合行为等同了起来,从而混淆了客观静止之物与主观活动之物。① 此外,他的"心理关系"也暧昧不清,既可被理解为一种心理实在,又可被理解为某种理想的普遍统一。② 这充分反映出胡塞尔在算术哲学阶段对描述心理学的认识和研究尚不成熟,但他后来在改造布伦塔诺的意向结构模型的基础上较早期描述心理学思想有了根本突破,提出了其本质描述心理学思想。

三、"三维"意向结构模型

胡塞尔自其《算术哲学:心理学和逻辑的研究》遭到批评之后经过数年反思,终于认识到布伦塔诺的意向结构模型存在严重不足,并通过对其改造提出了一种新的"三维"意向结构模型,从而为其本质描述心理学的提出奠定了基础。

布伦塔诺以是否具有"意向的内存性"作为根本标准对心理现象与物理现象作了明确而严格的区分,认为心理现象具有对象的意向的内存性,总是意向地包含一个对象于其内,即始终指向或关涉某个对象或内容并且这个对象或内容不存在于外在世界而存在于内在世界,这是其最显著、最独具和最普遍的根本特征,而物理现象总是自给自足地自己包含着自己,不包含任何其他事物于其内。布伦塔诺通过意向性提出了自己的意向结构模型,涉及意识活动、意识内容和意识对象三部分。但他的意向结构模型存在模糊不清之处,认为意识活动是指各种心理的活动或动作,意识内容是指意识活动涉及的各种对象,这便混淆了意识内容与意识对象的界限,以致在对心理

---

① 奚颖瑞.从"算术哲学"到"逻辑研究"——论早期胡塞尔的现象学突破之路.杭州:浙江大学博士学位论文,2010.
② 张汝伦.二十世纪德国哲学.北京:人民出版社,2008:96.

现象的范围界定上发生了错误。从他所说的下面这句著名的话中我们可以明显看出："每一心理现象的特征在于具有中世纪经院哲学家所说的对象的意向的内存在或心理的内存在和我们所称的(尽管无法完全明确)与某一内容的关联,对某一对象(不应理解为实在的对象)的指向,或内在的对象性。每一心理现象都把某物作为对象而包容于自身之中,尽管方式有所不同。在表象中总有某物被呈现,在判断中总有某物被肯定或否定,在爱中总有某物被爱,在恨中总有某物被恨,在欲求中总有某物被欲求,如此等等。"[1]布伦塔诺在这句话中使用了"意向的内存在""心理的内存在""与某一内容的关联""对某一对象的指向""内在的对象性"五种表达方式,其实表达出了两种意思:一是心理现象内在地包含着某个对象;二是心理现象指向某个对象或关涉某种内容。这便给人这样的印象:意识内容与意识对象在布伦塔诺那里是相等同的、可以互换使用的。事实上,布伦塔诺因过于专注把心理现象与物理现象区分开来,而忽视了意识内容与意识对象的区分,认为意识内容和意识对象都不是心理现象本身而是物理现象,只有意识活动才是心理现象。这便把原本属于心理现象的意识内容,等同属于物理现象的意识对象而将之排除于心理学研究范围之外。

胡塞尔明确指出,布伦塔诺混淆地把意识内容和意识对象相等同,并错误地将之都视为物理现象而排除在心理学研究大门之外。他认为,意识活动经验的内容与超越心灵实体的意识对象具有根本不同的属性特征。当我们从不同角度或在不同条件下观看某个对象时,我们意识活动之中产生的意识内容是大不相同的。例如,当我们翻转着某个精品盒观赏时,我们看到的是盒子的不同侧面,但我们明白我们在不同的知觉活动或知觉行为中看到的是同一个对象,但在我们意识中产生的经验内容则会随着观看角度的不同而变化多样。再如,就听某场音乐会而言,我们可以端坐在音乐厅里收听,也可以站在音乐厅外边隔着墙壁收听,但无论在这两种情况下我们的听觉多么不同,我们都深信我们听到的是同一场音乐会。因此,在胡塞尔看来,我们看到的是某个盒子而不是某些视觉,我们听到的是某场音乐而不是某些听觉。他认为,意识对象并不是意识活动内部用来代替所指涉对象的替代物,以各种各样的形式表现出来的意识对象与外部现实事物实际是一回事,并不存在意识对象或意向对象之外的物自体,意识活动所指向或意向的就是外部世界的现实事物。但意向对象在我们脑海当中是个什么状况,

---

[1] Brentano, F. (1973). *Psychology from an empirical standpoint* (A. C. Rancurello, D. B. Terrell, & L. L. McAlister, Trans.). London: Routledge & Kegan Paul, p.88.

则取决于我们以什么样的意向方式去对待。例如,诗人审美意向中的花鸟是"感时花溅泪,恨别鸟惊心"的花鸟,而科学家判断意向中的花鸟则是生物学意义上的花鸟,尽管诗人与科学家意向的是相同的对象,但因意向方式不同而产生了不同的意识内容。这也足以说明,意识内容与意识对象并不是一回事。

胡塞尔明确区分了意识内容和意识对象后,进一步质疑了布伦塔诺关于心理现象与物理现象的分类。他认为,布伦塔诺所谓的心理现象并未囊括全部的心理现象,而在其所谓的物理现象中实则包含了很大部分的心理现象。布伦塔诺仅把意识活动视作心理现象,而把主观的意识内容等同于客观的意识对象划入了物理现象范畴,从而缩小了心理现象的概念范畴。针对布伦塔诺提出的意向结构模型的不足,胡塞尔提出了一种新的"三维"意向结构模型,并以听音乐为例作了说明。对音乐的"听"是意识活动,听到的音乐是意识内容,听这种活动指向的音乐是意识对象,其中意识活动和意识内容都属于心理现象范畴,意识对象属于物理现象范畴。胡塞尔认为,意识活动、意识内容和意识对象构成了人类心理不可或缺的三种要素。意识活动根据意向关系总体上可分为客体化意动和非客体化意动,前者是指具有构造对象能力的意动,包括表象和判断等意动,后者是指不具有构造对象能力的意动,包括情感、欲求和意愿等意动,并且后者以前者为基础;意识内容严格意义上是内在于心灵和私人的[①],由个人意向方式决定;意识对象在现实世界中是否真实存在与知觉经验的本质并不相干,因而虚构的人物、荒谬的观念等不实际存在的事物也可以成为意识的意向对象。

四、本质描述心理学思想

胡塞尔以新的"三维"意向结构模型为基础,突破和推进了布伦塔诺的描述心理学,提出了本质描述心理学。他把描述心理学重新界定为主体从第一人称视角出发对其内心生活中显现的普遍"观念之物"进行直观描述的本质科学[②],并规定其具体任务是通过本质直观描述性地探究由意识活动和意识内容构成的心理现象的本质种属和复合形式。可以说,本质是胡塞尔描述心理学理论体系的核心,故称之为"本质描述心理学"。胡塞尔站在人文科学的基本立场上,确立了描述心理学的基础地位,指出了描述心理学的研究对象是具体心理经验之外的普遍观念之物,并主张运用本质直观的

---

① [丹]扎哈维.胡塞尔现象学.李忠伟,译.上海:上海译文出版社,2007:20.
② [荷]德布尔.胡塞尔思想的发展.李河,译.北京:生活·读书·新知三联书店,1995:199-206.

描述方法加以研究,最终把描述心理学打造成一门严格精密的本质科学。不过,胡塞尔的本质描述心理学并未彻底突破经验层面,他所说的本质仍然是处于经验世界中的人的意识活动及其内容的本质。也就是说,经验仍然是观念抽象的具体依据。

(一) 描述心理学的人文科学观

胡塞尔与布伦塔诺一致,主张心理学总体上包括描述心理学与发生心理学两部分。描述心理学致力于根据自我体验无先见地描述自身显现的现象,只对那些直接给予的东西感兴趣,而不关心那些关于各种现象起源的理论,也不关心所予现象在自身之外可能意味着什么以及它可能对什么有效。① 发生心理学致力于通过假设验证在生理过程和物理过程中寻求心理发生、演变和消失的原因机制,主张以心理事实的因果确定性为基础去发现那些正确判断特定心理事实赖以发生的法则,而且往往会把因果说明的结果与直接所予的现象混淆在一起。② 在胡塞尔的思想观念中,描述心理学坚持的是心理学的人文科学观,而发生心理学坚持的是心理学的自然科学观,科学立场的不同导致它们在研究目标和研究方法上大相径庭。胡塞尔从作为严格科学的哲学的立场出发,把描述心理学作为其哲学理论体系的重要组成部分,而极少关注甚至严厉批判发生心理学。

胡塞尔曾明确指出,发生心理学是"一门阐释性的自然科学"③,它关注心理的物理状态和生理机制,旨在发现心理与其自身之外的其他因素之间的因果关联。他虽未明确提出描述心理学的人文科学立场,但其描述心理学思想中透露出严格的人文科学理念。④ 这主要体现在四个方面。首先,胡塞尔认为描述心理学属于哲学体系范畴,它旨在"澄清纯粹逻辑的基本观念并因此成为这种逻辑的哲学补充"⑤。其次,胡塞尔明确指出,描述心理学并不属于自然科学。正如他所言:"确定无疑的是,从它们的出发点来看,也就是从它们加工的原本事实领域来看,这两门科学在很大程度上是互不依赖的,而且在它们的上升发展中也将仍然如此。"⑥ 再次,胡塞尔认为描述心理学是一门对心理经验之外的普遍观念之物进行直观描述的本质科学,不涉及任何形而上学的先在假设,也不包含任何经验论传统中的现象主义理论。可以说,描述心理学的人文科学立场具有无前提性。最后,胡塞尔主

---

① [德]胡塞尔.逻辑研究(第二卷第一部分).上海:上海译文出版社,2006:465.
② [荷]德布尔.胡塞尔思想的发展.李河,译.北京:生活·读书·新知三联书店,1995:198-199.
③⑤ [荷]德布尔.胡塞尔思想的发展.李河,译.北京:生活·读书·新知三联书店,1995:197.
④ 郭本禹,崔光辉,陈巍.经验的描述——意动心理学.济南:山东教育出版社,2010:184.
⑥ [德]胡塞尔.逻辑研究(第二卷第一部分).倪梁康,译.上海:上海译文出版社,2006:429.

张描述心理学坚持"面向实事本身"的描述精神,既反对把心理世界视为物理世界的客观主义立场,也反对把物理世界视为寓居于心理世界之中的主观主义立场。

胡塞尔站在人文科学的基本立场上,确立了描述心理学的基础地位。他认为描述心理学不仅与逻辑学等其他学科相比处于基础地位,而且相对于发生心理学更是处于优先和基础地位。描述心理学可以独立于发生心理学开展研究,但发生心理学必须建立在描述心理学的基础上才可以开展研究,描述心理学是发生心理学的必要准备和前提。正如胡塞尔所明确指出的:"心理学必须根据自我体验(或意识内容)的本质种类和复合形式来——描述地——研究这些自我体验(或意识内容),然后才能——发生地——探寻它们的产生与消亡、它们的构造和改造的因果形式与规律。"[①]

(二) 描述心理学的研究对象

胡塞尔提出的新的"三维"意向结构模型,明确区分了意识内容与意识对象,并把意识活动与意识内容归为心理现象,而把意识对象归为物理现象。在此基础上,他对心理现象作了实在之物和观念之物的划分,前者指随时间而变化的具体心理经验及其组成部分,后者指存在于具体心理实在之外而不随时间变化的普遍种属之物、一般之物或本质之物,是主体对诸个别心理经验事实"观念化"(idealizing)和"抽象化"(abstracting)的产物。

胡塞尔把随时间而变化的具体心理现象即实在之物视作心理的"实项"(reell)部分,认为它们"都是某个自为的个别物,是它所属的心理本质的一个实在状态,它在分配给它的这个时间段中存在,而当这段时间结束之后它又退回到虚无当中"[②]。心理现象的"实项"部分具有两个方面的典型特征:首先,它们依附于具体经验事实,因而是个别的、具体的和相异的,几乎所有的心理实在之物都具有各自的独特性。其次,它们是在特定时间中出现并随时间而延续和变化的"真实心理事件",具有时间上的不稳定性。我们心理经验中的具体意识活动和意识内容都属于心理的"真实实在"。胡塞尔认为,心理现象中的"实项"部分所遵循的规律是事实规律,事实规律是通过各种普遍法则来说明个别经验事实的因果关系的自

[①] [德]胡塞尔.逻辑研究(第二卷第一部分).倪梁康,译.上海:上海译文出版社,2006:427.
[②] 转引自:奚颖瑞.从"算术哲学"到"逻辑研究"——论早期胡塞尔的现象学突破之路.杭州:浙江大学博士学位论文,2010.

然科学的研究对象,发生心理学便是这样一门学科,它研究的是"作为实在之物的心理活动的共存、相继的规律"①。

胡塞尔认为,在心理的"真实实在"之外还存在着一种普遍的"观念之物"即"本质"。正如他所说:我们不仅存在着指向单个个别对象的心理活动,而且也存在着指向具有普遍性和观念性的本质之物的心理活动。②"观念"对于胡塞尔而言具有两种含义:"一方面,'观念'意味着一种精神的'构想'或'想法'……胡塞尔本人也是在这个意义上将他的现象学著述命名为《现象学的观念》《纯粹现象学与现象学中心的观念》……另一方面,'观念'概念也承载着自柏拉图至康德、黑格尔的哲学史'观念论'烙印。这个意义上的'观念'通常也被译作'理念'。"③"观念之物"中的"观念"指的是第二种含义,等同于"本质"概念。胡塞尔所谓的普遍"观念之物"独立于一切经验结果,而与纯粹逻辑密切相关,是能够在本质直观中被把握的种属之物,表现为"数""一""多""关系"等不带任何质料的纯粹形式,它能够为不同人所把握,具有超时间性、同一性和自存性等特征。例如,对于任何一种名词性活动而言都存在着一种与之相对应的命题活动,对于任何一种名称而言都存在着一种与之相对应的陈述,这些"合乎理念法则"的相关性与实际发生的经验事件毫不相干,而是先天的"观念之物"或"本质之物"。它们并不断言某物是否实际发生,而只断言如此这般的一类事实是可能的。④

胡塞尔明确主张,描述心理学是一门先天的本质科学,旨在确立那些纯粹以观念而非以经验为根据的心理法则。因此,他认为描述心理学应该纯粹以观念或本质为依据,以心理中的普遍"观念之物"为主要研究对象,而不是过多地关注那些依赖于经验、个别具体的意识活动或意识内容。描述心理学只有以这种纯粹的观念之物为研究对象,才能为哲学成为一门严格的科学奠定基础。这里的"纯粹的"意味着,描述心理学的研究对象不是经验主义或实证主义的心理现象,而是既具有主观性又具有客观性的心理现象的普遍本质。胡塞尔在《逻辑研究》第二卷的导言中对现象学即描述心理学⑤的研究对象作了这样的陈述:"这里处理的不是在经验的、与某种历史

---

① 奚颖瑞.从"算术哲学"到"逻辑研究"——论早期胡塞尔的现象学突破之路.杭州:浙江大学博士学位论文,2010年.
② [丹]扎哈维.胡塞尔现象学.李忠伟,译.上海:上海译文出版社,2007:35.
③ 倪梁康.胡塞尔现象学概念通释.北京:生活·读书·新知三联书店,2007:238.
④ [荷]德布尔.胡塞尔思想的发展.李河,译.北京:生活·读书·新知三联书店,1995:201.
⑤ 胡塞尔此时在更大程度上将现象学等同于描述心理学。

给予的语言相关的意义上的语法研究,而是要研究属于一个客观的认识理论的较为广阔的领域,以及与之密切关联在一起的思维与认识体验的纯粹现象的最一般方式。这种纯粹现象学就像包括它的一般体验的纯粹现象学那样,只关心在直观中可在其本质普遍性上被把握和分析的体验,而不关心那些在显现的、被设定为经验事实的世界中由经验感觉为实在事实和体验着的人或动物的体验的那些体验。这种现象学必须纯粹表达本质,必须根据它们的本质概念及其对本质的支配性准则来描述本质,本质在直观中直接使自己被认识。每一个这样的对本质的陈述都是一个在先天这个词最高意义上的先天陈述。"[1]因此,对于意识活动而言,描述心理学应该主要关注意向关系,它构成了意识活动的本质种属。正如胡塞尔所言:"我们只关注对我们至关重要的一点:意向关系,或者简言之,意向——它们构成'意动'的描述性的种属特征——具有各种本质特殊的差异性。"[2]对于意识内容而言,描述心理学应该主要关注实物意象的观念内涵。例如,与脑海中呈现的那些具体红色相比,"红"作为种属特征就是本质或观念之物,那些具体红色在鲜艳程度和深浅上会各不相同,但就其种类而言都属于"红"这种颜色。然而,需要特别指出的是,尽管胡塞尔强调研究对象的超验性或先天性,但他所说的本质仍然是处于经验世界中的人的意识活动及其内容的本质,故他的本质描述心理学并未彻底突破经验层面,在某种程度上仍然可以说是一门经验心理学。

(三)描述心理学的研究方法

胡塞尔认为,心理现象的观念本质是直接显现于我们脑海中的,可以通过直观方法来加以证实、澄清和把握。直观坚持"面向实事本身"的原则,是一种在复杂的知性运作中将对象自身亲身带给我们的活动。正如胡塞尔所指出的:"直观是认识的真正源泉。一切在直观中提供给我们的东西都应被接受为它自身显现的东西,并仅是在其自身显现的范围内而言的。"[3]事实上,直观并不必然是素朴的、感性的或非推理的,无论是理论论证、概念分析还是抽象证明,只要能够带给我们本原的给予性事态就都可被看作直观。[4]胡塞尔把直观分为感性直观和本质直观两种类型:感性直观只能提供个别的、具体的和实在的(知觉的)对象,如一张红色的纸、一支红色的笔、一朵红色的花等;而本质直观则能够直接指向并把握事物本质,能够提供普遍的、

---

[1] 转引自:张汝伦.二十世纪德国哲学.北京:人民出版社,2008:107.
[2] [德]胡塞尔.逻辑研究(第二卷第一部分).倪梁康,译.上海:上海译文出版社,2006:433.
[3] 转引自:夏基松.现代西方哲学.上海:上海人民出版社,2006:259-260.
[4] [丹]扎哈维.胡塞尔现象学.李忠伟,译.上海:上海译文出版社,2007:33.

一般的和观念的(范畴性的或种属性的)对象,如把握到"红"的本质等。本质直观作为一种显现"先天"观念之物的认识方式,是胡塞尔现象学最基本的方法,也是唯一最具操作性的方法,凡接受过现象学训练或者进行过现象学还原的人都具有这种认识方式。

  胡塞尔的描述心理学使用的当然就是本质直观的方法。他认为,心理现象的本质在本质直观中以一种原原本本的方式作为对象被给予,正如个别心理实在物在经验直观中被给定一样。本质直观置个别变动不居的心理经验事实于不顾,而直接观看作为普遍"观念之物"的稳定不变的心理本质。当然,本质直观具体要通过抽象或想象来获得心理现象的观念本质,但这里的抽象或想象与传统意义上的抽象或想象有着根本不同。我们既不是在感性材料中发现观念本质,也不是在特殊意识活动中创造观念本质,而是通过不断进行抽象或变换想象来摆脱心理的具体经验内容,进而把握它们的共同本质或种属特征。例如,我们通过对一张红纸、一朵红花和一团红火等具体的红色事物进行想象变换,否定和抛弃它们中的所有变项,保留它们中的常项,从而便直接把握了"红"的统一的本质或观念。胡塞尔指出:"这种把握是建立在对某个红的事物的个别直观的基础上的。我们对红的因素进行观察,但同时进行着一种特别的意识活动,这种意识活动的意向是指向'观念',指向'一般之物'的。"[1]这种"观念化"或本质直观学说使得胡塞尔能够在维护先天判断的同时又保持对直观原则的忠实。

---

[1] 转引自:谢地坤,主编.西方哲学史(学术版)·第七卷·现代欧洲大陆哲学(上).南京:江苏人民出版社,2005:347.

第五章　浪漫主义传统的描述心理学

狄尔泰为完成为精神科学或人文科学奠定客观有效的认识论基础的宏伟使命,受布伦塔诺《经验观点的心理学》(1874)的影响和启发,于1876年在其《1875年论文》的续篇中首次提出了现代学科意义上的"描述心理学"概念,并从人类生命本身出发相继明确规划了描述心理学,由此不仅对描述心理学予以正式冠名,而且开创了描述心理学的浪漫主义传统。浪漫主义传统的描述心理学亦称为理解心理学,以人类鲜活的精神生命为根本出发点,力图把心理学打造成具有社会、历史和文化视域的描述科学,主张通过如实性描述和艺术性理解来把握心理生命的整体结构关系及其目的、价值和意义,关注人的生活性、独特性和发展性,注重人的体验、情感、直觉、本能和价值等非理性成分,充满了浓厚的浪漫主义色彩。狄尔泰通过致力于体验描述心理学奠定了浪漫主义传统描述心理学的学科基调和理论框架,斯普兰格和斯特恩分别通过致力于结构描述心理学和人格描述心理学,传承和发展了狄尔泰开创的浪漫主义传统的描述心理学。本章通过详细阐述狄尔泰、斯普兰格和斯特恩三位主要人物的描述心理学思想和研究,有代表性地展现了整个浪漫主义传统描述心理学的基本主张和理论概貌。

第一节　狄尔泰的体验描述心理学

狄尔泰受康德哲学、经验哲学、浪漫主义、历史哲学、现象学和解释学等多种哲学思潮的综合影响,从现代学科意义上区分了描述心理学与说明心理学,并在反对以自然科学为模板而迷恋因果假设和元素分析的说明心理学的过程中,站在人类生命立场上创建了体验描述心理学理论体系,从而奠定了他在科学心理学史尤其是人文科学心理学史上的重要地位。在他看来,心理生命是作为内在连贯的整体结构系统内在于体验的,我们对心理生命的有效把握应当首先从对结构系统的体验开始。可以说,"结构系统的体验"构成了狄尔泰描述心理学理论体系的简明公式和根本出发点,故我们称之为"体验描述心理学"。具体而言,狄尔泰主张在心理学人文科学观指导下,通过基于体验的内部知觉、对体验表达的解释[①]以及对客观精神的理解的方法,原原本本地描述和理解整个心理生命结构系统、心理生命的发展和心理生命的差异。狄尔泰的描述心理学开创了整个描述心理学学科,特别是其中的浪漫主义传统,而且壮大了科学心理学史早期人文科学心理学研究的势力。

一、狄尔泰其人

狄尔泰是德国"百科全书式的"人文科学家,广泛涉猎哲学、伦理学、心理学、教育学、社会学、美学、文学等多个人文科学领域,被誉为"人文科学领域里的牛顿"和"19世纪下半叶最重要的思想家"[②]。在心理学领域,他与同时代的冯特和布伦塔诺一样也是科学心理学的重要奠基者和开创者之一,通过其描述心理学奠定和影响了科学心理学特别是人文科学心理学的发展进程和历史轨迹。为了更好地理解狄尔泰的描述心理学思想,我们有必要首先了解他的生活背景、生命历程和人格特征,因为一个人的学术思想总是源于和寓于其生活、生命和人格之中。可以说,几乎每种学术思想和理论都是提出者生活、生命和人格的表征,从生命及生命体验出发的狄尔泰的描述心理学亦不例外。

狄尔泰出生于一个新教牧师家庭,在充满书香乐赋之气的家庭氛围中度过了早年时光,在海德堡大学特别是柏林大学完成了深刻而丰富多彩的高等教育,先后任职于柏林大学、巴塞尔大学、基尔大学、布雷斯劳大学和柏林大学,在学术、教学和人才培养方面均成绩斐然,退休后仍笔耕不辍地全身心投入到学术研究之中。可以说,他作为一位才华横溢的伟大思想家,毕生致力于学术研究和教学工作,其个人生活史较为简单和单一,用"出生""求学""治学""死亡"四个词儿几乎可以勾勒其全部人生轨迹。此外,他还极力为人们了解其个人生活设置障碍,除了他本人很少谈及个人私生活外,也不希望其他人过多地予以关注,以致被称为"谜一样的老人"[③]。

---

① 既包括对自我心理生命体验表达的解释,也包括对他人心理生命体验表达的解释。
② 转引自:Rickman, H. P. (1979). *Wilhelm Dilthey: Pioneer of the human studies*. Berkeley, Los Angeles, London: University of California Press, p.1.
③ 张汝伦.二十世纪德国哲学.北京:人民出版社,2008:3.

在这一点上,狄尔泰与伟大哲学家康德极为相像。沃尔曼(Benjamin Binem Wolman)先生曾对康德作过这样的描述:"一些安乐椅中的人在人类思想史上发挥了重要作用……康德度过了平静的一生——没有变故,没有旅行,从不逾越常规,对书房和大学课堂之外的事少有兴趣。他的一生是不断思考的一生,钢笔是其节杖,书桌是其王国,而安乐椅则是其御座。"① 或许,正因为个人生活的简单和单一,才成就了狄尔泰学术的伟大和多产。他毕生笔耕不辍,每天工作12—14小时,撰写了令后人叹为观止的鸿篇巨制。但他著述严谨慎重和追求完美,生前只发表了三本学术著作和少量学术论文,大量学术著作和手稿都是在其逝世后才面世的,而且他的许多重要著作都只出版或完成一半,由此他被人们戏称为"半卷学者"(man of the half-volume)和"伟大片段家"(the great fragmentist)②。

(一)早年时光

威廉·狄尔泰(Wilhelm Dilthey,1833—1911)于1833年11月19日出生于德国莱茵河畔的比布里希(Biebrich am Rhein)小镇。"这个日期恰逢所谓的歌德时代或德国观念论时代的终结。"③伟大的莱茵河是德意志民族文化的摇篮,不仅滋润了哲学家和神学家至真至善的缜密思维,而且孕育了诗人和音乐家开放自由的浪漫情怀。狄尔泰的父亲马克西米利安·狄尔泰(Maximlian Dilthey,1804—1867)承袭家族传统,是一位对历史、政治和哲学颇感兴趣的自由而开明的新教牧师,甚至在藏书室里保存着康德的哲学著作,后来成为拿骚(Nassau)公爵的宫廷传道士。狄尔泰的母亲霍伊施克尔(Maria Laura Heuschkel,1806—1887)是一位音乐指挥家的女儿,在音乐方面有着很深的造诣。狄尔泰是家庭中的长子,有一个弟弟和两个妹妹。弟弟后来成为一位古典语言学教授兼考古学教授,小妹妹后来嫁给了狄尔泰的好友、古典语言学家乌塞纳(Hermann Usener,1834—1905)。特别值得一提的是,狄尔泰在父亲这一方的祖先中,有12位是牧师,8位是拿骚宫廷的官员,7位是律师,只有3位是商人。

狄尔泰早年受父母双亲的影响较大,甚至这些影响终身未褪。他从父亲那里继承了对历史、哲学和神学的兴趣,很早便通过父亲阅读了康德的著作《逻辑学》,从而唤醒了自己的求知欲望和哲学兴趣。他从母亲那里继承

---

① Wolman, B. B. (1968). Immanuel Kant and his impact on psychology. In B. B. Wolman (Ed.), *Historical roots of contemporary psychology* (pp.229 - 247). New York: Harper & Row.
② 张旺山.狄尔泰.台北:东大图书公司,1986:8.
③ [荷]德·穆尔.有限性的悲剧——狄尔泰的生命释义学.吕和应,译.上海:上海三联书店, 2016:14.

了音乐禀赋,终生酷爱音乐和诗歌,甚至在中小学时代便开始研究作曲和演奏钢琴。他把生命看作是上帝谱就的一首伟大交响曲,诗人唱和于其间。他尤其热衷于贝多芬的交响乐,并声称只有在那里才能找到灵魂的归宿。他早年还从母亲那儿受到了虔敬派(Chassidim,也称作虔诚派)的新教思想的深刻影响。他母亲信仰的虔敬派,强调真正的基督教信仰重在内心的体验和感受,而不是祈祷和礼拜等繁文缛节,这对狄尔泰后来特别强调人的内在经验和生命感受具有很大影响。

狄尔泰1839年开始在其家乡接受小学教育,四年后又在一所私立学校学习了三年。1847年他升入家乡附近的威斯巴登文科中学,并于1852年以第一名的优异成绩中学毕业。在1852年4月1日的毕业典礼上,他作为毕业生代表发表了题为"古希腊对青年之影响"的精彩致辞。狄尔泰在威斯巴登文科中学这几年已经开始了其毕生思想的探索,不仅对音乐和诗歌产生了浓厚兴趣,而且在哲学、历史学以及古典文学和古代语言学等方面都已表现出旺盛的求知欲,特别是对康德哲学的兴趣尤其突出,充分展现了一位英才少年追求真理的天赋。可以说,这段时期是狄尔泰毕生学术兴趣和学术思想的发轫期,为其接受更高层次的教育奠定了基础。

(二) 大学教育

狄尔泰于1852年以优异成绩从威斯巴登文科中学毕业后,遵照家族传统和父母意愿进入海德堡大学学习神学。其实,他原本是想学习法学的,但父母希望他将来继承父业成为一名牧师,所以他不得不改学神学。在海德堡大学期间,他养成了每天学习和工作12—14小时的勤奋习惯。除了学习神学外,他还如饥似渴地学习和钻研历史、哲学和文学,努力学习希腊语、拉丁语和英语等现代语言,并与成群的朋友一道阅读和讨论莎士比亚、柏拉图、亚里士多德和奥古斯丁的经典作品。在他看来,生命的意义在于不断扩充,一个人要具有彻底的深思精神,要广泛汲取人类的思想和文化成果,而不应仅仅局限于某个狭隘的领域。

在这段时期内,对狄尔泰影响最大甚至影响其终生的人物是费舍尔(Kuno Fischer,1824—1907),泛神论立场和对哲学史的积极关注成为联结两人的主要纽带。费舍尔比狄尔泰年长9岁,当时是海德堡大学的讲师,在授课方面采取自由演讲的方式,条理分明,生动活泼,并且敢于批评正统的宗教和哲学思想,因而深受学生特别是狄尔泰的喜爱和欣赏。他属于青年黑格尔派,而且当时已由一名黑格尔主义者变成了经验主义者。他在哲学史研究方面见解独特,成就斐然,并因此享有盛誉。在治学方面,他成为狄尔泰的启蒙老师,指导狄尔泰研究了黑格尔和施莱尔马赫的哲学体系。特别是,他提出的研究哲学史的"再体验"方法,对狄尔泰后来的"理解"理论具有预示作用。① 然而,1853年,费舍尔因被指控具有宣扬泛神论之嫌而被解除了教职。狄尔泰对此愤愤不平,仅在海德堡大学待了三个学期便决定转学。

柏林是德国的政治和文化中心,人才荟萃,思想活跃,聚集了大批知名学者和教授,同时也吸引了许多有梦想的年轻人到此发展。1853年9月,狄尔泰转赴柏林大学继续求学,希望到那里享受期待已久的更为丰富多彩的文化生活。他来到柏林大学后,依然遵从父母意愿继续学习神学,但也逐渐花费更多精力和时间从事哲学、历史学和音乐的学习与研究。例如,他参加了学校的交响乐团,把音乐看作是表达心灵洞见的内心艺术,并系统研究了德国古典音乐家海顿、巴赫、亨德尔、莫扎特和贝多芬等人的音乐特征。柏林大学对于狄尔泰来说,是新的人生阶段的开始,也是孕育其人文科学思想的摇篮,他在那里完成了其全部求学历程。

当时,德国古典哲学已经走向没落,科学主义和实证主义作为思潮几乎渗透到全部思想领域。然而,对狄尔泰起关键影响的并非科学主义和实证主义,而是在德国哲学社会科学领域兴起的"历史学派",他们强调历史对于理论的重要性,而且主张历史研究必须基于具体的历史事件。正如狄尔泰在其70岁寿诞所做的演讲中回忆指出的:"我来到柏林的时候,一场伟大的运动正如日中天,历史科学以及由它推动的一般精神科学,在这场运动中最终被建立起来。"② 在历史哲学方面,当时对狄尔泰影响最大的是兰克、特伦德伦堡和拉扎鲁斯(Moritz Lazarus,1824—1903)。兰克是现代历史学的创始者和德国历史学派的著名代表,曾为狄尔泰讲授中世纪史和近代史课程,强调要以不带任何偏见的眼光去观察历史,把历史置于具体历史事件中研究。狄尔泰非常推崇兰克,批判吸收了其历史观点,特别是开始相信体系哲学与历史问题不可分割和孤立,这在他后来的《历史理性批判》一书中有着明显反映。

特伦德伦堡是施莱尔马赫的学生,也是亚里士多德研究专家,受亚里士多德启发,坚持一种有机论的世界观。他在思想上倾向于历史学派,而且兼具理念论和经验论色彩。在柏林求学期间,狄尔泰与他建立了良好的私人关系,不仅选修了他在哲学院开设的哲学史课程,而且还是到他家私下请教

---

① Willey, T. E. (1978). *Back to Kant: The revival of Kantianism in German social and historical thought, 1860-1904*. Detroit: Wayne State University Press, pp.61-62.

② 转引自:[荷]德·穆尔.有限性的悲剧——狄尔泰的生命释义学.吕和应,译.上海:上海三联书店,2016:15.

哲学和科学问题的常客。受特伦德伦堡的有机论世界观的影响,狄尔泰果断地抛弃了康德的主体主义和黑格尔的思辨观念论。后来,这位博学多识的学者成了狄尔泰的博士学位论文指导教师。拉扎鲁斯是犹太裔哲学家,也是比较心理学的奠基者。他重视心理学研究,不仅重视对个体心理的分析,而且重视对社会整体心理的分析,尤其注重通过研究各民族的风俗、习惯、法律和语言等精神生活来把握其心理特点。在柏林求学初期,狄尔泰与他过往甚密,并通过他深刻了解了斯宾诺莎(Baruch de Spinoza,1632—1677)的泛神论思想。需要特别指出的是,拉扎鲁斯的民族心理学研究,对于狄尔泰后来把心理学作为全部人文科学的认识论基础具有显而易见的影响。

随着时间推移,狄尔泰的兴趣范围越来越广泛,对哲学、历史和文学等的兴趣远远超过了神学。尽管为了不让父母失望,他于1855年到威斯巴登参加了神学考试,但当时就已经断定,基督教并不能提供他要在生命本身之中才能找到的东西。他虽然没有像尼采那样激烈地批判宗教,而且直到生命结束之时都对浪漫主义思想家和诗人创造的泛神论上帝形象保持着强烈同情,但认为自己天生对知识的渴求远胜过对宗教的笃信。正如他曾经在写给乌塞纳的信中所说:"我的最终目标依然是,无论活着还是死去,都要被书籍包围。"①当然,这里的书籍更多关涉的是除神学之外的经验性的人文社会科学。

由于涉猎的知识兴趣越来越广泛,他接受大学教育的时间也拉得越来越长。1856年,他在柏林参加了国家哲学考试,接下来开始为取得博士学位作准备。但当时情况下,他在经济上不得不依靠父母的援助,并先后于1856年和1857年开始在皇家法文中学和约阿希姆斯塔尔中学兼职教学以弥补日用之不足,所兼课程主要有宗教学、历史学、德文、拉丁文和希伯来文等。不过,这种兼职教学的工作到1858年秋天便结束了,因为狄尔泰觉得它占据和耗费了自己大量宝贵的学习和研究时间。接下来,他便主要通过给《普鲁士汇报》《德意志基督教科学杂志》《普鲁士年鉴》及《韦斯特曼月刊》等报刊撰稿来赚取糊口费用,包括撰写随笔、传记、书评和书目志等,内容主题广泛涉猎逻辑学、认识论、存在论、人类学、伦理学、美学、文学、音乐、绘画与建筑、经济学、社会学、政治学、教育学、历史学、心理学、生物学等。这些文章大部分匿名或以笔名发表,狄尔泰如此投入地写作并不是为了赚钱,而

---

① 转引自:[荷]德·穆尔.有限性的悲剧——狄尔泰的生命释义学.吕和应,译.上海:上海三联书店,2016:16.

是广泛阅读和深入思考之后思想的自然流露。在费舍尔、兰克、特伦德伦堡、拉扎鲁斯等人的影响下,狄尔泰已放弃了将来专门做一名牧师的打算,而是把博学多才的大学教师作为自己的职业奋斗目标,综合地研究哲学、神学、历史学以及其他精神科学。于是,他更加拼命地学习和研究,以便为将来的大学教师职业作准备。

尤其值得一提的是,狄尔泰在柏林求学期间对施莱尔马赫的生活和思想的兴趣极为浓厚,并称他为"神学中的康德"。施莱尔马赫是19世纪最具影响力的神学家,也是极富天才的浪漫主义哲学家,喜欢把神学、哲学和文学结合起来,开创了解释学的先河。狄尔泰最初对他感兴趣是由于在柏林读书期间听了他的几位弟子的课,而最终兴趣的确立源于几分偶然。施莱尔马赫临终前,把整理和出版自己遗稿的任务交给了女婿约纳斯(Ludwig Jonas, 1797—1859),狄尔泰因具有良好学养而被邀请去帮助约纳斯。然而,约纳斯在出版两卷之后便去世了,接下来由狄尔泰负责继续整理、编辑和出版施莱尔马赫的遗稿。狄尔泰通过这项工作增加了关于施莱尔马赫的知识,并撰写了一篇很有见地的长篇论文《施莱尔马赫解释学的独特贡献》,获得了1860年的双倍征文奖金。可以说,这是狄尔泰哲学生涯的真正开端。当《施莱尔马赫通信集》编至第三卷时,他萌发了为施莱尔马赫立传的计划,并得到了各方面支持。

1861年2月,狄尔泰经过长时间的深思熟虑之后决定彻底从神学走向哲学,离开了神学院而正式在哲学院注册。广泛的兴趣和强烈的求知欲,使他几乎对每门学科都加以深入研究,这占去了他大量时间,直到1864年1月16日,他才在特伦德伦堡的指导下,以一篇题为《施莱尔马赫的伦理学原理》的论文通过了博士学位论文答辩,获得了博士学位。这篇博士论文一定程度上为狄尔泰确立了实践的哲学观,但在他本人看来,此文却相当肤浅。但不管怎样,至此他终于结束了漫长的大学求学生涯。

(三)任职生涯

狄尔泰博士论文答辩通过以后,又在特伦德伦堡的指导下,以《道德意识试析》为题完成了大学任教资格论文,并于同年6月17日获得通过。在这篇论文中,他继续确立其实践的哲学观,像施莱尔马赫一样批判了康德伦理学的形式主义,但这篇论文与其前两篇论文《施莱尔马赫解释学的独特贡献》和《施莱尔马赫的伦理学原理》一样,生前均未发表。获得大学任教资格后,狄尔泰于同年即1864年的冬季学期在柏林大学谋得了一个做私人讲师的教席,讲授有关施莱尔马赫以及"哲学科学的逻辑与体系"的课程。与此同时,狄尔泰开始设想自己的哲学和人文科学计划。19世纪下半叶自然科学的进步,使他不可避免地受到了经验主义和实证主义的影响,强调哲学的发展必须充分汲取其他学科的养分和成果,必须与社会实在相结合。受新兴的心理学、人类学和生理学的丰富研究成果的鼓舞和诺瓦利斯等人的浪漫主义思想的影响,狄尔泰对心理学和生理学产生了浓厚兴趣。他明确表示想要一门实在心理学(Realpsychologie)或内容心理学①(Inhaltspsychologie),认为实验心理学如果不大幅度地拓宽其目标的话将无法提供这一点,它必须停止纯形式研究,必须吸纳除了知觉和思想之外的心理生命的其他方面,必须学会把人当作一种社会存在。②

柏林大学的私人讲师职位,不利于狄尔泰学术事业的发展。1867年,在施莱尔马赫从前的学生斯蒂芬森(Karl Christian Friedrich Steffensen,1816—1888)的大力支持和积极运作下,狄尔泰离开了他所钟爱的柏林大学,应邀前往瑞士巴塞尔大学的哲学系任教,指导大约35名学生。由于这次受聘,他解决了长期存在的经济问题,终于能够安心从事哲学教学和研究活动了。在巴塞尔大学,他除了讲授心理学,还开设了在柏林大学期间开设的"哲学科学的逻辑与体系"的课程。同时,他广泛阅读关于人类学、经济学、政治学和心理学的作品,继续开展人文社会科学的研究,包括继续有条不紊地写作《施莱尔马赫传》和撰写长篇文学随笔。为了拯救当时欧洲面临的深重的思想和文化危机,他已着手考虑建立一门关于人类精神的经验科学。

为给他设想的精神科学或人文科学奠定认识论基础,狄尔泰寻找到了心理学领域,这某种程度上是因为欧洲素有从心理学层面探讨哲学问题的传统。但他对当时占据主流的联想主义心理学和实验心理学严重不满,想要寻求和创建一门崭新的心理学。于是,他在从事哲学研究的同时,与作为心理学专家的同事西斯(Wilhelm His,1831—1904)共同致力于心理学和生理学的研究,但收获甚微。特别值得一提的是,对社交时间非常吝啬的狄尔泰,在巴塞尔结识了著名文化和艺术史专家布克哈特(Jacob Burckhardt,1818—1897)。布克哈特因1860年发表《意大利文艺复兴时期的文化》而声名鹊起,狄尔泰不仅与他成为朋友,还在学术上深受其影响。来巴塞尔大学的当年即1867年,狄尔泰凭借一部更为广泛地论述伦理学的著作晋升为教授。此时,他意气风发,踌躇满志,立志要创建一门以人类精

---

① 狄尔泰所谓的内容心理学与冯特的内容心理学在性质和内涵上有着根本不同,前者是人文社会科学导向的,而后者是自然科学导向的。
② Hodges, H. A. (1952). *The philosophy of Wilhelm Dilthey*. London: Routledge & Kegan Paul, p.199.

神为核心的精神科学,成为像康德一样有成就的人。他给他的同事留下了这样生动的印象:"每次与他谈话,他都活力四射。他并不只是理智地讲话——我们感到他关于世界、历史、文学和艺术的思想从一个光辉灿烂的中心向外散发。他给人留下一种将能完成他所进行的任何事的印象。"①

1867年夏季学期,美国著名哲学家和心理学家詹姆斯访问巴塞尔大学,在德国著名文学史家和艺术史家格里姆(Herman Grimm,1828—1901)举办的柏林家宴上,狄尔泰也给詹姆斯留下了这样深刻的印象:"一个和蔼的、胖胖的人,一头黑发(有点像照片中的里纳),年纪说不准,在25岁和40岁之间,两只很小的绿眼睛(那时狄尔泰34岁,而他的眼睛实际上是蓝色的)。他穿着礼服大衣,带着很脏的衬领和一条褪了色的老式领带。这位教授的脑子里充满了对于一切可知事物和不可知事物的见解,他是我遇到的第一个这样的人——对于这种人来说,学习就像呼吸一样地自然。在饭桌上,他不停地谈着、笑着,并同格里姆夫人谈论整个佛教史,谈论宗教史上其他一些我所不知道的东西。饭后,格里姆和这位教授就自然宗教的原始形态问题展开了热烈的讨论。我注意到这位教授的回答有点疲倦,然后他的大脑袋突然垂了下来,格里姆嚷着说,他最好在椅子上适当地休息一会儿,他欣然同意了。他接过格里姆递过的一块干净手帕盖在脸上,即刻像是睡着了。十分钟以后,格里姆端来一杯咖啡,叫醒了他。这位教授站起来,犹如一个苏醒了的巨人,和格里姆继续争论起荷马的个性。"②

1867年在巴塞尔大学完成并发表《施莱尔马赫传》第一卷第一册之后不久,狄尔泰就感到难以忍受那里的文化和政治气氛,再加上长期超负荷工作导致的身体不适,其生活并无多少快乐可言。1868年,他在布克哈特的推荐下应邀来到德国的基尔大学任职,但由于休假原因,他实际到1869年秋季才开始到基尔大学任课。③ 他在基尔大学时期的生活基本可以用两件事来概括:婚约的夭折和《施莱尔马赫传》的继续出版。④

1870年,长期在外漂泊、已经37岁的狄尔泰与玛丽安妮·冯·维茨勒本(Marianne von Witzleben)小姐开始了平生第一次轰轰烈烈的恋爱,玛丽安妮小姐曾经服务于奥登堡宫廷,两人很快坠入爱河,并于1870年11月21

---

① 转引自:Ermarth, M. (1978). *Wilhelm Dilthey: The critique of historical reason*. Chicago, IL: University of Chicago Press, p.32.
② 转引自:[英]里克曼.狄尔泰.殷晓蓉,吴晓明,译.北京:中国社会科学出版社,1989:54.
③ 狄尔泰离开巴塞尔大学而去基尔大学数月之后,年轻的尼采便被聘为巴塞尔大学德语区的古典语言和文学教授。
④ [英]里克曼.狄尔泰.殷晓蓉,吴晓明,译.北京:中国社会科学出版社,1989:71.

日订婚。当时他在给母亲的信中写道:"自从离开您的怀抱以后,我第一次真正地、无限地感到了幸福:昨天晚上,我和玛丽安妮·冯·维茨勒本订婚了……她像您一样善良、坚定、真诚,我全部生活的希望并作一句话:让可爱的玛丽安妮得到完满的幸福。"①然而,订婚仅仅几天后,狄尔泰就单方面宣布解除了婚约,这完全出乎意料,玛丽安妮因难以承受打击而病倒了。狄尔泰从来没有将解除婚约的动机和理由完全清楚明白地告诉朋友和家人,但自身承受着永远无法摆脱的悲剧式重负和极度性绝望。正如他后来在写给朋友的信中所说:"在某种意义上,我成了盲目和无辜的肇事者,让厄运降临到了玛丽安妮身上。"②这件事情的主要原因可能是,订婚之后狄尔泰发现玛丽安妮有一个私生子,而这样的情况在当时那个时代是没有多大回旋余地的。

尽管在个人生活方面有许多事情发生,但狄尔泰仍未放弃学术研究,并将主要精力放在《施莱尔马赫传》的写作上,而且仍然坚持每天工作12—14小时的习惯,这使他时常感到过度劳累和身体欠佳。1870年晚些时候,《施莱尔马赫传》第一卷第二册出版,这也意味着第一卷彻底完工,这是狄尔泰学术生涯中的一件大事。狄尔泰把作为个体的人看作历史中真正的实在,认为:"有意义的个体不仅是历史的基本主体,而且在某种意义上也是历史中最伟大的实在。是的,自然只是不可理解的东西的显像和外衣,而在这里,唯有我们才能经验充分意义上的实在,即这种实在可以从内部来看:不是被看,而是被体验。我想研究文化中那些完全分散的成分如何在这样一个有意义的个体发挥作用的地方形成一个影响生命的整体。"③这部传记从众多不同的视角理解施莱尔马赫一生的意义,并栩栩如生地描绘了他生活的那个对他产生塑造性影响的时代。它很快就让狄尔泰作为历史学家而声名鹊起,而且数十年内一直作为思想传记的典范而被推崇。然而,由于种种原因,这部书的第二卷一直未能完成,其中至少有如下两方面原因值得一提:一是狄尔泰认为施莱尔马赫的个体性无法得到充分和完全的理解,理解施莱尔马赫的任务永远没有尽头而且亦不可能有定论;二是他在撰写《施莱尔马赫传》的过程中遇到了方法论、认识论和存在论的问题,一再批判地追问人类认识自身及其创造的社会和历史的能力。④

---

① 转引自:[英]里克曼.狄尔泰.殷晓蓉,吴晓明,译.北京:中国社会科学出版社,1989:57.
② 转引自:[荷]德·穆尔.有限性的悲剧——狄尔泰的生命释义学.吕和应,译.上海:上海三联书店,2016:28.
③ 转引自:[荷]德·穆尔.有限性的悲剧——狄尔泰的生命释义学.吕和应,译.上海:上海三联书店,2016:20.
④ [荷]德·穆尔.有限性的悲剧——狄尔泰的生命释义学.吕和应,译.上海:上海三联书店,2016:21-22.

1871年底,狄尔泰应邀前往布雷斯劳大学担任教职,而且一待就是11年。布雷斯劳大学时期可以说是狄尔泰整个人生最为辉煌的时期,不仅成家立业、生活安定,而且著书立说、硕果累累。就生活而言,狄尔泰于1873年11月19日与一位律师的女儿普特曼(Katharina Püttmann,1854—1932)订婚。普特曼比狄尔泰小20多岁,青春活泼且受过良好教育,深得他的欢心。狄尔泰曾写道:"我已经被最无私的爱、全能的爱征服,这种爱甘愿为其所爱去赴汤蹈火。"①订婚几个月后,他便与普特曼结婚了,而且婚后生活幸福美满。当然,由于对工作不加节制的热情,狄尔泰无法留出足够时间陪伴家人及参加各种娱乐活动,这让喜欢旅行和社交的妻子非常不满。狄尔泰夫妇共育有三个孩子,其中女儿克拉拉(Clara)最受父亲狄尔泰宠爱,而且后来成为狄尔泰的助手和朋友。多年后,她整理出版了狄尔泰青年时期(1852—1870)的通信和日记,即《青年狄尔泰》(1933),成为我们了解狄尔泰青年时代状况的主要资料来源。就学术而言,狄尔泰这一时期主要关注人文科学的性质与方法,而且在构筑精神科学或人文科学大厦的过程中,深入而系统地探索了描述心理学。他认为,在继续写作《施莱尔马赫传》之前,必须撰写一部论述人文科学认识论的著作,于是在先前已提出建立一门人类精神的经验科学的基础上,他又完善性地提出要建立一门人和历史的一般科学。

1875年,狄尔泰在《哲学月刊》第11期上发表了其重要论著《关于人、社会和国家的科学历史的研究》,梳理了其以前的人文科学思想,也是首次系统论述其哲学理论,史称《1875年论文》。1876年,他又撰写了两个续篇,继续讨论《关于人、社会和国家的科学历史的研究》中关于人文科学的课题、方法以及人文科学与自然科学的区分问题。在第一个续篇中,他受布伦塔诺《经验观点的心理学》(1874)的深刻启发,首次提出了现代学科意义上的"描述心理学"概念,这标志着其描述心理学初露端倪。1878年,他发表了《论诗人的想象力》一文,初步显露出他将心理学视作人文科学基础的想法。1880年,他完成了其《描述心理学草稿》,勾勒了描述心理学的雏形,为《人文科学导论》的撰写奠定了前期准备。1883年,他在瓦腾堡的约克伯爵(Count Hans Ludwig Paul Yorck von Wartenburg,1835—1897)的鼓励和支持下②,出版了其平生最重要的著作,也是人文科学的系统之作《人文科

---

① 转引自:谢地坤.走向精神科学之路——狄尔泰哲学思想研究.南京:江苏人民出版社,2003:63.
② 狄尔泰与约克伯爵结下了深厚的私人友谊,从1877年到约克伯爵1897年去世20年,双方一直保持着密集的书信往来。约克伯爵作为狄尔泰在布雷斯劳及其之后最亲密的思想对话者,对狄尔泰哲学思想的发展产生了极其重要的影响。

学导论》(第 1 卷),书中明确提出把心理学与人类学作为人文科学的基础,并正式要求改变心理学的具体研究程序。尽管 1882 年狄尔泰就离开布雷斯劳大学而转赴柏林大学任职,但这部著作是在去柏林大学之前完成的。

1881 年 7 月 1 日,柏林大学哲学教授洛采突然去世,使得柏林大学的哲学教席空缺。1882 年 7 月,狄尔泰受聘接任了这个具有至高荣誉的哲学教席,这也是黑格尔和特伦德伦堡曾经担任过的职位。他无愧于自己的前任,虽不十分张扬,但却颇受学生欢迎,以致他的课总是在可以容纳 600 个座位的大厅里上。柏林任职使狄尔泰的生活状况大为改观,不仅拥有宽敞漂亮的房子,而且还雇了几个仆人,过上了安逸舒适的中产阶级生活,这也为他的学术研究创造了极为有利的条件。1883 年《人文科学导论》(第 1 卷)的出版,使得狄尔泰声名大振,因为这部宏伟著作坚持以人和人的精神为研究焦点,重新界定了人文科学的历史地位和现实价值,也是在认识论和方法论层面上对哲学的重大变革。接下来,狄尔泰不仅致力于人文科学体系的构建,而且致力于对人文科学的各门具体学科如历史学、心理学、教育学、美学和诗学等予以新的阐述。在心理学方面,他 1894 年在科学院简报上发表了其描述心理学的纲领性论文《描述与分析心理学的观念》,详细规划了描述心理学的宏伟蓝图,标志着其描述心理学理论体系基本成熟。胡塞尔甚至称此论文是"反对自然主义心理学的第一次冲击"[1]。接下来,狄尔泰打算以一种比较心理学进一步推进在描述心理学中提出的对个体性的理解问题。1895 年,他撰写了《论比较心理学》一文,实为上篇论文中的描述心理学思想的延续、补充和发展。上篇论文主要探讨心理生命的一般规律,这篇论文则主要探讨心理生命的个体差异。但因顾忌艾宾浩斯的强烈批判,狄尔泰随即收回了这篇论文的预印稿并作了大量修改,最终于 1896 年以《论个体性之研究》这一"温和"的题目发表。

事实上,《描述与分析心理学的观念》一问世,便引起了来自哲学家和心理学家两个阵营的齐声批评,没有任何一方认同狄尔泰绘制的心理学图景。这场争论不仅持续到狄尔泰生命结束而且很久以后还在继续。哲学的攻击主要来自以文德尔班和李凯尔特为代表的新康德学派。他们认为心理学本身是一门自然科学,在目标和方法等所有重要方面都与历史文化科学完全不同,因而不可能成为人文科学或历史文化科学的基础,狄尔泰把心理学视作人文科学及其基础的做法是完全错误的。在他们看来,历史文化科学探

---

[1] Husserl, E. (1977). *Phenomenological psychology*. The Hague: Martinus Nijhoff, p.3.

讨观念内容、意义复合体和价值观及其先验原则,而心理学只关注心理事实以及它们之间的因果关系;历史文化科学主要关注个体和一般类型,而心理学主要关注普遍规律;内部经验本身并不呈现为连贯系统,而只会呈现出零碎资料,就像外部知觉的资料一样;我们建构的自我像物理世界一样是一种现象,而不是狄尔泰所说的是一种实在。①

心理学的攻击主要来自以艾宾浩斯为代表的实验心理学家。艾宾浩斯于1895年10月以《论说明的和描述的心理学》为题发表了一篇长达四十页的评论性文章,声称狄尔泰既高估了自己的能力也高估了他人的短处,他对说明心理学的批评是短见寡闻的,心理学的方法和原则从来都不像他所说的那样教条。在艾宾浩斯看来,心理学家们始终准备着更改他们的观点以便与日益增长的经验相一致,而且到目前为止经验已经促使他们抛弃了狄尔泰批判的大多数观点,而采纳了狄尔泰提议的大多数观点。他认为,狄尔泰是在过时地敲打一扇敞开着的门,而且他主张的心理生命结构系统是可以直接体验到的观点是错误的。根据艾宾浩斯的观点,反省或体验的确可以揭示意识中的各种统一体,但它不能揭示整体的深层统一体,而狄尔泰对该深层统一体的解释或陈述是一种假设建构,由零碎的资料组合而成。因此,他坚持认为,狄尔泰要求心理学为了奠基于它的人文科学而必须达到的确定性难以达到,甚至靠他自己的心理学也无能为力。艾宾浩斯的批评最令狄尔泰痛苦,而且这种痛苦还因为艾宾浩斯是他昔日的学生和当时的好友而变本加厉。狄尔泰回应了艾宾浩斯的批评,认为艾宾浩斯在关于心理结构系统问题上误解了他。在狄尔泰看来,我们对自己心理的知觉是零碎的,但每个碎片本身是一个有组织的统一整体,我们将之归于整体的统一体与我们在每一部分发现的统一体是相同的。

面对来自各方的批评,狄尔泰开始对其描述心理学思想进行反思、修正和补充,而且从1896年5月起,他重新回到了对思想史的研究上,继续撰写《施莱尔马赫传》,同时深切关注了施莱尔马赫的解释学思想。1900年,狄尔泰发表了《解释学的兴起》,标志着其人文科学思想体系与解释学真正结合到一起。在胡塞尔《逻辑研究》(1900—1901)中的现象学思想的进一步影响和启发下,狄尔泰最终认识到,心理生命的真正知识不应仅靠基于体验的内部知觉来直接寻获,还应采取迂回路线,通过对体验表达的解释来达到对深层心理生命的间接理解和描述。对于胡塞尔的《逻辑研究》给予的思想滋

---

① Hodges, H. A. (1952). *The philosophy of Wilhelm Dilthey*. London: Routledge & Kegan Paul, pp.211-212.

养和启发,他本人曾作出过明确表达:"我必须完全彻底地指出,我多么感激在利用认识论的描述方面作出划时代贡献的胡塞尔的《逻辑研究》(1900/1901)。"①由此,狄尔泰在他的描述心理学中融入了解释学的思想,实现了其描述心理学思想的深化和成熟。

1900年以后,狄尔泰因年事已高,不再指导学生上研究班课程。1905年以后,他不再给学生上课,而是想着能够全身心地投入到写作之中。1907年,他正式退休,完全脱离了大学讲台。

(四)退休生活

狄尔泰退休后,尽管健康不断出现问题,但依然笔耕不辍,全身心地投入到学术研究之中,而且思维更加敏锐,思想更加成熟,表现出惊人的创造力。正如他本人所言,对于像我们这样慢慢地研究、搜集和反思的人来说,老年是生命的成熟。②他平时只与几个挑选出来的学生保持联系,请他们帮助查阅资料和整理笔记。狄尔泰的博学多才和从容不迫,令学生们对他钦佩有加。退休后的狄尔泰寡言少语且思想专注,撰写和发表了许多重要著作,如《哲学的本质》(1907)、《人文科学中历史世界的建构》(1910)和《世界观的类型及其在形而上学体系中的构建》(1911)等,可以说其学术在晚年达到了顶峰。

1911年9月,狄尔泰像往年一样,偕夫人前往南方避寒,途中在一家旅馆染上了传染病。当时,一场恶性传染病正在当地流行,狄尔泰下榻的旅馆已空无一人,但他因沉浸在思想和写作之中而根本未能觉察,于9月30日不幸客死他乡,享年78岁。当时只有狄尔泰的夫人陪在狄尔泰身边,是其学生帮助师母安排了老师的葬礼。

(五)主要著述

狄尔泰毕生献身于学术事业,知识渊博,兴趣广泛,勤于探索,著述等身。奥地利诗人霍夫曼斯塔尔(Hugo von Hofmannsthal,1874—1929)赞之为"浮士德博士的同类"③。知识社会学大师曼海姆(Karl Mannheim,1893—1947)曾说过:狄尔泰的思想是他那个时代几乎所有思潮的创造性综合。④ 狄尔泰的主要著述有《道德意识试析》(1864)、《施莱尔马赫传》(第

---

① 转引自:高桦.狄尔泰的生命释义学.上海:上海人民出版社,2018:116.
② 李超杰.理解生命——狄尔泰哲学引论.北京:中央编译出版社,1994:32.
③ 转引自:Ermarth, M. (1978). *Wilhelm Dilthey: The critique of historical reason*. Chicago, IL: University of Chicago Press, p.36.
④ Mannheim, K. (1982). *Structures of thinking* (J. J. Shapiro, & S. W. Nicholsen, Trans.). London, Boston, Henley: Routledge & Kegan Paul, p.190.

1卷,1867/1870)、《关于人、社会和国家的科学历史的研究》(即《1875年论文》)、《描述心理学草稿》(1880)、《人文科学导论》(第1卷,1883)、《描述与分析心理学的观念》(1894)、《论个体性之研究》(1896)、《解释学的兴起》(1900)、《体验与诗》(1905)、《青年黑格尔》(1906)、《哲学的本质》(1907)、《人文科学中历史世界的建构》(1910)和《世界观的类型及其在形而上学体系中的构建》(1911),等等。其中,《描述心理学草稿》《描述与分析心理学的观念》和《论个体性之研究》是狄尔泰描述心理学思想的集中反映,而尤以《描述与分析心理学的观念》最具代表性。

《描述与分析心理学的观念》是狄尔泰描述心理学的纲领之作,共包括九章内容,分别阐述"人文科学的心理学基础问题""说明心理学与描述心理学之间的区分""说明心理学""描述与分析心理学""说明心理学与描述心理学之间的关系""描述心理学的任务解决的可能性与条件""心理生命的结构""心理生命的发展""心理生命的差异"。最后,狄尔泰对全文作了总结评论。可以说,这篇论文较为全面地概括了狄尔泰前期的描述心理学思想,奠定了他在描述心理学甚至心理学界的历史地位。实际上,狄尔泰是想通过这篇论文的撰写,从心理学角度推演人类本性的历史性,并由此找到进入历史范畴的突破口。①

二、描述心理学与说明心理学的区分

在狄尔泰生活的时代,以探究自然为己任的自然科学自培根以来已取得了长足进步和发展,而以探究精神或社会历史现实为己任的其他诸科学尚缺乏一个统一归属。"如果没有这种统一性,这些科学便不能保持自己的独立性并有效地和自然科学相抗衡。"②为将这些科学从自然科学对科学和科学性规定的定义中解放出来,狄尔泰于1883年在其出版的《人文科学导论》中,以精神生活的事实与自然过程的事实具有原则性不同为基础和依据,对科学作出了人文科学(精神科学)与自然科学的明确区分,将"所有以社会历史真实为宗旨的学科"③都归在"人文科学"或"精神科学"的名目之下,力求"通过历史的和现象学的方法建构精神科学,使之与社会和历史的真实性相吻合,从而确保精神科学的自治范围,提高精神科学的价值"④。出于类似的动机,亦从根本上为了完成为人文科学或精神科学奠定认识论

---

① 谢地坤.走向精神科学之路——狄尔泰哲学思想研究.南京:江苏人民出版社,2003:173.
② 李超杰.理解生命——狄尔泰哲学引论.北京:中央编译出版社,1994:40.
③ [德]狄尔泰.人文科学导论.赵稀方,译.北京:华夏出版社,2003:5.
④ 谢地坤.走向精神科学之路——狄尔泰哲学思想研究.南京:江苏人民出版社,2003:4.

基础的任务,狄尔泰于1894年在其《描述与分析心理学的观念》一文中,根据研究模式和方法论程序的不同,从总体上把心理学区分为描述心理学与说明心理学两种①,并通过对以自然科学为导向的说明心理学的强烈批判,诠释描述心理学的丰富人文内涵,彰显它对于心理生命自身特性的尊重及其在此基础上探究心理生命真实性和丰富性的科学合理性,最终为人文科学或精神科学从生命体验本身出发描述和诠释人类精神现象或事实锻造新的客观有效的认识论模式。

狄尔泰所谓的说明心理学是指以物理学和化学等自然科学为模板,利用抽象、分析和假设来说明和建构人为造成的诸心理片段间的因果关系的心理学,赫尔巴特等人的原子论心理学、休谟等人的联想主义心理学以及冯特、艾宾浩斯等人的实验心理学均属于此类。狄尔泰论证指出,这些不同形式的说明心理学都是类似的,因为它们都将自然科学的方法应用于心理现象。② 说明心理学的产生及每个阶段的发展都受到了数学和自然科学的影响与支配,这是因为相当长的一段历史时期以来,数学和自然科学在改善和提高人们的物质生活方面发挥了巨大功效,这为它们赢得了在科学中明显优于其他学科的地位,人们满怀信心地期待着心理学通过标榜数学和自然科学可以发现基本的心理规律。根据狄尔泰从这个视角的考察,说明心理学的历史根源可以追溯到斯宾诺莎和莱布尼茨,但对其发展先后产生决定性影响的是英国经验主义哲学家休谟、哈特莱(David Hartley,1705—1757)、穆勒父子(James Mill,1773—1836;John Stuart Mill,1806—1873)和斯宾塞等,说明心理学在数学方面受到的影响在很大程度上源自德国的赫尔巴特,而在实验技术完善方面则与费希纳和赫尔姆霍茨的贡献密不可分。由于运用自然科学模式研究高级和完整的精神现象或心理现象具有先天局限性,说明心理学最初产生于对感觉、知觉和记忆的精湛分析,它研究的对象从一开始就是由感觉、表象、感情等元素、元素间的联想过程以及其他说明性操作、统觉和融合来构成的,它不关注人性的整体性和心理系统的完整内容,是说明的、分析的和原子的。

基于上述分析,狄尔泰指出,说明心理学的目标是,借助其成分、能量和规律,把所有心理过程都解释为某些基本心理元素(如表象)的不同建构或

---

① 当然,描述心理学与说明心理学的区分并不是完全由狄尔泰首创,在近代心理学发展史上,沃尔夫、康德等人已经作了先驱性探索,狄尔泰在其《描述与分析心理学的观念》中承认自己的这项工作建立在先辈的努力和尝试基础之上。
② [荷]德·穆尔.有限性的悲剧——狄尔泰的生命释义学.吕和应,译.上海:上海三联书店,2016:173.

组合，正如物理学和化学说明物质世界的构造一样。它试图通过少数得到完全规定的要素，把心理生命之表现或表达从属于一种因果关联，建立一种使所有心理生命之表现或表达都能得到理解的因果系统，而这个因果系统是通过元素分析和联想法则人为建构的心理元素之间的组合或通过人为假设推定的心理元素与生理/物理诸过程之间的关联。在说明心理学中，一类特殊的心理现象先被分解为一定数量的要素，然后研究者再试图规定这些要素之间的因果关系或者探寻它们与生理/物理诸过程之间的因果关联。狄尔泰认为，在这些要素中，不仅包括由休谟等人提出的那些联想律，而且包括关于潜意识表象的假说或运用。① 也就是说，说明心理学遵循的是自然科学的实证主义研究模式，是一门实证主义的说明科学。

狄尔泰认为，说明心理学最明显的特征是建立在元素分析和因果假设基础上的建构程序②，而不是对"直接给予"（immediate given）的心理生活或心理事实的本来面貌的尊重和探寻。说明心理学的出发点和依据是通过元素分析和经验假设建立因果关联，旨在创建一种与自然科学具有同样严密性和科学性的精神科学系统。它从一些得到完全规定的要素中获得内部经验及其扩展的有效资料，这种假设建构和元素分析倾向的出现与物理学、化学等自然科学的建构精神存在历史关联。

狄尔泰希望发展的描述心理学是指以历史学、伦理学、文学和艺术等人文科学为模板，利用整体视角的描述和理解的方法来探讨可观察的心理现象并对之进行分类和系统化的心理学，而且描述心理学必须同时是分析心理学，即以其整体性和内在关联性为基本背景和参照框架将一个复杂的心理生命现实分解为它的各个要素。事实上，描述在许多科学中都扮演着重要角色，比如在植物学和动物学中，人们对植物和动物的功能性关联总体进行描述。但狄尔泰在将心理学称作一门描述性科学时明确强调，心理学与植物学和动物学有着本质区别，心理学的描述是现象学的描述，它描述的心理生命的功能性关联总体是由体验从内部给定的，而且这种心理生命的功能性关联总体背后存在着一个被直接和客观给定的稳定结构。换言之，描述心理学产生于我们对心理生命本质和本身的尊重，致力于对心理生命的整体结构系统的原原本本的把握，是描述的、理解的和整体的，可以关注到心理生命的历史、目的、价值和意义。正如狄尔泰本人所指出的："从我们的

---

① ［荷］德·穆尔.有限性的悲剧——狄尔泰的生命释义学.吕和应,译.上海：上海三联书店，2016：173.
② Dilthey, W. (1977). *Descriptive psychology and historical understanding* (R. M. Zaner, & K. L. Heiges, Trans.; R. A. Makkreel, Intro.). The Hague: Martinus Nijhoff, p.41.

心理体验的本质中,从对于无偏见的、完整的心理生命态度的需要中,从人文科学系统以及心理学在其中所起的作用中产生了描述与分析心理学的概念。"①描述心理学力求尽可能完整和原本地分析和描述心理生命,而不是建构和推导心理生命,而且这种分析和描述又必须具有最高程度的确定性。

狄尔泰站在构建精神科学或人文科学体系的宏伟立场赋予描述心理学的任务是,通过纯粹的描述而获得一种关于人类普遍特征的分析性知识,这具体表现为探索和揭示心理生命关联中各个不同组成部分彼此结合在一起的普遍结构规律以及它们作为一个系统整体合目的论地不断发展的规律。描述心理学认为心理生命是作为实在的关联呈现于我们的体验中的,通过基于体验的描述和理解可以领会和把握心理生命的整体及其主要关系、内容和形式,而不需要依赖自然科学的因果假设、元素分析和客观验证。它尤其关注活生生的心理生命的内容,而不是机械的形式规律。心理生命的内容由不可分割的诸多事件组成。例如,在我们的情感和本能生命中,这些事件指自我保存和自我扩展的倾向;在我们的理智生命中,这些事件指某些原则的必要性;在我们的意志生命中,这些事件指道德责任感或以绝对形式强加在我们良心之上的准则。狄尔泰认为,能够展现心理生命的完整内容的心理科学系统是必要的,对于伟大作家和诗人从直觉上看到和在诗歌符号中表达的心理生命的内容,描述心理学都必须努力精确地去确定、展现和恰当分析。依他之见,社会和历史实在无论多么复杂,在被分解成不同目的系统后都可以被分析,而且每一种目的系统由于其同质性都允许对其自身的恰当连贯性进行分析。心理生命本身要求心理实在必须从整体上被描述和理解,因而心理生命的本真事实成为狄尔泰描述心理学的出发点和理论根据。

狄尔泰指出,描述心理学需要比较心理学来补充和深化,描述心理学在比较心理学中延续和拓展自己,就像一棵树的树干在自己的枝条中伸展自身一样。② 他在其《人文科学导论》(第 1 卷,1883)和《描述与分析心理学的观念》(1894)中对比较心理学进行了某些论述,而在其《论个体性之研究》(1896)中对这个主题进行了较为详细的论述。描述心理学主要探讨心理生命的规律性或相同性,而比较心理学则是在探索心理生命的相同性的基础上指出心理生命的个体性差异。比较心理学通过观察和分析心理生命中各

---

① Dilthey, W. (1977). *Descriptive psychology and historical understanding* (R. M. Zaner, & K. L. Heiges, Trans.; R. A. Makkreel, Intro.). The Hague: Martinus Nijhoff, p.51.
② 谢地坤.走向精神科学之路——狄尔泰哲学思想研究.南京:江苏人民出版社,2003:43.

种类型的基本形式及其结合规律,把握人类、社会和历史真实性中个体的形成过程,并关注个体行为中蕴含的相同性和普遍性,从而最终协助描述心理学为整个精神科学或人文科学体系奠基。从广义来说,比较心理学仍然可以被看作是狄尔泰描述心理学的一个特殊部分,但这个特殊部分由于种种原因并没有在狄尔泰那里得到充分发展。

关于描述心理学与说明心理学的关系,狄尔泰认为两者是完全对立的,描述心理学完全可以取代说明心理学,而说明心理学根本没有存在之必要,两者是水火不容的对立关系。狄尔泰是通过对说明心理学严厉批判而对描述心理学极力褒扬来诠释这种对立关系的。他认为说明心理学本质上是自然科学意义的心理学,是自然科学的诸多概念向心理生命和历史领域的毫无根据的扩展,歪曲了心理生命的事实资料,无法公平对待和把握心理经验本身的丰富性、连贯性、直接性和多样性。例如,他曾明确指出:作为说明心理学主要形式的实验心理学"被证明是心理学家们确立对内部心理过程准确描述必不可少的工具,如意识的界限、心理过程的速度、与记忆和时间感有关的因素,而且实验者的技术和耐心必然能够成功地找到探究内部心理生命中其他诸关系的支撑点。但是它完全没有导致对内部心理领域中的规律的认识"[①],而其中显而易见的原因是它只能通过诸假设的结合来达到其目的。

狄尔泰指出,说明心理学的假设概念完全是自然科学的假设概念,而自然科学的假设有其自身的特点,因此,不仅说明心理学中诸假设的证伪与实验物理学等自然科学相比会引起更大量的问题[②],而且假设在心理学中的必要性需要重新审视。在自然科学中,假设概念具有一种非常精确的含义,它是基于认识自然的诸给定条件而形成的。自然认识始于感性观察,由于感觉给予我们的仅仅是现象的同时并存或前后相继,在这些并存或相继的事件之间不存在因果联结,因果关联是通过增补才在我们的自然观中出现的。因此,假设是自然知识的必要权宜之计。狄尔泰认为,鉴于外部经验呈现给我们的是许多只有通过自然科学的假设才能被联系起来的不相关联的现象,心理学必须求教于内部经验的资料,而内部经验资料是作为一个真实连续体的诸多部分被给予的,它不需要通过人为的假设和建构来获得,而只需通过基于体验的描述和理解便可获得。因此,尽可能地摒弃大多数有关

---

① 转引自:Hodges, H. A. (1952). *The philosophy of Wilhelm Dilthey*. London: Routledge & Kegan Paul, p.203.
② [荷]德·穆尔.有限性的悲剧——狄尔泰的生命释义学.吕和应,译.上海:上海三联书店,2016:174.

表象联合的心理学假设是可行的,无论它们是心理物理的还是联想主义的,因为内部经验本来就是互相联结、直接显现的结构整体。

在狄尔泰眼中,倾向于自然科学的说明心理学根本无法把握心理生命本身所具有的整体关系,亦缺乏为精神科学或人文科学奠基所需要的确定性,因而也就无法为精神科学或人文科学奠定认识论和方法论基础。正如李超杰对狄尔泰观点的概括:"心理学是哲学认识论从而也是整个精神科学的基础,但这种心理学是描述心理学,而不是说明心理学。"[①]狄尔泰认为,描述心理学指向实体性的心理事实且具有高度的确定性,精神科学或人文科学的认识论立场和方法论基础就应该到这样的心理学而非说明性的心理学中去寻找。描述心理学以生命本身作为最无可置疑的基础,它从精神活动内部来研究精神本身,可以通过描述和理解把握到原原本本的心理生命事实,因而它完全可以取代说明心理学,独自完成为精神科学或人文科学奠基的伟大任务。

三、描述心理学的人文科学观

狄尔泰通过其描述心理学提出了不同于说明心理学的科学观,坚持心理学是一门人文科学,而且要把心理学改造成首要的和最根本的人文科学,使之成为哲学、社会学、法律学、伦理学、教育学以及所有其他人文科学的基础,就像数学是自然科学的基础一样。正如著名现象学心理学家乔治(Amedeo Giorgi)所指出的:"狄尔泰……一直在推进一种观点,即心理学属于人文科学而非自然科学。"[②]狄尔泰心理学的理论基石即人类生命本身[③],生命并不是植根于超验的实在,而是植根于鲜活的实在之中,这从根本上决定了他的心理学的人文科学性质。根据他的观点,生命是评判心理学的最终标准,心理学的思考不是一种无时间性和无生活性的沉思,而是对具有历史性和生活性的生命经验的阐释。具有丰富历史性和现实生活性的生命经验的意义关联总体,是狄尔泰心理学的最坚实的基点。正如他所明确指出的:描述心理学就是"描述在每一个发展的人类精神生命中同样出现的种种要素和关联,它们是怎样联结在一个独一无二的关联整体中的。这个关

---

① 李超杰.理解生命——狄尔泰哲学引论.北京:中央编译出版社,1994:75.
② Giorgi, A. (1970). *Psychology as a human science: A phenomenological approach*. New York: Harper & Row, p.21.
③ 这里的"生命"是基于社会、历史和文化实在的精神生命,它存在和发展于自我与环境的互动过程之中,而不是生物学还原意义上的躯体生命,更不是康德所谓的"高级""绝对"或"先验"的自我。它是一种不可遏止的永恒冲动,是一股转瞬即逝的流动,是一种能动的创造性力量,我们每个人都能通过自我而体验到。

联整体不能被推测或推断,而只能被经历。因此,这种心理学是描述和分析一个关联整体,它最初并始终是作为生命本身被给予的。"①

狄尔泰认为,传统的说明心理学与自然科学的旨趣相通,机械地模仿自然科学,推崇因果假设和元素分析,类比物理学和化学等自然科学将意识中各要素之间关系像客观的物理和化学过程那样置于人为设定和建构的相同法则之下,歪曲了心理生命的原始资料,无法公平对待经验的真实性、丰富性和连续性。人类的心理与宇宙的自然有着根本的不同,任何的心理现象都内嵌于整个心理生命整体之中,几乎都与其他心理现象盘根错节地交织和整合在一起,我们绝不可能像自然科学的做法那样切割出一小块对之彻底研究一番,然后满怀信心地声称问题得到彻底解决。在狄尔泰看来,心理生命作为一个连贯统一体内在于我们的体验中,我们可以通过基于体验的内部知觉和对体验表达的解释原原本本地把握到心理生命,而不需要像自然科学那样越出可观察的资料而发展假设系统。因此,狄尔泰试图把心理学重新界定为一门基于人类心理生命的描述与分析的人文科学。这门人文科学的心理学从广义的经验(Empirie)而非严格的经验主义(Empirismus)出发,即"要经验而不要经验主义"②,把心理资料限定在与我们生命本性有总体性关联的内部经验的范围内。

传统的自然科学导向的说明心理学追求的是问题边界明确、易于操控的经验性研究,它的经验性更多地体现在运用实验仪器或测量工具获得数字化的资料,然后根据数据处理结果建构模型,而对这些数据背后反映的丰富的心理现象根本没有现场直接的切身感受。事实上,"即便是最完备的说明心理学,都无非是将一种假说建立在另一种假说之上"③。狄尔泰倡导的描述心理学追求的是更具现实感的经验性研究,它的经验性更多地体现在对真实、丰富、鲜活的心理现象或心理事实的直接体验和切身感受。因此,它既避开了绝对唯心论的形而上学思辨,又避免了实证论的科学主义还原。事实上,我们从狄尔泰在《描述与分析心理学的观念》(1894)中详细阐述的某些重要概念如"体验""获得性心理关联""理解""描述"等亦可明确看出,他的描述心理学旨在提供一种人文科学的初始方向,而不是一种可以派生其他科学的自明性(axiomatic)根据。此外,按照狄尔泰的观点,描述心理学实际上先于和预设了传统的自然科学心理学或说明心理学,具有科学和逻

---

① 转引自:张汝伦.二十世纪德国哲学.北京:人民出版社,2008:40.
② 张汝伦.二十世纪德国哲学.北京:人民出版社,2008:23.
③ 潘德荣.西方诠释学史(第二版).北京:北京大学出版社,2016:272.

辑上的双重优势地位。

狄尔泰的描述心理学不像说明心理学那样只关注心理的形式规律,而是更关注有意义的心理内容。例如,相比于遗忘曲线,它更关注被试实际记住或遗忘了什么。狄尔泰认为,传统的说明心理学是一门形式学科,对心理生命的形式与过程的集中关注阻碍了对心理内容的考察:"心理规律是纯粹的形式规律;它们不涉及人类心理内容,只涉及它的形式表现和行为。"[1]他对说明心理学的这种错误做法极为不满,认为每个经验都包含着一个具有丰富意义的内容,而且意义正是通过内容形成的。因此,狄尔泰的描述心理学致力于克服说明心理学的这种不足,在某种程度上是要成为一种内容心理学,但根本不同于冯特的内容心理学。狄尔泰的描述心理学还克服了传统说明心理学的"方法论个体主义"(methodological individualism),不仅关注个体的心理,而且还关注个体心理内嵌于的社会文化心理,即共同体的"客观精神"(objective spirit)。他认为,人是一种社会、文化和历史的存在,作为人文科学基础的心理学,必须考虑社会、文化和历史生命的内容,关心历史生命的真实内容和忠诚、工作、爱以及维护等特殊的社会关系。因此,他的描述心理学某种程度上还是一种社会和文化的心理学。这些都进一步说明,狄尔泰所致力的描述心理学是一门人文科学定向的经验的心理学。

四、描述心理学的研究对象

狄尔泰反对说明心理学孤立地研究人的片段心理及其支配规律,认为心理学的研究对象应该是人的整个心理生命统一体,即"心理生命格式塔"。在他看来,心理生命具有以下内在特征:第一,结构性、连贯性和整体性。心理生命内嵌于某种情境并同时影响该情境,由此形成了一个内容和意义的内部状态组织即心理结构,该结构是一个由表象或认知、情感和意志组成的具有内在连贯性的、不可分割的整体系统。这意味着:"心理生命不是由部分发展而来;它不是由元素组成;它不是一个复合体,也不是感觉原子或情感原子协作的结果:它最初并且始终是一个综合统一体。"[2]第二,社会性、历史性和文化性。一个人的心理生命是主体在与社会、历史和文化世界进行有意义碰撞的过程中形成的,是社会、历史和文化诸系统的交汇单元,如若超出了社会、历史和文化的范畴,便是一种自然科学的虚构。第三,目

---

[1] 转引自:Teo, T. (2005). *The critique of psychology: From Kant to postcolonial theory*. New York: Springer, p.81.

[2] Dilthey, W. (1977). *Descriptive psychology and historical understanding* (R. M. Zaner, & K. L. Heiges, Trans.; R. A. Makkreel, Intro.). The Hague: Martinus Nijhoff, p.92.

的性、发展性和独特性。心理生命具有趋向本能满足(如快乐)的目的性,所有认知、情感和创造性因素都聚合在对生命目的统一体的保护中。在追求目的实现的过程中,心理生命获得了成长和发展,而且形成了自己独特的个体性。总之,心理生命是个体在与现实或真实世界互动的过程中形成的一个获得性结构系统(Strukturzusammenhang)。

狄尔泰认为,心理生命的结构系统作为当下的直接所与,是内在于我们每个人的体验中的,心理体验是心理生命内在和直接的显现,这是不需要证明的。因此可以说,心理学的研究对象就是"结构系统的体验"或人体验到的"心理生命格式塔"。这里的"体验"(Erlebnis)来源于"经历"(Erleben),是在经历过程中产生的一种浓具生活意义且不可重复的活生生的经验(lived experience)。"所谓'经历',表达的是与对象的关联之直接性,表示在某一事物发生时,认知主体是当下在场的,因而是主体的'亲身经历',在这种情况下获得的经验就是认知主体的体验,或者,确切地说,是他的体验构成了经验。"① 也就是说,这种活生生的经验根本不同于抽象的科学经验,它表示主体与对象的一种直接关系,不包含任何陌生的、客观的或需要澄清的成分,对象在其直观的直接性里得到表征,而且这种直接性先于所有解释、处理或传达而存在。② 体验不是我们意识到的某种东西,而是一种先于主客分离的前反思的意义性存在。正如狄尔泰所言:"体验不是作为一种被感知到的东西或一种被表象的东西出现在我面前的,它不是被给予我们的,而是……通过我们对它的内觉察(Innewerden)而为我们所存在的,我在它属于我的意义上直接拥有它。只有在思想中它才成为对象性的东西。"③

"时间之流中的东西,因为它具有某一种意义而在当前形成为一个整体,这是我们能够名之为体验的最小的统一体。进而言之,每一种包含着生命各部分的整体——它们通过生命过程的共同意义而结合在一起——都可称之为一种'体验',——甚或在其数个部分间因某些事件而中断被彼此分隔的时候。"④这是狄尔泰从共同意义相结合从而形成一个意义单元这个维度对体验的界定,但同时狄尔泰也特别提出了体验的时间性特征。体验并不是一种静态的东西,而是趋向于在充满意义的整体语境中抵达和

---

① 潘德荣.西方诠释学史(第二版).北京:北京大学出版社,2016:274.
② 洪汉鼎.诠释学:它的历史和当代发展(修订本).北京:中国人民大学出版社,2018:86-87.
③ 张庆熊.描述心理学对先验现象学——兼谈狄尔泰和胡塞尔在哲学思想上的联姻与争论.陕西师范大学学报(哲学社会科学版),2006,35(2):37-44.
④ 转引自:[美]帕尔默.诠释学.潘德荣,译.北京:商务印书馆,2012:140.

实现对过去的回忆和对未来的期望,过去、现在和未来在生命体验当中融为一体。

心理生命结构系统是在体验之中发挥作用的。心理生命结构系统的体验具有一个形成过程,它是我们的意欲、情感和表象的整体系统与外界实在相互结合的产物。例如,亲人去世后,我们便会感到痛苦,体验到知觉以及表象与痛苦的这种结构的结合,而这种结构的结合是一种实在。心理生命结构系统的体验是一种动的统一,它不只是现在的意识,而是在现在的意识之中包含着过去的意识和未来的意识,因而在生命体验之中,现在是由过去而充满,并把未来孕育于其中。我们对心理生命的把握首先从体验到的心理生命结构系统开始,"心理生命结构系统的体验"构成了狄尔泰描述心理学的简明公式和根本出发点。

不过,狄尔泰有时会把体验与内部经验或意识事实相等同。他在研究对象问题上实现了对冯特强调"内容"的心理学与布伦塔诺强调"意动"的心理学的综合,主张心理学是一门既研究心理的活动又研究心理的内容的科学。[1] 在他看来,可以脱离开意识知觉的世界来考虑意识,尽管体验是主客未分的原始经验,但它从来不是一个没有内容的意识,而是始终具有对某对象的内部倾向性,即意向性。内心体验是心理活动,是正在意识到某物的事实;我们意识到的对象是内容,每种体验都必然伴随着一个内容,而且这个内容依赖于一个人的意义结构。狄尔泰认为,心理学应该研究心理活动及其内容的体验统一体,这预示了后来屈尔佩(Oswald Külpe, 1862—1915)和麦塞尔(August Messer, 1867—1937)等人的二重心理学的出现。此外,狄尔泰还主张,心理学不仅要研究可意识到的心理生命现象,而且要研究意识不到的深层心理生命现象即潜意识;不仅要研究个体的心理生命现象,而且要研究社会、历史和文化中的心理生命现象。

五、描述心理学的研究方法

狄尔泰的心理学方法是在与艾宾浩斯等人的论战中逐步成熟起来的。他反对说明心理学利用假设对诸心理片段进行因果说明和理论建构的做法,认为心理生命的结构系统本身就是一个因果系统,它作为一个具有内在次序性和连贯性的统一体直接呈现于我们的体验中,我们不需要再跑到体验的背后寻求一个纯粹假设的统一体。况且,心理生命的复杂性和关联性

---

[1] Wolman, B. B., & Knapp, S. (1981). *Contemporary theories and systems in psychology* (2nd ed., expanded and rev.). New York: Plenum Press, p.416.

不可能在概念中得到表达。因此，心理学研究首先应该是描述，即如其所是地描述作为整体呈现于体验中的心理生命。狄尔泰认为，描述是一种"纯粹经验的"方法，具有高度的确定性和准确性，它只告诉它发现的东西，没有任何关于心理本质的假设，无论是形而上学的假设还是物理主义的假设。事实上，狄尔泰这里的"描述"主要指内部知觉意义上的现象学描述。他在强调现象学描述方法的同时还特别突显了解释学理解的作用，认为"理解过程奠定了描述心理学的最深刻基础"①，特别是在其学术生命的后期尤其如此。因此，狄尔泰的描述心理学又称为理解心理学。

理解就是以一种有意义的方式来把握心理生命结构系统的内在关系和状态，它以体验为先决条件，通过体验来把握心理生命的连贯统一体。"我们说明自然，我们理解心理生命"②是狄尔泰心理学方法的座右铭。正如前面所提及的，他所谓的"理解"既包括与内部知觉过程相伴的直接理解，也包括对外在心理生命表达的间接理解；既包括对自我心理生命的理解，也包括对他人心理生命的理解；既包括对个体心理生命的理解，也包括对客观文化精神的理解，而这些理解均离不开体验。

狄尔泰描述心理学的方法本质上是多元的而不是一元的。"一门描述的心理学必须建立与传统心理学已经拒绝接纳的其他学科、题材和方法的联系。心理学必须弥补和平衡它的各种程序的固有局限。它必须协调各种方法——对自我的知觉和观察、对他人的理解、对儿童的研究以及对病理现象、异常现象和潜意识现象的分析。它必须利用比较方法以及内省法和实验法。此外，对所有这些方法和材料的一个非常重要的补充是对心理的'客观产品'的理解。"③总的来说，狄尔泰主要通过基于体验的内部知觉（直接途径）、对心理生命体验之表达的解释与理解（间接途径）以及对客观精神的理解（社会、历史、文化视角）三种获取心理知识的方式，来达到对心理生命的如实描述和丰富理解。

方式一：基于体验的内部知觉。狄尔泰曾多次明确表示，对外部的自然对象的认识与对内部的心理生命的把握有着根本区别。自然世界凭借自身是不可捉摸的，认识自然对象需要通过外部知觉来实现，将它们表象

---

① Ermarth, M. (1978). *Wilhelm Dilthey: The critique of historical reason*. Chicago, IL: University of Chicago Press, p.180.
② Dilthey, W. (1977). *Descriptive psychology and historical understanding* (R. M. Zaner, & K. L. Heiges, Trans.; R. A. Makkreel, Intro.). The Hague: Martinus Nijhoff, p.27.
③ Ermarth, M. (1978). *Wilhelm Dilthey: The critique of historical reason*. Chicago, IL: University of Chicago Press, p.178.

为外在于我们的，并且外部知觉以主体与对象的差别为基础条件。把握活生生的心理生命及其过程需要通过内部知觉来实现，我们通过内部知觉直观地把握自身的内部心理状态。内部知觉是一种内心的直接感受，是确定无误地观察内部经验并对之进行描述的能力。与外部知觉依赖于知觉主体与其对象之间的区分和差别相反，内部知觉依赖于内觉察，依赖于体验，是直接被给予的。狄尔泰指出："体验是一种具有不同特征的方式，在这种方式中，实在为我存在于此。"① 心理生命作为当下直接所与的实在存在于我们每个人的体验中，对心理生命状况的把握产生于体验并且始终与体验相连，没有体验，内部知觉将无从谈起。

体验或内觉察不同于内部知觉，体验是最终的单位，本身无法知觉自己，而只有呈现于意识或记忆中，才能成为内部知觉的把握对象。② 可见，内部知觉是对一种状态或过程的内部意识。通过被意识到，一种状态或过程就为我而存在于此，为我是因为我意识到了它，觉察到了它。例如："当我感到悲痛时，这种悲痛不是我的对象。但在这种状态被我意识到的时候，它作为被我意识到的东西为我那儿存在。我以完全进入它的方式而拥有它。"③ 也就是说，内部知觉行为与其内容本身密不可分，两者同时在内部知觉这个过程中被给予。④ 狄尔泰认为，体验是我们获取心理资料的第一步，当包含心理资料的体验进入意识或记忆领域而成为内部知觉的把握对象时，我们便可实现对心理资料的直接观察和描述。当然，狄尔泰指出："我们对生命的体验，不是在机械的'力'的范畴中，而是在'意义'、在对作为整体的生命之直接体验的复杂的、个体性的因素中，以及在对特殊性真实的把握中。"⑤ 这就意味着，内部知觉作为一种直接的描述过程，始终包含和伴随着对整体与部分关系以及对心理生命的目的和意义的理解，而且这种基于体验的自我心理生命的直接理解奠定了内部知觉的"深刻基础"。但内部知觉并不是一种神秘的直观，而是具有理智性的，这实际上依然构成了狄尔泰描述心理学研究方法的首要本质。

需要特别指出的是，对自我心理生命体验的直接描述和理解，还需要与我们认识的他人的内在心理生命相比较，在另一个人那里发现我们自己体验的内心最深处，以便核查和扩展我们内部知觉和自我理解到的心理知识，

---

① 转引自：高桦.狄尔泰的生命释义学.上海：上海人民出版社，2018：115.
② 张旺山.狄尔泰.台北：东大图书公司，1986：203.
③ [美] 马克瑞尔.狄尔泰传——精神科学的哲学家.李超杰，译.北京：商务印书馆，2003：194.
④ 高桦.狄尔泰的生命释义学.上海：上海人民出版社，2018：114.
⑤ [美] 帕尔默.诠释学.潘德荣，译.北京：商务印书馆，2012：131.

但这要依赖于我们自己的心理生命向他人的转换。①

方式二：对心理生命体验之表达的解释与理解。狄尔泰早期主要强调通过基于体验的内部知觉（当然也伴随着自我理解）这种直接的方法来获取关于自我心理生命的知识，但后期逐渐认识到，心理生命体验处于不断变动之中，仅靠内部知觉无法充分准确地揭示心理生命的丰富内涵，还应采取迂回路线，通过对人的面部表情、手势、行动和言语等心理生命体验之表达的解释来间接地达到对深层心理生命的理解和描述。"对于狄尔泰来说，时间性表明了体验当下就已经沉入过去并指向未来。对生命经验的把握、对生命意义的理解实际上只能在一种包含过去与未来的当下中实施，而且不可能无中介地进行。也就是说，要理解生命的意义，我们不能直接从当下体验入手，而只能以某种间接的方式展开，这种间接的方式不是外在植入的，而是生命本身之本性。而狄尔泰找到的这个间接的方式就是表达（Ausdruck）或生命之客观化。"②这种通过表达来进行的间接的做法，布伦塔诺和胡塞尔在某种程度上已经运用了。③ 而在狄尔泰看来，早在心理学之前就存在着一种由心理生命体验向心理生命体验之表达的自然的、无偏见的进展。依他之见，心理生命的大部分知识，无论是自我心理生命的知识，还是他人心理生命的知识，在某种程度上都依赖于它们获得表达的方式。

每种心理生命的活动，每种心理生命的体验或经验，都倾向于在身体表达中找到一个出口，无论是在表情或手势中还是通过更加微妙的语言媒介。这些表达可以摆脱因迎合刻意自我观察而产生的扭曲，还可以揭示包含在体验中的那些更广泛、更深层的心理生命事实，如潜意识心理。那些深藏在潜意识中的东西，只有通过表达才能为人所知。狄尔泰认为，在体验中出现而未被注意到的东西可以出现在表达中，就好像它被从未被照亮的心理生命深处拖出来。由于表达没有经过反思而直接从灵魂中流露出来，与自我观察能发现的相比，它可能包含更多事实上鲜活的经验。通过对体验表达的解释，不仅可以揭示自觉的思想和情感，而且可以揭示意识不到的心理状态。因此，对于我们自己的心理生命，我们虽可以通过基于体验的内部知觉予以直接描述，但离不开对心理生命体验之表达的解释和理解的援助，否则内部知觉就是一个很钝的工具。对于他人的心理生命，我们根本不可能通

---

① Hodges, H. A. (1952). *The philosophy of Wilhelm Dilthey*. London: Routledge & Kegan Paul, p.205.
② 高桦.狄尔泰的生命释义学.上海：上海人民出版社，2018：176.
③ 张汝伦.二十世纪德国哲学.北京：人民出版社，2008：50.

过内部知觉予以直接描述,而只能通过解读他们心理生命体验的种种表达来间接地予以理解。正如李超杰所指出的:"只有建立在表达之上,对自我的看法才能获得明晰性、稳定性和深度。对他人的理解,关于他人的知识,更是以表达为中介的。"①

心理生命体验的表达包括人的面部表情、手势、姿势、礼仪、文学和艺术作品以及下意识的言语和行为等。无论哪种心理生命体验的表达都在表达着某种特定的意义,都代表或指向它们自身之外的某种东西。这意味着心理生命体验的表达既不是纯物理现象,亦不是纯心理现象,而是两者的混合物。② 例如,微笑并不仅是嘴唇的运动,而且反映和传递着发笑者的内心愉悦。再如,书不只是诸多有形的符号,而且是作者思想、情感和意志的表露。狄尔泰认为,心理生命体验的表达,不仅表现了体验的完满性,而且还产生了新的东西,即具有一种创造性。③ 表达构成了我们准确而丰富地理解自身和他人的心理生命体验的中介。对此,可以这样表述:"当理解选择了以表达为中介的间接程序时,纯主观之物的有限领域将被超越,一个有意义的世界将展现出来。"④

狄尔泰认为,理解就是从生命的外在表现即各种"物质符号"中获得内在的生命知识的过程,即通过可感知的外部表现去把握不可感知的内在精神的过程。⑤ 因此,心理学的理解主要指从内在于体验的心理生命的外在表达中获得内在的心理生命知识的过程,即"通过呈现于感觉中的表现认识其心理生命的过程"⑥。理解不是把握犹如某个数学问题的理性观念,不是纯粹的理性认知活动,而是生命理解生命时需要综合一切心理力量去领悟和参与的独特要素,它"具有一种避免了理性的理论化之充实性"⑦。

狄尔泰对理解作了基本形式和高级形式的区分。基本理解是对单一生命表达的解释或对构成复合行为的初级行为的把握,它依据的机制是类比推理,依赖于表达与所表达的意义之间的恒常联系。在基本理解中,我们把某个特定表达视作对某个特定心理事实的表达,而不考虑这个心理事实与

---

① 李超杰.理解生命——狄尔泰哲学引论.北京:中央编译出版社,1994:92.
② 李超杰.理解生命——狄尔泰哲学引论.北京:中央编译出版社,1994:93.
③ 高桦.狄尔泰的生命释义学.上海:上海人民出版社,2018:178.
④ [荷]德·穆尔.有限性的悲剧——狄尔泰的生命释义学.吕和应,译.上海:上海三联书店,2016:269.
⑤ 夏基松.现代西方哲学.上海:上海人民出版社,2006:316-317.
⑥ 转引自:李超杰.理解生命——狄尔泰哲学引论.北京:中央编译出版社,1994:96.
⑦ [美]帕尔默.诠释学.潘德荣,译.北京:商务印书馆,2012:150.

产生它的主体的心理生命关联整体的关系。但这种基本理解过程并非纯粹从特殊到特殊,而是与强调从整体到部分的解释学循环相一致。① 高级理解是从若干表达出发去追溯这些表达所表达的心理生命关联整体的意义,它依据的机制是归纳推理。在高级理解过程中,表达与所表达的意义之间的统一性不再是确定的,我们必须考察具体的意义上下文。基本理解是我们在现实生活中首先产生的一种理解形式。"当我们偶然碰到由模棱两可、前后不一以及矛盾或欺骗的可能性等引起的意义的不确定性时,便会发生向高级理解的过渡。"②

狄尔泰主张通过对心理生命体验之表达的解释,来达到对自我心理生命和他人心理生命的间接理解。对于自我心理生命,他特别强调历史在理解中的作用。正如他所指出的:"人是什么,惟有历史才能告诉他。"③但这里的历史并不是与自我相对立的客观的过去,而是自我的一种倒向的发展,即不断返回过去而发展自身。狄尔泰更为详细地指出:"人是什么和他意欲什么,他只能通过千年至福(millennia)而在他本性的发展中体验到,而此种体验是永远不可能终极地完成,永远不是在客观概念中、而始终只是在这种生命体验——它从它自身存在的深处喷涌而出——中才能体验到的。"④ 也就是说,人对自我心理生命的理解不是直接的而是间接的,它必须通过固定表达式追溯过去,而采取这样一种解释学迂回之路。

对于他人心理生命,狄尔泰特别强调移情、模仿和再体验在理解中的作用。他指出:"对陌生的生命表现和他人的理解建立在对自己的体验和理解之上,建立在此两者的相互作用之中。"⑤也就是说,要真正做到对他人心理生命的理解,就必须走出自己的内心世界而进入他人的内心世界,重新体验他人的心境,再现他人的内心体验。这要求理解者自身具有丰富的个人体验,基于这种体验才能将本己的自我通过移情作用移入他者,即如狄尔泰所说"理解就是在你之中发现我"⑥。如此一来,理解他人的过程实际上就成为一种自我理解的过程。"从他人生命表现追溯其生命关联的过程,实际上是一个自我移入(移情)的过程,一个模仿过程,一个重新体验的过程。当我理解他人的生命表现时,在我身上发生的与在被理解者身上发生的实际上

---

①② Dilthey, W. (1977). *Descriptive psychology and historical understanding* (R. M. Zaner, & K. L. Heiges, Trans.; R. A. Makkreel, Intro.). The Hague: Martinus Nijhoff, p.16.
③④ 转引自:[美]帕尔默.诠释学.潘德荣,译.北京:商务印书馆,2012:151.
⑤ 洪汉鼎,主编.理解与解释——诠释学经典文选(修订本).北京:东方出版社,2006:93.
⑥ 转引自:夏基松.现代西方哲学.上海:上海人民出版社,2006:317.

是同一过程,只是两者方向相反。"① 当然,这种移情式理解不是一种有意识的、反思性的比较行为,而是一种冥思默想的活动,它完成了使一个人进入他者的前反思性的转换,而这种转换的基础是人心的共通性或共同的人性以及同情心或爱。

方式三:对客观精神的理解。狄尔泰认为,对个体心理生命的描述和理解,无论是自我的心理生命,还是他人的心理生命,都离不开对心理生命的客观公共维度即共同体客观精神的理解与分析。或者说,所有心理生命的描述和理解都是一种在客观精神中的描述和理解。"客观精神"这个词源于黑格尔。早年反对黑格尔形而上学的狄尔泰,晚年愈来愈靠向黑格尔。他在早年用"生命"的地方,晚年多用"精神"来取代,但他的"客观精神"与黑格尔的"客观精神"迥然不同。黑格尔的"客观精神"指的是精神自身发展中的一个阶段,不包括宗教、艺术和哲学,而狄尔泰的"客观精神"泛指一切文化系统及社会组织,并且包括宗教、艺术和哲学。② 狄尔泰指出:"我理解的客观精神是这样一些不同的形式:在这些形式中,存在于个人之间的共同性已将自身客观化在感觉世界中。在这种客观精神中,过去对我们来说是不断持续的现在。客观精神的范围从共同体建立的生活方式、交往形式以及目的性关系到道德、法律、宗教、艺术、科学和哲学。因为创造性的作品也体现了一个时代和地区的观念、内心生活和理想的共同性。"③ 客观精神就是生命或精神的外化和客观化,是体现于外在的物质载体或物质符号上的精神。尽管狄尔泰对客观精神的理解在不同时期有所变化,但究其实质,我们可以将之理解为:一个社会群体或一个时代在语言、宗教、神话、习俗、艺术以及法律、道德和组织中表达的文化精神,即共同体的客观文化精神。对于某个人而言,这种共同体的客观文化精神,在日常生活中表现为我们与之持续互动的作为一个整体的周围生活世界。当然,早在提出"客观精神"之前,狄尔泰就已经主张从社会、历史和文化的视域来看待和理解人类心理生命了。

一个人自出生起就是受客观精神世界滋养的,个体的心理生命依赖或内嵌于一个置身于历史的既定社会的客观精神。狄尔泰指出:"精神客观化于其中的一切东西都包含着对于你和我来说是共同性的东西。"④ 例如,每个种了树的广场,每个放好了桌椅的房间,我们自幼时起就可熟悉地理解,这是因为人类的目的性规定、规则及价值准则作为一种共同的东西,已经为

---

① 李超杰.*理解生命——狄尔泰哲学引论*.北京:中央编译出版社,1994:98.
② 张旺山.*狄尔泰*.台北:东大图书公司,1986:217-222.
③④ 洪汉鼎,主编.*理解与解释——诠释学经典文选(修订本)*.北京:东方出版社,2006:97.

每个广场和每个房间中的每件物品安排好了位置。再如,每个儿童都在某家庭组织和风俗中成长,这个家庭是儿童与其他家庭成员共有的,共同的家庭关系构成了儿童接受母亲教育、习得言行举止及与其他家庭成员相互沟通的先置性基础。对于一个理解者来说,任何个别的心理生命的表达都不是孤立存在的,而是与某种共同性相连,代表着一种共同的东西。正如狄尔泰所指出的:"个人理解的生命表现对他来说通常不只是一个个别的表现,而且仿佛充满了一种对共同性的知识,充满了存在于该表现中的与一种内部东西的关系。"①个体始终在一个共同性的范围内体验、思想和行动,而且只在这样一个范围内理解及与他人共鸣。因此,客观精神是我们理解自我心理生命的背景和场所,也是我们理解他人及其心理生命表达的桥梁和中介,我们借助客观精神得以在我们自己的意识中重新体验在我们之外、与我们不同的他人的心理生命。

狄尔泰认为,有了客观精神这种共性创造物,心理学便有了更广阔的研究视野和更丰富的研究资料。我们只有了解了一个人的成长过程和成长环境,才能更深刻地理解他。狄尔泰强调,应在理解社会文化和历史产品的丰富内涵的基础上,对人的心理生命及其表达进行描述、分析和理解。正如他所说:"人不能通过自我冥思来了解人是什么,也不能通过心理学实验,而只能通过历史。"②共同体的客观文化精神是支配人类心理生命的各种客观化现象的法则,我们首先要理解的不是个别人的个别体验和表达,而是代表和蕴含着共同体社会文化心理的客观精神。

六、描述心理学的具体理论

人类心理生命既具有静态的结构性,又具有动态的发展性,而在成长与发展的过程中,每一个体又都是独特的,形成了自己的个体性。不过,结构与发展的区分某种程度上是人为的,因为在某一结构横断面中辨识出的诸意识水平在获得性心理关联(the acquired psychic nexus)中总是动态地互相联系的。当然,这种区分也是必要的,因为它可以让我们将任何过渡(all transition)都是发展性的这种纯粹不确定感与一种相对于某结构基础更加确定的发展概念区别开来。③ 狄尔泰从存在论维度生动地阐述了他对心理

---

① 洪汉鼎,主编.理解与解释——诠释学经典文选(修订本).北京:东方出版社,2006:97-98.
② Teo, T. (2005). *The critique of psychology: From Kant to postcolonial theory*. New York: Springer, p.81.
③ Dilthey, W. (1977). *Descriptive psychology and historical understanding* (R. M. Zaner, & K. L. Heiges, Trans.; R. A. Makkreel, Intro.). The Hague: Martinus Nijhoff, pp.8-9.

生命的结构、发展以及差异（个体性）的理论见解。

（一）心理生命的结构

狄尔泰像柏格森（Henri Bergson，1859—1941）一样，认为人的心理生命是一个绵延不断的流，不同意识状态和过程在这个绵延不断的流中前后相继、此起彼伏。但他同时指出连续和流动的心理生命也是结构性的，而且强调心理学要以描述和分析心理生命的结构为开端。① 可以说，对心理生命结构的考察，构成了狄尔泰描述心理学的首要内容。

心理生命的结构指的是一个内容和意义的内部状态组织，表示各部分之间独立于可变内容和意义的关系。虽然意识的内容和意义在不断变化，但总有某种内容和意义呈现在心理生命的结构这种内部状态组织中，而这离不开自我与周围世界以各种方式展开的丰富多彩的互动。就像一个人在乡间散步，一些景观不断从眼前消失，而紧接着其他景观又跃入眼帘。心理生命的结构最初就是通过自我与世界的相互关系被领会的。心理生命以意识状态的持续变化为特征，在这种变化的意识状态中，只有自我与对象世界之间的相互关系是恒定的，它构成了我们心理生命本身的形式。"与意识的流动不同，自我与世界之间的这种相互关系本身不是一个过程，但它永远与意识的流动有关。"②正是在自我与世界的持续互动过程中，心理生命表现出结构的统一性和连贯性，而且这种统一性和连贯性只能首先在体验中为我们所获得。

与康德一致，狄尔泰把人的心理生命分成表象或认知（知觉、记忆、判断）、情感（快乐、痛苦、恐惧、爱、恨）和意志（希望、决定、责任）三部分，而且认为每部分都是活动和内容的统一。心理生命中的每种意识状态都以表象或认知、情感和意志的同时显现为特征。或者说，心理生命的三个方面共存于意识的每种状态或每个瞬间。正如狄尔泰所说："我可谓是在制作一个横断面，以描绘在这样一个完整生命时刻中的分层（stratification）。通过比较这些瞬时的意识状态，我得出这样的结果，即几乎它们中的每一种都可以被证明同时包含了表象、情感和意志的某种模式。"③当一个人认识某事物的时候，常常会伴随着情感和意志活动。当一个人表现出情感活动的时候，常

---

① Hodges, H. A. (1952). *The philosophy of Wilhelm Dilthey*. London: Routledge & Kegan Paul, p.208.

② ［荷］德·穆尔.*有限性的悲剧——狄尔泰的生命释义学*.吕和应，译.上海：上海三联书店，2016：183.

③ Dilthey, W. (1977). *Descriptive psychology and historical understanding* (R. M. Zaner, & K. L. Heiges, Trans.; R. A. Makkreel, Intro.). The Hague: Martinus Nijhoff, p.82.

常会伴随着认知和意志活动。当一个人表现出意志行为的时候,常常会伴随着认知和情感活动。例如,当我们不小心烧伤了手,在我们的体验中,不仅有疼痛感,而且还有对这一状况的表象和认知,以及将手从热源抽走时表现出来的意志成分。三个部分在心理生命结构系统中都是作为终极所与而存在的,既无法从一个更高级的原理中推导出来,也不能相互推导,它们之间的相互依存和关联是终极的意识事实之一。① 这意味着,心理生命的三个部分本来就是密切联系和交织在一起的,而且始终都是一个综合统一体。

尽管如此,意识状态各部分之间的关系,因为具体情况的不同可能会在质和量上产生很大变化。在特定情况下,三个部分可能只有一个突出地呈现于我们的内部知觉中。我们通常根据那个占主导的部分,将一种意识状态称作认知的、情感的或意志的。例如,当一个人完全洋溢在喜悦中时,仿佛一切生命关系、一切对象、一切我们之外的个体都充满欢乐,此时情感会压倒一切,表象和意志会退居其次。心理生命三个部分之间的关系不像排在马路上的汽车之间的关系,也不像列队士兵之间的关系。狄尔泰指出:"意识活动倒像一个旅游者,他信步前行,新的景观不断进入他的视野,旧的景观不断地从他的视线中消失,但在整个过程中,风景的统一性被保存了下来。"②也就是说,无论怎样,心理生命的结构性是通过这三个部分之间的内在关系体现出来的,这也就意味着该结构不是各种孤立要素的堆砌,而是一个有凝聚力的整体。③

在心理生命结构的三个部分中,每个部分可能是以复杂化和精细化递增的顺序来安排的。例如,在认知领域,从感觉上升到抽象思维;在意志领域,从瞬时冲动上升到一个连贯的目的系统。狄尔泰认为,心理学的核心问题是找到认知和意志这两个领域之间的关联。④ 那么,认知和意志在心理生命结构系统中是如何内在地动态关联起来的呢?狄尔泰在情感中找到了这种关联,即从认知到情感而又从情感到意志,情感是联结认知与意志的纽带。但他同时认为,情感本身基于本能,本能构成了心理生命的真正核心。正如他所指出的:"我们心理结构的中心是一束本能(或驱

---

① 李超杰.理解生命——狄尔泰哲学引论.北京:中央编译出版社,1994:80.
② 转引自:李超杰.理解生命——狄尔泰哲学引论.北京:中央编译出版社,1994:79.
③ [荷]德·穆尔.有限性的悲剧——狄尔泰的生命释义学.吕和应,译.上海:上海三联书店,2016:182.
④ Hodges, H. A. (1952). *The philosophy of Wilhelm Dilthey*. London: Routledge & Kegan Paul, p.209.

力)和情感。"①我们根据情感和本能来评价和估量我们周围各种变化的生命价值,并对所评价和估量出的生命价值作出反应。例如,当我们通过情感来评价我们对世界的认知或表象的时候,我们开始把周围事物看作是对我们自己的生命有利或不利的。我们的真实自我主要是通过在情感和本能生命中产生的评价来发展的。

狄尔泰还指出,心理生命结构系统以某种独特和内在的合目的性为特征,是一种目的性关联,可以从主观和客观两个角度来考虑。主观目的性是真正的、原本给定的目的性,表现为心理生命的诸过程致力于趋乐避苦,努力给我们带来本能欲望的满足,倾向于达到生命的丰富和生活的幸福。客观目的性表现为心理生命的诸过程努力确保个体和物种的存活。按照狄尔泰的观点,主观目的性是唯一无可置疑的,可见于体验之中;而客观目的性只是一种似是而非的假设,借自于生物学。②

(二) 心理生命的发展

狄尔泰认为,心理生命是由那些在时间中开始、在时间中变化并且最后又在时间中结束的过程组成的。③ 这意味着心理生命不仅是结构性的,而且是连续和发展的。对结构的描述和分析可谓构成了心理生命的一个横断面,对发展的描述和分析则构成了心理生命的纵断面。对于一个人的心理生命本身而言,结构与发展密不可分、互为前提,是两种相互制约的维度和关联。结构不是无时间性的实体,不存在固定不变的结构,结构服从于发展和变化,结构是动态的发展性的结构;而发展只有基于结构才有可能,发展是结构性的发展,任何发展都是从特定的结构开始的。正如狄尔泰所言:"如果结构是心理生命宽度的扩展,那么可以说,发展就是心理生命长度的延伸……这两种类型的关联彼此互为条件。"④过去经验储存在记忆中,使现在更加明朗。态度和习惯一旦获得,就会影响我们对未来的反应。随着年龄增长,我们的视野变得更加开阔,我们的思维变得更加明晰,我们的目的变得更加稳固和连贯。因此,狄尔泰认为,不了解心理生命的结构就不可能理解心理生命的发展,而对心理生命发展的理解也会促进对心理生命结构的认识,描述心理学在致力于探究心理生命结构的同时,必须关注对心理

---

① Dilthey, W. (1977). *Descriptive psychology and historical understanding* (R. M. Zaner, & K. L. Heiges, Trans.; R. A. Makkreel, Intro.). The Hague: Martinus Nijhoff, p.87.
② Hodges, H. A. (1952). *The philosophy of Wilhelm Dilthey*. London: Routledge & Kegan Paul, p.209.
③ 洪汉鼎.诠释学:它的历史和当代发展(修订本).北京:中国人民大学出版社,2018:90.
④ Dilthey, W. (1977). *Descriptive psychology and historical understanding* (R. M. Zaner, & K. L. Heiges, Trans.; R. A. Makkreel, Intro.). The Hague: Martinus Nijhoff, p.94.

生命发展的研究。

狄尔泰像后来的皮亚杰一样,对心理生命的结构性发展作出了不同质的阶段的划分,但并不赞同每个具体的发展都展现为一系列相同的阶段。在他看来,心理生命的发展以极大的开放性、丰富性和多样性为特征,而并不是以固定的阶段和模式展开,如果要获得发展的某些普遍特征,也应到这种开放性、丰富性和多样性中去寻找。他还认为心理生命的发展具有明显的创造性特征,并强调富有创造力的人或天才不是一种病态的现象,而是非常健康和完整的人。他反对根据人的先天基础来预测人发展的最终阶段的形而上学的心理发展观,反对根据演绎法则来诠释人的发展的机械因果论的心理发展观,也反对根据有机体功能来诠释人的发展的功能主义的心理发展观,而倡导一种根据意义来诠释人的发展的解释学的或叙事的心理发展观。① 按照狄尔泰的解释学的或叙事的心理发展模式,我们每个人都是在时间中展开并且一直持续到晚年的故事,对我们生命故事的理解要遵循整体与部分的解释学循环的法则。也就是说,人的心理生命的发展具有不可预测性,我们只能根据发展的最后阶段来理解特定的发展,而且反过来最后阶段也只能根据前面诸阶段来进行理解。

狄尔泰认为,在人的心理生命发展过程中有三个条件至关重要:人自己的身体、外部物理环境及周围精神世界。② 它们构成了心理生命发展的外部条件,而且只有这些影响被心理生命结构本身积极地吸收,最严格意义上的发展才有可能。通过与周围环境世界持续互动,我们对环境的适应能力日益增强,心理生命结构系统的容量越来越大。但仅有这些外部条件还不足以说明心理生命发展的本质,还必须从目的论视角予以进一步阐明。狄尔泰认为,本能和情感构成了推进心理生命发展的真实或根本动力。③ 趋向本能满足的目的性总是倾向于使生命更加丰富,倾向于使自身结构更加完善,倾向于发展、保存和增加生命的价值,而生命价值的衡量取决于情感的态度。鉴于本能满足由我们更为复杂、更为精细的活动提供最好保证,结构系统本身使得心理生命登上了逐渐细化和完善之途。这就促使作为主体的人更好地适应他/她的物理和文化环境,不断地增加生命的丰富性,发展、保存和增加生命的价值。不过,狄尔泰认为,生命的任何阶段都具有自身的自足的价值,最完满的生命是每一瞬间都为自己的独立价值所充实的生命,

---

① [荷]德·穆尔.有限性的悲剧——狄尔泰的生命释义学.吕和应,译.上海:上海三联书店,2016:184-188.
②③ Dilthey, W. (1977). *Descriptive psychology and historical understanding* (R. M. Zaner, & K. L. Heiges, Trans.; R. A. Makkreel, Intro.). The Hague: Martinus Nijhoff, p.95.

为了成年而牺牲童年是极为悲惨的,只有傻瓜才会不断地前行,而把一切早期阶段视为后续生命过程的手段。① 心理生命是一个活生生的不断分化和不断组合的动态系统,在这种不断分化和不断组合的发展过程中,主体的人逐渐形成了心理生命的固定特征。

(三) 心理生命的差异

心理生命的差异问题即个体性问题。狄尔泰认为,所有人都拥有相同的心理生命结构和外部世界,因而在发展过程及其结果上必然会表现出许多共同的特征。② 或者说,人具有本质或本性的齐一性(uniformity),同样质的规定性及关联形式几乎无一例外地出现于所有人之中。例如,在认知领域,人类共享一个空间和时间、一种数字系统、一种因果说明模式;在情感领域,情感之间的关系、情感的表达方式以及价值系统的结构都是类似的;在意志领域,目的与手段的关系、目的的基本类型以及社会合作的形式始终都是相同的。然而,尽管我们可以在他人的生活经验中看出我们自身的许多经验,但他人的经验也让我们面临着难以理解的个别性,而且这种难以理解也会发生在我们与最亲近的人的交往中。③ 这说明,获得性心理生命关联系统虽具有不变的结构性关联本质,但也显示出许多专属于个体的面相。社会历史是由具体的、特殊的和彼此不同的诸个体构成的,人类历史是共同体的文化精神与个体的独特性相互作用的结果,由此,狄尔泰甚至也将个体实在的个别性和多样性视作社会历史实在的最典型特征之一。人与人之间的理解特别是高级形式的理解之所以必要,正是由于这种不可还原的个别性和多样性导致的人际张力的存在。因此,狄尔泰认为,心理学在从心理生命结构着眼考察人与人之间本质一致性的同时,还必须着力关注和研究心理生命的个体性。

狄尔泰赋予独特性的个体以至高无上的价值和意义。没有任何两个人以完全同样的方式发展,性格的成长也是个体性的成长。但在狄尔泰看来,个体性只是某种共同结构在量上的变体,个体之间所有质的差异最终都依赖于量的差异。④ 个体之间不是通过可能出现于一个人身上而不出现于另一个人身上的质的规定性或关联而相互区别的,没有一种感觉、情感或结构

---

① 李超杰.理解生命——狄尔泰哲学引论.北京:中央编译出版社,1994:82.
② Hodges, H. A. (1952). *The philosophy of Wilhelm Dilthey*. London: Routledge & Kegan Paul, p.210.
③ [荷]德·穆尔.有限性的悲剧——狄尔泰的生命释义学.吕和应,译.上海:上海三联书店, 2016:191.
④ Dilthey, W. (1977). *Descriptive psychology and historical understanding* (R. M. Zaner, & K. L. Heiges, Trans.; R. A. Makkreel, Intro.). The Hague: Martinus Nijhoff, pp.109-110.

关联在一个个体中存在而不在另一个体中存在,但这些质的规定性得以呈现的量的关系因人而异。也就是说,所有人的心理生命结构和基本本能都是相同的,但他们在各机能的强度上、在刺激反应的准备性上、在所获得印象的深刻性和持久性上以及在从印象到合理判断的能力上是不同的。将个体彼此区分开来的,是共同具有的特质以不同强度表现出来。例如,在同一教室中坐着个性极其不同的人,他们有的勤奋,有的懒惰,有的精力集中,有的心不在焉。我们用以表达这些不同类型学生的概念是有质的差别的,但实际上他们之间的差别只是心理生命不同方面的强弱所致,而造成这些强弱之别的原因可能包括性别、种族、民族、社会阶级、职业、历史阶段等。

不过,仅仅根据特定特质的表现程度来说明一个人的个体性是不够的,因为如果某种特定的特性(例如,雄心)是强有力的,它将会增强某些其他的特性(例如,智慧、礼貌),并且阻止另一些特性(例如,爱,对他人的关怀)的发展,每一个体都是一个由某些支配特性和一系列次级特性组成的结构完形,而且两类特性呈关系紧张态势。① 此外,个体之间先天固有的差异本身并不能构成个体的性格或人格,结构系统的内在目的性会对某些因素进行节制,而对另一些因素进行鼓励,以便形成一个连贯的结构整体。正如狄尔泰所说:"个体性不是已经包含在这些质的差别之中;相反,只有当这些差别彼此联结为一个目的性整体时,这种个体性才会产生。个体性不像施莱尔马赫和洪堡所认为的那样是天生的,而是首先通过发展形成的。"②

狄尔泰还发现,人的特殊的和个体的表达不是随意的,某些个体基本形式在变化过程中总是反复发生,表现为相对的相似性,狄尔泰把这些基本形式称为类型(types),并强调个体性研究需要一种类型学(typology)。他以人对现实生活的高级形式的世界观作为依据,把人格划分为三种类型:(1)官能型人格,这类人偏好世俗享乐,是将人生哲学建立在感官认识基础上的自然主义者;(2)英雄型人格,这类人受意志力而非感官认识支配,能够尽力克服眼前的一切障碍和困难,以不断进取为其最大满足和快乐;(3)冥想型人格,这类人受情感支配,坚信一切事物和关系都可以调和,是客观的理想主义的典型代表。

---

① Dilthey, W. (1977). *Descriptive psychology and historical understanding* (R. M. Zaner, & K. L. Heiges, Trans.; R. A. Makkreel, Intro.). The Hague: Martinus Nijhoff, p.11.

② Dilthey, W. (1977). *Descriptive psychology and historical understanding* (R. M. Zaner, & K. L. Heiges, Trans.; R. A. Makkreel, Intro.). The Hague: Martinus Nijhoff, p.116.

第二节　斯普兰格的结构描述心理学

斯普兰格是狄尔泰最忠实的弟子,全面继承并有力发展了其老师开创的描述心理学事业。他完全接受狄尔泰关于描述心理学与说明心理学的划分,认为注重文化情境和整体理解的人文科学取向的描述心理学更有利于真实地把握心理生命的意义完整性,而迷恋实验室操作、因果假设和元素分析的自然科学取向的说明心理学往往会破坏心理生命的意义完整性。他深受狄尔泰心理结构观、布伦塔诺意动学说、黑格尔古典哲学和德国文化哲学的影响,提出了结构描述心理学理论体系,认为描述心理学就是以一种有意义的理解方式去把握和领会深嵌于社会、历史和文化关系之中的心理生命结构体。他在强调心理生命的结构方面较狄尔泰更进一步,可以说对结构的着重强调是其描述心理学理论体系的最大特色,故称之为"结构描述心理学"。在其结构描述心理学理论框架体系内,斯普兰格对人格类型和青少年心理发展问题进行了富有成效的探索,他划分出的六种人格类型(理论型、经济型、审美型、社会型、政治型和宗教型)以及在青少年心理发展方面的研究成果享誉世界,产生了广泛而深远的学术影响和现实影响。斯普兰格的结构描述心理学理论体系,作为描述心理学的重要组成部分,有力推动了浪漫主义传统的描述心理学的发展与进步。

一、斯普兰格其人

爱德华·斯普兰格(Eduard Spranger,1882—1963)是德国现代人文哲学的理论泰斗、文化教育界的思想巨擘和人文科学心理学的卓越代表,在世界现代学术史上占有极其重要的地位。他于1882年6月27日出生于德国柏林西郊利希特费尔德(Lichterfelde)的一个玩具商家庭,早年接受过良好的中小学教育。1900年,他考入著名的柏林大学,师从大名鼎鼎的生命哲学家狄尔泰和著名教育学家兼哲学家泡尔生(Friedrich Paulsen,1846—1909),专门研究和学习哲学。当时的柏林大学有一个非常宽松的政策,允许学生在较短的学程内直接攻读博士学位,这给聪明睿智的斯普兰格带来了机会。于是,他在入读大学的第三个学期便开始跟随狄尔泰攻读博士学位。然而,斯普兰格并没有因拜读在狄尔泰门下而在学业方面获得幸福快乐,尽管他对狄尔泰的学术思想崇拜有加。狄尔泰为他拟订了一个极具挑战性的博士学位论文选题,这使得学术阅历尚浅、哲学功底不深的斯普兰格难以驾驭,毕竟当时他才19岁。但斯普兰格还是选择了迎难而上,结果因过度劳累而患上了严重的神经衰弱症。他与狄尔泰的师生关系也因此不欢而散。当然，这种结局的发生可能也与斯普兰格因家道衰落而情绪异常消极和低落有关。后来，他在泡尔生和斯顿夫指导下改换了博士学位论文题目，于 1905 年以《历史科学的基础》为题完成了博士学位论文，并成功获得了哲学博士学位。

博士毕业后的第二年，斯普兰格为维持生计开始在一所私立的高级女子中学兼课，同时开始为取得大学任教资格准备学术论文。他在教课之余较为深入地研究了洪堡（Wilhelm von Humboldt，1767—1835）的人文主义教育思想，特别欣赏洪堡把人作为完整之人来教育并重视人的个性发展的教育思想。经过长时间努力，他终于以《洪堡与人文主义之理想》为题完成了大学任教资格论文，并博得了狄尔泰和里尔（Aloys Riehl，1844—1924）的高度赞赏。由于狄尔泰的肯定和鼓励，斯普兰格尽弃前嫌，与他重新建立了师生友谊。1909 年夏，他正式成为柏林大学讲师。1911 年，他应邀到莱比锡大学接替实验教育学泰斗梅伊曼（Ernst Meumann，1862—1915）成为教育学教授。1914 年，他发表了其平生最重要的心理学著作《人的类型》，明确提出了一种人文科学心理学理论体系，对人类心理生命的结构和人格的类型进行了描述与分析，并在分析人类心理问题的过程中阐述了其独到的教育见解。这部著作出版以后，在心理学界、教育学界和教育实践界都产生了强烈反响，甚至有一届国际心理学会议专门讨论了这部著作的内容和价值。1920 年，斯普兰格返回柏林大学，接替退休的里尔担任哲学和教育学教授。1924 年，他发表了其另一部重要心理学著作《青少年期心理学》，广泛而深入地论述了青少年的心理发展问题。1925 年，他凭着自己卓越的学术成就当选为普鲁士科学院院士。1933 年纳粹分子执掌德国政权以后，他出于历史敏感和历史责任，对纳粹当局给予了强烈批评。1936 年，他到日本担任学术交流教授，与日本学术界同仁建立了深厚友谊。1938 年，他重返柏林大学任教。

1944 年 9 月，62 岁的斯普兰格无辜受冤入狱，可谓其人生之大不幸！这完全是因为 1944 年 7 月 20 日有人刺杀纳粹头目希特勒所致。斯普兰格与这次刺杀行动的某些同谋者都是柏林星期三俱乐部的成员，因而被怀疑参与密谋了这次刺杀行动。事实上，斯普兰格只是一位恪尽职守的大学教授，一向专职于教学和科研而极少问及政治。因此，他的被捕当时在柏林大学引起了巨大轰动。后来经过其日籍学生的积极运作，他在当时日本驻德大使的支持和帮助下才得以脱险释放。第二次世界大战结束以后，他被任命为柏林大学顾问校长。1946 年，他因与当时盟军占领当局意见不合，前往联邦德国的蒂宾根大学任教。1951年,他当选为联邦德国科学院院士。1954年,他从蒂宾根大学退休。1963年,他在蒂宾根因病医治无效逝世。

综观斯普兰格的一生,他既是一位优秀的教师,又是一位杰出的学者。首先,他在教书育人方面非常出色。他有一双敏锐发亮的大眼睛,总是显得炯炯有神。他的嗓音柔和而清晰,让人感觉舒适和可信赖,尽管乍听起来有些单调。他对待有困难的学生总是面带微笑,态度和蔼而开朗,而且以充满幽默的方式给予饱含真理的教导和鼓励。他总是诲人不倦地认真对待每个学生,因而从教数十载师生关系良好。其次,他在学术研究方面表现卓越。他毕生勤于治学,著述丰厚,无论在心理学、哲学和教育学领域还是在政治和文化领域,都是一位多产和受人尊敬的作家。他的主要作品包括《洪堡与人文主义之理想》(1909)、《狄尔泰》(1912)、《学校与教职》(1913)、《人的类型》(1914)、《文化与教育》(1919)、《关于教师养成之意见》(1920)、《人文主义与青少年心理》(1922)、《青少年期心理学》(1924)、《精神科学之现状与学校》(1925)和《文化形态学研究》(1936),等等。其中,最具代表性也最能反映其描述心理学思想的是《人的类型》一书。

《人的类型》共包括四大部分二十二章内容:第一部分主要阐述哲学基础,各章标题分别是"两种心理学""人文科学的分析方法与综合方法""个体的心理活动""社会的心理活动""基本的心理法则""主观兴趣领域与客观层面""总结与概述";第二部分主要阐述六种理想的人格类型,各章标题分别是"理论态度""经济态度""审美态度""社会态度""政治态度""宗教态度";第三部分主要阐述对伦理学的影响,各章标题分别是"伦理问题""片面的伦理学体系""集体道德与个人道德""价值的层次""个人理想";第四部分主要阐述对心理结构的理解,各章标题分别是"复合类型""历史地决定的类型""关于理解""生命的律动"。斯普兰格在这部著作中,除了根据某种价值在人的生活目标和行为方式上占优势将人格分为理论型、经济型、审美型、社会型、政治型和宗教型六种类型外,还提出了一种人文科学心理学理论体系,实质上就是描述心理学,阐述了心理学的人文科学观、研究对象和研究方法等多方面内容,因而这是一部全面而深刻的描述心理学著作。

二、描述心理学的基本观点

斯普兰格描述心理学的基本观点主要体现在心理学的科学观、研究对象和研究方法三个方面。就心理学的科学观而言,他坚持心理学是一门整体取向的人文科学;就心理学的研究对象而言,他坚持心理学应该研究内在于社会、历史和文化关系之中的人的完整心理结构;就心理学的研究方法而言,他反对破坏心理生命意义完整性的还原主义的元素分析和实验主义的因果说明,而坚持运用富有意义的理解方式去描述和呈现自然真实状态下的心理生命本体。正是在描述心理学基本观点的指导下,斯普兰格提出了具有鲜明特色的人格类型观和青少年心理发展观。

(一) 描述心理学的人文科学观

斯普兰格全心全意地接受了其老师狄尔泰关于说明的、分析的、原子的心理学与描述的、理解的、整体的心理学的区分,前者以自然科学为模板主要探究感觉元素及其生理基础,而后者以人文科学为模板主要探究人的心理及其整体结构。与此相应,他提出了基于自然科学的元素心理学与基于人文科学的结构心理学两种心理学的区分,前者试图将个体意识的诸过程分析成其最终可区分的成分,而后者停留在更高级的概念水平上并直接将内部过程视作一个有意义的整体。[1] 无论是说明心理学还是元素心理学都属于自然科学心理学,无论是描述心理学还是结构心理学都属于人文科学心理学。斯普兰格接受了狄尔泰对自然科学心理学的批判,认为现代心理学过于依赖自然科学,而自然科学心理学专注于心身关系中的生理决定因素以及意识的最终组成成分究竟是什么,忽视了心理经验得以创造所在的意义情境,而且它迷恋的客观主义研究范式在心理学中的可能性值得怀疑。他把对心理生命的意义完整性的破坏看作是自然科学心理学的科学缺陷(scientific shortcoming),认为主体性问题不可能通过把已经分离开的诸部分(元素)再组合在一起来解决,况且任何对成分的分析都无法促进对心理经验的内容的理解。例如,如果一个人试图说明某项决策,他不会把决策剖析成观点、情感和愿望,而是会把决策作为一个整体来理解。再如,我们通过剖开青蛙的内脏可以了解青蛙的内部结构以及各器官的生理功能,但这种理解不会允许将诸个部分再次组合起来从而再创造一只活的青蛙。

斯普兰格认为,人不仅生活在自然环境中,而且更生活在文化环境中,因此心理生命不会像由材料配件组成的机械装置那样工作,而是会作为具有丰富文化意义的鲜活实体而存在,每项心理操作都是富有意义的心理生命整体的一部分,对它的认识需要以对心理生命整体的认识和理解为前提。这就需要一门能把人的意义经验和真实行为作为研究重心的整体取向的心理学,而这样的心理学在斯普兰格看来只能是注重描述和理解、强调结构和

---

[1] Spranger, E. (1928). *Types of men: The psychology and ethics of personality* (P. J. W. Pigors, Trans.). Halle (Saale): Max Niemeyer Verlag, pp.3 – 20.

关系的人文科学心理学。他明确指出："当我谈及心理学的时候,我总是意指人文科学心理学。"①克吕维尔(Heinrich Klüver,1897—1979)也曾指出,斯普兰格"无疑是现代人文科学心理学领域中的领袖人物之一"②。斯普兰格认为,心理学依赖于心理学家的个人哲学以及文化对其信念的影响,因而应该是一门人文科学。在他看来,人文科学心理学以解释学为方法论基础并且具有明显的哲学倾向,可以从心理生命的本真出发来开展研究,而且把作为一种历史和文化存在的个人及其高级心理活动作为关注和研究的焦点。总体而言,斯普兰格通过其描述心理学,向我们展现的是一种人文科学的基本立场。

(二) 描述心理学的研究对象

作为一位人文科学家,斯普兰格认为,人类是深嵌于特定社会、历史和文化关系之中的现实存在,我们每时每刻都会感受到文化赋予我们的价值和意义。也就是说,每个人都是无法超越文化时空的鲜活生命体。在主动与外部世界互动和碰撞的过程中,我们不断进行着对意义的体验和理解,从而使我们的内心世界不断得到丰富、成长和发展,形成了一个内部交织和相互作用且具有意义完整性的结构体。正如斯普兰格所指出的,人的内心世界是一个具有主动性、发展性和层次性的完整结构体,它是在主体主动与外部世界互动从而不断进行体验和理解的过程中发展起来的,而且更多朝向整体的内涵和意义,而不仅表现为单纯的形式特征。③ 因此,他主张描述心理学就是要在特定社会、历史和文化关系中,从整体和发展的角度,以一种有意义的理解方式去把握和领会心理生命的结构。可以说,心理生命的结构构成了斯普兰格描述心理学的研究对象,而结构、生命关系或整体意义关系等概念则构成了其描述心理学的基本概念。

首先,心理生命的结构性意味着整体性。斯普兰格认为,观念、情感、本能和意志等心理活动彼此交织和互动,形成了一个以意义关系为根本内涵、具有独特性、整体性和活动性的心理结构整体。④ 心理结构整体中的每一部分都为整体完成一项成就(achievement),同时每一部分的成就都由整体来决定,并从整体中获得其意义。因此,他也把心理结构看作是一种成就关

---

① Spranger, E. (1928). *Types of men: The psychology and ethics of personality* (P. J. W. Pigors, Trans.). Halle (Saale): Max Niemeyer Verlag, p.7.
② [美]墨菲,柯瓦奇.近代心理学历史导引.林方,王景和,译.北京:商务印书馆,2010:835.
③ 陈锋.狄尔泰教育学研究.兰州:甘肃教育出版社,2007:118.
④ Spranger, E. (1928). *Types of men: The psychology and ethics of personality* (P. J. W. Pigors, Trans.). Halle (Saale): Max Niemeyer Verlag, p.ix.

系(context of achievements),即具有独特意义的总体成就的互动,而成就指的是目的性价值的实现,心灵就是一种为了实现价值而存在的结构或构造。高级心理成就(psychic achievements)不可能通过对简单心理元素的累加或详尽阐述来理解,重要的不是心理元素本身而是它们之间的互动。我们把这些心理元素看作是一个有意义的生命整体中的相互依赖的现象,如果我们想要去理解每种心理功能在这个心理整体中所起的作用,就必须首先了解这个整体。即使生理有机体也不仅仅是独立存在的诸细胞的简单累加或积聚,它是一个生命统一体,在这个生命统一体之中,每个细胞或每个细胞群的功能是由它与整体的关系或对整体的贡献来决定的。斯普兰格认为,同样的整体关系在心理水平上表现更加明显。为了说明心理生命的整体性,他举例说:"没有人会认为,一位诗人为了创造他的诸英雄的心理世界而仅仅把观念、情感和意愿混合在一起。相反,它们是作为有意义的整体直接呈现给他的想象的。"①

其次,心理生命的结构性意味着文化内嵌性和发展性。斯普兰格认为,每种心理活动都是一个封闭的、文化目标导向的实体,只有当文化附着于内部经验时心理活动才会产生。心理结构同历史地发展起来的文化环境处于密切接触状态,文化为心理经验得以创造提供了意义情境,并赋予它丰富的意义内容和态度价值。每种心理活动本身都是无意义的材料,我们能够共享的仅仅是我们主观经验的文化意义,而不是经验自身的作用过程。可以说,心理生命特别是高级心理生命是文化关系的重要部分。心理结构在不同个体之间和不同年龄阶段、不同群体之间和不同文化阶段都表现出不同特点,具有空间性和发展性。因此,斯普兰格明确指出,描述心理学不仅要关注个体在不同年龄阶段的心理结构特点,而且更要关注来自不同文化阶段、具有独特意义法则的超个体心理结构的特点。在他看来,心理经验资料不仅可以在实验室、诊所或当代人那里获得,而且可以通过文字材料和历史产品从大量历史人物那里获得,历史甚至原始人传递给我们的各种心理结构的巨量材料十分重要,我们需要像这样来拓展我们的研究素材,否则我们将只能了解与我们现代人的文化决定因素相符合的心理现象。② 总之,斯普兰格主张描述心理学在社会、历史和文化视域下,既要研究心理生命的整体结构,又要研究心理生命的历史性的结构发展。正如他所说:"我的心理

---

① Spranger, E. (1928). *Types of men: The psychology and ethics of personality* (P. J. W. Pigors, Trans.). Halle (Saale): Max Niemeyer Verlag, p.10.
② Spranger, E. (1928). *Types of men: The psychology and ethics of personality* (P. J. W. Pigors, Trans.). Halle (Saale): Max Niemeyer Verlag, pp.xi-xii.

学旨在理解这些历史结构及其转变。"①

（三）描述心理学的研究方法

斯普兰格认为，心理生命是一个富有文化意义的、内部交织和互动的完整结构体，具有历史性、独特性、整体性、活动性和目的性等特征，心理学应该从欲研究的这个心理生命本体的特殊特征出发来选择恰当的研究方法。每种心理生命活动都有一个目标，而且指向文化生命的某个方面，艺术、宗教、科学等所有文化都是人类心理产物的总和，心理生命的各个文化方面都代表着一种目标选择。因此，人类心理是目的性的，人类生命的各种目标都是在人类历史中形成的，而且在每个人的生命中被体验到。基于这种对心理生命本体的深刻认识，斯普兰格主张抛弃还原主义的元素分析和实验主义的因果说明，认为这种客观主义的研究范式用在对活生生的心理生命的研究中其有效性是值得怀疑的。

还原主义的元素分析把人类心理生命视作由可以拆分的零部件组成的机械装置，斯普兰格认为这种研究方式可能会极大地破坏心理生命的意义完整性。实验主义的因果说明主张越出可观察的经验资料而通过把心理现象提交给生理学来加以说明，斯普兰格认为这种研究方式也毫无前途，因为实验室研究只能把握微不足道的和毫无意义的细节知识，况且人类心理生命不可能在生理学框架内来研究，生理学的说明不会有什么结果。正如他在1924年指出的，到目前为止，"心理学家们试图通过把它们与身体变化相联系来说明青春期心理变化……生理学的主张甚至不能帮助心理学前进一步"②。总之，在斯普兰格看来，元素分析和因果说明对于自然科学而言是恰当的研究方法，因为它们的研究对象是从外部知觉的并且它们必须建立一个连接可观察现象的原因和结果的假设系统，但心理学和其他人文科学则不需要元素分析和因果说明，因为心理学的研究对象即完整人类经验是由经验主体从内部整体地体验到的。心理学需要探讨人经验到什么、如何经验以及他以前的生命经验是什么。因此，历史而非实验室才是研究人类心理生命的恰当场所，理解而非说明才是心理学的恰当研究方法。

斯普兰格受狄尔泰早期描述心理学思想和后期解释学思想的影响，把理解看作是人类最基本的认识方式，并赋予它特殊的内涵和意义。对

---

① Spranger, E. (1928). *Types of men: The psychology and ethics of personality* (P. J. W. Pigors, Trans.). Halle (Saale): Max Niemeyer Verlag, p.xii.

② 转引自：Wolman, B. B., & Knapp, S. (1981). *Contemporary theories and systems in psychology* (2nd ed., expanded and rev.). New York: Plenum Press, p.424.

于他来说,理解意味着以一种有意义的方式把握在客观有效的认知中知觉到的心理关系,它不仅仅指关涉另一主体的再体验、移情或共情活动,而且始终伴随着意义。意义是代表着某种整体价值的复杂状态,实验主义者研究的心理活动的碎片是毫无意义的。一种整体活动是有意义的,而且代表着某种与此活动导向的目标相一致的价值。正如泰奥所言,斯普兰格的理解"并不表示与另一个人产生共鸣的活动,而是指在提供客观有效知识的同时,超越对个体心理的直接意识,把握文化关系中有意义的心理结构"①。事实上,真正的理解需要超越直接生命意识的客观心理关系的知识。例如,我们可以更好地理解一个过去的人,因为我们了解历史情境;我们对他人的理解比对自己的理解更少受到限制,因为我们了解客观背景;我们可以比一个孩子更好地理解他/她自己,因为我们意识到发展背景。斯普兰格还主张,意义作为一种复杂状态代表着某种整体文化价值,因而理解的要旨在于心理的价值法则,意味着要考虑精神系统的特殊价值群。

斯普兰格在继承狄尔泰理解概念的基础上还对其进行了批判和发展。狄尔泰认为,心理生命整体及其内部相互关系仅存在于经验和直接意识中,人类通过理解过程可以从本质上经验到它们,它们可以在理解中再生。他对理解作了基本形式和高级形式的区分,基本形式的理解在日常生活中以直接过程的形式无处不在,高级形式的理解与我们的日常经验存在某种矛盾之处。他认为理解的最高级形式是对他人经验的再体验(re-experiencing)或移情(empathy),在移情或再体验中心理生命整体可以得到有效认识,但斯普兰格拒绝把他所谓的"再体验"作为心理学的一种基本方法。② 斯普兰格认为,理解不应过度依赖于再体验,理解不是对某个主观存在、某些经验或某种个体心理行为的镜像移情(mirroring empathy)。③ 他试图通过提供一个完整的描述来理解青少年期的心理组织,而且主张这样一个描述不应该像在自传和文学中所做的那样专注于具体的个体。他试图提供一幅青少年期的心理类型图,这幅心理类型图将因心理生命具有文化的内嵌性而被局限于某个文化阶段,而且不能超越时间和空间。

---

① Teo, T. (2000). Spranger, Eduard. In A. E. Kazdin (Ed.), *Encyclopedia of psychology*, Vol. 7 (pp.458 – 459). Washington, DC, US: American Psychological Association.
② Teo, T. (2005). *The critique of psychology: From Kant to postcolonial theory*. New York: Springer, p.83.
③ Teo, T. (2003). Wilhelm Dilthey (1833 – 1911) and Eduard Spranger (1882 – 1963) on the developing person. *The Humanistic Psychologist*, 31(1): 74 – 94.

三、描述心理学的人格类型观

斯普兰格在其描述心理学基本观点指导下，提出了一种独特的人格类型理论，认为人格以人的固有气质为基础，但同时深受所处社会和文化情境的影响，而且这种影响有时甚至是决定性的。他根据人对六个基本社会生活领域的特殊兴趣和所赋予的价值，把人格划分为六种基本类型——理论型、经济型、审美型、社会型、政治型和宗教型，它们分别对应着科学理论领域、经济生活领域、美学领域、社交领域、政治领域和宗教领域。从文化社会学角度来看，每种人格类型都具有"文化格式塔"的特性，同时对应着某种伦理体系。理论型人格对应注重普遍合法性的伦理观念和注重客观性的价值观念，经济型人格对应注重功利主义的伦理观念和注重功用的价值观念，审美型人格对应注重内在形式的伦理观念和注重恰当形式与和谐的价值观念，社会型人格对应注重有助益的爱和忠诚的伦理观念，政治型人格对应注重权力意志的伦理观念，宗教型人格对应注重上帝会带来福音的伦理观念。当然，在现实生活中并没有哪个人可以完全和纯粹地被归属为某种人格类型，绝大多数个体通常具有一种主要人格类型的特点，同时兼具其他人格类型的特点。斯普兰格对人格类型的划分仅仅是一个理想模型，并不能确切标示现实生活中人的某种人格，但他的人格类型学说在当时产生了巨大反响，《人的类型》(1914)一书不仅影响了德国的文化教育和社会制度，而且被许多国家争相翻译和传阅。

（一）理论型人格

理论型人格的人以探索事物本质为其最高价值追求，遵循客观性、规律性和真理普遍性的伦理原则。斯普兰格指出："在高级发展水平上，认知是所有其他心理活动的一个不可或缺的部分，以至几乎是心理生命的基本成就(essential achievement)。科学旨在如其所是地描绘世界和灵魂，这个事实增强了人们对认知留下的上述印象。"[1]对于理论型人格的人而言，在他们的意识中特别推崇带有普遍性和客观性的认知的价值和作用。科学家和哲学家多属于理论型人格。在他们看来，认知有其特殊的活动结构，这种纯粹的内在结构具有在时空世界或其他一切客体中的普遍适用性，而且相比于其他心理活动，认知带有客观性和特定"非我"性质。纯粹的科学家认为事物不存在"美或丑""有用或无用""神圣或邪恶"，而仅仅存在"真实或错

---

[1] Sprangor, E. (1928). *Types of men: The psychology and ethics of personality* (P. J. W. Pigors, Trans.). Halle (Saale): Max Niemeyer Verlag, p.109.

误"。纯粹的哲学家反对与他人建立同情或通感关系,而把以冷静态度追求普遍的客观真实作为唯一目的。理论型人格的人把实际行为纳入普遍法则范围之内,渴望建立所有人都能依据的"一切规则",极力寻求真理的普遍真实性。正如斯普兰格所指出的:"行为的规则性是一种没有血肉的道德,这种道德符合理论型人格……在理论型人格中,真理是其社会的德行。"①也就是说,理论型人格的人把世界看成一个逻辑有序的统一体,无论在生活中面临什么,他们总是采取一种钻研的态度并寻求理性和系统的方法。

然而,尽管理论型人格的人希望认知活动能够超越客观存在和时空,但实际上认知活动从来都不以特定的纯粹行为结构表现出来,而是常常与艺术、经济或社会的动机和活动相互交织。因此,理论型人格仅为一种心理倾向,它绝不会出现在人与价值和理想的完全分离或完美一致中。例如,即使最纯粹的理论家也不可能将审美元素完全排除在外,因为没有任何一种思想或理论能够完全脱离"幻想和象征的观念",而恰恰相反,实际上思想或理论的最终形成及其效果大多都依赖于此类观念的丰富成果。再如,尽管纯粹的理论家反对与他人建立密切的情感联系,但理论家自身毕竟也是地地道道的社会之人,因而无可避免地会牵涉个人的七情六欲。

(二)经济型人格

经济型人格的人主要关注生活的实际方面,遵循实用和有用原则,通常根据效用、收益和耗费等标准来进行价值评判,旨在更好地自我保存和获得经济保障。斯普兰格指出:"人与自然是密不可分的。生命的保存依赖易于满足人的需要的自然产物和自然力量。这些需要并非恒定不变,而是随着人的发展而增长。"②因此,经济型人格的人可能以生产者和消费者两种非常不同的形式存在,也可能同时两者兼具,或者更为严格地说,每个人必然同时两者兼具。实业家和商人多属于经济型人格。斯普兰格认为,自然产物或自然力量满足需要的能力称为该产物或力量的效用,经济型人格的人把一切效用都看成是以自然产物和自然力量的形式表现出来的财富,并认为纯粹的精神成就也是借助客观化的物质手段得以实现的。例如,就一幅画作而言,如果没有画布、色彩和木材,就不能成就一幅画。因此,具有效用的自然物可以为非物质对象活动的实现服务,而且精神劳动可以从经济学角度加以评价。经济型人格的人在一切生活关系中都将经济效用的地位置

---

① Spranger, E. (1928). *Types of men: The psychology and ethics of personality* (P. J. W. Pigors, Trans.). Halle (Saale): Max Niemeyer Verlag, p.123.

② Spranger, E. (1928). *Types of men: The psychology and ethics of personality* (P. J. W. Pigors, Trans.). Halle (Saale): Max Niemeyer Verlag, p.130.

于其他一切价值之上,把一切不具有经济价值的无用之物都视作一种累赘,而把物质价值和物质成功作为崇拜对象。显然,经济型人格的人比理论型人格的人更加关注现实和物质。

然而需要指出的是,尽管经济型人格的人以追求财富和获取利益为其个人生活的主要目的,但他们在此过程中又不可避免地与科学知识、艺术审美和宗教道德等打交道,因为科学知识、艺术审美和宗教道德等与经济价值的实现有着千丝万缕的联系,有时甚至是实现经济价值的必要条件和手段。由于未来环境状况和社会情势难以预知,经济型人格的人除具有经济头脑外,还必须具有能够相对准确和科学地预测未来事物的理智能力,因而科学知识的范围某种程度上常常决定了其经济能力的范围。在现实生活中,艺术审美的价值与经济的价值也不是完全分离的,经济型人格的人会利用艺术作为社会进步的工具,而且会将艺术作品作为增加声望的要素,尽管他们未必能够欣赏这些艺术作品的内在价值和隐含意义。此外,经济型人格的人也需要注意一些道德品质,如节俭、勤劳、守则和信用等,但这些道德品质的重要程度要视其对于经济的重要程度而定。

(三) 审美型人格

审美型人格的人以感受事物之美并不断欣赏和完善自身为人生最高价值追求,总是从审美的角度来判断事物的价值,他们不像理论型人格的人那样关注事物的真理,也不像经济型人格的人那样关注事物的实际效用价值,而是主要关注事物的美丽、和谐、魅力、优雅与多样。艺术家多属于审美型人格。斯普兰格指出,审美的本质是印象的形式化表现,包括印象(感觉的具体客观形象)、表现(心灵内容的具体表现)和形式(印象与表现交相融合的产物)三个阶段。[①] 每一审美体验都包括理论的构成活动和心灵的通感活动的参与。一切艺术创作均出自一颗体验美的心灵和一种感受美的直觉。例如,音乐就是心灵内部旋律的外化结果。对于审美型人格的人而言,所有审美行为都是不存欲望的,它是一种纯粹的沉思状态,一种诗的心情和美的幻想,可以让一个人自由游心于一切现实对象或想象对象的多重性质之中。他们尽量减少逻辑的理性反思,而沉浸在知觉、情感和体验的多样性和丰富性之中。例如,在他们看来,恋爱如果成为纯粹的欲望就会立即失去其原有的吸引力,如果首先经过理论反思也会失去其原有的吸引力,只有纯粹美的体验能够带来特定情境之下情绪和情感的特异性。斯普兰格指出:

---

① Spranger, E. (1928). *Types of men: The psychology and ethics of personality* (P. J. W. Pigors, Trans.). Halle (Saale): Max Niemeyer Verlag, p.147.

"因此,当我们在考察一切审美型人格之时,必须研究是否这种类型对于心灵之美持一种开放态度(这种类型接近于原始美而不需要戏剧或小说),是否这种类型的内心生活因自然而得其生机(这种类型为自然所宠予,在静寂的林木风水之中寻求其挚友),是否这种类型仅能在已表现的形式(艺术家就是用这种形式来表现他们一切可感受的具体创作)之中感受美。"①

当然,尽管表面看来审美型人格与经济型人格和政治型人格等其他类型人格针锋相对,因为若将美的对象加以应用甚或加以权力控制就会破坏其美的价值,但实用要素和权力手段的确是审美必不可少的附属元素。例如,在每一门艺术中,我们可能都会看到一种媒介经济(economy of medium),它不仅适用于媒介的量度,而且适用于媒介的强度。再如,当艺术家的名誉之心占据优势地位时,就会在其自有范围内积极寻找外部权力手段以达到艺术创作的最佳效果。因此,审美型人格与其他类型人格不可能完全分离,一个被称为审美型人格的人也会或多或少表现出其他类型人格的特征。

(四) 社会型人格

社会型人格的人友好、和善、体贴、慈悲,关心他人,重视社会价值,并有志于从事社会公益事业。文教卫生工作者和社会慈善家等多属于社会型人格。他们不怎么关注真理和美丽,而主要以德行和同情为其价值追求。"社会品质的最高发展可称之为爱。"②这是一种广博之爱,它基于一切生活皆相互关联且可能为一体这个信念,它也可以单独施与个人或团体,而不会失去其支配社会型人格的基本动力。在斯普兰格看来,施爱的我与多欲自私的我完全不同,它是一种超越的我,会在施爱过程中感受到生命的充实和价值的丰富。在这种完美的社会之爱中,个性的界限会消失,自我情感与相互情感、自我保存与自我牺牲、自由与放弃全部合一。与爱相对应的是恨,爱是因价值肯定而爱,恨则是因价值否定而恨。一个人可能出于审美动机而憎恨,因为对方的容貌和心灵很丑陋;可能出于理论动机而憎恨,因为对方是错误的。当我们憎恨之时,各种价值已完全被颠覆。憎恨应该指向那些有害的、错误的、丑陋的、亵渎的事物,而不是指向这些恶性的占有者。如果从道德制高点角度来看,憎恨本身才是绝对的罪恶,因为它没有顾及价值潜能,而且价值潜能会因其缺乏热情而消失。毋庸置疑,憎恨作为一种心理事

---

① Spranger, E. (1928). *Types of men: The psychology and ethics of personality* (P. J. W. Pigors, Trans.). Halle (Saale): Max Niemeyer Verlag, p.167.
② Spranger, E. (1928). *Types of men: The psychology and ethics of personality* (P. J. W. Pigors, Trans.). Halle (Saale): Max Niemeyer Verlag, p.172.

实确实存在,但是我们只憎恨某些人破坏了我们对于他们积极的价值期望,我们越是期望高就越是憎恨,憎恨即失望之爱。

斯普兰格指出,特定的社会型人格只有在同情精神(sympathetic spirit)成为心灵的原始冲动和生命的直接导向时才会出现,但在描述社会型人格时也要考虑仅指向少数人的较低层次的狭隘的爱,当然,即便这些较低层次的狭隘的爱也源于生命的原始冲动。社会型人格似乎与其他诸类型人格特征存在某种明显的张力。例如,对于社会型人格的人而言,科学理论似乎包含客体过多而包含心灵过少,科学理论的客观性与爱的精神性相反,特别是人在客观现实中被公正研究和客观观察时尤其如此。再如,对于社会型人格的人而言,经济效用模式追求利益法则,这严重违背"慈悲""奉献""牺牲"等博爱原则。由此可见,社会型人格与其他几种人格类型存在明显界限,但决定社会型人格的一切价值和价值倾向,与其他五种价值系统(理论型、经济型、审美型、政治型、宗教型)相互交织,其他五种价值区域可以作为社会型人格的内容。

(五) 政治型人格

政治型人格的人关注影响统治的政治工具和方法,渴望通过权力去超越、控制和征服他人,具有强烈的权力意识和权力支配欲,以掌握权力为基本生活目标和最高价值追求,而不希望也不甘心受别人支配和驱使。领袖人物多属政治型人格。斯普兰格用"权力"(power)这个一般术语来表示和说明涉及统治关系的心理现象,并认为权力与从属的关系是人类社会存在的一种基本事实,它根植于人类本性,任何人想要消除此类关系都立即会意识到,要么需要权力来这样做,要么已经在使用权力。[1] 实际上,人类生活被权力关系和竞争关系贯穿,每个人某种程度上都是权力的中心或对象,这种生活在有组织的国家集团中最为明显。集团权力代表着一个团体或一个区域的最高权力,一切个体的和附属的权力都与这个最高权力相联系,一方面使其成为可能,另一方面又深受其限制。权力是一种将自身价值取向置于他人能力与意志之上的现象,无论是永久性的还是暂时性的,权力关系的所有现象都有特定方向,广义上可称为政治方向,斯普兰格将权力型人格称为政治型人格。自由是一种独立于其他一切势力的特殊权力形式,它包括活动自由、意志自由和内心自由,其中内心自由属于道德形式,用来调节个人生活的全部。

---

[1] Spranger, E. (1928). *Types of men: The psychology and ethics of personality* (P. J. W. Pigors, Trans.). Halle (Saale): Max Niemeyer Verlag, p.188.

但毫无疑问,权力仅是一种社会形式,在这种形式之中,理论、经济、社会和审美等其他价值领域是活跃的。一个人可以通过智力和知识超越他人,可以通过支配经济工具或技术工具超越他人,可以通过内心充实和审美人格超越他人,也可以通过充满神灵精神的宗教权力与价值确信超越他人。权力必须总是表现其自身于这类形式之中,而理论、经济、宗教等形式常常成为效力于政治和权力的手段。例如,观察是为求知识,求知识是为预见未来,预见未来是为制驭一切。只要我们生活在纯粹的政治道德范围内,真理就可能会退化成政治的工具,被认为是从属的或技术的手段。再如,政治型人格的人也会努力获取财富,因为财富不仅可以换取摆脱自然压迫的自由,而且可以成为影响他人进而获取更多政治和权力资源的重要手段。不过,政治型人格的人获取财富的手段并非纯粹经济的,而多是政治的。也就是说,他们多用外交与条约的手段或者多用征服与势力的手段获取财富,而不必非要用经济的手段。

(六) 宗教型人格

宗教型人格的人把信仰宗教作为生活的最高价值追求,是寻求人与宇宙之间和谐统一的神秘主义者,相信超自然的力量并且坚信生命可以永存。神学家是宗教型人格的典型代表。斯普兰格把宗教界定为"价值关系在其中表现为教条和礼拜的一切客观精神形式的全体性概念"[1],认为生活就是一场交替的体验游戏,每种体验的内容依赖于两个因素,即最宽泛意义上的命运和体验主体的心灵结构,每种体验都会在个人心灵中发出一种价值音符,倘若孤立的价值体验在其对于整个生活意义的重要性中被把握时,便带有了一种对宗教的强调。这种强调宗教态度的价值必然成为个人所能体验到的最高价值,代表着一个人生活的最终意义。

科学想完全从理论上了解全体之本质终属无效,因为对纯粹客观状态的意义存在的认识无法窥见世界的意义。宗教的意义是价值全体关系,而价值全体关系在这种最高价值中达到极点。世界的意义或全体的意义,仅能以宗教的态度加以体验。按照宗教的基本精神,神或上帝本身就是世界的意义。宗教的虔诚是一种本能或理性的状态,在这种状态之中,单纯的体验积极地或消极地与生活的全部价值相关联。虔诚的本质必须在寻求精神生活的最高价值的过程中被窥见,而寻求的条件是无止境和不满足。任何人如果对于体验中的最高价值分辨不明,便只能成为彷徨和失望的无归宿

---

[1] Spranger, E. (1928). *Types of men: The psychology and ethics of personality* (P. J. W. Pigors, Trans.). Halle (Saale): Max Niemeyer Verlag, p.210.

之人。但如果人能够在其自身中发现最高价值并停留其中,便会得到超度与幸福。斯普兰格根据单方面生活价值与全体生活价值的关系,即积极关系、消极关系以及积极关系与消极关系的混合,区分出三种类型的神学家。如果其生活价值是在与最高生活价值的积极关系中被体验的,便是内在型的神学家;如果其生活价值是在与最高生活价值的消极关系中被体验的,便是超常型的神学家;如果其生活价值是在与最高生活价值的积极和消极混合关系中被体验的,便是中间型的神学家。

宗教型人格与其他五种类型人格存在明显差异和界限。例如,宗教型人格的人主张以较高级别的精神意义来节制全部的物质生活,认为世界上的一切财物皆不具有救济效力,任何人都无法完全委身于经济目的的劳动或依赖物质的享受,而要求我们应该做到"拥有就像没有一样"。但是,宗教型人格又与其他几种类型人格不可完全分开。例如,科学成就在某些条件下可能是宗教体验新的和真正的来源,经济目的的劳动也常常被视为宗教事务,维持生活的食物也常常被视为宗教的恩赐,由艺术作品获得的审美体验也常常被拓展为宗教体验。

四、描述心理学的心理发展观

斯普兰格为了帮助那些有心理需要的青少年,从人文科学取向的描述心理学或理解心理学出发,对青少年的心理发展问题进行了卓有成效的探索和研究。狄尔泰先于斯普兰格较为零碎和粗糙地规划了一门人文科学发展心理学的宏伟蓝图,但他的观点还相当抽象,没有展现出与具体研究问题的相关性。斯普兰格在发展心理学领域是狄尔泰著名且成功的学生,他于1924年通过其名著《青少年期心理学》将狄尔泰的人文科学心理学观点和解释学的理解观点灵活运用到了对青少年心理发展的具体研究中,从整体上描述了青少年期(女孩13—19岁;男孩14—22岁)的心理发展特征,从而完成了人文科学发展心理学的具体程序和精确工作,这一程序或理论框架可称作"基于理解的青少年发展心理学"或"青少年期理解心理学"[1]。但斯普兰格的理解概念与狄尔泰的理解概念明显不同,这在前面已作了较为详细的论述。狄尔泰把理解区分为基本形式的理解和高级形式的理解两种类型,认为心理生命整体及其内在关联只存在于体验和直接意识之中,人类能够体验到这个整体并且这个整体会在理解过程中再生,人们需要首先对复

---

[1] Teo, T. (2003). Wilhelm Dilthey (1833 - 1911) and Eduard Spranger (1882 - 1963) on the developing person. *The Humanistic Psychologist*, 31(1): 74 - 94.

杂问题情境进行考察才能最终达到理解。① 尽管斯普兰格认为，要想帮助那些有心理需要的青少年，只有通过理解才能达到，但他并没有采纳狄尔泰的高级形式的理解即将"再体验"或"移情"作为基本研究方法，而是试图通过提供一个完整的描述来更深层次地理解青少年的心理组织。

斯普兰格的青少年发展心理学的特征可以通过"理解""结构""发展""类型"四个概念来加以阐述。② 首先是理解。他把理解作为获取青少年心理发展知识的核心方法，认为理解会渗透到青少年的心理关系之中并试图以客观有效知识的形式领会有意义的心理关系，而不仅仅是对另一主体的再体验、同情或移情。理解与真正的镜像移情（mirroring empathy）并不完全相同。真正的理解需要超越直接生命意识的客观心理关系的知识，而且理解一个人依据的系统要比该个体经验的总和复杂得多。例如，如果能够充分了解青少年心理发展的历史背景和社会条件，我们就可以更好地理解青少年期的心理组织特征。此外，心理学家必须理解更广泛的意义关系和超越个体的心理实在，在把握意义关系的基础上对青少年期的理解应该超越青少年的经验。其次是结构。他认为结构是一个整体，整体中的每部分都完成一项成就，部分的成就由整体决定并通过整体得以理解。心灵就是一种为了实现价值而存在的结构或构造。因此，青少年发展心理学必定是结构心理学。再次是发展。他认为心理发展就是个体心理生命从内部视角向更大内部结构的成长以及心理操作单元价值的增长，心理发展是结构性的发展，青少年自身不会体验到他们发展的客观意义。青少年发展心理学的任务不仅是理解发展，而且是理解作为发展性表达的某些表达。青少年的视角也会受到限制，因为他们可能会将其青少年期的心理结构体验成是最终的。最后是类型。他明确将青少年发展心理学看作是类型心理学，因为每个个体都是独特的，科学不可能延伸至每个个体。个体需要那些代表一般性事物的概念，同时这些概念是非常具体的，一般的具体化在类型概念中得以实现。类型的划分是以特定的社会、历史和文化为基础的。总体而言，斯普兰格的青少年发展心理学坚持的是人文科学心理学的基本立场。

斯普兰格的青少年发展心理学关注的主要是人格发展问题，青少年心理的发展主要是人格的发展。他站在人文科学心理学的基本立场上明确指出，人的价值潜在于我们的内心世界中，而非外部力量所给予，个体人格的发展过程实际就是其内部世界固有的潜在价值不断发挥和展现的过程。因

---

①② Teo, T. (2003). Wilhelm Dilthey (1833–1911) and Eduard Spranger (1882–1963) on the developing person. *The Humanistic Psychologist*, 31(1): 74–94.

此,就每个人内心世界中的潜在价值倾向而言,人人都可以发挥和展现出最高价值,从而使得人格达到尽善尽美。依斯普兰格之见,人格发展之所以会存在不同的水平、类型和价值等级,主要原因并不是人类本性差异使然,而更重要的是人的自我意识和自我与社会、文化、历史的关系存在差异所致。因此,青少年发展心理学的主要任务就是,充分认识与社会、文化、历史存在密切关系的人的内心世界。个体进入青少年期以后,童年时期形成的安定和均衡的心理状态会逐渐发生混乱,从而使得个体自我意识的全部内容趋向新的改造和变换。鉴于此,斯普兰格把人的青少年时期这个心理发展的特定阶段形象地称为人的"第二次诞生"。他经过长期探索之后指出,青少年期人的心理发展整体上表现出三个基本特征:自我的发现;生活计划的出现;跨入各种生活领域。[①]

基本特征一:自我的发现。对于儿童来说,自我就是自我,它根本不可能成为意识的对象。但到了青少年期,个体就会逐渐发现自己独立于其他所有事物的主观意识世界。青少年期自我的发现并不意味着儿童不具有关于自我的经验,而事实上儿童是具有自我意识的。这里的意思是说,青少年在反思中开始把探索的视线或视角转向自己的内部世界,而且发现自我也拥有自己的实在和世界。更准确地说,青少年开始寻求自我。但在寻求自我或发现自我的过程中,青少年往往会发现自己存在着努力与懒惰、勇敢与怯懦、开朗与忧愁、社交与孤单等动摇不定、交替发生的倾向,这便使得他们陷入孤独和封闭之中并开始自我反思。因此,寻求自我的过程往往包括自我反思。青少年在自我反思过程中会陷入情绪或哲学沉思之中:"我为什么活着?""我存在的价值是什么?"这种自我反思伴随着内心不安。此时,青少年可能会写日记和给同龄人写信,但这不是为了讨论某些事情,而是为了在写信和收信过程中反观自我。友谊完全服务于主体自我理解这一目的。在寻求自我的过程中,青少年表现出敏感性(sensitivity)。当青少年面临不被认真对待这一问题时,他们的同伴友谊会表现出对尊重的渴望和对爱与指导的需要。对自我的寻求也伴随着对自主性的迫切要求(urge for autonomy)。这些都标志着一种新的自我正在出现。因此,渴望解放是必然的,而非不服从或缺少关爱的结果。

基本特征二:生活计划的出现。对于儿童来说,生活只不过是许多瞬间发生、彼此孤立和零散的故事片段。由于年幼,他们尚无法把握作为一个

[①] Teo, T. (2003). Wilhelm Dilthey (1833 – 1911) and Eduard Spranger (1882 – 1963) on the developing person. *The Humanistic Psychologist*, 31(1): 74 – 94.

连贯整体的生活的价值和意义,但进入青少年时期以后,他们便开始逐渐意识到生活的连续性,逐渐明白未来对于自己是多么重要,并逐渐产生了对自己未来生活的规划和设想,即生活计划逐渐开始出现。但在斯普兰格看来,如果仅仅把生活计划看作是职业选择,那将是目光短浅的。事实上,生活计划更多指的是内心生活指引的方向。个体在青少年时期设定的生活计划可能会影响其终生,因为作为青少年的个体将视角或视线指向了未来并形成了理想,对未来生活充满了美好向往,对生活逐渐表现出新的姿态和新的追求。青少年必须在许多可以选择的身份中选择一个主要身份。要理解青少年生活计划的"畸变",就必须理解诸多动机之间的关系。仅仅由于对另一个人遭受的疼痛的想象,个体的内在紧张甚至就可能会导致自杀。

基本特征三:跨入各种生活领域。进入青少年时期以后,个体不再只是机械被动地模仿他人,而是跨入各种不同的生活领域,开始属于自己的独特艺术创造、社交生活、独立思考和经济规划,开始主动关注、体验和评价外部世界的方方面面,开始追求从多个方面实现自我价值。不同生活领域不仅被同化吸收,而且充满了青少年自己的经验。它们影响青少年的艺术创造、反思和对社会的贡献。在这个意义上,青少年可以实现文化上而非仅生物上的再生产。斯普兰格使用历史材料、文献资料和理解方法,详尽地描述了青少年期的幻想和创造、色情和性、伦理和社会发展以及在法律、政治、意识形态、工作和宗教等方面的意识,还明确了在"生命"和"自我"领域中青少年情绪的几种不同类型。

除了整体描述青少年期的心理发展特征外,斯普兰格还对青少年期心理发展做了许多其他方面的丰富研究。首先,他把青少年期划分为14—17岁和17—21岁两个阶段,前者是尽力摆脱儿童时期的依赖关系而试图获得独立和自由的时期,后者是充满离群感和孤独感而渴望与他人亲近的时期。其次,他详尽描述和分析了青少年的社会地位、道德感和法制感的形成、职业选择、政治兴趣以及世界观形成。再次,他根据青少年个体经验的特点,把青少年心理发展分为三种类型:(1)连续的发展类型,即青少年以目标为导向缓慢而平稳地持续发展,自觉而精力充沛地忙于自己的事情,很少有痛苦体验。(2)痛苦的发展类型,即青少年存在许多难以克服的冲突和干扰的发展,需要不断控制自己,充满了痛苦体验。(3)动荡的发展类型,即青少年存在某些起落和困难但能够有意识地积极克服的发展,经常会有一种焕然一新的感觉。总之,斯普兰格不仅详尽描述了青少年期的心理发展特征,而且深入探索青少年心理发展类型等问题。尽管他在某种程度上低估了客观因素和实践活动的主导作用,但他运用的人文科学取向的意义理解而非自然科学取向的因果说明的方法,为当代青少年心理发展问题提供了一种恰切而却被忽视的研究视角。①

第三节　斯特恩的人格描述心理学

斯特恩对于今天的大多数心理学家而言,通常只是在历史知识附注中偶然碰到的名字而已。人们对他的了解通常也只是通过其智商概念、儿童语言研究和人格心理学等。然而,他对心理学的贡献无论在范围上还是在重要性上都是巨大的,甚至许多贡献对于今天的我们仍然是极其重要的。他在儿童心理学、差异心理学和理论与哲学心理学三个领域均作出了重要贡献②,描述心理学便是其中的亮点之一。他在狄尔泰人文科学取向的描述心理学影响下,从人格主义哲学视角出发提出了人格描述心理学理论体系,把人格看作是人类生命的连续体以及生命与外界联系的出发点和归宿,认为描述心理学就是对富有意义的人格整体及其内部结构进行描述、理解或解释的科学。可以说,人格构成了其描述心理学理论体系的核心要素,故我们称之为"人格描述心理学"。然而,斯特恩还受到实验心理学家艾宾浩斯的巨大影响,故对自然科学取向的实验说明心理学并不排斥,而是主张人文主义与实验主义、描述心理学与说明心理学、理解方法与说明方法的融合统一,从多元综合的视角来研究人的心理现象或人格。但就其描述心理学而言,斯特恩坚持的是心理学的人文科学观,致力于对作为整体的人格及其内部结构进行原原本本的如实描述和富有意义的理解或解释。在其人格描述心理学理论框架内,他还对儿童人格发展作了探索性研究,提出了人文科学取向的儿童人格发展观。斯特恩的人格描述心理学理论体系,作为描述心理学的重要组成部分,有力推动了浪漫主义传统描述心理学的发展与进步。

一、斯特恩其人

斯特恩是德国著名哲学家和心理学家,也是现代心理学的重要创始人,对发展心理学也作出了独特而卓越且具有开创性的贡献。他出生于小商人

---

① Teo, T. (2003). Wilhelm Dilthey (1833 – 1911) and Eduard Spranger (1882 – 1963) on the developing person. *The Humanistic Psychologist*, 31(1): 74 – 94.
② Lamiell, J. T. (2012). Stern, William. In R. W. Rieber (Ed.), *Encyclopedia of the history of psychological theories* (pp.1017 – 1019). New York: Springer.

家庭,出色地完成中小学教育后在柏林大学接受了高等教育,先后任职于柏林大学、布雷斯劳大学、汉堡殖民研究所、汉堡大学心理学研究所和杜克大学,晚年虽遭纳粹迫害但仍坚持治学。他对心理学的贡献是巨大、丰富和多样的,广泛涉猎理论与哲学心理学、普通心理学、教育心理学、人格心理学、实验心理学、差异心理学、法律心理学、应用心理学、儿童心理学和语言心理学等多个研究领域。例如,他在德国心理测验史上的地位可与比内(Alfred Binet,1857—1911)在法国、伯特(Cyril Lodowic Burt,1883—1971)在英国和推孟(Lewis Madison Terman,1877—1956)在美国的地位相媲美。① 斯特恩的学术人生,可谓充满了辉煌。

　　威廉·斯特恩(William Stern,1871—1938)于1871年4月29日出生于德国柏林,是零售商西吉斯蒙德·斯特恩(Sigismund Stern)与妻子罗莎(Rosa)的独生子。他出生那年对于德国而言意义非同寻常:普法战争结束,威廉一世(Wilhelm Friedrich Ludwig,1797—1888)统治下的德意志帝国建立,而且柏林被提升为帝国首都。在接下来的数十年中,德国迎来了飞速发展的繁荣时期:政治环境相对和平,社会环境相对安定,科学技术和工业生产发展迅猛,城市化进程加快,物质生活空前丰富。当然,繁荣的背后也隐藏和伴随着部分人的贫穷、社会道德的沦丧和精神生活的空虚。斯特恩正是在这样一种社会大背景下逐渐成长和发展起来的。

　　斯特恩在出色地完成了中小学教育之后,于1888年开始在其家乡的柏林大学跟随狄尔泰、泡尔生、拉扎鲁斯和艾宾浩斯等人学习哲学和心理学。当时的柏林大学尚没有心理学系,但两个不同的心理学派别在相互争斗:一方是以狄尔泰为代表的人文科学取向的整体心理学,另一方是以艾宾浩斯为代表的自然科学取向的元素心理学。当时狄尔泰和艾宾浩斯都是柏林大学知名教授,他们在学术观点上存在人文主义与实验主义的尖锐对立。尽管狄尔泰当时作为哲学教授已经非常著名,但斯特恩作为学生似乎并没有受到他的影响。② 正如他后来在自传中所说:"只是在很久以后我才认识到,作为学生我没有与狄尔泰这位严厉但重要的人物形成更亲密的关系是多么大的损失!"③斯特恩描绘了当时德国各大学教授的令人沮丧的哲学的图景:"黑格尔死后,思辨哲学的崩溃已经导致麻痹效应,自然科学胜利的队

---

① Wolman, B. B., & Knapp, S. (1981). *Contemporary theories and systems in psychology* (2nd ed., expanded and rev.). New York: Plenum Press, p.426.
② 不过,斯特恩后来对狄尔泰的人文科学心理学思想极为青睐,深受其影响。
③ Stern, W. (1930). William Stern. In C. Murchison (Ed.), *A history of psychology in autobiography*, Vol.1 (pp.335–388). New York: Russell & Russell.

伍已经产生了彻底催眠的效果……'形而上学'这个概念和这个词失宠了,被认为是超越时代的残余……科学哲学的机械范畴是不证自明和不可动摇的。"① 心理学作为一门理论学科也忠实于自然科学,艾宾浩斯关于学习和遗忘的实验研究推动了这种趋势。斯特恩当时也受这种自然科学趋势影响,疏远人文科学大师狄尔泰,而亲近自然科学实践者艾宾浩斯,并跟随他学习实验心理学。然而,尽管他着迷于心理学实验的巧妙和精确,但从一开始就对艾宾浩斯的经验主义心理学研究缺乏哲学预设表示遗憾。这也预示了他后来在心理学领域坚持的人文主义与实验主义融合统一的基本主张。1893 年,斯特恩在年轻的艾宾浩斯的指导下以《民间思维中的类比》(The Analogy in Folk Thinking)为题完成了博士学位论文,获得心理学博士学位,并留校担任讲师。

1897 年,斯特恩跟随艾宾浩斯移往西里西亚的布雷斯劳大学。同年,他在那里以《变化知觉心理学》(Psychology of the Perception of Change)为题完成了大学任教资格论文并于次年发表了该论文,由此获得了布雷斯劳大学的心理学私人讲师职位。此外,他于 1897 年发明的调音器(tone variator)使他能够以前所未有的方式研究人类声音感知。接下来的 10 年(1897—1907),或许是斯特恩职业生涯中最具创造性和最多产的时期,其平生许多有重大影响的学术思想都产生于这一时期,他由此也成为当时国际著名的心理学家。这些年,他致力于创建一门新的强调人格主义视角的心理学,创造性地提出了"智商"概念,并对差异心理学进行了富有成效的研究。1904 年和 1907 年,他分别发表了《作为一门理论科学的儿童心理学》和《心理发生的基本问题》两篇文章,介绍了其发展心理学思想,强调了生物和环境两种因素在人类个体发生(human ontogeny)中的双重作用。斯特恩这一时期关于发展心理学、智力心理学、差异心理学以及创建"以人为中心"(person-oriented)的新心理学的研究成果,后来被以系列文章和著作的形式发表出来。例如,《心理发展的事实和原因》(1908)、《差异心理学》(1911)、《智力测验的心理学方法》(1912)、《幼儿期心理学》(1914)、《心理学与人格主义》(1917)和《人与物》(1918)。斯特恩学术创造最旺盛的这 10 年,也是其建立家庭的 10 年:他的三个孩子分别在 1900 年、1902 年和 1904 年出生,其中 1902 年出生的安德斯(Günther Anders)后来成为德国著名作家和哲学家。斯特恩与作为心理学家的妻子克拉拉(Clara Stern)在这段时间对

---

① Stern, W. (1930). William Stern. In C. Murchison (Ed.), *A history of psychology in autobiography*, *Vol.1* (pp.335 – 388). New York: Russell & Russell.

孩子们的认知和语言发展进行了密切观察,并将其合作研究成果于1907年以《儿童言语》一书发表。

1906年,斯特恩与李普曼(Otto Lipmann,1880—1933)合作,在柏林大学创建了应用心理学研究所,并主编了《应用心理学杂志》。尽管斯特恩哀叹在布雷斯劳大学这些年脱离了哲学,但这些年对于他的职业生涯而言似乎是至关重要的。[1] 1907年,他晋升为布雷斯劳大学副教授和心理学系主任。1909年,他被美国马萨诸塞州伍斯特市的克拉克大学授予荣誉博士学位,而此时他年仅38岁。1909年9月11日出版的《伍斯特电讯报》曾这样写道:"威廉·斯特恩,布雷斯劳大学的哲学副教授;个体心理学研究的先驱;研究儿童生活的欧洲学者的领导者;在任何心理学受尊重之处都会被熟知和受尊重的法学博士。"[2] 三年后的1912年,斯特恩出版了《智力测验的心理学方法》一书,详细介绍了智商(IQ)的概念。但他随后便开始担心这种创新,因为智商概念在美国被普遍而不加区分地泛滥应用。此外,斯特恩在布雷斯劳大学时期还极力促进心理学知识在工业、法律和教育领域的应用和传播。例如,他创办了一个研究项目,旨在培养一种新的、文化导向的教学模式,促进对青少年期心理特点的了解和认识,从而帮助教师更好地理解他们的学生。为了贯彻实施他的这一理念,他极力反对教育中存在的三种不同派别——保守主义、精神分析和整体主义,以便为他实现创建一门新心理学的美好愿望扫清道路。总之,在布雷斯劳大学的近20年间,斯特恩成为欧洲心理学中一颗冉冉升起的新星。

当在德国汉堡殖民研究所任职的梅伊曼(Ernst Meumann,1862—1915)教授于1915年去世之后,该研究所便留出了一个哲学教授的空缺。于是,斯特恩便抱着希望到汉堡殖民研究所申请该职位。汉堡殖民研究所由一个提供社会政治科学和人文学科领域的各种主题的市办普通讲座项目和一个1908年创建的处理殖民事务的机构合并而成。该研究所欲发展成为一所新的大学,即1919年创建的汉堡大学。这个职位对于斯特恩来说颇具吸引力,因为梅伊曼1911年在汉堡接受这个职位时已经创办了一个新的哲学系,其中包括一个心理学实验室。在汉堡,教师们具有参与任命该机构工作人员的传统权力。由于斯特恩在布雷斯劳大学创办研究项目影响巨大,汉堡的教师们都投票赞成他担任哲学教授一职。因此,1916年,斯特恩

---

[1] Kreppner, K. (1992). William L. Stern, 1871-1938: A neglected founder of developmental psychology. *Developmental Psychology*, 28(4): 539-547.

[2] 转引自:Kreppner, K. (1992). William L. Stern, 1871-1938: A neglected founder of developmental psychology. *Developmental Psychology*, 28(4): 539-547.

被任命为汉堡殖民研究所的哲学教授。在第一次世界大战于 1918 年结束之后,斯特恩敦促教师委员会重新考虑创建一所新大学的原有计划,以满足大批退伍军人的需求。从 1919 年 1 月 1 日起,正式开设私立大学课程。在最初几年里,两名助教维尔纳(Heinz Werner,1890—1964)和穆霍(Martha Muchow,1892—1933)对于汉堡大学心理学研究所的创办作出了巨大贡献。在这个研究所中,心理学的许多不同分支和实际应用在斯特恩的指导和管理之下都得到了培养和发展。新方案的层出不穷和纷纷被接纳,为研究所的出名创造了良好氛围。因此,在斯特恩的领导之下,心理学在其他学科以及诸如法律、工业、教育等许多公共部门都获得了新的地位并引起了高度关注。

接下来,斯特恩通过富有挑战性的实证研究打开了汉堡大学心理学研究所新的学术窗口,并培养了大批学术人才。例如,斯特恩对青少年期的心理特征进行了一系列研究,而穆霍在环境心理学领域作了开拓性努力。斯特恩发起和支持了一系列环境心理学研究,首次系统考虑了儿童成长的客观环境结构,这在发展心理学中是一个转折点。维尔纳作为斯特恩最亲密的同事之一,帮助他有效推进了机体论观点,代表了发展心理学的另一个新方向。海德(Fritz Heider,1896—1988)在汉堡大学心理学研究所工作了三年,深受斯特恩学术观点的影响,后来成为著名的社会心理学家。虽没有在汉堡大学心理学研究所工作,但受到斯特恩学术思想强烈影响的另一位年轻科学家是勒温(Kurt Lewin,1890—1947),他与斯特恩和李普曼共同创建的应用心理学研究所联系密切。斯特恩在学术上给予勒温很大支持,曾于 1917 年帮助勒温在其主编的《应用心理学杂志》上发表了第一篇文章《战场景象》,又在其 1927 年版的名著《幼儿期心理学》中介绍了勒温关于儿童表达性运动的研究。此外,斯特恩还组织创建了一个设备精良、功能齐全的实验室,帮助建立了一所教师学院,推动了心理学与工业的广泛合作。他向公众传递心理学学科积累的理论知识和实证知识的能力,帮助汉堡大学心理学研究所在德国赢得了良好声誉,以致汉堡大学心理学研究所的声誉在 20 世纪 20 年代可与著名的维也纳心理学研究所相媲美。在汉堡大学心理学研究所发展到顶峰的那些年(1929—1933),它在心理学理论、方法和实践等方面的研究均闻名于世。斯特恩的职业生涯也因此发展到顶峰。

然而,1933 年 4 月,62 岁的斯特恩成为纳粹迫害犹太人的牺牲品,被草率地免去了汉堡大学心理学研究所的教授和所长职务,并被禁止再去那里工作。他的几乎所有的同事也被迫终止了全部大学活动而最终选择移民。汉堡大学心理学研究所的繁荣局面随之戛然结束。同年晚些时候,斯特恩不得不离开德国而前往荷兰临时避难,并在那里完成了其德文版的《人格主义视角的普通心理学》一书,于 1935 年出版。① 经过在荷兰一年的等待,他未能成功谋到合适职位,于是在 1934 年离开了荷兰前往美国。到达美国后,他最终在麦独孤(William McDougall,1871—1938)的帮助下在杜克大学谋得了一个职位,担任心理学教授,继续教学、写作并偶尔公开演讲,直至生命结束。除了在杜克大学的固定职位外,他还在美国许多大学担任讲座教授,如布朗大学、哥伦比亚大学和哈佛大学等。1938 年 3 月 27 日,斯特恩因心脏病突发在北卡罗来纳州的达勒姆不幸去世,享年 67 岁。

尽管由斯特恩开创的体系和概念传统在今天已无处可寻,但他对心理学的巨大贡献反映在许多方面。总体上看,斯特恩因受到实验说明心理学家艾宾浩斯和人文科学心理学家狄尔泰的双重影响,而成为心理学中实验主义和人文主义的"统合者",试图调和狄尔泰区分的描述心理学与说明心理学之间的对立矛盾。他把作为人类生命连续体的人格看作生命与外界联系的出发点和归宿,因而其描述心理学主要体现为其人格主义心理学,我们称之为"人格描述心理学"。斯特恩毕生致力于学术研究,可谓著作等身。他的主要著述包括《个体差异心理学》(1900)、《证言心理学文集》(两卷,1903,1906)、《儿童语言》(合著,1907)、《智力测验的心理学方法》(1912)、《幼儿期心理学》(1914)、《儿童与少年的智力》(1916)、《心理学与学生选择》(1920)、《风俗犯罪诉讼中的少年证人》(1926)、《人与物》(3 卷,1906,1918,1924)和《人格主义视角的普通心理学》(德文版,1935;英文版,1938)等,还发表了 139 篇学术论文。其中,《人格主义视角的普通心理学》是斯特恩描述心理学的代表作,论述了其基于整体观的人格主义心理学的理论与实践。

二、描述心理学与说明心理学的关系

在德国现代心理学中,长期存在着自然科学取向与人文科学取向的对立与纷争,具体表现为研究一般规律与研究特殊规律、说明因果机制与描述显现经验、迷恋元素分析与崇尚整体理解、热衷实验操作与青睐内心感悟等的对立与纷争。斯特恩受狄尔泰人文主义与艾宾浩斯实验主义的双重影响,成为描述心理学与说明心理学的坚定调和者,认为心理学要想成为一门真正的科学,就必须实现人文科学取向与自然科学取向的融合统一,因而被称为"统合的人"②。事实上,他所受的宽泛的人文主义教育、哲学方面的博

---

① 该书的英文版在斯特恩去世前一个月即 1938 年 2 月得以出版。
② Wolman, B. B., & Knapp, S. (1981). *Contemporary theories and systems in psychology* (2nd ed., expanded and rev.). New York: Plenum Press, p.426.

学多识、敏锐的观察能力、精确的实验才能、概括化和精密化的倾向以及勤勉不倦的人格特质,使其比任何人都更有可能、资格和能力统合心理学中的人文主义与实验主义。然而,他所谓的"统合"不是一种折中主义,而是在科学心理学框架内调和对立面和克服二分法的一种真正尝试,如消除身体与灵魂、自然与文化、联想论与整体论、描述与说明等在传统观点中的对立,使之趋向真正的融合统一。

斯特恩认为,科学寻求的是规律,而且这些规律代表了一类或一系列彼此具有某种相似性的客体共同具有的一种不变的关系,因而所有科学可以说都是研究一般规律的。然而,个体性或特殊性是寻求规律的科学的渐近线(asymptote),可以并且应该被包含在科学研究之中。因此,科学要想成为真正的科学,就必须既研究一般规律又研究特殊规律。对于心理学而言,斯特恩更是主张描述心理学与说明心理学的融合统一。他认为,心理科学研究程序的第一步是尽可能真实地获取心理经验资料,而"描述心理学主要关注资料的获得。它的目的是通过易为他人所理解的简明语句呈现心理事件"[1]。描述心理学通过描述或理解可以探究自然发生的独特心理现象,或者通过现象学描述探究它们的本质核心。研究者必须对其描述的心理经验资料进行分类。斯特恩认为,过去把心理现象分成认知、情感和意志的做法过于严格,应该将之分成知觉、记忆、思维和想象、意志和情感。

斯特恩认为,心理科学研究程序的第二步是对所获取的心理经验资料进行分析和说明。心理现象是复杂的,因而必须对之进行分析。在他看来,寻找元素是一种合理的科学程序,但不应把心理现象简单地看作是元素的集合和拼加,始于休谟的元素主义心理学将个体视作诸元素机械总和的做法是错误的。斯特恩在其《人格主义视角的普通心理学》中明确写道:"因为无论是简单的元素还是纯粹机械的结构都不是在我们的心理活动经验中被直接给予的……贯穿这门新心理学始终而与元素概念相反的基本原则是'整体性'……任何心理之物要么本身是一个整体(也就是说,一个本身具有意义的统一体,它或多或少是有明确界限的)要么属于一个整体。整体性并不排除诸组成部分和成员的内部多样性;这些组成部分和成员只是失去了能够靠自身而存在的独立元素的特性。取而代之,它们变成了整体的从属'方面',并且只能在它们与'总体'的关系中来理解……科学的心理学总是保持部分与整体、凸显与背景、分析与总体之间的相关,这种方法论要求毫

---

[1] Stern, W. (1938). *General psychology from the personalistic standpoint* (H. D. Spoerl, Trans.). New York: Macmillan, p.10.

无例外地适用。"①除了进行整体分析之外,斯特恩还主张对心理现象进行说明。在他看来,说明就是使具体资料隶属于抽象规律,心理说明的三个最重要的类别是因果说明、目的说明和发生说明,这三种类型的说明分别回答了心理现象的为什么(Why)、为了什么(What for)以及如何发生(How did it take place)三个问题。

斯特恩认为,描述心理学与说明心理学是科学心理学的两个必要组成部分,两者是融合统一的。描述心理学运用描述、理解或解释的方法获取关于完整心理现象的具体意义资料,而说明心理学在前者的基础上,运用实验说明的方法使具体意义资料隶属于抽象的因果关系,两者从不同视角出发共同服务于心理现象研究。说明处理关系的规律性,而理解处理关系的意义性,当我们领会作为一个整体的人时,我们理解他。正如他所指出的:"认为理解心理学对立于和独立于作为一门自然科学的心理学是个谬误。只存在一种统一的心理学学科,它试图根据研究对象的基本性质和说明它的概念规律以及具有独特意义的整体价值结构来认识它的研究对象。"②

斯特恩还从学科和方法两个层面,详细阐述了心理学应该消解描述心理学与说明心理学之间的二元对立,从而实现融合统一的正当理由。首先,从学科层面讲,他认为,自然科学取向的说明心理学越来越强调机体的整体性和所有生命过程的意义性,人文科学取向的描述心理学也已开始使用统计学以及从自然科学中借来的其他技术,两种心理学之间的鸿沟明显在合拢。因此,狄尔泰提出的自然科学心理学与人文科学心理学或说明心理学与描述心理学之间的区分已变得没有必要。其次,从方法层面讲,他认为,多种多样的研究方法更有利于开展心理学研究。心理学中只采纳实验主义是一种弄巧成拙的策略,实验越精确,观察到的心理现象就越孤立和越基础,实验条件越恒定,人为性就越强并且离个体研究就越遥远。实验作为一种方法和技术是非常有用的,但其他方法可能也是有用的。例如,心理现象可以被直接体验到,因而内省和理解就是一种极为有用的方法。因此,依斯特恩之见,由于心理活动既包括自然世界也包括文化世界,自然科学的说明方法与人文科学的描述和理解方法在心理学研究中应该结合起来使用。

---

① Stern, W. (1938). *General psychology from the personalistic standpoint* (H. D. Spoerl, Trans.). New York: Macmillan, pp.14 – 15.
② 转引自:Wolman, B. B., & Knapp, S. (1981). *Contemporary theories and systems in psychology* (2nd ed., expanded and rev.). New York: Plenum Press, pp.427 – 428.

三、描述心理学的人文科学观

尽管斯特恩从融合统一的视角来看待心理学的科学观问题，但他的描述心理学向我们展现的是人文科学的基本立场。他明确指出，人是"一个活生生的整体，是个体的、独特的、目标导向的、自给自足而又对其周围世界开放的人，人能够具有经验"[1]，而心理学作为人格学（personalistics）的一个独立分支，就是"关于具有经验或能够具有经验的人的科学"[2]。也就是说，心理学并不是按照意识的旧形式来描写心理特征的科学，而是一门关于具有主观经验或内在体验的人的科学。这里的心理学在很大程度上就是指斯特恩所谓的描述心理学。他从人格主义视角出发，把描述心理学界定为对完整人的整体人格及其内部结构进行如实描述和意义理解的科学，这种描述心理学透露出的是一种"以人为中心"的人文科学观。著名现象学心理学家乔治曾把斯特恩尊为"心理学人文科学取向的一位重要先驱"[3]，这主要就是通过其描述心理学来体现的。斯特恩描述心理学的人文科学观主要表现在四个方面。

首先，它坚持以人格主义为哲学基础。斯特恩将其描述心理学建立在人格主义哲学基础之上，认为科学的心理学必然与人格的哲学同属一个体系，人格描述心理学的许多概念都必须依靠人格主义才能得到充分评价。人格主义是一种属于人文主义思想范畴的唯心主义哲学，它像精神分析和存在主义等其他人文主义哲学派别那样，强调把人或自我而非物质世界作为哲学的研究对象。但人格主义又与精神分析和存在主义不同：精神分析把自我归结为潜意识的欲望冲动，存在主义把自我归结为盲目的自由意志，而人格主义则把自我归结为人格，并将人格视作世界之本原。也就是说，人格主义把人格作为哲学的真正对象与核心。正如布莱特曼（Edgar Sheffield Brightman，1884—1953）所指出的："从广义上说，人格主义是这样一种思想方法，它把人格当作是解决一切哲学问题，不论是价值问题，或认识论问题或形而上学问题的钥匙。"[4]斯特恩坚持的是一种"批判的人格主义"

---

[1] Stern, W. (1938). *General psychology from the personalistic standpoint* (H. D. Spoerl, Trans.). New York: Macmillan, p.70.

[2] Stern, W. (1938). *General psychology from the personalistic standpoint* (H. D. Spoerl, Trans.). New York: Macmillan, p.vii.

[3] DeRobertis, E. M. (2011). William Stern: Forerunner of human science child developmental thought. *Journal of Phenomenological Psychology*, 42: 157–173.

[4] 转引自：刘恩久.刘恩久文选.南京：南京师范大学出版社，2009：317.

(critical personalism),不仅反对实在论和先验论,而且反对"天真的人格主义",①这充分说明了其描述心理学的人文科学立场。

其次,它坚持整体观而反对元素论。斯特恩把整体观而非元素论当作其构建"以人为中心"的人格描述心理学理论框架的首要基础,认为任何心理之物要么自身是一个具有意义的统一整体,要么属于这样一个整体,而不可能作为简单元素或由简单元素机械相加而成的聚合物直接呈现于我们的内部经验之中。当然,整体性并不排除诸组成部分和成员的内部多样性,这些组成部分和成员只是失去了能够靠自身而存在的独立元素的特性,但它们变成了整体的从属部分,并且只能在它们与总体的关系中来理解。整体观是人文科学的典型特征,元素论是自然科学的典型特征,斯特恩对整体观的极力强调充分反映了其描述心理学的人文科学观。

再次,它注重人或人格与现实生活世界的内嵌关系。斯特恩强调人或人格是内嵌于特定社会、历史和文化关系之中的,我们的思想、想象、认知等心理活动不可能独立或脱离我们丰富的现实生活世界。正如他所明确指出的:"对意识的研究应该根据它在世界中的实际运作来解释性地(interpretively)达到。"②个体生长于具有道德标准和文化意义的现实生活世界中,对个体心理的研究必然也要充分考虑它与富有意义的现实生活世界的内嵌关系。斯特恩对现实生活世界的强调,体现出其描述心理学的人文科学性。

最后,它强调人的心理或人格的独特性、目的性、价值性和意义性。斯特恩在对"人"或"人格"这个复杂统一体的界说中,特别强调了它的独特性(个体性)、目的性、价值性和意义性,认为人是一个具有独特生活经验和内在生命价值的活生生的统一体,支配人的是活生生的、具有丰富意义的内部经验和关系,而不是抽象人为的、机械静态的心理法则和规律。人在努力实现目的和意图的过程中,形成了独具特色的生命价值和意义网络。斯特恩的描述心理学致力于如实揭示和呈现心理资料的独特性、目的性、价值性和意义性,以为进一步说明心理现象的起因提供前提,这充分反映出其人文科学的基本立场。

四、描述心理学的研究对象

斯特恩明确指出,描述心理学的研究对象是活生生的人的整体人格及

---

① [美]墨菲,柯瓦奇.近代心理学历史导引.林方,王景和,译.北京:商务印书馆,2010:816.
② Stern, W. (2010). Psychology and personalism (J. T. Lamiell, Trans.). *New Ideas in Psychology*, 28: 110-134.

其内部结构,对"人"或"人格"的强调可以说是其描述心理学的最大特色。斯特恩认为:"人是一个总体,也就是说,一个多元统一体(unitas multiplex)……包含在人之中的所有多样性……都是构成总体所必需的……正是多样性与人之整体、人与世界的和谐一致使得人类生命成为可能。"[①]具体而言,人是一种具有整体性、目的性和独特性的现实存在,是一种心物不可分割的中性实体,既不与意识内容有关系也不与身体变化相结合,而是一种根本未分化的原始状态。斯特恩把生命区分为三种形态或三种水平[②]:第一种是生物学的,个体的生命力在该水平上占优势地位,生长、成熟和繁殖是生命力的机能;第二种是生命经验或体验,个体拥有经验并通过经验拥有心理活动,心理活动由思维的内容和过程产生,有些经验是短暂的,而有些经验是持久的倾向,倾向是获取未来经验的可能性或能力,性格特质、气质和记忆能力都是倾向;第三种是植物和动物所缺少的纯粹人类状态,代表着文化、社会、道德和宗教的价值,个体通过内受作用(introception)接受其所在社会的社会准则、道德法规和文化价值。他认为,人在这三种生命形态中处于独特的地位。

根据刘恩久先生的见解,我们可以从五个方面来阐述斯特恩关于"人"的观点。[③] (1)"人"是一种目的性组织体系。斯特恩认为,"人"的存在既具有多元统一性,又具有行动和活动的目的性,是一种目的性组织体系。这种目的性表现在两方面:一是存在于自我中的自我保存和自我发展的内在目的性,二是存在于其他人抽象理念之中的外在目的性。(2)"人"的层系原理与辐合原理。斯特恩认为,"人"在追求目的实现的过程中,逐渐形成了浑然一体的序列,序列中的各部分作为"小"整体彼此相互联系,不仅形成上下级关系,而且形成并列关系,这种理论被称为层系原理。斯特恩还认为,"人"的发展是先天遗传因素和后天环境因素协同作用的结果,而不是遗传和环境各自决定的,这种理论被称为辐合原理。(3)"人"的统一活动以内化和外化为机制。斯特恩认为,"人"是整体性、独特性、活动性、目的性、鲜活性、自给自足性以及对外开放性等特点的统一,一方面面向自身向内传导,另一方面面向他人他物向外传导,这就是内化和外化。"人"的统一活动是通过内化和外化两方面来表现的,作为内化的状态由心创造,而作为外化

---

① 转引自:Harré, R. (2000). Personalism in the context of a social constructionist psychology: Stern and Vygotsky. *Theory & Psychology*, 10(6): 731-748.
② Wolman, B. B., & Knapp, S. (1981). *Contemporary theories and systems in psychology* (2nd ed., expanded and rev.). New York: Plenum Press, pp.429-430.
③ 刘恩久.*刘恩久文选*.南京:南京师范大学出版社,2009:310-315.

的状态由物创造。(4)"人"是生活者和体验者。斯特恩认为,"人"作为一个心与物的中性存在,在无限追求目的和意义的过程中匍匐前进,每当生活发生任何微小变化时,他都会体验着其变化。因此,"人"是成长过程的生活者和体验者。(5)"人"是意识和潜意识的结合体。斯特恩认为,"人"通过内化过程产生了意识,同时也具有潜意识。潜意识与意识的事实有关系且具有其意义,但不具有它本身的意识的事实。潜意识包括下部意识和上部意识,前者产生于意识的片段,即前意识状态;后者又称超意识,是"人"被动的、单一的意识体验。

人生活在一个具有道德标准和文化意义的世界里,代表着社会、文化、道德和宗教的价值,并通过对社会标准、道德法规和文化价值的认识而意识到自身,从而使得自己的人格得以形成和发展。人格是作为整体的人具有的总体精神面貌,是遗传基质与环境调节辐合(converging)影响的产物。它是一个由生理与心理、自然与文化、遗传与环境、凸显与内嵌、整体与部分汇集而成的"多元统一体",既具有独特的意义性又具有包容的多样性,既蕴含着现在的状态又预示着未来的状态[1]。人格作为一个"多元统一体",并不仅仅意味着纯粹的经验统一体。同一个体可能会体验到相互冲突的意愿,但他仍然是他自己,仍然是一个统一体,这一事实意味着统一体是所有内部冲突的先决条件。人格是人类生命的连续体,它是永恒的、始终如一的整体。然而,每一个体都是由诸个部分组成的。斯特恩把组成人类活动的恒定的和目标导向的部分称为特质(traits)。他把特质区分为驱动性特质(driving traits)和工具性特质(instrumental traits),前者是目的性倾向,后者是潜在性能力。

斯特恩不赞同以往心理学家把心理现象严格分成认知、情感和意志的做法,主张应该把心理现象分成知觉、记忆、思维和想象、意志和情感五部分,并据此把心理学的主要研究领域也分成五部分,而且他对这五个领域几乎都进行了深入研究。[2] (1)感官知觉。例如,斯特恩特别强调人在知觉中的主体地位,认为人是独立于任何具体感官刺激来知觉一个格式塔的,但格式塔不是一种基本的现象,而是人将世界知觉成不同的整体。也就是说,没有"格式塔者"(Gestalter)便没有格式塔。(2)记忆和学习。例如,斯特恩认为,学习就是通过反复呈现来获取知识,包括不随意学习和随意学习,前

---

[1] Werner, H. (1938). William Stern's personalistics and psychology of personality. *Character and Personality*, 7(2): 109-125.

[2] Wolman, B. B., & Knapp, S. (1981). *Contemporary theories and systems in psychology* (2nd ed., expanded and rev.). New York: Plenum Press, pp.430-432.

者依赖于外部刺激及其持续不断的重复以及学习者的感受性,而后者依赖于学习者的目标、兴趣和智力。(3)思维、智力和想象。例如,斯特恩受胡塞尔和屈尔佩影响,提出了自己的思维理论,认为思维包括思维活动和思维内容,并将之视作"意向……某物"①的一个过程。(4)驱力、本能和意志。例如,斯特恩认为,驱力是一种高级的努力水平,是一种朝向个人目标实现的固有倾向,可以分为四类:自我保存、自我发展、社会驱力和人类驱力。本能作为一种驱力,不仅指向最终目标,而且指向达到这一目标的手段。意志是最高水平的努力,指的是对目标和手段的一种有意识的预期。(5)情感生活。例如,斯特恩认为,每个人都会经历凸显与内嵌的连续阶段。个体的认知和活动功能倾向于是凸显的,而内嵌的经验是情感,情感是无形的和位于幕后的。

五、描述心理学的研究方法

斯特恩从作为一个整体的心理生命本体出发,虽然主张从多元综合的视角来研究人格,但对于富有意义的心理生命整体或人格整体,则更提倡运用描述、理解或解释的主观方法。② 在他看来,人是一种能够感受事件并能使事件得以存在的高级生物,无论是运用"刺激—反应"的行为主义图式去观察人,还是运用"拆分机器"的元素主义方法去分析人,都是极端错误的做法。他主张在整体观视野下,运用描述、理解或解释的方法研究人格及其内部结构。"描述"既指通过易为他人理解的简明语句呈现心理事件,也指现象学直观意义上的本质呈现;"理解"指对心理生命或心理资料的意义把握;"解释"指对内部心理表现于外的符号的意义解读。斯特恩认为,"人"身上具有的心理之物具有目的论的意义,而解释这种目的论的意义就要使用目的解释法(Zweckdeutung),目的解释法主要指对内部心理表现于外的符号进行意义解读,所以该方法也叫"符号解释"(Symbolische Deutung)。③ 总之,斯特恩的描述心理学主要运用描述、理解或解释的方法来获取完整心理现象或人格整体的具体意义资料。但在方法选择上,斯特恩经历了一番波折。

斯特恩主张对心理生命过程进行直接而明确的描述、理解或解释。他通过对过去大多数科学家的研究方式的考察发现,通过直接审视自然过程,

---

① Stern, W. (1938). *General psychology from the personalistic standpoint* (H. D. Spoerl, Trans.). New York: Macmillan, p.275.
② Allport, G. W. (1937). The personalistic psychology of William Stern. *Character and Personality*, 5(3): 231-246.
③ 刘恩久.*刘恩久文选*.南京:南京师范大学出版社,2009:315.

自然本身的范畴和类别最终将会显现出来。因此,他认为心理之物也应如此。但对于这种直接的研究方法,许多人提出了反对意见。他们认为,这种直接的方法似乎是唯我论的(solipsistic),而且在社会一致性检验中是失败的。在他们看来,没有任何两个人具有相同的解释观点(interpretative insight),对事物的各种解释就像是切奶酪,每个人都从不同角度去切,然后宣称其他所有人都切错了地方,只有自己是正确的。斯特恩对此予以了批驳,认为自然科学家的理论解释旨在告诉我们位于自然深处的事件发生的过程,他们所有人在"切奶酪"这件事上无疑都会犯错误,但他们所犯的错误绝大部分都只是近似错误(errors of approximation),随后的科学家可以更正。然而,尽管斯特恩没有被过于严苛的方法论搞得烦扰不安,但他使用了大多数常用的科学防卫措施。他运用理解、解释和有序安排(orderly arrangement)的方法对通过观察和实验获得的心理经验资料进行意义呈现和解读,甚至大胆地采用"精确"(元素主义)心理学的研究结果和某些研究程序,但基于完全不同的理论假设,即一切心理之物同时是个人的,而一切个人之物要么是一个整体要么是整体的一部分。

起初,这种机能整体性的假设给斯特恩的人格描述心理学造成了严重困难,正如它给格式塔理论和所有其他现代结构理论造成的困难一样。斯特恩这样说道:"我们一旦给某种事物命名并因此将之归属于某种明确的心理范畴,它就不再是先前的同一事物了;它获得了一种无法归属于心理本身的特殊的严格性和固定性。"①于是,他被迫采用了我们熟悉的抽象分析方法,但事实上他可能有着更多的倾向,并且比任何其他心理学家都更深入细致地使用了辩证逻辑。具体来说,斯特恩与其他心理学家在对待方法问题上存在两点不同:首先,他认为程序和方法本身不是目标,而仅仅是揭示心理生命诸方面的人为手段或工具;其次,他认为人是每个心理事件发生的主要场所,方法的选择应该围绕着"人"来转,脱离心理主体的独特个人经验的研究方法都是不恰当的。②总体来看,斯特恩描述心理学的方法是以"人"为中心来选择的。

六、描述心理学的人格发展观

斯特恩作为现代儿童发展心理学的重要创建者③,对儿童人格或心理

---

①② Allport, G. W. (1937). The personalistic psychology of William Stern. *Character and Personality*, 5(3): 231–246.
③ Kreppner, K. (1992). William L. Stern, 1871–1938: A neglected founder of developmental psychology. *Developmental Psychology*, 28(4): 539–547.

发展理论作出了卓越的原创性和独特性贡献,其中许多观点扎根和孕育于他与妻子克拉拉·斯特恩对自己三个孩子的人格或心理生活长达18年的临床观察日记。系统的日记式观察为斯特恩包括儿童发展心理学在内的科学发展提供了源自真实生活经验的灵感和材料。"对于我自己的科学发展来说,我对自己孩子的研究意义重大……在这里,我具体观察了心理生活,而且以这种方式,我避开了那些象牙塔内的方案和抽象,而这些方案和抽象是我们以心理学名义经常遇到的。正是通过这项工作,我才开始把人理解为多元统一体的中心。"[①]在实施这项长期观察计划的过程中,斯特恩充分利用其中大量日记材料,并以其为基础,撰写了一部极富影响力的教科书《幼儿期心理学(6岁前)》,德文初版发表于1914年,英译版发表于1924年。他对儿童发展心理学的影响在很大程度上就得益于此书。正如他在思想自传中所评价的:"如果我们可以根据版本和译文版本的数量来判断,在我所有的出版物中,这本书已经获得了最大数量的支持者。"[②]

斯特恩领先于其所处的时代,以批判人格主义为哲学基础,创造性地提出了一种人文科学取向[③][④]的儿童人格发展观,成为其描述心理学理论体系的重要组成部分。他的儿童人格发展观"以人为中心"(person-oriented),注重人的主体性及其与环境的互动,而且具有体系性[⑤][⑥]和辩证性[⑦][⑧]统一的特点。它突出地表现为关于儿童人格发展的整体论思想、过程论思想和情境论思想三个维面,对他的弟子奥尔波特(Gordon Allport,1897—1967)和勒温(Kurt Lewin,1890—1947)的儿童发展理论、对后来著名发展心理学家维果茨基(Lev Vygotsky,1896—1934)、皮亚杰(Jean Piaget,1896—1980)、彪勒(Charlotte Bühler,1893—1974)和里格尔(Klaus Riegel,1927—1977)的儿童发展理论以及对当代儿童发展心理学质性研究均产生

[①][②] Stern, W. (1927). Self-portrait. In R. Schmidt (Ed.), *Contemporary philosophy in self-portraits*, Vol.6 (pp.128 – 184). Leipzig: Barth.

[③] DeRobertis, E. M. (2011). William Stern: Forerunner of human science child developmental thought. *Journal of Phenomenological Psychology*, 42: 157 – 173.

[④] Schmidt, W. H. O. (1985). Dialogue with a human scientist: William Stern (1871 – 1938). *Phenomenology and Pedagogy*, 3: 149 – 160.

[⑤] Lamiell, J. T. (2009). Some philosophical and historical considerations relevant to William Stern's contributions to developmental psychology. *Journal of Psychology*, 217(2): 66 – 72.

[⑥] Smith, N. W. (2001). *Current systems in psychology: History, theory, research, and applications*. Belmont, CA: Wadsworth/Thomson Learning, p.4.

[⑦] Kreppner, K. (1992). William L. Stern, 1871 – 1938: A neglected founder of developmental psychology. *Developmental Psychology*, 28(4): 539 – 547.

[⑧] Sameroff, A. (2010). A unified theory of development: A dialectic integration of nature and nurture. *Child Development*, 81(1): 6 – 22.

了直接或间接的重要影响。斯特恩对儿童发展心理学的杰出贡献在"二战"之前的欧洲曾盛极数十载，但由于种种原因①②，之后却长期埋没于历史的尘埃中，甚至许多早已不为人所知，他更未能像其他作出重要贡献的发展心理学家那样登入美国心理学的"荣誉殿堂"。诚然，系统考察斯特恩的儿童人格发展观，无论对于儿童发展心理学的历史、现在还是未来，都有着重要而别样的价值和意义。

（一）批判人格主义哲学基础

斯特恩的儿童人格发展观的哲学基础是他提出的批判人格主义。批判人格主义（critical personalism）是一种明显具有浪漫主义倾向的世界观或综合的思想体系，斯特恩将之视作自己"真正的毕生的工作"③，旨在取代机械物化论的"非人格主义"（impersonalism）和心物二元论的"朴素人格主义"（naïve personalism），为他那个时代的心理学提供一种科学上切实可行、哲学上合乎情理的哲学理论或世界观。批判人格主义的构建也与斯特恩对自己孩子的人格或心理生活及其发展的日记式观察密不可分。"日记材料为我正逐渐发展的哲学理论提供了一个视角基础"④，而这个"逐渐发展的哲学理论"正是他的批判人格主义⑤。斯特恩在其历时18年才完整出版的三卷本系列丛书《人与物》中对批判人格主义作了正式和全面的阐述。第一卷为《基本原理与信条》（1906），第二卷为《人类人格》（1918），第三卷为《价值哲学》（1924）。事实上，前两卷的丛书名字为"人与物：一种系统的哲学世界观"，到第三卷则直接改成了"人与物：批判人格主义体系"。

斯特恩指出："人是这样一种实体，尽管由许多部分组成，但形成了一个独特且具有内在价值的统一体，并且其本身超越发挥功能的诸部分而构成了一种统一、自激且目标导向的存在……物是人的矛盾的对立面。它是这样一种实体，的确由许多部分组成，但这些部分未被塑造成一个真实、独特且具有内在价值的整体。因此，当物根据它的各个部分发挥功能的时候，没

---

① Kreppner, K. (1992). William L. Stern, 1871 – 1938: A neglected founder of developmental psychology. *Developmental Psychology*, 28(4): 539 – 547.
②⑤ Lamiell, J. T. (2009). Some philosophical and historical considerations relevant to William Stern's contributions to developmental psychology. *Journal of Psychology*, 217(2): 66 – 72.
③ Lehmann-Muriithi, K., Cardoso, C., & Lamiell, J. (2016). Understanding human being within the framework of William Stern's critical personalism: Teleology, holism, and valuation. In J. Valsiner, G. Marsico, N. Chaudhary, T. Sato, & V. Dazzani (Eds.), *Psychology as a science of human being: The Yokohama Manifesto* (pp.209 – 224). New York: Springer.
④ Stern, W. (1927). Self-portrait. In R. Schmidt (Ed.), *Contemporary philosophy in self-portraits*, Vol.6 (pp.128 – 184). Leipzig: Barth.

有构成一种统一、自激且目标导向的存在。"①这种人与物的基本区分,构成了批判人格主义的基础和起点。非人格主义机械地物化人,眼中没有"人"只有"物",认为"个体仅仅是一个集合,物理上仅是诸原子的总和,心理上仅是一束知觉,而不存在任何真实的、自然发生的统一体,只存在一种由所有事件的普遍规律完全决定的机械的元素副产品"②。朴素人格主义二元地分割人,将心理与身体、人与世界分割,眼中只有"人"没有"物",认为"使个体成为个体的是他或她的作为一个简单和独立存在物的'灵魂'或'我',而非作为一个肤浅副产品的大量特征"③。斯特恩认为,现代心理学需要的既不是非人格主义的世界观,也不是朴素人格主义的世界观,而是反机械论的、将心理和物理关联起来的批判人格主义的世界观。

与非人格主义相对,斯特恩的批判人格主义从生机论、目的论、整体论和价值论的视角看待和理解人。④ 首先,人是一个鲜活的主动的存在,不可还原为死寂的被动的物;其次,人的行为具有目的性,必须在目的论框架中参照其目的和目标来理解一个人的行为,而不能根据完全机械的生物物理学的因果关系来解释人的行为;再次,人作为一个整体,为了且按照其整体性来行事;最后,人是一个具有内在价值导向的存在,可以主动地评价,而物只能被动地接受评价。或者说,批判人格主义眼中的人是"一个活生生的整体,是个体的、独特的、目标导向的、自给自足而又对其周围世界开放的人,人能够具有经验"⑤。

与朴素人格主义不同,斯特恩的批判人格主义认为人是一个心物中性的实体(psychophysically neutral entity)。尽管我们不从心理学视角看人就从生物物理学视角看人,但从根本上讲,这种二歧式思维的出现和存在是"后于"人本身的。作为一个必然先于心理方面和物理方面的人为区分而存在的实体,人首先是心物中性的。正如斯特恩所说:"不是存在物理的和心理的,而是存在真实的人。这是世界的基本事实。这些人对于他们自己和

---

① 转引自:Lamiell, J. T. (2009). Some philosophical and historical considerations relevant to William Stern's contributions to developmental psychology. *Journal of Psychology*, 217(2): 66–72.
②③ Stern, W. (2010). Psychology and personalism (J. T. Lamiell, Trans.). *New Ideas in Psychology*, 28: 110–134.
④ Lehmann-Muriithi, K., Cardoso, C., & Lamiell, J. (2016). Understanding human being within the framework of William Stern's critical personalism: Teleology, holism, and valuation. In J. Valsiner, G. Marsico, N. Chaudhary, T. Sato, & V. Dazzani (Eds.), *Psychology as a science of human being: The Yokohama Manifesto* (pp.209–224). New York: Springer.
⑤ Stern, W. (1938). *General psychology from the personalistic standpoint* (H. D. Spoerl, Trans.). New York: Macmillan, p.70.

对于其他人可能都是存在的,从而产生了关于心理和物理的观念,这是二阶世界(the world of second order)的一个事实①。这实际上以一种独特的眼光有效地破解了在心身关系问题上的笛卡尔二元论难题,克服了心身"平行论"与心身"交互论"之间的对立,将心理与身体通过"人"关联和统一起来,把人看作是独立的、限定自己的和追求目标的根本未分化的统一整体,突显了人的主体地位和原初统一性。

儿童是"发展着的人"(developing person)②,批判人格主义对人的尊重和理解为斯特恩探究儿童及其人格发展提供了本体论和认识论基础。甚至可以说,他对儿童人格发展的理论探索是在批判人格主义框架内展开的。他的儿童人格发展观与同时代的许多其他心理学家的实证主义和经验主义的儿童心理发展观根本上是对立的,从而也形成了其自身的人学或人文科学特色。

(二)关于儿童人格发展的整体论思想

斯特恩的儿童人格发展观明显是格式塔取向的。尽管在其生活的时代,主张将人格或心理生活剖解的元素论和机械论思想已弥漫于心理学中,但他探究儿童人格或心理发展问题的取向依然是非元素论和非机械论的。或者说,整体论构成了他的儿童人格发展观的基本视角和首要基础。斯特恩认为,儿童本体是一个发展着的整体性存在,而不是诸"部分机能"(part-functions)机械相加构成的聚合物,而且处于与自我、世界及他人的各种各样的关系中。儿童的整体性存在是一种多元性的统一,即如图5-1所示的"多元统一体"③④。儿童多元统一体是一个两维的、层状的结构,由下至上的每个更高层级都包含下面的所有层级,两维指的是心理系统和物理系统。

心理系统意味着儿童是一种心理的存在,心理系统中多种多样的特征可以归属为具有上下层级包含关系的四类基本范畴,由下至上依次为心理现象(包括知觉经验、情绪经验、观念经验等)、心理活动(包括意志活动、评价活动、思维和认知活动、游戏和技能活动等)、心理倾向(包括智慧能力、道德能力、审美能力及其他能力等)和"我"(即主体)。这些逻辑范畴由下到上

---

① 转引自:Lamiell, J. T. (2009). Some philosophical and historical considerations relevant to William Stern's contributions to developmental psychology. *Journal of Psychology*, 217(2): 66–72.

②④ Tissaw, M. A. (2010). A critical look at critical (neo)personalism: Unitas multiplex and the 'person' concept. *New Ideas in Psychology*, 28(2): 159–167.

③ Stern, W. (2010). Psychology and personalism (J. T. Lamiell, Trans.). *New Ideas in Psychology*, 28: 110–134.

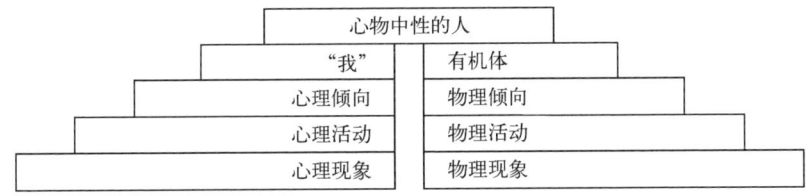

图 5-1 多元统一体

形成一个层级结构,由心理或意识现象上升到主体的"我",多种多样的现象经验在活动内形成一个统一体,多种多样的反复发生的活动在倾向中植根,多种多样的倾向在作为主体的"我"中形成一种统一的个性。同样,物理系统意味着儿童是一种物理的存在即神经生物组织,物理系统中多种多样的特征也可以归属为具有上下层级包含关系的四类基本范畴,由下至上依次为物理现象、物理活动、物理倾向和有机体。因此,儿童的心理系统和物理系统各自都形成一个次级多元统一体,而且心理系统中各种各样的特征是内部的,只能由儿童自身直接地把握到或心理地体验到,而物理系统中各种各样的特征是外部的,不仅可以由儿童自身物理地经验到,而且可以由他人以相应方式来识别。

儿童的"我"(the I)是代表其心理系统中各范畴内所有心理特征的真正的多元统一体即心理多元统一体,儿童的"有机体"(the organism)是代表其物理系统中各范畴内所有物理特征的真正的多元统一体即物理多元统一体,但两者不是割裂和分离的,它们在最高级多元统一体结构的顶端即儿童作为一个"心物中性的人"(the psychophysically neutral person)处交汇,从而形成一个统一的总体系统即"人格"。或者说,每个儿童的多样的心理特征和物理特征最终归属于一个单一和统一的"主人"即"心物中性的儿童",从而展现出一个总的精神面貌即"人格"。因此,儿童不是一个简单的物,而是包含无数心理特征和物理特征的完整不可分割的人格组织,这是一个不需要证明的基本的经验事实。正如斯特恩所言:"人格是我们遇到的这样一种实体,它作为一个活生生的整体,本身为了这个整体的诸多持久目的而努力,而且有能力实现它们。这些目的可以分成'内源性的'和'外源性的'两个主要类别,但最终都隶属于一个目标综合体,因为人是一个多元统一体。"①

在斯特恩那里,人格的概念要比心理的概念具有更广的外延。他甚至

---

① Stern, W. (2010). Psychology and personalism (J. T. Lamiell, Trans.). *New Ideas in Psychology*, 28: 110-134.

为了凸显人的完整性而主张用人格的概念取代心理的概念。正如他所指出的:"特别是,心理学学科的核心概念'心理',到目前为止将不得不把它的中心地位让与'人格'。"①但在具体论述的过程中,斯特恩并没有完全用人格取代心理生活,他更加注重的仍然是人格中的心理方面,甚至在提及人格的时候更多指的仍然是心理生活,而不是神经生物组织。

斯特恩认为,儿童是发展着的人,当具备语言运用和理性思考能力的时候,他们便获得了在他人眼中成为"人"的资格和条件,而与这种"成人"过程相伴随的是儿童的人格或心理的发展。儿童的经验世界是鲜活和丰富的,儿童的人格或心理的发展是整体性的发展,只可予以现象学的描述和整体性的理解,而不宜进行剖分式的元素分析。正如斯特恩所指出的,"人格生活独立统一体是所有心理发展的起点和永恒目标","单个机能的全程发展始终依赖于整体的发展"。② 也就是说,儿童的人格发展是一种基于"多元统一体"并为了实现"多元统一体"的整合性成长过程。③ 对于儿童来说,这种整合性成长意味着多元统一体中的各个范畴、部分及特征在多方面力量和资源的共同作用下有机协调发展,以实现更丰富和更高级的统一。儿童人格发展的每个方面或部分都是"同样原初的"(海德格尔语),它们彼此内在相关但却不可相互还原。发展着的儿童的人格似乎永远是"此在的"(海德格尔语),既包括心理的也包括物理的。总之,在斯特恩看来,整合性成长始终都是以一种叠排式的序列组合的多元统一体方式显露出来,这个总的目标系统负责维持人格、发展人格并使人格能够完成其超越个人的任务。④ 此外,儿童人格或心理的整合性成长还表现为纵向的历史积累式的成长,这并不是赋予历史以任何绝对优先地位,而是强调过去、现在和未来在人格或心理中的链接和融会贯通。

(三) 关于儿童人格发展的过程论思想

斯特恩认为,儿童的人格发展"以人为中心",是一个复杂多样和丰富多彩的整合性的系统成长过程。我们主要从主动性、动力性、辩证性、独特性和开放性五个维度,来阐述他关于儿童人格发展的过程论思想。

1. 儿童人格发展是具有根本目的的主动性发展

斯特恩从目的论(teleology)视角看待儿童人格及其发展,认为儿童人格是一个目的性组织,它的发展本质上也必然是目的性的。在其生活的时

---

①③④ Stern, W. (2010). Psychology and personalism (J. T. Lamiell, Trans.). *New Ideas in Psychology*, 28: 110-134.

② Stern, W. (1924). *Psychology of early childhood up to the sixth year of age* (A. Barwell, Trans.). London: Allen & Unwin, pp.29-52.

代,心理学家及其他科学家似乎对目的论视角的科学可行性有着严重担忧和质疑,斯特恩甚至称之为"目的论恐惧症"(teleophobia),并主张这种"症状"可以且必须得到"治疗"。在他看来,目的论观念和视角是真正地理解儿童存在及其人格发展的关键,我们必须在目的论框架内根据儿童朝向的目标来理解和解释他/她的所作所为及所思所想,而无论这种朝向是有意识的还是潜意识的。

斯特恩区分出两种对儿童人格发展具有支配影响和调节作用的目的论倾向:自我保存(self-preservation)和自我展现(self-unfolding)。前者是儿童力求维持自身现有的物理存在和心理同一性而避免变化的持久意向;后者是儿童根据其价值观急切地寻求新的目标、内容、任务和成就,力求增加自己的物理存在和发展自己的心理同一性的持久意向。斯特恩指出:"所有有机体事件均由自我保存和自我展现两种倾向构成……每个活着的人均通过自我保存和自我展现在发展过程中的融合(merging)来显现其内部目标取向。"①但儿童人格发展的目的性中融合着对价值的考量,是一种批判的目的论,这些价值观可能是"由内源性目的驱动的"(autotelic)即起源于儿童自身内部,也可能是"由外源性目的驱动的"(heterotelic)即起源于儿童所处的社会文化环境。正如斯特恩所指出的,儿童不是一具非目的论的、机械僵化的躯体,也不是一束"野蛮和怪诞"(wild and fantastic)目的论的、自由的、理性的意识,而是一张在世界中进行有价值和有目的规划的网。②

儿童人格发展的目的性预示着它的主动性。儿童是人格发展的主体,在追求目的实现的过程中主动建构和丰富着自己的人格世界。每个儿童都是他们自己人格或心理发展的原动力和能动者,在自我意识或自我观的导引下认为有能力对自己的发展施加某些影响,这是斯特恩20世纪初先于他的同时代者创造性地提出的一种发展观点。③④ 斯特恩将儿童人格发展看作是一种成为自己(becoming oneself)的过程或课题,而且强调这个过程或课题的完成主要依赖于儿童的主动性寻求和创造性参与。儿童成长为"人"

---

① 转引自:Kreppner, K. (1992). William L. Stern, 1871–1938: A neglected founder of developmental psychology. *Developmental Psychology*, 28(4): 539–547.
② Stern, W. (2010). Psychology and personalism (J. T. Lamiell, Trans.). *New Ideas in Psychology*, 28: 110–134.
③ Deutsch, W., & Mogharbel, C. E. (2011). Clara and William Stern's conception of a developmental science. *European Journal of Developmental Psychology*, 8(2): 135–156.
④ Lamiell, J. T., & Deutsch, W. (2000). In the light of a star: An introduction to William Stern's critical personalism. *Theory & Psychology*, 10(6): 715–730.

的过程不是被动等待的过程,它既不是现成的,也不是完全由内部或外部力量预先决定的。即使成长过程中依靠自然成熟"被给予"某些人格特征,也不是不包含主动性,而仅仅是不同于自发的生产性活动的另一种活动而已。儿童作为一个拥有主动自我和高度自由的人,在自我保存和自我展现的目的的驱使下,通过与外部世界多种多样的互动,积极推动和塑造着自己的人格发展过程。正如斯特恩所指出的,将儿童的人格生活及其发展看作是纯粹机械和被动的过程,是与人类的本性相违背的。①

2. 儿童人格发展是人与环境辐合的动力性发展

在探讨儿童人格或心理发展的影响因素时,斯特恩面临着自中世纪以来关于"先天"与"后天"在发展中作用及其方式的长期争论,而且这种争论在他生活的时代愈发激烈,存在着先天决定论与后天决定论两种极端观点之争。"先天"指遗传因素,它内在地赋予儿童某些天然具有的禀赋和特质。"后天"指环境因素,包括生物物理环境和社会文化环境,它在胎儿期或出生后外在地影响儿童产生某些获得性素质和经验。事实上,那时将遗传与环境完全对立起来的极端学者仅占少数,多数学者承认遗传与环境对儿童心理发展均起作用,但在两种因素起作用的方式和机制上存在很大争议。斯特恩创造性地提出了他的辐合理论(convergence theory),试图为这些持续不断的争论提供一种可能的解决方案,进而阐释儿童人格发展的动力问题。

辐合理论既承认遗传与环境对儿童人格发展的共同作用,又特别强调两者之间的互动和交流。斯特恩认为,儿童人格或心理发展并不单纯是先天素质的渐次显现,也不是单纯对外部环境影响的简单接受和反应,而是内在本性与外在条件"辐合"的结果,两种因素同为发展必不可少的成分,尽管各自所占比重因事而异。② 这就在某种程度上调和了先天素质说与后天经验说两种完全对立的观点。但辐合理论中的"辐合"并不仅意味着"先天"与"后天"之间的妥协折中,而是有着更深层次的进一步的含义。儿童人格或心理发展是先天倾向与环境影响持续不断地互赖和互动的结果,"倾向不仅生长和成熟,而且被带入生活中由经验和外部影响予以修改"③。也就是说,辐合理论强调的遗传影响与环境影响的结合,实际

---

① Stern, W. (2010). Psychology and personalism (J. T. Lamiell, Trans.). *New Ideas in Psychology*, 28: 110-134.
② Stern, W. (1924). *Psychology of early childhood up to the sixth year of age* (A. Barwell, Trans.). London: Allen & Unwin, p.51.
③ Deutsch, W., & Mogharbel, C. E. (2011). Clara and William Stern's conception of a developmental science. *European Journal of Developmental Psychology*, 8(2): 135-156.

上是两者协同和互动的综合,而不是简单的机械组合。斯特恩指出:"心理生活与外部世界之间的全部关系在'辐合理论'的帮助下经历了基本的重构。"①

先天因素与后天因素对于儿童人格或心理发展的辐合影响,在现实中主要是通过人与环境/世界的辐合来实现的。"无论人在形而上学的意义上可能是多么统一和自足,他实际上每时每刻都在向周围世界开放着。他作用于环境并受环境影响,而且始终存在着一种张力。"②儿童与环境的这种张力是一种互动性张力,即人与环境互动过程中形成的张力,它在儿童不断展开的生活中并通过儿童不断展开的生活显现,不仅表现为环境条件是否满足人的意向和目标,而且表现为人是否适应环境的变化和要求。这种互动性张力构成了儿童人格或心理发展的基本动力。天资/倾向与环境/世界以互动的形式辐合于儿童的"个性化"(individuation)过程中,儿童根据自己的个人目标做出有意义的活动和行为,既要考虑环境条件是否满足又要考虑环境条件是否适宜,人与环境之间的张力作为动力推动着儿童人格或心理的发展。斯特恩通过他的辐合理论,提供了一种相当现代的人与环境之间关系的模型。

3. 儿童人格发展是充满张力和持续变化的辩证性发展

斯特恩把人的整个青少年时期很自然地划分为三个发展阶段,并认为每个阶段都是一个具有典型特征的相对独立的整体。③ 第一阶段是 7 岁前,典型特征是游戏性,儿童通过游戏发展他们的自然能力,感官认识自身之外的世界,控制自己的运动,并学会用言语表达和交流自己的想法;第二阶段是 7—14 岁,典型特征是能够区分工作和游戏,记忆和有意学习能力得到系统发展;第三阶段是 14—20 岁,典型特征是兴趣由心灵之外转向心灵之内,形成了独立人格,将所学内容作为内部思考和进一步发展的对象,兴趣的自由选择和个人判断对生活态度产生巨大影响。尽管斯特恩像皮亚杰一样,注重发展过程中每个阶段的相对稳定性和完整性及各阶段之间的连续性,但他更多强调和阐述了儿童人格发展过程中的"张力"(tensions)和序列"变形"(metamorphoses)。他从辩证视角看待儿童人格发展的过程,认

---

① Stern, W. (2010). Psychology and personalism (J. T. Lamiell, Trans.). *New Ideas in Psychology*, 28: 110-134.
② Allport, G. W. (1937). The personalistic psychology of William Stern. *Character and Personality*, 5(3): 231-246.
③ Stern, W. (1924). *Psychology of early childhood up to the sixth year of age* (A. Barwell, Trans.). London: Allen & Unwin, p.24.

为儿童人格发展是持续变化的辩证性发展,并通过阐释自我保存和自我展现两种目的论倾向的辩证调节作用予以说明。正如他所指出的,儿童人格发展是一个以自我保存和自我展现的根本冲动为基础,诸统一性和一致性成长阶段有组织的演变和交替(succession)的过程。①

辩证(dialectic)是由黑格尔提出的一种阐明两种事物之间的对立统一关系的解释方法。斯特恩认为,自我保存力求绝对维持儿童"现有"人格内容的存续,并相对维持儿童人格与外部世界的关系,自我展现力求促进儿童种族已经存在的人格形式和机能的成长与成熟,并创造性地构建儿童种族没有的新的人格存在形式。② 也就是说,自我保存指向的是人格的内容和关系的存续,而自我展现指向的是人格的形式和机能的发展,两者具有对立统一的关系,只有自我保存而没有自我展现就谈不上人格发展,没有自我保存自我展现也无从谈起。因此,这两个概念有点儿类似于皮亚杰的同化和顺应,为我们理解和解释儿童人格发展的连续性和变化性提供了一种辩证性的理论框架。但是,皮亚杰更多强调同化和顺应在儿童认知或思维发展过程中的动态平衡,而斯特恩则更多强调自我保存和自我展现在儿童人格发展过程中的张力或不平衡,而且这种张力或不平衡深度回应了前面论述的儿童与环境或主体与客体之间的互动性张力。对于斯特恩而言,"以人为中心"的儿童与世界之间的互动和交流,按照作为一种内在化过程的自我保存和作为一种外在化过程的自我展现两种目标方向辩证地进行。③

斯特恩指出,自我保存与自我展现两种倾向的融合以及环境在主客互动中的选择效应,使发展着的儿童处于一种张力状态,张力是儿童不断增强的活动促使其人格经历一系列"变形"的起点,而且这些"变形"与其他发展过程可能同步发生,也可能异步发生。④ 这种张力不仅体现为儿童个体内部自我保存和自我展现两种目的论倾向在方向上的不一致以及两种过程内诸多发展事件相互作用中的不协调,而且还体现为儿童与外部物理或社会环境互动的不匹配。每当这些不一致、不协调或不匹配产生的时候,可以说

---

① Stern, W. (1924). *Psychology of early childhood up to the sixth year of age* (A. Barwell, Trans.). London: Allen & Unwin, p.52.
② Stern, W. (2010). Psychology and personalism (J. T. Lamiell, Trans.). *New Ideas in Psychology*, 28: 110-134.
③ Bamberg, M. (2000). Critical personalism, language and development. *Theory and Psychology*, 10(6), 749-767.
④ Kreppner, K. (1992). William L. Stern, 1871-1938: A neglected founder of developmental psychology. *Developmental Psychology*, 28(4): 539-547.

冲突和危机就产生了。斯特恩从积极而非消极的视角来看待这些冲突和危机,认为它们构成了儿童人格发展过程中的每种新变化的源泉,冲突事件的互动会转变成协调的关系和意义的模式。当这些不一致、不协调或不匹配得到暂时解决的时候,新的矛盾或张力便又会出现,而且这样就产生了持续不断的矛盾和发展变化。由这些内外部矛盾或张力引发的持续变化,构成了儿童人格发展的常态。斯特恩强调,发展过程中的冲突和矛盾导致儿童人格的不同维度和机能在发展速度上并非匀速和同步,而是以快速发展和慢速发展的阶段交替为特征,发展速度明显变慢的时期事实上是正在从事"印象同化"(assimilation of impressions)的工作,即产生将来传递到外显活动的能量。①

4. 儿童人格发展是具有创造性的独特性发展

独特性在绝大程度上也就是个性。斯特恩对个性有三种层层深入的理解:第一,个性是在另一个体身上不同样存在的诸倾向的总体或独特性组织(idiosyncratic organization);第二,作为多元统一体的每个人都是一个内不可分割而外可对比的个体,本身统一且与周围的世界和他人有着明确可区分的界线特征;第三,个性是一个"属于它自己的世界"(world of its own)。② 儿童人格发展的过程就是形成独特个性的过程,而这种独特个性的最终形成是儿童在其内在目标导向的作用下通过与环境互动创造性参与的结果。儿童在其人格发展过程中不是旁观者,在某种程度上是他/她塑造了自己人格的独特性成长,创造了自己人格的质的和量的独特性。

斯特恩指出:"尽管人依靠某些相似性被确定为人类的成员,如某个特定种族或性别等,尽管某些广义或狭义的规律会牵涉某些个人事件中,但一种原始的独特性(primal uniqueness)始终存在,通过这种原始的独特性,每个人相对于他人而言都是一个属于它自己的世界。"③儿童人格的这种使它成为"属于它自己的世界"的"原始的独特性",是在他/她的创生性自我发展(productive self development)的过程中产生的。创生性自我发展隶属于

---

① Cavanaugh, J. C. (1981). Early developmental theories: A brief review of attempts to organize developmental data prior to 1925. *Journal of the History of the Behavioral Sciences*, 17: 38–47.

② Renner, K.-H., & Laux, L. (2000). Unitas multiplex, purposiveness, individuality: Contrasting Stern's conception of the person with Gergen's saturated self. *Theory and Psychology*, 10: 831–846.

③ 转引自: Renner, K-H. (2010). The "New Big Five" from a personalistic point of view. *New Ideas in Psychology*, 28(2): 175–182.

斯特恩的内源性目标体系,是一种自我展现的倾向。它努力追求一种尚未实现的目标,创造性地构建人类人种中尚未出现的存在形式,代表着人类人格的最高目标。对于斯特恩而言,创生性自我发展存在于儿童的每种行为活动当中,因此,儿童的每种行为活动在创生性自我发展的意义上或多或少都是与众不同的。①

斯特恩认为,儿童人格富有创造性的独特性发展离不开遗传与环境的辐合作用。每个儿童都承载着父辈和祖先传递下来的遗传素质,每个儿童又都生活在特定的环境当中,遗传素质和生活环境都具有一定独特性,两者的互动和交流成就了儿童不一样的人格发展模式和特征。儿童在与环境互动的过程中践行着自己特有的目标导向和价值定向,是"一个独特且具有内在价值的统一体"②。"活生生"是贯穿儿童人格发展全程的组织化成长(organized becoming)的主要原则,儿童人格发展的创造性在这种"活生生"的主客互动中得以充分体现,每个儿童都将通过这种创造性的互动性成长形成一种独特的"在世存在"(海德格尔语)的风格。因此,斯特恩警告心理学家不要太过匆忙地离弃儿童丰富而独特的经验领域本身,而通过人为地假定一种"似规律"的抽象原则来解释儿童的人格或心理生活。

5. 儿童人格发展是指向未来的开放性发展

根据斯特恩的主张,儿童在没有孱弱心身病症的情况下,对未来持积极自由的开放态度,努力实现自身的意义、价值及生活目的。③ 或者说,正常情况下,儿童的人格发展是一种指向未来的开放性发展。斯特恩指出:"发展中没有什么仅具有短暂的价值,一切都处于继续工作状态,哪怕仅为决定未来生活的……其他努力提供一种手段。"④首先,指向未来的开放性发展意味着儿童人格发展是一种自我成长的过程。斯特恩主张以一种鲜活、互动、生态化而非机械、静止、理性化的眼光来看待儿童的自我成长,认为儿童作为一个多元统一体生机勃勃地朝向组织化的未来目标努力成长,而心理活动、生物活动和社会文化活动之间的相互作用为这种成长提供了一个充

---

① Renner, K-H. (2010). The "New Big Five" from a personalistic point of view. *New Ideas in Psychology*, 28(2): 175 – 182.
② Stern, W. (2010). Psychology and personalism (J. T. Lamiell, Trans.). *New Ideas in Psychology*, 28: 110 – 134.
③ DeRobertis, E. M. (2011). William Stern: Forerunner of human science child developmental thought. *Journal of Phenomenological Psychology*, 42: 157 – 173.
④ Stern, W. (1924). *Psychology of early childhood up to the sixth year of age* (A. Barwell, Trans.). London: Allen & Unwin, p.54.

满活力的动力平台。儿童在其个人过去成长史的基础上,在自己现在的参考框架内并通过这个参考框架展望近的或远的未来,从而实现自我同一性基础上的独特性成长。我们对儿童成长的空间、时间和记忆的理解,应当深入到他/她的生命意义的网络内部,根据它们与他/她的意义和价值世界的关系来进行。与他人及身边的事物一起成长、发展、成熟并变成一个健康的自我,对于儿童而言是一项伟大的个人成就,需要花费大量甚至终生的时间在有意义的人世间关系中并通过这些关系来完成。

其次,指向未来的开放性发展意味着儿童人格发展是一种意志相对自由的发展。斯特恩承认自由意志在儿童人格发展中的作用,但认为这种意志自由是相对的而不是绝对的,而且相对的意志自由不纯粹是一种免于条件限制的自由,而更重要的是一种实现成长和成熟的可能性的自由。在这种相对的意志自由的作用下,儿童持续不断地让自己朝向在世的终极目的,他/她的一切行为和活动最终都会自觉不自觉地促进实现相对有序的组织化成长的潜能,而不是将自己引向冲突、混乱和停滞。[①]

最后,指向未来的开放性发展意味着儿童人格发展是一种健康的发展。斯特恩注重对健康发展的重新理解,认为不能仅从否定意义上将健康发展概念化为没有病患,也不能仅满足于将健康发展理解为实现自我平衡和适应的目标,而是要从更加积极的视角将健康发展理解成一种在不平衡中辩证地寻求自我丰富、自我提升、自我超越和自我实现的过程。儿童人格的健康发展内在地存在着许多具有层次性的多样性目标追求,即"心理倾向的多样性"[②]。为了实现这些多样性目标,儿童会努力与世界及他人开展方式越来越多样的互动,而且随着健康发展的持续进行,儿童的意识会变得越来越丰盈,儿童的行为会变得越来越多面和多样。斯特恩总体上把儿童人格的健康发展看作是一个随着时间推移由对世界和未来相对不开放到相对更加开放的过程。

(四)关于儿童人格发展的情境论思想

斯特恩不仅对心与物持中性或中立态度,而且拒绝承认儿童与世界/情境的割裂和分离,认为儿童是内嵌和居身于特定世界/情境中的存在,这决定了儿童人格发展的内在世界性和情境性本质。儿童人格发展从根本上就是离不开世界和情境的,生活环境、社会关系、语言、文化及历史等为其提供了滋养和源泉。或者说,人格或自我不是"我思故我在"(笛卡尔语)意义上

[①②] Stern, W. (2010). Psychology and personalism (J. T. Lamiell, Trans.). *New Ideas in Psychology*, 28: 110-134.

的唯我论或观念论的构造物,它本身就意味着与世界的一种基本关联,当反思意识干扰性地预先将这种关联概念化之前,儿童总是已经"别无选择"地卷入这种关联之中了。斯特恩拒绝承认儿童人格发展独立于世界和情境的可能性,认为儿童在世界和情境中存在,并通过与周围环境的持续互动塑造了迅速发展的人格的精髓,因而主张对儿童人格发展的研究应如其在世界和情境中实际运作一样解释性地进行。①

斯特恩认为,儿童对自我和世界/情境的觉识明显是多层次的,本质上由内嵌(embedded)到凸显(salient)形成一个变动的连续体。②"经验是凸显的,显露在焦点处非常清晰,或者是内嵌的,置身于整体中较为隐蔽。每种经验都包含某种凸显性和某种内嵌性、某些焦点要素和某些边缘要素。"③例如,心理还存在被广泛解释的潜意识的领域,经验还存在潜在或前反思的维度,在世存在还具有超意识的方面,它们以不被注意到的活动的形式存在。人可以以内嵌于具体生活情境或从所处的世界中退离(withdrawing)的方式,逐渐接近及从认知上接近事件、客体、他人及自己的身体,但儿童理解世界的方式往往是忠实的生活经验,而不像成年人那样退离生活情境并将自我与世界的关系极度凸显地概念化。当然,即便儿童从具体生活情境中退离,也不会导致他们的觉识与具有人格意义的在世存在的结构失联,因为这种在世存在是与他人及身边的事物一起的在世存在。④

斯特恩非常强调儿童与环境之间的互动和交流,而且为了进一步探讨这种互动和交流而提出了"最近空间"(proximal space)的概念,指的是实现人受其环境影响并根据自身需要和能力塑造该环境的场所。⑤ 这个概念与"生态位"(ecological niche)及他所谓的"生物圈"(biosphere)和"个人世界"(personal world)的概念如出一辙,是对他的辐合理论的进一步深化。儿童内部的主观经验与环境中的客观事件在最近空间中实现了互动和交流,儿童的行为的确会影响环境的变化,而环境的变化反过来也确实会改变儿童的行为,这种互动和交流过程凸显出建构性的特征。正如斯特恩所指出的,在最近空间中,"通过人与世界之间的永久性交流,不仅人正在被塑造,而且

---

① Stern, W. (2010). Psychology and personalism (J. T. Lamiell, Trans.). *New Ideas in Psychology*, 28: 110-134.

②④ DeRobertis, E. M. (2011). William Stern: Forerunner of human science child developmental thought. *Journal of Phenomenological Psychology*, 42: 157-173.

③ Wolman, B. B., & Knapp, S. (1981). *Contemporary theories and systems in psychology* (2nd ed., expanded and rev.). New York: Plenum Press, p.429.

⑤ Kreppner, K. (1992). William L. Stern, 1871-1938: A neglected founder of developmental psychology. *Developmental Psychology*, 28(4): 539-547.

她或他的世界也正在被塑造。个体的'环境'不只是包括偶然围绕着个体并因此对其产生影响的那部分客观世界。确切地说,环境是个体主动带到自己面前并且既乐于接受又对之敏感的那部分世界。同时,个体努力塑造与自己人格适配的这部分世界。"①

准确地说,儿童的最近空间是其居身的环境或情境的一个"新"的方面,既不同于纯粹的主观经验世界,也不同于纯粹的外部客观世界,而是广博的环境中与他/她相关的那部分世界,也即"人生活其中的世界"(the world a person is living in)。因此,引入"最近空间"这个概念后,我们对儿童与环境之间的互动和交流关系的探讨就由两维变成三维,或者说,由"主观经验"与"客观世界"的两结合(two-pronged)变成"经验的主观世界""超个人的客观世界"与"个体存在的世界"的三结合(three-pronged)。正如斯特恩所指出的:"我们要探索的关系不是两结合的(客观世界、主观经验),而是三结合的(经验的主观世界、超个人的客观世界、个体存在的世界)。在物理刺激与知觉经验之间,存在着个体存在其中的完整刺激情境。在社会单位'家庭'与关于家庭的经验之间,存在着个体与家庭的生命的和内感受的关联。"②儿童在最近空间中形成关于世界的认知和信念,通过行为协调预期与行为结果之间的不一致,而这些不一致反过来又会创生新的经验和新的预期。

斯特恩还提出了"内受作用"(introception)的概念,用于说明儿童主动接受社会文化世界中的影响从而促进自我人格发展的内部表征机制,同时也辩证地克服了儿童与社会文化情境的二元论分歧。③ 儿童最近空间内发生的内受作用,可以从目的论和价值观两个方面予以阐明。首先,目的论维度。斯特恩认为,如果儿童只追求实现自身内部具有的个人目标即内源性目标将是狭隘的,还必须考虑和承认自身之外的他人目标即外源性目标,并将它们内化成自己的生活目标,因为只有追求实现超出自身之外的目标才能给人以具体的内容并建立起与外部世界的稳定关系,儿童也才不会成为一个自我封闭的系统。④ 外源性目标可分为三个亚类:受上位目的驱动的目标即源自家庭、民族、人类或神明的目标,受并行目的驱动的目标即源自

---

① Stern, W. (1938). *General psychology from the personalistic standpoint* (H. D. Spoerl, Trans.). New York: Macmillan, p.131.
② Stern, W. (1938). *General psychology from the personalistic standpoint* (H. D. Spoerl, Trans.). New York: Macmillan, p.130.
③ Werner, H. (1938). William Stern's personalistics and psychology of personality. *Character & Personality*, 7(2): 109-125.
④ Stern, W. (2010). Psychology and personalism (J. T. Lamiell, Trans.). *New Ideas in Psychology*, 28: 110-134.

同龄人的目标,受观念目的驱动的目标即与真理、正义等抽象观念的实现有关的目标。① 儿童将这些自身之外的外源性目标吸纳到自我之中从而成为自己目标的过程即是内受作用的过程。

其次,价值观维度。儿童接受其社会文化环境中的社会规范和标准、道德准则及文化价值观的过程即是内受作用的过程。斯特恩认为,内受作用是儿童自己的基本需要和意愿与文化和社会格式(formats)之间的一种永久性斗争,会导致张力和分歧并推动人格发展的转换,有助于儿童道德心的觉醒和分化及价值观和规范在行为系统中的践行。② 斯特恩这个意义上的内受作用类似于弗洛伊德的超我形成机制即心力内投(introjection)和认同(identification)③,但比后者更凸显认知性和交互性。

---

① DeRobertis, E. M. (2011). William Stern: Forerunner of human science child developmental thought. *Journal of Phenomenological Psychology*, 42: 157 - 173.
② Kreppner, K. (1992). William L. Stern, 1871 - 1938: A neglected founder of developmental psychology. *Developmental Psychology*, 28(4): 539 - 547.
③ Wolman, B. B., & Knapp, S. (1981). *Contemporary theories and systems in psychology* (2nd ed., expanded and rev.). New York: Plenum Press, p.430.

第六章 描述心理学的历史融合效应

科学心理学初创时期产生的描述心理学,影响了科学心理学特别是人文科学心理学的历史发展进程,但作为一种心理学形态或理论派别的描述心理学历经数十载之后,也最终匿逝和融没于这一历史进程之中。第二次世界大战之后,世界心理学的重心逐渐移向美国,德国心理学特别是西德心理学也开始美国化。当时美国主流心理学追求科学化和实用化,描述心理学因给人留下了浓厚和深刻的"哲学化"印象而被认为不够"科学"和"实用",于是便在德国逐渐衰微下去[①],以致不再作为一种心理学形态或理论派别立行于世,它的主要代表人物的弟子和再传弟子们也纷纷转向纯哲学或其他心理学领域。然而,描述心理学在西方心理学史上仅是昙花一现吗?事实并非如此。描述心理学不再作为独立心理学形态或理论派别存在以后,实际并没有完全销声匿迹,它的基本精神诉求通过融会和渗透到精神分析心理学、格式塔心理学、现象学心理学、存在心理学以及人本主义心理学等其他后续人文科学心理学理论派别之中而得以延续。描述心理学与其他后续人文科学心理学学科载体或理论派别的历史性融合,不仅表现为它的科学观、对象论和方法学的传承与发展,而且突出地表现为它的具体研究主题和具体理论主张的传承与发展。通过这种历史融合效应,描述心理学不仅"隐身地"延续和发展了自身,而且推动了科学心理学特别是人文科学心理学的历史发展。

第一节 描述心理学与精神分析心理学

精神分析(psychoanalysis)又称心理分析,是19世纪末20世纪初由奥

---

① Teo, T. (2000). Spranger, Eduard. In A. E. Kazdin (Ed.), *Encyclopedia of psychology*, Vol. 7 (pp.458-459). Washington, DC, US: American Psychological Association.

地利著名临床医生弗洛伊德(Sigmund Freud,1856—1939)开创的重要心理学流派,它产生于精神疾病治疗实践,是从对精神疾病的分析和治疗中形成的对人的心理和人格的新颖、独特和深刻的解释,既是一种治疗精神疾病的方法,又是一种研究潜意识心理活动的理论学说。自从弗洛伊德创建精神分析理论大厦以来,精神分析运动已经历了百余年发展历程,而且沿循内部和外部两条发展路径。① 内部发展是指精神分析学科内部的不断分裂与重组、演变与发展,表现为弗洛伊德的古典精神分析倡导的驱力模式,经过荣格(Carl Gustav Jung,1875—1961)和阿德勒(Alfred Adler,1870—1937)等人过渡与转向之后,进一步演化为自我模式、关系模式和自体模式,分别对应着以安娜(Anna Freud,1895—1982)、哈特曼(Heinz Hartmann,1894—1970)和埃里克森(Erik Homburger Erikson,1902—1994)等人为代表的自我心理学,以克莱因(Melanie Klein,1882—1960)、费尔贝恩(William Ronald Dodds Fairbairn,1889—1964)和克恩伯格(Otto Kernberg,1928—　)等人为代表的客体关系学派以及以科胡特(Heinz Kohut,1913—1981)等人为代表的自体心理学等。② 外部发展是指弗洛伊德之后的精神分析从医学、社会学、文化学、哲学和语言学等外部学科积极汲取养分从而推动自身发展,出现了以霍妮(Karen Horney,1885—1952)、沙利文(Harry Stack Sullivan,1892—1949)、卡丁纳(Abram Kardiner,1891—1981)和弗洛姆(Erich Fromm,1900—1980)等人为代表的精神分析社会文化学派,以赖希(Wilhelm Reich,1897—1957)、弗洛姆(Erich Fromm,1900—1980)和马尔库塞(Herbert Marcuse,1898—1979)等人为代表的马克思主义精神分析学,以宾斯万格(Ludwig Binswanger,1881—1966)、鲍斯(Medard Boss,1903—1990)、罗洛·梅(Rollo May,1909—1994)和莱因(Ronald David Laing,1927—1989)等人为代表的存在分析学,以拉康(Jacaueo Lacan,1901—1981)等人为代表的结构主义精神分析学,受利科(Paul Ricoeur,1913—2005)和哈贝马斯(Juergen Habermas,1929—　)等人影响产生的解释学精神分析,以德勒兹(Gilles Deleuze,1925—1995)、伽塔里(Felix Guattari,1930—1992)和利奥塔(Jean-Francois Lyotard,1924—1998)等人为代表的后现代精神分析学以及以索姆斯(Mark Solms,1961—　)和坎德尔(Eric Kandel,1929—　)等人为代表的神经精神分析学等。③ 精神分析

---

① 郭本禹.精神分析运动的发展逻辑.南京师大学报(社会科学版),2006(5):81-86.
② 郭本禹,等.潜意识的意义——精神分析心理学(上).济南:山东教育出版社,2009:2-8.
③ 王国芳,等.潜意识的意义——精神分析心理学(下).济南:山东教育出版社,2009:2-7.

心理学已成为西方心理学史上绵延最长、影响最大、分支派别最多的理论流派[①],被称为西方心理学的"第二势力",甚至也已构成现代西方的一种主要社会思潮和人类社会的一场思想文化运动。描述心理学通过与博大精深的精神分析心理学的历史融合,使得自身的某些基本精神诉求在心理学史上得到了传承与发展。

第一,描述心理学的人文主义精神在精神分析心理学中得到了传承与发展。描述心理学产生于欧洲思想文化深陷危机、人们精神状况颓靡之时,对现实中人的内在精神生活给予深切人文关怀成为其重要的精神诉求。布伦塔诺曾是教会内反对"教皇永无谬误说"的自由派牧师的学术领袖,他站在学术立场上倡导和呼吁教会给予人特定的思想自主和精神自由,反对教皇拥有至高无上和无理霸道的控制权威。他早年这种对人的内心自由和精神情怀的深刻关注,延伸和拓展到对描述心理学的理论构建中。尽管他深受当时占据学术主导地位的自然科学思想的影响,但仍然抱持着关怀人之真实精神生活的本体论态度,认识到自然科学模式对于科学心理学的严重不适,从而发展出另一种心理科学理念,即注重经验描述的人文科学取向。狄尔泰深受浪漫主义哲学思潮的影响,从内嵌于社会、历史和文化关系的人类精神生命本身出发,关注人类独有的情感、价值、意义、直觉和体验等内心经验,通过其描述心理学精彩地阐释了心理学的人文主义精神蕴涵。布伦塔诺和狄尔泰的人文主义情怀,奠定了整个描述心理学的人文主义的学科基调和研究传统。

弗洛伊德生活的维多利亚女王时代,经济处于垄断阶段,两极分化日益加剧,阶级矛盾尖锐,社会动荡不安,文化禁忌繁多而严格,百姓精神沮丧和创伤严重,这些导致整个社会群体的精神疾病的发病率逐日增高。弗洛伊德学生时代曾深受布伦塔诺和狄尔泰的人文主义精神的影响,面对严重的社会精神生活问题,他带着精神科临床医生和心理学理论家的历史使命,通过精神分析的理论和实践对人们饱受创伤的内心生活给予了深切的人文主义关怀,而且这种人文主义关怀为后来的精神分析学家所继承。例如,精神分析心理学的潜意识学说、梦和日常生活的分析技术、心理动力学理论、人格理论、焦虑理论、人的需要理论和人际关系理论等等,都反映了浓厚的人文主义精神。由此可见,描述心理学的人文主义精神在精神分析心理学中得到了传承与发展。

第二,描述心理学的解释学方法论在精神分析心理学中得到了传承与

---

① 郭本禹,主编.外国心理学流派大系.济南:山东教育出版社,2009:丛书总序.

发展。描述心理学主张通过现象学的描述方法或解释学的理解方法如实呈现人的心理生活全貌,其中解释学方法论主要为狄尔泰、斯普兰格和斯特恩等浪漫主义传统的描述心理学家倡导和运用。解释学本是一种人文主义取向的哲学观念,狄尔泰以其生命哲学理论为基础首次将之引入心理学并作为(浪漫主义传统)描述心理学的重要方法论。他承认解释学的理解受制于特定的社会、历史和文化条件,把注重社会、历史和文化理解的解释学方法论作为探知心理生命的重要工具途径,并将之奉为比自然科学的因果说明方法更为根本的普遍方法论。他一方面强调可以对内在于体验的心理生命的结构关系、目的和意义予以直接理解,另一方面强调通过对人的面部表情、手势、行动和言语等体验表达的解释达到对深层心理生命的间接理解,同时还强调对心理生命内嵌其中的客观的文化精神的理解,总之是站在社会、历史和文化的基点把心理生命及其表达作为富有意义的"文本"而探知其原本意涵。狄尔泰的这种解释学方法论不仅在浪漫主义传统的描述心理学内部得到了传承与发展,而且在精神分析心理学中得到了传承与发展。

解释学①通过狄尔泰作为描述心理学方法论形成之时,也正是精神分析心理学酝酿之时,因而精神分析心理学自诞生之初便受到解释学方法论的影响,而且弗洛伊德的精神分析技术本身就是一种含蓄和自发的解释学方法。② 精神分析心理学自创立伊始便与狄尔泰的解释学方法论有着密切关联,两者科学取向、价值观和运作程序基本一致,使得彼此之间有着广阔的对话空间和较多的共同语言。精神分析心理学注重对意义的寻求而非对因果的说明,主张人的心理现象具有意义并且这种意义不来自意识而来自潜意识,而精神分析就是通过对梦和神经症等的意义解析来探索和揭示人的潜意识心理现象的解释学过程。正如刘翔平教授所言:"精神分析既不是一门类似于自然科学的观察科学,也不是探究人的意识经验确切无疑性的现象学,它是一门介于艺术和科学之间的解释科学。"③弗洛伊德及其之后的荣格、霍妮、宾斯万格等许多精神分析学家和许多精神分析流派,都直接或间接地传承和发展了狄尔泰描述心理学的解释学方法论。④ 例如,弗洛伊德无论在理论探讨还是案例治疗上都践行了解释学方法,荣格把人类心理作为一个有价值的文本进行意义解读和价值关注,霍妮把被分析者所处的客观的文化背景作为精神分析要解读的重要参考内容,宾斯万格的存在

---

① 有学者也将解释学称为诠释学、阐释学或释义学。
② 王国芳,等.潜意识的意义——精神分析心理学(下).济南:山东教育出版社,2009:264-268.
③ 刘翔平.精神分析与释义学——析弗洛伊德精神分析的方法论.心理学探新,1989(3):6-10.
④ 司群英.精神分析的诠释学体现.南京师大学报(社会科学版),2013(1):99-104.

分析体现了带有狄尔泰深刻烙印的海德格尔的此在解释学对他的深远影响。精神分析与解释学的融合发展到当代,甚至初步形成了一种新的精神分析学派即解释学精神分析,它把精神分析看成是解释学的一种形式,主张精神分析不处理那些可以因果说明的事实,而只处理那些唯有通过理解才可获得的意义,把梦、联想和动作倒错等看作是患者创作的"文本",借助解释或理解寻求意义来达到对患者的治疗。① 解释学精神分析在当代初露学派端倪,标志着描述心理学的解释学方法论在精神分析心理学中的传承与发展达到了一个高峰。

第三,描述心理学家布伦塔诺的心理意向观和能动观在精神分析心理学中得到了传承与发展。布伦塔诺从心理经验本体出发,主张心理学应该研究感觉、判断和情感等心理的活动即意动,而不是像冯特那样研究感觉、判断和情感等心理的内容,并由此构建了其意动描述心理学理论体系。不过,布伦塔诺所说的"意动"具有特定的理论内涵,意味着心理既是意向性的又是能动性的。意动不可离开对象和内容而独立存在,它必须指向一个对象,涉及一种内容,也即必须意向性地包含一个对象于其内,这就是说,心理是意向性的。同时,心理经验是一种主动、参与、创造和建构的活动过程,而不是被动、孤立、封闭和惰性的静止内容,这就是说,心理是能动性的。布伦塔诺的心理意向观和能动观通过弗洛伊德在精神分析心理学中得到了传承与发展。正如郭本禹教授等所说:"弗洛伊德受到布伦塔诺的心理意动观的影响创立了精神分析心理学。"②弗洛伊德在维也纳大学学习期间,对布伦塔诺敬慕有加,曾连续三年选修和聆听他的多门课程,还帮助他承担了将穆勒(John Stuart Mill,1806—1873)的著作翻译成德文的任务。弗洛伊德接纳了布伦塔诺的心理意向观和能动观,把心理的能动力量视为不存在于外在物理世界而只存在于内在心理世界的一种内在对象性,并且在精神分析理论建构和治疗实践中充分关注患者的内心活动经验。弗洛伊德受教自布伦塔诺的此类观念,后来得到了许多精神分析学家的赞同和追随。

第四,描述心理学家狄尔泰对情感和本能的重视在精神分析心理学中得到了传承与发展。狄尔泰认为,心理生命由认知、情感和意志三部分组成,三者分主次地共存于心理生命的每种状态或每个瞬间,其中情感是联结

---

① 郭本禹.当代精神分析的新发展——精神分析与诠释学的融合.南京师大学报(社会科学版),2013(1):85-91.
② 郭本禹,崔光辉,陈巍.经验的描述——意动心理学.济南:山东教育出版社,2010:78.

认知与意志的纽带,但情感本身基于本能,本能构成了心理生命的真正核心。正如他所言:"我们心理结构的中心是一束本能(或驱力)和情感。"① 他还强调指出,情感和本能构成了推动心理生命发展的根本动力。心理生命具有趋向本能满足的内在目的性,诸心理过程共同努力为我们带来令人愉悦的本能满足同时确保个体和物种存活,而在追求这种源始的目的实现的过程中,心理生命获得了成长与发展,从而也形成了个体的独特性,因为趋向本能满足的目的性总是倾向于使生命更加丰富,使生命结构更加完善,使生命价值得到发展、保存和增加。狄尔泰对情感和本能的强调通过影响弗洛伊德在精神分析心理学中得到了传承与发展。

弗洛伊德把情感压抑看作是心理疾病产生的重要原因,把本能看作是所有潜意识活动的能量源泉、终极原因和主要动力。本能论构成了弗洛伊德精神分析心理学的重要理论基石。正如弗洛伊德所指出的:"在心理学中,最为紧迫的任务莫过于需要建立一种关于本能的坚实可靠的理论,有了这种理论,心理学才有可能继续向前发展。"② 他认为本能是人的生命和生活中的基本要求、原始冲动和内在驱力,包括生的本能(亦可分为自我本能和性本能)和死的本能两种类型,是存在于心理现象背后的稳固能动力量,决定着心理过程的方向。然而,与狄尔泰对本能的强调相比,弗洛伊德走向了极端。他把本能特别是性本能绝对化和夸张化,认为脱离社会条件的生物原始本能对人类精神生活和实践活动起着决定性作用,因而遭到了后人诸多批评。③

第五,描述心理学家狄尔泰对深层心理生命和潜意识现象的关注在精神分析心理学中得到了传承与发展。狄尔泰在遭到艾宾浩斯强烈批判之后反思性地认识到,仅靠直接的内部知觉方法还无法充分揭示心理生命的丰富内涵,还应采取迂回路线通过对心理生命体验之表达(例如,面部表情、手势、行动、言语,等等)的解释达到对深层心理生命的理解。在他看来,每个经验都倾向于在身体表达中找到出口,无论是在表情或手势中还是通过更加微妙的语言媒介,这些外在表达比内在经验本身更加独立和持久。由于表达没有经过反思而直接从心灵中流露出来,与刻意的自我观察所能发现的相比,可能包含更多鲜活和真实的经验。在体验中出现而未被注意到的东西可以出现在体验的表达中,就好像它被从未被照亮的心理生命深处拖

---

① Dilthey, W. (1977). *Descriptive psychology and historical understanding* (R. M. Zaner, & K. L. Heiges, Trans.; R. A. Makkreel, Intro.). The Hague: Martinus Nijhoff, p.87.
② [奥]弗洛伊德.弗洛伊德自传.顾闻,译.上海:上海人民出版社,1987:81.
③ 郭本禹,等.潜意识的意义——精神分析心理学(上).济南:山东教育出版社,2009:74-75.

出来。因此,通过对体验表达的解释,不仅可以揭示人们自觉的思想和情感,而且可以揭示体验之中那些更加广泛、更加深层、更加难以意识到的心理状态和心理事实,如潜意识。狄尔泰主张通过对体验表达的解释来间接理解和描述心理生命,凸显了对深层心理生命和潜意识现象的关注,这在弗洛伊德开创的精神分析心理学中得到了经典而长久的传承与发展。

弗洛伊德作为精神分析心理学的开创者,对传统心理学把意识作为核心研究对象的做法表示质疑,大胆而明确地提出意识并非心理活动的全部,甚至不是心理活动的主要部分,心理活动的主要部分是潜意识,即一种不能在意识层面为人所知的特殊心理活动。正如他所说:"心理过程主要是潜意识的,至于意识的心理过程则仅仅是整个心灵的分离的部分和动作。"[1]他把人的心理区分为表层的意识、深层的潜意识以及居于两者之间的前意识三部分,并认为潜意识处于心理结构最底层,由各种最为原始、未经丝毫伪饰、赤裸裸的本能和欲望构成,是人类一切心理和行为活动的动力源泉。荣格对弗洛伊德的潜意识理论作了发展,提出人的心灵可以由浅及深地分为三个层次,即意识、个体潜意识和集体潜意识,并对它们的互动机制作了阐述。从精神分析学派内部发展历史来看,对潜意识现象的本质和运行机制及其在心理过程中的地位和意义的阐释与说明,构成了精神分析心理学的核心内容。[2] 可以说,精神分析心理学是一门主要探究人的潜意识过程即深层心理活动的学问,甚至通常被称为"深蕴心理学",这也使得狄尔泰对深层心理生命和潜意识现象的关注在心理学史上得到了长期传承与发展。

第六,描述心理学的心理类型学思想在精神分析心理学中得到了传承与发展。狄尔泰在对心理生命的个体性和独特性进行研究的过程中强调了类型学(typology)的重要,认为个体的某些特殊表现和行为模式并不是随意的和偶然的,而是在多种多样的变化过程中频繁发生,表现出相对的稳定性、较大的相似性和较高的重复率,可归属为某种心理或人格类型(type)。根据他的观点,类型不是形而上学的建构,因为人性和客观心理一样也包含某种秩序,这种秩序为确定和理解类型提供了可能。[3] 他以人对现实生活的高级形式的世界观为依据,将人格划分为三种类型:官能型人格,这类人在感官认知支配下偏好世俗享乐;英雄型人格,这类人在强大意志力支配下努力克服困难以不断进取;冥想型人格,这类人在情感支配下理想地坚信一

---

[1] [奥]弗洛伊德.精神分析引论.高觉敷,译.北京:商务印书馆,1984:9.
[2] 郭本禹,等.潜意识的意义——精神分析心理学(上).济南:山东教育出版社,2009:38.
[3] Teo, T. (2005). *The critique of psychology: From Kant to postcolonial theory*. New York: Springer, p.86.

切事物和关系都可调和。斯普兰格受狄尔泰心理类型学思想影响,从社会文化视角出发提出了著名的六种人格类型的理论,甚至明确将其青少年心理学称为一种类型心理学①。他根据人对六个基本社会生活领域的特殊兴趣和所赋予的价值,把人格划分为六种基本类型:理论型人格的人探索事物本质;经济型人格的人关注生活实际方面;审美型人格的人感受事物之美;社会型人格的人重视社会价值和人际交往;政治型人格的人崇尚权力控制;宗教型人格的人把信仰宗教作为生活最高价值追求。狄尔泰和斯普兰格的心理类型学思想,影响了荣格、阿德勒、兰克(Otto Rank,1884—1939)、霍妮和弗洛姆等人②,并通过他们在精神分析心理学中得到了传承与发展。

荣格经过长期临床实践和理论思考,提出内倾和外倾两种态度类型和思维、情感、感觉、直觉四种功能类型,并把两种态度类型和四种功能类型组合起来,描绘出八种不同人格类型:内倾思维型的人离群索居,独立思考,创造性强,但过于主观,倔强偏执,待人冷漠;外倾思维型的人喜欢分析和思考外部事物,生活规律,处事冷静客观,但固执己见,情感压抑;内倾情感型的人沉默寡言,较难接近,但情感体验丰富而强烈;外倾情感型的人易受社会情境控制,思维常被情感压抑,注重与他人建立和睦关系,缺乏独特见解和观点;内倾感觉型的人易对事物有深刻主观感受,喜欢通过艺术形象表现自我,自制力强,但缺乏思想和情感;外倾感觉型的人对外部客观事物感觉敏锐,活泼有魅力,精明而求实,但喜欢寻欢作乐;内倾直觉型的人脱离现实,富于幻想,性情古怪;外倾直觉型的人追求对外部世界变化的新直觉,爱好广泛,富有创造性,但做事凭主观预感且缺乏耐心。阿德勒根据人们社会兴趣的程度划分出四种人格类型:统治支配型的人喜欢统治和支配别人;索取依赖型的人喜欢依赖和无偿占有他人劳动果实;回避型的人喜欢回避生活中的各种问题并以无所作为来避免失败;社会利益型的人正视问题并以有益于社会的方式来解决问题。

兰克根据人对环境的适应和意志表现划分出三种人格类型:有适应力的正常人把生活中多数人的意志作为自己的意志来接受,努力适应周围环境和社会,痛苦的心理冲突很少,但创造性水平也有限;有神经症的人因朝向自我实现的创造性冲动不足,无法成功地发展出独立人格以顺应环境;创

---

① Teo, T. (2003). Wilhelm Dilthey (1833 - 1911) and Eduard Spranger (1882 - 1963) on the developing person. *The Humanistic Psychologist*, 31(1): 74 - 94.
② Wolman, B. B., & Knapp, S. (1981). *Contemporary theories and systems in psychology* (2nd ed., expanded and rev.). New York: Plenum Press, p.426.

造性的艺术家感觉自身意志已被周围环境接纳,没有罪疚感和恐惧感,毕生致力于有创造性的生活。霍妮提出了三种神经症人格类型:顺从型的人为满足亲近他人的神经症需要,趋向于对人谦让和顺从并贬低自身天赋,害怕被批评、拒绝和遗弃;攻击型的人为满足对抗他人的神经症需要,趋向于对人强硬和不信任,努力证明自己最强、最聪明和最能干;退缩型的人为满足逃避他人的神经症需要,趋向于离群索居、自我隐藏和独立生活,为避免与他人关系紧张而保持与他人较远距离。弗洛姆把人的性格分为创生型与非创生型两大类:创生型性格的人具有独立、自主、自爱、爱人和创造的典型特质,肯定个人价值和尊严,关注自我潜能实现,富有理想和创造力;非创生型性格又可分为四种性格类型,接受型性格的人喜欢被动地从外界接受所需之物,剥削型性格的人喜欢通过巧取豪夺获得所需之物,囤积型性格的人喜欢通过囤积和节俭获得安全感,市场型性格的人喜欢以市场价格高低来衡量所有事物的价值。

第二节 描述心理学与格式塔心理学

格式塔心理学(Gestalt psychology)又称完形心理学,由德国心理学家惠特海默(Max Wertheimer,1880—1943)、苛勒(Wolfgang Köhler,1887—1967)和考夫卡(Kurt Koffka,1886—1941)于1912年联袂创立。它最初反对冯特的元素主义和铁钦纳的构造主义,继而又反对桑代克(Edward Lee Thorndike,1874—1949)的联结主义和华生(John Broadus Watson,1878—1958)的刺激—反应(S-R)公式,坚持心理学研究的整体论取向,强调经验和行为的整体性,注重心理诸成分之间的交互性、动力性和系统性,认为整体不等于且大于部分之和,整体的性质决定部分的性质,部分的性质依赖于它在整体之中的关系、位置和作用。它从整体的动力结构观出发,主张以现象学方法论研究人的直接经验和行为,而且在对知觉、心身关系、思维、学习和人格等问题的研究和阐释上都贯穿整体性思维。格式塔心理学发展到后期主要以团体动力学家勒温(Kurt Lewin,1890—1947)为主要和卓越的代表,他不仅继承和发展了格式塔心理学的思想,而且将格式塔心理学的基本原理推向了社会实践和应用。格式塔心理学作为"一个崭新甚至激进的理论流派"[①],在心理学史上具有独特而重要的地位、作用

---

① [美]霍瑟萨尔.心理学史(第4版).郭本禹,等译.北京:人民邮电出版社,2011:183.

和影响，不仅在许多具体研究领域作出了独特贡献，而且奠定了现代认知心理学的基础，促进了人本主义心理学的产生。

格式塔心理学的四位主要代表都曾是描述心理学家斯顿夫的学生，除了得到斯顿夫关于描述心理学的真传外，还直接或间接地受到布伦塔诺、胡塞尔、狄尔泰、斯普兰格和斯特恩等其他描述心理学家的广泛而深刻的影响。例如，斯顿夫被称为"格式塔心理学之父"[1]和"布伦塔诺与格式塔学派之间的重要纽带"[2]，狄尔泰被认为通过其描述心理学为格式塔心理学提供了思想起点[3]。可以说，描述心理学为格式塔心理学提供了直接而丰富的思想来源。正是通过提供思想来源，描述心理学实现了与格式塔心理学的历史融合，进而使得自身的某些基本精神诉求在心理学史上得到了传承与发展。

第一，描述心理学注重内部经验的对象观在格式塔心理学中得到了传承与发展。描述心理学注重对经验的研究，实际是一门经验科学，但它研究的经验不是冯特等人主张的自然科学心理学研究的外部感知经验，而是心理本体论意义上活生生的内部经验。对于描述心理学而言，内部经验与内部世界相联系，外部经验与外部世界相联系，我们自己内心的认识、思想和情感是由我们直接从内部经验到或体验到的，在某种意义上外部客体则不是。对此，狄尔泰的论述最为经典。他从心理生命体验本身出发，强调心理学应该研究当下感受到的鲜活而富有意义的内部经验，而且认为这个内部经验具有直接性、明见性、整体性和活动性等诸多特征，但同时当下的内部经验也包含着过去和孕育着未来。格式塔心理学承袭和发展了描述心理学这种注重内部经验的对象观，主张心理学应该研究直接经验和行为。

对于格式塔心理学而言，直接经验就是主体当下直接感受到或体验到的一切，是主体在对现象的认识过程中把握到的经验，富有意义且完整不可分割。直接经验与外界客观刺激并不完全符合，外界客观刺激只具有纯粹几何的性质，这些性质只有在以整体方式被人感受到以后才成为直接经验，因而直接经验具有超几何和超物理的性质。尽管格式塔心理学家以研究知觉著称，但他们并没有像冯特那样采用严格的控制性实验方式研究碎片式

---

[1] Albertazzi, L., Libardi, M., & Poli, R. (Eds.). (1996). *The school of Franz Brentano*. Dordrecht: Kluwer Academic Publishers, p.113.
[2] Thorne, B. M., & Henley, T. B. (1997). *Connections in the history and system of psychology*. New York: Houghton Mifflin Company, p.190.
[3] Wolman, B. B., & Knapp, S. (1981). *Contemporary theories and systems in psychology* (2nd ed., expanded and rev.). New York: Plenum Press, p.421.

的外部感知经验,而是注重采用现象学的整体描述方法研究富有意义的心理现象经验,认为外部感知经验被运用生理学或物理学方式从实际生活世界和经验发生的整体语境中切割和抽象出来,实际与真正的心理经验绝缘。

第二,描述心理学的整体主义思想在格式塔心理学中得到了传承与发展。描述心理学是明确倡导整体观取向的心理学流派,坚持认为心理生活是内部交织、动态统一、意义完整、不可分割的经验整体,而且主张采用能够保持心理经验完整性的方法去描述或理解富有意义的心理生活,而不是从元素分析的视角去研究人为制造的琐碎心理片段及其支配规律。例如,布伦塔诺认为多重而复杂的心理现象始终以统一整体的面目呈现于我们内部知觉中,斯顿夫把心理事件作为有意义的整体单元并提出心理机能的整体观和整体思维的首要性,胡塞尔强调部分必须在整体中发挥作用,狄尔泰于1894年提出"心理生命格式塔"的概念①并认为作为认识论之基础的心理学不立足于心理生命的某些元素而立足于心理生命之整体,斯普兰格把心理生活视为内嵌于文化情境之中的意义整体,斯特恩把整体论而非元素论作为构建人格描述心理学理论框架的首要基础。描述心理学倡导和坚持的整体主义思想在格式塔心理学中得到了直接的传承与发展。

格式塔心理学义无反顾地以整体主义反对原子论立场②,并把整体观作为其最基本的理论前提和研究原则。它反对心理学中任何形式的元素主义,无论是以分析意识构成要素为主要任务的构造主义者迷恋的元素主义,还是以研究刺激—反应联结为金科玉律的行为主义者实行的元素主义,认为若对认知构型和行为构型进行分割就会破坏它们的原初意义。在格式塔心理学家看来,我们实际经验的不是事物孤立的片段,而是事物有意义的、完整无缺的形态,把整体人为地分解为元素不仅毫无意义,而且在科学上也毫无结果,它不能揭示心理的任何东西。③④ 例如,我们平时看到的不是绿色、蓝色和红色的斑点,而是完整的人、车、树木和云朵。格式塔心理学试图表明,对于心理生活的每个方面,关注整体都比关注部分更为有利,因为整体行为不是由诸个别元素决定,部分过程本身却由整体的固有本质决定,整体先于部分且在功能上大于部分之和。

第三,描述心理学的现象学方法在格式塔心理学中得到了传承与发展。

---

① Teo, T. (2005). *The critique of psychology: From Kant to postcolonial theory*. New York: Springer, p.82.
② 王鹏,潘光花,高峰强.经验的完形——格式塔心理学.济南:山东教育出版社,2009:269.
③ [美]赫根汉.心理学史导论(第四版).郭本禹,等译.上海:华东师范大学出版社,2004:678.
④ [美]黎黑.心理学史:心理学思想的主要流派(第6版).上海:上海人民出版社,2013:269.

描述心理学以现象学为主要的方法论基础,主张在不涉及预先因果假设的前提下对完整心理生活进行自然而然、不偏不倚的如实呈现和描述。布伦塔诺和狄尔泰主张的现象学心理研究,还只能称得上是一种朴素现象学的心理研究,因为现象学当时还仅仅作为一种哲学思潮或方法学理念服务于心理学研究。现象学作为一个独立的哲学派别、一场独立的哲学运动或一种独立的哲学方法论,是由胡塞尔开始的,不过胡塞尔是在布伦塔诺、狄尔泰和斯顿夫等描述心理学家打下的现象学思想研究基础上才开创现象学的。现象学的方法学理念几乎在每一位描述心理学家那里都得到了贯彻和落实,而且主要通过斯顿夫和胡塞尔在格式塔心理学中得到了传承与发展。斯顿夫首次把现象学思想引入心理学实验室,从而为格式塔心理学提供了方法论基础和实验指南,而胡塞尔提出的现象学方法在格式塔心理学中得到了彻底化。

格式塔心理学把现象学作为逻辑起点和方法论基础并对现象学方法作了改造,主张运用直观性的方法对不带任何前提的直接经验进行如实、朴素而又丰富的描述,既不对这些经验进行元素主义的分析又不进行刻意人为的抽象。对于格式塔心理学家而言,现象学方法主要具有如下意涵:把直接经验作为心理学研究对象并对之进行自然而然的观察;对经验进行朴素和如实的描述,而不作任何推测和说明;对经验进行质性分析,而反对盲目照搬自然科学的间接和定量的方法;强调经验和行为的整体性,而反对元素分析和刺激—反应公式,并将整体原则运用于实际心理学研究之中。① 事实上,描述心理学延续下来的现象学方法理念,改变了格式塔学者对待心理意识以及心理学本身的认识和态度,鼓舞着他们在反抗冯特研究传统的过程中探索心理学研究的新途径,他们在对知觉、顿悟学习和创造性思维等主题的研究中都贯穿了现象学方法理念。正如格式塔心理学家苛勒所指出的:"我相信,在我们回到我们的根源之前,换言之,在我们应用现象学的方法之前,即在对经验质的分析之前,我们决不能解决有关根本原则的任何问题。"②

第四,描述心理学的心理情境观在格式塔心理学中得到了传承与发展。描述心理学特别是浪漫主义传统的描述心理学,非常强调心理生活的情境性或关系性,认为人及其心理是内嵌于复杂关系中的存在,而不是孤立封闭

---

① 叶浩生,主编.西方心理学的历史与体系.北京:人民教育出版社,1998:433.
② 转引自:王鹏,潘光花,高峰强.经验的完形——格式塔心理学.济南:山东教育出版社,2009:16.

的"冰冷"实体。这里的"关系"既意味着人与周围客观环境的关系,也意味着人与社会、历史和文化的关系,而且尤其意味着后者。换句话说,在描述心理学家看来,人及其心理是内嵌于特定情境之中的,心理生活是个体在与周围环境进行有意义碰撞的过程中形成的,而且其发展与成长始终不能脱离现实生活情境,而必须从中汲取"文化意义"的滋养。人及其心理生活与周围环境构成了一个密不可分的关系整体。

格式塔心理学传承和发展了描述心理学的这种心理情境观,而且尤其表现为勒温提出的心理场论思想。格式塔心理学家受物理学中场论思想的影响,主张以整体的动力观和结构观来理解心理现象,认为每种心理现象都具有自身的独特意义并具有关系性、结构性和系统性的内在特征。勒温在格式塔心理学前辈影响下接受物理学中的场论思想,借用"场"的概念来理解和说明人的心理生活,从而创造性地提出了心理场论的思想。他认为人的一切心理活动和行为关系都是在心理场中发生和进行的,自我与环境在心理场中的动的交涉产生了变动不居的心理与行为,而"心理场"(psychological field)作为相互依存事实的整体,由个人生活的过去、现在和未来的一切事件经验和思想愿望组成,是人和环境相互作用的产物。也就是说,勒温试图根据对人发生实际作用的影响力的总体而非内在本质的表现来理解和解释人类心理与行为。

第三节 描述心理学与现象学心理学

现象学心理学(phenomenological psychology)是20世纪上半叶在现象学哲学直接影响下产生的一种人文科学心理学取向。它以胡塞尔的现象学心理学和哥廷根的实验现象学为思想雏形,包括欧洲的现象学心理学和美国的现象学心理学,而且在发展过程中主要表现为四种较为典型的理论形态:思辨现象学心理学主张通过思辨方式对心理进行本质审查;实验现象学心理学主张通过实验方式来考察心理的本质结构;经验现象学心理学主张通过访谈等方式来获得心理的本质结构;解释现象学心理学主张通过文本解读方式来探究新的意义世界。[①] 现象学心理学并不是一个严格的理论流派,其内部各种理论形态之间在具体观点上存在诸多不同甚至分歧,但它们都在现象学理念指导下坚持严格的人文科学观,坚持从如实呈现的本质

---

① 郭本禹,主编.西方心理学史.北京:人民卫生出版社,2007:286-287.

出发对心理经验予以质性描述或意义理解，坚持心理的意向性本质观点，提倡从生活世界出发追求普遍知识，反对心理学研究的主客二元论和自然科学化倾向①。现象学心理学正逐渐成为当代人文科学心理学的重要组成部分。描述心理学作为人文科学心理学的初始形态，为现象学心理学提供了直接或间接的思想来源，而且由此两者实现了历史性融合。需要特别说明的是，胡塞尔既是一位重要的描述心理学家又是一位重要的现象学心理学家，他对两者的历史性融合起了至为关键的作用。描述心理学通过与现象学心理学的历史融合，使得自身的某些基本精神诉求在心理学史上得到了传承与发展。

第一，描述心理学的人文科学观在现象学心理学中得到了传承与发展。描述心理学从人文科学的"学科之眼"②来看待心理学，并由此开创了人文科学心理学的历史先河。它认为心理学的科学性不需要通过盲目仿效自然科学来标榜，并不只有自然科学化的心理学才是正宗的科学心理学，心理学就其本质而言应是一门可以跟自然科学相媲美的人文科学。描述心理学的这种人文科学立场，主要通过布伦塔诺和狄尔泰的影响渗透和融入现象学心理学之中。布伦塔诺在与冯特的对立中提出了忠于心理现象本身的人文科学观，这为现象学心理学的科学观奠定了实质基础，著名现象学心理学家乔治对此作了强调。③ 狄尔泰通过与艾宾浩斯的论战，在1894年的《描述与分析心理学的观念》一文中，明确提出了心理学的人文科学观，努力倡导建立一门忠于心理现象本身的描述心理学或人文科学心理学，这为现象学心理学提供了最为显著的思想来源并先驱性地指明了方向。④ 范登伯格（Jan Hendrik Van den Berg）甚至认为，现象学心理学始于1894年狄尔泰的主张。⑤

现象学心理学反对心理学的自然科学化，坚持严格而激进的人文科学观。⑥ 它最初潜移默化地接受了描述心理学的人文科学观，后来通过对自然科学心理学的反驳，越来越明确和坚定了心理学的人文科学立场。例如，乔治在其代表作《作为人文科学的心理学》(1970)一书中明确提出了心理学

---

① 崔光辉.走向真实的世界——现象学心理学研究.南京：南京师范大学博士学位论文,2008.
② 吴康宁.社会学视野中的教育.教育研究与实验,2006(4)：1-5.
③ Giorgi, A. (1970). *Psychology as a human science: A phenomenological approach*. New York: Harper & Row, pp.26-29.
④ 崔光辉.现象的沉思——现象学心理学.济南：山东教育出版社,2009：48-50.
⑤ Van den Berg, J. H. (1980). Phenomenology and psychotherapy. *Journal of Phenomenological Psychology*, 11(2)：21-49.
⑥ 崔光辉.论现象学心理学的理论特征.心理科学,2011,6：1524-1528.

的人文科学观:"我通过'人文科学'这个术语想要传达的是,心理学有责任研究人作为人的全部范围的行为和经验,它以这样的方式进行——达到科学之目的,但不应主要以自然科学的标准来达到这些目的。"①他在30年后又回顾性地指出:"在我职业生涯的早期,我提出心理学应成为一门人文科学,从心理学视角充分地研究人的现象。这个观点本身并不新颖(例如,狄尔泰,1894/1977)……"②现象学心理学最为彻底地贯彻了现象学哲学的理念,不仅对人文科学心理学作了理论和方法的探索,而且进行了大量研究实践。因此,可以说,描述心理学开创的人文科学心理学研究路线,在现象学心理学那里得到了严格落实和有效传承。

第二,描述心理学注重内部真实心理经验的对象观在现象学心理学中得到了传承与发展。描述心理学从心理本体论出发,主张研究现实生活中人的丰富而鲜活的内部心理经验,并认为它具有完整的不可分割性,这在狄尔泰那里体现得至为明显,并通过他成为现象学心理学关于心理学研究对象的重要主张。现象学心理学是一门关注内部心理经验活动的经验科学或事实科学。它从我们身处其中的生活世界(德文为 lebenswelt,英文为 lifeworld)出发,主张研究个体充满生活意义的真实而丰富的经验世界,而且这个经验世界是直接显现或给予的,而没有强加任何的抽象和剥离。例如,牧师治疗师的角色冲突经验,儿童关于道德自由的意识经验,青少年人际信任的鲜活经验,等等,都属于它研究的对象范畴。由此可见,现象学心理学反对自然主义和二元论,关注的是个体源自现实生活的原初的内部经验世界,而不是经过建构、抽象和剥离的"自然化"或"物理化"世界,彰显的是心理现象原原本本的意义。这与描述心理学的对象论一脉相承,而且在某种程度上是对后者的深化与发展。例如,著名现象学心理学家范登伯格在追溯现象学心理学的思想起源时,充分肯定了描述心理学家狄尔泰对于心理学对象论的重要贡献:"心理学家像物理学家一样竭力去分解其研究对象……这种众人拥护的心理学是无法以此种方式达到的。狄尔泰是第一个指出这一点的人。"③

第三,描述心理学的意向性观点在现象学心理学中得到了传承与发展。

---

① Giorgi, A. (1970). *Psychology as a human science: A phenomenological approach*. New York: Harper & Row, p.xii.
② Giorgi, A. (2000). Psychology as a human science revisited. *Journal of Humanistic Psychology*, 40(3): 56-73.
③ DeRobertis, E. M. (1996). *Phenomenological psychology*. Lanham: University Press of America, Inc., p.1.

描述心理学特别是严格科学传统的描述心理学把意向性作为核心研究主题，认为心理现象具有意向性本质，每种心理活动都无法离开对象和内容而独立存在，都必须指向一个对象和涉及一种内容。实际上，意向性不仅为布伦塔诺、斯顿夫和胡塞尔等严格科学传统的描述心理学家青睐，而且受到浪漫主义传统的描述心理学家狄尔泰的深刻关注，他认为体验虽是主客未分的原始经验，但从来都不是一个没有内容的意识，而是始终具有对某对象的内部倾向性。胡塞尔成为描述心理学的意向性主题向现象学心理学传承与发展的中转站。布伦塔诺提出的意向性观点最终经过胡塞尔超越论的现象学的发展，为现象学心理学所接受并成为现象学心理学在研究对象上的基本观点。[1] 现象学心理学把意向性看作是心理与对象之间始终具有的某种内在的意义关联，认为心理学的任务就是描述和分析意识意向性的对象、结构、作用及其相互关系，以达到对人的整个精神世界的真正理解。尽管现象学心理学具有广泛的研究对象，但始终都坚持以现象学哲学的意向性观点为基础。正如卡尔森（Gunnar Karlsson）所指出的，意识的意向性为心理学研究的现象学取向奠定了基础。[2] 对于现象学心理学而言，意向性意味着心理具有意向性本质，意味着心理与对象之间始终具有内在的一致性或关联性，意味着心理学要关注意义。[3] 由此可见，描述心理学提出的心理意向性观点，在现象学心理学中得到了有效传承与发展。

第四，描述心理学的质性描述和意义理解的方法观在现象学心理学中得到了传承与发展。描述心理学反对自然科学心理学的先在因果假设、量化说明、元素分析和还原主义的研究模式，主张在现象学思想指导下通过内部知觉对人的心理经验进行质性描述，而不需要像实证主义那样通过假设跑到心理经验背后去寻找因果规律。浪漫主义传统的描述心理学还主张在解释学思想指导下通过对心理文本进行直接或间接的意义理解，来揭示心理生命的内在结构关系及其目的和意义。描述心理学的方法学理念为现象学心理学奠定了方法论基础。

现象学心理学以现象学哲学为指导，反对自然科学心理学坚持主客对立论和自然主义原则而过分求助因果假设和精确定量的客观实证研究取向。它认为心理现象的本质自身显现于我们主观意识之中，我们不需要通过预先假设从心理现象背后寻找心理本质，而只需坚持"面向实事本身"的

---

[1] 崔光辉.现象的沉思——现象学心理学.济南：山东教育出版社，2009：46.
[2] Karlsson, G. (1993). *Psychological qualitative research from a phenomenological perspective*. Stockholm: Almqvist & Wiksell International, p.9.
[3] 郭本禹，主编.西方心理学史.北京：人民卫生出版社，2007：289-290.

精神,对完整心理经验予以主观而直接的质性描述和分析,以发掘心理经验的质性结构和丰富意义,因为人类心理生活的绝大部分无法精确定量。可见,现象学心理学的方法论与描述心理学的经验描述和意义理解的方法学主张,以及它孕育并彰显出的浓厚而澄明的质性精神根本契合。这在经验现象学心理学和解释现象学心理学那里反映尤其突出。经验现象学心理学在现象学心理学中占据主流地位,主张在悬置自己先在观点的前提下通过访谈等方法获得他人描述经验的原始材料,然后将访谈材料分成意义范畴或意义单元,最后将这些范畴或单元加以整合,从而得到经验本质。解释现象学心理学以海德格尔(Martin Heidegger,1889—1976)、伽达默尔(Hans-Georg Gadamer,1900—2002)和利科(Paul Ricoeur,1913—2005)等人的解释学为基础,主张研究者要充分地意识到自己的先入之见并带着这种先入之见深入到对心理文本的理解中去,经验过程、文学作品、艺术品、仪式、制度和神话等所有人类活动及其产物都直接或间接地构成了心理文本。随着研究的层层深入,研究者将不断产生新的总体理解,而这些总体理解又将是新的理解的组成部分,通过这种理解的不断更新,心理经验的本真意义将逐渐得到挖掘。[1]

第五,描述心理学的心理情境观在现象学心理学中得到了传承与发展。狄尔泰和斯普兰格等浪漫主义传统的描述心理学家特别强调心理生命内嵌其中的社会、文化和历史情境,认为人的心理活动不是自我封闭的,而是与他/她的现实生活密切联系在一起,人的知、情、意的意识行为总是指向人生活的外部世界。人自出生起就是受客观精神世界滋养的,个体的心理生命依赖或内嵌于一个置身于历史的既定社会的客观精神,每一个体都是他/她所处的时代、文化或群体的代表。人的生活蓝图把人的心理结构系统与生活结构系统紧密结合在一起。胡塞尔通过狄尔泰受到了描述心理学的心理情境观的影响,在晚年提出了"生活世界"的概念。[2] 生活世界是我们自然而然地身处其中的原初世界,也是直接给予我们而不需要任何加工和抽象的现实世界。现象学心理学最初从胡塞尔那里接受了生活世界的观点,并将之作为心理学研究的出发点而加以发展,反对自然科学心理学对人的经验世界的抽象和剥离。正如安斯沃斯(Peter Ashworth)所言:"的确,对于现象学心理学的所有概念而言,生活世界是最核心的一个。"[3]生活世界确

---

[1] 郭本禹,主编.西方心理学史.北京:人民卫生出版社,2007:291-292.
[2] 张庆熊.描述心理学对先验现象学——兼谈狄尔泰和胡塞尔在哲学思想上的联姻与争论.陕西师范大学学报(哲学社会科学版),2006,35(2):37-44.
[3] Ashworth, P. (2003). An approach to phenomenological psychology: the contingencies of the lifeworld. *Journal of Phenomenological Psychology*, 34(2): 145-156.

保了现象学心理学能够忠实于心理现象本身,能够关注日常生活经验,能够通过省察人所处的社会文化情境来真正理解人的心理经验的丰富内涵。描述心理学的心理情境观,通过"生活世界"概念在现象学心理学中得到了传承与发展。

第四节 描述心理学与存在心理学

存在心理学(existential psychology)是20世纪三四十年代在欧洲兴起而五六十年代在美国和英国得到发展的一种人文科学心理学取向。它主要受到存在主义哲学和精神分析心理学的影响,以人的存在为理论核心,主张通过采用现象学方法研究爱、本真、自由、焦虑、孤独、死亡、勇气、意志和意义等主题来理解人的全部现实存在。它与现象学心理学一样,不是一个严格的理论流派,而是心理学研究的一种共同取向。存在心理学家们在坚持心理学的存在主义观点和现象学方法方面是一致的,但在关注的研究主题方面各有侧重。例如,早期欧洲存在心理学的主要代表宾斯万格(Ludwig Binswanger,1881—1966)关注本真、爱、躁狂和忧郁等,鲍斯(Medard Boss,1903—1990)关注本真、性反常、梦和心身疾病等,弗兰克尔(Viktor Emil Frankl,1905—1997)关注意志的自由、意义的意志和生活的意义等;美国存在心理学的主要代表罗洛·梅(Rollo May,1909—1994)关注焦虑、爱、意志、权利、创造、梦、命运和神话等,布根塔尔(James Bugental,1915—2008)关注觉知、焦虑和本真等,施奈德(Kirk J. Schneider)关注生活世界、生存、意义、敬畏和体验等,雅洛姆(Irvin Yalom,1931—)关注自由、死亡、孤独和生存体验等;英国存在心理学的主要代表莱因(Ronald David Laing,1927—1989)关注自我的分裂等。描述心理学通过与存在心理学的历史融合,使得自身的某些基本精神诉求在心理学史上得到了传承与发展。

第一,描述心理学的人文科学观在存在心理学中得到了传承与发展。描述心理学主张在人文科学观指导下切实有效地阐发人的心理生活的丰富性、深刻性、本真性和独特性,这种人文科学的基本立场主要通过狄尔泰影响雅斯贝尔斯和宾斯万格[①]在存在心理学中得到了传承与发展。雅斯贝尔斯和宾斯万格都是深受狄尔泰人文科学思想影响的早期存在心理学家,前

---

① Ermarth, M. (1978). *Wilhelm Dilthey: The critique of historical reason*. Chicago, IL: University of Chicago Press, p.3.

者提出以理解为主的主观心理学,反对当时精神病学中流行的以说明为主的客观心理学,后者提出"心理学就是心理学,是一门独立的科学,不必行进在自然科学的痕迹中"①。他们持有的心理学人文科学观,代表和影响了整个存在心理学的科学观取向。

存在心理学坚持心理学的人文科学观,批判自然科学心理学接纳笛卡尔的主客二元论,带着还原主义和机械主义的错误眼光把人当作遵循因果规律的自然存在,以致忽视了人的完整而真实的内心世界。例如,当人看到一块石头时,按照自然科学心理学的观点,石头仅是人接触到的引起他作出反应的刺激。但在存在心理学看来,当人看到这块石头时,内心浮起了久远的往事,也许会悲伤,也许会欢笑,这是自然科学心理学难以揭示的。深受狄尔泰人文科学观影响的宾斯万格,将自然科学心理学继承的这份笛卡尔遗产称作心理学的"癌症"。② 存在心理学与自然科学心理学相反,从人的现世存在出发,认为人始终处于与世界的密切关联之中,人的存在始终是现实的、独特的和变化的,而且人通过自己的选择主动地承担世界带来的责任和义务,主动地发展自己和实现自己的可能性。存在心理学的这种主张,为其坚持心理学的人文科学观奠定了认识论基础。可以说,描述心理学的人文科学观,在存在心理学中得到了经典传承与发展。

第二,描述心理学对于人与世界关系的重视在存在心理学中得到了传承与发展。狄尔泰、斯普兰格和斯特恩等浪漫主义传统的描述心理学家,把人的生存特征描述为在活生生的现实生活世界中存在,强调心理生命对于社会、历史和文化实在的内嵌性,关注人的生成与发展对于现实生活世界的依赖性,这种浓厚的强调人与周围世界关系的思想在存在心理学中得到了传承与发展。存在心理学坚持在世存在(being-in-the-world)的观点,认为人始终是位于世界之中且与世界融为一体的生命存在,强调人在世界之中通过不断生成变化而展现自己丰富而独特的内在性。没有世界人将不存在,而没有人世界也将不存在,人的心灵照亮物理世界并将其带入存在之中。③ "在世"构成了人的存在的本质,意味着人不是孤零零地如行尸走肉般活着,而是生活和成长在一个丰富生动的社会文化情境之中。

存在心理学从人作为一个存在整体与现实生活世界的密切关联出发,在追问人如何成为独特个体的过程中,探索其内心的主观感受和真实体验,

---

① Hoffmann, K. (1997). Ludwig Binsiwanger's collected papers: Introduction and critical remarks. *International Forum of Psycho-Analysis*, 6(3): 191-201.
② 郭本禹,主编.西方心理学史.北京:人民卫生出版社,2007:301.
③ [美]赫根汉.心理学史导论(第四版).郭本禹,等译.上海:华东师范大学出版社,2004:857.

如心理冲突、自我丧失和焦虑体验等，旨在通过对主观存在的发掘来揭示人的本真面貌。在宾斯万格和鲍斯看来，心理学研究的不仅是活生生的整体的人，而且是具体的在世界之中展开的人。他们认为，当人出生之时，其性别、经济地位、社会角色和文化背景等就已经是确定的了，所有这一切都客观地给人的存在设置了限度，人的发展只能在此基础上展开，通过自己的自主选择和不懈努力朝向未来的可能性发展。如果个体脱离了世界，就有精神分裂的危险。莱因指出，精神分裂性个体就是存在性不安的个体，这类人与周围世界的关系出现了分裂，与自身的关系也出现了分裂，在绝望的孤独中体验自己，而且他体验的自己不是一个完整的生命，而是以不同方式"分裂"了的碎片。在存在心理学家看来，每个人还活在自己个人的、主观的世界里，生命真理存在于每个人内部并由每个人创造，信念指引人的生活并决定其存在的性质。由此可见，狄尔泰等浪漫主义传统的描述心理学家，从人与世界的关系出发关于"活生生"的生命存在的观点，受到存在心理学极大重视并因而得到了生生不息的传承与发展。

第三，描述心理学的现象学方法论在存在心理学中得到了传承与发展。描述心理学主张使用不涉及因果假设的现象学描述方法来研究人的完整心理生活，存在心理学传承和发展了描述心理学的现象学方法理念，主张采用现象学方法来描述和理解人的全部现实存在，反对对人作还原主义和机械主义的因果说明。描述心理学的开创者布伦塔诺和狄尔泰倡导的现象学方法论，经过胡塞尔的深入发展为存在心理学提供了最重要和最直接的方法论基础。胡塞尔作为重要的描述心理学家和现象学哲学的创立者，致力于运用布伦塔诺的现象学思想为哲学和科学研究创造一种客观严谨的依据。对于胡塞尔而言，现象学最重要的是没有先入之见，能够在外部物理世界和内部主观世界之间架起一座客观的桥梁。他还认为，现象学能够超越意向性分析而专门在独立于物理世界的情况下研究心理的运作，发现意识经验的本质，这种现象学被称为纯粹现象学，不久它便扩展成现代存在主义而成为存在心理学的哲学基础。[1] 存在心理学从胡塞尔那里直接继承了反对自然主义而倡导"面向实事本身"的现象学思想，并将之作为最重要的方法论。它通过揭示经验世界来展示人的现实存在。存在心理学家在使用现象学方法时主要表现为两种倾向，一是在"面向实事本身"的口号下对经验进行详细的描述，二是使用现象学方法来发现经验的本质结构。[2] 存在心理学结

---

[1] [美]赫根汉.心理学史导论（第四版）.郭本禹，等译.上海：华东师范大学出版社，2004：855.
[2] 郭本禹，主编.西方心理学史.北京：人民卫生出版社，2007：304.

合对人的存在的分析,不折不扣地传承和发展了描述心理学的现象学方法论。

第四,描述心理学对生命价值的重视在存在心理学中得到了传承与发展。描述心理学产生之际正值欧洲深陷思想文化危机之时,科技和工业迅猛发展使得科学成为公众心目中无所不能的新上帝,但科学却无力关照人的精神生活,反而导致知识与生命脱节,思想文化分裂,整个社会弥漫着令人窒息的阴霾之气。这种思想文化的危机,实质是人的生命价值感的丧失。因此,对生命的呼唤成为描述心理学创建的现实基础,生命价值亦成为描述心理学家特别是浪漫主义传统的描述心理学家重视的研究主题,他们从各自立场出发对生命价值作了生动诠释。例如,狄尔泰从人类主体视角出发,认为生命价值由人经历的生命的丰富性构成,由人感受到的生命实在的丰富性构成,由人能够认识到自身生命的内涵这个事实构成,而且受到生存环境和情绪情感的影响。存在心理学从人的存在出发传承和发展了描述心理学对生命价值主题的重视,致力于探究人类生命的价值,认为一个人的生命价值在于在有限的生命历程中充分利用个人的自由,勇敢地选择自己想要过的本真生活并对此担负全责。

第五,描述心理学对意义的重视在存在心理学中得到了传承与发展。狄尔泰对自然科学心理学的不满很大程度上源于其形式主义。例如,相比于遗忘曲线,他更感兴趣于具体被试实际遗忘或记住了什么。他认为,对心理生命的形式和过程的集中关注阻碍了对心理内容的考察,心理内容依赖于一个人的意义结构,不能靠推进心理过程的研究或确定心理的形式规律来说明。[1] 可见,狄尔泰此处强调的内容与冯特的内容心理学强调的内容不是一回事。在狄尔泰看来,每个经验都包含着一个富有意义的内容,意义蕴含在内容之中,而且心理生命的内容和意义依赖于个体生存的既定社会的文化精神。理解心理生命的内容和意义将为真实地分析和完整地理解个体的心理生命提供条件。狄尔泰等描述心理学家对意义的重视,在存在心理学中得到了传承、发展和践行。大多数存在心理学家都把意义作为核心的存在主题之一,认为人的存在与意义具有直接的关联,存在正是通过意义才在此在那里得以彰显。宾斯万格认为,人的存在的生成和变化过程就是意义的赋予过程,人的存在与所处的世界之间充满了意义关联。弗兰克尔更是把意义提升到极为重要的位置,并创造了意义疗法,致力于存在的意

---

[1] Teo, T. (2005). *The critique of psychology: From Kant to postcolonial theory*. New York: Springer, p.79.

和意义的寻求。①

第五节　描述心理学与人本主义心理学

人本主义心理学（humanistic psychology）是 20 世纪五六十年代在美国心理学界兴起的一种心理学革新运动或理论思潮，它不是一个组织十分严密、思想完全统一的心理学理论流派，而是一个由许多观点相近的心理学家和学派组成的松散联盟。人本主义心理学是在反对行为主义机械环境决定论和精神分析潜意识性本能决定论的背景下形成和发展壮大起来的，它以浪漫主义哲学和存在主义哲学为其基本观点的理论根源，以研究问题为核心出发点，强调质性的研究取向，主张在现象学方法论指导下对健康人的真实的内在意识经验进行整体研究，揭示和开发人类具有的本性、潜能和价值等。人本主义心理学以奥尔波特（Gordon Allport，1897—1967）、马斯洛（Abraham Maslow，1908—1970）和罗杰斯（Carl Ransom Rogers，1902—1987）等为主要代表人物，假定每个人的内部都存在着一种成长机制，这种成长机制可以促使人们在环境允许的情况下实现其潜能，而心理学家的目标和责任就是关注这种内部潜能，并寻求各种方法来帮助人们实现这种潜能。② 描述心理学在人文科学观指导下关注人的主观经验和人格整体性，青睐现象学的如实描述和整体分析方法，重视对自我主题的研究，从而对人本主义心理学产生了直接的先驱性影响，由此两者实现了历史性融合。例如，欧洲学术界甚至把描述心理学家狄尔泰视为与马斯洛、罗杰斯等齐名的人本主义心理学的卓越代表。③ 描述心理学通过与人本主义心理学的历史融合，使得自身的某些基本精神诉求在心理学史上得到了传承与发展。

第一，描述心理学的人文科学观在人本主义心理学中得到了传承与发展。描述心理学家们都不同程度地提出了自己的人文科学立场，特别是布伦塔诺和狄尔泰两位开创者，不仅提出了心理学的人文科学观，而且赋予心理学在整个人文科学体系中以至为优先的地位。描述心理学的人文科学观主要通过狄尔泰、斯普兰格和斯特恩的影响在人本主义心理学中得到了传承与发展。这三位描述心理学家都强调心理学是关于现实生活中的完整人

---

① 郭本禹，主编.西方心理学史.北京：人民卫生出版社，2007：307.
② 郭本禹，主编.外国心理学流派大系.济南：山东教育出版社，2009：丛书总序.
③ 刘恩久.刘恩久文选.南京：南京师范大学出版社，2009：295.

的科学,注重对人的精神生命和人文本性的探讨,对人本主义心理学的科学立场产生了至关重要的先驱性影响。特别是,狄尔泰在《描述与分析心理学的观念》(1894)一文中,明确提出建立一门以理解人类精神为核心的人文科学心理学,这成为人本主义心理学家改造和创建新心理学的楷模。狄尔泰在哲学观上倾向于现象学,明确反对艾宾浩斯等人利用原子物理学的原理机械模仿和客观说明人的心理,并将这种自然科学模式的心理学称为说明心理学。在他看来,传统的联想主义心理学和实验心理学盲目仿效自然科学,未能公平对待经验的丰富性和连续性,人类心理的研究应该是能理解的、可描述的和能分析的。人本主义心理学传承和发展了描述心理学的人文科学观,反对自然科学心理学去人性化的自然科学观,主张心理学应该是关注人的人文科学而不是关注物的自然科学,强调对人的整体意识经验特别是那些最能体现人类真正本性的特殊领域进行研究,反对价值中立和方法中心论,提倡价值负荷和问题中心论。

第二,描述心理学的对象论在人本主义心理学中得到了传承与发展。描述心理学主张研究人的完整的意识经验,认为人的内心生活是一个密不可分的完整图画,不是由诸部分和诸元素机械相加和假设建构而成的,而始终是一个具有社会文化性和意义完整性的独特整体,是一个包含着人性和道德且具有目的性、发展性和价值性的结构统一体。[①②] 这种人文主义视角的心理学对象观在人本主义心理学中得到了传承与发展。人本主义心理学立足于人的本性和人与现实接触的性质[③],把人看作是具有生活性、整体性、情感性、意义性和潜能性的独特存在,并主张以积极态度对之作不同于构造主义、行为主义和精神分析的全新理解。它把健康人的内在意识经验作为心理学的研究对象,认为意识经验作为不可分割的整体,是人类独有的精神现象,也是人类直接面对的最现实的意义存在,不仅蕴藏于现实之中,而且承接着过去和指向着未来。通过对意识经验的研究,我们可以深入到人的内心深处,了解那些对于人类来说最有价值的内在本性信息和即时主观体验,发掘人的内在潜能和独特价值,进而勾勒出一个完整而独特的人究竟是什么。可见,人本主义心理学的对象论,在很大程度上是描述心理学关于研究对象问题看法的发展和延续。这从瓦伊尼(Wayne Viney)和金(D.

---

① Ermarth, M. (1978). *Wilhelm Dilthey: The critique of historical reason*. Chicago, IL: University of Chicago Press, p.310.
② Teo, T. (2003). Wilhelm Dilthey (1833 – 1911) and Eduard Spranger (1882 – 1963) on the developing person. *The Humanistic Psychologist*, 31(1): 74 – 94.
③ [美] 墨菲,柯瓦奇.近代心理学历史导引.林方,王景和,译.北京:商务印书馆,2010:698.

Brett King)的论述中也可见一斑:"我们发现,布伦塔诺对意向性和意识整体性的强调,在人本主义心理学中也是并行不悖的。布伦塔诺强调对人类生活的前瞻、意向或展望的方面。他也强调了自我统一和整合的维度。虽然这些基本的隐喻可能并不完全合适,但这些命题又浮现在人本主义心理学之中,与布伦塔诺的观点产生共鸣并拓展了他的视域。"①

第三,描述心理学的现象学整体研究法在人本主义心理学中得到了传承与发展。描述心理学在现象学思想指导下,反对自然科学心理学实证主义指导下的因果假设和元素分析,主张通过内部知觉的描述方法对人的心理生活进行整体研究,认为心理现象是对事物的整体反映,而非单纯取决于个别刺激物的简单相加。例如,斯特恩把人格视作人类生命的完整连续体,认为它是生命与外部世界有效联系的出发点和归宿,代表着文化、社会、道德和宗教的价值。描述心理学的现象学研究理念和整体论研究思路构成了人本主义心理学的主要研究原则。人本主义心理学主张通过现象学方法研究主体对主观实在的直接经验和内省报告,把人的心理活动和内部体验作为自然呈现的现象来看待,重视对心理现象或意识经验的现象学审视和直接描述,不赞同科学主义心理学通过客观实验对心理事实或外部行为的因果分析和实证说明,而是提倡通过描述、理解和领悟来研究具有个人意义的主观体验。奥尔波特、马斯洛和罗杰斯等人本主义心理学家都把现象学作为最重要的研究方法之一。人本主义心理学还在现象学思想指导下,明确提出了整体分析的研究方法,主张在现实情境中对人格发挥功能作用的动态过程进行全方位的整体分析,反对传统心理学将驱力、冲动和本能等隔离出来分别加以研究的错误做法,认为有机体是一个密切关联的整体系统,人的意识经验和人的主观世界是作为一个整体发挥作用的,而且人的自我实现倾向更加趋向于人的完整化。马斯洛尤其强调整体分析方法对于心理学研究的有效性。

第四,描述心理学对自我的重视在人本主义心理学中得到了传承与发展。描述心理学以现象学或解释学思想为指导从事心理研究,把自我反省或自我理解作为重要研究方式,并对自我给予了专门研究。例如,布伦塔诺明确提出通过对自己刚刚过去在记忆中仍呈鲜活状态的心理活动及其变化的观察来探究自我的心理状况;狄尔泰强调心理生命结构系统最初是通过自我与世界的互动形成的,而且要通过对自我的理解或体验来领会和把握,

---

① [美]瓦伊尼,金.心理学史:观念与背景(第3版).郭本禹,等译.北京:世界图书出版公司,2009:449.

还强调自我是一个具有结构性、发展性和独特性的统一整体;斯普兰格在对青少年心理发展的描述性研究中,特别关注了青少年自我同一性的发现问题,认为青少年的心理发展过程就是通过自我反思(self-reflection)不断寻求自我和发现自我的过程。① 因此,可以说,描述心理学自诞生之日起,就密切伴随着对自我的关注和研究。这种重视自我的研究理念在人本主义心理学中得到了传承与发展。人本主义心理学对自我进行了心理学史上最为深入和系统的研究,揭开了心理学史上崭新的一页。② 奥尔波特呼吁心理学家应该关注自我研究,马斯洛、罗杰斯、罗洛·梅和布根塔尔等都主张把自我概念引入到心理学理论研究之中,并提出了各自的自我理论,如马斯洛的自我实现理论和罗杰斯的人格自我理论,认为自我是人的内在可能性发展的基石,也是在心理治疗过程中使患者发生积极心理变化的重要因素。

---

① Teo, T. (2003). Wilhelm Dilthey (1833 – 1911) and Eduard Spranger (1882 – 1963) on the developing person. *The Humanistic Psychologist*, 31(1): 74 – 94.
② 杨韶刚.人性的彰显——人本主义心理学.济南:山东教育出版社,2009:100.

第七章　描述心理学的
　　　　　当代新生效应

　　描述心理学作为一门独立的学科形态或理论派别不再之后的传承与发展,不仅表现为它与精神分析心理学、格式塔心理学、现象学心理学、存在心理学和人本主义心理学等其他后续人文科学心理学理论派别的历史融合效应,而且表现为它在质性心理学中的当代新生效应。也就是说,描述心理学的基本精神在当代质性心理学中获得了新生,而且出现了复兴趋势。质性心理学是心理学质性研究自20世纪90年代如雨后春笋般兴起之后,于21世纪初发展成的一门与量性心理学相对的新兴学科体系。[①] 它反对以自然科学为模板、以实证主义为导向的数量化心理学研究模式,从根本上契合和继承了描述心理学的原始精髓和基本精神,实则是描述心理学在当代的新生和复兴。科学心理学初创时期产生的描述心理学,已孕育并彰显出浓厚而澄明的质性精神,而且这种质性精神的实质是科学视阈下的人文主义精神。这种以人文科学精神为根基的质性精神,百余年来经受占据心理学舞台主导地位的数量化精神的压抑和排挤,最终"不屈不挠"地发展成了当代的质性心理学。黑格尔曾言:"每一有限物都包含着自我否定的内在倾向,力图超出自身转化为他物,在不断的转化中趋向于无限。"[②] 这对于描述心理学颇为适用。描述心理学正是通过"超越性"和"创造性"地转化为质性心理学而实现了自身在当代的新生。可以说,描述心理学是质性心理学的前身并预示了质性心理学,而质性心理学是描述心理学在当代的延续和发展。甚至可以说,描述心理学就是早期的质性心理学,而质性心理学就是当代的描述心理学。本章首先从本体论、认识论、方法论和价值论四个层面论述描述心理学的质性精神,然后从质性心理学的哲学依据、基本特征、具体方法

[①] Smith, J. A. (Ed.). (2003). *Qualitative psychology: A practical guide to research methods*. London: Sage.

[②] 刘建军.追问信仰.石家庄:河北人民出版社,1998:121.

和研究实例等多个维度,进一步具体阐明质性心理学是描述心理学在当代的存在形态。

第一节 描述心理学的质性精神

科学心理学自19世纪70年代中期创建以来,长期存在着量的研究与质的研究两种模式相对但势力不等的研究取向。量的研究以自然科学追求的数量化、控制化和标准化以及客观性、精确性和可操作性等特征为榜样,明确分离原因与结果,期望获得可推广的普适性研究结果和心理法则,彰显的是科学主义精神,在心理学舞台上占据着绝对优势地位。与之相反,质的研究以人文科学追求的质性化、生态化和多样化以及主观性、意义性和可理解性等特征为榜样,注重原因与结果在社会、文化和心理生活内部的统一,尊重心理的整体性、复杂性、动态性和文化性,期望获得真实独特、寓意深刻和内容丰富的研究结果,彰显的是人文主义精神,在心理学舞台上处于被边缘化的弱势地位。根据陈向明教授对质性研究所下的定义[①],我们可将心理学质性研究界定为:心理学质性研究是以研究者本人作为研究工具,在自然情境下采用多种资料收集方法对心理现象进行整体性探究,使用归纳法分析资料和形成理论,通过与研究对象互动对其行为和意义建构获得解释性理解的一种活动。尽管相对于量化研究,质性研究在科学心理学史上曾长期处于被压抑、被冷落的状态,而且这种不平衡的格局到了当代也并未根本改变,但到20世纪晚期,心理学质性研究迎来了转机。

20世纪70年代,质性研究作为一场研究范式的革新运动在社会科学研究界兴起,呼吁"研究者尽可能全面和自然地进入被研究者的生活,旨在通过与被研究者的紧密互动,获得对人的群体、环境、计划、事件或其他任何所欲研究现象的深度和整体的了解"[②],而对那些在社会科学研究中偏好严格实验、准实验、相关分析和问卷调查的数量化研究模式进行了多重批判,包括认识论批判、方法论批判、政治批判和伦理批判等[③]。随着现代社会向后现代社会的迅速转型以及由此而带来的心理生活世界的丰富性、复

---

① 陈向明.质的研究方法与社会科学研究.北京:教育科学出版社,2000:12.
② Farber, N. (2006). Conducting qualitative research: A practical guide for school counselors. *Professional School Counseling*, 9(5): 1-11.
③ 秦金亮.质化研究心理学.上海:上海教育出版社,2010:5-6.

杂性和多样性,运用质性方法来研究心理关系和心理现象也具有了特殊的现实意义。到 20 世纪 90 年代,质性研究在心理学中呈现出雨后春笋般的成长之势,并很快于 21 世纪初发展成为一种系统的学科体系即质性心理学。或者说,人们心理生活的"新的非了然性"①催生了当代质性心理学,而先从理论模型中推导出研究问题和假设,再通过严格实验、准实验、相关分析和问卷调查等数量化方法加以检验的传统演绎式研究模式,已遭到越来越多心理学家的批评。正如著名质性心理学家班伯格(Michael Bamberg)所言:"在知识的假设-演绎模型内发展和形成的说明性方法已经过时,观察、描述和理解成为新的关键性术语,新的任务是知识构建和知识生成,而非对某些先前确立的假设的证实或证伪。"②

心理学质性研究在当代的兴起或质性心理学在当代的产生,既是心理本质要求和时代精神呼唤的必然,也是心理学史上众多偏好质性研究的心理学家长期不懈努力的结果,或者说,是心理学史上"薪火相传"的质性精神在当代的凝聚、发挥和兴盛。美国心理学家沃兹(Frederick Joseph Wertz)指出:质性研究在心理学史上一直存在,它们主要存在于冯特、詹姆斯、弗洛伊德、埃里克森、皮亚杰、科尔伯格、奥尔波特、马斯洛和罗杰斯以及西蒙和卡尼曼等心理学家的创造性工作中,其中冯特、弗洛伊德和詹姆斯在对心理学质性研究的创造性探索中想当然地赋予它们以科学地位。③④ 可以说,心理学质性研究发展到今天的繁荣局面,在心理学史上经历了崎岖坎坷的漫长道路。然而,作为学科形态的心理学质性研究即质性心理学,它的学科雏形或学科泉源最早可追溯至哪里? 毋庸讳言,科学心理学初创时期产生的描述心理学,当之无愧应是质性心理学最早可追溯的学科雏形或学科泉源,也即质性心理学最重要、最根本的学科思想之源最早可追溯到描述心理学家富有创造性的工作中。

描述心理学自诞生之日起便孕育并彰显出浓厚而澄明的质性精神,抑或说其本身就是在反对过分追求数量化的自然科学心理学的过程中产生和

---

① [德]哈贝马斯.新的非了然性——福利国家的危机与乌托邦力量的穷竭.薛华,译.哲学译丛,1986(4):63-69.
② Camic, P. M., Rhodes, J. E., & Yardley, L. (Eds.). (2003). *Qualitative research in psychology: Expanding perspectives in methodology and design*. Washington, DC: American Psychological Association, pp.ix - x.
③ Wertz, F. J. (2011). The qualitative revolution and psychology: Science, politics, and ethics. *The Humanistic Psychologist*, 39(2): 77 - 104.
④ Wertz, F. J. (2014). Qualitative inquiry in the history of psychology. *Qualitative Psychology*, 1(1): 4 - 16.

发展的。这种质性精神不仅在表面上与追求数量化的研究精神相对,而且在本体论、认识论、方法论和价值论方面有根本不同,其深层实质是科学视阈下的人文主义精神。描述心理学孕育并彰显出的浓厚而澄明的质性精神,在现时正如火如荼地发展的质性心理学中得到了延续、弘扬和发展。例如,它的"描述性"和"理解性"原则成为当代质性心理学研究方法的探讨基点。质性心理学不仅传承了描述心理学在本体论、认识论、方法论和价值论四个层面的质性精神,而且将它们深化、发展并落实到了具体的研究步骤和操作程序中,围绕着有意义的主题开展了大批富有成效的具体研究并预示着光辉的未来前景[1]。因此,可以说,描述心理学与质性心理学在基本精神上根本一致。正所谓,描述心理学通过"超出自身转化为他物"而"趋向于无限"。接下来,我们将从本体论、认识论、方法论和价值论四个层面,论述描述心理学蕴含和彰显的浓厚而澄明的质性精神,以探寻和明证当代质性心理学与描述心理学的内在精神契合。

一、意义实在而非物化实在的本体论精神

人类心理世界的本质属性、存在样态和运作规律是什么?或者,我们欲研究的心理之物究竟怎么样?关于这个问题的理论回答便是心理学的本体论,实际上也就是对人类心理世界的"本真性"和"真实性"问题的理论阐释。它制约着心理学的认识论、方法论和价值论。

质的研究与量的研究作为心理学研究的两种不同范式,对日常生活中人类心理世界的"本真性"和"真实性"的假定,则有着明显不同的主张。量的研究借用自然科学的"物化"思维来看待人的心理世界,认为人的心理是一种客观稳定、可以像纯粹自然物那样分割开来进行数量化计数和比较的物化实在,是纯粹客观的绝对"真实"的存在,同时也因而失去了自身的意义性。物化心理具有天然可以量化甚至易于量化的维度,研究者可据此考察其真实而且永恒不变的本质以及可以重复发生的普适性规律。与之相对,质的研究站在批判科学理性主义的立场,运用人文科学的"意义"思维来看待和理解人的心理世界,认为人的心理是一种主观易变、难以切割式地操控和量化而只可整体去感受和理解的质性化的意义实在,社会、历史和文化通过人的主观价值过滤和意识经验建构赋予它丰富而独特的意义内涵,这便从根本上消解了它的存在的绝对客观性和规律的绝对普适性,而增加了它

---

[1] Gergen, K. J., Josselson, R., & Freeman, M. (2015). The promises of qualitative inquiry. *American Psychologist*, 70(1): 1–9.

的相对主观性和复杂多样性。因此,甚至可以极端地说,在人的心理领域,没有一个"真正事实的存有"(really real reality)"老老实实"地等候着我们,而只存在"个人信以为真的,真的就会发生"①。正如社会建构主义取向的心理学质性研究所主张的:"我们的主观经验从来都不是对客观环境的直接反映,而必须理解为对外部世界的一种特定解读。"②尽管心理经验是处于社会、历史、文化情境脉络中的个体主观建构的变动不居之物,但它对于建构和拥有此经验的人来说是"真实的"。正是这种相对的"真实性",使得心理世界成为一个具有独特性、丰富性、复杂性和多样性的主观意义系统。我们不仅要通过自我来追求心理世界的意义,同时也必须通过他人赋予心理世界以意义。

在心理学的本体论层面,描述心理学孕育并彰显出浓厚而澄明的质性精神。它反对从元素主义和联想主义出发把人的心理本体看作类似于自然化合物的外部客观实在,认为心理实在是内在于经验主体、由完整鲜活的主观经验构成而且难以数量化测量的复杂精神现象,源于现实生活的丰富意义性是其相较于客观机械的物理实在的最为典型的特征。人类日常生活中所有的心理现象和行为都是充满意义的活动,而且这种独特而鲜活的意义性是人类主体在与周围特定的社会、历史和文化环境积极互动的过程中形成的。描述心理学主张以自然主义的"实事求是"态度,回归人类心理世界的真实状态,而不过分人为地对之加以干预、扭曲、强加和杜撰。因此,在人类心理世界的"本真性"和"真实性"问题上,它反对自然科学导向的物化实在论,而坚持人文科学导向的意义实在论,这在描述心理学家的论述中充分可见。他们从自身致力于的理论焦点③出发,对人类心理实在的意义性给予了各具特色的诠释和论证。

严格科学传统的描述心理学家着重从意向性的视角诠释了心理实在的意义性本质。这正如高新民教授所指出的:"意义问题追到最根本处就是意向性问题。"④第一,布伦塔诺通过其意动学说强调人类心理的活动性、整体性和意向性,从而诠释了心理实在的意义性。他所谓的心理现象主要表现为心理或意识的活动,"包含经历的体验和行动的体验、意识的状态和单纯的瞬间过程"⑤,而不是静止的心理内容,而且潜意识不在承认

---

① Thomas, W. I. (1931). *The unjusted girl*. Boston: Little Brown, p.41.
② [英]维利格.心理学质性研究导论.郭本禹,王申连,赵玉晶,译.北京:人民邮电出版社,2013:9.
③ 王申连,郭本禹.描述心理学的理论形态.华东师范大学学报(教育科学版),2015(1):91—96.
④ 高新民.意向性理论的当代发展.北京:中国社会科学出版社,2008:250.
⑤ [美]施皮格伯格.现象学运动.王炳文,张金言,译.北京:商务印书馆,2011:79.

范围之内。尽管心理现象多重而复杂,由多种终极心理成分以不同方式相关联①,但总是以一个统一整体的面貌呈现于我们的内部知觉中,而物理现象则单个地呈现于我们的外部知觉中。以活动形式呈现的完整心理现象一旦发生,总有其内在的对象显现于心中。它无法脱离对象和内容而独立存在,必须指向某个对象和涉及某种内容,总是意向性地包含一个对象于自身之中。正如布伦塔诺所指出的:"心理现象是那种在自身之中以意向的方式涉及对象的现象。"②意向性是心理现象区别于物理现象的根本标志,物理现象作为自足的客观存在绝不包含别的事物于其内。布伦塔诺通过意向性回答了心理如何在现实情境中活动的问题,认为心理与对象有关联,不仅指向对象而且将对象包容于自身之中,尽管这并不意味着心灵之外必然存在实物。也就是说,心理不是一个封闭的存在,而是与现实世界互动的存在,它相对于物化实在的独特意义性便通过这种互动方式得以塑造和赋予。

第二,斯顿夫认为人的心理主要表现为心理机能,也即心理的作用、状态和体验等活动或过程,如知觉活动、理解活动、领会活动、意志活动和欲望活动等,而且承认潜意识活动。在他看来,发生在人身上的每个心理事件都是一个有意义的整体单元,而不是心理元素的机械组合,或者说,在心理机能领域同时发生的意识和理智状态与情绪活动都是作为一个整体被知觉到的。那么,心理机能是如何实现与现实生活环境的关联从而赋予人的心理以意义的呢?斯顿夫认为,每种心理机能都是关于特定内容或客观相关物③的心理活动,都有某种指向物并呈现于内心,两者既不可分而又各自独立存在于经验之中。这实际上类似于布伦塔诺的意向性,由此赋予人的心理以意义。

第三,胡塞尔主张人的心理生活是完整而有意义的,而且强调心理实在是由意识活动和意识内容构成的,而把意识指向的对象排除于心理现象之外。这其实推进了布伦塔诺的意向结构模型④。意向性仍然是胡塞尔赋予心理以意义的根本出发点。我们生活的世界,无论其中的事物是什么,只要向我们显现出来就是意义统一体。正如胡塞尔所说:"意识正是'关于'某物

---

① Mulligan, K., & Smith, B. (1985). Franz Brentano on the ontology of mind. *Philosophy and Phenomenological Research*, 45(4): 627–644.
② Brentano, F. (1995). *Psychology from an empirical standpoint* (A. C. Rancurello, D. B. Terrell, & L. L. McAlister, Trans.). London: Routledge & Kegan Paul, p.89.
③ [美]施皮格伯格.现象学运动.王炳文,张金言,译.北京:商务印书馆,2011:101–102.
④ 王申连,郭本禹.从经验到本质:胡塞尔对布伦塔诺描述心理学的理论推进.华中师范大学学报(人文社会科学版),2015,54(3):170–176.

的意识;其本质正在于自身中隐含着作为(可以说)'灵魂''精神''理性'之要素的'意义'。"①在此基础上,他认为心理的"真实实在"之外还存在着一种普遍的"观念之物",它是由意识活动和内容构成的心理现象的本质种属和复合形式,其中意向关系构成了意识活动的本质种属,而实物意象的观念内涵构成了意识的内容本质。这就对人的心理世界的意义性给予了更深刻、更抽象层次的诠释。

浪漫主义传统的描述心理学家着重从生命/生活和文化的视角诠释了心理实在的意义性本质,尽管他们也强调意向性。第一,狄尔泰立足于人的心理生命体验,认为心理生命不是由诸多部分相互作用建构和发展起来的机械复合物,而是一个具有结构完整性、内容丰富性、文化内嵌性和目的发展性的综合意义系统,我们可直接体验到这种鲜活意义的存在。心理生命具有结构完整性,是一个由认知、情感和意志组成且主次有序的内部连贯和统一的状态组织,这为它的意义性提供了功能保障;心理生命具有内容丰富性,不仅具有诸如遗忘曲线那样的形式和过程规律,而且具有诸如我们实际遗忘或记住什么的丰富内容,这为它的意义性提供了载体保障,内容依赖于意义结构而意义正是通过内容形成②;心理生命具有文化内嵌性,始终处于人类创造的精神产品即"文化关联"之中,深受人类共同体文化精神的影响和制约,个体与周围文化环境的互动为心理生命的意义性提供了机制保障;心理生命具有目的发展性,趋向本能满足的目的性使它在追求目的实现的过程中,获得了自身独特的成长与发展,这为它的意义的日益丰满提供了动力保障。总之,在狄尔泰看来,人创造文化并寓于文化之中且深受文化的影响,从而形成了自己富有文化意义和生活意义的精神生命,而心理生命则构成了人类精神生命中最为鲜活和灵动的部分。

第二,斯普兰格认为,人的心理生命寓于特定的文化关系之中,通过与内嵌于的文化情境的密切互动,形成了一个具有意义完整性的心理结构。文化构成了心理生命意义性的根本源泉,而缺乏文化滋养的心理生命不仅干瘪枯瘠而且毫无意义。在他看来,每种心理活动都是一个以文化为目标导向的经验实体,只有当文化附着于内部经验时心理活动才会产生,文化为心理经验得以创造提供了意义情境,并赋予它丰富而独特的意义内容。也就是说,我们能够共享的仅仅是我们主观经验的文化意义,而不是心理活动

---

① [德]胡塞尔.纯粹现象学通论.李幼蒸,译.北京:商务印书馆,1995:218.
② Teo, T. (2005). *The critique of psychology: From Kant to postcolonial theory.* New York: Springer, p.79.

经验自身的作用过程。

第三,斯特恩从人格主义的整体论视角出发,认为人生活在一个具有道德标准和文化意义的世界里,通过对道德标准、道德法规和文化价值的认识而意识到自身,从而形成自己具有整体性、目的性、活动性、体验性、价值性和目标导向性的独特人格。人格作为完整而鲜活的心理生命组织,不仅自给自足而且对外开放,是一种"心""物"不可分割的中性实在,整体性、文化性和鲜活性保证了它的意义性。正如斯特恩所言,任何心理之物要么本身是一个意义统一体,要么属于这样一个整体,而不可能作为简单元素或由简单元素机械相加而成的聚合物直接呈现于我们的内部经验中。①

二、主客互动而非主客分离的认识论立场

心理学的认识论主要是关于心理知识是什么、怎么样、来自哪里、如何获得及其论断的可信度和有效性的理论思考,试图回答"我们如何才能认识心理世界以及能够认识些什么或认识到什么程度"的问题。它背后反映的实则是主体与客体、知者与被知者或研究者与被研究者之间关系的问题。心理学研究的认识论立场决定了它能发现的事物的类别,认识论立场不同,对心理知识的理论阐释自然也就不同。心理学的认识论制约着心理学的方法论和价值论。

量的研究从心理是一种物化实在的本体论精神出发,认为主体与客体是两个截然分离、不能相互渗透的实体,主体可凭借一套既定工具和方法程序获得对客体的说明性(explanatory)认识。相反,质的研究从心理是一种意义实在的本体论精神出发,关注所欲获得的心理经验的本质和质量而不是去寻找数量化的因果关系,主张研究者与被研究者之间是一种主体间性的关系,而不是彼此作为独立实体的主客对立的关系。它认为研究者要想深入而全面地认识充满文化意蕴和生活意义的变动不居的复杂心理世界,就必须在自然情境中与被研究者密切交往和互动,融入被研究者的经验世界之中深入体会其感受和知觉,从被研究者的立场和视角诠释心理经验的意义。在质的研究中,研究者的自我意识不仅可以包容被研究者的心理世界,而且可以创造一个主体间进行心灵对话的共同意义世界,获得关于心理经验的意义理解的描述性知识。正如陈向明教授所言:"这种理解不仅仅涉及研究者在认知层面上'了解'对方,而且需要研究者通过自己亲身体验去'理解'对方,

---

① Stern, W. (1938). *General psychology from the personalistic standpoint* (H. D. Spoerl, Trans.). New York: Macmillan, pp.14 – 15.

并通过'语言'这一具有人类共同性的中介,将研究结果'解释'出来。只有当研究者进入对方关切的问题域时,'意义'才可能向研究者展现。"①

在心理学的认识论层面,描述心理学孕育并彰显出浓厚而澄明的质性精神。它反对主客彼此分离的二元论立场,而坚持主客视域融合的主体间性立场,以期获得关于心理生活的描述性知识。人的心理是一个充满文化和生活意义的鲜活世界,心理知识的形成与发展不是仅受知识内在法则的限制或由单纯理性推论来确定,而是受日常生活世界中人的意识的作用,主体与客体的主观互动产生了可供沟通的具有情境性、本土性和多样性的心理知识。基于这种认识,描述心理学试图突破主客二元对立的传统思维栅栏,主张在主客视域融合的主观互动框架内,从第一人称视角出发,洞悉和把握心理经验的事实及其内在关系。在它看来,心理知识是认识主体与认识对象之间意义互动的结果,产生于主体的内部经验,是在主体内心中直接显现的独特的经验性知识而不是假设的普遍的概念性知识,主体可以通过融入认识对象(包括自己与他人)的经验世界中来获得。如此一来,描述心理学实则承认了研究对象在研究过程中的能动主体地位,心理学研究便不只是对一个固定不变的"客观心理事实"的了解,而且是研究双方彼此互动、相互构成、共同理解的过程。这种认识论观点实则是在偏离甚或批判康德的心理不可知论的基础上形成的。②③

康德强调心理知识始于经验或知觉,但认为知觉主体与知觉对象之间存在难以逾越的鸿沟,知觉受其先验形式制约只能给予现象的知识而不是物自体的知识。描述心理学家布伦塔诺和狄尔泰针对康德的主张,认为知觉心理与被知觉心理之间并不是二元对立关系,它们在内部知觉框架内可以实现统一,进而呈现作为物自体的真实心理的知识。布伦塔诺指出,我们可以直接地、不容置疑地或者绝对明证地认识心理及其规律,而不需要通过假设来认识它们。④ 狄尔泰指出,心理事实内在于体验之中,对于"我"而言不是客体,而仅是可意识到的存在。⑤ 这种"知"与"被知"之间鸿沟的弥合,

---

① [英]莫特纳,伯奇,杰索普,米勒,主编.质性研究的伦理.丁三东,王岫庐,译.重庆:重庆大学出版社,2008:iii.
② Wolman, B. B. (1968). Immanuel Kant and his impact on psychology. In B. B. Wolman (Ed.), *Historical roots of contemporary psychology* (pp.229 - 247). New York: Harper & Row.
③ Wolman, B. B., & Knapp, S. (1981). *Contemporary theories and systems in psychology* (2nd ed., expanded and rev.). New York: Plenum Press, pp.410 - 430.
④ Mulligan, K., & Smith, B. (1985). Franz Brentano on the ontology of mind. *Philosophy and Phenomenological Research*, 45(4): 627 - 644.
⑤ Hodges, H. A. (1952). *The philosophy of Wilhelm Dilthey*. London: Routledge & Kegan Paul, p.205.

实际上首先意味着认识主体与认识客体处在同一意义系统或认识框架内，认识主体不只是旁观者，认识客体也不只是被动地等待着被认识的"生冷自然物"，而是活生生的主体的人，两者是一种互动的主体间性的关系，彼此视域的融合是获得"鲜活"心理知识的必要条件。认识过程包括对自我心理的认识和对他人心理的认识。对于前者，我们将自我作为平等对话的主体，通过内部知觉直接获得自身显现的心理的知识。对于后者，我们将所欲认识的他人作为平等对话的主体，站在对方的立场和视角通过反思"客观地"审视和领会互为主体的"主观"。狄尔泰主张通过移情或再体验等方式，来达到对他人心理的理解和认识。正如他批判指出的："实验心理学探讨感觉及其联合，而无法像人看待和感受自己那样来看待人。"[1]

除布伦塔诺和狄尔泰外，他们的后继弟子斯顿夫和胡塞尔、斯普兰格和斯特恩等，也都明确反对实验心理学家和测量学家坚持的主客分离的认识论立场，而坚持认为认识主体与对象之间是一种互为主体的主体间性关系，心理知识就是由主客双方通过视域融合的互动而达成的经验共识。例如，斯顿夫确信在具有直接自明性的内部知觉框架内获取心理经验事实的知识，要比通过无实际经验的间接推测和理论建构获得心理知识更加真实可靠，因而即便是做心理实验，他也强调"从第一人称视角出发"（from a first-person point of view）[2]。再如，斯普兰格把文化关系框架内的理解视为人类认识心理世界的最基本方式，认为理解即以一种有意义的方式把握在客观有效的认知中知觉到的心理关系，不单指关涉另一主体的再体验、移情或共情活动，而是始终伴随着意义。这背后反映的正是主客通过视域融合而达成意义互动的认识论立场。正如伽达默尔所认为的，理解不是主体对客体的认识，而是不同主体之间视域的融合。[3]

三、主观探究而非客观实证的方法论策略

心理学的方法论主要是关于心理研究的哲学方法论、研究范式以及具体方法和策略的基本主张，是对如何有效探究人类心理真实本质和存在样态的"工具性"思考，主要试图回答"研究者通过什么方法和策略探索人类心

---

[1] Wolman, B. B., & Knapp, S. (1981). *Contemporary theories and systems in psychology* (2nd ed., expanded and rev.). New York: Plenum Press, p.417.
[2] Huemer, W., & Landerer, C. (2010). Mathematics, experience and laboratories: Herbart's and Brentano's role in the rise of scientific psychology. *History of the Human Sciences*, 23(3), pp.72-94.
[3] ［德］伽达默尔.哲学解释学.夏镇平，宋建平，译.上海：上海译文出版社，1994：23-28.

理生活的奥秘"的问题。方法论选择决定了心理学探究人类心理本真的程度、深度和广度。

量的研究为获取人类心理的客观性知识,主张采用自然科学的实证主义方法论和客观主义研究范式,通过理性的工具对预设为"客观物"的心理作因果/相关假设、严格控制、元素分析和寻求通则的精确定量研究。质的研究则倾向于关注心理经验的品质和意义,描述并对心理事件和经历给出可能的解释,而不是去寻求和预测变量间的因果或相关关系。① 正如质性心理学家费希尔(Constance T. Fischer)所指出的,质性心理学探讨"人的实际生活体验和行动的独特和本质的特点……是反思性的、释义的和描述的……通常从被研究者的角度以生活于特定情境中的人的视角来反身性地描述和理解人的实际行动和体验。"②因此,质的研究主张采用以研究者本身作为主要工具,去描述和理解人的完整心理生活经验的主观探究策略,而这主要表现为现象学和解释学的方法论,即使后来的社会建构主义方法论也是在解释学基础上发展起来的。正如陈向明教授所说:"随着质的研究进入 21 世纪,各种不同的'理解'和'解释'立场和风格进入研究的行列,通过'对话'来检验自己的'知识宣称'。质的研究者对'理解'和'解释'的认识也发生了变化:从强调'客观''中立',到'体验''移情',再到在'参与'和'对话'中'共同建构'意义。"③心理学质性研究从研究设计到资料收集和资料分析再到结论呈现,采用的全部研究方法和策略几乎都遵循了现象学方法论或解释学方法论的基本原则。著名质性心理学家雷尼(David L. Rennie)指出:所有心理学质性研究的方法论本质都是解释学的。④ 随后,另一位质性心理学家乔治作了纠正:解释学方法虽然重要,但并不是心理学质性研究的唯一合法方法,现象学的描述方法对于心理学质性研究不可或缺且意义重大。⑤

在心理学的方法论层面,描述心理学孕育并彰显出浓厚而澄明的质性精神。它认为人是生活在特定社会、历史和文化条件下具有鲜活人性的生

---

① [英]维利格.心理学质性研究导论.郭本禹,王申连,赵玉晶,译.北京:人民邮电出版社,2013:11.
② Fischer, C. T. (2006). *Qualitative research methods for psychologists: Introduction through empirical studies*. San Diego: Academic Press, p.xvi.
③ [英]莫特纳,伯奇,杰索普,米勒,主编.质性研究的伦理.丁三东,王岫庐,译.重庆:重庆大学出版社,2008:vii.
④ Rennie, D. L. (2012). Qualitative research as methodical hermeneutics. *Psychological Methods*, 17(3): 385–398.
⑤ Giorgi, A. (2014). An affirmation of the phenomenological psychological descriptive method: A response to Rennie (2012). *Psychological Methods*, 19(4): 542–551.

命存在,人的心理具有根本区别于客观自然物的独特价值、意义和特征,我们不可照搬自然科学的客观实证模式来开展心理研究,假设验证、严格控制、精确定量、元素分析、因果说明和寻求通则都不适合,而必须尊重人作为现实生命存在具有的丰富性、复杂性和独特性,采取现象学和解释学的主观探究策略去探究具有丰富意义性的主观心理生活。这主要表现为,如实的经验描述,丰富的意义理解,整体的探究策略,注重内容的质性分析,真实生态的研究情境,对人的独特心理规律的探求。现象学的方法论要求研究者排除或悬置个人的各种预设成见而对显现的心理现象进行直观把握,以切身体验和如实描述人的完整心理生活的本质结构和经验意义。解释学的方法论要求研究者站在被研究者的立场对人的完整心理生活进行意义理解和解释,由于它也接受现象学"面向实事本身"的精神和原则,因而亦可看作是现象学的引申或特殊版本。这两种方法论取向以研究者本人作为探究人的心理生活的主要工具,注重描述和理解个体经历特定事件时的心理感受,而不探究它与外部生理或物理之物的因果关联机制,从而使心理研究摆脱了问卷、量表和实验等需要对研究资料进行数理统计的简单化约方式。描述心理学家最早将现象学和解释学的主观探究策略引入心理研究,并传承性地加以推广和应用。

布伦塔诺从康德和歌德等人那里吸纳了朴素的现象学思想并对之作了重要发挥,领先性地将其引入心理学研究并将其作为至关重要的方法论基础,从而开创了严格科学传统的描述心理学。他从直接"面向实事本身"而不作间接因果假设的现象学精神出发,反对冯特专注于分析静止心理内容和琐碎心理片段的客观实验范式,主张通过具有直接性、不谬性和自明性的内部知觉,直观、可靠、准确地描述当下完整、真实、充满意义的心理活动经验。他的这种现象学的主观经验范式,强调主体对自己的意识领域进行直接而自然的审视、体验和反省,将感性、偶然或虚假的东西从呈现于意识领域内的现象中排除,从而达到对纯粹心理活动经验的基本结构和内在本质的描述性把握。

斯顿夫传承了布伦塔诺的现象学方法论,认为心理机能作为一个意义整体是在主观经验中被直接给予的,我们通过内部知觉的主观描述方法可以对它进行真实有效的分析和分类研究,并通过归纳和演绎的综合来获得心理规律。他承认解剖、观察、实验、测量和统计等客观方法对心理研究的重要辅助作用,但认为客观实证的方法若不以内部知觉的主观方法为前提,或者若没有一种相应的主观检验,那将是相当危险的。

胡塞尔为"重建全部人类的精神生活",传承和发展了布伦塔诺与斯顿夫的现象学思想，并在开创现象学哲学和缔造现象学运动的过程中，正式确立了现象学作为人文科学心理学基本方法论的地位。他认为心理现象的观念本质直接显现于人的脑海之中，人可通过纯粹直观的方法予以证实、澄清和把握，而不必像发生心理学那样掺杂过多的理论假定，导致将说明（explanation）得来的结果与直接所予的现象混淆在一起。

狄尔泰直接从布伦塔诺那里吸纳了现象学思想，并把它作为研究心理生命体验和意义的基本方法论，从而开创了浪漫主义传统的描述心理学。他认为心理生命本身就是一个具有完整结构性和文化意义性的因果系统，而且有序和连贯地直接呈现于我们的体验中，我们不需要通过假设验证和理论建构到生理或物理系统中寻求原因，而仅需通过"自身思义"（selbstbesinnung）的内部知觉对体验到的心理生命的结构和意义系统进行"面向实事本身"的描述和理解。描述作为一种纯粹经验的方法，可以高度确定和准确地告诉它发现的东西，而不涉及任何关于形而上学或物理主义的心理本质假设。他还强调描述要以理解为基础，认为"理解过程奠定了描述心理学的最深刻基础"[1]。这其实已经涉及解释学的方法论，即对意义的理解和解释。尽管狄尔泰很早就接触了解释学并赋予"理解"以很高地位，但他在早期主要强调内部知觉意义上的现象学描述，而且将"理解"的内涵仅限定为在体验基础上对心理生命意义的直接把握。后来他认识到，心理生命的真正知识不应仅靠基于体验的内部知觉来直接寻获，还应采取迂回路线，通过对自我和他人体验的外在表达的理解和解释来达到对深层心理生命意义的间接把握。这标志着解释学已正式地成为描述心理学的另一种基本方法论。

斯普兰格传承了狄尔泰的现象学和解释学方法论，认为要确保心理生命的意义完整性，就必须摒弃自然科学心理学的客观主义、假设主义和元素主义的倾向，而采纳如实描述、意义理解和整体探究的主观方法论策略，在社会、历史和文化视野下真实地把握心理生命内在而丰富的意义关系。对于他而言，心理学不是探究心理元素和生理过程，而是探究真正有意义的心理活动的目的和价值，进而达到对各种精神现象的理解和内识。[2]

斯特恩受狄尔泰主观方法论思想影响，反对极端的客观实证主义，认为

---

[1] Ermarth, M.（1978）. *Wilhelm Dilthey: The critique of historical reason*. Chicago, IL：University of Chicago Press，p.180.
[2] 张勇.西方心理学人文取向的生成与发展研究.长春：吉林大学博士学位论文，2007.

要研究人格这样一个生理与心理、自然与文化、遗传与环境、凸显与内嵌、整体与部分的"多元统一体"(unitas multiplex),就必须首先运用描述和理解的方法获取经验资料并对之加以分类,然后再运用元素分析和实验说明的方法使具体资料隶属于抽象规律,最终达到对完整人格特性及其意义关系的综合把握。

四、观念涉入而非观念无涉的价值论态度

心理学的价值论主要是关于研究者的价值观念、兴趣偏好、态度情感和个人意愿等主观因素是否会渗入并影响研究过程和结果的理论阐释,回答的是"研究者在研究过程中能否保持完全客观"的问题。

量的研究从客观实证立场出发,认为心理现象是一种类似自然现象的客观存在,研究者通过既定的研究工具和方法程序,能够对人的心理开展"价值中立"的纯客观研究,在研究过程中可以置身事外而不掺杂任何个人的主观信念。相反,质的研究不仅承认研究者的主观信念会影响研究过程和结果,而且主张将价值观念涉入的情况予以公开和反省,而不是去隐瞒和回避。质性心理学认为,研究者努力避免个人的主观臆断,并不意味着他/她就是一种被动的工具。或者说,努力保持"价值中立"是以"价值关联"为前提的。研究者对什么问题感兴趣、观察哪些对象、采取什么方法以及想得到什么说明,都取决于他/她个人的价值判断。即使在设计甚为严密且具有善良意向的研究中,研究者透过自己的预设和主张的诱惑,也会过滤掉自己不喜欢的内容,进而影响研究的观察过程和结果解释。[①] 在质性心理学家看来,研究者不可能采取完全中立的"工具理性"态度,而必须坚持"价值理性"原则扮演从"局外人"到"自己人"之间的某种角色,对自己的个人身份、角色定位、思想倾向、政治承诺、兴趣爱好和主观偏见以及所有这些因素对研究过程与结果的影响进行反省,并将之在研究报告中呈现出来,以使读者解释、分析和考虑其他可能的解释。不过,质性心理学只是承认价值观念对研究过程和结果会产生影响,而并不主张研究者在资料收集和分析过程中强加个人意愿,也不允许通过应用预定的编码范畴来严格控制所得出的结果。

在心理学的价值论层面,描述心理学孕育并彰显出浓厚而澄明的质性精神。它肯定事实与价值、是与应该的统一,承认心理研究与研究者个人的主观信念、价值取向和意识形态密不可分,认为我们不可能超越已有的主观

---

① 李晓凤,余双好,编著.质性研究方法.武汉:武汉大学出版社,2006:279.

倾向和价值观念而进行完全中立的纯粹客观研究。心理生活区别于客观实在的特殊性决定了研究者不可能置身于研究过程之外，任何心理知识的获得都隐含和承载着研究者的价值诉求和主观信念。伟大哲学家康德早就指出，一切作为现象而被我们观察和研究的东西，都是被认知主体先验的认识框架整理过了的，先验的认识框架就好像永远戴在认知主体鼻梁上取不下来的有色眼镜，任何被观察和研究的东西都打着认知主体的烙印。① 描述心理学坚持现象学和解释学的方法论立场，前者要求研究者排除个人成见而以"面向实事本身"的精神直接、明证、原本地把握心理生活本身，后者要求研究者在与被研究者"视域融合"的基础上领会和解读心理经验及其外在表达的真实意义，尽管两者都要求研究者站在被研究者立场尽量"客观真实"地把握心理生活原貌，但它们都承认研究者难以摆脱个人的主观偏见对研究过程和结果的影响。在描述心理学家看来，实证心理学宣扬事实与价值、是与应该以及科学与信仰的割裂纯属无稽之谈，"价值中立"永远都只是一个难以实现的美梦，我们必须承认研究者的主观信念对研究过程和结果的不可避免的影响。

描述心理学的现象学研究主要体现为通过内部知觉获取心理经验的事实及其内部关系。按照布伦塔诺的观点，内部知觉是对刚刚过去、在记忆中仍呈现鲜活状态的心理活动及其变化的反省。许为勤教授在其著作《布伦塔诺价值哲学》中指出，内部知觉具有自明性、无谬性、当下性、统一性、次第性和实践性六大特性。② 次第性和实践性意味着，每位个体在内部知觉的能力、过程和结果上表现出极大的差异性。那么，是什么导致了这种差异性的存在呢？内部知觉者的价值观念、兴趣偏好、态度情感和个人意愿等主观因素，是我们需要着重考虑的背后深层次原因。胡塞尔指出："只要我们不再陷身于我们的科学思维，只要我们能够觉察到我们科学家是人，而且是生活世界的一个组成部分，那么整个科学都与我们一起进入到这个——主观、相对的——生活世界之中。"③ 置身于各自不同的生活世界的研究者，在对心理世界进行现象学描述的过程中，自然就难以摆脱在生活世界中形成的主观信念涉入的影响。

描述心理学的解释学研究主要体现为研究者通过与被研究者交互主体意义上的"视域融合"，理解和解释完整心理经验及其外在表达的真实意义。

---

① [英]莫特纳,伯奇,杰索普,米勒,主编.质性研究的伦理.丁三东,王岫庐,译.重庆：重庆大学出版社,2008：xiii.
② 许为勤.布伦塔诺价值哲学.贵阳：贵州人民出版社,2004：53-57.
③ 倪梁康.现象学及其效应——胡塞尔与当代德国哲学.北京：三联书店,1994：132.

研究者需要考虑的不是如何将自己的主观信念和态度价值从研究过程中摒除,而是如何更为恰当地将自己的观念带入特定的研究阶段并加以充分利用,以更加准确和灵敏地捕捉到心理生命的真实意义。甚至有的时候,我们需要对正试图理解的事物的意义作出某些初步假设,否则理解就不可能发生。例如,狄尔泰曾明确表示,人文科学的历史理解总是包涉着人性、道德和价值等伦理成分。① 再如,斯普兰格更是强调,心理学研究依赖于心理学家的个人哲学及文化对他们的信念的影响。②

第二节 质性心理学的哲学依据

质性心理学与量性心理学是当代心理学的两种研究范式③,它们原本是两种可以互补的研究模式,但现在却在认识论和方法论上表现出激烈冲突。究其根源,在于它们基于的哲学依据或体现的哲学精神根本不同。量性心理学从根源上承袭的是冯特开创的自然科学心理学的实证主义精神,而质性心理学从根源上承袭的是布伦塔诺和狄尔泰开创的人文科学心理学或描述心理学的现象学或解释学精神,不同的哲学根基导致了两者的对立和冲突。质性心理学的哲学依据是现象学、解释学以及在解释学基础上发展起来的社会建构主义。

首先,质性心理学以现象学为哲学依据。现象学坚持"面向实事本身"的基本精神,主张从显现出的现象出发描述事物本质,而不需要像实证哲学那样跑到现象背后寻找事物本质,这要求我们直接面对呈现给自身的意识经验。现象学"直面现象本身"的哲学理念以及悬置、本质还原和先验还原等方法学步骤经过改造,最终落实到了质性心理学的研究实践中。胡塞尔的现象学还原、生活世界理论和交互主体性理论,为质性心理学奠定了本体论、认识论和价值论的哲学基石。④ 现象学方法甚至成为质性心理学研究中一种极为重要的具体方法学范型。

---

① Ermarth, M. (1978). *Wilhelm Dilthey: The critique of historical reason*. Chicago, IL: University of Chicago Press, p.310.
② Wolman, B. B., & Knapp, S. (1981). *Contemporary theories and systems in psychology* (2nd ed., expanded and rev.). New York: Plenum Press, p.423.
③ Hoyt, W., & Bhati, K. (2007). Principles and practices: An empirical examination of qualitative research in the Journal of Counseling Psychology. *Journal of Counseling Psychology*, 54(2): 201-210.
④ 秦金亮.质化研究心理学.上海:上海教育出版社,2010:82.

其次,质性心理学以解释学为哲学依据。著名心理学家雷尼指出:"在现代解释学影响下,社会学、心理学和其他相关学科出现了新的研究方式……与量化方法相对,这些新的研究方式被称为质性方法。"① 方法论解释学以狄尔泰等人为代表,把人文世界看作是一个历史化、整体化和意识化了的世界和一个有待解释的文本,主张在具体而有意义的情境中理解和把握对象的意义、价值和特征,而不是对之进行剥离意义和价值的因果说明和量化操纵。哲学解释学以海德格尔等人为代表,认为理解不仅是一种主观认识活动,而且更是主观认识活动的基础和条件,是此在与存在的最根本关系,任何解释都必须根植于理解。理解过程发生于理解的前结构(包括先有、先见和先设三种存在状态)与理解之间,理解作为一种视域融合受地域和历史文化因素的制约,因此在理解过程中保持价值中立是根本不可能的。如果说方法论解释学对质性心理学的操作方法产生了直接影响,那么哲学解释学则为质性心理学提供了本源性和前提性的哲学基础。②

最后,质性心理学以社会建构主义为哲学依据。近些年来,社会建构主义成为一种影响力渐增的哲学取向,它认为包括知觉在内的人类经验是以历史、文化和语言为中介的,我们知觉和经验到的东西从来都不是对环境状况的直接反映,而是对这些状况的一种特定解读。这意味着,同一现象或事件可以用不同方式来表述,这就产生了不同的知觉和理解方式,而其中任何一种表述方式都不必然是错误的。例如,半杯水可以描述为"半满"也可以描述为"半空",两种描述都同样准确,只是一种描述对情境作了积极、乐观的解读("半满"),而另一种则强调了缺乏和不足("半空")。社会建构主义旨在确定某种文化情境下建构社会实在的各种方式,探索它们的使用条件,而且考察它们对人类经验和社会实践的影响。③ 质性心理学认为,每个人都具有对世界的独特理解方式,都具有对事件的主观认识及其建构,因而在研究过程中研究者和被研究者之间是一种互动关系,研究者要透过被研究者的眼光来看世界,分析被研究者是如何建构其世界的,最终通过彼此沟通和协商来建立对社会生活的共识,这反映了社会建构主义的影响。

质性心理学通过以现象学、解释学和社会建构主义为哲学依据,延续、传承和发展了描述心理学的人文科学精神、方法论主张和具体研究理念,把

---

① Rennie, D. (2007). Methodical hermeneutics and humanistic psychology. *The Humanistic Psychologist*, 35(1): 1-14.
② 秦金亮.质化研究心理学.上海:上海教育出版社,2010:96.
③ [英]维利格.心理学质性研究导论.郭本禹,王申连,赵玉晶,译.北京:人民邮电出版社,2013:9.

心理现象看作是一种互动性的、关系性的和非展延性的社会、历史和文化的意义构成体。

第三节 质性心理学的基本特征

质性心理学把人看作是有血有肉、有情感体验的经验主体和精神存在，试图通过颠覆自然科学心理学研究的客观量化霸权，为研究难以量化的、主观性的、情境性的、价值关涉性的完整心理经验提供一种可供选择的有效途径，力求原原本本地揭示和展现心理现象的文化本源性、具体情境性和主观体验性。质性心理学的基本特征契合和反映了作为人文科学心理学原初形态的描述心理学的基本精神，主要表现在六个方面：探索主观经验，追求文化意义；保持自然态度，选择生态情境；立足整体视角，展现完满人性；坚持主位策略，注重主体互动；抛弃价值中立，彰显主观信念；重视自然语言，突出叙事呈现。

第一，探索主观经验，追求文化意义。量性心理学在自然科学理想的驱动下，假定心理现象是独立于研究者的客观存在，是与生理现象、物理现象没有本质区别的普遍经验实体，因而主张对心理现象采取客观和超然的实证主义研究态度，将之视作物质世界的客观现象来研究，力求通过量化手段达到对心理现象的客观运作机制的解剖学式理解。与之相反，质性心理学坚持人文科学理想，从建构主义的视角来理解心理现象，把心理现象看作是个体在面对社会或生活事件时产生的主观经验或内在体验，并认为这种带有主观色彩的心理经验，是在特定文化模式下自然形成的，具有丰富的文化意义和内涵。文化塑造了人类心理的意义世界，文化构成了解释一切心理现象之意义的代码。正如马尔塞拉（Anthony Joseph Marsella）等所说："……行为、思想、情感上的突出差别，主要是他们在一定地理环境中，作为其历史经验的结果获得的某种东西。在20世纪初，这样的一些东西被冠之以'文化'的名称。"[①]质性心理学认为，心理经验的主观性质和文化意义使得客观量化的自然科学研究模式失去了用武之地，而只能靠理解和描述的方式在特定文化背景下予以把握。因此，从被研究者的主体性和主观性出发，探究人的主观经验及其文化意义，构成了质性心理学研究的本源趣好。

---

① ［美］马尔塞拉，等主编.跨文化心理学.肖振远，等译.长春：吉林文史出版社,1991：54.

第二,保持自然态度,选择生态情境。量性心理学遵循自然科学心理学对被研究者施加影响的实验控制模式,主张在精心设计的"人为"实验条件下,通过系统操纵某些变量的变化来精确发现变量间的因果关系。这种人为干涉的研究模式扭曲了人的心理现象的原貌,大大降低了研究的生态效度(ecological validity)。正如著名生态心理学家吉布森(James Jerome Gibson,1904—1979)所主张的,心理现象只能通过具有生态效度的方法在现实背景中加以理解,心理学必须植入生态学视角,而彻底摆脱实验室研究模式的"人为性"缺陷。[1] 质性心理学担此大任,要求研究者采取自然主义的不干预态度,直面和尊重被研究者生活的"原生态"环境,使人的心理原貌、生活世界、生存方式和生存价值得到自然显现。质性心理学研究者通常在不引人注目的情况下深入到被研究者的生活现场,从被研究者的角度出发,在不控制任何变量,不强加任何已有理论框架、概念范畴和测量手段的前提下,尽可能自然地理解和描述被研究者的真实心理和行为,而且在搜集资料的当下情境中对所获资料进行解释,而不计较研究结果的概括性和可推广性。可见,质性心理学在研究中采取的是一种"直面真实"的自然主义哲学态度和方法论信念。

第三,立足整体视角,展现完满人性。受实证主义特别是马赫主义"要素论"的影响,量性心理学采用元素分析方法来研究人的心理现象,但在把心理现象还原为数量化范畴时,不可避免地肢解和破坏了心理经验的整体性,进而剥夺了其重要意义和价值。与之相反,质性心理学反对"支离破碎"的元素分析研究,认为人的心理世界不是各种心理元素的简单相加,而是一个密不可分、相互交织的统一整体和意义单元,而且通过这种整体性发挥着作用。因此,质性心理学主张从整体原则出发,对经验主体的完整心理生活进行动态性和功能性的把握,揭示人赖以存在的社会和文化完整性,展现丰满的人性生活。整体主义的研究视角在质性心理学的研究设计、资料搜集与分析以及研究成果的表达中都得到了贯彻:从研究设计来看,质性研究的问题陈述是整体性的,与量化研究的因果陈述和相关陈述极为不同,并且质性研究的假设是在整个研究过程中逐步形成的,而不是预先设定的;从资料搜集与分析来看,质性研究专注于在整体情境中对资料进行广泛搜集,在整体框架内对资料进行组织分析和意义理解,而不将注意力分散在个别资料的细枝末节上;从研究成果的表达来看,质性研究报告重视从整体上对生

---

[1] 王申连.从信息加工范式到生态学范式——奈塞尔的认知心理学思想研究.南京:南京师范大学硕士学位论文,2010.

活故事进行情境化和情节化的语言描述。①

第四,坚持主位策略,注重主体互动。量性心理学坚持客位研究策略,从文化系统外部对被研究者的心理和行为进行分析,追求不受社会历史和文化地域影响、放之四海而皆准的心理普适规律,而且坚持自然本体论,把被研究者看作是独立于研究者之外的客观对象,认为研究者与被研究者之间的关系是认识主体与认识客体的关系。质性心理学坚持主位研究策略,从特定文化系统内部对被研究者特有的心理和行为进行把握和理解,追求与社会历史和文化情境具有良好契合度的人类心理与行为的特殊规律的知识,而且坚持社会本体论,把被研究者看作是同研究者一样具有特定文化内涵的能动主体,认为研究者与被研究者之间的关系是认识主体与其他认识主体的关系。研究者与被研究者同属一个文化群体,具有相同或相似的生活习惯、行为方式和价值观念,彼此可以比较透彻地理解对方的思维习惯、情感表达和行为意义。在研究过程中,质性心理学研究者作为"局内人"主动参与到研究过程中与被研究者打成一片,试图从被研究者的视角来获得问题的答案。因此,质性心理学研究实质上是文化主位基础上研究者与被研究者之间的主体互动过程。

第五,抛弃价值中立,彰显主观信念。量性心理学受自然科学的客观主义研究思维影响,假定研究者与研究对象之间是主客对立的二元关系,认为研究者可以置身于研究过程之外,"价值中立"或"价值无涉"地把心理事件当作自然物外在地进行研究,因为只有彻底摆脱个人感情、主观意识和价值观念的影响,才能保证心理学研究的科学性和客观性,获得普遍适用的心理规律知识。质性心理学与之相反,假定研究者与被研究者之间是主体对主体的互动关系,承认主观人化世界中研究者的价值涉入,承认研究者的主观信念对研究过程与结果的影响,认为知识作为一种社会建构不是主体对客体的反映,任何知识都承载着价值观念和意识形态的影响。事实上,对于质性心理学研究者来说,"开诚布公地宣称自己的世界观、假设和偏见,以便于读者了解研究者对研究过程的态度,是再普遍不过的事情了"②。例如,在质性研究过程中,研究者会明确告知被研究者自己所持的态度和价值观;在资料分析过程中,研究者会充分利用自己的理性判断能力;在报告写作过程中,研究者会自反性地(reflexively)将自己的态度、信念以及可能产生的偏

---

① 秦金亮.质化研究心理学.上海:上海教育出版社,2010:120-121.
② Morrow, S. L. (2007). Qualitative research in counseling psychology: Conceptual foundations. *The Counseling Psychologist*, 35(2): 209-235.

见都撰写在研究报告中。总之,质性心理学不但不刻意回避价值问题,而且能够勇敢地正视和充分地利用主观信念和价值观念。

第六,重视自然语言,突出叙事呈现。量性心理学受实在论影响,把语言看作是对客观现实的中性反映,认为数学公式、统计推理、数字图表等严格的科学语言真实地量度和表征了研究对象和研究结果,主张通过对变量进行操作性定义来规定用什么方法测量变量,旨在提高研究结果的可说明性和可重复性。与之不同,质性心理学受建构论影响,把语言看作是建构性的,认为各种心理体验和经验活动是通过丰富多彩、生动活泼的文字语言建构出来的,深奥的专业术语和量化的数学公式无法充分地表达丰富的研究过程和结果。在研究过程中,质性心理学赋予自然语言以中心地位,强调对自然语言范畴的作用和功能的分析,注重通过分析人们的日常会话和现实表达等自然语言来探究被研究者的内心体验,从多个角度深层次地理解语言背后隐藏的心理意义。自然语言生动地提供了事物、事件、现象、文本的轮廓或图像,通过对自然语言或生活语言的分析,可以把握语言背后的隐含意义和认识方式。"从最广泛意义上讲,话语分析是对人类个体在交流实践中使用符号的分析和解释,它探讨的是这些符号系统的操作机制……是社会情景中的语言应用研究。"[1]无论是在资料搜集和分析过程中,还是在研究结果呈现过程中,质性心理学都不青睐数量化的语言表述,而是倾向于生动活泼的文字描述和叙事呈现,倾向于在被研究者的文化框架下对研究内容进行概念性定义。质性心理学研究者走出自我、扎根于资料,整理和组织研究资料中的生活故事,全身心地投入到被研究者的内心历程中,通过资料分类来建构理论,然后再以通俗自然的叙事语言表述出来,向读者呈现一个有血有肉、活生生的人,而不是一个机械化、数字化的人。

第四节 质性心理学的具体方法

质性心理学反对以自然科学为模板的客观主义研究范式,倡导以人文科学为模板的主观研究范式,反对物理主义的机械还原论和生物主义的生物还原论,重视对主观经验、直接体验以及经验意义的现象学描述和解释学理解,不主张通过严格设计的观察、实验、问卷和量表等控制性手段来研究

---

[1] Traynor, M. (2004). Discourse analysis. *Nurse Researcher*, 12(2): 4-6.

人的心理与行为,而主张在具体情况下选择恰当方法来"探险性"[①]地进行开放性研究。质性心理学的方法学主张以及采用的具体方法,经典地体现了描述心理学的基本精神,是描述心理学的基本方法学主张的传承、发展和新生。质性心理学在研究过程中经常使用的典型的方法范型有民族志研究法、扎根理论研究法、解释现象学分析研究法、个案研究法、话语分析研究法、记忆研究法、传记研究法、叙事研究法、符号互动研究法等,这些具体研究方法"可以丰富我们的认知反省和对语言主题的诉求,促使我们的研究更加适合个体的意义追寻……使我们更加全面和深入地理解生活世界的意义"[②]。在这里,我们主要通过介绍其中的五种具体方法,来展现质性心理学在具体方法上对描述心理学的基本精神和方法学主张的传承和发展。

第一,扎根理论研究法。扎根理论(grounded theory)研究法是由格拉泽(Barney Glaser)和斯特劳斯(Anselm Strauss)两位社会学家于1967年提出来的,它是一种螺旋式的由资料到理论,再由理论到资料,从而不断生成新理论的循环往复过程,为新的、情境化理论的发展开辟了空间。卡麦兹(Kathy Calkins Charmaz)和亨伍德(Karen Henwood)总结了扎根理论过程的定义性特征:"我们收集资料,比较资料,对资料的所有可能的理论性解释都保持开放态度,而且通过编码和新生范畴来提出对这些资料的暂时性解释。然后,我们返回现场进一步收集资料,以检验和完善范畴。"[③]扎根理论研究法的根本宗旨是产生真正扎根于资料的理论,不允许研究者将自己的假设和预期带入到分析当中,也就是说,产生的理论不依赖于研究者带入资料的外部概念。它的资料收集和分析技术旨在从资料中生成概念和范畴,鼓励研究者在处理资料时摒弃先入之见或偏爱的理论,尽一切可能避免研究者将自己的意义强加于资料之上。正如格拉泽所言:"扎根理论探究的是事物的本貌,而不是事物应该、可能或理应的一面。"[④]总之,扎根理论研究法将生成的理论"扎根于"产生它们的资料,而不是依赖于已有理论的分析结构、范畴或变量。

第二,解释现象学分析研究法。现象学分析感兴趣的是,阐明显现的内容及其显现的方式,研究经验主体对其世界的看法,描述主体意识的内

---

① [英] 维利格.心理学质性研究导论.郭本禹,王申连,赵玉晶,译.北京:人民邮电出版社,2013:1.
② Fischer, C. T. (2006). Humanistic psychology and qualitative research: Affinity, clarifications, and invitations. *The Humanistic Psychology*, 34(1): 3–11.
③ Willig, C., & Rogers, W. S. (Eds.). (2008). *The sage handbook of qualitative research in psychology*. London: Sage, p.241.
④ Glaser, B. G. (1999). The future of grounded theory: Keynote address from the Fourth Annual Qualitative Health Research Conference. *Qualitative Health Research*, 9(6): 836–845.

容和结构,掌握主体经验的质的多样性,并解释它们的本质意义,因为生活经验的"事实"总是被有意义地经验。解释现象学分析(interpretative phenomenological analysis)是现象学分析的一个重要版本,由乔纳森·史密斯(Jonathan Smith)于 1997 年提出,主张"通过对文本和转录稿的解释性接触过程,阐明包含在……陈述中的意义"[1]。这种接触是由一系列步骤帮助完成的,从而便于研究者确定主题并将它们整合成有意义的群集,先是在个案内部进行,然后在个案之间进行。解释现象学分析像现象学分析的其他版本一样,也致力于从经验者的角度更好地理解现象显现时的本质和品质,但它将现象学的描述与解释学的理解融为一体,在捕捉经验的同时阐明其意义。尽管解释现象学分析承认直接地、无中介地进入他人的个人世界是不可能的,但是它敦促研究者深入了解参与者的陈述,洞悉参与者对正在研究的现象持有的思想和信念,以鼓励一种更加内部的视角。解释现象学分析依据的假设是,人们的陈述可以告诉我们某些关于他们个人思想和情感的内容,并且这些内容反过来也隐含在他们的经验之中。然而,解释现象学分析同时也认识到,研究者对参与者思想的理解必然受其个人思维方式、假设和观念的影响。不过,它并不视这些为要消除的"偏见",而是把它们看作是理解另一个人的经验所必需的先决条件。因此,解释现象学分析产生的知识也是自反性的,也就是说,它承认依赖于研究者自己的立场。[2]

第三,个案研究法。个案研究(case study)本身严格说来不是一种研究方法,而是一种研究单个实体的取径(approach)。它可能会使用各种不同的资料收集和分析方法,专注于对某个特定分析单元(例如,某一个体、事件、活动、情境或经验)的深入、细致和目标高度集中的探索,以获得该研究单元的全面信息。"个案研究的真正使命是特殊化而非普遍化。我们获得一个特定个案并且开始很好地认识它,首要关注的不是它与其他个案如何不同,而是它是什么,它做什么。个案研究强调独特性,并且这意味着要认识与该个案不同的其他个案,但是首先要强调的是对该个案自身的理解。"[3]个案研究的定义性特征主要包括五个方面:坚持特殊规律视角,理解个案的特殊性;关注情境资料,将个案放在整体情境中加以考虑,注重个案

---

[1] Hayes, N. (Ed.). (1997). *Doing qualitative analysis in psychology*. Hove: Psychology Press, p.189.
[2] [英]维利格.心理学质性研究导论.郭本禹,王申连,赵玉晶,译.北京:人民邮电出版社,2013:80.
[3] Stake, R. E. (1995). *The art of case study research*. London: Sage, p.8.

的各个维度与其环境联系或互动的方式;运用三角互证(triangulation),整合不同来源的信息以获得对所研究现象的深入理解;重视时间要素,关注随时间而发生的变化和发展;关注理论生成,通过对特定个案的详细探索产生对心理过程的深刻见解,进而产生新的理论构想和假设。个案研究通过使用各种资料收集和分析方法来获得关于某特定事件及其背景和结果的丰富而详细的信息,是一种用途广泛的质性研究取径,可被用于考察一系列针对特定情境中个体经验和行为的广泛问题。

第四,话语分析研究法。话语分析(discourse analysis)是"一种理解话语本质和心理现象本质的理论方法"[1],它通过对认知主义的批判,提供了另一种界定语言的方式,也为质性心理学提供了一种重要的资料分析方法。话语分析者认为,语言或话语并不是标示内部状态和描述外部现实的明确符号,而是具有生产性,是对社会实在的一种建构,是意义被创造和协商的场所,而且可以实现社会目标,因而他们将探究的焦点从个体及其意图转向了语言及其生产潜力。在话语分析者看来,当人们陈述一种信念或者表达一种观点时,他们是在参加一个有目的并且所有参与者都与之存在利害关系的会谈。因此,应该把人们的话语理解为一种社会行为,而且在理解和分析人们说话的内容时,需要考虑他们讲话的社会情境。话语分析作为质性心理学研究的一种重要方法,包含两个重要版本:话语心理学和福柯式话语分析。

话语心理学(discursive psychology)这一术语是由爱德华兹(Derek Edwards)和波特(Jonathan Potter)1992年提出的。话语心理学的灵感来自民族方法学和会话分析以及它们对日常情境下局部互动中意义协商的兴趣,它主要关注人们如何利用话语资源来达到社会互动过程中的人际目标,也即主要关注话语实践和强调述行品质。话语心理学家感兴趣于在自然情境下产生的谈话和文本中提及的诸如记忆和身份等概念,以及提及这些概念产生的功能和结果。辩护、合理化、范畴化、归因、命名和责备等心理活动被理解为参与者处理其利益问题的方式,它们是参与者在特定情境中用来达到社会和人际目标的话语实践。话语心理学在取向上是社会建构主义的,关注特定的社会实在是如何在会话中被构造、协商和运用的,并不试图理解诸如记忆、社会身份或偏见等心理现象的"真实本质",而是研究这些现象是如何在作为社会行为的谈话中形成的。因此,它产生的知识并不涉及

---

[1] Hayes, N. (Ed.). (1997). *Doing qualitative analysis in psychology*. Hove: Psychology Press, p.43.

认知、心理状态、人格特质等现象的本质,并不论述世界的本质、潜在因果律或因果机制的存在或者导致心理现象产生的实体,而是对现象在话语中并通过话语产生的过程及其结果的一种理解,是对特定建构如何通过使用解释语库和话语手段而得以形成的一种认识。

福柯式话语分析(Foucauldian discourse analysis)于20世纪70年代末期被引入英美心理学。它主要受到福柯(Michel Foucault,1926—1984)和后结构主义作家的影响,他们致力于探索语言在社会和心理生活构成中所起的作用。福柯式话语分析关注于人们可利用的话语资源以及话语建构主体性、自我和权力关系的方式,关注于通过话语建构了何种客体和主体以及这些客体和主体为人们提供了何种存在方式,试图描绘和评判人们生存的话语世界,并探索它们对于主体性和经验的意义。像话语心理学一样,福柯式话语分析并不试图理解心理现象的"真实本质",而是理解特定版本的心理现象通过语言和其他符号实践被建构的方式。然而,与话语心理学不同的是,福柯式话语分析还关注话语的社会、心理和生理影响。福柯式话语分析旨在产生关于话语经济的知识,在话语经济内,我们可以发现我们自己、我们如何成为现在这样以及这对于作为人类主体的我们意味着什么。福柯式话语分析在取向上是社会建构主义的,然而,更具实在论版本的福柯式话语分析还渴望理解导致特定话语形成的潜在机制。

第五,记忆研究法。记忆研究法(memory work)是20世纪80年代由豪格(Frigga Haug)及其同事在西德创立的一种质性心理学研究方法,目的是探究在既定社会空间内个体自我的建构过程和社会身份的形成轨迹。它是一种合作的研究者回忆、比较、讨论和建立理论的团体研究的过程,要在集体中才能实施,不仅承认每种记忆都具有独特性和个体性,而且还承认记忆可以告诉我们社会关系之中意义得以建构的内容,认为人们的经验世界是在系统的社会关系内对意义进行社会建构的产物。记忆研究法的实施具体包括三个阶段:首先是记忆的产生阶段,包括形成记忆研究团体、选择触发源和书写记忆;其次是记忆的分析阶段,包括文本分析、横断分析和记忆改写;最后是整合与理论构建阶段,包括转录稿和记忆的分析、记忆研究法的写作。记忆研究法关注个体融入社会世界涉及的过程,它研究由研究者本人书写的记忆,以便更清楚地理解个体如何在特定社会关系中,随着时间推移建构意义从而也建构他们自己。记忆研究法基于的假设是,个体并不是简单地模仿他人或者扮演规定的社会角色,当个体在有限的社会空间内寻求意义和快乐时,他们就在积极地创造自己。通过让研究者团体借助他们自己的记忆来研究他们自身,记忆研究法消除了研究者与被研究者、认识主体与认识客体之间的二元分离。这意味着记忆研究法采用了知识产生的解释学方法,因而产生的知识是解释性的和自反性的。

第五节 质性心理学的研究实例

为了展现质性心理学在研究实践中传承和发展了描述心理学的基本精神,我们在此列举两个质性心理学研究实例:解释现象学分析实例和记忆研究法分析实例。这两个实例均摘自英国质性心理学家维利格(Carla Willig)所著的《心理学质性研究导论》(郭本禹、王申连、赵玉晶译,王申连、郭本禹审校,人民邮电出版社,2013年版)一书,但具体表述较原文有改动。

解释现象学分析实例[①]

目的:本研究的目的是探索由患者赋予的个人意义介导的慢性疼痛经验。慢性下背疼痛的经验并非器官病变的简单产物,心理因素似乎在决定患者的痛苦和能力丧失水平上起着关键作用。在本项研究中,解释现象学分析被选作一种合适的方法,来"明确探索决定和维持参与者的慢性疼痛、痛苦与能力丧失之间的动态关系的心理过程"(Osborn & Smith,1998:67)。

资料收集:在医院门诊部的背部诊疗室,研究者对九名女性患者进行了半结构式访谈,并对访谈内容进行了转录。女患者的年龄在25—55岁之间,她们已患慢性背疼痛至少五年,而且她们的疼痛经验以高水平的痛苦和能力丧失为特征。访谈表(interview schedule)的设计带有这样的目的:让参与者讲述她自己的疼痛经历,而且使她表达出她的慢性疼痛的心理经验。

分析:访谈转录稿是根据解释现象学分析的原则来被分析的,而且是依次进行的。在主题被确定之前,每个转录稿都被反复阅读。先是尝试性地组织这些转录稿,然后再更加详细地探索。考察每个主题与其他主题的关系,而且确立主题之间的相互关系。最后,研究者跨转录稿对主题进行了整合,为的是确定捕捉了参与者的慢性疼痛经验的本质的共享主题。研究者感兴趣于慢性疼痛的心理经验,这意味着疼

[①] [英]维利格.心理学质性研究导论.郭本禹,王申连,赵玉晶,译.北京:人民邮电出版社,2013:74-76.

痛经验的心理内容构成了研究的分析焦点。这是研究者与文本的解释性接触变得明显之所在。他们的研究兴趣促使他们询问某些种类的问题，这些问题使得分析过程朝着特定方向发展。因此，解释现象学分析不声称对参与者的陈述产生"定义性的"或"真理性的"解读；相反，此类分析的结果必然是"参与者与分析者之间的一种共同建构，因为它产生于分析者与资料的接触，而资料是以参与者陈述的形式出现的"（Osborn & Smith, 1998: 67）。

结果：通过分析，有四个上位主题生成："寻求解释""比较这种自我与其他自我""不被相信""退离他人"。"寻求解释"指的是参与者理解和解释其境况的动机。了解她们自己为何会患病以及对她们的疼痛作出有意义解释的缺乏，患病的经验被认为是令人沮丧的和困惑的。这种意义寻求渗透在女患者的陈述中，而且在她们的整个陈述过程中多次出现，因此构成了所有其他主题的一部分。"比较这种自我与其他自我"捕捉参与者与过去和未来自我以及与他人进行社会比较的倾向。参与者作出了有利的和不利的比较。她们通过调用她们过去能够做的事情（与过去自我的比较）和强调其他人能够做的事情（与他人的比较）来谈论她们（在可动性、活动和社会生活等方面）的损失。她们还将自己与那些甚至比她们更不幸的人（例如，病入膏肓者、严重残疾者）进行了比较，以强调她们现有的优势。然而，这些比较经常被看作是起反作用的，因为它们使参与者担心她们自己将来的预后。与下背疼痛有关的不确定性和模糊性以及参与者遭受"解释寻求"的挫败，意味着社会比较往往强调损失和不幸。"不被相信"指的是参与者担心其他人对其病况的看法。参与者意识到，由于慢性疼痛是隐藏性的而且缺乏明确的临床诊断，它可能会被认为"不真实"或者是"装病"的一种形式。因此，参与者对于她们的能力丧失感到内疚和羞愧。她们还感到有必要表现出疼痛的迹象（例如，通过外表和举止）以便被相信。"退离他人"是参与者害怕社会情境中的拒绝和尴尬的一种结果。由于不希望在交际场合被认为是"一种负担"或"令人厌烦"，参与者选择退离社会实践活动而待在家里。

讨论：作者指出，参与者无法减轻她们的不确定感和混乱感，部分原因在于她们应用了一种纯医疗模式，这种模式不能为慢性下背疼痛的发生提供明确的解释。参与者通过使用这样一种解释将获得帮助，它可以使她们为采取治疗行动确立一种基础，对她们的疼痛保持一种控制感，而且获得使她们的患病和能力丧失合情合理的感觉。社会比较的使用以及它与一种弥漫性的损失和不幸感的关联表明,参与者面对慢性疾病还没有发展出一种积极的自我概念。相反,她们专注于她们过去的、理想化的自我以及她们由于生病而损失的东西。为了补救对其自我感的破坏,参与者需要能够在她们的生活史背景中理解她们的疼痛。参与者无法理解她们的疼痛导致她们对声称患病和采纳病人角色产生了内疚和羞愧的感觉。为维护其患病的合法性,参与者感到不得不通过展示痛苦和能力丧失的迹象来表现出有病。此外,她们脱离了与他人的社会交往,以避免被误解和拒绝。作者总结出,如果从这项研究中生成的主题在慢性疼痛管理方案中得到了解决,慢性疼痛患者就可能会获益。他们提议,可以帮助患者和她们的亲人"以较少自我虐待的方式理解她们的状况,而且通过更好地调节和适应在更长的时期内实现更大的利益"(Osborn & Smith, 1998: 80)。然而,他们承认,关于内疚、羞愧和否认的问题可能还需要大量的心理治疗投入。

记忆研究法分析实例①

克劳福德等人(Crawford et al., 1992)在《情绪与性别:根据记忆建构意义》一书中,讨论了诸如快乐和伤心、恐惧和喜悦、内疚和羞愧、愤怒和盛怒等情绪的社会建构。在书中,她们呈现了在记忆研究团体情境中书写的记忆。团体对这些记忆进行集体分析试图探索团体成员形成其情绪的过程。为了产生用于分析的记忆,克劳福德等人使用了多个相关的触发源,诸如"快乐""危险""哭喊""玩耍""假日""受到赞扬""恐惧"等。在这一部分,我通过考察克劳福德等人针对"说对不起"这一触发源产生的记忆阐明了记忆研究法的分析过程。团体产生了五份记忆,构成了用于横断分析的记忆库。下面是安的记忆。

她的年龄在4—6岁之间。天色已晚,她的母亲正在厨房里做晚饭。她正在地毯上父亲的脚旁边玩耍。她的父亲正在读报纸,有时与她谈话,有时对她的问题或言论作出回应。那是个温暖的夜晚,他脱掉了外套。由于沉浸在她的游戏中,安没有注意到她的父亲已经睡着了,直到他对她的一句话没有作出回应。他的双手垫塞在头后面,嘴巴微微张开,轻轻地打着鼾。安爬向他,咯咯地独自傻笑着,发起了他们的一种胳肢游戏,期待着他会高兴,并看看他是否真的睡着了。他在很大

---

① [英]维利格.心理学质性研究导论.郭本禹,王申连,赵玉晶,译.北京:人民邮电出版社,2013: 160-162.

程度上是在装睡。一触及遮在他腋窝上的棉衬衫,他的眼睛就惊讶地睁开了,嘴里喷出一个愤怒的"咄"字,手弄痛了安的脸并呵斥安:"永远不许再那么做了"。安大哭起来,安的母亲听到了(或许她听到了安的父亲的呵斥),她走进来问"怎么了?"稍后,她解释说:"她不是有意要惊扰你。"

团体对安的记忆的文本分析注意到了记忆的情绪基调,可以用差别很大和矛盾来描述。高兴很快转变成害怕和惊讶。我们看到了一个跟孩子玩"互动游戏"的慈父的形象,而他对胳肢的反应却是愤怒和暴力。记忆中呈现的角色关系的特征是,安和她的父亲之间存在权力差异。尽管胳肢游戏被描述为"互动的",但安在试图发起它的时候受到了惩罚。她的道歉(事实上这在记忆中没有被明确提到)是安抚父亲停止进一步惩罚的一种方式,而不是对懊悔的一种表达或是对内疚的一种接受。她的母亲正在厨房里"做晚饭"而她的父亲正在"读报纸",这种提法调用了传统的性别角色。母亲出面恢复和谐也反映了一种带性别色彩的社会陈腐观念。最后,母亲对安的辩护——"她不是有意要惊扰你"——构成了代表安所作的道歉,因而也是承认事件责任在安的一种归因。因此,安被定位为应该对其父亲的愤怒负责任。

其他团体成员的"说对不起"的记忆反映了由安的记忆中生成的许多主题。对五份记忆的横断分析促进了对共同模式的确定。首先,团体成员曾预期"说对不起"的记忆将会包含诸如内疚、羞愧、悔悟或懊悔等情绪,但这些预期没有达到。取而代之,记忆调用了混乱、恐惧和愤怒等情感。"说对不起"不是对懊悔的一种表达,而是对转移成人愤怒的一种尝试。其次,记忆中呈现的顺序表明,没有任何不当行为是有意为之的。相反,主人公以"成人"方式行事的尝试已被解释成了对权威的一种挑战。五份记忆中,有四份记忆的主人公按照自己认为合理的甚至成熟的方式行事(例如,发起一场游戏、阅读报纸、做祷告、守卫俱乐部会所),结果都遭到了成人(父亲、祖母、母亲、父母)的指责。"说对不起"是承认成人有权支配儿童(惩罚他们,伤害他们,让他们道歉)但不承认他们正确的一种方式。因此,不公正感和羞辱感便占据了优势。

这些共同模式的确定促使团体成员询问关于社会关系的问题。主人公的行为在多大程度上和以什么方式挑战了她们的社会关系?她们对这些社会关系作出了何种评论?让她们为其行为作出道歉是出于什么目的?对这些问题的讨论可以使团体迈向一个更加理论性的分析水平。

在这里,团体成员试图使她们的记忆情境化,并理解她们当时的行为具有的更广泛的意义。例如,在费伊的记忆中,她的母亲因为她在未经允许的情况下阅读了姑妈的报纸而斥责了她。费伊被勒令向她的姑妈道歉。费伊的行为内嵌于一套特定的社会关系中。她和她的母亲在战争年代与她的姑妈以及另外两位女亲属共住一栋房子。姑妈是赡养全家的人。她在这个家庭中占据着举足轻重的地位。尽管"很难相处",但她还是受到其他妇女的尊重,她们都尽力不去招惹她。在这种情境中,费伊的行为构成了对她姑妈的权威的一种挑战。费伊对其姑妈的道歉是恢复家庭内的权力关系所必需的:"为了'使社会机制正常运转',让费伊作出道歉是至关重要的"(Crawford et al., 1992:63)。

类似的过程在其他记忆中也可以观察到。在五份记忆的其中三份中,"说对不起"都是为了恢复已有的社会关系网络。此外,所有记忆都把主人公定位为应该对其他人的健康负责任。通过被勒令作出道歉,女孩们学会了应该为她们的行为对他人造成的影响承担责任,尽管这些都是无意的。克劳福德等人(Crawford et al., 1992)指出,这一过程是带性别色彩的,因为成年妇女往往感到应该对其他人的情绪健康担负责任,即使当她们无力控制时亦如此。因此,团体回忆的情节可以被理解为女性社会化的事例。

总的来说,克劳福德等人(Crawford et al., 1992:73-74)对"说对不起"的记忆的分析表明,儿童在一种关系复杂体中围绕着责任和自主权问题建构了许多情绪——愤怒、蔑视、欢乐、羞愧、内疚……在讨论的大多数记忆中,我们的行为都是儿童的行为,尝试着将我们的才能发挥到极限。我们试图在成年人中表现得成熟,或者我们试图成为一个拥有同伴的人;我们按照我们认为他人所期望的方式行事,我们互动,我们检验我们的能力。成年人对这些行为的反应通常是惩罚我们……我们的行为被视作是不负责任的和不能胜任的……儿童根据成年人的惩罚来定义违规。我们的自主权受到了惩罚以及不要再重复此类行为的暗示性(而且经常是明确的)警告的威胁。

第八章 描述心理学的理论特征

描述心理学是科学心理学初创时期由布伦塔诺和狄尔泰共同开创的一门彰显人文主义精神的重要心理学形态,它是在反对以自然科学为模板从而追求科学主义精神的发生心理学或说明心理学的过程中建立和发展起来的。发生心理学或说明心理学是科学心理学史早期坚持自然科学观和客观实验范式的实证主义研究取向,描述心理学是科学心理学史早期坚持人文科学观和主观经验范式的现象学或解释学研究取向,描述心理学表现出与发生心理学或说明心理学截然相对的理论特征。描述心理学反对心理学的自然科学观,而坚持心理学的人文科学观;反对脱离社会文化情境的机械对象论,而坚持寓于社会文化情境的生机对象论;反对实证主义指导下以假设验证、元素分析和因果说明的量化方法探究人类心理普遍规律及其生理或物理发生机制的客观实验范式,而坚持现象学或解释学思想指导下以如实描述或意义理解的质性方法探究人类心理生活的内在关系及其独特意义、目的和价值的主观经验范式;反对方法中心论、元素论、因果决定论、主客二元论和价值中立论的理论观,而坚持问题中心论、整体论、自由意志论、主客同一论和价值负荷论的理论观。接下来,我们就从描述心理学与发生心理学或说明心理学两种心理学形态相互对立的视角,详细阐述描述心理学在科学观、对象论、方法学和理论观四个维度的理论特征,以深化对描述心理学甚或整个人文科学心理学的理解。

第一节 描述心理学的科学观

心理学的科学观是指心理学家对心理学学科性质的宏观定位,心理学家对心理学研究对象的理解、对心理学研究模式的选择以及对心理学理论观点的阐述都受限于并反映了心理学的科学观。心理学家持有什么样的心理学科学观,决定着他们将如何看待心理学、如何研究心理学以及如何建设心理学。在心理学科学观问题上,描述心理学与发生心理学或说明心理学持截然相反的理论观点。

发生心理学或说明心理学坚持心理学的自然科学观,主张"从自然科学中参照、借用和发展心理科学的基本概念、解释原则、研究方法和应用规则"[1],以此来标榜心理学的"正宗科学"的身份,并赢得"科学权威"的学术地位。在发生心理学家或说明心理学家看来,人的心理世界也是自然世界、物理世界或机械世界的一部分,有着像自然物质那样先定的、凝固不变的普遍本质和运动规律,因而可以参照、嫁接甚至挪用自然科学特别是物理学和生物学的思维模式和研究方式,在超越特定历史、社会和文化情境的普遍框架内,揭示人类心理世界的普遍本质、客观规律以及生理或物理发生机制。发生心理学或说明心理学坚信心理学是自然科学的独立而客观的实验分支,可以把物理学、化学或生理学等自然科学作为典范,抛弃传统形而上学心理学的理论思辨,完全运用客观实证的自然科学模式探究人类心理的普遍规律及其生理或物理发生机制,实现从"扶手椅"向"实验室"的跨越。例如,发生心理学或说明心理学的著名代表人物冯特和艾宾浩斯等,遵从17世纪以来盛行于物理学和生物学等自然科学中的数学和机械论观点,以自然科学为最高价值标准,强调以自然科学的假设验证、元素分析和因果说明模式来研究人的心理现象,追求心理知识的客观性、精确性、元素性和静态性,认为理想的心理学应该是像物理学或生理学那样的自然科学。总之,发生心理学或说明心理学认为:"物理学的语言成了心理学的理想术语。科学的脸面远比真知灼见更具魅力。心理学史成了对自然科学的模仿史。"[2]

描述心理学反对发生心理学或说明心理学的自然科学观,坚持心理学的人文科学观,主张心理学的科学性在于运用恰当的人文科学方法研究具有人文性本质的心理世界,而非通过盲目仿效自然科学来标榜自身的科学性,因为那是"自欺欺人"的愚蠢做法。在描述心理学家看来,心理学应是人文科学或社会科学的学科分支,它不应以实证主义枷锁下的自然科学观为基础,因为自然科学观把心理现象囿于公开观察、严格实验、重复操作和统计测量的思维狭域内,无法充分与合理地包容心理学的独特对象所需要的概念和方法模式。描述心理学从"人之为人"的本体论立场出发,认为人的心理世界是具有意向性、整体性、独特性、动态性和文化性的主观意义世界,因而应在人文科学观指导下采用不涉及因果假设和元素分析的描述性的人

---

[1] 伍麟,郭增花.作为人文科学的心理学.自然辩证法研究,2003,19(7):4-8.
[2] Koch, S. (1959). *Psychology: A study of a science*, *vol.3*. New York: McGraw-Hill, p.783.

文科学研究模式,阐发人类心理世界中蕴含的丰富意义和独特价值,达到对心理生活完整性和本真性的原原本本的把握。无论是严格科学传统的描述心理学家,还是浪漫主义传统的描述心理学家,都不同程度地提出了不同于发生心理学或说明心理学的人文科学观。

严格科学传统的描述心理学的开创者布伦塔诺,明确提出了心理学的人文科学观,并赋予心理学的人文科学观以优先地位。他认为,心理学应独立于像物理学和生理学那样的自然科学,成为一门可以通过内部直观的直接把握方式来描述纯粹心理现象之经验的人文科学。他说:"这种经验观点的心理学十分重要,因为这种心理学为所有的哲学奠定了一个坚实的基础,或者说心理学是基本的哲学学科,能够提供一种如莱布尼茨所认为的本质的普遍性。"①布伦塔诺通过描述心理学确立的心理学的人文科学观,开创了科学心理学史上的人文主义研究路线。斯顿夫坚持心理学的人文科学取向,这根据其《论科学分类》(1906)一文中关于自然科学与人文科学的分类标准可以明显看出。他认为,心理学是最基本的社会科学或哲学学科,"综合了哲学研究的所有不同分支"②,伦理学、逻辑学、美学、社会学、教育学和政治学等其他学科门类只不过是心理学的分支学科。胡塞尔虽未明确提出自己的人文科学立场或观点,但其描述心理学思想中却潜在地透露出严格的人文科学观念。作为现象学运动的缔造者,他在其描述心理学中最为明确地贯彻了现象学"面向实事本身"的研究理念,主张以显现之现象为出发点来研究心理本质,而不采纳实验科学的任何预先假设,认为"那些相信心理学应该是实验科学的人犯了把自然科学当作榜样的错误"③。

浪漫主义传统的描述心理学的开创者狄尔泰,最为响亮地提出了心理学的人文科学观,并认为心理学是首要和根本的人文科学,因而他可以称得上是"人文科学心理学的代言人"。他在与艾宾浩斯等实验心理学家的论战中,明确反对心理学的自然科学化和实证主义化,认为传统的实验说明心理学盲目照搬自然科学模式进行分析性实验,使得完整的人类心理生命统一体被分裂成零碎的心理元素或刺激—反应的因果联结,而无法在具体活动中描述人的主观经验、积极主动性和创造精神。他主张从人的心理生命体验出发,建立一门人文科学、精神科学或文化科学取向的心理学。正如现象

---

① Brentano, F. (1995). *Psychology from an empirical standpoint* (A. C. Rancurello, D. B. Terrell, & L. L. McAlister, Trans.). London: Routledge & Kegan Paul, p.68.
② Kusch, M. (1995). *Psychologism: A case study in the sociology of philosophical knowledge.* London and New York: Routledge, p.141.
③ [美]赫根汉.心理学史导论(第四版).郭本禹,等译.上海:华东师范大学出版社,2004:413.

学心理学家乔治所指出的:"狄尔泰……一直在推进一种观点,即心理学属于人文科学而非自然科学。"①斯普兰格接受了狄尔泰对自然科学心理学的批判,认为自然科学心理学专注于心身关系中的生理决定因素,而忽视了经验得以创造所在的意义情境,而且它迷恋的客观主义研究范式在心理学中的可能性值得怀疑。在他看来,心理学依赖于心理学家的个人哲学以及文化对他们的信念的影响,因而是一门人文科学。正如斯普兰格本人所说:"因此,当我谈及心理学的时候,我总是意指人文科学心理学。"②斯特恩是一位兼具实验主义和人文主义倾向并且更偏向人文主义的描述心理学家,曾被明确称为"人文科学家"③。他公开宣称心理学并不是按照意识的旧形式来描写心理特征的科学,而是一门关于具有主观经验或内在体验的个人的科学。在他看来,自然科学与人文科学的区分是没有必要的,应该建立一门综合统一的心理科学,运用说明和理解的双重方法,根据其基本性质、概念规律以及具有独特意义的整体价值结构来认识研究对象。

第二节 描述心理学的对象论

心理学的对象论是指心理学家关于心理学研究对象的基本主张和理论观点,它具体表现为人性观和心理观两个层面,前者是指对人的本性的总体看法,后者是指对人的心理及其特征的独特理解,心理学家对不同研究主题的选择和对不同研究领域的侧重受限于并反映了心理学的对象论。在心理学对象论问题上,描述心理学与发生心理学或说明心理学持截然相反的理论观点。

发生心理学或说明心理学在自然科学观的指导下,把人及其心理自然化和机械化,坚持脱离社会文化情境的机械对象论。它主张将人从其社会文化情境中剥离出来,视之为类似于纯粹物理世界中"冷冰冰"的普通自然物,而无视"人作为人"特有的社会文化属性。从这种机械的人性观出发,它认为人的心理现象和物理现象一样,也是由分离和孤立的变量组成的实体,

---

① Giorgi, A. (1970). *Psychology as a human science: A phenomenological approach*. New York: Harper & Row, p.21.
② Spranger, E. (1928). *Types of men: The psychology and ethics of personality* (P. J. W. Pigors, Trans.). Halle (Saale): Max Niemeyer Verlag, p.7.
③ Schmidt, W. H. O. (1985). Dialogue with a human scientist: William Stern (1871–1938). *Phenomenology and Pedagogy*, 3: 149–160.

其特征、状况和规律完全由生理或物理因素决定，因而具有客观性、稳定性和普遍性。在发生心理学家或说明心理学家看来，心理学应该研究那些可观察和可实验证实的外部感知经验，而把那些不可观察和无法实验证实的体验、价值和意义等主观经验排除在心理学研究范围之外，并且应该从生理学或物理学视角，用"变量""操纵""刺激""反应"等术语，来说明可观察的诸心理片段之间的组合规律及其与生理或物理等其他因素之间的因果关联，因为只有这样才能保证心理学的"科学形象"。例如，发生心理学或说明心理学的著名"代言人"冯特，在创建科学主义心理学之时，就把人等同于动物和机器，把人的心理降为自然的化合物，主张运用实验分析方法来考察各种复杂心理过程的基本心理元素及其组合规律，结果导致了严重脱离实际的"砖泥瓦块"心理学，而且他的弟子铁钦纳在这方面更是有过之而无不及。

描述心理学在人文科学观的指导下，反对发生心理学或说明心理学的脱离社会文化情境的机械对象论，坚持寓于社会文化情境的生机对象论。它主张从社会、历史和文化的视角去理解人，认为人作为主体始终生活在一个具有丰富文化意义的结构世界中，而且居于核心地位，是一个活生生的、具有独特经验的生命存在，而不是与其他生物形式和物理存在相等同的客观自然物。从这种生机的人性观出发，它认为心理现象不是演绎而来的，而是主观、具体、鲜活、独特和完整的意义存在，可以被直接体验、反思或直觉到。事实上，凭我们的经验感受可知："心理生活中的各种现象以及任何单一现象的各部分，从一开始就是在一个相互依赖、内在关联的意义组织中交织、相关在一起，这些意义组织在心理生活中直接显现自身。"[①]在描述心理学家看来，心理学应该在社会文化视域下研究人的完整心理生活经验，重视情感、直觉、创造、价值和意义等"人之为人"的本质特征，突出人的心理的内在性、整体性、能动性和本真性，强调把心理学研究对象从发生心理学或说明心理学的低级心理过程提升到完整人格和多元化自我等高级心理过程。无论是严格科学传统的描述心理学家，还是浪漫主义传统的描述心理学家，都明确提出了不同于发生心理学或说明心理学的心理学对象论。

布伦塔诺明确提出，描述心理学的研究对象是关涉人的意义和价值的心理现象，而且心理现象自身具有内在的统一性，这使得它始终以一个有机统一整体的面目呈现出来。他所谓的心理现象"始终是一些活动，'活动'一词是在很宽泛的意义上使用的，它包含经历的体验和行动的体验、意识的状

[①] 伍麟,郭增花.作为人文科学的心理学.自然辩证法研究,2003,19(7):4-8.

态和单纯的瞬间过程"①。在布伦塔诺看来,心理现象最显著、最普遍和最独具的特征是具有意向性,即任何心理现象都要有意向地包含一个对象于其内,而不可能封闭地单独存在。意向性观点突出了心理与对象的内在关联性。那么心理又是如何以一种非实物包容的方式将对象包容于其内的呢?布伦塔诺认为,它是通过体验完成的,即心理体验到对象。这实则回答了心理究竟是如何在现实情境中活动的问题。斯顿夫认为,描述心理学的研究对象是作为一个整体单元的心理机能,即经验直接给予我们的心理活动、体验或状态,包括知觉活动、理解活动、领会活动、欲望活动和意志活动等。胡塞尔把人的主体性问题作为描述心理学研究的中心,强调人类心理的整体性、完整性、意义性和价值性等主观特征。严格科学传统的描述心理学家虽没有用过多的篇幅来明确论述心理的社会文化性,但其每种思想观点的表述都透露出社会文化的前提性。

狄尔泰把人作为社会文化中活生生的历史存在,认为心理学应该研究人的完整心理画面,探求主体心理富有意义的知识,而不是孤立地研究零碎的心理片段及其支配规律。在他看来,人类心理本来就是一个具有内在结构关联的统一整体,不可以分割为相互独立的部分,而且这个整体是主体在与社会、历史和文化世界进行有意义碰撞的过程中形成的,因而具有社会性、历史性和文化性。此外,他还认为,人类心理具有趋向本能满足和快乐的目的性,并且在追求目的实现的过程中获得了成长和发展,也形成了自己独特的个体性。狄尔泰反对自然科学心理学只专注于心理形式规律的研究,主张心理学应该更加关注有意义的心理内容,而且特别要关注个体心理内嵌的社会文化心理。狄尔泰的心理学对象论充分体现了人文主义精神和整体主义取向。②斯普兰格把心理现象视作意义情境中的一个整体和文化情境的一部分,认为一门把心理生命分解成认知、情感和意志而且每部分再细分的心理学比不上一门对嵌套在意义情境之中的心理整体感兴趣的心理学,因为对心理成分的任何分析都无法促进对心理经验内容的研究。他把对心理生命的意义完整性的破坏确定为自然科学心理学的"科学缺陷"。斯特恩认为,人是一个"物"与"心"的中性存在,是一个活生生的、具有目的性组织的独特整体,具有个体性、体验性、价值性、活动性和目标导向性等特征,既具有自给自足性(self-contained)又具有对周围世界的开放性③。他反

---

① [美]施皮格伯格.现象学运动.王炳文,张金言,译.北京:商务印书馆,2011:78-79.
② 车文博.人本主义心理学.杭州:浙江教育出版社,2003:37-41.
③ Allport, G. W. (1937). The personalistic psychology of William Stern. *Character and Personality*, 5(3):231-246.

对行为主义和元素主义，主张把完整的人格作为心理学研究的核心主题和对象，以说明个人经常的且具有目的性的意识活动的特征。

第三节　描述心理学的方法学

心理学的方法学是指心理学家对如何研究人类心理所作的"工具性"思考，是关于心理学哲学方法论、研究范式和具体方法的基本认识和理论主张。研究范式和研究方法的选择取决于对研究对象和研究问题的深刻认识，研究范式和研究方法是否得当直接决定和影响探究人类心理本真的程度、深度和广度。在心理学方法学问题上，描述心理学与发生心理学或说明心理学存在巨大分歧。

发生心理学或说明心理学坚持以实证主义哲学方法论为指导，遵循自然科学的研究路线，主张采用以假设验证、元素分析和因果说明的量化方法探究人类心理的普遍规律及其生理或物理发生机制的客观实验范式。在发生心理学家或说明心理学家看来，坚持客观原则和发现客观真理是心理科学的唯一尺度和唯一追求，心理现象具有同物理现象相类似的特征，从自然科学中提炼出来的假设验证、严格控制、精确定量、元素分析、因果说明和寻求通则的客观实验范式，是探究心理现象的唯一有效途径。发生心理学或说明心理学在实证主义哲学方法论指导下，强调以严格控制的客观实验范式来研究可观察的心理现象，主张通过精巧缜密的实验设计和严格周到的变量控制来验证预先假设，并对实验结果进行精确的定量分析，归纳出适合所有人的普遍心理机制和因果规律，以此来对心理和行为进行统一性解释。例如，冯特把生理学和心理物理学的一套实验方法引入到心理学之中，把传统的经验内省法改造成实验内省法，对感觉、知觉和联想等进行了大量实验研究。发生心理学或说明心理学这种盲目仿效自然科学研究程序和模式，追求统一、唯一和相同方法原则的做法，在描述心理学家看来，必然会导致心理学陷入客观主义、方法主义、实验主义、假设主义、元素主义、机械主义和还原主义的泥淖。

描述心理学坚持以现象学或解释学哲学方法论为指导，反对发生心理学或说明心理学的科学主义、实证主义、客观主义和实验主义的自然科学研究路线，遵循人文科学的研究路线，主张采用以如实描述或意义理解的质性方法探究人类心理生活的内在关系及其独特意义、目的和价值的主观经验范式。在描述心理学家看来，人类心理知识不可能达到自然科学所要求的那样客观，而是具有主观性、历史性、文化性和相对性的特点，因此心理学研究应该从人的心理现象的本质和特点出发，通过不涉及因果假设的经验描述或主观理解的方法，忠实地揭示心理现象的本来面目，以适合人作为人所独有的心理现象的概念、原则、方法和规则来发展心理学。现象学或解释学哲学方法论倡导的描述、直观、体验、理解和解释等方法学词汇成为描述心理学最基本的方法学术语。狄尔泰的名言"我们说明自然，但我们理解心理生命"①，最为经典地概括了描述心理学的方法论特征。描述心理学在现象学或解释学哲学方法论指导下，主张对人的心理现象采取如实、朴素而又丰富的描述或理解的态度，而不是采取客观验证、抽象分析、因果说明的态度，认为心理学研究应该采用非实验的、质性的、主观的、个案的现象学方法或解释学方法，在特定社会和文化情境下发现适合个体的特殊心理规律。总之，描述心理学认为，人是一种具有独特经验的生命存在，研究人的心理的方法必然要吻合这个丰富多彩的主观存在。无论是严格科学传统的描述心理学家，还是浪漫主义传统的描述心理学家，都明确提出了不同于发生心理学或说明心理学的方法学。

布伦塔诺早期某种程度地持有心理学研究的实证主义倾向，但后期则几乎完全转向了忠于心理现象本来面目的现象学倾向，主张通过不涉及因果假设的内部知觉的反省方法来研究人类主体自身的内在意识活动，从而开创了科学心理学史上主观经验范式的历史先河。他反对冯特采用专注于细节的客观实验范式研究静止的心理内容，倡导从心理学研究对象的独特性出发，采用现象学倾向的主观经验范式研究动态的、意向的、整体的心理经验活动，对刚刚过去但在记忆中仍呈鲜活状态的心理活动及其变化进行描述性观察和体验。布伦塔诺强调直接地审视、反省和体验自己的意识领域，把那些感性、偶然或虚假之物从呈现于意识领域内的现象中排除出去，从而描述性地把握心理活动的内在本质。斯顿夫虽然承认解剖、观察、实验、测量和统计等客观方法对心理学研究具有重要辅助作用，但他认为获取和描述真实心理经验的最根本方法是内部知觉，即一种不加分析的纯粹意识②，客观方法必须以内部知觉的主观方法为前提，客观心理学的发展若没有一种相应的主观检验是相当危险的。胡塞尔认为发生心理学将解释结果与所予现象混淆在一起，掺杂了过多的理论假定，主张采用观念直观的描述

---

① Dilthey, W. (1977). *Descriptive psychology and historical understanding* (R. M. Zaner, & K. L. Heiges, Trans.; R. A. Makkreel, Intro.). The Hague: Martinus Nijhoff, p.27.

② Langfeld, H. S. (1937). Stumpf's "Introduction to Psychology". *The American Journal of Psychology*, 50(1): 33-56.

方法来研究自身显现的心理现象,无先见地直接面对心理现象进行描述。

狄尔泰从人类生命本身出发,把人文科学与自然科学对立起来,否定艾宾浩斯等人运用客观的实验说明方法研究人的心理活动规律的可能性,认为心理学不应偏重于对外显的心理事实进行假设验证基础上的因果说明,而应着重于对人的内在主观体验进行忠实的理解和描述。他反对说明心理学利用预先假设对人为造成的诸心理片段进行因果说明和理论建构的做法,认为心理生命的结构系统本身就是一个因果系统,它作为一个具有内在次序性和连贯性的统一体直接呈现于我们的体验之中,我们不需要再跑到体验背后寻求一个纯粹假设的统一体。依他之见,我们应在理解共同体文化精神的基础上,通过基于体验的内部知觉和对体验表达的解释来描述和理解我们的精神生活,而不应从客观实验和元素分析着手去说明因果关系。斯普兰格完全赞同狄尔泰关于对心理生命整体进行描述和理解的方法学主张,认为元素分析和因果说明的实验研究会破坏心理生命的意义完整性,主张在历史地发展起来的文化环境内对心理生命的意义关系进行整体理解。斯特恩主张把自然科学的实验说明方法和人文科学的描述理解方法结合起来,从多元综合的视角来研究人的心理现象,但对于富有意义的心理生命整体或人格,他更提倡运用描述和理解的主观方法。例如,他指出,心理事实是通过外部符号表现出来的,因而必须通过对这种外在符号的解释才能得以理解。[①]

第四节　描述心理学的理论观

心理学的理论观是指心理学家在心理学研究过程中持有或表现出的多个维度的理论倾向,它或隐或显地指导和影响着具体研究的开展。描述心理学反对发生心理学或说明心理学坚持的方法中心论、元素论、因果决定论、主客二元论和价值中立论的理论观,而坚持问题中心论、整体论、自由意志论、主客同一论和价值负荷论的理论观。接下来,我们就从描述心理学与发生心理学或说明心理学两种心理学形态相互对立的视角,来具体阐释描述心理学的理论观。

一、反对方法中心论,坚持问题中心论

发生心理学或说明心理学围绕着"方法"转,认为对于心理科学而言,最

---

① 刘恩久.刘恩久文选.南京:南京师范大学出版社,2009:315.

重要的是它的实证主义研究方法,而不是它研究的对象和问题,出现了不考虑研究的是什么而只固守某种所谓的"科学方法"的倾向。也就是说,心理学能否成为一门独立而成熟的科学,取决于它是否拥有合乎自然科学要求的完善方法。为了牢固树立心理学的"科学形象",发生心理学或说明心理学几乎毫不顾忌人的心理生活的特殊性和复杂性,而只盲目照搬自然科学的因果说明和实验控制方法,认为自然科学的方法是万能的,从而走上了"方法中心论"的道路。正如后来的人本主义心理学家马斯洛所言:"方法中心就是认为科学的本质在于它的仪器、技术、程序、设备以及方法,而并不是它的疑难、问题、功能或者目的。"①这样一种物理主义的机械研究模式,将人特有的内在主观经验转变为抽象、派生的形式来考察,实则陷入了抛弃人的内部心理过程的客观主义境地。

描述心理学明确反对发生心理学或说明心理学的"方法中心论",认为不是心理学的研究对象和问题应该适应于心理学的研究方法,而是心理学的研究方法应该适应于心理学的研究对象和问题。探究所欲研究对象和问题的本质是目的,而方法仅是达到目的的手段,方法应为目的服务,而不是让目的服从方法。在描述心理学家看来,人及其心理是本质上有别于自然物的独特存在,心理学要想成为一门真正的科学,就必须选择与人的心理的独特性相适应的研究范式和方法,而不应"削足适履"地盲目搬用自然科学的研究模式和研究方法。对于心理科学而言,研究的对象和问题的性质乃是选择方法的依据,对象和问题决定方法的适切与否,而不是相反。描述心理学坚持以对象和问题为中心的研究原则,主张采用不涉及因果假设和元素分析的描述或理解的方法来研究人类复杂的心理生活整体,认为将心理学拘囿于自然科学的机械研究模式是错误的选择。正如狄尔泰所明确指出的,现代实验和生理取向的心理学使用了错误的方法,无法像人看待和感受自己那样来充分地理解人,甚至受实证主义影响的自然科学家也发现,科学应该是描述性的,科学不应该越出可观察的资料,概括是从经验观察的资料中得出结论的唯一可允许的方式,而心理学家们太易于假定生理原因。②

二、反对元素论,坚持整体论

发生心理学或说明心理学从自然科学"物"的研究原则出发,认为人的

---

① [美]马斯洛.动机与人格.许金声,等译.北京:华夏出版社,1987:14.
② Wolman, B. B., & Knapp, S. (1981). *Contemporary theories and systems in psychology* (2nd ed., expanded and rev.). New York: Plenum Press, p.417.

心理可以分解为某些基本元素或原子,而且只有还原为基本元素或生理、物理过程才能得到数量化的精确说明。因此,它主张通过研究心理现象的构成元素及其复合规律来说明心理的性质,而且把确定心理现象的构成元素及其复合体的形成规律作为科学心理学的主要任务。例如,冯特在科学心理学创建时期就主张运用精密的生理学方法来研究心理的感知觉元素及其复合规律,认为一切心理现象都是由心理元素或原子构成的,对心理元素或原子的生理学分析是心理学家首先要回答的问题。他的弟子铁钦纳进一步主张将复杂的心理现象简单化和精细化,提出意识由感觉、表象和感情三种元素构成,并倡导用物理和化学过程来说明复杂的心理过程。无论在本体论层面还是认识论层面,发生心理学或说明心理学都在践行元素主义的理论倾向,这是对联想主义心理学传统的承继。它为了研究的便利和外在的目的,忽视和贬低人性,看不到也不愿去看到完整丰富的人及其完整丰富的心理生活的不可分割性。

描述心理学从人文科学"人"的研究原则出发,反对发生心理学或说明心理学对完整统一且活生生的人的心理进行还原主义的静态元素分析,认为这样会贬低人性且无法如实呈现人的心理生活的全貌,而主张从人文的、动态的、整体的视角来看待社会文化情境中的人及其心理生活。它受现象学或解释学思想影响,认为人及其心理生活是不可分割、活生生的统一整体,不能还原为自然科学提倡的元素或原子等假设结构,主张心理学研究应以如实描述或丰富理解心理生活的整体性质为己任,通过对心理现象本身进行如实全面的描述或理解来发现心理现象本身的内在关系及其规律。狄尔泰曾明确指出,传统说明心理学或建构心理学把所有心理过程都解释为某些基本心理元素的不同建构或组合,但这些元素不可能是明确确定的,因而使它们互有关联的心理学假设在很大程度上是不可验证的。[1] 在他看来,也许原子观念在物理学中是一个有用的建构,但把我们的心理生命分解成细小的单元无论如何都没有正当理由,因为人的心理是一个连贯的统一体,我们没有任何合乎逻辑的理由把它分解成假设的元素。[2]

斯普兰格在继承和发展狄尔泰的描述心理学或理解心理学的基础上,进一步反对冯特等人的还原主义倾向,认为实验心理学被迫越出其经验资料而通过把心理现象分解成元素后提交给生理学来加以说明,这种做法毫

---

[1] Dilthey, W. (1977). *Descriptive psychology and historical understanding* (R. M. Zaner, & K. L. Heiges, Trans.; R. A. Makkreel, Intro.). The Hague: Martinus Nijhoff, pp.4 - 5.
[2] Wolman, B. B., & Knapp, S. (1981). *Contemporary theories and systems in psychology* (2nd ed., expanded and rev.). New York: Plenum Press, p.418.

无前途,因为人类生命不可能在生理学框架内来理解。在他看来,人是作为一个整体与周围环境发生关系的,社会对他来说只不过是精神文化各个领域的总和而已,心理学的任务不在于研究心理元素和生理过程,而在于探究真正有意义的活动的目的和价值,进而达到对各种精神现象的理解和内识。① 斯特恩更是心理整体论的极力倡导者,并运用"多元统一体"概念对此加以深刻的理论阐释。他认为,人的心理和身体的元素以"人格"的形式呈现为一个有组织的结构系统,一个由许多方面和力量组成的真正统一体,而且这个有组织的结构系统和真正统一体不可以进行还原论和机械论的人为拆分,否则具有丰富意义和内容的人格或心理生活,就会因研究者过分支持物理主义范式而被边缘化。②

三、反对因果决定论,坚持自由意志论

发生心理学或说明心理学坚信因果关系普遍存在于自然世界和人类社会之中,认为所有心理现象或心理事件像所有自然现象一样,都由某种外在先行因素决定,都遵循着因果决定论,因而主张在因果决定论的解释框架内从事心理学研究。它试图借助有限数量的明确确定的元素,使心理生活的诸多表现隶属于一个因果系统,以探明心理与生理或物理等其他因素之间的因果关联。正如冯特所指出的:"我们必须把每一种行为中的变化都追溯到一种唯一可观察到的同一种东西,即运动。"③也就是说,发生心理学或说明心理学将心理或行为事件看作是对某种外部刺激的反应,或者是对某些基本神经特征的表达。它致力于从生理或物理视角探究人类心理和行为的发生机制,从有限数量的明确确定的元素中推导出一种绝对完整和明了的心理现象的知识,而忽视人具有自由选择的意图和追求。

描述心理学反对发生心理学或说明心理学的因果决定论,认为人是有别于自然物而具有生命、价值、目的和意义以及意志和选择自由的独特存在,可以在不受外界因素干扰的情况下独立自主地对自己的行为作出决定,因而自然界存在的因果规律并不适用于人的心理和行为,心理学应在自由意志论的解释框架内开展研究。例如,布伦塔诺着重强调人的心理具有意向性特点,而这种意识导向本身就预示了人的内心具有某种自由性。描述

---

① 张勇.西方心理学人文取向的生成与发展研究.长春:吉林大学博士学位论文,2007.
② Stern, W. (2010). Psychology and personalism (J. T. Lamiell, Trans.). *New Ideas in Psychology*, 28: 110-134.
③ Cassirer, E. (1950). *The problem of knowledge: Philosophy, science, and history since Hegel* (W. H. Woglom, & C. W. Hendel, Trans.). New Haven: Yale University Press, p.88.

心理学试图不带任何假设地描述人的心理生活的内在关系和形态规律,充分理解人的心理生活的目的、价值和意义,而不追求从生理或物理等外部视角探究心理事件产生的原因。正如狄尔泰所指出的,自然科学的心理学家从物理学和化学中获得了他们的因果观念和说明模型,当寻求心理事件和心理过程的心理原因时,他们太过乐于接受生理原因,甚至有时是纯粹假设的生理原因,而事实上,内在于体验的心理生命结构系统本身就是一个因果系统,而且是我们所有因果观念的来源,我们没有必要跑到心理现象背后通过虚构假设来寻求生理或物理原因。[①] 正是由于认为心理现象产生的原因位于心理生活内部,描述心理学才主张采用描述或理解的主观方法来研究人的心理现象及其意义。当然,正如斯特恩在其著作中所多次表明的,自由意志也具有相对性,而不纯粹是一种免于条件限制的自由。

四、反对主客二元论,坚持主客同一论

发生心理学或说明心理学以自然科学的客观研究模式来规范心理学,坚持研究主体与研究客体相互隔离的主客二元论,彰显对科学主义的执着追求。它把心理学的研究对象——人及其心理看作像自然物那样的认识客体,而把心理学的研究主体只看作是客观反映认识客体的一面镜子,主张研究主体与研究客体是截然分离的,认为无论是实验操作还是理论建构,原则上均应彻底排除研究者的主观性,以期获得心理现象的客观真理。发生心理学或说明心理学实质上是一种"外观心理学"[②],它张扬的是研究客体的"物性"以及与之相适应的研究方式,试图在主客对立的外部参考框架内借助外部知觉的间接途径研究心理现象的普遍规律及其生理或物理相关物。对于发生心理学或说明心理学而言,当说同一种语言且具有相似价值观和关系框架的独立观察者对心理资料进行搜集、考察和检验时,他们会得出类似的、不依赖于观察者的客观结论。[③]

描述心理学以人文科学的主观研究模式来规范心理学,反对发生心理学或说明心理学的主客二元论,坚持研究主体与研究客体相互统一的主客同一论,彰显对人文主义的执着追求。它把心理学的研究对象人及其心理看作是根本不同于自然物而具有主观性和文化性的生活存在,积极寻求与

---

① Hodges, H. A. (1952). *The philosophy of Wilhelm Dilthey*. London: Routledge & Kegan Paul, pp.199 - 200.
② 彭运石.人的消解与重构——西方心理学方法论研究.长沙:湖南教育出版社,2009:259.
③ 车文博.客观实验范式与主观经验范式的整合——当代西方心理学理论范式发展的走向.*自然辩证法研究*,2003,19(5):1 - 6.

人的本性相适应的恰当研究方式,力图瓦解研究主体与研究客体之间的对立与分离,主张研究主体向研究客体的主观渗透、移入和融合,突显心理现象真理的人性本质。描述心理学实质上是一种"内观心理学"①,它张扬的是研究对象的"神性",试图超越传统主客对立关系的思维栅栏,在主客同一的内部参考框架内,从"第一人称视角"出发通过内部知觉原原本本地把握心理经验的事实及其内在关系,达成对人类心理的独特本质的理解和洞察。例如,狄尔泰把心理体验看作是未分化的统一体,在体验中主体与客体、现象与实在、物质与属性均未区分,他主张从体验到的内在结构关系出发用"分析"的方法去描述和理解心理生命的各个方面,认为心理事实对于"我"而言不是客体而仅仅是可意识到的存在②。

五、反对价值中立论,坚持价值负荷论

发生心理学或说明心理学以自然科学为顶礼膜拜的对象,以实证主义为方法论基石,肯定事实与价值、是与应该的二歧式分离,极力主张"价值中立论"或"价值无涉说"。它认为心理科学只研究客观心理事实,回答"是不是"的问题,而不研究主观信念、价值和意义,不回答"应该不应该"的问题。在它看来,心理学研究是客观的,探讨心理或意识的一般事实和普遍规律,不掺杂任何个人的态度和情感,不涉及任何个人的主观倾向和价值观念,研究者可以遵循客观实验范式,将自身置于研究过程之外,把心理事件当作自然物外在地进行研究。例如,铁钦纳在继承其老师冯特的严格实验控制思想的基础上,致力于对人的心理元素进行纯粹客观的"价值中立"的研究,试图找到不受任何文化影响的普遍心理机制。

描述心理学崇尚人文科学的研究模式和理念,以现象学或解释学作为方法论基石,反对发生心理学或说明心理学的"价值中立论",肯定事实与价值、是与应该的统一,承认心理学研究与个人和社会的价值取向、意识形态密不可分,坚持心理学研究的"价值负荷论"。它认为心理科学不是"物"的科学,而是具有特定价值倾向的鲜活人类主体的能动活动,因而心理学不可能超越个人和社会价值进行纯粹客观的研究,而是必然负载和渗透着个人和社会的价值观。在描述心理学家看来,发生心理学或说明心理学宣扬事实与价值、是与应该以及科学与信仰的割裂纯属无稽之谈,主张心理学研究

---

① 彭运石.人的消解与重构——西方心理学方法论研究.长沙:湖南教育出版社,2009:259.
② Hodges, H. A. (1952). *The philosophy of Wilhelm Dilthey*. London: Routledge & Kegan Paul, p.205.

必须承认主观人化世界中研究者的价值涉入,承认研究者的主观信念对研究过程与结果的影响,认为心理知识不是主体对客体的"镜像"反映,任何心理知识都承载着价值观念和意识形态的影响。例如,布伦塔诺明确指出心理现象关涉人的价值和意义[1],狄尔泰明确强调人文科学的历史理解总是包含着人性、道德和价值等伦理成分[2],斯普兰格更是强调心理学研究依赖于心理学家的个人哲学以及文化对于他们的信念的影响[3]。总之,描述心理学家认为,心理学作为一门人文科学,不可能回避价值和价值观问题。

---

[1] 郭本禹,崔光辉,陈巍.经验的描述——意动心理学.济南:山东教育出版社,2010:64.
[2] Ermarth, M. (1978). *Wilhelm Dilthey: The critique of historical reason*. Chicago, IL: University of Chicago Press, p.310.
[3] Wolman, B. B., & Knapp, S. (1981). *Contemporary theories and systems in psychology* (2nd ed., expanded and rev.). New York: Plenum Press, p.423.

第九章　描述心理学与人文科学心理学的历史发展逻辑

　　人文科学心理学的历史发展逻辑,主要指人文科学心理学是按照和沿循什么样的脉络和线索来发展的。描述心理学作为人文科学心理学的初始形态,从方法论、视角、主题和动力等多个维度,奠定和开启了人文科学心理学的历史发展逻辑,也即方法论逻辑、视角逻辑、主题逻辑和动力逻辑等。这些方法论逻辑、视角逻辑、主题逻辑和动力逻辑等实际贯穿和委身于人文科学心理学的不同理论流派之中,由不同心理学家以各种各样的方式进行着代际传承和接续发展。当然,同一理论流派或同一心理学家可能会对这些不同的历史发展逻辑都作出了贡献,也即同一观点或事件可能会出现在多条不同的历史发展线索和脉络中。本章主要是以描述心理学为基点,探索和考察人文科学心理学的历史发展逻辑,重点从描述心理学奠定和开启的现象学逻辑、解释学逻辑、整体论逻辑、主体论逻辑、文化论逻辑及批判论逻辑五条发展线索,粗略地展现人文科学心理学的发展图谱,大胆地重构人文科学心理学的发展历史。不过,尽管是从不同的逻辑线索来展开论述,但在论述过程中难免会有内容的交叉和重叠,亦难免会出现上下文逻辑关联不紧密甚至没有接承关系的现象,这一方面是由于历史发展的事实本然如此,另一方面也与本章的写作宗旨及篇幅限制有关。本章的宗旨仅仅是从描述心理学这个起点出发,驱使着历史的车轮,粗略地勾勒和绘制人文科学心理学历史发展的逻辑脉络和梗概图貌,而并不一定要对人文科学心理学历史发展的每条逻辑线索都进行逻辑上环环相扣的详细考证和严密梳理。

第一节　人文科学心理学历史发展的现象学逻辑

　　现象学是一门研究自显现象之规律的学问。哲学的根本使命是追求真理,但对于何为真理及如何探求真理,现象学有着不同于其他哲学的独特看法。现象学认为,追求真理的过程就是透过现象通达和探求本质的过程,但本质寓于现象之中,且可以自身显现出来,我们不需要借助假设为中介绕到现象背后寻求本质,因为显现的现象即本质和真理,而现象背后再无实事和真相。"这种排斥任何间接的中介而直接把握实事本身的要求无疑是现象学精神的一个重要内涵,无论这中介是来自权威,还是源于习性。作为一种思维态度,它使现象学能够有别于哲学史上任何一个其他的哲学流派和思潮。"①对于现象学而言,"哲学的纯粹性要求思维原初和逻辑自明,任何预设都是对哲学初衷的违背"②。因此,通过"加括号"悬置假设,力求直观地"面向实事本身",是现象学一以贯之的气脉和精神。或者说,现象学就是一种排除或悬置各种预设的成见而对显现的现象作直观,以体验其内在本质结构的方法或精神。这就自觉不自觉地在对现象学的哲学探讨中兼论了方法或方法论的问题。事实上,尽管现象学作为一种哲学体系和一场哲学运动是由胡塞尔于19世纪末20世纪初创建和发起的,具体标志是他的《逻辑研究》(1900,1901)出版,但现象学首先是作为一种方法学理念和研究态度而久远地存在的,而且胡塞尔的一个突出特点也是寓现象学于方法之中。因此,人们日常谈论和使用的现象学,在大多数情况下也是方法论意义上的现象学。

科学心理学自创建以来140余年研究历程,主要依赖实证主义、现象学和解释学作为哲学和方法论基础,其中自然科学心理学依赖的主要是追求因果验证的实证主义,而人文科学心理学依赖的主要是追求本质直观的现象学和追求意义理解的解释学。科学心理学出现人文科学心理学与自然科学心理学分野的重要原因,就在于所依赖的哲学和方法论基础不同。现象学被称为西方心理学方法论的"第二势力",影响人文科学心理学对研究对象、研究任务、研究原则及具体研究方法等重要问题作出了与实证主义的自然科学心理学不同的回答。但心理学中的现象学是经过"改造"的现象学,远比哲学中的现象学来得清晰和明了。"心理学家试图凭借自己的心理学素养理解现象学的方法,扬弃了胡塞尔哲学中的纯粹的先验本质,从而使现象学转化为心理学体系中有用的方法论,为揭示心理现象提供一个开端。"③现象学在人文科学心理学中具有特殊的方法论含义:以主观经验为

---

① 倪梁康.现象学精神:为何? 何为? 读书,1995,10:50-54.
② 叶晓玲,李艺.现象学作为质性研究的哲学基础:本体论与认识论分析.教育研究与实验,2020(1):11-19.
③ 刘翔平.论现象学在西方心理学史中的方法论意义.心理学探新,1987(4):79-86.

对象,注重行为的意义;坚持如实描述,反对滥用各种科学假设与前提;以问题研究为中心,注重多种方法综合运用;以整体论为原则,注重对心理生活的全面理解;以先质后量为导向,注重心理生活的人文性;以当下为起点,注重现场气氛。

现象学方法论在人文科学心理学历史发展过程中大体经历了三个时期:以经验现象学为标志的孕育形成期;以实验现象学为标志的发展成长期;以人本主义现象学为标志的成熟整合期。① 相应地,它也推动人文科学心理学对自然科学心理学进行了三次革命性反抗,人文科学心理学也由此实现了自身的变革性发展:第一次是在反抗发生心理学或说明心理学的过程中形成了描述心理学;第二次是在反抗构造主义心理学的过程中形成了格式塔心理学;第三次是在反抗行为主义心理学的过程中形成了由现象学心理学、存在心理学和人本主义心理学构成的"第三势力"心理学。现象学方法论构成了贯穿人文科学心理学历史发展的重要逻辑,而描述心理学作为人文科学心理学的初始形态,奠定和开启了人文科学心理学历史发展的现象学逻辑。尽管胡塞尔创建了现象学哲学及其方法论体系,但描述心理学的两位开创者布伦塔诺和狄尔泰作为现象学的先驱,早在胡塞尔之前就已经将朴素的现象学方法论运用于心理学研究了,而且以现象学方法论为基础分别开创了描述心理学的严格科学传统和浪漫主义传统,而胡塞尔也是重要的描述心理学家之一。例如,高觉敷先生认为"胡塞尔的现象学受传于布伦塔诺的意动心理学②,以意向性概念和心理现象的分类为基础"③;胡塞尔认为狄尔泰的描述心理学"包含了现象学的一种天才预见和某些萌芽"④。

布伦塔诺通过创建以经验为基础的意动描述心理学,开创了描述心理学的严格科学传统。这种新的心理学"已不再是建立在物理学和生理学之上并期待物理学和生理学的心理学,而是建立在独立的来源之上的纯粹心理学。它已不再是联想主义的心理学,而是建立在心理现象的'意向的'结构或相关的结构之上并且承认像心理活动中间的自明性这样一些性质的心理学。它是一种不限于单纯的归纳法的心理学,而且是一种考虑到了能够

---

① 秦金亮.论西方心理学研究中现象学方法发展的历史轨迹.教育史研究,2003(2):85-89.
② 也即意动描述心理学。
③ 高觉敷,主编.西方心理学史论.合肥:安徽教育出版社,1995:28.
④ Dilthey, W. (1977). *Descriptive psychology and historical understanding* (R. M. Zaner, & K. L. Heiges, Trans.; R. A. Makkreel, Intro.). The Hague: Martinus Nijhoff, p.4.

达到直接结构洞察的新型经验的心理学。"①也就是说,布伦塔诺的心理学既不是运用实验方法验证心理与物理或生理之间因果关系的发生心理学,也不是探究观念组合规律的元素论和还原论心理学,而是从朴素的现象学方法论出发,直观地描述复杂和整体的心理活动本身及其内部关联方式的纯粹经验心理学。布伦塔诺一方面强调心理现象具有根本区别于物理现象的意向性本质,另一方面强调具有自明性和无谬性的内部知觉是获取心理生活资料最重要、最可靠的途径,这种依靠内部知觉的经验直观描述性地"发现"心理生活"实事",而不依靠假设跑到心理现象背后寻求物理或生理原因的主张,奠定了后来心理学现象学方法论的基本观点。斯顿夫受布伦塔诺影响,继续运用现象学的方法论思维来研究心理学,构建了机能描述心理学理论体系。他把心理机能看作是一个由经验直接给予的具有完整意义的整体,并强调经验直观的内部知觉是获取心理机能知识的根本途径和主要源泉,而不需要基于假设进行间接推测和建构。他还将现象学与实验相结合,把现象学实验作为描述心理学的内部知觉的一种辅助手段,从而推动经验现象学走向实验现象学,并直接促发了格式塔心理学实验现象学范式的产生。在他看来,"现象学实验不仅使经验观察和描述变得容易,而且使现象的改变也容易进行,它还能使现象学研究者之间有可能进行可靠的思想交流"②。胡塞尔在布伦塔诺和斯顿夫描述心理学的意向性观点及现象学方法论基础上,创建了现象学哲学及其方法论体系,并用于开展其本质描述心理学研究,这反过来又加强了描述心理学的哲学和方法论基础。

狄尔泰通过创建以生命本身为基础的体验描述心理学,开创了描述心理学的浪漫主义传统。他从朴素的现象学方法论出发,主张以内部知觉的经验描述方法直观地"发现"和"告诉"在体验中直接显现出来的完整心理生命的知识,而且这种"发现"和"告诉"建立在对心理生命的内在关系及其目的、价值和意义的理解的基础之上。他的现象学描述的观念某种程度上受到布伦塔诺的影响,是以体验和理解为基础对后者的现象学描述观念的发展。狄尔泰认为,心理生命是一个完整统一、不可分割的结构系统,心理生命内在于体验之中并通过各种各样的相互关联的心理现象在体验中显现出来,心理现象是心理生命的本质反映,不仅具有指向对象的意向性特征,而且具有社会、历史和文化所赋予的丰富意义性。对于如此这般的心理生命或心理现象,狄尔泰认为通过内部知觉的现象学描述和分析可以准确地直

---

① [美]施皮格伯格.现象学运动.王炳文,张金言,译.北京:商务印书馆,2011:88.
② 秦金亮.西方心理学研究中的现象学方法及其启示.心理科学,2001,24(6):722-723.

观把握到,而不需要也不可能通过以假设为中介的推测和建构来把握。他批判说明心理学:"假设,到处都仅仅是假设!"①心理生命或心理现象具有在体验中的直接给予性,我们通过对这种直接给予性的内部觉识(inner awareness)可以对它们进行精确的描述和理解。既然可以直接给予,我们为何还要去推测呢?因此,狄尔泰认为,通过假设形成的诸多概念"可以帮助我们说明我们关于外部世界的经验,否则这些外部世界的经验就是杂乱和无意义的。……我们关于自己内部世界的经验既不是杂乱的也不是无意义的。因此,一门科学的心理学不需要也不应该复归到假设的构想。相反,心理学的任务是要提供对意识内容的准确描述。"②狄尔泰对现象学方法论的强调主要是在其学术生涯的前期,后期则主要转向解释学。当然,解释学时期的狄尔泰,并没有抛却现象学方法论的基本精神,而是在现象学方法论框架内进行解释学的描述心理学或理解心理学研究。斯普兰格、斯特恩和雅斯贝尔斯受狄尔泰直接影响,在强调解释学的理解和解释的同时,也充分坚持了现象学方法论的基本精神。斯普兰格反对元素分析和因果说明,认为完整的心理生活经验可由经验主体从内部直接体验到。斯特恩认为,心理学研究首先是要现象学地获取到真实本然的心理生活资料,然后才是分析和说明。雅斯贝尔斯"首先将现象学引入了精神病理学,并在精神病理学中发展和运用了现象学直观"③,由此将现象学直观与解释学理解和解释相结合发展出了理解心理学。

形质学派和符茨堡学派进一步推进了描述心理学奠定和开创的现象学方法论在人文科学心理学研究中的应用。形质学派起源于 1890—1900 年间,由布伦塔诺的弟子厄棱费尔和迈农创立,因形质学说而得名。厄棱费尔在现象学方法论指导下,提出了著名的形质学说。他反对从元素主义立场来看待和解释知觉,认为时间和空间的形式是一种直接经验到的作为整体的新属性或新元素,即一个形质,而不是他种属性的集合,而且形质的形成和呈现依赖于意识活动,不能用各种感觉元素或属性来解释。厄棱费尔的形质学说并不建立在实验论据基础之上,而是根据经验对知觉所作的一种逻辑分析,是一种直接的经验或对经验的现象学描述。符茨堡学派是 19 世

---

① Dilthey, W. (1977). *Descriptive psychology and historical understanding* (R. M. Zaner, & K. L. Heiges, Trans.; R. A. Makkreel, Intro.). The Hague: Martinus Nijhoff, p.27.
② Feest, U. (2007). 'Hypotheses, everywhere only hypotheses!': On some contexts of Dilthey's critique of explanatory psychology. *Studies in History and Philosophy of Science Part C: Studies in History and Philosophy of Biological and Biomedical Sciences*, 38(1): 43-62.
③ 徐献军.雅斯贝尔斯对现象学直观的阐释及发展.浙江社会科学,2018(8):104-109+158-159.

纪末由屈尔佩等人创立的一个德国心理学派别，该学派的形成和发展与现象学有着密切关系。屈尔佩领导符茨堡学派成员麦塞尔等运用实验方法研究思维特别是无意象思维(imageless thinking)，并在胡塞尔现象学方法论指导下，将冯特传统的实验内省法改造成系统的实验内省法，提出了"意识态度""心理定势""决定倾向"等概念。为解决当时的"内容"与"意动"之争，屈尔佩和麦塞尔在无意象思维实验研究的基础上，提出了将意动与内容统一起来的二重心理学的主张。当然，二重心理学的主张首先由麦塞尔明确提出，尔后由屈尔佩进一步确立。"二重心理学的产生，是对冯特和布伦塔诺的调和，两者的对立，使之对内容和意动采取兼收并蓄的态度，但二重心理学从根本上说，还是偏重于意动。"① 二重心理学的产生受到胡塞尔新的"三维"意向结构模型的直接影响，胡塞尔的意向性概念中同时包含内容和意动。

尽管我们在形质学派和符茨堡学派的理论和研究中处处可以看到现象学方法论的影子，但现象学方法论对于它们仍未产生变革性影响，它们仍停留在心理元素论的范畴内，未能彻底祛除元素主义的标签。不过，在形质学派和符茨堡学派工作的基础上，1912年产生于德国的格式塔心理学，在某种程度上可以说，将现象学方法论运用到了极致。"格式塔心理学是现象学方法的彻底化，它的研究对象不再是感觉元素，而是现象经验。经验不附有任何前提，是不偏不倚、毫无约束的中立经验。格式塔学派主张心理学家要首先如实描述经验，然后解释经验。"②

格式塔心理学将布伦塔诺、斯顿夫和胡塞尔代际相承创建的现象学，作为其理论和研究最重要的逻辑起点与方法论基础。现象学方法论要求对在特定时间内主体自然观察到的直接经验材料不加任何粉饰、推测和说明，力求如实而详尽地进行整体的质性描述。"现象学改变了格式塔学者对待心理意识及心理学本身的态度，鼓舞着他们去反抗冯特的传统，去探讨心理学研究的新的途径。"③ 在现象学方法论指导下，格式塔心理学主张既研究直接经验又研究意义行为，这与构造主义研究的直接经验和行为主义研究的行为有所不同。格式塔心理学欲研究的直接经验是主体直接感受或体验到的一切，是主体对现象认识过程中把握到的现象经验，而且这种主体把握到的现象经验是有意义的整体而不是感觉的要素，是不附有任何前提的不偏

---

① 冯建军.西方心理学研究中现象学方法论述评.南京师大学报(社会科学版)，1998(3)：74-78.
② 刘翔平.论现象学在西方心理学史中的方法论意义.心理学探新，1987(4)：79-86.
③ 转引自：郭本禹，主编.西方心理学史.北京：人民卫生出版社，2007：262.

不倚和毫无约束的中立经验。格式塔心理学欲研究的行为主要是现象的或经验的行为,即我意识到的我自己的行为或他人意识到的他/她自己的行为,也即"我自己行为环境中的我的行为"或"某人自己行为环境中的他/她的行为"。行为环境是一个人心目中或臆想中的环境,考夫卡将之视为直接经验的一部分。按照格式塔心理学的观点,对直接经验、现象行为及行为环境的研究,离不开现象学的内省或实验。

格式塔心理学的现象学内省以胡塞尔现象学的意向性理论为基础形成,与构造主义心理学的内省法极为不同。现象学内省由对主观感受的审查转向了对经验中对象的观察,不排斥对象的意义和价值,认为直接经验是一个由意向性赋予了意义的整体,只可在当下进行直接如实的而不诉诸任何前提的完整描述,而不可进行人为的元素分析,因为那样会破坏自然观察到的本然经验。格式塔心理学的现象学实验是在斯顿夫的现象学实验的基础上发展而来的,这种实验法也叫作实验现象学,与构造主义心理学的实验法极为不同。第一,现象学实验是不依赖理论假设的归纳型实验,而通过对现象的直观描述来发现意义结构。第二,现象学实验不追求变量间的因果关系,而通过创设现象场即格式塔情境来发现现象场的意义结构。第三,现象学实验主要以文字叙述的形式而不是数量符号的形式,来质性地表达由现象学直观得到的现象的意义。第四,现象学实验的关键在于如何有效地创设现象场或实验情境,而不是操控变量及测量变量间的关系。第五,现象学实验并不对实验被试进行严格操控,而是让他/她作为一名真切的现象学家在现象场中感受现象直观的丰富性。第六,在现象学实验中,主试须悬置自己的先知先见,主试仅仅是现象场的营造者,而不是实验的决定者和操控者,现象的描述主要依赖于被试。① 因此,格式塔心理学的内省和实验均经过现象学方法论的改造而独具特色。

格式塔心理学的三位创始人惠特海默、苛勒、考夫卡及后期最重要代表勒温,均在其理论和研究中贯彻运用了现象学的方法论,我们可举例论之。惠特海默早在柏林大学和符茨堡大学跟随斯顿夫和屈尔佩学习时便受到了现象学影响,并于1910年夏开始对似动现象进行现象学的实验研究。似动现象就是原先静止的两条线在一定条件下被知觉为单线移动的现象。似动现象实验并不是按照预先设定的理论假设来进行,而是直接在屏幕上将实验过程显现出来,通过这种一目了然的实验获得运动知觉的意义结构。惠特海默在驳斥前人解释的基础上,认为似动现象是一个完整的格式塔,并由

---

① 秦金亮.西方心理学研究中的现象学方法及其启示.心理科学,2001,24(6):722-723.

此认为心理现象是一个完整的格式塔,感觉元素并不是直接观察的现象本身,而是抽象和还原的产物。苛勒明确主张对直接经验进行现象学研究而非元素分析,认为在对直接经验进行现象学的质性分析之前,绝不能解决有关根本原则的任何问题。他做了有关黑猩猩顿悟学习的现象学实验,通过对问题解决情境即现象场的巧妙创设,引导黑猩猩进入现象场并观察它在现象场中的表现,从而探究黑猩猩问题解决的意义结构。考夫卡主张通过现象学方法对直接经验进行朴素而完整的描述,并通过其"行为环境"概念表达了现象场的观念。依他之见,任何人的行为都必然深受其行为环境的影响和制约,而行为环境是人与客观环境相互作用产生的认知结果,是一种场效应的表征。勒温一直将其老师斯顿夫的现象学思想践行于自己的理论和研究中,即尊重事实以对经验进行自由而无偏见的描述。他提出了心理场论的思想,阐释了心理动力学说、生活空间学说及团体动力理论,并广泛开展了现象学方法论指导下的行动研究实验。

现象学方法论在由现象学心理学、存在心理学和人本主义心理学构成的"第三势力"心理学中得到了更加全面的贯彻执行,而且这种贯彻执行伴随着对行为主义心理学的强烈反抗。现象学心理学是20世纪上半叶发端和发展于欧洲且尔后逐渐繁荣于美国的一种心理学取向,根据研究取向可分为经验现象学心理学和解释现象学心理学两种理论形态,其中前者对现象学心理学进行了系统化建设,较大程度地反映现象学心理学的主流面貌。现象学心理学的名称本身便意味着与现象学存在着紧密而直接的内在关联。当然,这里的现象学主要指胡塞尔的现象学,也包括胡塞尔现象学在哲学上的效应,即存在主义和解释学等。"胡塞尔的现象学心理学和哥廷根的实验现象学构成了现象学心理学的最早思想雏形。"[1]现象学心理学特别是经验现象学心理学主要依赖现象学作为哲学和方法论基础,从生活世界和心理意向性本质出发,对直接显现的经验进行如实的质性描述,发掘和彰显心理经验世界的原初意义。对于经验现象学心理学而言,现象学主要从两方面为它奠定了哲学和方法论基础。首先,现象学通过批判二元论和倡导意向性本质观点,为现象学心理学理解心理现象提供了一种不同于自然科学心理学的崭新视角。其次,现象学力主搁置先在假设而对显现的现象进行本质直观,为现象学心理学描述心理现象的本质结构提供了不同于实证主义的方法论。经验现象学心理学"以现象学为理论基础,反对自然主义和二元论,坚持以生活世界为出发点,坚持心理现象的意向性本质,主要通过

---

[1] 郭本禹,主编.外国心理学流派大系.济南:山东教育出版社,2009:丛书总序.

使用经验层面的现象学方法,研究世间的心理现象,来获得知识,彰显世界的原本意义"①。当然,以解释学为哲学和方法论基础的解释现象学心理学,是在经验现象学心理学框架内发展出来的,我们将在下一节予以论述。

存在心理学是 20 世纪三四十年代兴起于欧洲并于五六十年代发展于美国和英国的一种心理学取向。它主要以现象学作为哲学和方法论基础,主张采用现象学方法如实描述经验世界进而展现人的完整的现实存在,但并不将现象学方法作为唯一方法而排斥其他方法。存在心理学家在运用现象学方法时存在两种倾向:一是在"面向实事本身"的口号下对经验进行详细的描述;二是运用现象学方法发现经验的本质结构。②胡塞尔现象学方法论主张,认识事物过程中应排除或悬搁所有先在成见、理论假设或主观臆想,仅对意识中显现出来的现象本身予以体验和观察,而不去人为假设现象背后还存在什么,"现象即本质或实事"。这便对自然科学心理学的二元论模式和自然主义倾向给了有力反驳,几乎全部存在心理学家都接纳现象学的这种方法论主张,而反对对人的经验世界和本真存在作机械论和还原论的理论说明,力图在直面经验世界的过程中理解人的存在的意义并由此揭示人的真正面目。例如,存在心理学家鲍斯认为:"胡塞尔为心理治疗和精神病学领域做出的最大贡献,就在于他为这些行业提供了一种全新的方法论。"③再如,被称为"美国存在心理学之父"的罗洛·梅认为,在心理治疗中只有现象学方法论才称得上是科学的,我们要尽量祛除头脑中的预先假设,对来访者及其存在状态保持一种开放和欣然的接纳与倾听态度,以防止从理论和教条的角度来看待来访者。④

人本主义心理学是 20 世纪五六十年代在美国兴起的一种颇有势力的心理学思潮或运动。以现象学作为哲学和方法论基础是它的一个主要特征。"20 世纪 30 年代,胡塞尔的现象学开始传入美国。美国的人本主义心理学是对现象学的同化,它乐意吸取现象学的观点、概念以及适合它自己的理解与应用方向的研究方法。"⑤在现象学方法论指导下,人本主义心理学反对行为主义心理学机械的环境决定论和精神分析心理学潜意识的性本能决定论,把被动客体的人升格成鲜活主体的人,以如实描述人的完整内在意

---

① 崔光辉.现象的沉思——现象学心理学.济南:山东教育出版社,2009:31.
② 郭本禹,主编.西方心理学史.北京:人民卫生出版社,2007:304.
③ 郭永玉,主编.弗洛伊德主义新论(第三卷).上海:上海教育出版社,2016:374.
④ May, R. (1969). The emergence of existential psychology. In R. May (Ed.), *Existential psychology* (pp.1-48). New York: Random House.
⑤ 陶宏斌,郭永玉.现象学方法论与现代西方心理学.华东师范大学学报(教育科学版),1997(4):61-67.

识经验为切入点,以全面探究人的本性、潜能、尊严、价值和意义等为最终目标。对于人本主义心理学而言,现象学不仅将"科学"的概念内涵扩展到包括对完整人及其主观性的描述研究,而且还提供了系统把握心理生活丰富性和复杂性的直观方法。① 尽管人本主义心理学家们与胡塞尔等古典现象学家并无直接联系,但他们通过美国的一些现象学家及关于现象学的二手资料深受现象学影响,把现象学看作是一种研究主体的直接经验和内省报告的方法,并对现象学的核心主题"意向性"给予了高度重视。

人本主义心理学的先驱戈尔德斯坦(Kurt Goldstein,1878—1965),秉承现象学和存在主义传统,将现象学方法论运用到了心理学、精神分析、解剖学、生理学、神经病学等多个领域,提出了著名的机体论心理学或整体论心理学,强调有机体既具有统一的整体性又具有自我实现的动力性。人本主义心理学的另一位先驱奥尔波特,主张用部分现象学和部分数量化的折中方法来研究人格特别是自我,认为现象学是研究独特人格结构最恰当的工具,是建立一门良好心理科学的重要基础。他开创了特殊规律研究法来研究个体独特的人格特质,"力图以特质词来表征个体的自我现象域,使主体的经验世界以词的方式得以显现,词成了经验世界的'家',是现象学研究方法的新突破"②。人本主义心理学的主要创建者马斯洛,曾在格式塔心理学家惠特海默亲自指导下开展心理学研究,后又受戈尔德斯坦影响,主张运用现象学的整体分析方法和经验描述方法研究人的主观经验。他认为心理学必须抛弃唯实验主义及还原论和元素论的观点,把强调自我内在感受的现象学方法作为心理学研究适用的方法。人本主义心理学的卓越代表罗杰斯,一贯致力于促进现象学方法(论)在心理学研究和心理治疗中的应用,主张把现象学作为心理科学的基础及研究主观心理世界的方法论。正如他所指出的:"或许我知道的唯一实在就是我此时此刻知觉和经验到的世界。或许你能知道的唯一实在就是你此时此刻知觉和经验到的世界。唯一确定的是那些知觉到的实在是不同的。有多少人就有多少个'真实世界'!"③罗杰斯提出了研究自我的现象场方法,就是深入到个人的现象场或主观私人世界,对其主观经验和意识体验进行直接描述和理解,而不说明心理事实的因果关系。现象场方法包括三个步骤:一是通过自身内部的参考框架取得关于主观世界的知识;二是通过观察他人来核对自己的主观知识以取得客观

---

① 彭运石.人的消解与重构——西方心理学方法论研究.长沙:湖南教育出版社,2009:294.
② 秦金亮.西方心理学研究中的现象学方法及其启示.心理科学,2001,24(6):722-723.
③ Rogers, C. R. (1980). *A way of being*. Boston: Houghton Mifflin, p.102.

知识;三是深入他人现象场设身处地地理解他人以取得人际知识。

人文科学心理学历史发展的现象学逻辑,在当代诸多心理学理论取向或研究范式中依然如火如荼地延续。例如,20 世纪六七十年代产生且 90 年代后发展迅速的女性主义心理学,在现象学方法论指导下,反对心理学研究中的实证主义霸权,且要求消除以男性为中心的偏见,建立性别公平的"好科学"。再如,当今正蓬勃发展的心理学质性研究或质性心理学,将现象学作为其重要的概念基础①,主张搁置假设和偏见,通过直观,如实描述显现的心理现象本身。"现象学之所以能够吸引众多的哲学研究者聚拢在它的旗帜之下,其关键的原因不外乎,它为那些厌倦了浮夸的虚构、偶发的机智、空泛的话语、虚假的问题的人提供了一个可以进行严肃对话和讨论的共同基础。"②这一论断对于现象学为何能在人文科学心理学中如此受欢迎同样适用。现象学为人文科学心理学家以非自然科学模式塑造心理学奠定了重要的方法论基础。然而,事实上,现象学之于人文科学心理学,已不仅仅是一种方法论,而是意味着一种更根本、更深层的价值和意义,意味着一种兼具本体论、认识论和方法论意义的理解心理生活与心理科学的方式。

第二节 人文科学心理学历史发展的解释学逻辑

解释学又称诠释学、阐释学或释义学,是一门关于意义及其理解与解释的学问,而且理解与解释在意义把握这个目的和功能上通常等义。人们关于解释学的研究和实践可追溯至遥远的古希腊时代,但现代解释学的开创被认为是 19 世纪的事情。狄尔泰在继承和发展解释学先驱施莱尔马赫的一般解释学的基础上,将理解和解释奉为人文科学的普遍方法(论),以对抗实证主义把人文科学自然科学化的主张,从而成为现代解释学的创始人,并被称为"解释学之父"。③ 狄尔泰的解释学建立在他的生命哲学或体验哲学基础之上,因此被称为"生命解释学"或"体验解释学"。狄尔泰对人文科学与自然科学作了根本区分,认为自然科学运用因果说明的方法研究外在于我们的自然事实及其假设推定的联系,即我们通过观察和实验把个别事例

---

① Smith, J. A. (Ed.). (2015). *Qualitative psychology: A practical guide to research methods*. London: Sage, pp.11-13.
② 倪梁康.现象学精神:为何? 何为? 读书,1995,10:50-54.
③ 夏基松.现代西方哲学.上海:上海人民出版社,2006:316.

归入一般规律之下,而人文科学运用理解和解释的方法研究内在于我们的鲜活事实及其本然存在的联系,即我们通过自身内在的体验进入他人内在的生命从而进入人类精神世界。① 更准确地说,对于狄尔泰特别是后期狄尔泰而言,理解就是从生命的外在表现中获取内在的生命知识的过程。跟施莱尔马赫一样,狄尔泰的解释学也是方法论的解释学,认为任何理解都是运用特定方法对文本意义进行解释的过程和结果,方法不同则理解不同。狄尔泰之后的解释学家从各自不同的哲学观点出发,对他的解释学进行批判、继承和发展,先后形成了海德格尔的本体论解释学(又称存在解释学)、伽达默尔的哲学解释学、利科的现象学解释学及哈贝马斯的批判解释学等多种解释学形态。

解释学对于人文科学心理学具有重要方法论意义,主要表现在把心理现象和行为作为要研究的"文本"、以理解和解释为方法、重视关联性或整体性原则、强调时态性或历史制约性四个方面。② 事实上,解释学在人文科学心理学百余年历史发展进程中起到了举足轻重的作用,被称为除实证主义和现象学之外的西方心理学方法论"第三势力"。跟现象学一样,解释学也是贯穿人文科学心理学历史发展的重要方法论逻辑,尽管解释学的形态在人文科学心理学历史发展的不同时期可能会有所不同。狄尔泰不仅是现代解释学的开创者,而且是最早将解释学思想正式引入心理学研究中的人,这当然与他的前辈施莱尔马赫主张把文本解释与心灵创造联系起来分不开。具体情况是,狄尔泰在构建其描述心理学理论体系的过程中,前期主要是以现象学方法论为指导,解释学方法论处于附属地位,后期则主要转向了以解释学方法论为指导,现象学方法论貌似沦于附属地位③。他的描述心理学特别是后期描述心理学也因此被称为"理解心理学"。更确切地说,狄尔泰早在接触心理学伊始便通过研究施莱尔马赫涉足解释学了,但正式创建一门作为哲学学科的解释学是描述心理学后期的事情。因此,狄尔泰的描述心理学与他的解释学实际是一种共创共生、相互交融的关系。但不管怎样,我们都可以确定地认为,狄尔泰的描述心理学或理解心理学奠定和开启了人文科学心理学历史发展的解释学逻辑。

狄尔泰描述心理学认为,心理生命或心理现象根本不同于外部的客观

---

① 洪汉鼎.当代西方哲学两大思潮(上、下).北京:商务印书馆,2010:484.
② 王国芳.解释学方法论与现代西方心理学.南京师大学报(社会科学版),1999(4):80-85.
③ 前面已作过说明,狄尔泰的解释学实际派生于现象学,仍接受现象学"面向实事本身"的研究精神,忠实客观地理解和把握文本背后作者本然的深层心理活动。因此,现象学的方法论理念其实在狄尔泰心理学中始终都处于重要地位。

自然现象,具有整体性和变动不居性、意向性和意义性、目的性和价值性及历史与社会文化的实践性、情境性和传递性,完全不适宜运用推理假设和抽象建构的方法进行人为的元素分析和外在的因果说明,而只可依赖于我们鲜活的内在体验进行现象学的描述和解释学的理解。心理生命作为一种活生生的实在,先于心理与身体、自我与世界的区分,始终在体验之中显现自身。无论是现象学的描述,还是解释学的理解,都以体验为基础。狄尔泰前期在布伦塔诺影响下主要致力于通过基于体验的内部知觉的现象学描述直接获得自我心理生命的知识,而解释学的理解和解释只是处于辅助地位,尽管他此时也强调内部知觉建立在对自我心理生命体验直接的深刻理解的基础之上。由于受到艾宾浩斯等人强烈批判和胡塞尔《逻辑研究》(1900—1901)中现象学思想影响,狄尔泰描述心理学方法论后期更多地转向了他创建的生命解释学,认为心理生命知识不应仅靠内部知觉来直接寻获,还应通过对自我和他人心理生命体验之表达的理解和解释来间接迂回地获得。事实上,心理现象作为共享生活世界中人的精神的创造物,其本身就是由持续不断的解释和再解释的实践构成的,因而对它的研究必然离不开解释学的理解和解释。①

狄尔泰认为,心理学的理解就是通过呈现于感觉中的表现来认识心理生命的过程。这个定义其实蕴含着一种理论假定:一个本真的等待着我们去认识的心理生命是存在的,我们的任务仍然是如何更有效地探知"文本的客观真义"。因此,狄尔泰描述心理学的解释学方法论没有突破现象学方法论的框架,仍致力于"面向实事本身"。这与后来伽达默尔主张的文本意义不具客观性而依赖于对话生成的解释学思想明显不同。② 但是,狄尔泰认为对心理生命及其表达的历史理解不应设法致力于摆脱个人的主观经验,以求达到一种超越经验的客观知识,而是要回到经验中。"不是经验妨碍了历史理解的客观性,相反,客观理解历史的可能性正是由经验提供,由经验来保证的。"③狄尔泰特别强调移情和再体验对于理解他人心理生命的重要性,认为我们只有根据自己的情感才能理解他人的情感,只有根据我们现在的情感才能理解古人的情感,只有具备与他人同样丰富的心理世界才能更好地理解他人的心理世界,这正体现了他的上述观点。正如狄尔泰所指出的:"关于心理生命的知识只有在对我们的自我的把握中才能当下直接地给

---

① Martin, J., & Sugarman, J. (2001). Interpreting human kinds: Beginnings of a hermeneutic psychology. *Theory and Psychology*, 11(2): 193-207.
② 丁道群.解释学与西方心理学的发展.湖南师范大学教育科学学报,2002(2):108-112.
③ 李超杰.*理解生命——狄尔泰哲学引论*.北京:中央编译出版社,1994:98.

予我们。如果我们缺乏这种把握,我们就不能获得关于他人的情感和倾向的知识。因为在我们和其他心理生命统一体间没有直接的沟通,没有心灵的读解,只有基于他人身体行为的推理。在这种推理中,我们把我们自己的心理状态赋予这些行为。"①

斯普兰格、斯特恩和雅斯贝尔斯等其他浪漫主义传统描述心理学家,都在狄尔泰直接影响下把解释学的理解和解释作为其描述心理学或理解心理学的主要方法(论),但仍没有突破现象学方法论的精神范畴,或者说,在其解释学方法论中交融着现象学方法论的基本精神。斯普兰格认为,活生生的心理生命的意义完整性不容破坏,客观实证主义的元素分析和因果说明会破坏这种意义完整性,而只有历史理解才是心理学研究最恰当的方法。但他所谓的理解与狄尔泰有所不同。他赋予理解一种特殊的含义,认为理解就是以一种有意义的方式把握在客观有效的认知中知觉到的心理关系,"并不表示与另一个人产生共鸣的活动,而是指在提供客观有效知识的同时,超越对个体心理的直接意识,把握文化关系中有意义的心理结构"②。他依靠这种解释学方法论提出了六种人格类型的理论和青少年心理发展的观点。斯特恩认为心理生命或人格是完整而富有意义的,既不宜进行"刺激—反应"的行为主义观察,也不宜进行机械还原的元素主义分析,而只能在整体论视野下进行现象学的描述和解释学的理解与解释。他所谓的"理解"是指对心理生命或心理资料的意义的把握,"解释"是指对内部心理表现于外的符号的意义进行解读。他在日记观察的基础上,依靠理解和解释提出了独具特色和颇具价值的儿童人格发展理论。雅斯贝尔斯的理解心理学(又称"主观心理学"或"意义心理学"),不仅采用现象学方法描述精神病患者的体验,而且采用解释学方法理解患者心理事件的意义,主张"我们将自己沉入心理的情境中去,并用共情、同理心去理解一个心理事件何以从另一个心理事件里出现"③。

精神分析心理学是描述心理学或理解心理学之后最具解释学意蕴的心理学流派,是人文科学心理学历史发展的解释学逻辑中最璀璨夺目的部分。自精神分析心理学鼻祖弗洛伊德开始,几乎所有精神分析心理学家的理论和实践都或多或少或直接或间接地镌刻着解释学的烙印。在某种程度上,

---

① 转引自:李超杰.理解生命——狄尔泰哲学引论.北京:中央编译出版社,1994:98-99.
② Teo, T. (2000). Spranger, Eduard. In A. E. Kazdin (Ed.), *Encyclopedia of psychology*, vol. 7 (pp.458-459). Washington, DC, US: American Psychological Association.
③ 转引自:赵旭东,徐献军.雅斯贝尔斯的"理解心理学"对当代心理健康服务的意义.*心理学通讯*,2018(1):58-64.

精神分析心理学的不同理论形态均可视作一种"深层解释学"①。它们在借鉴和融合不同时期的解释学形态来发展自己的理论与实践的同时,实际也在批判继承的基础上改造并发展了由施莱尔马赫和狄尔泰奠基与开创的现代解释学。弗洛伊德精神分析心理学自发和内在地蕴含着丰富的解释学思想,一方面是由于受到当时弥漫于欧洲文化氛围中的解释学方法论的熏陶,另一方面是由于特定研究对象和内容的必然要求。② 弗洛伊德认为,每个人的心理现象和行为都是有意义的,但这种意义并不来自意识而是来自潜意识。他把意识现象看作是潜意识愿望的合理化,因而主要致力于对人的潜意识进行研究。潜意识内容通常被压抑着无法进入到意识层面,而主要通过梦境、神经症及各种日常失误(如、口误、笔误、无心之过)等,以外显符号的形式间接地表达意义。无论梦境多么荒诞无稽,无论神经症症状多么古怪离奇,也无论日常失误多么看似平常,都是背后深层潜意识动机和愿望的反映。弗洛伊德精神分析主要通过解析梦境和神经症症状来揭示隐藏在符号背后真实的潜意识愿望和意图,这其实是通过对表层符号意义的解读来揭示和探索深层心理结构及动力的释义过程。由此可见,弗洛伊德的精神分析总体上是在践行狄尔泰描述心理学的解释学方法论程序和思路:通过对心理生命外在表达的解释,达到对心理生命内在意义的理解。正如陶贝尔(Alfred I. Tauber)所指出的:"弗洛伊德后期将意义置于解释性分析的支点,因而很可能已经与狄尔泰结盟。"③

弗洛伊德之后的荣格、兰克④、霍妮及拉康等精神分析心理学家的理论与实践均蕴含着丰富的解释学思想。荣格结合自己对文学、历史、艺术、神话及宗教的种种思考,通过解读和分析梦、幻想、幻觉及神经症中表现出的原型与象征,来阐释人类深层的集体潜意识的内容和意义。"从根本上讲,荣格的活动,本身就是一种阐释活动;荣格的学说,本身就是一种关于阐释的学说。"⑤他把与弗洛伊德分道扬镳后自己产生的梦与幻觉、游历世界的见闻及患者的梦与联想均作为文本进行深入解读和分析,提出了著名的集

---

① 这是哈贝马斯对弗洛伊德精神分析的一种评价,其实在某种程度上,这种评价对于整个精神分析心理学均适用。哈贝马斯对弗洛伊德精神分析的反思与批判,请参见:王国芳,等.潜意识的意义——*精神分析心理学*(下).济南:山东教育出版社,2009:278-289.
② 王国芳,等.潜意识的意义——*精神分析心理学*(下).济南:山东教育出版社,2009:265.
③ Tauber, A. I. (2010). *Freud, the reluctant philosopher*. Princeton and Oxford: Princeton University Press, p.93.
④ 这里的兰克指的是精神分析心理学家奥托·兰克(Otto Rank, 1884—1939),而不是德国历史学派的著名代表人物利奥波德·冯·兰克(Leopold von Ranke, 1795—1886)。
⑤ 冯川.*荣格:神话人格*.武汉:长江文艺出版社,1996:248.

体潜意识理论和心理类型理论等。荣格分析心理学中的解释学思想主要表现为四个方面：(1)他重视梦及其象征意义，致力于挖掘原型与象征的潜意识内容；(2)他重视站在对方立场通过移情等方式体验和理解病人心理，通过促进病人人格完善与发展及自性化(individuation)实现来达到疗愈目的；(3)他遵循意义整体性原则，在心理分析和治疗中力求让患者实现意识与潜意识的整合；(4)他把心理分析划分为倾诉、阐释、辅导和转化四个阶段，而且特别重视对倾诉阶段产生的移情的理解和解释。①

兰克主张在精神分析治疗实践中，首先通过会话激发起患者对生活模式和境况的当下情感体验，而不是急切地促使他们回忆早年生活事件。他运用个体出生时与母亲的分离创伤和焦虑来解释一切神经症的发生。"对此的体验在身体意义上必然或多或少是损伤性的，而对这种体验的记忆却深深地埋藏在潜意识之中，并以初始焦虑的形式在心理上留下了它的痕迹。而且，他认为，在个体与母亲分离之后发生的一切焦虑都是以这种最初的体验为模型的。"②兰克强调心理治疗的本体论功能，认为精神分析的实践本质是一种真实的治疗对话。正如他所指出的："我们不是把谈话作为工具来谈论我们的内在意义，而是我们存在于其中。由于构成我们主观本质的内容通过对话的主动性苏醒过来，我们必须首先体验关系，然后我们才能获得对我们如何相互联系的理解。"③这实际上引领精神分析从方法论向本体论转变，从施莱尔马赫和狄尔泰的方法论解释学向海德格尔和伽达默尔的本体论解释学转变，从而也先驱性地开启了解释学精神分析的历史先河。

霍妮是精神分析社会文化学派的主要代表。她抛开生物本能而从社会文化视角来解释神经症人格的形成，认为神经症是社会文化环境中个体与他人及与自我关系的失调。"神经症患者个人的精神危机，在一定程度上乃是一定社会一定时代的文化危机的反映；神经症患者的内心冲突，只不过是一定文化内在冲突的缩影。"④因此，她认为对神经症患者的分析与治疗必须以对患者所处客观社会文化背景的理解为重要甚至首要参考内容。这与狄尔泰描述心理学的解释学方法论强调对客观文化精神文本的理解如出一辙。

---

① 赵冬梅,申荷永.解释学与荣格心理分析.南京师大学报(社会科学版),2007(1)：99-102.
② 郭本禹,等.潜意识的意义——精神分析心理学(上).济南：山东教育出版社,2009：130-131.
③ 司群英.诠释学与精神分析的历史交汇与当代融合.南京：南京师范大学博士学位论文,2012.
④ [美]霍妮.我们时代的神经症人格.冯川,译.贵阳：贵州人民出版社,1988：6.

拉康是法国著名精神分析学家。他的浓厚兴趣在于把精神分析作为一门解释性学科来研究,被誉为精神分析的解释学家之一。① 20世纪五六十年代,他把索绪尔结构主义语言学与弗洛伊德潜意识理论相结合,独创了结构主义精神分析学。他特别强调语言的作用,认为潜意识是在语言运用过程中形成的,语言是潜意识产生的基础而非相反,而且提出了"潜意识具有类似语言的结构"和"潜意识是他者的话语"两个重要命题。根据拉康的观点,人是潜意识的主体,潜意识的动力性结构系统"由处于本能领域的实在界、处于幻想领域的想象界和处于语言、符号领域的象征界共同构成",是以类似于语言结构的方式建构起来的,而且运作方式也与语言相类似,精神分析释梦中的"凝缩"类似于结构语言学中的"隐喻","移置"类似于"换喻",因而可运用语言结构分析法来探索潜意识的深层结构与内容。② 在他看来,精神分析过程就是对语言的直接分析过程。人的社会性需求源于生物性需要,是生物性需要在语言中的异化,而欲望诞生于生物性需要与社会性需求之间的断裂处,并且总是指向潜意识中最原始的匮乏。患者真正的潜意识欲望,通过一个能指对另一个能指的替代,以换喻的形式进入意识的话语。因此,精神分析学家通过对会话过程中精神病患者看似混乱无序而无结构、无意义的语言进行分析和理解,赋予它象征意义,可以揭示患者话语中流露出的潜意识欲望。对于拉康而言,分析者的解释创造了真理。③

在某种程度上说,精神分析心理学的发展过程就是与解释学不断交汇和融合的过程。经过兰克和拉康对精神分析解释学实践的先驱性探索及利科和哈贝马斯从解释学视角对精神分析的解读和反思,精神分析与解释学的交汇和融合发展到当代,初步形成了一种新的精神分析心理学派别,即解释学精神分析。④ 解释学精神分析以著名精神分析学家克莱因(George Klein,1918—1971)、谢弗(Roy Schafer,1922—2018)、斯彭斯(Donald Spence,1926—2007)、维德曼(Serge Viderman,1916—1991)、洛赫(Wolfgang Loch,1915—1995)等为主要代表人物,他们围绕着"意义"和"真相"这两个核心概念形成了三种理论派别。保守派认为精神分析寻求的是行为意义得以表达的心理背景和理由,而不是神经生理学机制和原因,而且认为精神分析的解释可以真实地揭示本然存在的意义真相。激进派认为

---

① Buxton, C. E. (Ed.). (1985). *Points of view in the modern history of psychology*. Orlando, Florida: Academic Press, Inc, p.240.
② 王国芳.解释学方法论与现代西方心理学.南京师大学报(社会科学版),1999(4):80-85.
③ 郭永玉,主编.弗洛伊德主义新论(第三卷).上海:上海教育出版社,2016:684.
④ 司群英.诠释学与精神分析的历史交汇与当代融合.南京:南京师范大学博士学位论文,2012.

精神分析寻求的不是构成行为潜在理由和基础的心理背景,而是通过易于理解的故事或隐喻建构行为的意义,而且认为精神分析的解释并不能真实地揭示意义真相,因为真相是被建构、被赋予的,而不是本然存在的。折中派认为精神分析从行为的心理背景方面寻求意义,通过结合心理背景对这种意义体验进行解释学重组来促进患者个人成长,而且认为精神分析的解释要与患者过去的生活真相一致起来才能有助于患者理解。不管怎样,解释学精神分析学家都把精神分析看作是解释学的一种形式,主张精神分析不处理那些可以因果说明的事实,而只处理那些唯有通过理解才可获得的意义,而且把梦、联想和动作倒错等看作是患者创作的"文本",借助解释或理解寻求意义来达到对患者的治疗。[①] 解释学精神分析在当代初露学派端倪,标志着狄尔泰描述心理学的解释学方法论在精神分析心理学中的传承与发展达到了一个高峰。

　　现象学心理学虽主要依赖现象学作为哲学和方法论基础,但解释现象学心理学作为它的一种理论形态,主要依赖解释学作为哲学和方法论基础。解释现象学心理学依赖的解释学主要是指海德格尔、伽达默尔和利科的解释学。海德格尔把理解作为人的存在方式,即"人存在着便总是理解着",主张通过此在(人)的理解来追究和彰显存在(事物)的意义,并认为万物的意义不是其自身所固有,而是在它们与人发生关系中产生。伽达默尔认为理解具有历史性、语言性和实践性,承认文本理解与解释会受理解者偏见的影响,并强调新的意义正是在理解者与文本作者视域融合的过程中产生的。利科主张解释学是本体论、认识论和方法论的统一,认为文本的理解和解释就是对由书写固定下来的话语的理解和解释,揭示表层意义背后隐藏的深层意义。解释现象学心理学以冯埃卡茨伯格(Rolf von Eckartsberg,1932—1993)、苛费尔(Steinar Kvale,1938—2008)、贾格尔(Bernd Jager,1931—2015)和史密斯(Jonathan A. Smith)等为主要代表人物,以解释学为哲学和方法论基础,主张通过对文本的解读来产生关于人之经验的新的意义。这里的文本是指书写下来的关于人的存在的纪录,抑或指人类活动及其创造物。文本一旦形成便具有自主性,既独立于作者,又独立于理解者和解释者。解释现象学心理学主张从生活世界和社会文化背景出发来理解和解释文本,而且认为这种理解和解释是在与文本对话中的创造性的理解和解释。也就是说,理解者和解释者个人的已有主观经验甚至偏见被承认具

---

① 郭本禹.当代精神分析的新发展——精神分析与诠释学的融合.南京师大学报(社会科学版),2013(1): 85-91.

有合法性,这一点与狄尔泰描述心理学的解释学方法论在某种程度上是一致的。解释现象学心理学近年发展迅速,"现象学心理学的目前重心有向解释现象学心理学转移的趋向"①。

存在心理学主要以现象学为哲学和方法论基础,但也反映出较为浓厚的解释学思想。利科将现象学与解释学结合起来,建立了一种现象学的解释学。他接受胡塞尔后期现象学与海德格尔本体论解释学(存在解释学),认为现象学是解释存在意义的哲学,解释学与现象学具有亲和性,可以"嫁接"在现象学之上。② 利科对于现象学和解释学关系的论述在存在心理学中得到了充分体现。存在心理学在受胡塞尔现象学影响基础上,接受了海德格尔存在解释学思想,把理解人的全部现实存在作为理论前提和根本任务。例如,宾斯万格的存在分析学就体现了带有狄尔泰和胡塞尔深刻烙印的海德格尔存在解释学对他的深远影响。③ 宾斯万格强调作为统一整体的人的在世之在及超世之在,认为如果一个人的世界设计(world-design)过于单一和狭窄,无法妥帖地看待和接受世界,就会阻碍其理解自己的在世之在,也就意味着他/她难以作出自由选择并为自己的选择负责,这是导致心理疾病出现的主要原因。宾斯万格的存在分析多角度地接受了海德格尔对此在的解释和分析及对世界的三维划分(周围世界、共同世界和自我世界),并在此基础上创造性地提出了具有"爱"之意味的"超世之在"的概念。"他把精神分析与存在主义和现象学哲学进行了创造性的整合,借用了海德格尔的'此在分析'概念,提出了自己的存在分析学。"④存在心理学在宾斯万格引领下,主张根据个体对自己生活事件的言语描述,进入他/她的世界获取一种"在场"感,从而深刻地理解和体验他/她的当前存在及其意义,进而帮助他/她认识、反思和体验自己的真实存在及自我与世界的关系,成长为一个心理健康的人。

人本主义心理学对研究方法持开明和包容态度,认为对研究人的内在意识经验及本性、潜能和价值等有利和有力的方法均可采纳。因此,尽管现象学为人本主义心理学奠定了主要方法论基础,但"解释学作为一种方法论无疑贯穿在人本主义心理学研究之中"⑤。马斯洛需要层次理论的构建和

---

① 崔光辉.现象的沉思——现象学心理学.济南:山东教育出版社,2009:125.
② 丁道群.解释学与西方心理学的发展.湖南师范大学教育科学学报,2002(2):108-112.
③ 司群英.精神分析的诠释学体现.南京师大学报(社会科学版),2013(1):99-104.
④ 任其平.论宾斯万格存在分析学的理论特征.华东师范大学学报(教育科学版),2013,31(1):50-55.
⑤ 许卉.方法论建构:解释学对人本主义心理学的影响.社会科学论坛,2012(11):67-72.

自我实现理论的提出,是建立在对大量调查样本的质性资料(行为观察记录、面对面谈话材料及人物传记材料等)的理解分析基础之上的。这些行为、谈话和传记材料等,构成了马斯洛理论创建所需要理解和解释的文本。对这些文本的理解和解释,是通过与文本作者的视域融合,开放动态地探索和发现其经验与价值的过程,其中当然也包含着对文本背后的人的移情式的理解。罗杰斯运用Q分类技术研究个体的现实自我与理想自我之间的差异,在具体实施过程中涉及许多解释学理念和技术。他还主张心理治疗以人为中心或以来访者为中心,强调治疗者在谈话治疗过程中,要对来访者的现象场特别是情感变化,给予无条件的积极关注和移情式的理解,并在温暖友好的气氛中给予及时反馈。"这种移情式的理解能够透过另一个人言行的表面,深入到其内部情感、态度、意义、价值观和动机。"[①]由此可见,马斯洛和罗杰斯在其人本主义心理学中均融入和体现了狄尔泰的解释学思想。

人文科学心理学的解释学逻辑发展到当代更显迅猛,不仅解释学精神分析和解释现象学心理学将解释学作为主要方法论基础,而且社会建构论心理学、叙事心理学和文化心理学等多种人文科学心理学新取向均突出地体现了解释学思想。社会建构论心理学认为心理现象和心理知识都是解释学建构的结果,叙事心理学强调通过对生活故事的话语分析来达到对心理生活独特性和丰富性的理解,文化心理学主张在理解特定文化语境的基础上研究寓居其中的人的心理和行为。事实上,像现象学一样,解释学之于人文科学心理学,也已不仅仅是一种方法论,而更意味着一种更根本、更深层的价值和意义,意味着一种兼具本体论、认识论和方法论意义的理解心理生活与心理科学的方式。

第三节 人文科学心理学历史发展的整体论逻辑

从人性本然角度讲,人类心理是被生活内容化和文化意义化了的存在,因而必然是丰满复杂和整体连贯的,这或许也是我们通常称之为心理生活的根本原因。"严格说来,个体身上只存在整体的心理而不存在部分

---

① [美]艾伦.人格理论:发展、成长与多样性(第五版).陈英敏,纪林芹,王美萍,等译.上海:上海教育出版社,2011:199.

的心理。"①然而,自科学心理学建立以来,内部长期存在着整体论与元素论之争,争论的最终落脚点在于整体与部分谁是第一位的问题。自然科学心理学家总体倾向于元素论,认为心理现象类似于机械的自然物,都由一些最基本的元素或原子构成,可以肢解开来分别予以研究。他们将研究的首要任务规定为确定心理现象的构成要素及其结合规律。冯特最早提倡对心理进行元素分析,铁钦纳有过之而无不及,认为将心理分解得越细就越接近科学目标。后来的行为主义心理学家、信息加工认知心理学家等都不同程度地继承了这种元素分析传统。尽管他们大多也承认整体的存在,但他们所谓的整体实际以部分为前提,即"部分第一,整体第二"。人文科学心理学家总体倾向于整体论,认为心理生活本质上是一个内部相互关联、完整不可分割的统一体,整体不是部分的机械相加,整体在功能上大于部分之和,整体决定部分而不是相反,即"整体第一,部分第二"。心理生活的各部分之间可谓"牵一发而动全身"。例如,我们在感知、记忆和思维的过程中会同时体验到各种情绪和情感。心理生活不仅本体是整体的,而且与环境的互动也是整体的,发展也是整体推进的。因此,人文科学心理学家主张对心理生活或心理现象进行整体研究。

诚然,对于整体论与元素论之争,更准确的历史事实是,自然科学心理学家更倾向于在实验室中贯彻执行他们的元素分析策略,人文科学心理学家则更倾向于边批判元素论边贯彻执行自己的整体论策略。或者说,在争论交锋中,前者多是被动防守的一方,而后者多是主动批评的一方。这可能与长期以来科学主义时代精神背景下自然科学心理学家拥有更多更强的学术政治霸权而弱势的人文科学心理学家被排斥在主流心理学之外有关。当然,真相也并非如此简单。自然科学心理学家模仿物理、化学等自然科学采取的元素分析策略,尽管取得了许多有价值的具体研究成果,但成果的可信度、推广度及现实应用性难如人意。这是他们频频遭到批判的根本原因。例如,一些整体论心理学家较早便发出了自己的声音。② 事实上,在不同的历史时期,觉醒的人文科学心理学家针对元素论暴露出的诸多弊端,从本体论、认识论、方法论及具体研究等多个维度和层面对自然科学心理学进行了批判和重构。他们对整体论或公开提倡或默默践行,形成了人文科学心理学历史发展的整体论逻辑。在此,我们以描述心理学为开端,有代表性地梳

---

① 陈少华,郑雪.整体与部分之和——一种整体论的心理学模式.自然辩证法研究,2000,16(8):1-4+14.
② Commins, W. D. (1932). Some early holistic psychologists. *The Journal of Philosophy*, 29(8): 208-217.

理人文科学心理学历史发展的整体论逻辑,以展现不同历史时期人文科学心理学家接续不断的整体论呼声。

描述心理学作为人文科学心理学的初始形态,奠定和开启了人文科学心理学历史发展的整体论逻辑。描述心理学的创建是以批判发生或说明心理学的元素论研究模式,对心理生活的本来面貌进行整体的描述或理解为核心目标的,整体论的思维和视野始终贯穿在它的理论构想和研究实践当中。在本体论层面,描述心理学从人作为一个活生生的现实存在这一客观事实出发,认为寓于现实关联中的人的心理生活具有内在结构性和丰富意义性,由此决定了心理生活及其行为表现的完整统一性。在认识论层面,描述心理学期望获得关于心理生活及其行为表现本身的整体性知识,而不是关于心理元素组合规律及其生理物理机制的纯粹分析性知识。在方法论层面,描述心理学主张运用现象学的描述或解释学的理解的方法对心理生活及其行为表现进行整体研究,认为将心理生活及其行为表现分解为基本元素或原子,或者还原为低级的生理物理过程后再进行元素分析的做法,是违背心理生活及其行为表现本身具有的整体运行规律的。在具体研究实践中,描述心理学关注知觉、思维、想象、情感、体验、价值、目的、意义及个性或人格等较高级的心理领域,致力于对这些本身就具有明显内在整体性的领域进行整体视野的描述或理解。整体论构成了描述心理学重要乃至首要的基本原则,几乎所有描述心理学家都将其作为自己明确的理论主张。

严格科学传统的描述心理学的开创者布伦塔诺认为,多重和复杂的心理生活具有内在统一性,尽管它由诸多可区分的部分构成,但这些部分始终以一种统一整体的面貌在我们明证的内部知觉中显现出来,这是确定无疑的事实。他在其《经验观点的心理学》中辟专章详细论述了意识的统一性问题,并在其身后出版的《描述心理学》中又进一步阐释了这个问题。他指出:尽管统合方式可能非常不同,但"没有哪种复合体可以阻止我们将心理行为的总体看作一个真正的统一体。……意识的统一体既不排斥诸部分的复多性,也不排斥空间的广延性(或类似的一些东西)。……也不会排除部分的多样性。……最后,意识的统一体并不意味着,我们通常指涉我们过去心理行为的心理现象,是包含着我们当下的心理现象的同一个真实之物的部分。"[①]作为布伦塔诺的追随者,斯顿夫热心地从经验的立场研究心理事件或心理机能,尤其是人类认知的动力性质。他驳斥构造主义心理学倡导的元素分析的虚假本质,提出了一种强调整体论重要性的心理学观点,即心理

---

① [德]布伦塔诺.从经验立场出发的心理学.郝亿春,译.北京:商务印书馆,2017:190-197.

机能及其研究的整体观,"被公认为是整体思维的倡导者"①。他认为意识的所有方面都是联结在一起的,在心理机能领域内,同时发生的意识和理智状态与情绪活动都被知觉为一个整体。他相信任何感觉的属性,如性质、亮度或强度等都形成一个整体,而不是部分的简单集合。对于斯顿夫而言,整体思维是首要的,必须把心理事件作为有意义的整体单元来研究,而不能作进一步的元素分析。同样,胡塞尔从现象学立场出发,高度重视整体思维在心理学研究中的重要性,强调部分意动要在整体意动之中才能发挥作用,并致力于对心理的意义和本质的描述,而不是对心理的元素的分析。"布伦塔诺、斯顿夫和胡塞尔都坚持心理学的正确对象是完整的、有意义的心理经验。这种现象学取向不久将会出现在格式塔心理学和存在主义心理学中。"②

浪漫主义传统的描述心理学的开创者狄尔泰把人的心理与生命、体验和结构这类原初具有明显整体性内涵的概念联系起来,并称之为心理生命、心理体验或心理结构,这本身就孕育和预示了他的心理学的整体性质。例如,他在《描述与分析心理学的观念》中指出:"在体验中,特定事件基于心理生命的整体以及它自身所在的关联,而且心理生命的整体属于直接经验。后者已然决定着我们对自己和对他人理解的本质。我们通过纯粹理智过程去说明,但我们通过所有心理力量的共同作用在领悟中去理解。"③他攻击艾宾浩斯的心理学是类似于物理学的原子论心理学,把心理现象归结为心理元素的结合,而无法认识具体的心理现实。根据他的观点,心理现象的诸部分总是深嵌在一个连锁的整体即结构关系中,这个结构关系内在于我们的体验,心理学应该从体验到的结构关系出发,结合分析去描述和理解心理生命的整体及其内在关联的各个方面,而不是从"元素"开始去"构成"因果关系。正如克吕维尔所指出的,狄尔泰设想的心理学"是具有根本重要性的理解过程。这一过程归根到底是一个'艺术过程',一个我们在其中不断意识到部分同整体的关系的过程"④。斯普兰格追随狄尔泰,草拟了一种所谓的结构心理学来反对各种原子论心理学,致力于在有效维护心理生命意义完整性的前提下达到对各种心理现象的描述和理解。对于他而言,心理学

---

① Ash, M. G. (1995). *Gestalt psychology in German culture, 1890–1967: Holism and the quest for objectivity*. Cambridge: University Press, p.30.
② [美]赫根汉.心理学史导论(第四版).郭本禹,等译.上海:华东师范大学出版社,2004:414.
③ Dilthey, W. (1977). *Descriptive psychology and historical understanding* (R. M. Zaner, & K. L. Heiges, Trans.; R. A. Makkreel, Intro.). The Hague: Martinus Nijhoff, p.55.
④ [美]墨菲,柯瓦奇.近代心理学历史导引.林方,王景和,译.北京:商务印书馆,2010:834.

必须从以"意义关系"为特点的人格整体出发,这个人格整体同一种历史地发展起来的文明环境处于密切接触状态。"所谓一种关系是富有意义的,就是说这种关系的一切组成部分和作用过程在价值意义的一种总体完成方面变得可以理解了。"① 斯特恩更是将整体论作为构建其描述心理学理论体系的首要基础。他反对传统的元素主义心理学,提出人或人格是一个"多元统一体"的主张,并以此为基点认为不仅心理本身是一个整体,而且心理与身体、心理与世界也构成一个关联着的整体。

詹姆斯是比布伦塔诺和狄尔泰稍晚的美国整体论心理学家。他认为心理学既具有自然科学性质又具有人文科学性质,是一门具有人学性质的中间科学,从而提出了一种整合的心理学科学观,进而建构了一种整合的心理学。②③ 关于心理学的这种整合性主张,在某种程度上即可体现詹姆斯的整体论思想。当然,最能体现詹姆斯整体论思想的是他的意识流学说。詹姆斯深深反对甚至厌恶当时流行的冯特式心理学先将心理现象人为地分析成若干元素,然后又想当然地主张心理仅仅是这些元素集合的做法,认为经验就是经验,不是我们能够用内省方法强制自己去探明的什么元素群。他认为冯特式心理学对意识元素的寻求依赖的是一种人为的、被歪曲了的心理生活观,并将这种元素分析取向称为"心理学家的谬误"(psychologist's fallacy)。他提出了意识流的观念,认为意识不是一些割裂的片段,而是一种整体的经验,一种川流不息、连续不断的状态。对于他来说,"心理生活在任何一点都是一个统一体,一个完整的经验,流动着,变化着,像一条溪流一样"④。詹姆斯主张把意识流作为心理学的研究对象,并极端地认为必须尽力避免任何分解意识流作更细分析的尝试。

精神分析心理学的整体论是相对的。我们很难充分肯定地说哪个精神分析派别或精神分析学家是完全整体论抑或元素论倾向的,他们都不同程度地是两种倾向的兼有者,这两种倾向在他们的精神分析理论和实践的不同维度或层面可能交替地表现出来,甚至看似充满了内在矛盾。例如,同样坚持对人格或心灵进行分解的荣格,相对于弗洛伊德更加强调心理结构的整体性。⑤ 再如,注重人格与社会文化或人际关系整体关联的霍妮和沙利

---

① [美]墨菲,柯瓦奇.近代心理学历史导引.林方,王景和,译.北京:商务印书馆,2010:836.
② 方双虎.论威廉·詹姆斯的心理学科学观.心理科学,2011,34(5):1242-1246.
③ 方双虎.威廉·詹姆斯的心理学整合观及其当代启示.华东师范大学学报(教育科学版),2011,29(2):47-55.
④ [美]墨菲,柯瓦奇.近代心理学历史导引.林方,王景和,译.北京:商务印书馆,2010:282.
⑤ 车文博,郭本禹,总主编.弗洛伊德主义新论(三卷本).上海:上海教育出版社,2016:导论.

文,仍然难以避免将人肢解为碎片的研究倾向。① 在众多精神分析心理学家当中,整体论倾向最为明确和浓厚的当属阿德勒。阿德勒之所以将自己的理论体系称为个体心理学,主要是为了强调人的不可分割性和有机统一性。个体心理学中的"个体"(individual)本意是"不可分"(indivisible),个体中的各个部分为了一个共同目的而密切合作,个体心理学实质是着重社会性的目的论心理学。②

阿德勒并不把人看作是本我、自我和情结的集合体,而是看作一个统一的、不可分割的整体,并认为每个人都有自己达到目标的独特的行为模式。③ 也就是说,个体是一个有自己独特的目的、寻求人生意义、追求未来理想的和谐整体,一个与社会及他人不可分割的有机整体。我们无法将个体肢解及与社会文化环境割裂开来进行有意义的考察。而且,人生是一个由不成熟到成熟的连续体,而不是弗洛伊德划分的割裂的心理性欲阶段。"阿德勒的个体心理学将人格视为统一的整体,认为每个人都是由各种动机、兴趣、价值构成的不同部分的整体,同时强调意识和潜意识、主观性和客观性、个体性与社会性都是相互联系的。即使对单一个体进行研究也应该突出完整的人,把人放在家庭和社会的意义场中进行研究。阿德勒对个体的自卑及其补偿、追求优越、社会兴趣、创造性自我等的研究就突出了完整的人与社会的相互作用,试图全面地研究人。……无疑开创了精神分析的整体论先河。"④当然,埃里克森的自我同一性理论及精神分析社会文化学派对人的社会文化情境的观照,也表现出明显的整体论倾向。

格式塔心理学又称完形心理学,是人文科学心理学中强调整体论原则最明显的学派,"整体观是其最基本的原则和理论前提"⑤。它是 20 世纪上半叶德国心理学整体论运动的最主要代表,"专注于研究整体而不是原子和元素,把人看作一个有机体,一个不可分割的生物社会统一体,而不是一个可以还原为部分、功能和过程的总和的机械装置"⑥。在格式塔心理学家看来,每一整体都具有自身独特意义,整体不等于且大于部分之和,整体的性

---

① [美]艾伦.人格理论:发展、成长与多样性(第五版).陈英敏,纪林芹,王美萍,等译.上海:上海教育出版社,2011:429.
② [美]墨菲,柯瓦奇.近代心理学历史导引.林方,王景和,译.北京:商务印书馆,2010:431.
③ Watts, R. E. (2000). Adlerian counseling: A viable approach for contemporary practice. *TCA Journal*, 28: 11-23.
④ 郭本禹,等.潜意识的意义——精神分析心理学(上).济南:山东教育出版社,2009:124.
⑤ 郭本禹,主编.西方心理学史.北京:人民卫生出版社,2007:275.
⑥ Yasnitsky, A. (2014). Field theory. In T. Teo (Ed.), *Encyclopedia of critical psychology* (pp.730-733). New York: Springer.

质决定着部分的特征,而部分的性质则有赖于它在整体中的关系、位置和作用。他们所做的似动现象实验明确验证了这一点。因此,格式塔心理学强调经验和行为的整体性,主张以整体的动力观和结构观来研究心理现象,认为通过元素分析把心理整体人为地分解为部分是毫无意义的,必须运用现象学方法对直接经验进行整体描述。格式塔心理学家通过实验提出的知觉组织原则、顿悟学习理论、迁移学说、创造性思维学说以及人格动力学说等,都表现出强烈的整体论倾向。例如,行为被认为是个体的需要与其行为环境在动力场内相互作用的结果,问题解决被认为是对问题情境进行整体把握的过程,人格被认为是与环境之间不断进行着动力交流的整体。无论是微观的个体心理现象,还是宏观的团体活动规律,格式塔心理学都十分注重各成分之间的动力性、交互性和系统性。可以说,整体论是格式塔心理学理论体系的根本,贯穿于其各种理论观点和研究实践的始终。

勒温是继格式塔心理学"三剑客"惠特海默、苛勒和考夫卡①之后的"新格式塔学派"成员。无论是在个体心理和行为的研究中,还是在团体心理和行为的探讨中,勒温都坚持了整体论的观点。勒温在格式塔心理学影响下,将物理学中的场论思想吸纳到心理学之中,从而提出了心理场论的思想,认为人的一切心理活动和行为关系都是在心理场中发生和进行的,自我与环境在心理场中的动的交涉产生了变动不居的心理和行为。"格式塔心理学对于整体的重视导致其弟子们应用了场论。"②实际上,惠特海默在其"似动现象"实验中,不仅发现知觉过程具有整体特性,而且还发现了心理过程的场效应。勒温明确指出:"任何一种行为,都产生于各种相互依存事实的整体,以及这些相互依存事实具有的一种动力场的特征,这就是场论的基本主张。"③一个场就是一个具有结构性和动力性的整体系统,其中的任何一部分都会对其他部分产生影响。任何形式的心理活动或过程,都必然发生在一种特定的心理场之中。勒温从心理场论出发的心理学,不仅包括他的个体心理动力学,而且包括他的团体心理动力学。心理场论这种独特的理论形式,将格式塔心理学的整体论推向了一个新高度。

现象学心理学像格式塔心理学一样,也受到描述心理学整体论思想的直接影响,反对自然科学心理学的元素论倾向。它的全部理论和研究就其根本来说都建立在整体论基础之上,都实际蕴含和贯彻着整体论的思想。

---

① 王鹏,潘光花,高峰强.经验的完形——格式塔心理学.济南:山东教育出版社,2009:37.
② [美]波林.实验心理学史.高觉敷,译.北京:商务印书馆,2011:762.
③ Lewin, K. (1951). *Field theory in social science*. New York: Harper & Brother Publishers, p.11.

第一,以生活世界作为研究的根基和出发点。"生活世界"是我们日常生活的充满生活与文化内容的普遍和原初的世界,是我们在日常生活中直接面对和经验的非人为设定的本然和真实的世界。在现象学心理学看来,作为以人为中心的意义界域,生活世界构成了我们全部心理生活经验的根本源泉。创造和生成于生活世界中的心理世界,必然是活生生的和完整不可分割的。第二,坚持意向性观点并注重心理的意义性。现象学心理学认为心理具有意向性本质,始终指向某物且与这个某物形成一种意义关联。意向性本质表达了心理活动超越自身而与外部世界之间存在着一种动态结构关系,这使得意识或心理与自然物根本区别开来。意向结构或关系本身就意味着整体性,而现象学心理学对由此形成的不可分割的心理生活意义的关注进一步凸显了它的整体论思维。第三,坚持质的研究取向。现象学心理学反对自然科学心理学把人的心理作为自然物而进行像化学成分一样的元素分解和量化,提倡一种明显整体论倾向的质性研究取向,通过质性研究整体地发掘心理经验的丰富意义。无论是欧洲的现象学心理学,还是美国的现象学心理学,实际都建立在整体论的思维基础之上。例如,"美国现象学心理学强调心理现象是一系列关系的整体,是完整的自我对其面对的情境的全部(总体)反应,而不能简单还原为孤立的无意义的单元。拒斥对心理现象推论的或抽象的元素分析,反对把假设检验作为心理学的重要环节,力求做到对心理现象'无偏见的和非残缺的'描述。通过这种描述分析进一步得到关于心理生活的整体以及构成整体的各部分之间的关系。"[1]

存在心理学从现象学的整体论视野来理解人的全部现实存在,反对对人的存在进行琐碎的机械还原的元素分析研究。人的存在作为存在心理学的基础性及核心性概念,承袭自存在主义哲学家海德格尔。它既不是人的某一性质,也不是人的精神的某一方面,而是由人的主观与客观、物质与精神以及个体与世界之间关系构成的一个整体。人在与周围物质世界、人际世界及自我世界的互动中不断生成变化,并在这种生成变化中不断展现着自己的丰富性和独特性,因而从根本上不同于自然界的客观物质。在存在心理学家看来,我们不可能运用技术,像操纵自然物和机器那样去操纵和研究人及人的存在的各个部分,也不可能像某些精神分析学家解析人格、病症和病因那样去解析人及人的存在,而只能试图整体地去理解人的存在体验。"存在心理学倡导研究完整的人类存在。这首先反映在不再把人及其世界

---

[1] 伍麟,郭增花.心理学的人文取向——20世纪美国现象学心理学的历史与理论主张.西北师大学报(社会科学版),2003,40(6):32-36.

割裂开来看待,其次反映在其独特的研究主题上:死亡、焦虑、罪疚感、苦难、爱、自由、责任、意义……通过考察这些主题,存在心理学希望忠实而完整地描述人类的存在处境(existential conditions),不偏执于一隅。"① 存在心理学的整体观还突出地表现在它的心理治疗理论中。存在心理学家重视患者此时此地的"在场"体验及医患之间心与心的交流,提倡治疗技术遵循和服务于共情理解而非相反,最终帮助患者发现和体验到自己独特而完整的真实存在。"亦即治疗目的是探讨个人存在的整体经验,而不是发现普遍性的心理法则。"②

人本主义心理学受描述心理学及人文科学心理学史上其他理论派别或人物的整体论思想影响③,强调人的整体性和统一性,主张从人性和人本出发运用现象学整体方法论研究人的整体意识经验,关注人的潜能、价值、尊严、需要、动机、创造性、自由、责任、爱情、勇气及幽默等凸显人类整体本性的研究主题,反对将人及人的心理和行为肢解为碎片然后运用统计数字或数学公式来表达的元素主义做法。注重理解完整的人及"完整的人的功能和经验"④,积极乐观地寻求人的完满人性的实现,最大限度地帮助人们发掘和实现自己的潜能和价值,培养人们可以解决自己心理问题的能力和信念,是人本主义心理学运动较其他心理学理论流派的重大突破。人本主义心理学"认为人及其心理、行为乃是一个不可分割的整体,个体的目标、价值、动机等彰显了其心理行为的整体'风味',而整体具有不同于其部分的新特质。因此,心理学研究应建基于整体的理解之上,致力于对个体的目标、价值、动机的完整把握。"⑤

奥尔波特作为美国人格心理学家,是人本主义心理学的主要先驱者,并直接参与了人本主义心理学的发起和创建。他主张心理学应该研究健康人的整体性、独特性和统合性,探究完整而独特的人格结构及其组织。马斯洛是人本主义心理学的主要创建者,整体论构成了其人本主义心理学思想的理论基石。正如他所指出的:"我们的第一个命题是,个体是一个完整统一的有机整

---

① 孙平.光明与黑暗同在——存在心理学理论与实践研究.南京:南京师范大学博士学位论文,2015.
② 郭永玉,主编.弗洛伊德主义新论(第三卷).上海:上海教育出版社,2016:本卷前言.
③ 主要包括描述心理学家狄尔泰、斯普兰格和斯恩的整体论思想,格式塔心理学家惠特海默的整体论思想,机体论心理学家戈尔德斯坦(Kurt Goldstein,1878—1965)的整体论思想,等等。
④ Bugental, J. F. T. (1964). The third force in psychology. *Journal of Humanistic Psychology*, 4: 19–25.
⑤ 彭运石.人的消解与重构——西方心理学方法论研究.长沙:湖南教育出版社,2009:4.

体。"①他认为人类有机体的意识经验和主观世界是作为不可分割的整体发挥作用的,自我实现也是更加趋向人格完满的目标达成过程,因而对人的心理生活的研究需要采取整体分析的方法,"在现实情景中对人格发挥功能作用的动态过程进行全方位的整体分析"②。在整体分析中,心理学家研究整体的部分而不是孤立的部分,首先强调诸如害羞、大笑、自尊感等整体的现象,然后再探究既定部分在整体组织和动力中的作用。罗杰斯作为人本主义心理学的卓越代表,明确主张以更加积极的眼光来看待人性,认为人的生命过程就是在先天自我实现动机驱使下最大限度地实现自身各种潜能的过程。我们应该以一种综合和整体的方式来理解人,而不能机械地把人理解为各组成部分的简单相加,这是罗杰斯观点的明显特色。他从现象场概念出发构建的自我论以及在心理治疗理论中对人格整合的强调,都明确体现出整体论的特征。

从人本主义心理学中分化出来的超个人心理学,致力于研究人类心灵与潜能的终极价值及真我的完满实现,关注人的最高潜能、合一意识及超越经验,在其理论研究和心理治疗实践中也坚持了整体论的观点。③ 例如,超个人心理学的重要代表维尔伯(Ken Wilber,1949—)的意识谱理论主张,人只有实现意识不同部分之间、身心之间及有机体与环境之间的统一,才能达到本体意识统一的最高境界。

人文科学心理学的许多当代理论取向或治疗实践,都不同程度地继续强调着整体论。例如,20世纪80年代中后期产生的后现代心理学,主张从后现代视野对人及其心理生活进行整体的质性研究。再如,20世纪80年代中期产生的叙事心理学,认为生命是无数连续的生活故事的展开过程,可以通过在整体论和系统论视野下对具有特定情境性的生活故事的话语分析,达到对人的心理生活的独特性和丰富性的理解。对于叙事心理治疗者而言,我们之所以会出现心理问题,很大程度上是我们的生活故事的连续性因外界事物遭到破坏,这个时候就需要有人帮助我们修复故事或重构新故事。

第四节 人文科学心理学历史发展的主体论逻辑

"人是万物的尺度",普罗泰戈拉的这一哲学命题体现的是人的主体性。

---

① Maslow, A. H. (1954). *Motivation and personality*. New York: Harper and Brothers, p.63.
② 郭本禹,主编.西方心理学史.北京:人民卫生出版社,2007:319.
③ 杨韶刚.人性的彰显——人本主义心理学.济南:山东教育出版社,2009:275.

心理学作为探究人及其心理生活的科学,必然绕不开人的主体性这个基本主题。关于主体性的理论思考是主体论。心理学的主体论指的是在心理学研究当中,在理论层面注重和强调人的主体地位、主体身份、主体意识、主体行为及本质属性,把人看作是自己心理生活的创造者、主宰者、管理者及自主展现者。注重主体性的心理学面向人的生活世界和现实自我,尊重和彰显人之为人所具有的人性和尊严、自在和自由、主动和创造、能动和自觉、独立和个性、感受和需要、潜能和价值及其心理生活的主观性、鲜活性、意义性和整体性。主体论思维要求在心理学研究当中把人作为目的而不是手段,以人及其主体性为中心,凸显对人的心理生活的本质、样态及发展本身的研究,而不是过多地关注心理现象的元素构成及其生理或物理发生机制。冯特曾强调心理学研究要注重人的主体性[1],但这并没有改变他自己的心理学及他引领的自然科学心理学主体性缺失的命运。在自然科学心理学中,作为研究对象的被试者,受控于预制好的实验设计、实验程序、实验仪器、测量工具及统计方法,即便看似操控一切的主试者,为了保持客观主义的价值中立,实际也隐形地成为技术和程序的"奴隶"而无主体性可言。人的主体性的丧失几乎成为传统自然科学心理学的普遍命运。"在心理学大浪不断朝着自然科学推进的同时,实证主义在主流心理学中长期占据着主导地位,人的主体性被迫脱离了心理学的轨道,经常被忽略并慢慢走向衰落。"[2]然而,与之同时或同步,人的主体性在人文科学心理学中得到了大力弘扬。对人的主体性的强调和重视,构成了人文科学心理学的重要发展逻辑和历史向度。作为人文科学心理学的初始形态,描述心理学的出场,奠定和开启了人文科学心理学历史发展的主体论逻辑。

　　描述心理学针对实证主义的发生心理学或说明心理学压抑和消解人的主体性的拟物化倾向,把人及其主体性置于心理学研究的中心,竭力凸显人的主体地位,大力弘扬人的主体性,使心理学成为一门为了人、研究人、依靠人且尊重人的科学。19世纪70年代中期,科学和技术的迅猛发展与日益泛化导致技术理性在包括德国在内的欧洲全面确立,人的精神性和自我性不仅得不到张扬而且还受到严重抑制,在思想和文化异化的境遇中人的主体性逐步消解和沦丧。正是在这种情势之下,布伦塔诺和狄尔泰为了完成他们弘扬人的主体性的哲学或人文科学大业而创建了描述心理学。描述心理学特别是浪漫主义传统的描述心理学,从生机论、整体论、文化论和互动

---

[1] 周宁.心理主体的回归——重新评价冯特.心理学探新,2000,20(1):3-6.
[2] 麻彦坤,麦哲豪.基于主体性视角看主流心理学中的"人".中国社会科学报,2019-10-28.

论的视角来看待人及其心理生活,认为人是现实生活中有血有肉的活生生的整体性存在,是有目的、有需求、有体验、有情感的发展性存在,人在与周围的自然环境和文化环境相互作用的过程中形成了富有意义和内容的心理生活,人是自己独特心理生活的创造者和管理者。正如狄尔泰所指出的,人不是显微镜下的昆虫,也不是可以思维的认知机器,而是社会历史现实中有血有肉、有喜有怒的活生生的完整的人。① 按照描述心理学的观点,人的心理或意识活动通过意向性主动与丰富多彩的外部世界进行着意义关联,人在其内嵌的情境中通过这种意义关联塑造了自己独特鲜活的自我、人格或个性。描述心理学对人的主体性的张扬,不仅体现在对人及其心理生活的本体论认识中,而且体现在基于此对人的主观性、鲜活性、意义性和整体性的心理生活的研究中。

描述心理学认为,人及其心理生活的本体论特征,决定了心理学不宜采用自然科学的客观实证主义研究模式,而宜采用以人自身为基本工具的现象学或解释学的主观经验研究模式。描述心理学的这种主观经验研究模式具体表现为运用现象学的内部知觉或解释学的意义理解去描述和揭示人的完整心理生活的本真面貌,而且更倾向于从整体论视角去关注和探究人的想象、情感、本能、体验、价值、目的及意义等较高级的心理领域,浪漫主义传统的描述心理学尤其如此。描述心理学的研究范式和获取心理知识的过程,从根本上消解了自然科学心理学中研究者与被研究者、主体与客体之间的二元对立关系,真正实现了研究者与被研究者、主体与客体的同一或在内部经验及意义中的统一。内部知觉是一种纯粹的不加分析的反思或反省意识,是主体朝向自身的内部直观和内心体验。它的对象是自身显现的仍呈鲜活状态的心理现象,这些心理现象借助直接的内在自明性而被知觉。理解是获取和把握人的心理生命意义的过程。按照狄尔泰的观点,"理解"既包括与内部知觉过程相伴的直接理解也包括对外在心理生命表达的间接理解,既包括对自我心理生命的理解也包括对他人心理生命的理解,既包括对个体心理生命的理解也包括对客观文化精神的理解,而无论哪种理解均离不开人的体验。在内部知觉和自我理解中,研究者与被研究者是同一的。在对他人外在心理生命表达的理解中,研究者与被研究者在共同或相似的社会、历史、文化及生活框架内实现了统一。也就是说,在发生心理学或说明心理学中作为被动受控者的被研究者和作为技术与程序"奴隶"的研究

---

① 李敏.主体性的沦失与复归——德国批判心理学的主体性理论及其批判.长沙:湖南师范大学硕士学位论文,2012.

者,在描述心理学中实现了主体地位的提升,人的主体性由此得到了根本性的弘扬和彰显。

人的主体性在精神分析心理学中基本经历了一个由被贬抑到逐步被彰显的过程,主要表现为精神分析学家对人、人性或自我的看法。弗洛伊德坚持性本能决定论,认为人性并不是自在和自由的,人的心理和行为最终由潜意识中的本能冲动决定着,而且人根本无法依靠理性力量来处理自己的心理问题。尽管他在其论述伊底、自我和超我三者互动关系的人格结构理论中也强调了自我的重要性,但始终认为根据现实原则行事的自我的能量源自伊底,自我本质上依附于伊底,并为满足伊底的本能需要服务。其后的荣格和阿德勒在彰显人的主体性方面较弗洛伊德有所进步。荣格虽也论述心灵、自我、意识及潜意识,甚至某些类似伊底的概念,但赋予这些概念新的内涵,认为人的身体和心理机能更具追求卓越的目的性特征①,而且在心理治疗中相信人有能力对自己的"痊愈"发挥作用。阿德勒不把人看作伊底、自我和情结的集合体,也不赞成弗洛伊德心理性欲阶段的划分,而是把人看作一个完整的个体,认为人生就是一个不断克服自卑和追求卓越的目的实现过程,每个人都自己决定生活的方向,都在为自己所认为的"完美"生活而努力奋斗。再后来的哈特曼通过创建精神分析自我心理学(ego psychology),从根本上确立了自我的主体地位。他从理论上让自我摆脱了伊底控制从而成为没有冲突的独立领域,认为自我在起源上独立于本能冲动且在发展上具有主动性和自主性,还把伊底的本能能量中性化为自我的能量,将自我的机能由防御本能变为适应环境,并提出适应过程就是自我装备与环境通过交互作用不断取得平衡的过程。更晚期的弗洛姆热切地关注现代人遭遇的各种困境及丧失主体性的现状,试图通过复归人的主体性来改善人的精神状态。他认为每个人都具有创造和爱的独特能力,每个人的生活目标应是在保持自由和独立存在的基础上融入他人。他强调人的基本价值和尊严及实现自身潜能的重要性,并且注重人特有的各方面体验。

格式塔心理学对人的主体性的张扬表现在多个方面。格式塔心理学重视人的直接经验即主体直接感受到或体验到的一切,认为人的行为主要受其主观意识实在而非客观物质实在的影响和支配。② 例如,考夫卡区分了地理环境和行为环境,前者是现实中实际存在的客观物质环境,后者是我们

---

① Rychlak, J. F. (1981). *Introduction to Personality and Psychotherapy*. Boston: Houghton Mifflin, p.196.
② [美]赫根汉.心理学史导论(第四版).郭本禹,等译.上海:华东师范大学出版社,2004:699.

对地理环境的主观臆想和解释,他认为我们的行为更多地受行为环境的制约和调节。格式塔心理学富有特色的顿悟学习理论及对迁移和创造性思维等所做的研究,冲击了联结主义和行为主义贬低人性的解释框架,将对人的智慧性、创造性和主体性的重视上升到一个新的高度。例如,在格式塔心理学家看来,顿悟学习依赖的是人有目的的情境认知和灵感显现,而非无数次盲目和机械的错误尝试。格式塔心理学强调整体、模式、组织、结构等在知觉过程及高级心理过程中的作用,注重人们对感觉信息输入的组织和解释的主动性。此外,勒温受格式塔心理学影响在其研究中进一步张扬了人的主体性。正如他所说:"格式塔理论的基本观念是我进行意志、情感和人格研究的基础。"[①]他批评传统心理学严重忽视人的情感、动机及社会力量的作用,认为人的变动不居的心理和行为是自我在心理场中主动与环境进行的动的交涉的结果,而且强调需要、情感、动机、意志、紧张和冲突等在这个过程中发挥着极为重要的作用。

现象学心理学以一种独特的方式不甚明确和直白地展现了人的主体性。它从生活世界而非科学世界出发,来看待和研究人及其心理现象。生活世界是我们身处其中的直接被明见地给予的原初世界,我们不需要任何加工、抽象和反思,而只需自然而然地加以接受。科学世界是在生活世界的基础上经过构造、加工、抽象和规定而产生的世界。现象学心理学将生活世界作为科学研究的源始,把人及其心理现象作为内嵌或源自生活世界的本真存在来研究,关注人在生活世界中的真实、鲜活和丰富的经验,而反对对人的经验世界作任何的抽象和剥离。[②] 现象学心理学强调心理现象具有意向性本质,认为人的心理始终是指向或关于某物(对象)的心理,而且这里的某物既可以是实际存在的亦可以是非实际存在的。在现象学心理学家看来,心理与对象之间具有直接的意义关联,心理或意识不仅能够反映对象,而且还可以积极地"创造"对象。正如胡塞尔所指出的:"意识这种东西不像收藏东西的空口袋或容器,只是这次装进这个对象,下次装进那个对象;相反,意识像座灯塔,可以把意义或本质辐射到对象上,从而'构造'对象。"[③]心理与对象之间不可分离,心理因主动指向某物而具有意义,对象因与心理相关联而具有意义,两者在意义中消除了对立而实现了统一。现象学心理学还通过承认研究者的价值取向会摄入和影响研究过程,彰显人特别是研

---

① Lewin, K. (1935). *A dynamic theory of personality: Selected papers* (D. K. Adams, & K. E. Zener, Trans.). New York and London: McGraw-Hill Book Company, Inc, p.44.
② 崔光辉.现象的沉思——现象学心理学.济南:山东教育出版社,2009:260-262.
③ 邹铁军,等.现代西方哲学——20世纪西方哲学述评.吉林:吉林大学出版社,1991:57.

究者的主体性。在现象学心理学家看来,客观性与中立性不是一回事。①客观性是指忠实地反映心理事实本身,而中立性是自然科学心理学消解和排斥研究者主体性的二元论立场。现象学心理学要客观性而不要价值中立,主张研究者在面向和忠于心理现象本身的前提下积极主动地参与到研究过程中去。当然,这种积极主动的参与并不要研究者屈从于自己任意的主观信念和假设,而是要悬置或者至少充分意识到自己的先在观点和假设,它实际上是一种批判性的价值摄入。②

存在心理学致力于探究人最直接的经验感受、最真实的存在状态及最本真的生活意义,鼓励心理学家进入每个人的内心世界去体验他或她的存在,了解这个人是如何生活、如何活动以及如何在一个混乱的社会中行使自由选择权的。存在(being)是存在心理学最关键、最核心的概念,它对于每一个体都是独特的,而且只可通过直觉来把握,而不能用一般科学或精神分析的方法去评估。海德格尔认为,存在是一个复杂的、动态的和独特的人的现象,在存在过程中人可以选择、评估、接受、拒绝和拓展,人可以通过接受存在的各种状态并作出个人选择而过上本真生活。③ 本真生活(authentic life)就是自由选择而不受别人价值观影响的生活,人自己的情感、价值观和解释在这种生活中充当着行为的引导。本真生活的一个重要特征是生成(becoming),即人通过正常和健康的心理成长而变得与原来不一样,但在生成的同时必然会伴随着焦虑的体验。宾斯万格认为,每个人都活在自己个人的和主观的世界里,要想了解和帮助一个人,就必须去了解这个人此刻对于自己生活状况和存在状态的感受与看法,而不是进行一般的概念化理解。弗兰克尔重视人的意识和个人责任,认为自由不是逃避责任的自由,而是接受责任的自由。因此,"个体不能依靠教养、早期经验、遗传或当前环境来塑造自己,个体必须靠自己塑造自己"④。罗洛·梅认为,人既是经验的客体又是经验的主体,每个人都赋予自己的经验以意义。也就是说,我们不只是单纯地拥有经验,还根据自己的经验去解释、评价和作出选择。人的主体性在存在心理学中得到了至为显著的体现。

人本主义心理学是一门"既不强调心灵也不强调身体,而是强调人的精

---

① Giorgi, A. (2006). Facts, values and the psychology of human person. *Indo-Pacific Journal of Phenomenology*, 6: 1-17.
② 崔光辉.现象的沉思——现象学心理学.济南:山东教育出版社,2009:267-269.
③ [美]赫根汉.心理学史导论(第四版).郭本禹,等译.上海:华东师范大学出版社,2004:856-858.
④ [美]艾伦.人格理论:发展、成长与多样性(第五版).陈英敏,纪林芹,王美萍,等译.上海:上海教育出版社,2011:167.

神的心理学"①,将人的主体性从根本上弘扬到一个新的高度。它批判行为主义把人当作机器或低等动物的贬低人性的还原主义做法,也反对精神分析的潜意识性本能决定论、人性邪恶论和悲观论,将人及人性置于心理学研究的中心,强调人完整而真实的内在自我,注重研究健康人及其内在意识经验和本质价值,致力于探究人的内在本性、情感体验、潜能实现、创造能力、意向活动、自由选择、动机需要及自发行为。人本主义心理学家相信每个健康的人都有决定自己命运的能力,都可以通过发掘自身内在潜能解决自己成长过程中的心理问题。马斯洛指出,一个健康的人具有自发地追求自我实现的内在倾向、需求或潜能,即一个人总是力求变成他应该成为的样子。罗杰斯从更广泛的意义上也提出了一种人具有自我实现的先天动机的积极人性观,认为"个体自身拥有大量资源用于自我理解及改变自己的自我概念、基本态度和自主行为"②,可以实现自己成为一个充分起作用的人的潜能,从而成长为一个真正的自我。按照人本主义心理学家的观点,我们每个人都应该基于自身的天性优势而不是他人的期望决定自己将做什么或成为什么,我们应该为我们自己的决定负责,而既不应该干预他人的行为方式和生活方式,也不应该寻求他人为我们的决定负责。

　　人的主体性在当代质性心理学中也得到了高度弘扬。质性心理学承认人及其心理生活的复杂性,主张通过冒险性探索③描述性地、理解性地或解释性地获取关于人的丰富主观经验、真实情感体验及具体行事策略的意义性知识,关注个体在经历特定事件时真实的内心感受是怎样的以及是如何处理此类境况的,而不是根据统计学指标去作因果说明或结果预测。质性心理学没有采取传统实证心理学将被研究者的主观经验进行搁置却只探究心理机制的唯物主义研究设计和策略,而是把被研究者看作有目的的、生成意义的主体,承认被研究者在研究过程中的主体身份和地位。④ 研究者的主体身份和地位在质性心理学中也得到了认可。几乎所有质性心理学家都承认研究者无论如何都会牵涉到研究过程中,只是在应该把研究者视作研究结果的创造者还是目击者这个问题上存在差异,有的质性心理学家把研

---

① [美]赫根汉.心理学史导论(第四版).郭本禹,等译.上海:华东师范大学出版社,2004:851-852.
② Rogers, C. R. (1980). *A way of being*. Boston: Houghton Mifflin, p.115.
③ [英]维利格.心理学质性研究导论.郭本禹,王申连,赵玉晶,译.北京:人民邮电出版社,2013:2.
④ Camic, P. M., Rhodes, J. E., & Yardley, L. (Eds.). (2003). *Qualitative research in psychology: Expanding perspectives in methodology and design*. Washington, DC: American Psychological Association, p.58.

究者看作研究过程中的核心人物,认为研究者建构了研究结果,而有的质性心理学家虽承认研究者的重要,但仅把他们看作是发掘证据的人而不是研究结果的创造者。① 不管怎样,质性心理学不但不刻意回避研究者在研究过程中的价值涉入问题,而且鼓励研究者勇敢地面对和充分地利用自己的主观信念和价值观念。质性心理学将研究过程置于具体的历史、社会、文化及生活情境之中,认为研究者与被研究者的关系是同一历史、社会、文化及生活框架内主体与主体的关系,正是研究者与被研究者之间的这种主体互动诠释了质性心理学研究的本真过程。

最后,需要特别提及的是苏俄主体心理学和德国批判心理学。苏俄主体心理学以在心理学中专门探究和弘扬人的主体性为旨归,它始源于鲁宾斯坦(1889—1960)20世纪20年代提出的主体心理学思想,作为一门心理学分支学科则由布鲁什林斯基(1933—2002)在20世纪90年代创建。苏俄主体心理学明确反对西方主流心理学中主体性丧失的倾向,主张把作为主体的人置于心理学研究的核心,从学科性质、研究对象、研究方法、具体理论及实践应用等多个维度和层面对人的主体性进行理论重建,致力于使心理学真正成为一门关于人的科学。正如布鲁什林斯基所指出的:"心理学的对象不是人的心理,而是人,是具有心理的人;心理学的对象不是各种心理特点和各种能动性,而是人本身,即活动着和进行交往的人。"② 德国批判心理学是20世纪60年代在德国逐渐兴起并于20世纪80年代逐渐走向成熟的心理学运动。它以批判西方主流的自然科学心理学并大力弘扬人的主体性为主业,认为人的主体性是科学研究的根基和起点,高举"主体科学心理学"(subject science psychology)的旗帜,对人的主体性进行了多维重构和复归③。

第五节 人文科学心理学历史发展的文化论逻辑

德国著名哲学家和社会学家阿多诺(Theodor Adorno,1903—1969)指

---

① [英]维利格.心理学质性研究导论.郭本禹,王申连,赵玉晶,译.北京:人民邮电出版社,2013:16-17.
② 转引自:郑发祥.主体心理学.上海:上海教育出版社,2006:7.
③ 李敏.主体性的沦失与复归——德国批判心理学的主体性理论及其批判.长沙:湖南师范大学硕士学位论文,2012年.

出:"文化是不可测查但又影响人们心理的重要条件。"①心理与文化的类鱼水关系,决定了心理生活自然而然地铸刻着文化的烙印,而且毋庸讳言,越是高级和复杂的心理过程,这种文化烙印越深刻。例如,由于文化迥异,东西方人在人际关系理解、情感表达方式及为人处世风格等方面均存在显著不同。心理生活的文化烙印,决定了心理学的"文化品性"②,决定了心理学家必须"文化自觉",即在探究心理生活时充分考虑社会、历史和文化的因素。然而,由于套用物理科学的思维和模式将心理作为自然物进行实验操纵,文化视域或主题在自然科学心理学百余年研究历程中几乎都是缺失的。自然科学心理学在初期主要研究受文化影响较小的简单低级的心理过程,因而暴露出的弊端在某种程度上勉强尚可接受,但随着研究主题越来越复杂和高级,将社会、历史和文化因素排斥在考虑范围之外的物化研究模式的弊端愈发严重和明显,甚至让人感觉自然科学心理学是在以"科学"名义进行"伪科学"研究。

人文科学心理学家的文化自觉性要远高于自然科学心理学家,以至"文化"成为贯穿人文科学心理学百余年发展历程的重要逻辑主题。尽管他们有些可能并未明确强调文化的作用,但从根本上讲都是在文化视域下建构心理学理论和从事心理学研究的。例如,格式塔心理学家特别是后期的勒温强调人与心理环境的互动,现象学心理学家强调人与世界、意识与环境的意义关联,人本主义心理学家马斯洛在强调整体论、动力论和社会文化相结合的背景下形成了自己的价值论体系,他们虽未明确张扬文化的旗帜,却都在内心深处笃信文化的影响。当然,我们这里论述的主要是在探究心理生活过程中明确强调社会、历史和文化因素的人文科学心理学家。文化指特定社会中由共同的信念和价值观、社会风俗和社会规范等组成的价值和意义系统③,我们这里论及的是更广泛和更笼统意义上的文化,具体表现为心理学家从社会、历史、文化甚至生活和人际环境的视角来观照和探究独特个体的丰富而复杂的心理生活。描述心理学奠定和开启了人文科学心理学历史发展的文化论逻辑,这更多是浪漫主义传统的描述心理学家狄尔泰、斯普兰格、斯特恩和雅斯贝尔斯等人的贡献。

狄尔泰是18—19世纪德国注重文化的人文科学运动的杰出代表,通过立足于生命本身构建描述心理学为人文科学奠基。这场运动认为文化是一

---

① 转引自:[美]科尔.文化心理学:历史与未来.洪建中,张春妹,译.北京:人民出版社,2018:1.
② 孟维杰.心理学文化探索.北京:中国社会科学出版社,2018:10-20.
③ 叶浩生.试析现代西方心理学的文化转向.心理学报,2001,33(3):270-275.

个具体、连贯和社会的系统,主要由语言、制度、法律、信仰体系及人工制品等宏观因素构成,以此为重要根源形成了宏观文化心理学(macro cultural psychology)。[1] 狄尔泰在其《人文科学导论》(1883)和《描述与分析心理学的观念》(1894)中,明确表达和彰显了这种宏观文化心理学取向。他反对主流心理学文化视域之外的自然科学取向,致力于在人文科学视野下对充满文化意蕴的心理生命体验进行社会、历史、文化的描述和理解。像冯特一样,他把心理学定义成一门经验科学。不过,他所谓的经验是内部的鲜活经验,即活生生的体验。这种内部的鲜活经验及其行为表达具有丰富的主观意义,我们只能根据它与内嵌其中的情境(context)的关系来理解,而不能只纯粹地搜集和分析孤立的数据。正如狄尔泰所认为的:"这种意义不直接源于个体,而是源于个体与世界的关系,或者更确切地说,源于对这些关系的文化解释。"[2]因此,他的描述心理学致力于分析对个体经验和行为具有关键决定作用的文化意义模式。1900年发表《解释学的兴起》以后,狄尔泰更是强调心理生命经验的文化构成,主张在理解中借助文化来重塑个人经验,甚至把"理解"重新定义为"客观沉浸于某种文化倾向中",这种将解释学理解用于领会心理生命表达中蕴含的文化价值而非特殊意义的倾向,在某种程度上意味着他由一种心理的解释学转向了一种文化的解释学。[3]

受狄尔泰影响,斯普兰格、斯特恩和雅斯贝尔斯在其描述心理学中都凸显了对文化的重视。斯普兰格指出:"人既生活在自然环境中,又生活在文化环境中。在人今天已经达到的水平上,人的生命的形成和保存既依赖于人的心理已经极大地学会去控制的自然能量和能源,又依赖于文化的力量。"[4]本体论意义上人的这种文化内嵌性,决定了人的心理生命的文化内嵌性。斯普兰格将心理生命视作由文化构成的意义情境中的一个完整部分,认为心理学家要想真正了解一个人的心理生命,就必须首先了解他/她的心理生命得以创生和丰富的社会、历史和文化情境,而不仅专注于心身关系中的生理因素。也就是说,心理学依赖于心理学家的信念在多大程度上受到文化的影响,社会、历史和文化而非实验室是研究人类心理生命的最适合的场所。

---

[1] Ratner, C. (2014). Macro cultural psychology. In T. Teo (Ed.), *Encyclopedia of critical psychology* (pp.1095 – 1111). New York: Springer.

[2][3] Osterkamp, U. (2014). Subject matter of psychology. In T. Teo (Ed.), *Encyclopedia of critical psychology* (pp.1870 – 1876). New York: Springer.

[4] Spranger, E. (1928). *Types of men: The psychology and ethics of personality* (P. J. W. Pigors, Trans.). Halle (Saale): Max Niemeyer Verlag, p.viii.

斯特恩认为,人的人格及其发展具有内在世界性本质。我们每个人自出生那一刻起就已经"别无选择"地卷入到与周围文化世界的关联之中了,每个人都是在特定社会、历史和文化坐标中出生、成长和发展的。斯特恩还指出,人是通过"内受作用"主动接受社会文化世界中的滋养从而促进自我人格发展的,这些滋养包括社会规范和标准、道德准则及文化价值观等。①

雅斯贝尔斯是一位具有存在主义倾向的描述心理学家,极大地影响了心理学朝着存在主义方向发展。他以将狄尔泰描述心理学的现象学思想和解释学思想引入心理病理学领域而著称,认为在心理病理学中,说明和探索心理病理现象发生的神经生物学机制固然重要,但在特定社会、历史和文化境遇内,通过移情体验理解和揭示心理事件的意义更加重要。心理病理学的自然科学范式过于倚重还原论和元素论思维,只能研究患者的部分特征,而无法探究到心理的整体、情境和意义,也就是说,机器和基因并不是解释人脑进程或心理活动的准确模型。② 这主要是因为,人不单单是一个躯体的存在,更是一个精神和文化的存在。正如雅斯贝尔斯所指出的:"躯体医学仅仅对一个自然存在的人感兴趣……。精神病理学则总是面对这一事实:人还是一个文化存在。"③

在离开描述心理学而继续叙述人文科学心理学的文化论逻辑之前,有必要先叙述与狄尔泰和布伦塔诺同时代的冯特对民族心理学的贡献。冯特前期主要致力于实验心理学,运用实验内省法研究个体低级的心理过程或功能,代表着心理学研究的自然科学取向;后期主要致力于民族心理学,通过对语言、神话和风俗等社会产物的分析推演群体高级的心理过程或功能,代表着心理学研究的人文科学取向。然而,由于某些原因④,前者几乎代表了冯特在心理学史上的全部形象,而后者长期以来几乎完全被忽视。冯特的民族心理学其实是从社会、历史和文化产品或产物中发现群体心理生活的共同规律和基本特征,实际上是一种文化心理学或种族心理学。但是需要澄明的是,从历史发展的事实来看,我们不能将冯特的民族心理学作为人文科学心理学及其文化论逻辑的开端。第一,尽管冯特早在其发表的第一部心理学著作《对感官知觉理论的贡献》(2卷,1856—1862)中就提出了建

---

① Werner, H. (1938). William Stern's personalistics and psychology of personality. *Character & Personality*, 7(2): 109-125.
② 赵旭东,徐献军.雅斯贝尔斯的"理解心理学"对当代心理健康服务的意义.心理学通讯,2018(1):58-64.
③ 转引自:梦海.描述·说明·理解——卡尔·雅斯贝尔斯与精神病学新方法.福建论坛·人文社会科学版,2006(12):46-53.
④ [美]霍瑟萨尔.心理学史(第4版).郭本禹,等译.北京:人民邮电出版社,2011:116.

立民族心理学的设想，但对它进行较为系统的专门研究是1900年之后的事，主要体现为他在其生命最后20年完成了鸿篇巨制《民族心理学》(10卷，1900—1920)。因此，冯特对人文科学心理学及其文化维度的专门研究在时间上要晚于布伦塔诺和狄尔泰。第二，冯特的民族心理学其实并没有形成系统的人文科学心理学或文化心理学理论，在心理学史上几乎没有产生多大影响。第三，冯特的民族心理学主要论及种族和民族的群体心理生活，而几乎没有论及个体的心理生活，这与人文科学心理学主要研究和分析个体心理生活的主流不相符。因此，我们可以将冯特的民族心理学作为人文科学心理学及其文化论逻辑的一个重要部分或特殊剧本，但不能将它作为开端。

精神分析早期的心理学家荣格和阿德勒及后期的社会文化学派直接或间接地受到狄尔泰和斯普兰格等人的影响，为人文科学心理学历史发展的文化论逻辑作出了重要贡献。荣格认为对人格及其发展影响最大的是潜意识而非意识，而且较弗洛伊德更加强调潜意识的积极作用。他将潜意识分为表层的个体潜意识和深层的集体潜意识，前者是发生在个体身上且与个体经验相联系的被遗忘、被压抑的心理内容或情结，后者是自原始时代以来人类祖先在漫长历史长河中世代积累的被深深埋藏于心灵之中的共同经验和精神遗迹。集体潜意识"实际上是有史以来沉淀于人类心灵底层的、普遍共同的人类本能和经验遗存。这种遗存既包括了生物学意义上的遗传，也包括了文化历史上的文明的沉积。"[①]它是历史和文化在种族记忆中的投影，沉淀在每个人潜意识深处，是个体始终意识不到却受到根本影响的心理内容。"它影响着个体意识和个体潜意识的形成，使个体的思维方式与行为方式中都隐含着民族文化的集体因素。"[②]荣格的集体潜意识理论，为我们探索个体心理生活的深层文化根源提供了一种独特而深刻的视角。

阿德勒在其个体心理学中，反对弗洛伊德把潜意识性本能作为人格发展的根本动力的观点，认为只有社会文化因素及在其中形成的个人生活经验才能决定人格发展的方向。他重视家庭环境、学校教育和社会运动对儿童心理生活的影响。例如，他认为每个家庭都有自己的社会系统，包括成员互动的方式、成员彼此的地位及传递权力的途径等，在此社会环境中的任何行为对于儿童的成长和发展都具有意义。阿德勒关于心理动力、生活风格、创造性自我、社会兴趣及心理治疗的理论观点，均体现了他的社会文化取

---

① 郭本禹，主编.弗洛伊德主义新论(第二卷).上海：上海教育出版社，2016：32.
② [美]科尔.文化心理学：历史与未来.洪建中，张春妹，译.北京：人民出版社，2018：译丛总序一.

向。心理学史家墨菲和柯瓦奇指出:"阿德勒的心理学在心理学历史中是第一个沿着我们今天应该称之为社会科学的方向发展的心理学体系。"① 郭本禹教授则更具体地指出:"个体心理学扭转了精神分析的方向,使精神分析不再依赖于自然的生物因素,而是强调人的社会性和社会因素的作用,开创了精神分析社会文化取向的先河。"②

精神分析社会文化学派产生于 20 世纪三四十年代的美国,是霍妮、沙利文、卡丁纳和弗洛姆等精神分析学家立足于美国社会文化,对弗洛伊德传统精神分析理论进行修正和改造的产物。如果单就对社会文化因素的极端重视而言,"精神分析社会文化学派是心理学史上第一个将社会文化因素作为心理变量的学派,也是第一个将社会文化因素作为心理疾病原因的学派"③。它极度反对弗洛伊德把生物因素特别是性本能作为人格形成、发展及病症的根本原因,坚持认为社会文化是人格形成、发展及病症的根本原因。它把人放到整个社会文化背景中来考察,把人的心理生活看作是社会文化的产物,并从个人对社会文化环境适应的角度来解释人格及人格健康。它的理论和治疗实践的重心从个体内部转移到人与人及人与环境的关系,主张将微观的家庭环境与宏观的社会环境联系起来研究人,而不再笃信弗洛伊德生物学化的本能决定论和泛性论。霍妮的社会文化的神经症理论,认为神经症由神经症人格结构决定,而神经症人格结构由个体所处的社会文化环境造成,所以神经症产生的根本原因是社会文化。儿童在充满矛盾和敌意的社会文化中产生人际关系障碍,而这种人际关系障碍在霍妮看来是造成神经症的最终的直接原因。沙利文的精神医学的人际关系理论,认为人际关系失调是引起精神分裂症等精神疾病的根源。当个体现实的人际关系遭到破坏时,精神疾病就可能会发生。沙利文所谓的人际关系实质上是指与整个人类文化的关系。卡丁纳的精神分析文化人类学,主要关注文化与人格的相互作用问题,不仅重视文化对人格形成的作用,而且重视人格对文化变迁的影响。例如,卡丁纳不仅强调文化因素特别是社会的初级制度对人格形成的决定作用,而且承认基本人格结构形成以后会反过来创造出适合本社会的次级制度。弗洛姆的人本主义精神分析理论,把人的心理生活放到广阔的社会、政治、经济和文化环境中加以研究,致力于改善现代人的处境和精神状态,并创立了社会潜意识理论。弗洛姆认为,现代社会中

---

① [美] 墨菲,柯瓦奇.近代心理学历史导引.林方,王景和,译.北京:商务印书馆,2010:435.
② 郭本禹,等.潜意识的意义——精神分析心理学(上).济南:山东教育出版社,2009:122-123.
③ 王国芳,等.潜意识的意义——精神分析心理学(下).济南:山东教育出版社,2009:16.

的人虽然获得了自由,但却失去了与自然、与他人、与真实自我的密切关系,陷入了孤独和不安的境地,而这正是各种心理疾病的根源所在。

存在心理学关注自我的存在体验和感受,但强调这种自我的存在体验和感受是在世界中的,而不是封闭和虚空的。这实际上部分地意味着,存在心理学家在理解和分析人的存在的过程中,离不开对他/她所处的社会文化环境和人际生活环境的关注。存在心理学反对从还原论和机械论的视角客观孤立地看待人及其心理,认为人自出生的那天起便是在世界中的存在,而且始终与世界存在着现实而密切的关联。正是在这种关联中,个体基于过去并朝向未来,在不断生成和变化中展开或展现着完整、丰富、独特且具体的自我。海德格尔区分出三种世界,即周围世界、共同世界和自我世界。宾斯万格在海德格尔观点的基础上进一步作了阐述:周围世界是指外界的物质环境和人的生物环境,即事物和事件的世界;共同世界是指人与人之间相互作用和社会交往的人际环境;自我世界是指一个人自己私人的、内部的、主观的经验世界。①② 他指出,对于存在分析而言,人的自我世界具有根本的重要性,周围世界亦不容忽视,而由你、我、他共同组成的人际世界亦相当重要。这里的人际世界或共同世界,实质上指的是宏观的社会文化环境和微观的人际生活环境。根据宾斯万格的观点,存在分析是对单独个人的分析,而每个单独的个人都是社会文化中的存在,而且都扮演着不同的社会角色,这就要求必须将单独的个人放到他/她所处的人际世界和社会联系中进行分析。罗洛·梅在宾斯万格的基础上,提出人的在世存在具有三种方式:人与环境的关系方式、人与人的关系方式以及人与自我的关系方式,其中人与人的关系方式指的是人特有的人际世界,个体在这种关系方式中不仅通过改变自己来适应社会,而且积极主动地参与到组织和改造社会的过程中。③ 鲍斯、莱因和施奈德等其他存在心理学家在其理论观点中都表现出对人的社会文化性的重视。

苏联心理学家维果茨基被称为"心理学中的莫扎特"④,20世纪二三十年代提出了关于人的心理发展的社会文化历史理论,从社会文化历史而非生物学的视角来解释人的高级心理机能的发生与发展,与后来受其重要影响的列昂节夫和鲁利亚等人形成了在心理学史上极富影响的社会文化历史

---

① [美]赫根汉.心理学史导论(第四版).郭本禹,等译.上海:华东师范大学出版社,2004:859.
② 郭永玉,主编.弗洛伊德主义新论(第三卷).上海:上海教育出版社,2016:329.
③ 郭本禹,主编.西方心理学史.北京:人民卫生出版社,2007:304.
④ 转引自:龚浩然.维果茨基及其对现代心理学的贡献——从纪念维果茨基诞辰100周年国际会议说起.心理发展与教育,1997(4):61-64.

学派,也被称为"维列鲁学派"。维果茨基强调社会互动和文化历史对人的心理及其发展的影响,认为心理发展是个体自出生到成年在环境和教育影响下由低级心理机能逐渐向高级心理机能转化的过程,而高级心理机能是人在社会活动中形成和发展起来并借助语言实现的,是社会文化历史的产物,受社会文化历史规律制约。高级心理机能使人的心理在本质上区别于动物,一切复杂的高级心理活动的形式都是在社会交往和实践过程中形成的,是社会文化历史活动的内容不断内化的结果。正如维果茨基所指出的:"复杂心理过程的出现源于社会活动;随着儿童的发展,他们逐渐将在社会活动中使用的心理过程内化,并开始独立地使用这些心理过程。"[1]个体心理生活的发展是根植于社会文化历史的,在所有社会文化中,作为家长、教师乃至其他重要他人的上代成员都肩负着帮助成长中的儿童获得该社会文化积累的智慧的责任。因此,维果茨基认为,在研究人的心理生活及其发展历程和规律时,必须深刻地关注它置身于其中的社会历史文化。

文化心理学是 20 世纪末产生的一种人文科学心理学取向,可以说是人文科学心理学历史发展的文化论逻辑在当代的效应。它既是心理学史上注重文化对心理生活影响的心理学理论或派别综合影响的产物,也是对当代主流心理学存在的问题与困境[2]的一种主动反应。文化心理学主要有三种取向:符号理论取向认为心理活动由集体符号和概念构成,活动理论取向认为心理生活植根于现实的文化活动基础之上,个体主义理论取向认为心理功能是源于集体符号和人为事物的个体建构过程。[3] 文化心理学认为,人生活在特定文化之中并时刻深受其熏染,文化构成了一个人生存或生活的方式,构成了心理生活最重要的意义来源和内容,因而心理学必须以文化语境为出发点和归宿,在特定文化语境中开展具体心理生活的研究。著名文化心理学研究者科尔(Michael Cole)将文化心理学的主要特征概括为七个方面:"(1)它强调在情境中的中介行为。(2)它坚持遗传方法的重要性,因为它被广泛地包含在历史、本体和微观层面的分析中。(3)它通过分析日常生活寻求依据。(4)它假定心理是在人们中介活动的联结点中出现的。那么,心理就具有重大意义,那就是"共同建构"和散布。(5)它假定个体在他们自己的发展过程中具有主观能动性,但是不完全按照他们预想的那样活动。(6)它拒绝因果效应……喜欢强调心理的应急性质存在于活动

---

[1] [美]奥姆罗德.学习心理学(第 6 版).汪玲,等译.北京:中国人民大学出版社,2015:244.
[2] 李炳全,叶浩生.主流心理学的困境与文化心理学的兴起——文化心理学能否成为心理学的新主流? 国外社会科学,2005(1):4-12.
[3] 刘金平,乐国安.文化心理学的三种研究取向.心理科学,2005,28(6):1514-1516.

中的科学,并在它的解释框架中承认解释的核心作用。(7)它同时借鉴了人文学科以及社会科学和生物科学的方法。"①

当代的文化心理学并不是文化决定论的,而是强调文化与心理生活的互动和共生,强调运用生态学的研究方法研究特定文化语境中人的心理和行为,重视主位研究、同文化研究和本体论解释学。它对传统的自然科学心理学进行了全面的批判和重构:批判物性化,张扬人性化;批判经验-理性理论模式,倡导文化研究范式;批判传统心理学的本体论和普遍知识观或真理观,坚持文化相对主义和建构主义;批判二分论及以此为基础的本质主义、基础主义和归因主义,主张整体论及非本质主义和非基础主义。② 文化心理学专注于人之为人特有的属性即社会历史文化性,突出心理学的人文科学性,在一定程度上弥补和纠正了当代占据主流的自然科学心理学的诸多不足。

第六节 人文科学心理学历史发展的批判论逻辑

任何一门科学的发展,都离不开批判精神。人文科学心理学亦如此,它是在批判自然科学心理学研究取向和模式的过程中产生和发展的。从某种意义上讲,人文科学心理学的发展史,就是一部对自然科学心理学的批判史。对自然科学心理学的批判,构成了人文科学心理学历史发展的强大动力。或者说,正是自然科学心理学在概念、理论、主题、方法(论)及实践等方面暴露出这样那样的问题、缺陷和不足,反推着人文科学心理学不断成长和发展。前面阐述的现象学方法论、解释学方法论、整体论视角以及主体论和文化论的发展主题,虽由人文科学心理学家内生性地提出或主动地推进,但与对自然科学心理学的批判不无关联,因为它们都是主流的自然科学心理学所欠缺的而对整个心理科学健康发展又至关重要的。在一定程度上,我们可以将它们看作是对自然科学心理学批判的结晶和成果。在批判自然科学心理学的过程中,人文科学心理学既纠正和革新了对手,又完善和发展了自身。描述心理学产生和发展于对以冯特和艾宾浩斯等为代表的自然科学心理学的批判,同时也奠定和开启了人文科学心理学历史发展的批判论逻

---

① [美]科尔.文化心理学:历史与未来.洪建中,张春妹,译.北京:人民出版社,2018:60-61.
② 李炳全.文化心理学.上海:上海教育出版社,2007:14-36.

辑。正如当代著名心理学批判论专家加拿大约克大学（York University）的泰奥（Thomas Teo）教授所指出的："如果我们赞同古尔德（1996）的这一表述——'科学向前发展依赖于作出新奇的发现，同样也依赖于批判其他科学的结论'，那么对心理学批判的历史进行分析就变得至关重要。"[1]

布伦塔诺和狄尔泰同为描述心理学的开创者，尽管布伦塔诺在描述心理学观点和主张上与自然科学取向的发生心理学相对，但他对自然科学心理学却并没有极力批判和反对，而是更多地强调在确保描述心理学优先地位的基础上两者的逻辑互补关系。斯顿夫在学术观点上追随他的老师布伦塔诺，是一位可以包容实验心理学的哲学心理学家（描述心理学家），但他到柏林大学工作的第一年即1894年，便将原来由艾宾浩斯开设的"实验心理学"课程改为了"心理学"课程，以免给人造成心理学只是实验研究而缺少哲学理论训练的印象。事实上，斯顿夫虽尊重实验，但从未做过大型实验，更多属于其老师布伦塔诺而不是对手冯特和艾宾浩斯那种类型。在柏林大学心理学研究所学习和工作过的勒温曾回忆说："在柏林研究所，冯特的名字几乎是禁忌。"[2]斯顿夫反对自然科学心理学元素论和还原论的虚假本质，并将布伦塔诺的思想印刻在柏林的实验室里，以致他在人们心目中成为冯特的主要和直接的对手。狄尔泰是描述心理学家中极力批判自然科学心理学而坚决主张人文科学心理学的发起者和代言人，"在心理学中系统地挑战自然科学方法论的研究纲领是由狄尔泰（1833—1911）提出的"[3]。

1781年，康德出版《纯粹理性批判》，这为自然科学奠定了存在论和认识论基础。为弥补康德为科学知识奠基的不完美，也为挽救欧洲思想文化危机，狄尔泰确立了通过历史理性批判为人文科学或精神科学奠定存在论和认识论基础的宏伟计划。[4] 他在1883年出版的《人文科学导论》[5]中作了人文科学与自然科学的明确区分，认为两者在研究内容和认识方式上有着根本不同，生产的是两种不同形态的知识。1894年，他在其《描述与分析心理学的观念》中，根据研究模式和方法论程序的不同，作了人文科学导向的描述心理学与自然科学导向的说明心理学的明确区分，并通过对自然科学

---

[1] Teo, T. (2005). *The critique of psychology: From Kant to postcolonial theory*. New York: Springer, p.vii.
[2] Lewin, K. (1937). Carl Stumpf. *The Psychological Review*, 44(3): 189-194.
[3] Teo, T. (2005). *The critique of psychology: From Kant to postcolonial theory*. New York: Springer, p.77.
[4] 狄尔泰的"历史理性批判"的计划早在其27岁时就已经萌生。1860年4月1日，他第一次在日记中写道，他的志向是基于"历史—哲学的世界观"撰写一部《新纯粹理性批判》。
[5] 这部著作包含狄尔泰"历史理性批判"计划的前两编内容。

导向的说明心理学的强烈批判,彰显了心理学应当是一门人文科学的坚定立场。自然科学的影响向心理学浸染形成了自然科学心理学,提供的是对感知、联想、统觉、记忆等心理过程的规律及生理和物理机制的抽象说明。人文科学的影响向心理学浸染形成了人文科学心理学,提供的是对人的活生生的心理经验的主观描述和理解。尽管狄尔泰在某种程度上承认自然科学心理学的重要性,但他仍极力反对将自然科学的影响带入心理学,而极力倡导人文科学心理学。为此,他与自然科学心理学的卓越代表艾宾浩斯展开了心理学史上的一场非常著名的心理学论战。[1] 对自然科学心理学的强烈批判,是狄尔泰执行其历史理性批判计划从而为人文科学心理学奠定认识论基础的重要内容。

狄尔泰认为,心理学虽是一门经验科学,但它的研究主题和内容是作为整体的心理经验,而且是内嵌于特定社会、历史和文化情境并具有丰富意义的活生生的心理经验。这种独特的研究主题和内容,决定了心理学效法自然科学的方法论必然是错误的,自然科学提供的因果说明方法无法在心理生命的领域内得到令人满意的应用。在狄尔泰看来,主流的自然科学心理学会曲解心理生命独特而丰富的人文品质,复杂的心理生命不可能通过自然科学的实验和测量得到充分恰当的处理,而只可能根据它内嵌并与之互动的社会、历史和文化情境来予以描述和理解。也就是说,心理学研究必须由纯粹地搜集孤立的数据,转向对心理生命的主观样态和意义的如实描述和丰富理解。为此,狄尔泰从生命体验本身出发提出了创建一门人文科学导向的描述心理学的计划。正如福克斯(Robert Faux)所指出的,对狄尔泰而言,"心理学要想成为一门真正的人文科学,就必须是一门描述科学而非说明科学"。[2] 狄尔泰主张对心理生命的整体而不是元素进行描述和分析,对心理生命的意义而不是规律进行解释和理解。他认为描述和理解是心理学最恰当的方法,但不排斥心理学的其他方法,如内省、比较及异常心理研究等,而且承认这些方法和手段的重要辅助作用。狄尔泰的描述心理学彰显的是一种浓厚而澄明的人文科学精神,既是对自然科学心理学批判的成果和结晶,又是对自然科学心理学批判的利器和盾牌。

狄尔泰通过描述心理学对自然科学心理学的批判,不仅奠基性地影响

---

[1] Pongratz, L. J. (1980). Descriptive and analytical approach: Dilthey vs Ebbinghaus (J. M. Brožek, Trans.). In J. M. Brožek, & L. J. Pongratz. (Eds.), *Historiography of modern psychology: Aims, resources, approaches* (pp.279-289).Toronto, ON: Hogrefe.

[2] Faux, R. (2014). Quantitative research. In T. Teo (Ed.), *Encyclopedia of critical psychology* (pp.1614-1618). New York: Springer.

了德语语境后继人文科学心理学家对自然科学心理学的批判，而且影响了英语语境后继人文科学心理学家对自然科学心理学的批判，从而推动了人文科学心理学的历史发展逻辑。① 在这些德语语境的人文科学心理学家中，有许多是描述心理学传统内狄尔泰的后继者，他们在传承和发展描述心理学思想的同时，承续了对自然科学心理学的批判论逻辑，推动了人文科学心理学的历史发展。

在德语语境中，描述心理学家斯普兰格是追随狄尔泰并继狄尔泰之后批判自然科学心理学而主倡人文科学心理学的最著名的领袖人物之一。他把自然科学心理学称为剖析心理过程的元素心理学，并认为这种元素论的自然科学心理学蕴藏着巨大的理论和实践困难。从理论上讲，人是一种成长于社会、历史和文化情境之中并深受其滋养和影响的主体性存在，人的心理生命必然充满了可与人共享的主观经验的意义。对于斯普兰格而言，心理生命的"意义是最重要的"②，意义是代表着某种整体价值的复杂状态。富有意义的心理生命自然是不可人为分割的，否则会破坏它的意义完整性。根据斯普兰格的观点，"一门把心理生命分成认知、情感和意志并且每部分再细分的心理学比不上一门对嵌套在意义情境中的心理整体感兴趣的心理学。"③实验主义心理学在实验室中从某种"元素"开始，对于心理生命的高级活动不可能作出符合预期的深入考察。斯普兰格把对心理生命的意义完整性的破坏确定为自然科学心理学的"科学缺陷"。在他看来，自然科学心理学在研究实践中过于依赖生理学，关注低级的感觉元素及其生理基础，而忽视了心理生命或心理现象是意义情境中的整体这个事实。他指出，心理学必须改变研究的出发点，使心理生命的整体同一种受到社会、历史和文化制约的环境的种种表现发生关系。为此，斯普兰格提出了一种描述性的结构心理学或类型心理学，这是一种注重完整意义理解的名副其实的人文科学心理学。他将狄尔泰批判自然科学心理学的人文科学心理学纲领和观点运用到了人格和发展心理学领域，认为要从一般和普遍意义上探寻青少年的人格发展规律是不可能的，心理学研究不可能仅仅依赖于生理学，而必须在探究心理现象时体现文化和历史的因素。

胡塞尔早期是一位描述心理学家，后期成为一名现象学心理学家。他

---

① Teo, T. (2005). *The critique of psychology: From Kant to postcolonial theory*. New York：Springer，pp.77-92.
② [美] 墨菲，柯瓦奇.近代心理学历史导引.林方，王景和，译.北京：商务印书馆，2010：835-836.
③ Teo, T. (2005). *The critique of psychology: From Kant to postcolonial theory*. New York：Springer，p.86.

严厉批评心理或心灵的自然化(naturalization of the psyche),认为自然科学心理学在方法论方面效法自然科学,赋予心理生活像自然一样的本体论地位,尽管取得了诸多成功但却无法观照和满足人们对主体性的关切,结果给科学的心理学带来了严重的危机。对于胡塞尔而言,"这种心理学对自然科学错误模仿,是一种试图抹杀心理现象本质特征的心理学"[①]。

雅斯贝尔斯是一位受狄尔泰和胡塞尔影响的描述心理学家,也是一位具有现象学取向和存在论取向的心理病理学家,他在批判自然科学心理学的过程中影响心理学朝向存在主义方向发展。雅斯贝尔斯在其1913年出版的《普通心理病理学》中,通过元理论反思将心理学分成采用现象学与解释学方法探究心理生命意义关联的理解心理学和采用自然科学方法探究心理生命因果关联的说明心理学。他批判说明心理学仅将心理疾病视作伴随生理病变的副现象的观点,而极力主张充分利用移情和同情式理解来描述患者的内心感受和体验。尽管如此,雅斯贝尔斯比任何人都更试图调和人文科学心理学与自然科学心理学的关系,主张在心理病理学研究和实践中,将哲学和理论的反思与身体和生理的方法相结合,将个案和理解的方法与实验和统计的方法相结合。

奥地利心理学家埃里斯曼(Theodor Erismann,1883—1961)通过创建一门洞见心理学(psychology of insight)批判自然科学心理学,认为一门对人进行普遍性认识的真正的心理学,离不开对人的诸心理过程的意义的洞察,而自然科学心理学虽取得了巨大成功,但基于的是一种原子论的机械思维,是在用一种不同的方法论探究一种不同的研究主题和内容。[②]

此外,前面对相关内容已有所提及,20世纪60年代在德国逐渐兴起了专门以批判主流的自然科学心理学为主业的心理学运动,即德国批判心理学。它以马克思主义及法兰克福学派为哲学基础,通过弘扬人的主体性和强调人与社会、历史及文化的关系,从知识观和意识形态层面对传统自然科学心理学展开批判和重构,并于20世纪80年代逐渐走向成熟,形成了一门马克思主义的心理学。

在英语语境中,奥尔波特、马斯洛和乔治等受狄尔泰对自然科学心理学批判的直接或间接影响,为人文科学心理学的历史发展作出了卓越贡献。奥尔波特对物理主义及其相应机械模型在心理学中受到的推崇感到诧异,

---

[①] 罗燕.胡塞尔对实验心理学的批判和影响研究.济南:山东大学硕士学位论文,2010.
[②] Teo, T. (2005). *The critique of psychology: From Kant to postcolonial theory*. New York: Springer, p.88.

认为这样的心理学对于解决战后问题和改善人际关系帮助不大。在他看来,心理学作为一门意义的学科,不应遵循类似于古典行为主义和新行为主义的机械反应模型。他"强烈反对任何迫使我们进入方法论和实质论约束的体系"①,而主张遵循一种探求人的独有特质和行为可变性的人文科学心理学的研究程序。他批判性地观察到在心理学中存在着一种逐渐增长的致力于探求一般规律的趋势,并力倡在科学心理学中引入一种探求特殊规律的方法,由此开创性地作了特殊规律研究法(idiographic approach)与一般规律研究法(nomothetic approach)的明确区分。与生物科学相比,心理学的研究主题和内容本应该是"无限地更加复杂的"②,而通过实验、测量及统计分析探求一般规律的自然科学心理学却忽视个体心理经验具有的独特性和复杂性,甚至将个体及个体心理从心理学中驱逐出去。奥尔波特认为,这带来的严重后果就是,心理学家在理解和判断人的过程中并不占优势,因为他们只会运用抽象的一般法则和逻辑搬套式和简约化地推理人,而没有学会如何丰富地理解和恰当地处理个体心理的本质特征。奥尔波特是一位注重心理生活的特殊规律的理论家,试图研究每个个体的独特特质,而不是试图发现少量的适用于每个人的特质维度。③ 传统的自然科学心理学家专注于实验方法和一般规律概念,而忽视研究主题和内容的特殊性。在奥尔波特看来,许多个体性的问题不可能通过实验来进行研究,必须建立一门专注于探究独特心理特质的特殊规律心理学。

马斯洛从人本主义视角对自然科学心理学进行了批判。例如,他对铁钦纳构造主义心理学独断狭隘的内省法和元素论极度厌烦,对华生行为主义心理学通过研究小白鼠偷偷摸摸地绕到人的背后偷窥人的本性的做法极度失望。对于马斯洛而言,自然科学心理学的人性观和方法论都已误入歧途。他批判自然科学心理学把人降低和还原为小白鼠或机器而没有任何可以独立自存的特性的"非人的"机械人性观。在他看来,"虽然我们可以在人和动物之间找出有用的相似之处,但它们之间存在着本质属性上的差异"④,小白鼠只是小白鼠,根本无法取代人的"真身"。他欲建立的人性观是"整体论的而不是原子论的,活动的而不是静止的,动力的而不是因果的,

---

① [美]瓦伊尼,金.心理学史:观念与背景(第3版).郭本禹,等译.北京:世界图书出版公司,2009:454.
② Allport, G. W. (1937). *Personality: A psychological interpretation*. New York: Holt, p.5.
③ [美]艾伦.人格理论:发展、成长与多样性(第五版).陈英敏,纪林芹,王美萍,等译.上海:上海教育出版社,2011:393.
④ [美]艾伦.人格理论:发展、成长与多样性(第五版).陈英敏,纪林芹,王美萍,等译.上海:上海教育出版社,2011:223.

目的的而不是简单机械的"①。马斯洛批判自然科学心理学将方法放在比问题更加优先的位置的方法中心论取向,具体表现为强调运用实证主义方法论和严密实验设计研究"不至于引起争议的问题"而不是真正有意义的问题,过于倚重技术和仪器,凸显预测、控制、分析、确定、精确、组织和抽象的研究特性。在他看来,自然科学心理学由于专注于抽象假设、预测控制和量化分析而过分简单化,似乎"图纸比房子还要真实"②。自然科学心理学生产的是与经验性知识相反的旁观者知识(spectator knowledge),力避研究者卷入到研究过程当中,认为研究者应当价值中立,研究对象应当被动受控,两者应当客观分离。以马斯洛为代表的一批对人性和心灵敏感的心理学家对此感到愤怒和不满。他们开始正视人的本性,关注人的尊严、价值、责任和潜能,主张以问题为中心整体综合地开展研究,最终形成了一股人本主义心理学潮流,马斯洛也因此被尊为"人本主义心理学之父"。

乔治在其《作为人文科学的心理学》(1970)一书中至为明确地表示,心理学不应成为自然科学的一部分,而应成为一门人文科学,而且人文科学的心理学更能够真正地坚持和体现科学的品性。传统和主流的自然科学心理学由于毫无根据地采纳自然科学的标准和视角,暴露出各种各样严重的问题,如缺乏内部统一性和整合性、不能尊重和正视人的本性、不能以有意义的方式研究重要的现象和问题、与人的生活世界严重脱节甚至毫不相干。乔治认为,这都是心理学为标榜自身科学性而"攀附"和"效忠"自然科学的结果,而且这种"攀附"和"效忠"使得经验主义的、实证主义的、还原论的、定量的、确定性的和预测性的研究方法处于比要研究的问题和现象更加优先的地位。对于乔治而言,自然科学心理学的方法主义(methodologism)等同于主张心理现象应该适应和适合自然科学的方法,即"测量先于存在"③。无法被实验和测量的心理现象难以进入心理学的研究范围和话语体系,而反过来,如果一种心理现象是可实验和可测量的,那么它对于心理学研究而言就是切题的。在乔治看来,心理学的科学性和严格性应当体现为根据所欲和所应研究问题和现象的性质选择正确恰当的研究方法,而自然科学心理学的做法与之相反。这种对自然科学心理学的不满和批判,促使乔治积极地构建一门人文科学的心理学,并在后来发展成为一门现象学的心理学。

---

① Maslow, A. H. (1954). *Motivation and personality*. New York: Harper and Brothers, p.27.
② Maslow, A. H. (1969). *The psychology of science: A reconnaissance*. Chicago, IL: Henry Regnery, p.75.
③ Giorgi, A. (1970). *Psychology as a human science: A phenomenological approach*. New York: Harper & Row, p.65.

对自然科学心理学的批判和反思,在当代各种不同的人文科学心理学取向中继续存在着,而且或多或少成功挑战了自然科学心理学的主流和霸权地位。20世纪80年代中后期产生的后现代心理学,典型地代表了当代人文科学心理学取向对自然科学心理学的批判。后现代心理学是受后现代文化思潮和后现代哲学直接影响,在传统和主流的自然科学心理学面临困境与危机的情势下产生的一种心理学新趋势。[1] 它以批判和消解自然科学心理学的基本主张,并从后现代视野重新审视和重构心理学的科学观、对象论、方法学和具体观点等为基本特征。后现代心理学反对心理学是一门自然科学及其运用实证主义的量化分析方法只研究可观察的对象,批判自然科学心理学在追求普适性真理和客观性知识的过程中体现出的原子论、还原论、客观论和决定论倾向。大部分后现代心理学家倾向于将心理学划归人文科学阵营,倡导对更广泛的心理主题进行整体的质性研究,主张淡化对普适性真理的追求从而弘扬独特的人性。后现代心理学作为后现代文化思潮的重要组成部分,在批判传统的自然科学心理学的过程中,彰显出丰富和浓厚的人文科学精神。

---

[1] 郭本禹,主编.外国心理学流派大系.济南:山东教育出版社,2009:丛书总序.

第十章　描述心理学的评价

19世纪70年代中期,欧洲在自然科学领域已取得巨大进步,这促使人们抛弃传统形而上学而崇尚科学和经验,但也导致欧洲思想和文化被科学主义"绑架"而陷入人性缺失的危机。在此大背景下,几乎所有心理学家都主张心理学应该脱离哲学而成为独立科学,但他们在心理学应成为何种科学这个问题上存有很大争议。冯特等多数心理学家追求心理学的自然科学化,倡导通过假设验证、元素分析和因果说明的实证主义方法来探究心理的普遍规律和生理与物理发生机制的发生心理学或说明心理学。布伦塔诺和狄尔泰等少数心理学家为拯救欧洲思想文化危机,在批判吸纳自然科学的经验证实原则的基础上,追求心理学的人文科学化,倡导通过现象学的描述方法或解释学的理解方法如实呈现人的心理生活全貌的描述心理学。由布伦塔诺和狄尔泰共同开创的描述心理学沿循严格科学和浪漫主义两种传统发展,并各自贯穿着三种独具特色的理论形态,前者包括布伦塔诺的意动描述心理学、斯顿夫的机能描述心理学和胡塞尔的本质描述心理学,后者包括狄尔泰的体验描述心理学、斯普兰格的结构描述心理学和斯特恩的人格描述心理学,每种理论形态都有自己独特的基本主张、理论焦点和方法侧重点,它们在描述心理学框架体系内结成了反对心理学自然科学化的"强力同盟"。描述心理学最终融没于心理学的历史进程中,但它的基本精神在精神分析心理学、格式塔心理学和"第三势力"心理学中得以延续并在当代质性心理学中获得新生。描述心理学作为科学心理学初创时期产生的一种蕴涵丰富的重要心理学形态,开辟了不同于科学主义的人文主义研究路线,推动了科学心理学的发展,在心理学史特别是人文科学心理学史上产生了广泛而深远的影响。接下来,我们将从主要贡献、主要局限、主要影响以及对未来心理学健康发展的主要启示四个方面,对描述心理学作出尽量客观公正的评价。

第一节 描述心理学的主要贡献

描述心理学作为科学心理学初创时期产生的一种抵抑科学主义霸权而彰显人文主义精神的重要心理学形态,为科学心理学的日益壮大和健康发展作出了独特而重要的历史贡献。这些历史贡献主要包括:延续和推进了心理学与哲学的传统联系;开创了现代科学心理学的人文研究取向,并与冯特等人开创的发生心理学或说明心理学针锋相对,开启了科学心理学史上人文主义与科学主义两条路线之间的对立与纷争;开启了心理学质性研究范式的历史先河;确立了心理学面向实事本身的研究风格;观照并强调了人的心理的社会性、历史性和文化性。

一、延续和推进了心理学与哲学的传统联系

科学的心理学脱胎于哲学,哲学为科学心理学提供了最久远和最深刻的思想起源。从遥远的古希腊到19世纪中叶这两千多年的漫长岁月中,心理学一直附属或隶属于哲学,被称为"哲学的附庸"。"哲学的附庸"这个说法固然带有贬的味道,但那是相对于后来人们对心理学独立的急切呼声而言。事实上,在这两千多年的悠悠历史长河中,哲学给予心理学以丰富和深刻的思想滋养,为后来科学心理学的创建确定了研究范围、探索主题、具体观点、理论体系和思辨方法。也就是说,哲学为心理学的独立作出了它能作的必要贡献。德国著名哲学家、教育家和心理学家赫尔巴特(Johann Friedrich Herbart,1776—1841)虽第一个宣称心理学是一门科学,但仍认为心理学是离不开哲学即形而上学的科学。因此,我们应该辩证地看待心理学与哲学的传统联系,一方面,哲学限制或延迟了心理学的独立;另一方面,哲学也筹备和孕育了科学心理学的诞生。

到19世纪中叶,欧洲科技和工业迅猛发展,人们的生活方式和价值观念发生了彻底改变,科学特别是自然科学成为公众心目中无所不能的新上帝,而形而上学作为一切知识之基础和各门科学之纽带的根本地位发生动摇。科学的强大威力在心理学领域得到了深刻反映,心理学最终于19世纪70年代脱离哲学母体而成为一门独立的科学。或者极端地说,在科学主义的绝对统治之下,心理学几乎成了一门自然科学。以冯特和艾宾浩斯等为代表的绝大多数心理学家,坚持以自然科学的客观主义研究范式来研究心理学,依赖客观实证和实验数据以生理学或物理学法则来说明心理现象产生的原因,试图建立一门像物理学那样具有客观性和精密性的心理科学。

科学心理学建立之初便以这种自然科学化的心理学为主流形态,心理学的自然科学化固然在早期推进了自身的独立化和科学化进程,但在某种程度上也误入了歧途,其中很重要的一个方面,便是心理学与哲学的关系渐行渐远。

尽管冯特在力图使心理学成为独立实验科学的同时并不主张心理学与哲学彻底分离,甚至认为哲学是科学的科学,心理学以哲学为重要基础,许多实验课题都源于哲学,但心理学实验主义的历史潮流并没有使他及他的后继者在实践中坚守住对哲学的这份情怀。例如,1913 年,德国某些大学的哲学教授曾联名上书要求把心理学家从哲学系驱逐出去,理由是心理学的内容已严重脱离了哲学而不适合再待在哲学系。① 这在某种程度上说明,当时以冯特派为代表的主流心理学为了跻身于科学之林,已几乎完全倒向了自然科学取向的实验心理学,而与哲学的联系日趋减少。对于心理学在当时与哲学的脱离,费格尔(Herbert Feigl)描述道:"……随着心理学中实验技术的发展,出现了一系列长长的分居和离婚……离婚完全为双方所接受,再婚已显然毫无可能……。"②心理学在独立之初排斥和远离哲学,难以意识到自身的原初前提,长此以往,必将导致自然主义和科学主义的疯狂入侵,继而又必将导致对丰富而复杂的心理生活的研究还原和简化为对心理元素的技术性操控,缺乏对心理生活整体性和丰富性的哲学思考。

布伦塔诺和狄尔泰是与冯特同时代且以哲学家为主要身份的心理学人物。19 世纪中叶,科学主义统治下的欧洲出现了科学没有基础、文化发生分裂、生命失去意义、心灵陷入空虚的令人窒息的局面。面对社会出现的深重思想文化危机,具有强烈时代使命感的布伦塔诺和狄尔泰积极地投入到对这场危机的拯救中。布伦塔诺选择了通过对哲学进行根本改造来拯救危机的道路,狄尔泰选择了通过筑建人文科学大厦来拯救危机的道路,但他们都把心理学作为其宏伟事业得以完成的首要前提和基础。他们所谓的心理学,与冯特等人倡导的自然科学取向的实验心理学存在根本不同,是现象学或解释学视野下的描述心理学。描述心理学在接纳自然科学经验证实原则的基础上,主张对完整的心理经验进行现象学的描述或解释学的理解,带有鲜明的哲学倾向和哲学韵味,甚至是为了改造哲学这个根本目的而生。

布伦塔诺致力于通过改造心理学来对哲学进行根本改造,认为欲把哲

---

① 叶浩生,主编.西方心理学的历史与体系.北京:人民教育出版社,1998:78-79.
② Feigl, H. (1959). Philosophical embarrassments of psychology. *American Psychologist*, 14 (3): 115-128.

学改造成一门真正严格的科学就必须将心理学作为其真正严格的起点。正如他所说:"这种经验观点的心理学十分重要,因为这种心理学为所有的哲学奠定了一个坚实的基础,或者说心理学是基本的哲学学科,能够提供一种如莱布尼茨所认为的本质的普遍性。"①斯顿夫特别强调心理学与哲学的密切关系,把心理学看成是最基本的哲学学科或社会科学,并用心理学来解释哲学或社会科学,认为心理学构成了所有哲学或社会科学的基础,"综合了哲学研究的所有不同分支"②。胡塞尔从作为严格科学的哲学的立场出发,把描述心理学作为其哲学理论体系的重要组成部分,甚至把描述心理学与其现象学相等同。他倡导的描述心理学的研究对象即内心中显现的普遍"观念之物",本身就带有浓厚的哲学韵味。

狄尔泰从事心理学研究的初衷是为其整个人文科学计划或"历史理性批判"计划奠定认识论基础,坚持要把心理学改造成首要的和最根本的人文科学,使之成为哲学、社会学、法律学、伦理学、教育学以及所有其他人文科学的基础。斯普兰格强调心理学依赖于心理学家的个人哲学以及文化对其信念的影响,他的人文科学心理学以解释学为方法论基础并且具有明显的哲学倾向。斯特恩从其批判人格主义哲学出发,把心理学作为人格学的一个独立分支,认为科学的心理学必然与人格的哲学同属一个体系,人格描述心理学的许多概念都必须依靠人格主义哲学才能得到充分评价。

事实上,无论是在宏观理论倾向和方法论视角上,还是在具体研究主题和观点主张上,描述心理学都延续和推进了心理学与哲学的传统联系,这在某种程度上弥补了发生心理学或说明心理学因追求自然科学化而与哲学过度脱离的不足。而且,描述心理学的哲学倾向,为后来的许多心理学理论派别如现象学心理学、存在心理学以及人本主义心理学所接纳和延承。因此,跟冯特的实验主义心理学一样,描述心理学对心理学与哲学密切关联的强调,也具有重要的历史导向性和指引性。

二、开创了现代科学心理学的人文研究取向

前已述及,到 19 世纪中叶,欧洲在天文学、物理学特别是生物学等自然科学领域已经取得了突飞猛进的发展,这使得人们逐渐抛弃传统的形而上学思辨,而开始崇尚科学和经验。在科学观念深入人心之后,几乎所有心理

---

① Brentano, F. (1995). *Psychology from an empirical standpoint* (A. C. Rancurello, D. B. Terrell, & L. L. McAlister, Trans.). London: Routledge & Kegan Paul, p.68.
② Kusch, M. (1995). *Psychologism: A case study in the sociology of philosophical knowledge*. London and New York: Routledge, p.141.

学家都主张心理学应该脱离哲学而成为一门独立的科学。这个时候,哲学已在两千多年的漫长岁月中通过确定心理学的研究范围、探索主题、具体观点、理论体系和思辨方法为心理学的最终独立准备了必要条件,而自然科学的研究成果及方法则更直接地推动了科学心理学的诞生。科学心理学诞生伊始,便表现出两种形态:自然科学心理学和人文科学心理学或者科学主义心理学和人文主义心理学。

冯特顺应当时心理学自然科学化的历史大势,于1874年发表鸿篇巨制《生理心理学原理》(下卷),标志着自然科学心理学建立。自然科学心理学标榜和模仿自然科学,坚持心理学的自然科学观和客观主义研究范式,将研究对象局限于心理现象的自然特征方面,主张通过假设验证、元素分析和因果说明的实证方法来探究心理现象的普遍规律和生理/物理发生机制,致力于通过严格控制的实验研究把心理学塑造成一门像物理学、化学和生物学那样的规范科学。这是自然科学侵入生物学和生理学之后又侵入心理学的结果。[①] 冯特开创的自然科学心理学成为科学心理学的主流,但在冯特开创自然科学心理学的同时,布伦塔诺和狄尔泰通过创建描述心理学而开创了人文科学心理学,成为与自然科学心理学相对立的非主流心理学形态。

在被科学主义"绑架"的欧洲深陷思想和文化危机的情势下,布伦塔诺和狄尔泰为拯救这场危机,虽崇尚科学和经验,但不极端化,在批判吸纳自然科学的经验证实原则的基础上,追求心理学的人文科学化,开创了通过现象学的描述或解释学的理解的方法如实呈现人的心理生活全貌的描述心理学。布伦塔诺认为,实验说明心理学机械地套用自然科学的方法,以生理学或物理学法则来说明心理现象,"并未触及纯粹心理,而是夹有非心理的杂质"[②]。狄尔泰认为,心理学的研究对象是人的完整心理经验,它不可能在自然科学的实验和测量中得到恰当处理,因为实验说明心理学机械地引入自然科学方法,"试图从一些简单的假定出发,把人类生活的各种事实推导出来"[③],而无法公平对待经验的丰富性和连续性。我们把布伦塔诺于1874年发表其最重要著作《经验观点的心理学》和狄尔泰于1876年首次提出现代学科意义上的"描述心理学"概念并对描述心理学作了明确学科规划,作

---

① 奚颖瑞.从"算术哲学"到"逻辑研究"——论早期胡塞尔的现象学突破之路.杭州:浙江大学博士学位论文,2007.
② 王天成.认识论的奠基与心理逻辑的统一——兼谈胡塞尔由现象学心理学向先验现象学转变的意义.长白学刊,1997(4):38-41.
③ 转引自:田方林.狄尔泰生命解释学与西方解释学本体论转向.成都:西南交通大学出版社,2009:37.

为他们共同开创描述心理学的标志。

描述心理学抵制科学主义霸权,彰显人文主义精神,表现出与自然科学心理学截然不同的特征。它反对心理学的自然科学观,坚持人文科学观,强调心理学的人文价值和意义,致力于把心理学打造成最根本的哲学学科或人文科学。它反对剥离社会文化情境的机械对象论,坚持寓于社会文化情境的生机对象论,关注人的价值、意义、情感和体验,重视社会和文化因素对人的心理的影响。它反对实证主义导向的客观实验范式,坚持现象学或解释学视野下的主观经验范式,认为心理学的首要问题不是去追究心理与生理或物理要素之间的因果关联,而是要从心理事实中获取概念,排除那些非心理的"杂质"要素,直接面对那些显现和给予的心理生活要素本身,并对其加以澄清和描述、归类和整理、理解和解释。此外,它还在具体理论观点上反对自然科学心理学的方法中心论、元素论、因果决定论、主客二元论及价值中立论,坚持问题中心论、整体论、自由意志论、主客同一论及价值负荷论。描述心理学的这些人文特征和主张,为后来的精神分析心理学、格式塔心理学、"第三势力"心理学以及当代质性心理学提供了直接或间接的思想来源,并由此延续和推进了它极力倡导的心理学的人文主义精神。

描述心理学作为科学心理学初创时期的另一种声音,构成了与自然科学心理学相对抗的重要力量,开创了现代科学心理学的人文研究取向,标志着人文科学心理学的历史开端,奠定了人文科学心理学未来发展的基本路向。描述心理学与自然科学导向的发生心理学或说明心理学的直接对垒,开启了科学心理学发展史上人文主义与科学主义两条路线之间的对立与纷争。在科学心理学140余年的发展历程中,人文主义与科学主义两条路线各自相对独立发展,彼此少有交流和借鉴,并围绕着学科性质、研究对象和研究方法等基本理论问题展开了长期而激烈的论战。

在这里,我们需要再次澄清和说明意动心理学与描述心理学的关系。学术界一般公认,人文科学心理学的第一个理论派别是布伦塔诺开创的意动心理学,是它标志着人文科学心理学的历史开端,但实际上布伦塔诺是在描述心理学框架体系下进行意动心理学研究的。尽管从西方心理学理论流派的历史发展脉络来看,意动心理学和描述心理学是两种不同的理论体系,前者主要是从对象论层面来界定的,后者主要是从方法论和目的论层面来界定的,但就布伦塔诺自身而言,意动心理学构成了他的描述心理学的核心部分,我们称之为"意动描述心理学"。可以说,布伦塔诺通过其著作《经验观点的心理学》,在开创意动心理学的同时也开创了描述心理学,特别是严格科学传统的描述心理学。因此,描述心理学与意动心理学同时产生,同为人文科学心理学的历史开端,而且在外延和影响上前者要广于和大于后者。

三、开启了心理学质性研究范式的历史先河

在现当代心理学中,质的研究是与量的研究在观念和程式上极端不同但势力不对等的一种研究取向。它从人作为一个有血有肉、有爱有恨的情感主体和精神存在的本体论假设出发,反对采取自然科学导向的心理学崇尚的将复杂鲜活的心理资料简单机械地数量化的研究规程,而试图通过质性的描述、理解或解释为充满生活丰富性、人性复杂性和内在关联性的完整心理经验提供一条可供选择的有效研究途径,以揭示和展现人的心理难以量化的主观性、生活性和文化性的根本特质。科学心理学自建立以来,一直极为重视数量化、标准化的方法学范式,甚至把数量化研究范式作为心理学成熟的主要标志。因此,作为研究范式,质的研究较量的研究长期处于心理学舞台的边缘地位,但经过心理学史上众多偏好质性研究的心理学家的长期不懈努力,并随着现代社会向后现代社会迅速转型以及由此而带来的心理生活世界的丰富性、复杂性和多样性,质性研究自20世纪90年代起在心理学中如雨后春笋般兴起,并很快于21世纪初发展成为一门系统的新兴学科体系即质性心理学。

心理的质性探索早在科学心理学创建之前即已有之。从古希腊罗马时代到近代的哲学思想家们,在认识大千世界的过程中反刍自己的内心过程和情感体验,阐发了许多深刻而有价值的心理学思想和观点,这从某种意义上讲就是一种朴素和笼统的心理质性分析与探究。"尽管在这一漫长的时期里,许多学者认识到量化方法对探讨自然世界的价值,物理、化学等学科也由于采纳量化方法而获得巨大进展,但是大多数学者仍然认为精神世界的主观性使得量化方法难有用武之地。"[①]坦诚地讲,按照科学哲学家库恩(Thomas S. Kuhn,1922—1996)对范式的界定来理解,心理学质性研究范式必须有一批心理学家对质性研究在假说、理论、框架、准则和方法上形成共同的立场、态度、信念和观点,这也是心理学质性研究逐步走向成熟的标志,而早期的心理质性探索和研究显然还仅仅停留在粗糙和笼统的萌芽阶段,构不成也算不上现代科学心理学意义上的质性研究范式。布伦塔诺和狄尔泰等描述心理学家,以现象学或解释学思想为指导,将描述、理解和解释等反映心理学质性研究范式核心精神的方法学理念作为心理学研究的共同信念,从而真正拉开了心理学史上质性研究范式的历史序幕。正如美国

---

① 叶浩生,王继瑛.质化研究:心理学研究方法的范式革命.心理科学,2008,31(4):794-799.

心理学家沃兹(Frederick J. Wertz)所指出的,在科学心理学初建,量的研究风靡的时代,没有谁比狄尔泰更清楚地认识到质性方法对于心理学研究的适切性和重要性。①

描述心理学孕育并彰显出浓厚而澄明的质性精神,形成了心理学质性研究的范式,我们可从四个维度来加以阐明。第一,从本体论角度来看,它认为人的心理是主观的意义实在而非客观的物化实在,适于进行质的分析而非量的表达。人们在日常生活中通过与周围的人、环境和文化积极互动,形成了具有独特和鲜活意义性的心理现象和行为模式。心理实在是内在于经验主体的复杂精神现象,由完整而鲜活的主观经验构成,源于现实生活的丰富意义性是其相较于客观机械的物理实在最为典型的特征。第二,从认识论角度来看,它坚持主客视域融合的主体间性立场而非主客彼此分离的二元论立场,认为心理知识是认识主体与认识客体在特定的生活情境中通过主观的意义互动形成的,而非由单纯的理性推论和逻辑概括来确定。因此,描述心理学家们试图突破主客二元对立的思维栅栏,而在主客视域融合的主观互动框架内,洞悉和把握心理经验的事实及其内在关系。第三,从方法论角度来看,它尊重人作为现实生命或生活存在具有的丰富性、复杂性和独特性,反对照搬自然科学的客观主义和实证主义模式去研究充满丰富意义性的主观心理生活,而是在现象学或解释学思想指导下采取描述、理解或解释的主观探究策略去展现真实完整的心理图貌。第四,从价值论角度来看,它虽极力强调研究者在获取和分析心理资料过程中要摒弃已有成见而不强加个人意愿,要站在被研究者立场尽量"客观真实"地把握心理生活原貌,但承认超越个人主观倾向、价值观念和意识形态而进行完全中立的纯粹客观研究几乎是不可能的,重要的是研究者如何更好地将自己的观念带入特定研究阶段并加以充分利用,以准确和灵敏地捕捉到心理生活的真实意义。

描述心理学开启的质性研究范式,在当代心理学中得到了如火如荼的发展,对于纠正心理学自然科学化的极端倾向和促进心理学走向"全面科学化"发挥了重要作用。

四、确立了心理学面向实事本身的研究风格

科学心理学初创时期,经过赫尔姆霍茨、费希纳和冯特等物理心理学

---

① Wertz, F. J. (2011). The qualitative revolution and psychology: Science, politics, and ethics. *The Humanistic Psychologist*, 39(2): 77-104.

家或生理心理学家的努力，标榜自然科学，依赖客观实证和实验数据，以生理学或物理学法则来解释心理现象产生原因的说明心理学或发生心理学便占据了主流地位，因为它迎合了当时欧洲思想文化界追求自然科学化和实证主义的时代潮流。这便使得以假设为起点而非直接面向心理"实事"本身成为心理学的主流研究风格。自然科学极为注重假设的作用，假设是自然科学得以可能的必要条件，因为自然科学的目标是展示其研究对象中的系统关联，而没有任何一种这样的关联可以通过感知觉被给予，必须通过超越数据的理论假设来实现。"我们经常发现数据与两三个备选假设相容，然后通过推论和观察进行排除和验证，当一个假设得到很好验证以至不需要对备选假设作进一步思考时，它就被接纳为一种规律。"①这便是自然科学以假设为起点的研究模式，自然科学的知识便是这样获得的。说明心理学或发生心理学坚持主客二元对立的认识论立场，从物理学和化学等自然科学中获得了它们的因果假设观念和实验说明模型，认为通过精湛的实验技术验证假设可以推测到心理现象发生的原因机制和基本规律。正如狄尔泰所指出的，说明心理学只能通过诸假设的结合来达到研究目的。②

例如，赫尔姆霍茨致力于精确测定神经冲动的传导速度，用实验的精确性去证明我们与物理世界的交往机制，即一种可以用客观物理法则解释的机制，将物理学、化学、生理学与心理学紧密地联系在一起。再如，费希纳试图从身心关系问题入手为物理世界与精神世界的关系找到一种数学的说明，认为心与物是同一基本实在的两个密不可分的方面，当一个物理刺激系统变化时，如果要求被试报告感觉的变化，那么身体与心理经验之间的系统关系就可以被证明。冯特则主张运用反应时实验、心理物理学实验和语言联想分析实验等实验说明的方法研究心理学问题，呼吁建立一门以自然科学为导向的实验心理学，认为一项纯粹心理学实验必须在规定条件下运用一个客观可测量的刺激，生成一个同样客观可测量的反应，据此来假设和推测心理背后的生理原因或物理原因。也就是说，说明心理学或发生心理学家，利用抽象假设、元素分析和因果说明的实验量化方法，越出可观察的本真心理资料，推测性地验证心理现象与物理刺激或生理变化之间的因果关系，产生关于心理客体或心理事件的细节的法理性知识，探讨界定明确、详细而具体的研究问题。这种始于假设、验证假设和依靠假设的"外围"研究

---

①② Hodges, H. A. (1952). *The philosophy of Wilhelm Dilthey*. London: Routledge & Kegan Paul, p.203.

思路遭到了描述心理学家们的强烈批评。

描述心理学家们认为,以假设为起点进行自然科学模式的心理学研究,一则没有多大可能,二则没有多大必要。第一,自然科学研究的对象具有相对永久性、不受限制的实验范围以及精确测量的可能性,而心理学研究的对象几乎没有这些优势,再加上心身关系这类复杂性和争议性较强的哲学问题,要想在诸种相互冲突的心理学假设之间作出明确选择是一件很难的事情。第二,自然科学探求的是元素及其之间关系和运行规律,这些东西无法在经验观察中被给予,只能依靠理论建构和因果假设。但人的心理是一个连贯的统一体,没有任何合乎逻辑的理由将它分解成假设的元素,心理的功能被分解成元素完全是逻辑抽象、概括和范畴化的产物,况且心理的整体性和连续性是经验地被给予的,我们没有必要通过假设跑到经验背后寻求和考察一个由按因果律结合的诸抽象元素构成的心理系统。第三,对人的心理进行类自然科学的假设式研究,是一种"隔墙猜物"的研究思路,很可能会歪曲人类心理的本来面目。因此,描述心理学家主张必须先抛离假设,对完整真实的心理生活进行描述和分析,而且这种描述和分析必须尽可能达到最高程度的确定性,这是让自然科学化的"糟糕"的心理学不再误入歧途的良药。

描述心理学崇尚现象学或解释学的工作精神,确立了面向实事本身的研究风格。它主张从人类心理生活固有的本体论特征这个"实事本身"出发,通过整体观视野下的经验描述或意义理解忠实而直观地揭示和呈现人类心理生活的本来面貌,而不依赖因果假设、元素分析和理论建构。这种研究风格基于的理论前提是,心理生活的诸事实及其内在关系是直接显现的,我们可以通过内部知觉的描述或富有意义的理解把握到,而不需要依靠假设来完成。正如狄尔泰所言:"作为自然科学的说明心理学始于假设,而描述心理学止于假设。"[1]

在"面向实事本身"这种工作原则指导下,描述心理学家们开展了某些具体研究。例如,布伦塔诺提出了心理意向性本质观点,并在此基础上把心理现象分为表象、判断和情绪现象三个彼此关联的部分;斯顿夫把心理状态分为表象、判断和情感三种意识类型,并在坚持内部知觉的直观原则基础上开展了一系列听觉心理实验;胡塞尔早期通过基于经验事实的描述心理学分析探究了"数"概念的表象基础或心理起源,后期通过本质直观对心理的

---

[1] Dilthey, W. (1977). *Descriptive psychology and historical understanding* (R. M. Zaner, & K. L. Heiges, Trans.; R. A. Makkreel, Intro.). The Hague: Martinus Nijhoff, p.5.

"观念之物"进行了研究;狄尔泰通过基于体验的内部知觉、对体验表达的解释以及对客观精神的理解的方法,对心理生命的结构、心理生命的发展和心理生命的差异进行了描述性研究;斯普兰格从人文科学的视角,运用描述和理解的方法对人格类型和青少年心理发展进行了富有成效的研究,特别是创造性地提出了理论型、经济型、审美型、社会型、政治型和宗教型六种人格类型;斯特恩从"批判人格主义"视角,对自家三个孩子的心理发展和差异进行了观察和比较研究。

当然,描述心理学并不完全排斥假设,而是主张在描述或理解完成之后,才可以通过假设作进一步研究。描述心理学"面向实事本身"的研究风格,对于主流心理学过分依赖假设的实验说明研究模式是一种纠偏,为科学心理学初期和后来向人文方向发展作出了重要历史贡献。

五、观照并强调了人的心理的社会性、历史性和文化性

人作为丰富多彩的现实世界中的鲜活而独特的存在,自出生之日起便处于特定的社会、历史和文化关系之中,并以自己特有的方式与他人及周围带有人类文化烙印的环境世界进行着互动和交流。正是在与身处其中的社会、历史和文化世界进行有意义碰撞和互动的过程中,人逐渐形成了自己具有独特意义和丰富内容的心理生活,可以说,是特定的社会、历史和文化塑造了人的心理世界。因此,人的心理不是孤立于现实世界的机械复合物,因为那样的心理世界几乎不可能形成和存在,而是社会、历史和文化诸系统的交汇单元,具有特定的社会、历史和文化内嵌性。既然人的心理充满了特定的社会、历史和文化内涵,科学的心理学研究就必须在特定的社会、历史和文化视野观照下进行,也即社会、历史和文化的心理生活本体决定了要有社会、历史和文化的研究视野,如若越出和脱离了社会、历史和文化的视野范畴,我们研究到的心理将不再是本真的人的心理生活,而只可能是一种被自然化和物理化了的人为虚构物。

以冯特和艾宾浩斯等人为代表的发生心理学或说明心理学,标榜自然科学并追求自然科学的实证主义和机械主义的研究模式,把人及其心理视为纯粹物理世界中的普通自然物,而无视人的心理的社会性、历史性和文化性,认为心理的状况、特征和规律完全由生理或物理因素决定,具有客观性、稳定性和普遍性。于是,在研究模式和策略上,发生或说明心理学家们把活生生的人当作机器或动物拘囿于严格控制的实验室情境中,来考察他们对感官刺激的反应时间、对无意义音节的识记状况以及对信号刺激的正确反应率等等,运用"变量""操纵""刺激""反应"等术语推

测和说明心理片段之间的组合规律及其与生理或物理因素之间的因果关联,而将那些充满社会、历史和文化意义,无法观察和验证的主观经验排除在外。这种自然科学化的研究思维,固然有利于巩固刚刚独立的心理学的科学地位,但也给心理学带来误入生理学化、物理学化、医学化之歧途的"灾难性"影响。

与之相反,描述心理学具有强烈的人文意识,对人的心理生活的社会性、历史性和文化性给予了特别观照和强调。尽管严格科学传统的描述心理学家们主要着眼于心理本体,未专门明确表达对心理的社会性、历史性和文化性的关注,但他们的研究理念之中暗示了对心理具有社会性、历史性和文化性的承认和接受,甚至强调研究人类心理现象普遍本质的胡塞尔,也并未彻底摆脱对人类心理这种特性的承认。"尽管严格科学传统的描述心理学家对心理文化性的强调不甚明显,但他们都把心理的文化内嵌性作为心理研究的前提。"①浪漫主义传统的描述心理学家们对人类心理内嵌的社会、历史和文化情境给予了极大关注,力图把心理学打造成具有社会、历史和文化视域的描述性科学。狄尔泰强调,我们应在充分理解社会文化和历史产品的丰富内涵的基础上,对人的心理生命进行描述与分析,深入关注想象、情感、体验、直觉、价值和意义等更高级的心理领域。正如他所指出的:"人不能通过自我冥思来了解人是什么,也不能通过心理学实验,而只能通过历史。"②斯普兰格认为,心理生命的结构、特点和方向由人追求的目标和精神价值决定,而目标和价值取决于他所处的社会、历史和文化情境,心理生命特别是高级心理生命是文化关系的重要部分。斯特恩认为,人生活在一个具有道德标准和文化意义的世界里,代表着社会、文化、道德和宗教的价值,并通过对社会标准、道德法规和文化价值的认识而意识到自身,从而使得自己的人格得以形成和发展。

描述心理学特别是浪漫主义传统的描述心理学,对人的心理生活的社会性、历史性和文化性的观照和强调,在科学心理学初期,在某种程度上纠正了科学心理学严重自然科学化的错误倾向,至少为当时及后来的心理学提供了一种人文的研究视角,这在今天看来是对心理学健康发展作出的一个重要历史贡献。

---

① 王申连,郭本禹.逝而未逝,融而续生——论描述心理学在心理学"第三势力"中的传承与发展.江苏师范大学学报(哲学社会科学版),2016,42(1):139-144.
② 转引自:Teo, T. (2005). *The critique of psychology: From Kant to postcolonial theory*. New York: Springer, p.81.

第二节　描述心理学的主要局限

尽管描述心理学历史贡献突出，但也存在某些局限甚至缺陷，主要表现在四个方面：没有形成统合性的理论体系；带有较浓厚的理论思辨色彩；缺少对具体主题的微观研究；操作和推广难度较大。

一、没有形成统合性的理论体系

描述心理学是为完成拯救欧洲思想文化危机的根本历史使命，在反抗自然科学心理学学术霸权的过程中产生的，但它自诞生之日起便沿循由布伦塔诺开创的严格科学传统和由狄尔泰开创的浪漫主义传统两条路径发展。严格科学传统的描述心理学与浪漫主义传统的描述心理学具有明显区别。首先，严格科学传统的描述心理学力图把心理学打造成像数学那样纯粹和精确的严格科学，明显偏爱部分、具体和精确的研究，致力于界定明确和界限清楚的问题，具有较强的理智主义色彩；而浪漫主义传统的描述心理学力图把心理学打造成像历史学、文学和艺术那样的生命科学或精神科学，尤其注重人的生命体验、情感、价值和本能，具有浓厚的浪漫主义色彩。其次，严格科学传统的描述心理学主要着眼于人类心理本体；而浪漫主义传统的描述心理学还强调人类心理与社会、文化和历史世界的互动，关注人类心理的文化性、历史性、独特性和发展性。最后，严格科学传统的描述心理学主要通过内部知觉的现象学描述方法如实把握纯粹心理现象的组织规律和普遍本质；而浪漫主义传统的描述心理学除了通过现象学描述方法如实"发现"心理生命的内在关系外，还更加注重运用解释学的理解方法揭示心理生命的目的、意义和价值等丰富内涵，使得对人类心理本来面貌的揭示更加全面和深刻。尽管这两种传统的描述心理学在反对冯特和艾宾浩斯等人以自然科学为模板的发生心理学或说明心理学这一基本立场上具有根本一致性，共同坚持在不涉及因果假设和元素分析的前提下对人的完整心理生活进行如实呈现，而且两者之间在具体观点上亦有相互交流和彼此借鉴，但从宏观发展脉络上看，它们仍是两条相当不同的研究取径，没有形成一个统合性的理论体系。

描述心理学不仅沿循着两种不同的理论传统发展，而且每种理论传统内部又都各自贯穿着三种不同的理论形态，严格科学传统包括布伦塔诺的意动描述心理学、斯顿夫的机能描述心理学和胡塞尔的本质描述心理学，浪漫主义传统包括狄尔泰的体验描述心理学、斯普兰格的结构描述心理学和斯特恩的人格描述心理学。尽管每种传统内部的三种理论形态之间有着密切的内在渊源或师承关系,但它们都有自己独特的基本主张、理论焦点和方法侧重点,甚至独成体系,因而在很大程度上都是各自独立的理论形态。例如,胡塞尔的描述心理学与布伦塔诺和斯顿夫的描述心理学就存在着明显而巨大的不同。因此,从微观发展逻辑上看,描述心理学内部也没有形成一个统合性的理论体系。

总之,尽管描述心理学在心理学史上影响巨大而深远,但从存在论角度来看,它沿循严格科学传统和浪漫主义传统两条不同路径发展,并且每种传统都各自贯穿着三种独具特色的理论形态。因此,严格说来,无论从宏观上还是从微观上,描述心理学自始至终都没有形成一个统合性的理论体系。

二、带有较浓厚的理论思辨色彩

尽管描述心理学家们都致力于反对传统的形而上学思辨而崇尚科学和经验,但他们在努力追求心理学人文科学化的过程中,主张运用现象学的经验描述或解释学的意义理解的方法来开展研究,强调和偏重的是主观经验的研究范式,以致其许多理论观点和主张都不可避免地带上了浓厚的理论思辨色彩,并因缺乏实证依据和实验支持而被认为科学性和客观性不够。他们兼具的哲学家身份,更增强了其心理学观点的理论思辨性。第二次世界大战之后,描述心理学在德国心理学中的地位和影响力开始下降,其中最主要的原因可能就是它使用的主观经验方法与主流的客观实证方法相比,被认为科学性较弱而思辨性过强。

布伦塔诺明确宣称自己的心理学是一门经验科学,但同时又声称其描述心理学是一门先天科学,旨在解救哲学因受功利兴趣驱使而思辨传统式微和纯理论性质削弱的惨淡状况。胡塞尔提出的本质描述心理学尽管未根本突破经验层面,但不可避免地带有先验性质,至少他使用的某些概念如普遍"观念之物"会给人留下这样的深刻印象。狄尔泰针对实验说明心理学的自然科学化弊端,主张从主观体验出发对人的心理生命结构系统进行描述和理解,"……用一种非理性的、据说是有生命经历的整个生命来代替错误抽象了的仅赋有智力的生命"[1],这被认为在某种程度上带有明显的主观唯心主义和非理性主义的倾向。斯普兰格使用的基于个人哲学信念和理解能力的方法排除了客观检验,被认为是不科学的。[2] 他的

---

[1] 转引自:李超杰.理解生命——狄尔泰哲学引论.北京:中央编译出版社,1994:143.
[2] Teo, T. (2000). Spranger, Eduard. In A. E. Kazdin (Ed.), *Encyclopedia of psychology*, vol. 7 (pp.458–459). Washington, DC, US: American Psychological Association.

六种人格类型的提出带有某种程度的任意性,不能代表人类目标、目的和成就的全部。① 他关于青少年心理发展的观点主要基于对青少年情感和体验的描述,低估了客观因素和实践活动对于青少年自我意识发展的主导作用,这显然也反映出某种程度的主观唯心主义倾向。斯特恩将其描述心理学建立在批判人格主义这种哲学基础之上,对于描述心理学的许多概念他都运用批判人格主义进行评价和解释,这就必然会导致其理论观点带有浓厚的哲学思辨性质。例如,他在解释"人"的概念时,特别强调"人"是一种心物不可分割的中性实体,既不与意识内容有关系也不与身体变化相结合,而是一种根本未分化的原始状态,对"人"的这样一种界定显然是理论思辨的。

总之,尽管描述心理学具有两个初衷,即摆脱形而上学思辨和克服自然科学化,但在努力克服自然科学化的过程中,又不可避免地偏向了理论思辨一端,导致其客观性和科学性难以得到大多数人的认同,这不得不说是其一大局限和遗憾。

三、缺少对具体主题的微观研究

发生心理学或说明心理学追求自然科学模式的精密实验研究,热衷于在严密控制的实验室情境下对一些具体心理主题如感觉、知觉、记忆、情绪等进行微观具体的操作和分析研究,而很少对这些具体的微观研究作宏观的理论思考。由于其研究方法的局限性,它排斥对人类心理生活进行总体和综合的研究,因而只能通过所搜集的某些零碎和片段的实验材料得出某些具体的研究结果和结论,却难以对人类心理生活作出整体而丰富的认识。描述心理学在与发生心理学或说明心理学对抗的过程中,从宏观理论层面规定了自己的研究对象并确立了自己的研究方法,这是它相对于发生心理学或说明心理学的优长所在。然而,尽管描述心理学家们在描述心理学框架内围绕着心理现象分类、心理结构、心理发展和心理差异等问题开展了某些研究,但这些研究仍然是宏观理论层面的整体探讨,而缺乏对诸如知觉、记忆、想象、情绪和情感等具体心理主题更微观、更细致、更深入的研究。

布伦塔诺虽确立了意动描述心理学的基本观点,但没有对具体的心理问题作较为深入透彻的研究。例如,他虽对意动作了某些分类,但只是强调表象是判断和情绪的基础,而对它们的本质及其相互关系并未作进一步的详细说明,也没有进一步揭示它们的形成规律。斯顿夫和布伦塔诺一样,也

---

① Wolman, B. B., & Knapp, S. (1981). *Contemporary theories and systems in psychology* (2nd ed., expanded and rev.). New York: Plenum Press, p.426.

只是确立了机能描述心理学的基本观点,但没有对具体的心理问题作深入细微的分析。例如,他虽对心理状态作了表象、判断和情感的分类研究,但对它们的本质、形成规律和相互关系也没有作进一步的细微说明。当然,他在描述心理学框架内做了许多听觉心理学实验,但实验也仅是他的描述心理学研究的辅助手段。胡塞尔把描述心理学确定为为逻辑学等其他学科领域服务的基础领域,这在某种程度上就决定了他不可能对具体心理主题进行全面、系统和深入的细微研究,而事实也是如此。例如,他在《逻辑研究》中为了探讨与逻辑相关的心理体验,把许多心理问题都搁置一旁而不予关注。

狄尔泰虽对心理生命结构、心理生命发展和心理生命差异等主题作了探讨,但也只是规划了一个宏观的理论研究图景,并未作深入细致的具体挖掘,而且对其他具体心理主题的关注更加粗糙。斯普兰格对人格类型和青少年心理发展所做的研究,只是停留在理论和整体层面,缺乏更微观的深入分析。斯特恩作为实验主义与人文主义的"统合者",主张从综合多元的视角来研究人格,但他只是运用实验和测量等实证方法对某些具体心理主题作了分析,而运用描述心理学方法所做的具体研究依然很少。

总体来看,描述心理学在很大程度上是一种理论性的心理学形态,缺乏对具体心理主题的细微研究。

四、操作和推广难度较大

发生心理学或说明心理学效仿自然科学的客观研究模式,具有相对明确和固定的研究程序和操作步骤,而且每一步都针对不同情况作了详细规定,这为研究者特别是初学者提供了极大便利。一般而言,只要具备必要的知识储备,经过努力学习后,大家都可以很快掌握这种研究模式的基本规程。例如,实验心理学的研究程序通常包括:选择有价值的研究课题→查阅相关文献→形成研究假设→选择研究类型→对变量进行分类→选择恰当的被试→制订合适的研究方案→搜集并整理数据资料→分析结果并得出结论→撰写研究报告。由于冯特开创的自然科学心理学研究模式操作起来相对容易,而且得出的研究结果和结论的可重复性和可验证性相对较高,因而它很快便成为心理学研究者特别是初学者乐于接受的研究范式,并被迅速推广而成为主流。然而,描述心理学与之相比则存在着操作和推广难度较大的局限性。

描述心理学与哲学密切交织在一起,通常采用难以为平常人所把握和理解的概念、观点和方法。例如,描述心理学中探讨的意向性概念、内部知觉概念、体验概念、描述概念、理解概念以及本质概念等都有着深奥的哲学蕴涵,甚至描述心理学家们自身对这些概念的理解都分歧很大。因此,如果学习者没有很深的哲学和理论底蕴,是很难掌握描述心理学的基本理念的。描述心理学是一种主要以方法学取向命名的心理学领域,但它主张的内部知觉、本质直观、描述和理解等研究方法主观性太强,具体操作规程不明确,对研究主体的哲学素养、生活经验和感悟能力有着很高的要求,因而很难为普通研究者掌握和操作并轻而易举地运用到对具体心理主题的研究实践中,就连描述心理学家本人也没有运用他们所谓的描述心理学方法开展多少成功的具体研究。尽管布伦塔诺和胡塞尔等人努力追求描述心理学的严格科学性,但他们所谓的"严格科学性"仍然是哲学意义上的严格性,而没有向我们展现具体的操作步骤。例如,胡塞尔曾明确指出,严格科学表示由理性联结起来的知识系统,其中每一步骤都按照必然的顺序建立在它先前的步骤之上,这种严格的联结要求在基本的洞察方面达到最大的清晰性,而在基本洞察之上建立进一步的陈述时要依照有条不紊的顺序。[①]

描述心理学难以像自然科学心理学那样易于操作,它严格意义上不是要为我们提供具体的操作程序和研究步骤,而是致力于为我们提供一种看待和研究问题的独特视角,也即异于自然科学的人文科学视角,或一套探讨和认识心理生活本质和样态的心理学理论体系。描述心理学的深奥性和难操作性,给它的自身发展和现实推广带来了极大困难。就整个描述心理学发展史而言,专门而纯粹的描述心理学研究者几乎不存在。今天,描述心理学作为一种心理学形态已经不复存在,只是它的基本精神依然如火如荼地延续和发展着。因此,在某种程度上,我们可以把描述心理学称作"一场理想伟大、过程可泣、内容丰富却难以践行于具体研究过程的心理学运动"。

第三节　描述心理学的主要影响

描述心理学作为科学心理学初创时期产生的一种重要心理学形态,开辟了不同于科学主义的人文主义研究路线,推动了科学心理学的发展,在心理学史特别是人文科学心理学史上产生了广泛而深远的影响,为后来的精神分析心理学、格式塔心理学、"第三势力"心理学以及当代质性心理学提供了直接或间接的思想来源,对现代人格心理学的创建也功不可没。描述心

[①] [美]施皮格伯格.现象学运动.王炳文,张金言,译.北京:商务印书馆,2011:125-126.

理学的影响甚至已远远超出心理学领域而扩展到哲学、文学、教育学和伦理学等多个学科研究领域。在这里，我们主要考察描述心理学在心理学领域产生的重要影响。

一、对精神分析心理学的影响

精神分析心理学与描述心理学有着密切的内在渊源关系，描述心理学对精神分析心理学的产生与发展具有重要影响，而这种影响主要是通过布伦塔诺和狄尔泰影响弗洛伊德来实现的。

首先，布伦塔诺对弗洛伊德产生了重要影响。弗洛伊德是布伦塔诺在维也纳大学时期的选修课学生，曾连续三年选修和聆听了布伦塔诺的五门哲学课程，包括哲学著作阅读、逻辑学和亚里士多德哲学等，并在其影响下坚持对一些哲学流派进行了研究。我们从弗洛伊德后来的两段自述中可以明显看出布伦塔诺对他的影响。第一段自述出自其《精神分析引论》一书，他这样写道："你们常讲机体的机能和失调，建立在解剖学的基础之上，用物理化学来加以说明，用生物学的观点作进一层的解释，而从来不稍稍注意于精神方面的生活，不知道精神生活是复杂的有机体最后发展的结晶。"①第二段自述出自其给西尔伯施泰恩（Eduard Silberstein）的信，他这样写道："让我告诉你更多关于这个罕见的人，他在某些方面似乎是理想的人。他相信上帝，相信神学，是达尔文的追随者，而且也是绝顶聪明的人——天才。我暂时只告诉你这些：在布伦塔诺的影响下，我决定拿哲学和动物学的学位。"②在某种程度上可以说，弗洛伊德正是受到布伦塔诺的描述心理学思想的影响，才开创了具有人文主义倾向的精神分析心理学。

布伦塔诺对弗洛伊德的影响主要表现在意识活动观和发生学观点两个方面。③ 一是意动思想。布伦塔诺认为，人的心理（包括动机）具有动态活动、整体指向和活动机能三种属性，主要指的是具有意向性和能动性的意识活动。弗洛伊德吸纳了布伦塔诺关于心理具有意向性和能动性的观念，把心理的能动力量视为不存在于外在物理世界而只存在于内在心理世界的内在对象性（immanent objectivity），而且在精神分析治疗实践中充分关注患者的内部经验活动。二是发生学观点或亚里士多德哲学。布伦塔诺是亚里士多德哲学研究领域的杰出学者，在该领域有着很深的造诣。在大学第四

---

① ［奥］弗洛伊德.精神分析引论.高觉敷，译.北京：商务印书馆，1984：7.
② 转引自：Albertazzi, L. (2006). *Immanent realism: An introduction to Brentano*. Dordrecht: Springer, p.21.
③ 常若松，主编.*弗洛伊德主义新论*（第一卷）.上海：上海教育出版社，2016：103-104.

学期,弗洛伊德曾专门向布伦塔诺学习亚里士多德哲学。亚里士多德把灵魂看作是生命特有的形式、机能和动力,将灵魂分为植物具有的营养的灵魂、动物具有的感觉的灵魂以及人类具有的理性的灵魂三种不同的越来越高的等级,并认为低级灵魂是高级灵魂产生的基础,高级灵魂包含低级灵魂的一切功能,而且这种等级是目的因的实现,而不是生物进化的系列。弗洛伊德在布伦塔诺对亚里士多灵魂等级论解说的影响下创造性地提出,在心理结构中较高级水平包括较低级水平,甚至包括死本能的某些观念。

其次,狄尔泰对弗洛伊德产生了重要影响。狄尔泰的描述心理学思想对弗洛伊德构建精神分析大厦产生了重要影响。他在 1894 年的《描述与分析心理学的观念》一文中,明确区分了描述心理学(理解心理学)与说明心理学,探讨了心理生命的结构与发展,强调了本能或驱力是心理生命的真正核心,是推动心理生命发展的根本动力,还指出了心理学与生物学及适应的密切关系,这些都为理论始建时期的弗洛伊德提供了启发和参照。[1] 例如,弗洛伊德非常重视人的基本本能的作用,认为本能构成了人类心理生活的根本基础,所有心理活动都是为满足本能而展开的,而且所有心理活动的终极动力都源于人的本能冲动。这与狄尔泰的观点如出一辙。更为重要的是,狄尔泰后期主张通过解释体验表达来间接理解和描述心理生命,凸显了对深层心理生命和潜意识现象的关注和研究,为弗洛伊德的潜意识理论开了先河。[2] 此外,狄尔泰在对心理生命个体性的研究中强调了类型学的重要,不仅为弗洛伊德后来发展的人格理论提供了一个框架[3],而且还通过其弟子斯普兰格影响了后来的阿德勒、霍妮和弗洛姆等众多精神分析心理学家[4]。

总之,描述心理学通过布伦塔诺和狄尔泰为精神分析心理学提供了直接或间接的重要思想来源。

二、对格式塔心理学的影响

格式塔心理学的产生和发展与描述心理学有着密切的内在渊源,描述心理学的人文科学观、整体观和经验描述观等基本观点为格式塔心理学提

---

[1] Kuiper, P. C. (1965). Dilthey's psychology and its relationship to psychoanalysis. *Psyche*, 19 (5): 241–249.
[2] 李超杰.理解生命——狄尔泰哲学引论.北京:中央编译出版社,1994:95.
[3] Rickman, H. P. (1979). *Wilhelm Dilthey: Pioneer of the human studies*. Berkeley, Los Angeles, London: University of California Press, p.164.
[4] Wolman, B. B., & Knapp, S. (1981). *Contemporary theories and systems in psychology* (2nd ed., expanded and rev.). New York: Plenum Press, p.426.

供了最为直接的思想来源。

布伦塔诺主要是通过影响斯顿夫、胡塞尔和厄棱费尔来影响格式塔心理学的。斯顿夫被称为"布伦塔诺与格式塔学派之间的重要纽带"[1]，他在柏林大学心理学研究所直接培养了格式塔心理学的四位主要代表人物惠特海默、苛勒、考夫卡和勒温，引领他们对自然科学心理学中的元素主义、构造主义和行为主义进行反抗，从而直接推动了格式塔心理学的产生，被誉为"格式塔心理学之父"[2]。斯顿夫关于心理机能的整体观、关于空间知觉的先验论及其"整体思维的首要性"和"现象分析相对于刺激分析的首要性"等术语为格式塔心理学提供了直接灵感和理论准则。他还首次把现象学思想引入心理学实验室，为格式塔心理学提供了方法论基础和实验指南。因此，斯顿夫成为格式塔心理学的切身探路者和直接前驱。胡塞尔的现象学描述思想在格式塔心理学那里得到了彻底化，改变了格式塔心理学家对人类意识以及心理学本身的态度，鼓舞他们反抗冯特开创的元素主义研究传统，进而从整体描述视角去探讨心理生活研究的新途径。厄棱费尔作为形质学派的奠基人，于1890年在其《论形质》这部主要探讨音乐旋律知觉的著作中，通过发展马赫的形质概念提出了"Gestalt"（格式塔）这个术语。

狄尔泰任职柏林大学期间（1882—1907），格式塔心理学的主要代表人物惠特海默、考夫卡和苛勒都曾在那儿学习心理学，因而都不可避免地受到了他的描述心理学思想的影响。早在19世纪60年代，狄尔泰便提出了"我们心理生命的格式塔"（Gestalt of our mental life）的概念，指的是一个难以说明的心理功能综合体，而后又在1894年提出了"心理生命格式塔"（Gestalt of mental life）的概念[3]，这可能是格式塔心理学最为直接的词源学先导。狄尔泰提倡心理的整体观和结构观，认为心理生命是一个内在连贯的结构整体，强调先有整体而后再区分为各部分，这实际上就是后来格式塔心理学家主张的"整体不等于且大于部分之和"。此外，狄尔泰先于胡塞尔倡导用朴素的现象学描述方法来研究人的心理生命整体，这直接触动了格式塔心理学家的方法学理念，对直接经验进行如实的朴素而又丰富的描述。总之，狄尔泰的描述心理学思想从多个维度为格式塔心理学提供了直

---

[1] Thorne, B. M., & Henley, T. B. (1997). *Connections in the history and system of psychology*. New York: Houghton Mifflin Company, p.190.

[2] Albertazzi, L., Libardi, M., & Poli, R. (Eds.). (1996). *The school of Franz Brentano*. Dordrecht: Kluwer Academic Publishers, p.113.

[3] Teo, T. (2005). *The critique of psychology: From Kant to postcolonial theory*. New York: Springer, p.82.

接思想来源,成为格式塔心理学的思想起点①。斯普兰格对人格类型与文化领域之间关联的强调以及斯特恩的整体论思想和批判人格主义哲学倾向对勒温产生了直接影响。例如,斯特恩在学术上给予勒温很大支持,曾于1917年帮助他在其主编的一份杂志上发表了第一篇文章,又在其1927年版的名著《幼儿期心理学》中介绍了他关于儿童表达性运动的研究。

总之,描述心理学对格式塔心理学产生了全面而直接的深刻影响,是格式塔心理学的直接前驱和思想源泉。

三、对"第三势力"心理学的影响

"第三势力"心理学由现象学心理学、存在心理学和人本主义心理学组成,它与描述心理学有着直接而密切的内在渊源关系。描述心理学为"第三势力"心理学提供了最为直接的思想来源和最为坚实的思想基础,无论是严格科学传统的描述心理学的主要代表人物布伦塔诺、斯顿夫和胡塞尔,还是浪漫主义传统的描述心理学的主要代表人物狄尔泰、斯普兰格和斯特恩,几乎都对"第三势力"心理学产生了重要而直接的影响。

首先,严格科学传统的描述心理学的主要代表人物对"第三势力"心理学产生了重要影响。第一,布伦塔诺提出的意识具有意向性本质的对象观以及内部知觉的方法观为现象学心理学提供了核心主题和方法论基础,他强调的意向性和经验整体性、人类生活的前瞻性和目的性、自我的统一性和整合性在人本主义心理学中再次浮现。第二,斯顿夫在音乐心理学领域进行的现象学实验,为现象学心理学的实验现象学研究取向提供了先驱性尝试。第三,胡塞尔本人既是描述心理学的重要代表又是现象学心理学的创始人,他自身就足以说明描述心理学与现象学心理学的密切关联。他在描述心理学基础上创立的"面向实事本身"的现象学,为现象学心理学提供了研究出发点和方法论基础,为存在心理学直接面对经验世界提供了一条可行途径,为人本主义心理学提供了最为恰当的研究工具。正如美国人本主义心理学先驱奥尔波特所指出的:"现象学是研究独特的人格结构的最恰当工具……是建立一门良好的心理科学的基础。"②

其次,浪漫主义传统的描述心理学的主要代表人物对"第三势力"心理学产生了重要影响。第一,狄尔泰1894年在《描述与分析心理学的观念》中

---

① Wolman, B. B., & Knapp, S. (1981). *Contemporary theories and systems in psychology* (2nd ed., expanded and rev.). New York: Plenum Press, p.421.
② 转引自:叶浩生,主编.西方心理学的历史与体系.北京:人民教育出版社,1998:526.

旗帜鲜明地反对说明心理学的先在假设,主张从内在结构系统的体验出发对心理生命整体进行如实描述,倡导建立一门忠于心理现象本身的描述心理学或人文心理学,这为现象学心理学提供了最显著的思想来源并指明了方向①。范登伯格甚至认为,现象学心理学始于1894年狄尔泰的主张。② 狄尔泰把人的生存特征描述为"在生命中存在",强调心理生命对于社会、历史和文化实在的内嵌性,关注人的生成与发展,主张用理解和描述方法来研究人的真实体验,这些浓厚的存在主义思想直接影响了雅斯贝尔斯和宾斯万格等存在心理学家③。狄尔泰对内在主观体验的关注、对人格整体性的强调、对如实描述和整体分析方法的青睐以及对自我的重视等描述心理学的精神,在各种形式的人本主义心理学中继续存在着,这充分反映出他对人本主义心理学的先驱性影响。④ 欧洲学界甚至把他视为与马斯洛、罗杰斯等齐名的人本主义心理学的卓越代表。⑤ 第二,斯普兰格强调从整体上研究人格及价值观,主张用现象学的描述方法和解释学的理解方法研究人类主观经验,为人本主义心理学的整体倾向和自我实现理论提供了前提。例如,奥尔波特在德国攻读博士后时曾师从斯普兰格并深受其影响,主张关注特质的组织而非特质的轮廓,于1931年在其《价值观研究》一书中扩展了斯普兰格的六种人格类型的内涵,并与英国心理学家阜南(Philip Ewart Vernon,1905—1987)根据斯普兰格的价值类型观编制了流行于欧美各国的人格测验。第三,斯特恩反对行为主义的"刺激—反应"图式,强调运用现象学描述方法和解释学理解方法在整体观视野下研究完整的心理经验,为人本主义心理学的整体倾向和方法论实践提供了理论先导,从而成为人本主义心理学的重要先驱。而且,他主要通过其学生奥尔波特的受人高度尊重的工作对"第三势力"心理学产生了巨大影响。⑥

四、对现代人格心理学的影响

现代人格心理学在科学心理学传统和体系中扮演着非常重要的角色。

---

① 崔光辉.走向真实的世界——现象学心理学研究.南京:南京师范大学博士学位论文,2008.
② Van den Berg, J. H. (1980). Phenomenology and psychotherapy. *Journal of Phenomenological Psychology*,11(2):21-49.
③ Ermarth, M. (1978). *Wilhelm Dilthey: The critique of historical reason*. Chicago, IL: University of Chicago Press, p.3.
④ Harrington, A. (2000). In defence of verstehen and erklären: Wilhelm Dilthey's ideas concerning a descriptive and analytical psychology. *Theory and Psychology*,10(4):435-451.
⑤ 刘恩久.刘恩久文选.南京:南京师范大学出版社,2009:295.
⑥ DeRobertis, E. M. (2011). William Stern: Forerunner of human science child developmental thought. *Journal of Phenomenological Psychology*,42:157-173.

1937年是心理学史家们应该特别记住的一年,因为这一年是现代人格心理学的诞生之年。现代人格心理学作为一门心理学分支学科诞生于美国,是多位心理学家共同努力的结果,其中奥尔波特被公认为这门学科的创建者,标志性事件是他于1937年出版了他的著作《人格:心理学的解释》(*Personality: A Psychological Interpretation*),这本书奠定和确立了现代人格心理学的学科体系、方法体系和基本观点。虽然现代人格心理学诞生于美国,但它最深刻的理论根源却在欧洲,其中描述心理学及其倡导的现象学、解释学和人格主义精神为它的理论观和方法观奠定了非同寻常的科学基础。[①] 狄尔泰、斯普兰格、斯特恩和布伦塔诺、斯顿夫、胡塞尔等描述心理学家都是为现代人格心理学作出重大贡献的先驱人物。

狄尔泰明确区分了"理解"(understanding)和"说明"(explaining)两种方法,认为心理学作为一门科学的任务是通过描述和理解呈现心理经验的整体性和统一性,而且在其思想发展的最后阶段引入解释学和历史哲学作为分析心理生命体验的重要方法论,以弥补单靠直接的内部知觉无法捕捉心理生命整体性和独特性的不足。早在1937年,奥尔波特就深刻认识到狄尔泰对理解个性或人格作出的方法学贡献。斯普兰格强调整体原则,提倡意义理解,注重文化特性,提出了六种人格类型的理论,还对青少年人格发展问题作了富有成效的具体探索。斯特恩以其批判人格主义为哲学基础,主张在心理学人文科学观指导下,通过描述、理解或解释来如实把握具有独特性、目的性、价值性和意义性的完整人格及其内部结构。现代人格心理学的创立者奥尔波特曾作为学生直接受教于斯普兰格和斯特恩,并将其老师的许多观点纳入到了现代人格心理学理论体系之中。例如,他早在1931年就在其著作《价值观研究》中扩展了斯普兰格的六种人格类型理论,还与英国心理学家阜南根据斯普兰格的价值类型观编制了流行于欧美各国的人格测验。再如,他把"人格"界定为"在个体内在心理物理系统中的动力组织,它决定一个人特有的行为和思想。"[②]这个定义直接受到了斯特恩对人格看法的影响,两者有着极大的相似性。布伦塔诺的描述心理学开启了对现代科学心理学具有重大意义的现象学传统,主要研究对意识活动的描述,这种传统在其学生斯顿夫和胡塞尔的描述心理学中得到了重大发展。奥尔波特

---

① Lombardo, G. P., & Foschi, R. (2002). The European Origins of "Personality Psychology". *European Psychologist*, 7(2): 134-145.
② Allport, G. W. (1961). *Pattern and Growth in Personality*. New York: Holt, Rinehart and Winston, p.29.

曾把现象学视为研究独特人格结构的最恰当工具①,充分肯定了布伦塔诺等描述心理学家对现代人格心理学的重要贡献。

此外,描述心理学家斯顿夫和斯特恩等还通过影响勒温对现代人格心理学产生了间接影响。勒温是斯顿夫的弟子,也深受狄尔泰和斯特恩的学术影响,对于现代人格心理学的诞生具有重要影响。例如,他于1935年用英文出版了《人格的动力理论》一书,通过对需求和行为的动力研究以及对动力场的向量分析,揭示和阐明了人格的动力特征和人格的发展观以及人际关系行为的动力机制。勒温成为奥尔波特在其《人格:心理学的解释》中引用次数最多的作者之一。

五、对当代质性心理学的影响

描述心理学对当代质性心理学产生了重要影响,为它提供了最为重要的思想源头和精神预示。质性心理学作为一种以方法学取向命名的学科体系,从根本上彰显的是一种人文科学精神。它充分尊重人的心理生活的完整性和真实性、独特性和过程性、丰富性和复杂性以及社会性和文化性,主张通过经验描述、意义理解和解释学分析等人文科学方法来解释心理生活的完整意义,反对用量化方法精确预测和因果说明人类心理的普适规律。质性心理学的人文科学精神最早源自描述心理学或人文科学心理学的两位开创者布伦塔诺和狄尔泰,而且这种人文科学精神与描述心理学的基本理念完全契合。早在科学心理学初创时期,布伦塔诺特别是狄尔泰就已经清楚地认识到质性方法对于心理学研究的适切性和重要性②,并在对描述心理学的研究过程中明确强调运用质性方法来开展心理学研究。布伦塔诺和狄尔泰不仅预先确定了心理学质性研究的基本精神,而且为当代质性心理学提供了某些具体理论观点。

布伦塔诺的描述心理学主张研究意识的活动而不是静止的心理内容,认为对意识活动的研究不适合运用冯特的实验内省法来进行,而只能通过反省性的内部知觉来开展,这种反省性的内部知觉方法就是后来胡塞尔正式创立的现象学方法的雏形,而现象学是当代质性心理学最重要的方法论之一。因此,布伦塔诺通过开创现象学取向的描述心理学,直接推动了心理学质性研究的产生和发展。狄尔泰在与艾宾浩斯的论战中,从本体论和认

---

① 叶浩生,主编.西方心理学的历史与体系.北京:人民教育出版社,1998:526.
② Wertz, F. J. (2011). The qualitative revolution and psychology: Science, politics, and ethics. *The Humanistic Psychologist*, 39(2): 77–104.

识论角度详细阐释了质性描述方法对于心理学的必要性。他认为心理实在与物理实在是不同种类的存在,因而需要不同的认识方式。物理实在是外在于经验的,必须通过假设推理和理论建构来探知诸个部分的关系及其支配规律,并且通过量化测验来验证。与之相反,心理实在是内在于经验的,其诸成分构成了一个相互交织的统一整体,并且这个整体以动机和情感为核心,具有目的性、发展性和社会文化性等特征。这些本体论特征决定了心理学必须摒弃自然科学的因果假设和量性说明,而采用如实描述和理解以及解释性分析的质性方法。狄尔泰还认识到,心理学不仅需要技术程序的改变,而且还需要对学科价值和学科目标进行重新定位,以质性取向的描述心理学来取代传统的说明心理学。

总之,质性心理学与布伦塔诺和狄尔泰开创的描述心理学具有根本的内在一致性,是后者在当代的延续和发展。甚至可以说,描述心理学在某种程度上就是早期的质性心理学。因此,如果当代质性心理学要"认祖归宗"的话,描述心理学将是当之无愧的"宗师"。

第四节 描述心理学的主要启示

自 19 世纪 70 年代中期科学心理学创建至今,心理学已经走过 140 余年的风雨历程。在这 140 余年的时间里,心理学取得的进步是明显的:学科的科学地位不断得到巩固,研究队伍不断壮大,研究成果不断丰富,更重要的是它对人们生活的指导意义和实用价值相较于以前越来越大。然而,当前的心理学仍然存在着一种令人困扰和担忧的尴尬局面或危险趋向:一方面社会生活急切需要心理学,但另一方面心理学又无法很好地满足社会生活的需要,因为它并未朝着人们需要的那种心理学的方向发展。"人的完整的心理过程被割裂为毫无关联的片段,活生生的人为一堆堆数字、一个个图表所代替,心理学与社会生活越来越不相干,人们瞪着迷惑的眼睛远远望着那些在实验室中忙碌的心理学家们而全然不知他们在做些什么,心理学的研究似已变成只有少数人才能看懂的游戏。"[1]20 余年前对心理学研究状况的这种描述,对于心理学今日之现状仍然适用。

如果说 20 余年前的心理学正面临着分裂与破碎、脱离社会现实、被医学化或生物学化的危险倾向,而且认知神经科学正取代认知心理学成为心

---

[1] 汪新建.21世纪的心理学:科学主义与人文主义的融合.*自然辩证法通讯*,2000(4):13-14.

理学发展的新阶段①,那么今日的心理学被自然科学化或医学生物学化的程度则进一步加深了。心理学出现今日这种局面的根源在哪里？在于科学主义与人文主义的极端化分裂！在过去140余年的风雨岁月里,心理学为了把自己标榜成一门所谓的"科学",一直靠把自己装扮成自然科学来立身。今日,心理学的这种"虚伪性"走向了极端,几乎无视其人文科学性的一面。事实上,自科学心理学始创以来,一直存在着科学主义与人文主义的对立与纷争,而且科学主义心理学一直处于绝对主流地位,而人文主义心理学一直处于边缘化地位,目前这种局面发展到一个顶端。

科学心理学发展的历史事实证明,科学主义与人文主义合则两利,分则两伤。心理学要想摆脱今日之困局,就必须加强科学主义与人文主义的融合,特别是对人文科学心理学予以足够的重视。描述心理学作为人文科学心理学的奠基形态,致力于从人文科学视角开展心理学研究,其人文科学视野下的科学观、对象论、方法学以及其他基本主张对于当今以自然科学为模板的主流心理学是一种很好的纠正和补充。我们应该充分消化和吸收描述心理学的人文科学精神,在深刻反思西方心理学发展历史的基础上,努力探索自然科学心理学与人文科学心理学的有效融合模式,以促使我们的心理学学科向着更加健康的方向发展。描述心理学启示我们：应该给予人文科学心理学充分的重视,从科学主义与人文主义相互融合的新视角出发,重新定位心理学的科学性质,重新审视心理学的研究对象,加强主观经验范式与客观实验范式的有效整合,加强心理学的理论研究,推动心理学面向现实生活和实际应用。

一、重新定位心理学的科学性质

自19世纪中后期科学心理学鼻祖之一冯特以依赖实验的物理学和生理学等自然科学为楷模创建实验心理学以来,整个心理学学科基本上就一直处在实验心理学的绝对控制之下。主流心理学以严格贯彻自然科学的研究模式和研究理念为理想目标,力图通过坚守和践行自然科学的信条、效仿自然科学的操作范式来成为自然科学的客观和独立分支,而主张人文科学理念的心理学自然长期处于被压制的边缘地位。今天,这种以自然科学为基本导向的心理学"霸占天下"的局面,可以说不逊于心理学历史上的任何一个时期。效仿自然科学的心理学家被视为"主流同行",而任何不以自然

---

① 索拉索,编.21世纪的心理科学与脑科学.朱滢,陈烜之,等译.北京：北京大学出版社,2002：译者前言.

科学为榜样的人文科学心理学家皆被视为"边缘另类"。然而,这种以纯粹自然科学为唯一科学理想的做法是否真的带来了心理学的健康成长和繁荣昌盛?答案是否定的!以是否树立了自然科学理想作为划定科学心理学与非科学心理学的严格界线的做法,把心理学限定在一个极为偏狭的边界内而看不到更为丰富的世界。心理学家眼中除了那些可以操作的瓶瓶罐罐和那些可以分析的数据变量之外,早已把人作为人本来拥有的心理生活的丰富意义性、内在体验性和文化内嵌性抛到了九霄云外。躲在自然科学屋檐下的心理学实则并没有真正研究人的心理生活,而只是研究了人对刺激物的感官反应或研究了人的片段心理的生理和物理表现或机制。因此,把心理学定位成一门纯粹自然科学的做法是一种为了追逐科学梦想而却充满了愚昧思想的短视做法,我们需要对心理学的科学性质进行重新定位。

如何定位心理学的科学性质,这是决定着如何开展心理学研究以及能否开展好心理学研究的根本问题和上位问题,需要我们谨慎思考!作为人文科学心理学奠基形态的描述心理学,从人类心理生活的人文性本质出发,明确反对心理学的自然科学观,而坚持心理学的人文科学观。它认为心理学需要的不是实证主义枷锁下的自然科学观,心理学的科学性在于运用恰当的人文科学方法原原本本地揭示具有人文性本质的完整心理世界,而不是通过盲目仿效自然科学来标榜自身的科学性。在它看来,自然科学观把心理现象囿于公开观察、严格实验、重复操作和统计测量的思维狭域内,无法充分与合理地包容心理学的独特对象需要的概念和方法模式。由此可见,描述心理学为我们重新定位心理学的科学性质提供了一种可供选择的补充性的理论视角。

我们定位心理学的科学性质应该从人类心理生活的本体论出发。人是一个兼具自然物理属性和人文社会属性的存在。因此,人的心理也必然既具有自然物理属性,又具有人文社会属性。把心理学定位成一门自然科学的心理学家只注重了对人类心理自然属性的探讨,而把心理学定位成一门人文科学的心理学家却又过于偏重对人类心理人文属性的探讨,双方都没有真正从自然与人文或科学与人文相统一的综合视角来给心理学定位。我们应该从自然与人文交互融合的开放包容视角来重新定位心理学的科学性质,树立"大心理学观"[①],即"心理学不但属于自然科学,也属于人文科学"[②]。大心理学观给当代心理学带来一个"大"视野。我们不是要铲除而

---

① 葛鲁嘉.大心理学观——心理学发展的新契机与新视野.*自然辩证法研究*,1995(9):18-24.
② 汪新建.21世纪的心理学:科学主义与人文主义的融合.*自然辩证法通讯*,2000(4):13-14.

是要超越当前狭隘的纯粹自然科学观,在自然科学与人文科学交互融合的大视野下,全面改进自己的研究目标和研究策略,重新审视和塑造自己的研究方式和理论核心,以全面而深入地探究和揭示人类心理生活的本来面貌,从而推动科学心理学事业的健康发展。

二、重新审视心理学的研究对象

对于心理科学的研究对象是心理现象这个结论,心理学界早已达成共识,但问题的关键在于人们如何看待心理现象。科学心理学产生之初,实验心理学家冯特就从自然科学视角出发,把心理现象看作是主体直接感受到的可以分析成不同元素的外部感知经验,并规定心理学的主要任务就是探寻经验的组成元素,确定不同元素之间的联系和规律,进而揭示人类心理的本质。冯特这种从自然科学视角来看待心理现象的做法,为后来科学主义取向的心理学研究者所继承,并在今天发展到一个新的极端。如果说行为主义为追求研究的客观性而干脆只研究可以外部观察的行为的话,那么今天的心理学研究者为了探知人类心理背后的原因机制和普遍规律,则干脆只研究可以测量的大脑神经、腺体分泌甚至基因序列。今天以自然科学或科学主义为导向的心理学家们,超出社会和文化的视野范畴,把人及其心理过度自然化和机械化,将之视为纯粹物理世界中的普通自然物,而无视"人作为人"的社会文化属性。在他们看来,人的心理现象与物理现象无异,也是由分离和孤立的变量组成的实体,其特征、状况和规律完全由生理或物理因素决定,因而具有客观性、稳定性和普遍性。如此一来,他们就将研究的视野仅限于可观察和可证实的经验范围内,而对那些不可观察和无法实验证实的体验、价值、目的和意义等最能体现"人作为人"的特性的心理方面置之不理。物理学或生物学(生理学)成为他们从事心理学研究的主要视角。自然科学心理学家们对待心理现象的方式,不仅缩小了心理现象的范围,降低了心理现象的层次,而且最严重的是破坏了心理现象的本真性,甚至研究的不是真正的心理现象,而只是它们的生理或物理因素。

如果心理学研究者无法正确地确定或对待心理学的研究对象,那对于心理科学的未来发展将是一件极为可怕的事情。那么,我们将如何正确看待心理现象呢?描述心理学或许可以给我们提供一种可供选择的补充性的视角。描述心理学特别是浪漫主义传统的描述心理学主张从社会、文化和历史的视角去理解人,把人看作是居于丰富文化世界中的活生生的主体存在,而非与其他生物形式和物理存在相等同的客观物,认为人的心理现象具有完整性、主观性、具体性、鲜活性、独特性和意义性,只可以体验、反思、直觉或理解,而不可以客观操纵。描述心理学家特别强调在社会文化视域下研究人的完整心理生活经验,特别重视对人的情感、直觉、创造、价值和意义等高级心理生活的研究,特别突显人类心理的内在性、整体性、能动性和本真性。可见,描述心理学家特别强调了人类心理的本体性和人文性,而今日的实验心理学家更关注人类心理的可认识性和自然性,双方实际上代表了人文主义心理学取向与科学主义心理学取向对心理学研究对象的不同看法。

事实上,在心理学研究对象问题上,科学主义和人文主义是两种相辅相成的视角。科学主义注重从微观上客观准确地把握低级心理过程的各个侧面,而人文主义注重从宏观上整体理解和深刻揭示高级心理过程及其内在关系,两者实际上是从不同层面和不同视角来把握心理现象。今后,我们应从科学主义与人文主义融合统一的视角,在对低级心理现象进行"分割式"客观把握的同时,更加注重对情感、体验、人格和多元自我等高级心理生活的整体理解,努力克服当今心理学中那种片面的心理学对象观,建立一种更具包容性、更具整体性和更具人文性的心理学对象观。

三、整合主观经验范式与客观实验范式

就方法论维度而言,在今日主流心理学中占据绝对优势地位的是遵循自然科学研究路线、以经验主义和实证主义为指导的客观实验范式。客观实验范式以坚持客观原则和发现客观真理为唯一科学尺度,以经验观察和实验控制为唯一方法追求,以假设验证和因果说明为唯一研究宗旨,以元素分析和量化表达为唯一呈现方式,是自然科学研究范式向心理学领域侵入的结果。客观实验范式在当今心理学中几乎独霸天下,甚至被推崇到极致,被视作探究心理现象的唯一有效途径。心理学家们强调以严格控制的客观实验范式来研究可观察的心理现象,主张通过精巧缜密的实验设计和严格周到的变量控制来验证预先假设,并对实验结果进行精确的定量分析,归纳出适合所有人的普遍心理机制和因果规律,以此来对心理与行为进行统一性解释。任何一个事物在其产生之初,都必然会展现出许多有价值的方面,如客观实验范式对确立心理学的科学地位功不可没,但当这种事物被推崇到极致时,又必然会暴露出这样那样的弊端。这种在今日被推崇到极致的客观实验范式,使得凡无法运用这种范式来研究的现象均被排除在心理学研究领域之外。事实上,这种盲目仿效自然科学研究程序和模式、追求统一、唯一和相同方法原则的做法,已经导致今天的心理学陷入客观主义、方法主义、实验主义、假设主义、元素主义、机械主义和还原主义的泥淖,并因

此受到来自多方的质问和批评。比如,心理现象能否像自然现象那样被数量化和操作化?像幽默、攻击和顺从这些随文化情境而变化的心理现象和行为如何进行精确测量和实验控制?客观实验范式在心理学研究实践中实际上已经面临越来越多难以克服的困难和难以回答的质问。要使今日心理学摆脱方法论困局,就必须寻求新的研究视角,或许描述心理学可以给我们一种弥补性启示。

描述心理学遵循人文科学研究路线,坚持以现象学或解释学为方法论指导,主张采用以现象描述和意义理解的质性方法探究人类心理生活的内在关系及其独特意义、目的和价值的主观经验范式。它认为人类心理生活具有主观性、历史性、文化性和相对性等特点,对人类心理的研究不可能达到自然科学要求的那样客观。人是一种具有独特经验的生命存在,研究人的心理的方法必然要吻合于这个丰富多彩的主观存在。因此,它主张从人的心理现象的本质和特点出发,通过不涉及因果假设的经验描述和主观理解的质性方法,忠实地揭示心理现象的本来面目。狄尔泰的名言"我们说明自然,但我们理解心理生命"[①],最为经典地概括了描述心理学的方法论特征。由此可见,描述心理学为我们研究心理现象提供了一种具有合理性的方法论视角,可以弥补客观实验范式的弊端和不足。

为了使心理学摆脱当前的方法论困局,我们应该打破客观实验范式一统天下的霸道局面,以更为开放和包容的态度积极构建主观经验范式与客观实验范式的有效整合模式。人作为主客同一的现实存在,其心理既有客观稳定的自然属性,也有主观多变的人文属性,因而整合两种心理学研究范式具有可靠的本体论依据。事实上,主观经验范式与客观实验范式是可以实现优势互补的。主观经验范式可以研究到真实完整的心理生活经验,就像母亲对孩子的理解和恋人对恋人的理解,可以消除主客对立的弊端,从而使对象成为自己内部心理生活的重要构成。客观实验范式可以严密精致地探究心理生活的部分经验,并可以对主观经验范式的研究结果加以验证。因此,实现主观经验范式与客观实验范式的有效整合将是未来心理学发展的必然走向,我们需要做的仅仅是如何更加有效地对它们加以整合的问题。

四、加强心理学的理论研究

今日心理学处于一个理论极度匮乏的时代。心理学各领域的研究者受

[①] Dilthey, W. (1977). *Descriptive psychology and historical understanding* (R. M. Zaner, & K. L. Heiges, Trans.; R. A. Makkreel, Intro.). The Hague: Martinus Nijhoff, p.27.

实证主义思想的影响，只偏爱具体的实验研究，只埋头关心自己感兴趣的狭小领域，往往对自己在严格实验控制条件下成功验证了某个预先假设而感到沾沾自喜。他们不喜欢对人类心理生活进行总体和综合的研究，不愿意对研究结果进行高度概括的理论思考，往往只能得出一些片段和零碎的心理资料和结论，却得不出对完整心理生活的具有理论高度和深度的整体认识，因为人类心理生活的总体面貌是很难通过实证或实验研究来揭示的。现在这种局面正如人本主义心理学家马斯洛曾经指出的："大多数建立在这一实证主义基础上的心理学，以客观主义、联想主义、脱离价值、价值中立的科学模式为依据的心理学，当它由无数细小的事实像珊瑚礁或像一座座山堆积起来时，肯定不是虚假的，但却是琐细的。"[①]实证主义的绝对统治地位，导致当今心理学的理论研究极为贫弱，而这种理论的贫弱进一步导致心理学领域内的四分五裂，形成了越来越多的毫无关联的研究结果或结论，得出了许多没有关联、没有协同、没有一致、没有组织的心理学知识，大家彼此间不是相互猜忌和怀疑就是相互漠不关心，整体处于一种"零散"的不和谐状态。

描述心理学虽是一种离我们很久远的心理学形态，但它对理论建设的高度重视值得我们认真借鉴。尽管描述心理学内部缺乏一个统一性的理论框架，但它的每一位代表人物都称得上是"技艺超群的理论家"。他们都在坚持某些共同原则的基础上，从各自立场出发提出了独具特色的描述心理学理论形态，如布伦塔诺的意动描述心理学、斯顿夫的机能描述心理学、胡塞尔的本质描述心理学和狄尔泰的体验描述心理学、斯普兰格的结构描述心理学、斯特恩的人格描述心理学，而且在这些理论中还包含着诸如心理结构论、心理发展论、人格类型论等更小的理论。一位心理学家之所以能被人们长久地记住，往往是因为他提出了某个概念或某种理论。尽管只从事理论构建而不进行具体实证研究是"没有根基的空想"，但只进行具体实证研究而不进行理论构建将是低层次的"泥瓦匠"。

实证主义的极端化已经给当前心理学带来了极为严重的分裂性危机。为了促进心理科学的健康发展，我们必须把具体的实证研究与宏观的理论研究结合起来，用富有生命活力的理论来及时综合和概括实证研究取得的研究成果，进而指导实证研究的顺利进行。然而，这种结合是否可能呢？答案是肯定的。理论研究需要基于大量具有实验和调查依据的细节性研究结果和结论，而实证研究可以为理论构建提供这样的心理资料。这就为实证

---

① ［美］马斯洛.人性能达的境界.林方,译.昆明：云南人民出版社,1987：171.

研究与理论研究的结合提供了充分的可能性。通过加强理论研究,当前心理学因过于关注具体研究而出现的四分五裂和交流匮乏的局面必将会有所改观。

五、推动心理学面向现实生活和实际应用

应用性始终是科学发展的根本动力,一门学科研究出来的东西如果一味与现实生活脱节,那么其生命力就必然会受到影响。自然科学心理学的开创者冯特将其实验心理学看作一门纯科学,而不主张心理学的应用研究。他认为真正的心理学家应该只研究意识经验自身,而不考虑意识经验的功用和意义。冯特这种强调心理学的纯科学性而排斥其社会生活性和实践应用性的研究思路,极大地限制了心理学的研究范围,也大大削弱了心理学作为一门新独立的科学的生命力。当前的心理学延续了冯特心理学的非应用传统,自然科学化倾向严重,过于重视控制性实验的研究模式,而缺乏对人们精神生活的关怀,忽视人们精神生活的需要,所做课题与人们的日常生活严重脱节,无论从研究选题还是得出的研究结论,很多都不具有日常生活的实用价值。退一步讲,即使实验结论能应用于现实生活,其应用的范围也很狭小。缺乏现实生活性和实际应用性,是当前心理学研究存在的突出问题。因此,我们在从事心理学研究的过程中,有必要对研究的实用价值和现实意义认真作以评估,因为满足社会生活与生产实践的实际需要,是心理学研究的出发点和归宿①。

描述心理学关于心理学应该面向现实生活和实际应用的观点和做法值得我们认真借鉴。布伦塔诺明确指出(描述)心理学既是一门理论科学又是一门应用科学,并对心理学的潜在实用价值抱持极为乐观的态度,认为心理学的实践具有广泛的意义。因此,"在态度和倾向上,他(布伦塔诺)必须被认为是应用心理学的前驱者。"②斯顿夫将描述心理学拓展到了音乐研究领域,取得了丰富的应用研究成果。狄尔泰和斯普兰格非常强调人身处其中的社会、历史和文化关系,实际上强调了心理学是一门源于和面向现实生活的科学。斯特恩更是心理学应用研究的极力推动者和实践者,他在布雷斯劳时期就极力促进心理学知识在工业、法律和教育领域的应用和传播,并于1906年与李普曼合作在柏林创建了应用心理学研究所和主编了《应用心理

---

① 邓铸,编著.应用实验心理学.上海:上海教育出版社,2006:38.
② [美]瓦伊尼,金.心理学史:观念与背景(第3版).郭本禹,等译.北京:世界图书出版公司,2009:271.

学杂志》。因此，作为今天的心理学研究者，我们更有必要从描述心理学家那里获得启示和鼓舞，在注重心理学研究的理论价值或学术价值的同时，更加注重心理学研究的实际应用价值，推动心理学成为一门真正服务于人们的现实生活和日常生产的"有用"的科学。

第十一章 结语：推进描述心理学在心理健康领域的应用

心理健康是幸福人生的基础和事业发展的资本，也是当今世界广受关注的一个主题，人们对它的重视程度与对身体健康的重视程度之间的距离正逐渐缩小。流行病学研究表明，美国人群的人格障碍患病率约为10%，澳大利亚约为6.7%，英国约为5%。[①]《2017中国城镇居民心理健康白皮书》指出，在所调查和分析的我国近112万城镇居民中，心理亚健康状态者占73.6%，存在不同程度心理健康问题者占16.1%，心理健康者仅占10.3%。[②]这些数据某种程度上反映出世界及我国公民的心理健康状况不容乐观。近些年来，随着我国经济社会迅速发展和转型、信息广泛传播、竞争日益激烈和生活节奏加快，人们的价值观念、生活方式和心理状态受到前所未有的冲击，各种各样的心理健康问题不同程度地显现出来。"在一些关键心理指标上，国民心理变迁表现出'恶化'趋势。"[③]在这种情势下，国家对人民心理健康给予了高度重视。2016年8月，习近平总书记在全国卫生与健康大会上明确指出，要加大心理健康问题基础性研究，做好心理健康知识和心理疾病科普工作，规范发展心理治疗、心理咨询等心理健康服务。2017年10月，党的十九大郑重宣告中国特色社会主义进入新时代。十九大报告中明确提出要加强社会心理服务体系建设，培育自尊自信、理性平和、积极向上的社会心态，这标志着心理健康服务及其体系构建已经作为一项战略任务摆在新时代人们面前。描述心理学是人文科学心理学的初始形态，尽管它本身对心理健康没有直接论及，但它提出的许多理论观点对于开展心理健康研究和心理治疗具有重要应用价值，而且已经在心理健康领域产生了直接或间接的影响。因此，作为本书的结语，本章主要从"探古知今，古为

---

① 凌辉,等.人格障碍研究现状与展望.中国临床心理学杂志,2014,22(1)：135-139.
② 王燕,刘思洁,陈矜之.改革开放40年中国人心态变化的年代分析——以社会信任、主观幸福感和心理健康为例.苏州大学学报(教育科学版),2020(1)：58-69.
③ 辛自强."心理建设"或可上升为国家战略.民主与科学,2017(6)：34-35.

今用"的学术旨趣出发,从描述心理学与心理健康研究、描述心理学与心理治疗两个维度,基于心理健康研究和心理治疗的基本状况,探讨如何推进描述心理学在心理健康领域应用,以期为我国心理健康事业作出一份研究贡献。

第一节 描述心理学与心理健康研究

心理健康是人在成长和发展过程中,认知合理、情绪稳定、行为适当、人际和谐、适应变化的一种完好状态。[①] 这更多是从表现角度和操作层面对心理健康内涵的揭示。我们不能二分式地对心理生活作出健康或不健康的简单定性,而应持有一种"连续体"(continuum)的思维态度,认为现实中人的心理生活都处于由绝对不健康到绝对健康这个连续体上的某个位置状态。"我们很难在正常和异常的心理功能之间划一条清晰的界限。也正因为如此,大多数临床专家把正常和异常当作一个心理的连续体,而不是非此即彼地进行二分。"[②]从本质上讲,心理健康背后是生活。或者说,心理健康是主体的人具有的一种生活化状态。当谈及心理生活的时候,我们其实是在不由自主地将心理与生活联系在一起。心理寓于并源于生活,生活构成了孕育心理内容和意义的原初场所。一个人的心理健康程度和状况,尽管可能有其基因遗传机制或神经生理机制,甚至有时受决定于它们,但根本上依赖于所置身其中的现实生活。现实生活是心理健康状态和质量的根本源泉,这里的"现实生活"并不单指生活的现在,而是包含着生活的过去、现在和未来,包含着家庭、学校及更大更深层次的生活空间。心理健康是生活化了的心理健康,是具有社会性、历史性和文化性的心理健康,是充满主观体验内容的心理健康,是整体、复杂和动态的心理健康,无论心理健康的负性层面还是积极层面均如此。心理健康的生活化特点,决定了我们对心理健康的研究就不能以简单粗暴的方式武断地定性或定量,不能仅依赖对心理健康表现的一般观察、测量分析或实验说明,而更应从原始的生活世界出发,饱含着人文情怀和人性关怀,选择恰当的人文科学心理学方式和方法,研究和揭示更加本真、更加丰富、更加细腻的心理生活内容及特征。

---

① 国家卫生计生委,等.关于加强心理健康服务的指导意见.国卫疾控发[2016]77号文件,2016 - 12 - 30.

② 王建平,张宁,王玉龙,朱雅雯,编著.变态心理学(第3版).北京:中国人民大学出版社,2018:5.

长期以来,个案研究、相关研究和实验研究是心理健康研究中最常采用的三种研究取径或方法。个案研究是运用访谈等多种方法搜集翔实的心理健康资料,包括被研究者的家庭状况、早年生活环境、成长历史、重要生活事件、患病历史及发展情况、个人日记和作品、个人报告及来自关系密切的他人的印象等,对自然背景中个体独特的心理健康状况进行微观层面的动态描述和深入分析。"几个世纪以来,人们都将个案研究作为了解个体经验以及推断出具有普遍意义的心理病理学根源的方法。"① 相关研究是运用测量学和统计学方法,考察一组被试的两个或两个以上变量间的相关关系而不对任一变量进行操纵,并根据各变量之间相互关联的强度、方向和性质,对研究对象的心理健康特征和行为作出说明和预测。例如,考察互联网使用与抑郁症的关系。变量间的相关程度通常用相关系数来体现,但借助相关系数所测量和检验的变量之间的关系是联系性的而不是因果性的。事实上,求相关是无法求因果情况下的一种权宜目标。流行病学研究也是一种典型的相关研究,研究某种或某组心理健康疾病在人群中的发病率和分布情况。实验研究是通过人为控制系统操纵变量,来证明某个变量引起某种心理病态,如应激增加会导致抑郁。也就是说,在实验研究中,实验者可以操纵自变量,再测量它对因变量的效应,并据此推测和判断两个变量之间的因果关系。

这三种研究取径或方法,体现了观察和建立心理健康各变量间合乎规律的关系的不同途径。显然,相关研究和实验研究坚持的是自然科学心理学的实证主义方法论,分别通过心理测验验证相关假设来得出相关规律和通过心理实验验证因果假设来得出因果规律,进而实现对心理健康指标的预测和控制。尽管个案研究更多是基于对经验事实的观察和描述,但研究者"对引起人类行为的原因有各自的信念或假设,他们在听故事的时候可能会选择性地记住故事中支持自己想法的那部分,而忘记不支持的部分"②。也就是说,通常的个案研究仍然是研究者立场的和实证主义的,并没有真正从当事者角度认识和理解他们的心理健康状态及意义建构。事实上,长期以来,实证主义都是心理健康研究的主要方法论。在自然科学心理学实证主义方法论指导下,心理健康研究遵循自然科学的决定论研究模式,认为心理健康状况或状态具有同生理或物理现象相类似的特征,而且都有其生理或物理发生机制,主张通过客观地验证预先假设在部分或因素水平上数

---

① [美]诺伦-霍克西玛.变态心理学(第6版).邹丹,等译.北京:人民邮电出版社,2017:95.
② [美]诺伦-霍克西玛.变态心理学(第6版).邹丹,等译.北京:人民邮电出版社,2017:96.

量化地说明和分析处于整体水平的异常心理现象,力求精确地说明心理健康的普遍规律和发生机制。实证主义研究模式大大提高了心理健康研究的客观性和精确性,甚至代表了心理健康研究的科学理想,近些年丰富的脑科学研究成果也支持了这一点。但是,这种过分囿于"科学世界"中的研究,注重探求普遍的形式和规律,却相对忽视和遗忘了心理健康的"生活世界"基础。"自然科学心理学受生物医学观点影响,采取自然主义立场,将心理健康视作类似自然的物。它接受生物-心理-社会模式,认为心理健康由生物因素、心理因素和社会因素决定。当然最重要的是生物因素如脑,它在很大程度上导致了人的种种问题。自然科学心理学的这种实体观和决定论,容易导致还原论,即认为心理健康仅仅是生物等层面的问题,由此忽视了心理本身的内涵。"[①]

描述心理学是科学心理学初创时期产生的一门彰显人文科学精神的心理学形态,致力于通过现象学的经验描述或解释学的意义理解如实地展现人的心理生活的全貌。布伦塔诺赋予描述心理学相对于发生心理学以逻辑优先地位和基础地位,认为在心理学研究之初必须首先进行描述心理学的研究工作,只有在对心理生活或心理现象进行如实描述的基础上才能更好地说明它与外部因素之间的因果关系和规律。斯特恩认为心理科学研究程序的第一步是通过描述心理学尽可能真实地获取完整心理经验的具体意义资料,而第二步才是通过说明心理学对所获取的复杂意义资料进行分析和说明,使具体的意义资料隶属于抽象的规律。尽管描述心理学家没有对心理健康作过较多专门论述,但对于心理健康研究而言,相关分析和因果说明也必须甚至更应该建立在获取完整丰富的真实心理生活资料的基础之上。描述心理学力主的现象学的经验描述和解释学的意义理解,从人文科学视角为我们研究心理健康提供了可供选择的取径或方法,而且经过百余年发展,它们已经由较为朴素的方法学理念逐渐发展成为具有一定可操作性的研究程序。"真正的方法是服从……事物的本性。"[②]心理健康研究除关注一般和积极的心理健康品质外,更关注异常或病态的心理生活状态和行为,特别是对于后者,现象学的经验描述和解释学的意义理解具有得天独厚的研究优势。因此,我们应积极推进描述心理学奠定和开启的现象学描述和解释学理解的方法在心理健康研究领域发挥重要作用。

现象学的经验描述在描述心理学中主要体现为对心理生活进行不依赖

---

① 崔光辉.现象学心理学视界中的心理健康评估.南京师大学报(社会科学版),2012(1): 97-102.
② 倪梁康,主编.面对实事本身——现象学经典文选.北京:东方出版社,2000:349.

因果假设和元素分析的内部知觉,是一种直接的"看"或"发现"。胡塞尔在此基础上进一步发展创立了现象学哲学及其方法论体系,并认为现象学方法就是研究者摆脱一切预先假设而凭直觉或直观发现本质的一种方法。根据胡塞尔的观点,凭借直觉或直观把握本质必须经过五个步骤:一是将历史的观点搁置,否认一切传统的知识。只有割断这些先入之见的联想,才能自主地进行研究。二是把独立于我们意识而存在的物质或现实的东西搁置起来不予考察,以摆脱一切预先假设。三是感性的还原,即以经验为出发点并对其持保留态度。四是本质的还原,即把变幻无常的经验还原为变中不变的观念,而观念的东西便是本质。五是先验的还原,即对自我意识进行彻底清洗,将它还原为一种纯粹的意识。① 现象学的经验描述或现象学的方法的关键是,排除或悬置各种成见而对显现的现象作直观以体验其内在本质结构,"现象"是人们生活经验过程中留下的体验而非出自研究者的预想或理论设定。"胡塞尔指出,超越预设和偏见并且体验一种前反思意识(pre-reflective consciousness)状态是可能的,这能让我们描述现象自身呈现在我们面前的本貌。"②

"回到实事本身"是现象学方法论的核心精神。心理健康的现象学描述研究从生活世界出发,反对把一种心理健康现象简化成少数几个可供辨认的变量或对其加以控制以验证假设是否成立,而主张通过"加括号"将历史和现存的观念悬置起来存而不论,从整体上对当事者的主观感受和认识不加任何修饰地如实描述,依靠直观直接审视和把握心理健康现象的本质。"现象学视角包括专注于生活世界,对主体的经验保持开放性,把精确描述放首位,试图给预前知识加"括号",以及寻求描述中不变的本质性意义。"③心理健康的现象学描述研究,反对滥用各种科学假设和前提,注重研究当事者特别是心理异常者的主观经验和真实感受,主张从整体论视角全面理解人的心理生活,强调心理生活的人文性及其质性表达,重视当下的现场气氛。根据著名现象学心理学家乔治夫妇规定的描述现象学研究的基本步骤④,我们可以将心理健康现象学描述的基本步骤规定为六个方面:一是获得感兴趣的心理健康现象的具体资料;二是对心理健康现象的具体资料采

---

① 叶浩生,主编.西方心理学的历史与体系.北京:人民教育出版社,1998:422.
② [英]维利格.心理学质性研究导论.郭本禹,王申连,赵玉晶,译.北京:人民邮电出版社,2013:61.
③ Kvale, S. (1996). *Interviews: An introduction to qualitative research interviewing*. London: Sage, pp.38-39.
④ [英]维利格.心理学质性研究导论.郭本禹,王申连,赵玉晶,译.北京:人民邮电出版社,2013:64.

取现象学态度;三是阅读全部资料以获得整体印象;四是重新阅读资料并确定可以充分体现整体不同方面或维度的意义单元;五是确定并明确每个意义单元的心理意义;六是清晰地表达该现象经验的一般结构。现象学描述这种依循本质而无预设倾向的原创性方法论立场,可以较大程度地弥补和完善传统心理健康研究方法论的不足,推动心理健康研究向"生活化"和"人性化"转向。我们要摒弃只有通过实证才能探究心理健康的偏见,跨越研究者与被研究者的两歧对立,站在对方立场,搁置预先假设,开放性地全纳和切身性地体会被研究者丰富的内心世界和当下的真实体验,从生活世界出发理解被研究者的各种行为表现和语言表达的意义,以此来揭示心理健康的本质和机制。

解释学的意义理解在描述心理学中既体现为对自我心理生命或心理生活的直接的意义理解,也体现为对他人心理生命或心理生活显性表达的间接的意义理解,而无论直接还是间接,均是对意义的探求,而且这种对意义的探求是以体验为基础、以社会历史文化为背景的,这在狄尔泰那里体现得尤为明显。现象学的描述要求研究者采取现象学的态度,把过去所有与正在研究的心理现象相关的知识(无论是专业的知识和理论,还是学科外的知识抑或日常的知识)用"括号"括起来,而解释学的理解并不主张把预设和假设放入"括号",而是要充分地研究和利用它们,以便推进更加丰富的理解。不过,描述心理学力主的解释学的意义理解,实质上并没有突破现象学的方法论框架,尽管它承认研究者的观念和判断会介入研究过程并发挥重要作用,但真正追求的其实依然是"回到实事本身",获取关于心理生命或心理生活的本真意义的知识,而不是命题式的建构性知识。事实上,在描述心理学特别是狄尔泰传统的描述心理学中,现象学的描述与解释学的理解是融为一体的,描述与理解并未分离,它们在捕捉心理经验本真样态的同时阐明其意义。就解释学的理解而言,"……生活经验的(现象学)'事实'在体验时总是要赋予有意义的(解释性的)经验。而且,甚至生活经验的'事实'也需要用语言(人文科学文本)来充分表达,而这不可避免地是一种解释过程。"[①]

心理健康的解释学理解研究承认直接进入被研究者的心理生活世界是不可能的,而必须站在被研究者的角度解读其语言、行为和表情等心理生活的外在表现,进而理解这些表现背后自觉不自觉地欲表达的真实意向和情感。例如,在心理健康研究中,对于一些心理严重异常的被研究者,我们无

---

① [英]维利格.心理学质性研究导论.郭本禹,王申连,赵玉晶,译.北京:人民邮电出版社,2013:64.

法对他们进行正常的测量和实验,而只有通过对他们哪怕怪诞的语言和行为进行解释,才能理解这些语言和行为背后欲表达的真实心理意义。这样一种对心理生活外在表现背后真实"故事"的考察,必然会牵涉到研究者本人对世界的已有看法和对事物的已有经验及其与被研究者之间的互动品质。描述心理学的解释学理解,后来发展成为一种可操作的研究范式,即乔纳森·史密斯1997年提出的解释现象学分析,"通过对文本和转录稿的解释性接触过程,阐明包含在……陈述中的意义"①。解释现象学分析对心理健康研究具有可操作性的指导意义。

按照解释现象学分析的方法论程序,心理健康研究首先要通过半结构式访谈获取研究资料。在访谈过程中,研究者倾听被研究者谈论其特殊的生活经验或经历,并站在被研究者角度适时地提出开放性和非诱导性的研究问题来控制访谈进展方向,同时给予被研究者一定自由。接下来就是对半结构式访谈的转录稿进行分析,主要包括四个阶段:一是反复阅读文本;二是找出并标定可以表示文本每一部分特征的主题;三是将结构引入分析中;四是制作出结构化主题的一览表。在为每位被研究者制作了一览表之后,研究者要将这些一览表整合成一张包容性的高级主题列表。但构建了高级主题列表并不意味着解释现象学分析宣告结束,研究者还要利用自己的理论建构和构想对确定的主题进行更加明确的解释。② 解释学的意义理解或解释现象学分析,致力于从被研究者的角度看待和理解心理健康现象,追求充分体现被研究者的真实心理经验并阐明其意义,为心理健康研究提供了一种异于实证主义的非常有价值的研究取径或范式。

第二节　描述心理学与心理治疗

心理治疗不仅仅是一门技术,而更是一门主要通过沟通艺术让人心理健康得以复原的心理哲学,心理治疗技术背后依赖的是深刻而丰富的哲学观念和理论信念。描述心理学作为最早重视人性、主倡人文精神的科学心理学形态,可以直接或间接地提供这方面的观念和信念。描述心理学虽并未对心理治疗作过较多专门论述,但却在其关于心理生活的本体论、认识论、方法论、价

---

① Hayes, N. (Ed.). (1997). *Doing qualitative analysis in psychology*. Hove: Psychology Press, p.189.
② [英]维利格.心理学质性研究导论.郭本禹,王申连,赵玉晶,译.北京:人民邮电出版社,2013:65-73.

值论及具体理论主张中蕴含着对心理治疗具有重要价值的指导思想,积极推进这些思想和观念融入当代心理治疗并发挥作用具有重要意义。当然,这些思想和观念中的许多已经在当代的心理治疗理论和实践中有所反映。

一、现象学观念与心理治疗

描述心理学主倡以"面向实事本身"的现象学精神直观地描述完整而真实的心理经验世界,力求让主观心理经验以一种无偏见的方式在前理论的描述过程中敞开和彰显自身。现象学告诉我们如何站在事物面前,摒弃以往所有理论假定、概念设想和先入之见,毫无保留地去体验和接受面前直接显现出来的全部现象。这种现象学的观念应当融入心理治疗实践当中。在心理治疗过程中,治疗师不能一听到来访者的倾诉就用自己习惯化的概念体系和判断标准去理解来访者的谈话内容,而是要将自己那套概念体系和判断标准暂时搁置起来,进入并无条件地接受来访者的话语体系、概念体系和评判体系,站在来访者的角度以来访者的方式理解来访者的谈话内容。正如史密斯(David L. Smith)所批判地指出:"当我们还未知晓该现象是什么时,传统已赶去用假设填充了无知的空白。"[1]因此,在心理治疗过程中,治疗师"需要警惕自身主观任意的假设和虚构,通过不断地返回经验现象的源头,随时校正自己的意向性态度,才可能保持清醒的自我批判意识,不会远离真理的道路而不自知。"[2]

在心理治疗实践中,治疗师要以"面向实事本身"的态度对待心理疾病的诊断和治疗。第一,治疗师要首先关注人及人真实的内心感受和体验,而不急于作出是否患有心理疾病以及所患是哪种心理疾病的病理学诊断,更不急于缓解和消除症状。心理疾病是生活着的人的心理疾病,对人及其当下真实感受和体验的关注要胜过和优先于对"障碍"和"疾病"的关注,过早地对当事者进行推测性诊断和障碍分类,会丢弃完整而真实的人。第二,治疗师要避免在对来访者真实感受和体验缺乏全面了解的情况下作出"标签性"诊断。治疗师有可能会根据自己对某种心理疾病的经验性认识来对照来访者,进而"草率"地给其贴上患了某种心理疾病以及患病程度的标签。这种个人偏见和预先假设"污染"临床诊断的现象,不符合现象学搁置预设和偏见而直面实事本身的精神。站在对方立场,摒弃个人预设和偏见,全面真实地了解来访者的生活态度、生活样态、经验世界、主观感受、内心体验、

---

[1] 转引自:崔光辉.现象的沉思——现象学心理学.济南:山东教育出版社,2009:223.
[2] 尤娜.现象学-诠释学心理治疗的综合探究.南京:南京师范大学博士学位论文,2007.

情绪状态、人际关系以及意向和需要等总体面貌,是作出正确心理疾病诊断和有效心理疾病治疗的前提和基础。第三,治疗师要积极地与来访者发展充满诚实、较少防御的合作关系,便于引导来访者达到一种重获自主、走向真实的状态,使其能够更加切近而直接地感受和体验生活,这是实现治疗目标的关键。第四,"现象即本质",来访者当下的任何语言、行为和感受都能够反映其心理疾病的本质状况,因而治疗师要全纳性地关注和分析来访者的任何语言、行为和内心表达。

二、共情理解与心理治疗

描述心理学强调通过移情或共情来达到对他人心理生命或心理生活的理解。狄尔泰主张通过移情或共情从内部而非外部整体地理解和认识他人的心理生命经验,就像这个人自己看待和感受自己那样。在狄尔泰看来,要真正做到对他人心理生命的理解,就必须走出自己的内心世界,通过移情或共情作用进入他人的内心世界,重新体验他人的心境,再现他人的内心体验。雅斯贝尔斯进一步在其心理病理学和心理治疗实践中强调了共情对于理解的重要性。他指出:"如果没有对内容(意象、格式塔、符号、思想)的同情(mitnehmen),没有看到表达,没有对体验现象的共感(miterleben),那么就不会有心理学的理解。所有客观感性事实与主观体验的领域,都是理解的材料。只有在拥有这些材料的情况下,理解才能得以实现。理解的材料,是通过发生理解而联系在一起的。……在有意义的现象的心理学中,对一个个案运用直接感知的、可理解的联系,永不会导致演绎性的证明,而只可能提供可能性。心理学理解不可以被机械地当作一种概括、泛化的知识来使用,它是鲜活的、随时需要个人直觉的。"[①]共情是体验他人内心世界的能力,描述心理学的共情理解观念对于当代心理治疗实践具有重要意义。

心理治疗师的共情是理解来访者心理世界的关键,而只有在理解来访者的基础上才可以选择和使用心理治疗技术。对于治疗师而言,只有具备了共情理解的能力,将自己沉入到患者的心理情境中去,才能够真正理解患者内心事件或心理病症的意义。治疗师的共情理解对于来访者心理或人格改变产生的影响,要远远大于所采用的治疗技术发挥的作用。在心理治疗中,治疗师要走出自己的参考框架而进入到来访者的参考框架,借助对来访者言行举止的观察和解释,将自己置身于来访者的处境,设身处地地感受和体验他/她的情绪、

---

① 转引自:赵旭东,徐献军.雅斯贝尔斯的"理解心理学"对当代心理健康服务的意义.心理学通讯,2018(1):58-64.

情感及思维,并选择正确的方式及时适度地向来访者表达或传达共情理解。

三、整体论与心理治疗

描述心理学强调人的心理生活是一个完整不可分割的结构化统一体,心理生活中的每个部分都是整体和系统中的部分,部分受整体制约,同时也影响整体,各部分之间密切交织的动态的统一构成了整体。在描述心理学家看来,不仅心理生活本身是一个整体,而且心理与身体、心理与环境也是一个密切关联的整体,这就要求对心理生活的研究应该具有整体论思维。这种整体论观念对于心理治疗实践而言具有重要指导意义。人是一种寓于生活和人际关系中的整体性存在,心理健康问题和疾病的出现,并不是某个心理健康指标出现了异常那么简单,而是心理生活的整体系统出现了问题,是当事者的生活状态和交往互动出现了问题。因此,在心理治疗中,治疗师应站在整体论和系统论的角度来看待来访者及其心理病患,不能机械和还原地仅盯着问题和疾病,而更应着眼于问题和疾病产生的生态系统,即心理生活整体及来访者生活的人际环境和关系。治疗师应努力创造一种和谐融洽的治疗氛围,帮助来访者减少心理生活整体内部各部分之间的冲突,增强自我或人格的内部整合,促使心理生活内部达到一种新的动态的平衡。同时,治疗师应帮助来访者积极改善人际关系和生活状态,为恢复心理健康创造一种良好的生态环境。

四、体验与心理治疗

描述心理学的开创者之一狄尔泰赋予体验在心理学研究中以至高无上的地位,认为心理生命内在于体验并通过体验被直接给予,无论对心理生命的现象学描述还是解释学理解均首先依赖于体验,对心理生命结构系统的体验构成了心理学研究的首要基础和根本出发点。在心理治疗过程中,治疗师需要体验到来访者正在体验的任何感受,并积极促使和引导来访者充分体验到自己的心理生活的意义及自己的当前存在的真实性。治疗师通过自己的体验去感受和捕捉来访者的内心体验,并鼓励和引导来访者接纳自己的真实体验,是取得良好治疗效果的根本保证。马雷尔(Alvin R. Mahrer,1927—2014)后来提出了体验心理治疗(experiential psychotherapy),并进一步发展出了转换心理治疗(transformational psychotherapy)。[①] 他认为体验心

---

① Mahrer, A. R. (1993). Transformational psychotherapy sessions. *Journal of Humanistic Psychology*, 33(2): 30-37.

理治疗包括四个步骤：第一，治疗师引导来访者产生一种强烈而完整的情感，以激活他/她的某些内心体验，这些内心体验是感受到但尚未产生意义的东西。治疗师引导来访者慢慢平静下来并保持这个状态。这个时候任何感受的出现都应受到欢迎，因为这样可以使来访者感到舒适和放松。第二，治疗师将自己的体验与来访者的体验联系起来。第三，治疗师引导来访者感受内心的体验并帮助其从原先的人格中解脱出来。治疗师和来访者在来访者的生活中找到事件，然后一起快乐地体验这一具体情境。第四，来访者以这种崭新的姿态生活在未来的情境中。马雷尔在此基础上进一步指出，治疗师不能仅仅停留在体验来访者的情感阶段，而是应转换为"真实而完整的生活，进入当前的、栩栩如生的、生动活泼的、真实的情景和情境中去……不是与人产生共情，而是应该完全地成为那个人。不是了解那个人的世界，而是你要生活在其中"。[①]

五、主体论与心理治疗

描述心理学把人看作是现实生活中有目的、有需求、有体验、有情感的主体性存在，认为人是自己独特心理生活的创造者、主宰者、管理者及自主展现者，并将人的主体性地位充分地体现在了研究实践中。在描述心理学研究中，研究的对象并不是像在自然科学心理学中那样是受研究者和仪器设备实验操控的被动者，而是可以自由展现自己心理生活和主观经验的主动者。这种主体论观念对于当代心理治疗实践具有重要意义。在心理治疗中，我们对来访者要抱持一种积极乐观的信任态度，相信来访者具有主动寻求改变自身心理健康状况的愿望和动机，具有追求自我心理成长和完善自我心理机能的倾向，具有在治疗师帮助下实现"自愈"而非"被治愈"的潜能。我们不能把来访者看作是被动接受治疗的"羔羊"，而要将他们看作是在心理治疗过程中充分发挥主导和能动作用的主体。在心理治疗过程中，治疗师与来访者应建立一种友好互动的平等关系，鼓励和引导来访者不断反思自我，发现自己内在的真实情感，展现自己真实的主观经验世界，进而实现自我理解、自我指导和自我治疗。我们要相信来访者才是自己心理生活和心理症结的最彻底的知情者，治疗师要甘愿扮演一个帮助者和促进者的角色，通过创造一种充满关怀和信任的治疗氛围，让来访者最终通过自我成长和自我完善来恢复和疗愈被扭曲的自我心理世界。

---

① ［美］史密斯.当代心理学体系.郭本禹，等译.西安：陕西师范大学出版社，2005：112.

六、社会、历史和文化与心理治疗

描述心理学特别是浪漫主义传统的描述心理学把人视作社会、历史和文化中的存在，认为每个人通过与内嵌的特定社会、历史和文化的互动形成了自己独特的心理生活，社会、历史和文化构成了一个人心理生活的意义和内容的经验来源。真实的人不是建构的科学世界中的人，而是本然的生活世界中的人，是特定社会、历史和文化境遇中的人，人的心理生活也必然镌刻着特定社会、历史和文化的烙印。因此，狄尔泰等描述心理学家强调从社会、历史和文化的视域来描述和理解人的心理生活。这种社会、历史和文化的视域，对于心理治疗必不可少，只有全面而透彻地了解来访者所处的真实的社会、历史和文化背景，才能够真正理解来访者的心理生活样态及其心理病患产生的原因。例如，精神分析社会文化学派就认为精神疾病产生的根本原因在于社会、历史和文化，是不健康的社会、历史和文化导致了人的精神疾病。事实上，在现实生活中，我们经常会遇到，一个心理不健康的孩子背后往往存在着一种不健康的家庭关系和环境。当然，长期以来社会文化当中自然形成的一些非个人所致的固有特质，也是心理治疗当中应该考虑的因素。例如，在多子女家庭当中，第一个孩子往往会被赋予更多和更大的家庭责任，这无形中会增加他/她的心理压力；在性别文化当中，男性往往会被赋予坚强、勇敢和成功等品质，这通常使得男性在面临心理压力或病患时不乐于求助，更容易以自杀等决绝方式来应对；在中国文化里面，存在着严重的心理病耻感，许多人不敢正视心理问题，也不愿寻求心理帮助。因此，社会、历史和文化应成为心理治疗师理解来访者、分析病患原因及开展治疗必须具有的视域。

参 考 文 献

一、中文部分

［美］艾伦.人格理论：发展、成长与多样性（第五版）.陈英敏，纪林芹，王美萍，等译.上海：上海教育出版社，2011.

安延明.狄尔泰的体验概念.复旦学报（社会科学版），1990(5)：47-55.

［美］奥姆罗德.学习心理学（第6版）.汪玲，等译.北京：中国人民大学出版社，2015.

［瑞士］贝尔奈特，肯恩，马尔巴赫.胡塞尔思想概论.李幼蒸，译.北京：中国人民大学出版社，2010.

［美］波林.实验心理学史.高觉敷，译.北京：商务印书馆，2011.

［德］布伦塔诺.从经验立场出发的心理学.郝亿春，译.北京：商务印书馆，2017.

蔡飞.论心理学中科学主义和人文主义对立的哲学根源.扬州大学学报（高教研究版），2000(4)：30-34.

常若松，主编.弗洛伊德主义新论（第一卷）.上海：上海教育出版社，2016.

车文博.二十世纪西方心理学发展的轨迹及其未来的走向.社会科学战线，1995(5)：29-43.

车文博.统合主客观心理学范式　建构中国大心理学体系.社会科学战线，1995(5)：4-7.

车文博.西方心理学史.杭州：浙江教育出版社，1998.

车文博，许波，伍麟.西方心理学思想史发展规律的探析.社会科学战线，2001(3)：41-52.

车文博.人本主义心理学.杭州：浙江教育出版社，2003.

车文博.客观实验范式与主观经验范式的整合——当代西方心理学理论范式发展的走向.自然辩证法研究，2003，19(5)：1-6.

车文博.透视西方心理学.北京：北京师范大学出版社，2007.

车文博，郭本禹，总主编.弗洛伊德主义新论（三卷本）.上海：上海教育出版社,2016.

陈锋.狄尔泰教育学研究.兰州：甘肃教育出版社,2007.

陈锋.生命洪流的奔涌——对狄尔泰哲学的叙述、分析与批评.哈尔滨：黑龙江人民出版社,2010.

陈少华,郑雪.整体与部分之和——一种整体论的心理学模式.自然辩证法研究,2000,16(8)：1-4+14.

陈向明.质的研究方法与社会科学研究.北京：教育科学出版社,2000.

程世英.施奈德存在主义心理学及其心理治疗观.南京：南京师范大学硕士学位论文,2006.

崔光辉.走向真实的世界——现象学心理学研究.南京：南京师范大学博士学位论文,2008.

崔光辉.现象的沉思——现象学心理学.济南：山东教育出版社,2009.

崔光辉.论现象学心理学的理论特征.心理科学,2011(6)：1524-1528.

崔光辉.现象学心理学视界中的心理健康评估.南京师大学报(社会科学版),2012(1)：97-102.

［荷］德布尔.胡塞尔思想的发展.李河,译.北京：生活·读书·新知三联书店,1995.

［荷］德·穆尔.有限性的悲剧：狄尔泰的生命释义学.吕和应,译.上海：上海三联书店,2016.

邓晓芒,赵林.西方哲学史(修订本).北京：高等教育出版社,2014.

邓铸,编著.应用实验心理学.上海：上海教育出版社,2006.

［德］狄尔泰.人文科学导论.赵稀方,译.北京：华夏出版社,2003.

［德］狄尔泰.体验与诗：莱辛·歌德·诺瓦利斯·荷尔德林.胡其鼎,译.北京：生活·读书·新知三联书店,2003.

［德］狄尔泰.精神科学中历史世界的建构.安延明,译.北京：中国人民大学出版社,2010.

［德］狄尔泰.历史中的意义.艾彦,译.南京：译林出版社,2011.

［德］狄尔泰.历史理性批判手稿.陈锋,译.上海：上海译文出版社,2012.

丁道群.解释学与西方心理学的发展.湖南师范大学教育科学学报,2002(2)：108-112.

董华,赵华.试论两种文化的哲学界定.山西高等学校社会科学学报,2006,18(4)：61-65.

范明林,吴军,编著.质性研究.上海：格致出版社,2009.

方双虎.威廉·詹姆斯的心理学整合观及其当代启示.华东师范大学学报(教

育科学版),2011,29(2):47-55.

方双虎.论威廉·詹姆斯的心理学科学观.心理科学,2011,34(5):1242-1246.

方文.论心理学的历史图景.晋阳学刊,1994(6):64-68.

冯川.荣格:神话人格.武汉:长江文艺出版社,1996.

冯建军.西方心理学研究中现象学方法论述评.南京师大学报(社会科学版),1998(3):74-78.

[德]弗里克.质性研究导引.孙进,译.重庆:重庆大学出版社,2011.

[奥]弗洛伊德.精神分析引论.高觉敷,译.北京:商务印书馆,1984.

[奥]弗洛伊德.弗洛伊德自传.顾闻,译.上海:上海人民出版社,1987.

高桦.狄尔泰的生命释义学.上海:上海人民出版社,2018.

高觉敷,主编.近代西方心理学史.北京:人民教育出版社,1982.

高觉敷,主编.西方心理学史论.合肥:安徽教育出版社,1995.

高申春.进化论与心理学及主体性——西方心理学史的一个新的理解之维.东北师大学报(哲学社会科学版),2002(5):119-123.

高新民.意向性理论的当代发展.北京:中国社会科学出版社,2008.

[加拿大]格朗丹.哲学解释学导论.何卫平,译.北京:商务印书馆,2009.

葛鲁嘉.大心理学观——心理学发展的新契机与新视野.自然辩证法研究,1995,11(9):18-24.

龚浩然.维果茨基及其对现代心理学的贡献——从纪念维果茨基诞辰100周年国际会议说起.心理发展与教育,1997(4):61-64.

郭本禹.布伦塔诺的意动心理学述评.心理学报,1998,30(1):106-112.

郭本禹.重评斯顿夫的机能心理学.南京师大学报(社会科学版),2002(4):110-116.

郭本禹.精神分析运动的发展逻辑.南京师大学报(社会科学版),2006(5):81-86.

郭本禹,主编.西方心理学史.北京:人民卫生出版社,2007.

郭本禹,等.潜意识的意义——精神分析心理学(上).济南:山东教育出版社,2009.

郭本禹,崔光辉,陈巍.经验的描述——意动心理学.济南:山东教育出版社,2010.

郭本禹.当代精神分析的新发展——精神分析与诠释学的融合.南京师大学报(社会科学版),2013(1):85-91.

郭本禹,主编.弗洛伊德主义新论(第二卷).上海:上海教育出版社,2016.

郭本禹,王申连.勒温人际关系思想解析.北京：人民教育出版社,2020.
国家卫生计生委,等.关于加强心理健康服务的指导意见.国卫疾控发[2016] 77号文件,2016-12-30.
郭永玉,主编.弗洛伊德主义新论(第三卷).上海：上海教育出版社,2016.
[德]哈贝马斯.新的非了然性——福利国家的危机与乌托邦力量的穷竭.薛华,译.哲学译丛,1986(4):63-69.
[美]赫根汉.心理学史导论(第四版).郭本禹,等译.上海：华东师范大学出版社,2004.
洪汉鼎,主编.理解与解释——诠释学经典文选(修订本).北京：东方出版社,2006.
洪汉鼎.当代西方哲学两大思潮(上、下).北京：商务印书馆,2010.
洪汉鼎.实践哲学 修辞学 想象力——当代哲学诠释学研究.北京：中国人民大学出版社,2013.
洪汉鼎.诠释学：它的历史和当代发展(修订本).北京：中国人民大学出版社,2018.
[德]胡塞尔.现象学的观念.倪梁康,译.上海：上海人民出版社,1986.
[德]胡塞尔.纯粹现象学通论.李幼蒸,译.北京：商务印书馆,1995.
[德]胡塞尔.胡塞尔选集.倪梁康,选编.上海：上海三联书店,1997.
[德]胡塞尔.逻辑研究(第一卷).倪梁康,译.上海：上海译文出版社,2006.
[德]胡塞尔.逻辑研究(第二卷第一部分).倪梁康,译.上海：上海译文出版社,2006.
[德]胡塞尔.逻辑研究(第二卷第二部分).倪梁康,译.上海：上海译文出版社,2006.
[德]胡塞尔.现象学的观念：五篇讲座稿.倪梁康,译.北京：人民出版社,2007.
[德]胡塞尔.哲学作为严格的科学.倪梁康,译.北京：商务印书馆,2010.
[美]霍妮.我们时代的神经症人格.冯川,译.贵阳：贵州人民出版社,1988.
[美]霍瑟萨尔.心理学史(第4版).郭本禹,等译.北京：人民邮电出版社,2011.
[德]伽达默尔.哲学解释学.夏镇平,宋建平,译.上海：上海译文出版社,1994.
[德]卡西尔.人文科学的逻辑.关子尹,译.上海：上海译文出版社,2004.
[美]凯根.三种文化:21世纪的自然科学、社会科学和人文学科.王加丰,宋严萍,译.上海：格致出版社,2011.

［韩］康英启.狄尔泰：理解与体验的故事.吴荣华,译.合肥：黄山书社,2011.

［美］科尔.文化心理学：历史与未来.洪建中,张春妹,译.北京：人民出版社,2018.

［意］克罗齐.十九世纪欧洲史.田时纲,译.北京：中国社会科学出版社,2005.

［美］库恩.科学革命的结构（第四版）.金吾伦,胡新和,译.北京：北京大学出版社,2012.

李炳全,叶浩生.主流心理学的困境与文化心理学的兴起——文化心理学能否成为心理学的新主流？国外社会科学,2005(1)：4-12.

李炳全.文化心理学.上海：上海教育出版社,2007.

李超杰.理解生命——狄尔泰哲学引论.北京：中央编译出版社,1994.

李汉松,编著.西方心理学史.北京：北京师范大学出版社,1988.

［美］黎黑.心理学史：心理学思想的主要流派（第6版）.蒋柯,等译.上海：上海人民出版社,2013.

李娟.从描述心理学到现象学——论布伦塔诺对胡塞尔现象学的影响.鲁东大学学报（哲学社会科学版）,2008,25(6)：77-81.

［德］李凯尔特.文化科学和自然科学.涂纪亮,译.北京：商务印书馆,1986.

［英］里克曼.狄尔泰.殷晓蓉,吴晓明,译.北京：中国社会科学出版社,1989.

李敏.主体性的沦失与复归——德国批判心理学的主体性理论及其批判.长沙：湖南师范大学硕士学位论文,2012.

李鹏程.胡塞尔传.石家庄：河北人民出版社,1998.

李晓凤,佘双好,编著.质性研究方法.武汉：武汉大学出版社,2006.

林崇德,杨治良,黄希庭,主编.心理学大辞典.上海：上海教育出版社,2003.

凌辉等.人格障碍研究现状与展望.中国临床心理学杂志,2014,22(1)：135-139.

刘恩久.刘恩久文选.南京：南京师范大学出版社,2009.

刘建军.追问信仰.石家庄：河北人民出版社,1998.

刘金平,乐国安.文化心理学的三种研究取向.心理科学,2005,28(6)：1514-1516.

刘文龙,袁传伟,主编.世界文化史·近代卷.杭州：浙江人民出版社,1999.

刘翔平.论现象学在西方心理学史中的方法论意义.心理学探新,1987(4)：79-86.

刘翔平.精神分析与释义学——析弗洛伊德精神分析的方法论.心理学探新,1989(3)：6-10.

楼巍,奚颖瑞.早期胡塞尔对"数"概念的心理学分析.现代哲学,2012(4):80-86.

[匈]卢卡奇.理性的毁灭.王玖兴,等译.济南:山东人民出版社,1997.

罗燕.胡塞尔对实验心理学的批判和影响研究.济南:山东大学硕士学位论文,2010.

[美]马尔塞拉,等主编.跨文化心理学.肖振远,等译.长春:吉林文史出版社,1991.

[美]马克瑞尔.狄尔泰传——精神科学的哲学家.李超杰,译.北京:商务印书馆,2003.

[美]马斯洛.动机与人格.许金声,等译.北京:华夏出版社,1987.

[美]马斯洛.人性能达的境界.林方,译.昆明:云南人民出版社,1987.

麻彦坤,麦哲豪.基于主体性视角看主流心理学中的"人".中国社会科学报,2019-10-28.

马玉梅.描述心理学与语言研究方法.外语学刊,2008(6):26-29.

梦海.描述·说明·理解——卡尔·雅斯贝尔斯与精神病学新方法.福建论坛·人文社会科学版,2006(12):46-53.

孟维杰.心理学文化探索.北京:中国社会科学出版社,2018.

[美]米德.十九世纪的思想运动.陈虎平,刘芳念,译.北京:中国城市出版社,2003.

[美]墨菲,柯瓦奇.近代心理学历史导引(上、下).林方,王景和,译.北京:商务印书馆,2010.

[英]莫特纳,伯奇,杰索普,米勒,主编.质性研究的伦理.丁三东,王岫庐,译.重庆:重庆大学出版社,2008.

倪梁康.现象学及其效应——胡塞尔与当代德国哲学.北京:三联书店,1994.

倪梁康.现象学精神:为何?何为?读书,1995,10:50-54.

倪梁康,主编.面对实事本身——现象学经典文选.北京:东方出版社,2000.

倪梁康.胡塞尔现象学概念通释.北京:生活·读书·新知三联书店,2007.

[美]诺伦-霍克西玛.变态心理学(第6版).邹丹,等译.北京:人民邮电出版社,2017.

[美]帕尔默.诠释学.潘德荣,译.北京:商务印书馆,2012.

潘德荣.西方诠释学史(第二版).北京:北京大学出版社,2016.

彭运石.人的消解与重构——西方心理学方法论研究.长沙:湖南教育出版社,2009.

秦金亮.西方心理学研究中的现象学方法及其启示.心理科学,2001,24(6): 722-723.

秦金亮.论西方心理学研究中现象学方法发展的历史轨迹.教育史研究,2003 (2):85-89.

秦金亮.质化研究心理学.上海:上海教育出版社,2010.

任其平.论宾斯万格存在分析学的理论特征.华东师范大学学报(教育科学版),2013,31(1):50-55.

[美]史密斯.当代心理学体系.郭本禹,等译.西安:陕西师范大学出版社,2005.

[美]施皮格伯格.现象学运动.王炳文,张金言,译.北京:商务印书馆,2011.

[联邦德国]施太格缪勒.当代哲学主流(上卷).王炳文,燕宏远,张金言,等译.北京:商务印书馆,1986.

[联邦德国]施太格缪勒.当代哲学主流(下卷).王炳文,王路,燕宏远,李理,等译.北京:商务印书馆,1992.

[德]斯勃朗格.文化形态学研究.王文俊,译.重庆:独立出版社,1942.

[英]斯诺.两种文化.纪树立,译.北京:生活·读书·新知三联书店,1994.

[德]斯普兰格.人生之型式.董兆孚,译.北京:商务印书馆,1938.

司群英.诠释学与精神分析的历史交汇与当代融合.南京:南京师范大学博士学位论文,2012.

司群英.精神分析的诠释学体现.南京师大学报(社会科学版),2013(1):99-104.

孙平.光明与黑暗同在——存在心理学理论与实践研究.南京:南京师范大学博士学位论文,2015.

索拉索,编.21世纪的心理科学与脑科学.朱滢,陈烜之,等译.北京:北京大学出版社,2002.

唐钺.西方心理学史大纲.北京:北京大学出版社,1994.

陶宏斌,郭永玉.现象学方法论与现代西方心理学.华东师范大学学报(教育科学版),1997(4):61-67.

田方林.狄尔泰生命解释学与西方解释学本体论转向.成都:西南交通大学出版社,2009.

[美]瓦伊尼,金.心理学史:观念与背景(第3版).郭本禹,等译.北京:世界图书出版公司,2009.

王国芳.解释学方法论与现代西方心理学.南京师大学报(社会科学版),1999 (4):80-85.

王国芳,等.潜意识的意义——精神分析心理学(下).济南:山东教育出版社,2009.

王建平,张宁,王玉龙,朱雅雯,编著.变态心理学(第3版).北京:中国人民大学出版社,2018.

王鹏,潘光花,高峰强.经验的完形——格式塔心理学.济南:山东教育出版社,2009.

王启康.试论心理学史上的内容与意动之争——对一场争论的重新评价.华中师范大学学报(哲学社会科学版),1987(1):108-114.

王启康.格心致本——理论心理学研究及其发展道路(增订版).武汉:华中师范大学出版社,2013.

王申连.从信息加工范式到生态学范式——奈塞尔的认知心理学思想研究.南京:南京师范大学硕士学位论文,2010.

王申连.科学心理学早期的另一种声音——描述心理学研究.南京:南京师范大学博士学位论文,2014.

王申连.论斯特恩的人格描述心理学.南京师大学报(社会科学版),2015(1):105-113.

王申连.描述心理学彰显人文科学精神.中国社会科学报,2019-03-04.

王申连.描述心理学的历史贡献.南京晓庄学院学报,2019(2):81-86+92.

王申连.狄尔泰对自然科学心理学的批判及其效应.中国社会科学报,2020-11-19.

王申连.描述心理学开启人文科学心理学主体论逻辑.中国社会科学报,2021-01-12.

王申连.描述心理学赋予心理治疗人文意义.中国社会科学报,2021-08-19.

王申连,郭本禹.狄尔泰的描述心理学及其历史效应.华东师范大学学报(教育科学版),2013,31(3):49-55.

王申连,郭本禹.描述心理学的历史演变.教育研究与实验,2014(2):79-84.

王申连,郭本禹.狄尔泰生命伦理学思想解析.伦理学研究,2014(2):46-51.

王申连,郭本禹.描述心理学的理论形态.华东师范大学学报(教育科学版),2015(1):91-96.

王申连,郭本禹.从经验到本质:胡塞尔对布伦塔诺描述心理学的理论推进.华中师范大学学报(人文社会科学版),2015,54(3):170-176.

王申连,郭本禹.科学主义的抵抑,人文主义的彰显——论描述心理学的基本特征.西南民族大学学报(人文社会科学版),2015(10):209-213.

王申连,郭本禹.逝而未逝,融而续生——论描述心理学在心理学"第三势力"中的传承与发展.江苏师范大学学报(哲学社会科学版),2016,42(1):139-144.

王申连,郭本禹.论描述心理学的质性精神.华中师范大学学报(人文社会科学版),2019,58(1):177-184.

王申连,郭本禹.威廉·斯特恩的儿童人格发展观及其历史效应.心理科学,2021,44(6):1383-1389.

王申连,郭本禹.描述心理学的出场与展开:人文科学心理学的历史发展逻辑.西南民族大学学报(人文社会科学版),2022,43(1):201-207.

王天成.认识论的奠基与心理逻辑的统一——兼谈胡塞尔由现象学心理学向先验现象学转变的意义.长白学刊,1997(4):38-41.

汪新建.21世纪的心理学:科学主义与人文主义的融合.自然辩证法通讯,2000(4):13-14.

王燕,刘思洁,陈矜之.改革开放40年中国人心态变化的年代分析——以社会信任、主观幸福感和心理健康为例.苏州大学学报(教育科学版),2020(1):58-69.

[英]维利格.心理学质性研究导论.郭本禹,王申连,赵玉晶,译.北京:人民邮电出版社,2013.

吴康宁.社会学视野中的教育.教育研究与实验,2006(4):1-5.

伍麟."心"的"形而上学"——论心理学哲学的理论根基、内容与功能.学习与探索,2003(4):22-24.

伍麟,郭增花.作为人文科学的心理学.自然辩证法研究,2003(7):4-8.

伍麟,郭增花.心理学的人文取向——20世纪美国现象学心理学的历史与理论主张.西北师大学报(社会科学版),2003,40(6):32-36.

伍麟,车文博.西方主流心理学意识观的现象学批判与重构.心理科学,2008,31(4):914-916.

伍麟,车文博.现象学的心理学贡献.社会科学战线,2010(1):23-28.

奚颖瑞.从"算术哲学"到"逻辑研究"——论早期胡塞尔的现象学突破之路.杭州:浙江大学博士学位论文,2010.

奚颖瑞.论早期胡塞尔的算术哲学.自然辩证法通讯,2011,33(2):7-11.

夏基松.现代西方哲学教程新编(全2册).北京:高等教育出版社,1998.

夏基松.现代西方哲学.上海:上海人民出版社,2006.

谢地坤.走向精神科学之路——狄尔泰哲学思想研究.南京:江苏人民出版

社,2003.

谢地坤,主编.西方哲学史(学术版)·第七卷·现代欧洲大陆哲学(上).南京:江苏人民出版社,2005.

解光云,主编.世界文化史.合肥:安徽大学出版社,2004.

《心理学百科全书》编辑委员会,编.心理学百科全书.杭州:浙江教育出版社,1995.

辛自强."心理建设"或可上升为国家战略.民主与科学,2017(6):34-35.

[英]休谟.人性论(上).关文运,译.北京:商务印书馆,1980.

许卉.方法论建构:解释学对人本主义心理学的影响.社会科学论坛,2012(11):67-72.

许为勤.布伦塔诺价值哲学.贵阳:贵州人民出版社,2004.

徐献军.雅斯贝尔斯对现象学直观的阐释及发展.浙江社会科学,2018(8):104-109,158-159.

[苏]雅罗舍夫斯基,安齐费罗娃.国外心理学的发展与现状.王玉琴,等译.北京:人民教育出版社,1981.

杨韶刚.存在心理学.南京:南京师范大学出版社,2000.

杨韶刚.人性的彰显——人本主义心理学.济南:山东教育出版社,2009.

杨鑫辉,主编.什么是真正的心理学——50位现当代心理学家思想选粹.福州:福建教育出版社,2012.

叶浩生,主编.西方心理学的历史与体系.北京:人民教育出版社,1998.

叶浩生.试析现代西方心理学的文化转向.心理学报,2001,33(3):270-275.

叶浩生,王继瑛.质化研究:心理学研究方法的范式革命.心理科学,2008,31(4):794-799.

叶晓玲,李艺.现象学作为质性研究的哲学基础:本体论与认识论分析.教育研究与实验,2020(1):11-19.

尹星凡,詹世友,黄承烈,等编著.现代西方人文哲学.南昌:江西人民出版社,2003.

尤娜.现象学-诠释学心理治疗的综合探究.南京:南京师范大学博士学位论文,2007.

袁文彬.狄尔泰的体验概念与诠释学.上海:华东师范大学硕士学位论文,2010.

[丹]扎哈维.胡塞尔现象学.李忠伟,译.上海:上海译文出版社,2007.

詹栋梁.斯普兰格文化教育思想及其影响.台北:文景出版社,1981.

张庆熊.描述心理学对先验现象学——兼谈狄尔泰和胡塞尔在哲学思想上

的联姻与争论.陕西师范大学学报(哲学社会科学版),2006,35(2):37-44.

张汝伦.从心理学到释义学——狄尔泰描述心理学的启示.西南民族大学学报(人文社科版),2008(2):60-66.

张汝伦.二十世纪德国哲学.北京:人民出版社,2008.

张世英.哲学导论(第三版).北京:北京大学出版社,2016.

张旺山.狄尔泰.台北:东大图书公司,1986.

张勇.西方心理学人文取向的生成与发展研究.长春:吉林大学博士学位论文,2007.

赵冬梅,申荷永.解释学与荣格心理分析.南京师大学报(社会科学版),2007(1):99-102.

[韩]赵克勋.胡塞尔:现象与本质的故事.吴荣华,译.合肥:黄山书社,2011.

赵旭东,徐献军.雅斯贝尔斯的"理解心理学"对当代心理健康服务的意义.心理学通讯,2018(1):58-64.

郑发祥.主体心理学.上海:上海教育出版社,2006.

郑荣双.浪漫主义心理学述评.信阳师范学院学报(哲学社会科学版),2002,22(1):50-53.

周宁.心理主体的回归——重新评价冯特.心理学探新,2000,20(1):3-6.

庄锡昌,主编.西方文化史.北京:高等教育出版社,2010.

邹铁军,等.现代西方哲学——20世纪西方哲学述评.吉林:吉林大学出版社,1991.

邹霞.精神科学与自然科学的划分——狄尔泰哲学思想研究.贵阳:贵州师范大学硕士学位论文,2007.

二、英文部分

Albertazzi, L., Libardi, M., & Poli, R. (Eds.). (1996). *The school of Franz Brentano*. Dordrecht: Kluwer Academic Publishers.

Albertazzi, L. (2006). *Immanent realism: An introduction to Brentano*. Dordrecht: Springer.

Allport, G. W. (1937). *Personality: A psychological interpretation*. New York: Holt.

Allport, G. W. (1937). The personalistic psychology of William Stern. *Character and Personality*, 5(3): 231-246.

Allport, G. W. (1938). William Stern: 1871-1938. *The American*

Journal of Psychology, 51(4): 770 – 773.

Allport, G. W. (1961). *Pattern and growth in personality*. New York: Holt, Rinehart and Winston.

Arens, K. (1989). *Structures of knowing: Psychologies of the nineteenth century*. Dordrecht: Kluwer Academic Publishers.

Ash, M. G. (1995). *Gestalt psychology in German culture, 1890 – 1967: Holism and the quest for objectivity*. Cambridge: University Press.

Ashworth, P. (2003). An approach to phenomenological psychology: The contingencies of the lifeworld. *Journal of Phenomenological Psychology*, 34(2): 145 – 156.

Bamberg, M. (2000). Critical personalism, language and development. *Theory and Psychology*, 10(6): 749 – 767.

Brentano, F. (1973). *Psychology from an empirical standpoint* (A. C. Rancurello, D. B. Terrell, & L. L. McAlister, Trans.). London: Routledge & Kegan Paul. (Original work published 1874.)

Brentano, F. (1995). *Psychology from an empirical standpoint* (A. C. Rancurello, D. B. Terrell, & L. L. McAlister, Trans.). London: Routledge & Kegan Paul.

Brentano, F. (1995). *Descriptive psychology* (B. Müller, Trans. & Ed.). London & New York: Routledge.

Bugental, J. F. T. (1964). The third force in psychology. *Journal of Humanistic Psychology*, 4: 19 – 25.

Buxton, C. E. (Ed.). (1985). *Points of view in the modern history of psychology*. Orlando, Florida: Academic Press, Inc.

Camic, P. M., Rhodes, J. E., & Yardley, L. (Eds.). (2003). *Qualitative research in psychology: Expanding perspectives in methodology and design*. Washington, DC: American Psychological Association.

Cassirer, E. (1950). *The problem of knowledge: Philosophy, science, and history since Hegel* (W. H. Woglom, & C. W. Hendel, Trans.). New Haven: Yale University Press.

Cavanaugh, J. C. (1981). Early developmental theories: A brief review of attempts to organize developmental data prior to 1925. *Journal of the History of the Behavioral Sciences*, 17: 38 – 47.

Commins, W. D. (1932). Some early holistic psychologists. *The Journal of Philosophy*, 29(8): 208 – 217.

DeRobertis, E. M. (1996). *Phenomenological psychology*. Lanham: University Press of America, Inc.

DeRobertis, E. M. (2011). William Stern: Forerunner of human science child developmental thought. *Journal of Phenomenological Psychology*, 42: 157 – 173.

Deutsch, W., & Mogharbel, C. E. (2011). Clara and William Stern's conception of a developmental science. *European Journal of Developmental Psychology*, 8(2): 135 – 156.

Dilthey, W. (1924). *Gesammelte Schriften*, Volume V. Leipzig and Berlin: B. G. Teubner.

Dilthey, W. (1977). *Descriptive psychology and historical understanding* (R. M. Zaner, & K. L. Heiges, Trans.; R. A. Makkreel, Intro.). The Hague: Martinus Nijhoff.

Dilthey, W. (1985). *Selected works, Volume V: Poetry and experience* (R. A. Makkreel, & F. Rodi, Eds. & Intro.). Princeton, NJ: Princeton University Press.

Dilthey, W. (1996). *Selected works, Volume IV: Hermeneutics and the study of history* (R. A. Makkreel, & F. Rodi, Eds. & Intro.). Princeton, NJ: Princeton University Press.

Eaton, H. O. (1932). The rediscovery of Franz Brentano. *Books Abroad*, 6(2): 154 – 156.

Ermarth, M. (1978). *Wilhelm Dilthey: The critique of historical reason*. Chicago, IL: University of Chicago Press.

Farber, N. (2006). Conducting qualitative research: A practical guide for school counselors. *Professional School Counseling*, 9(5): 1 – 11.

Faux, R. (2014). Quantitative research. In T. Teo (Ed.), *Encyclopedia of critical psychology* (pp.1614 – 1618). New York: Springer.

Feest, U. (2007). 'Hypotheses, everywhere only hypotheses!': On some contexts of Dilthey's critique of explanatory psychology. *Studies in History and Philosophy of Science Part C: Studies in History and Philosophy of Biological and Biomedical Sciences*, 38(1): 43 – 62.

Feigl, H. (1959). Philosophical embarrassments of psychology. *American Psychologist*, 14(3): 115 – 128.

Fischer, C. T. (2006). *Qualitative research methods for psychologists: Introduction through empirical studies*. San Diego: Academic Press.

Fischer, C. T. (2006). Humanistic psychology and qualitative research: Affinity, clarifications, and invitations. *The Humanistic Psychology*, 34(1): 3-11.

Fisette, D. (2009). Love and hate: Brentano and Stumpf on emotions and sense feelings. *Gestalt Theory*, 31(2): 115-127.

Fisette, D. (2009). Stumpf and Husserl on phenomenology and descriptive psychology. *Gestalt Theory*, 31(2): 175-190.

Freeman, D. (2001). *Dilthey's dream: Essays on human nature and culture* (Foreword by J. J. Fox). Canberra: Pandanus Books.

Gergen, K. J. (2001). Psychological science in a postmodern context. *American Psychologist*, 56(10): 803-813.

Gergen, K. J., Josselson, R., & Freeman, M. (2015). The promises of qualitative inquiry. *American Psychologist*, 70(1): 1-9.

Giorgi, A. (1970). *Psychology as a human science: A phenomenological approach*. New York: Harper & Row.

Giorgi, A. (2000). Psychology as a human science revisited. *Journal of Humanistic Psychology*, 40(3): 56-73.

Giorgi, A. (2006). Facts, values and the psychology of human person. *Indo-Pacific Journal of Phenomenology*, 6: 1-17.

Giorgi, A. (2014). An affirmation of the phenomenological psychological descriptive method: A response to Rennie (2012). *Psychological Methods*, 19(4): 542-551.

Glaser, B. G. (1999). The future of grounded theory: Keynote address from the Fourth Annual Qualitative Health Research Conference. *Qualitative Health Research*, 9(6): 836-845.

Harré, R. (2000). Personalism in the context of a social constructionist psychology: Stern and Vygotsky. *Theory and Psychology*, 10(6): 731-748.

Harrington, A. (2000). In defence of verstehen and erklären: Wilhelm Dilthey's ideas concerning a descriptive and analytical psychology. *Theory and Psychology*, 10(4): 435-451.

Hayes, N. (Ed.). (1997). *Doing qualitative analysis in psychology*.

Hove: Psychology Press.

Hodges, H. A. (1969). *Wilhelm Dilthey: An introduction*. New York: Howard Fertig.

Hodges, H. A. (1952). *The philosophy of Wilhelm Dilthey*. London: Routledge & Kegan Paul.

Hoffmann, K. (1997). Ludwig Binsiwanger's collected papers: Introduction and critical remarks. *International Forum of Psycho-Analysis*, 6(3): 191 – 201.

Hoyt, W., & Bhati, K. (2007). Principles and practices: An empirical examination of qualitative research in the Journal of Counseling Psychology. *Journal of Counseling Psychology*, 54(2): 201 – 210.

Huemer, W., & Landerer, C. (2010). Mathematics, experience and laboratories: Herbart's and Brentano's role in the rise of scientific psychology. *History of the Human Sciences*, 23(3): 72 – 94.

Husserl, E. (1919). Reminiscences of Brentano. In L. L. McAlister (Ed.). (1976). *The philosophy of Brentano*. London: Duckworth.

Husserl, E. (1970). *Logical Investigations*, vol. 2 (J. N. Findlay, Trans.). London: Routledge & Kegan Paul.

Husserl, E. (1977). *Phenomenological psychology*. The Hague: Martinus Nijhoff.

Kant, I. (1881). *Critique of pure reason* (M. Müller, Trans.). New York: Macmillan.

Karlsson, G. (1993). *Psychological qualitative research from a phenomenological perspective*. Stockholm: Almqvist & Wiksell International.

Klüver, H. (1929). Contemporary German psychology as a "cultural science". In G. Murphy, *An historical introduction to modern psychology* (pp.443 – 455). Oxford, England: Harcourt, Brace.

Koch, S. (1959). *Psychology: A study of a science*, vol.3. New York: McGraw-Hill.

Kraus, O. (1926). Biographical sketch of Franz Brentano. In L. L. McAlister (Ed.). (1976). *The philosophy of Brentano*. London: Duckworth.

Kreppner, K. (1992). William L. Stern, 1871 – 1938: A neglected founder of developmental psychology. *Developmental Psychology*, 28(4): 539 – 547.

Kuiper, P. C. (1965). Dilthey's psychology and its relationship to psychoanalysis. *Psyche*, 19(5): 241-249.

Kusch, M. (1995). *Psychologism: A case study in the sociology of philosophical knowledge*. London and New York: Routledge.

Kvale, S. (1996). *Interviews: An introduction to qualitative research interviewing*. London: Sage.

Lamiell, J. T. (2009). Some philosophical and historical considerations relevant to William Stern's contributions to developmental psychology. *Journal of Psychology*, 217(2): 66-72.

Lamiell, J. T. (2012). Introducing William Stern (1871-1938). *History of Psychology*, 15(4): 379-384.

Lamiell, J. T. (2012). "Stern, William". In R. W. Rieber (Ed.), *Encyclopedia of the history of psychological theories* (pp.1017-1019). New York: Springer.

Lamiell, J. T., & Deutsch, W. (2000). In the light of a star: An introduction to William Stern's critical personalism. *Theory and Psychology*, 10(6): 715-730.

Langfeld, H. S. (1937). Carl Stumpf: 1848-1936. *The American Journal of Psychology*, 49(2): 316-320.

Langfeld, H. S. (1937). Stumpf's "Introduction to Psychology". *The American Journal of Psychology*, 50(1): 33-56.

Lee, N., & Harré, R. (2010). William Stern and discursive psychology. *New Ideas in Psychology*, 28: 151-158.

Lehmann-Muriithi, K., Cardoso, C., & Lamiell, J. (2016). Understanding human being within the framework of William Stern's critical personalism: Teleology, holism, and valuation. In J. Valsiner, G. Marsico, N. Chaudhary, T. Sato, & V. Dazzani (Eds.), *Psychology as a science of human being: The Yokohama Manifesto* (pp.209-224). New York: Springer.

Lewin, K. (1931). The conflict between Aristotelian and Galileian modes of thought in contemporary psychology. *Journal of Genetic Psychology*, 5(2): 141-177.

Lewin, K. (1935). *A dynamic theory of personality: Selected papers* (D. K. Adams, & K. E. Zener, Trans.). New York and London: McGraw-

Hill Book Company, Inc.

Lewin, K. (1937). Carl Stumpf. *The Psychological Review*, 44(3): 189–194.

Lewin, K. (1951). *Field theory in social science*. New York: Harper & Brother Publishers.

Lombardo, G. P., & Foschi, R. (2002). The European Origins of "Personality Psychology". *European Psychologist*, 7(2): 134–145.

Machamer, P., & Sytsma, J. (2007). Nueroscience and theoretical psychology: What's to worry about? *Theory and Psychology*, 17(2): 199–216.

Macleod, R. B. (1938). William Stern (1871–1938). *The Psychological Review*, 45(5): 347–353.

Mahrer, A. R. (1993). Transformational psychotherapy sessions. *Journal of Humanistic Psychology*, 33(2): 30–37.

Makkreel, R. A., & Scanlon, J. (Eds.). (1987). *Dilthey and phenomenology*. Washington, DC: Center for Advanced Research in Phenomenology & University Press of America.

Mannheim, K. (1982). *Structures of thinking* (J. J. Shapiro, & S. W. Nicholsen, Trans.). London, Boston, Henley: Routledge & Kegan Paul.

Martin, J., & Thompson, J. (1997). Between scientism and relativism: Phenomenology, hermeneutics, and the new realism in psychology. *Theory and Psychology*, 7(5): 629–652.

Martin, J., & Sugarman, J. (2001). Interpreting human kinds: Beginnings of a hermeneutic psychology. *Theory and Psychology*, 11(2): 193–207.

Maslow, A. H. (1954). *Motivation and personality*. New York: Harper and Brothers.

Maslow, A. H. (1969). *The psychology of science: A reconnaissance*. Chicago, IL: Henry Regnery.

May, R. (1969). The emergence of existential psychology. In R. May (Ed.), *Existential psychology* (pp.1–48). New York: Random House.

Metzger, W. (1965). The historical background for national trends in psychology: German psychology. *Journal of the History of the Behavioral Sciences*, 1(2): 109–115.

Morrow, S. L. (2007). Qualitative research in counseling psychology: Conceptual foundations. *The Counseling Psychologist*, 35(2): 209 – 235.

Mulligan, K., & Smith, B. (1985). Franz Brentano on the ontology of mind. *Philosophy and Phenomenological Research*, 45(4): 627 – 644.

Münch, D. (2002). The relation of Husserl's Logical Investigations to descriptive psychology and cognitive science. In D. Zahavi, & F. Stjernfelt (Eds.), *One Hundred years of phenomenology: Husserl's Logical Investigations revisited* (pp. 199 – 218). Dordrecht: Kluwer Academic Publishers.

Murchison, C. (Ed.). (1930). *Psychologies of 1930*. Worcester, MA: Clark University.

Murchison, C. (Ed.). (1930). *A history of psychology in autobiography*, vol.1. New York: Russell & Russell.

Osterkamp, U. (2014). Subject matter of psychology. In T. Teo (Ed.), *Encyclopedia of critical psychology* (pp. 1870 – 1876). New York: Springer.

Plantinga, T. (1992). *Historical understanding in the thought of Wilhelm Dilthey*. Lewiston: Edwin Mellen Press.

Poli, R. (1998). The Brentano puzzle: An introduction. In R. Poli (Ed.), *The Brentano puzzle*. Aldershot: Ashgate.

Pongratz, L. J. (1980). Descriptive and analytical approach: Dilthey vs Ebbinghaus (J. M. Brožek, Trans.). In J. M. Brožek, & L. J. Pongratz. (Eds.), *Historiography of modern psychology: Aims, resources, approaches* (pp.279 – 289).Toronto, ON: Hogrefe.

Ratner, C. (2014). Macro cultural psychology. In T. Teo (Ed.), *Encyclopedia of critical psychology* (pp. 1095 – 1111). New York: Springer.

Renner, K.-H., & Laux, L. (2000). Unitas multiplex, purposiveness, individuality: Contrasting Stern's conception of the person with Gergen's saturated self. *Theory and Psychology*, 10: 831 – 846.

Renner, K.-H. (2010). The "New Big Five" from a personalistic point of view. *New Ideas in Psychology*, 28(2): 175 – 182.

Rennie, D. L. (2007). Methodical hermeneutics and humanistic psychology.

The Humanistic Psychologist, 35(1): 1–14.

Rennie, D. L. (2012). Qualitative research as methodical hermeneutics. *Psychological Methods*, 17(3): 385–398.

Rickman, H. P. (1979). *Wilhelm Dilthey: Pioneer of the Human Studies*. Berkeley, Los Angeles, London: University of California Press.

Rogers, C. R. (1980). *A way of being*. Boston: Houghton Mifflin.

Rollinger, R. D. (1999). *Husserl's position in the school of Brentano*. Dordrecht: Kluwer Academic Publisers.

Runggaldier, E. (1989). On the scholastic or Aristotelian roots of "intentionality" in Brentano. *Topoi*, 8(2): 97–103.

Rychlak, J. F. (1981). *Introduction to Personality and Psychotherapy*. Boston: Houghton Mifflin.

Sameroff, A. (2010). A unified theory of development: A dialectic integration of nature and nurture. *Child Development*, 81(1): 6–22.

Scanlon, J. (2001). Is it or isn't it? Phenomenology as descriptive psychology in the Logical Investigations. *Journal of Phenomenological Psychology*, 32(1): 1–11.

Schmidt, W. H. O. (1985). Dialogue with a human scientist: William Stern (1871–1938). *Phenomenology and Pedagogy*, 3: 149–160.

Schneider, K. J. (1998). Toward a science of the heart: Romanticism and the revival of psychology. *American Psychologist*, 53(3): 277–289.

Smith, J. A. (Ed.). (2003). *Qualitative psychology: A practical guide to research methods*. London: Sage.

Smith, J. A. (Ed.). (2015). *Qualitative psychology: A practical guide to research methods*. London: Sage.

Smith, N. W. (2001). *Current systems in psychology: History, theory, research, and applications*. Belmont, CA: Wadsworth/Thomson Learning.

Spiegelberg, H. (1972). *Phenomenology in psychology and psychiatry: A historical introduction*. Evanston: Northwestern University Press.

Spiegelberg, H. (1981). *The context of the phenomenological movement*. The Hague: Nijhoff.

Spranger, E. (1928). *Types of men: The psychology and ethics of personality* (P. J. W. Pigors, Trans.). Halle (Saale): Max Niemeyer

Verlag. (Original work published 1914.)

Sprung, H., & Sprung, L. (2000). Experimenter, theoretician, musicologist, and promoter. In G. A. Kimble, M. Wertheimer, & C. White (Eds.), *Portraits of pioneers in psychology*, vol. 4. Lawrence Erlbaum Associates, Inc.

Stake, R. E. (1995). *The art of case study research*. London: Sage.

Stern, W. (1924). *Psychology of early childhood up to the sixth year of age* (A. Barwell, Trans.). London: Allen & Unwin.

Stern, W. (1927). Self-portrait. In R. Schmidt (Ed.), *Contemporary philosophy in self-portraits*, Vol.6 (pp.128–184). Leipzig: Barth.

Stern, W. (1930). William Stern. In C. Murchison (Ed.), *A history of psychology in autobiography*, Vol. 1 (pp. 335–388). New York: Russell & Russell.

Stern, W. (1938). *General psychology from the personalistic standpoint* (H. D. Spoerl, Trans.). New York: Macmillan.

Stern, W. (2010). Psychology and personalism (J. T. Lamiell, Trans.). *New Ideas in Psychology*, 28: 110–134.

Stumpf, C. (1919). Reminiscences of Brentano. In L. L. McAlister (Ed.). (1976). *The philosophy of Brentano*. London: Duckworth.

Tauber, A. I. (2010). *Freud, the reluctant philosopher*. Princeton and Oxford: Princeton University Press.

Teo, T. (2000). Spranger, Eduard. In A. E. Kazdin (Ed.), *Encyclopedia of psychology*, Vol.7 (pp.458–459). Washington, DC, US: American Psychological Association.

Teo, T. (2003). Wilhelm Dilthey (1833–1911) and Eduard Spranger (1882–1963) on the developing person. *The Humanistic Psychologist*, 31(1): 74–94.

Teo, T. (2005). *The critique of psychology: From Kant to postcolonial theory*. New York: Springer.

Thomas, W. I. (1931). *The unjusted girl*. Boston: Little Brown.

Thorne, B. M., & Henley, T. B. (1997). *Connections in the history and system of psychology*. New York: Houghton Mifflin Company.

Tissaw, M. A. (2010). A critical look at critical (neo)personalism: Unitas multiplex and the 'person' concept. *New Ideas in Psychology*, 28(2): 159–167.

Toccafondi, F. (2009). Stumpf and Gestalt psychology: Relations and differences. *Gestalt Theory*, *31*(2): 191 – 211.

Traynor, M. (2004). Discourse analysis. *Nurse Researcher*, *12*(2): 4 – 6.

Van den Berg, J. H. (1980). Phenomenology and psychotherapy. *Journal of Phenomenological Psychology*, *11*(2): 21 – 49.

Van Vuuren, R. J. (1989). An exploration of the role of description in psychology as a descriptive science. *South African Journal of Psychology*, *19*(2): 65 – 74.

Velarde-Mayol, V. (2000). *On Brentano*. Belmont: Wadsworth.

Watts, R. E. (2000). Adlerian counseling: A viable approach for contemporary practice. *TCA Journal*, *28*: 11 – 23.

Werner, H. (1938). William Stern's personalistics and psychology of personality. *Character and Personality*, *7*(2): 109 – 125.

Wertz, F. J. (2011). The qualitative revolution and psychology: Science, politics, and ethics. *The Humanistic Psychologist*, *39*(2): 77 – 104.

Wertz, F. J. (2014). Qualitative inquiry in the history of psychology. *Qualitative Psychology*, *1*(1): 4 – 16.

Willey, T. E. (1978). *Back to Kant: The revival of Kantianism in German social and historical thought, 1860 – 1904*. Detroit: Wayne State University Press.

Willig, C. (2008). *Introducing qualitative research in psychology: Adventures in theory and method* (2nd ed.). Maidenhead: Open University Press.

Willig, C., & Rogers, W. S. (Eds.). (2008). *The sage handbook of qualitative research in psychology*. London: Sage.

Wolman, B. B. (1968). Immanuel Kant and his impact on psychology. In B. B. Wolman (Ed.), *Historical roots of contemporary psychology* (pp.229 – 247). New York: Harper & Row.

Wolman, B. B., & Knapp, S. (1981). *Contemporary theories and systems in psychology* (2nd ed., expanded and rev.). New York: Plenum Press.

Yasnitsky, A. (2014). Field theory. In T. Teo (Ed.), *Encyclopedia of critical psychology* (pp.730 – 733). New York: Springer.

Zamiara, K. (1994). Psychology of cultural participation: Some theoretical considerations. *Polish Psychological Bulletin*, *25*(4): 247 – 255.

后　　记

　　行文至此,豁然有一种如释重负的轻松感。本书是在我的博士学位论文《科学心理学早期的另一种声音——描述心理学研究》(2014)的基础上,又经七年多时间精心修改、补充和完善而成。单就篇幅而言,本书已较我的博士学位论文扩充了20多万字,也算是一部"巨著"了。

　　描述心理学是科学心理学初创时期产生于德国的一种人文科学心理学形态,人文意蕴深厚,思想内容丰富,对于推动科学心理学特别是人文科学心理学的发展发挥了举足轻重的作用,对于当代质性心理学研究也贡献巨大。然而,由于种种原因,描述心理学长期以来并没有得到学界的应有重视和充分研究,它就像一块瑰宝,长期埋没于西方心理学的历史尘埃之中,很少有人问津。经过这么长时间研究,我体会到最可能的一个原因就是"难"。

　　我于2007年9月来到南京师范大学,跟随郭本禹老师攻读硕士学位,2010年9月又继续跟随郭老师攻读博士学位。刚踏入博士之门,郭老师便在与我的行途中"随意"提及我的博士学位论文选题。"你博士学位论文做描述心理学怎么样?它很有价值,但非常难!"到后来我才慢慢了解到,郭老师的"随意"其实早已"酝酿"很久,他在为其关注多年的研究领域"选将"。郭老师作为西方心理学史领域长期任劳任怨的跋涉者,对于描述心理学非常看重,但也深知研究这一领域的艰难。描述心理学产生于140余年前的德国,涉及的人物都用德文写作,而且这些人物都哲学味道十足,要想弄明白他们的思想观点绝非易事!

　　说实话,郭老师当时向我建议博士学位论文选题时,我连"描述心理学"这个名词都没听说过。但我当时觉着这个领域或许很不错,于是就很高兴地接受了。接下来便是"啃硬骨头"的艰难过程。我在搜集和阅读描述心理学文献的时候遇到了很多麻烦,几乎到了崩溃的地步。描述心理学的文献零散,有价值的二手文献又相对缺乏,而且这些文献阅读起来晦涩难懂、矛盾重重。每当这个时候,郭老师都会帮助和鼓励我,使我在困难面前学会了坚强和坚持,也学会了化解困难的方法。因此,博士学位论文的写作以及本书的修改完善也是我的人生成长过程。

2015年,我的博士学位论文有幸被评选为江苏省优秀博士学位论文,但我仍觉有很多不完善甚至错误之处。于是,我想尽一切办法进一步搜集和阅读国内外文献,开始对博士学位论文进行修改和完善。2017年,我以修改后的博士学位论文为基础,成功申请到国家社科基金后期资助项目,这进一步鼓励我更加认真地修改和完善书稿。接下来至今的四年多时间里,我对新搜集的大量国内外研究文献仔细咀嚼和品味,并向相关领域的专家学者寻求指导和帮助,产生了许多新的想法,对描述心理学有了更加透彻的认识,这些都反映在当前这部著作中。至今细算起来,我接触描述心理学已有十年多时间,可谓"十年磨一剑",但这把"剑"是否已足够锋利,我想只能留给学界同仁和读者评价了。我对此并不焦虑,每部出版的著作都有自己的"宿命",只希望它能为学界作出一点贡献。

本书是国家社科基金后期资助项目"描述心理学"(项目编号:17FZX045)的终期研究成果,当然也包含"江苏社科优青"科研资助项目、江苏高校"青蓝工程"资助项目、江苏省教育科学"十三五"规划课题青年专项重点资助项目(项目编号:C-a/2018/01/11)和"南京市百名优秀文化人才"科研资助项目(项目编号:20BM1042)的某些研究成果。尽管我为本书耗费了大量时间,付出了极大心力,也围绕描述心理学主题撰写并发表了十余篇学术论文,但我仍然感觉自己对描述心理学的研究还有很长的路要走,或许永远在路上。

感谢郭本禹老师多年来像对待自己孩子一样给予我悉心指导、关心和照顾,感谢冯建军老师在我博士后研究期间对我的悉心指导和督促。千言万语难表深情,一切尽在不言中,谨以此书题献给两位恩师。感谢我的师兄崔光辉、王云强、吕英军、陈巍等在我写作过程中给予的指导和帮助。感谢我的家人多年来的默默付出。感谢上海教育出版社谢冬华先生为本书付出的辛劳。

最后需要说明的是,由于本人学术水平有限,书中观点仍难免偏颇甚至错误,敬请各位学界前辈和专家学者批评指正,帮助我在学术道路上不断成长。今年是我所在的工作单位"陶老师工作站"创建30周年,谨以此书向她献礼!

王申连

2022年3月

图书在版编目（CIP）数据

描述心理学：心理生活的描述、理解与解释 / 王申连著. — 上海：上海教育出版社，2022.11
ISBN 978-7-5720-1753-7

Ⅰ.①描… Ⅱ.①王… Ⅲ.①心理学 Ⅳ.①B84

中国版本图书馆CIP数据核字(2022)第206371号

责任编辑　王　蕾　谢冬华
封面设计　郑　艺

描述心理学：心理生活的描述、理解与解释
王申连　著

出版发行	上海教育出版社有限公司
官　　网	www.seph.com.cn
地　　址	上海市闵行区号景路159弄C座
邮　　编	201101
印　　刷	上海展强印刷有限公司
开　　本	700×1000　1/16　印张28　插页2
字　　数	492 千字
版　　次	2022年11月第1版
印　　次	2022年11月第1次印刷
书　　号	ISBN 978-7-5720-1753-7/B·0040
定　　价	75.00 元

如发现质量问题，读者可向本社调换　电话：021-64373213